行政法解釈学

実効的な行政救済の
法システム創造の法理論

阿部泰隆

有斐閣

… … は　し　が　き

　本書は，『行政法解釈学Ⅰ』に続いて，行政法学の分野の中で，いわゆる行政救済法を扱う。行政が救済する理論のようにみえるが，まったく逆で，行政活動によって被害を受けた者への救済の制度と理論を扱う。その視点は，実効的な行政救済の法システムを創造する法理論である。行政手続法という事前手続，さらに，行政訴訟，行政不服申立て，国家賠償という事後救済が中心であるが，併せて，損失補償法も扱う。

　行政手続は違法処分の事前防止システムであり，国家賠償と行政訴訟・不服申立ては，法治国家の原理が侵害された場合の（原則として）事後救済であり，法治国家を実現する担保である。損失補償法は，本来は，違法な被害が生じたあとの救済という趣旨の行政救済と言うべきものではなく，適法な財産権制限・剥奪による損失の補塡という，憲法29条の具体化法にすぎないので，行政救済法と称するのは適切ではないかもしれない。しかし，これも，適法なものであれ，権力による財産権侵害に対する（単なる補償だけであるが）救済である（補償がその侵害の許容性の要件になる）から，行政に対する救済法であるとも言えるし，内容的にみれば，国家による侵害の金銭的な補塡として，国家賠償と共通点を有するので，これを併せて考察する方がその内容を正確に分析し理解できると考える。

　本書は，この領域における解釈論と，併せてある程度の立法論を行う。解釈論は現行法の意味を探求することであり，立法論は現行法では適切な解決が望まれないときに行われる新たな立法の提案である。

　行政手続法は，先進国では遅れてやっと1994（平成6）年に施行された。まだまだ定着しているとは言えない状況であり，また，解釈上・運用上の問題点も露呈しているので，さらなる充実した法制度に作り替えていくべきである。

　1962（昭和37）年に制定された行政事件訴訟法は，既に勤続疲労を来しており，立法当時予想された状況とは異なっているが，判例が硬直化しているので，解釈論による是正は望みにくいものが多い。この意味で，司法改革の中で行政

i

事件訴訟法の改正作業が行われ，2004（平成16）年の通常国会で改正法が成立した。法改正が行われると，これまでの解釈論争と判例の多くは反古になるが，本書中では，改正法の解説だけではなく，なぜこうした改正が必要であるか，また，改正の意味は何かを理解するためにも，これまでの法状況にも丁寧に言及することとする。

　そして，この改正はなお不十分であって，第2弾の改革が求められているので，それへの期待も言及している。

　行政不服審査法は，1962年以来改正されておらず，実効性が不足している不備な制度であるが，ようやく全面改正の時期が来たので，現行法と改正法案の両方について，検討することとした。

　国家賠償法は，条文も少なく判例に任されている。種々論点も提示されているので，解釈論のみならず，立法的な対応も必要である。損失補償法は憲法29条のほかは，条文が散在しているので，統一的な把握が必要である。

　こうした作業のためには，歴史的考察，比較法的考察，法社会学的考察が必要になる。特に筆者の場合，実効的な行政訴訟制度を提案するには，ドイツ・チュービンゲン大学のオットー・バッホフ教授から教わったことが大きいし，日本の現実については，特に弁護士実務を通じて知って愕然とした「不都合な真実」（序章末尾）を冷静に分析することが不可欠である。さらに，それだけではなく，法の現実に果たす機能を解明し，そのあるべき姿を描くには，法と経済学的な発想も有用である。これは必ずしも十分に検討できたとは思われないが，本書は，これまでの法律学の書物とは異なって，この方向へと一歩を踏み出すものである。ご遠慮なくご批判をいただきたいと思う。

　最後になったが，Ⅱについても，有斐閣書籍編集第一部の田顔繁実さんに大変お世話になった。心からお礼申し上げる。

　　2009年8月

阿　部　泰　隆

凡　例
——文献略語，判例集・雑誌，法令，教科書類等の略語——

(1) **阿部著略語**　本文中，阿部泰隆著を以下の略語で引用した。

〔略語例〕

実効性	『行政救済の実効性』（弘文堂，1985 年）
消防行政	『消防行政の法律問題』（森本宏氏と共著，全国加除法令出版，1985 年）
裁量と救済	『行政裁量と行政救済』（三省堂，1987 年）
事例解説	『事例解説行政法』（日本評論社，1987 年）
国家補償	『国家補償法』（有斐閣，1988 年）
国土開発	『国土開発と環境保全』（日本評論社，1989 年）
法の解釈	『行政法の解釈』（信山社，1990 年）
行訴改革	『行政訴訟改革論』（有斐閣，1993 年）
政策法務	『政策法務からの提言』（日本評論社，1993 年）
大震災	『大震災の法と政策』（日本評論社，1995 年）
政策指針	『政策法学の基本指針』（弘文堂，1996 年）
情報公開	『〈論争・提案〉情報公開』（日本評論社，1997 年）
法システム	『行政の法システム（上・下）〔新版補遺〕』（有斐閣，1998 年）
自治条例	『政策法学と自治条例』（信山社，1999 年）
定期借家	『定期借家のかしこい貸し方・借り方』（信山社，2000 年）
こんな法律	『こんな法律はいらない』（東洋経済新報社，2000 年）
政策講座	『政策法学講座』（第一法規，2003 年）
行訴要件	『行政訴訟要件論』（弘文堂，2003 年）
続消防行政	『続消防行政の法律問題』（森本宏氏と共著，近代消防，2003 年）
井上教授事件	『京都大学　井上教授事件』（信山社，2004 年）
法の解釈(2)	『行政法の解釈(2)』（信山社，2005 年）
やわらか頭	『やわらか頭の法戦略』（第一法規，2006 年）
法務戦略	『対行政の企業法務戦略』（中央経済社，2007 年）

(2) **判例集・雑誌等の略語**　通常用いられる以下の略語によった。

〔略語例〕

民(刑)集	最高裁判所民（刑）事判例集
行集	行政事件裁判例集
判時	判例時報
判タ	判例タイムズ
訟月	訟務月報
判例自治	判例地方自治

ジュリ	ジュリスト
法　セ	法学セミナー
法　教	法学教室
法　時	法律時報
曹　時	法曹時報
判解民	最高裁判例解説民事篇
重判解	ジュリスト臨時増刊　昭和（平成）○○年度　重要判例解説

〔判例の略記例〕
* 最高裁判所 1996〔平成 8〕年 8 月 28 日大法廷判決，最高裁判所民事判例集 50 巻 7 号 1952 頁　→　最大判 1996〔平成 8〕・8・28 民集 50 巻 7 号 1952 頁
* 最高裁判所 1973〔昭和 48〕年 7 月 10 日決定，最高裁判所刑事判例集 27 巻 7 号 1205 頁　→　最決 1973〔昭和 48〕・7・10 刑集 27 巻 7 号 1205 頁
* 東京高等裁判所 1984〔昭和 59〕年 12 月 20 日判決，判例時報 1137 号 26 頁　→　東京高判 1984〔昭和 59〕・12・20 判時 1137 号 26 頁
* 東京地方裁判所八王子支部 1975〔昭和 50〕年 12 月 8 日決定，判例時報 803 号 18 頁　→　東京地八王子支決 1975〔昭和 50〕・12・8 判時 803 号 18 頁
* 前橋地方裁判所 1990〔平成 2〕年 1 月 18 日判決，行政事件裁判例集 41 巻 1 号 1 頁　→　前橋地判 1990〔平成 2〕・1・18 行集 41 巻 1 号 1 頁

　裁判部を表示するのは，最高裁の大法廷だけを原則とするが，未公刊の判例の場合には可能な範囲で事件番号（場合によっては，裁判部）を示して，事件の特定を図ることとする。
　筆者は西暦派であるが，政府，裁判所は元号を用いているので，混乱を避けるため，やむなく元号表示をすることとする。

(3) **法令略語**　有斐閣六法の略語例によるが，読者の便宜を考慮して，法律名を推測できる略語を用いた場合もある。

〔略語例〕
外　為	外国為替及び外国貿易法
行　審	行政不服審査法
行　訴	行政事件訴訟法
行　組	国家行政組織法
行　手	行政手続法
警　職	警察官職務執行法
建　基	建築基準法
原子炉等規制	核原料物質，核燃料物質及び原子炉の規制に関する法律
高圧ガス	高圧ガス保安法
公　水	公有水面埋立法
国　財	国有財産法

凡　例

国　賠　　国家賠償法
国　公　　国家公務員法
自　治　　地方自治法
車　庫　　自動車の保管場所の確保等に関する法律
車　両　　道路運送車両法
銃　刀　　銃砲刀剣類所持等取締法
食　品　　食品衛生法
水　濁　　水質汚濁防止法
税　徴　　国税徴収法
税　通　　国税通則法
税　犯　　国税犯則取締法
大気汚染　　大気汚染防止法
大店ないし大規模小売店舗　　大規模小売店舗における小売業の事業活動の調整に
　　関する法律
代　執　　行政代執行法
建物区分　　建物の区分所有等に関する法律
地下水規制　　建築物用地下水の採取の規制に関する法律
地　公　　地方公務員法
鳥獣保護　　鳥獣の保護及び狩猟の適正化に関する法律
道　交　　道路交通法
都　計　　都市計画法
独　禁　　私的独占の禁止及び公正取引の確保に関する法律
入　管　　出入国管理及び難民認定法
廃掃ないし廃棄物　　廃棄物の処理及び清掃に関する法律
風営ないし風俗　　風俗営業等の規制及び業務の適正化等に関する法律

(4) **教科書類**　　網羅的ではない。引用は著者名ほかで簡略にする（ゴシック表示の部分）。本書で引用するとは限らない。入門書の多くは省略した。
〔略記例〕
稲葉馨＝人見剛＝村上裕章＝前田雅子『行政法』（有斐閣，2007年）
今村成和編『行政法入門〔第8版補訂〕』（有斐閣，2007年）
宇賀　克也『行政法概説Ⅰ〔第2版〕』（有斐閣，2006年）
　　　同　　　『行政法概説Ⅱ』（有斐閣，2006年）
　　　同　　　『行政法概説Ⅲ』（有斐閣，2008年）
　　　同　　　『地方自治法概説〔第2版〕』（有斐閣，2007年）
遠藤　博也『行政法スケッチ』（有斐閣，1987年）
　　　同　　　『実定行政法』（有斐閣，1989年）
大橋　洋一『行政法〔第2版〕』（有斐閣，2004年）

大浜　啓吉『行政法総論〔新版〕』（岩波書店，2006年）
小早川光郎『行政法　上』（弘文堂，1999年）
　　同　　『行政法講義　下Ⅰ』（弘文堂，2002年）
　　同　　『行政法講義　下Ⅱ』（弘文堂，2005年）
　　同　　『行政法講義　下Ⅲ』（弘文堂，2007年）
兼子　仁『行政法学』（岩波書店，1997年）
　　同　　『自治体行政法入門』（北樹出版，2006年）
櫻井敬子＝橋本博之『行政法』（弘文堂，2007年）
塩野　宏『行政法Ⅰ〔第5版〕』（有斐閣，2009年）
　　同　　『行政法Ⅱ〔第4版〕』（有斐閣，2005年）
　　同　　『行政法Ⅲ〔第3版〕』（有斐閣，2006年）
塩野宏＝原田尚彦『行政法散歩』（有斐閣，1985年）
塩野宏＝原田尚彦『演習行政法〔新版〕』（有斐閣，1989年）
芝池　義一『行政法総論講義〔第4版補訂版〕』（有斐閣，2006年）
　　同　　『行政救済法講義〔第3版〕』（有斐閣，2006年）
曾和俊文ほか『ケースメソッド公法〔第2版〕』（日本評論社，2006年）
曾和俊文＝金子正史『事例研究　行政法』（日本評論社，2008年）
高木光＝常岡孝好＝橋本博之＝櫻井敬子『行政救済法』（弘文堂，2007年）
高田　敏編『行政法〔改訂版〕』（有斐閣，2001年）
田中　二郎『行政法上巻〔全訂第二版〕』（弘文堂，1976年）
　　同　　『行政法中巻〔全訂第二版〕』（弘文堂，1976年）
　　同　　『行政法下巻〔全訂第二版〕』（弘文堂，1983年）
田中二郎＝雄川一郎編『行政法演習〔改訂版〕Ⅰ・Ⅱ』（有斐閣，1975年）
田村　泰俊『最新・ハイブリッド行政法〔改訂版〕』（八千代出版，2006年）
原田　尚彦『行政法要論〔全訂第6版〕』（学陽書房，2005年）
藤田　宙靖『行政法Ⅰ（総論）〔第4版改訂版〕』（青林書院，2005年）
　　同　　『行政組織法』（有斐閣，2005年）
村上　武則『基本行政法〔第2版〕』（有信堂高文社，2001年）
　　同　　『応用行政法〔第2版〕』（有信堂高文社，2001年）
室井　力編『新現代行政法入門1〔補訂版〕』（法律文化社，2005年）
　　同　　『新現代行政法入門2』（法律文化社，2004年）
山田幸男＝市原昌三郎＝阿部泰隆編『演習行政法上・下』（青林書院，1979年）

(5)　その他の文献　　以下の文献はゴシック表示の部分で引用する。
〔略記例〕
行政法講座，田中二郎＝原龍之助＝柳瀬良幹編（有斐閣，1956～1966年，全6巻）
雄川一郎＝高柳信一編『岩波講座現代法10　**現代の行政**』（岩波書店，1966年）
現代行政法**大系**，雄川一郎＝園部逸夫＝塩野宏編（有斐閣，1983～1985年，全10巻）

凡　例

　　藤山雅行編『新・裁判実務大系 25　行政争訟』(青林書院, 2004 年)
　　行政法の新構想Ⅱ，Ⅲ，磯部力＝小早川光郎＝芝池義一編 (有斐閣, 2008 年)
　　司法研修所編『改訂 行政事件訴訟の一般的問題に関する実務的研究』(法曹会, 2000 年)
　　公法の課題：田中二郎先生追悼 (有斐閣, 1985 年)
　　公法の理論上・中・下Ⅰ・下Ⅱ：田中二郎先生古稀記念 (有斐閣, 1976,1977 年)
　　行政法の諸問題上・中・下：雄川一郎先生献呈 (有斐閣, 1990 年)
　　現代立憲主義の展開：芦部信喜先生古稀祝賀 (有斐閣, 1993 年)
　　国際化時代の行政と法：成田頼明先生横浜国立大学退官記念 (良書普及会, 1993 年)
　　政策実現と行政法：成田頼明先生古稀記念 (有斐閣, 1998 年)
　　憲法と行政訴訟：園部逸夫先生古稀記念 (有斐閣, 1999 年)
　　公法学の法と政策上巻・下巻：金子宏先生古稀祝賀 (有斐閣, 2000 年)
　　行政法の発展と変革上巻・下巻：塩野宏先生古稀記念 (有斐閣, 2001 年)
　　情報化社会の公法学：川上宏二郎先生古稀記念 (信山社, 2002 年)
　　法治国家と行政訴訟：原田尚彦先生古稀記念 (有斐閣, 2004 年)
　　法治国家の展開と現代的構成：高田敏先生古稀記念 (法律文化社, 2007 年)
　　分権時代と自治体法学：兼子仁先生古稀記念 (勁草書房, 2007 年)
　　行政法の思考様式：藤田宙靖博士東北大学退職記念 (青林書院, 2008 年)
　　民事司法の法理と政策上巻・下巻：小島武司先生古稀祝賀 (商事法務, 2008 年)
　　別冊ジュリスト『行政判例百選〔第 5 版〕』(何版と記載しないものは第 5 版であり，それ以外は，何版かを記載する)
　　ジュリスト増刊『行政法の争点〔初版，第 2 版，第 3 版〕』
　　ジュリスト増刊『行政強制』(1977 年)
　　ジュリスト増刊『対話で学ぶ行政法』(2003 年)
　　法制意見百選　前田正道編 (ぎょうせい, 1986 年)
　＊　行政判例百選以外の百選類はわかる程度に略称する (自治百選 3 版，租税百選 4 版，社会保障百選 4 版，新条例百選，条例百選など。これらの版は何版と記載せず，それ以外は，何版かを明示する)。

　拙著のうち，『国家補償法』，『行政救済の実効性』，『行政訴訟改革論』，『行政訴訟要件論』を特に参考にした。その他の参考文献を掲げる (ゴシック表示の部分は略称)。
〔行政手続法関係〕
　　行政管理研究センター編『逐条解説行政手続法〔平成 18 年改訂版〕』(ぎょうせい, 2008 年)
　　宇賀　克也『行政手続法の解説〔第 5 次改訂版〕』(学陽書房, 2005 年)
　　塩野宏＝高木光『条解行政手続法』(弘文堂, 2000 年)
　　南博方＝高橋滋編『注釈行政手続法』(第一法規, 2000 年)
　　宮田　三郎『行政手続法』(信山社, 1992 年)

室井力＝芝池義一＝浜川清編著『行政手続法・行政不服審査法〔第2版〕』（日本評論社，2008年）

〔行政訴訟法関係〕
杉本　良吉『行政事件訴訟法の解説』（法曹会，1963年）
雄川　一郎『行政争訟法』（オンデマンド版，有斐閣，2001年）
宇賀　克也『改正行政事件訴訟法：改正法の要点と逐条解説〔補訂版〕』（青林書院，2006年）
金子　正史『まちづくり行政訴訟』（第一法規，2008年）
神橋　一彦『行政訴訟と権利論』（信山社出版，2003年）
小早川光郎『改正行政事件訴訟法研究』（有斐閣，2005年）
小早川光郎＝高橋滋編『詳解 改正 行政事件訴訟法』（第一法規，2004年）
小林　久起『行政事件訴訟法』（商事法務，2004年）
最高裁判所事務総局行政局監修『改正行政事件訴訟法執務資料（行政裁判資料；第78号）』（法曹会，2005年）
斎藤　浩『行政訴訟の実務と理論』（三省堂，2007年）
実務公法学会編『実務行政訴訟法講義』（民事法研究会，2007年）
鈴木忠一＝三ケ月章監修『新・実務民事訴訟講座⑨・行政訴訟Ⅰ』（日本評論社，1983年）
園部逸夫＝芝池義一編『改正行政事件訴訟法の理論と実務』（ぎょうせい，2006年）
高木　光『行政訴訟論』（有斐閣，2005年）
日本弁護士連合会行政訴訟センター編『実務解説行政事件訴訟法：改正行訴法を使いこなす』（青林書院，2005年）
　　同　『**最新重要行政関係事件実務研究**』（青林書院，2006年）
　　同　『**実例解説行政関係事件訴訟――最新重要行政関係事件実務研究②**』（青林書院，2009年）
日本弁護士連合会編『使える行政訴訟へ：「是正訴訟」の提案』（日本評論社，2003年）
　　同　『行政法制度改革で，わたしたちは何をなすべきか：第2ステージの行政訴訟改革』（現代人文社，2006年）
橋本　博之『解説 改正 行政事件訴訟法』（弘文堂，2004年）
　　同　『行政判例と仕組み解釈』（弘文堂，2009年）
福井秀夫＝村田斉志＝越智敏裕『新行政事件訴訟法――逐条解説とQ&A』（新日本法規，2004年）
南博方＝高橋滋編『条解行政事件訴訟法〔第3版補訂版〕』（弘文堂，2009年）
南　博方編『注釈行政事件訴訟法』（有斐閣，1972年）
宮田　三郎『行政訴訟法〔第2版〕』（信山社出版，2007年）
室井力＝芝池義一＝浜川清編『行政事件訴訟法・国家賠償法〔第2版〕』（日本評論社，2006年）

村上　裕章『行政訴訟の基礎理論』(有斐閣，2007 年)
山村恒年＝阿部泰隆編『判例コンメンタール　行政事件訴訟法』(三省堂，1984 年)
松永邦男＝小林久起編著『Q＆A 改正行政事件訴訟法』(ぎょうせい，2005 年)

〔行政不服審査法関係〕
福家俊朗＝本多滝夫編『行政不服審査制度の改革：国民のための制度のあり方』(日本評論社，2008 年)
室井力＝芝池義一＝浜川清編著『行政手続法・行政不服審査法〔第 2 版〕』(日本評論社，2008 年)
南博方＝小高剛『注釈行政不服審査法〔全訂版〕』(第一法規，1987 年)

〔国家補償法関係〕
今村　成和『**国家補償法**』(有斐閣，1957 年)
　　同　　『**損失補償制度の研究**』(有斐閣，1968 年)
宇賀　克也『**国家責任法の分析**』(有斐閣，1988)
　　同　　『**国家補償法**』(有斐閣，1997 年)
遠藤　博也『**国家補償法上・中**』(青林書院新社，1981 年・1984 年)
小高　　剛『**損失補償研究**』(成文堂，2000 年)
　　同　　『損失補償の理論と実際』(住宅新報社，1978 年)
西埜章＝田辺愛壹著『損失補償法：理論と実務の架橋』(一粒社，2000 年)
西埜　　章『損失補償の要否と内容』(一粒社，1991 年)
　　同　　『国家賠償責任と違法性』(一粒社，1987 年)
　　同　　『国家賠償法』(青林書院，1997 年)
　　同　　『国家補償法概説』(勁草書房，2008 年)
西村宏一編『国家補償法大系 1〜4』(日本評論社，1987 年〜1988 年)
野村好弘＝小早川光郎『道路管理の法と争訟』(ぎょうせい，2000 年)
宮田　三郎『国家責任法』(信山社，2000 年)

　また，土地収用法の詳しい逐条解説書として，
小澤道一著『逐条解説土地収用法　上・下〔第 2 次改訂版〕』(ぎょうせい，2003 年)

目　次

はしがき
行政救済法の体系 *1*

第8章　行政手続 ――――――――――*3*

第1節　大陸流と英米流 ……………*5*
Ⅰ　伝統的事後的実体審査システム＝大陸流の法治国家 ……*5*
Ⅱ　英米法の事前手続＝英米流の法の支配 ……*5*
Ⅲ　大陸法の発展 ……*6*

第2節　従前の日本の実定法 ……*8*
Ⅰ　告知・聴聞 ……*8*
Ⅱ　理由附記 ……*8*

第3節　判例の発展と評価 ……*9*
Ⅰ　告知・聴聞の判例 ……*9*
　1　個人タクシー事件・群馬中央バス事件と制定法準拠主義 (*9*)　2　明文の手続規定がない場合の判例 (*11*)　3　成田特別法判決 (*11*)
Ⅱ　理由附記の判例 ……*12*
　1　法律上義務付け規定がない場合 (*12*)　2　附記義務に違反した場合 (*13*)

第4節　行政手続法の制定 ……*15*
Ⅰ　立法の遅れの理由 ……*15*
Ⅱ　行政手続法の概要 ……*16*
　1　定義 (*16*)　2　適用除外 (*18*)　3　申請に対する処分 (*20*)　4　不利益処分 (*23*)　5　違反是正のための処分または行政指導を求める申出制度の導入 (*29*)
Ⅲ　検討課題 ……*30*
　1　告知すべき内容 (*30*)　2　届出制と許可制 (*31*)　3　不受理の処分性？ (*32*)　4　許可申請の放置・返戻 (*33*)　5　聴聞を経

目 次

　　　た行政処分の司法審査のあり方——特に，手続違反と実体違反の関係（35）　6　一般処分と行政手続法の適用（37）　7　公正取引委員会の審判手続の改革（38）　8　軽微な手続上の瑕疵と取消事由（38）　9　国法の処分基準への条例基準の持込み（39）　10　生活保護申請不受理水際作戦対策（40）　11　事実認定のあり方（40）　12　地方社会保険局長の行う病院の保険医療機関の指定取消しの聴聞で，厚生労働省の担当官が説明役に入ることは適法か？（41）　13　手続違反で取り消してもやり直されるから無駄では？（41）

第5節　行政立法制定における意見公募（パブリック・コメント）
　　　手続 ·· 42
　　Ⅰ　導入の経緯 ··· 42
　　Ⅱ　意見公募手続等の導入 ·· 42
　　　　1　意見公募の手続（42）　2　提出された意見の考慮（44）

第6節　ノーアクションレター ·· 45
　　　　——行政機関による法令適用事前確認手続——
　　Ⅰ　閣議決定の手続 ··· 45
　　Ⅱ　租税法における事前照会に対する文書回答手続 ························ 47

第9章　行政訴訟法 ———————————————————— 49

はじめに——行政訴訟は実質的法治国家と権利救済の実効性を確保する手段——
　　　 ··· 51
　　Ⅰ　行政訴訟も法治行政確保の視点から ······································ 51
　　Ⅱ　「やるだけ無駄」と酷評される行政訴訟 ·································· 52
　　Ⅲ　行政訴訟の設計指針その1——実効性の確保など ······················ 53
　　Ⅳ　行政訴訟の設計指針その2——行政法のもつ社会の広範な利害調
　　　　整機能を考慮 ·· 54

第1節　行政訴訟と民事訴訟 ·· 60
　　Ⅰ　行政処分に対する救済システムのあり方 ································ 60
　　　　1　行政処分（60）　2　権力行為，民事訴訟の不適合，公定力，取消訴訟（60）　3　公定力は亡霊，違法行為は是正せよ（61）　4

xi

　　　　民事訴訟一本化案（62）　5　行政訴訟にもメリット（64）　6　制
　　　　度作りの方向（66）　7　本書の解説の方針（66）
　　Ⅱ　訴訟対象・訴訟類型の判定困難対策 ………………………………69
　　　　1　訴訟類型の壁，「法律上の争訟」が基本（69）　2　処分の頻繁な
　　　　変更と訴訟の対象（72）　3　是正訴訟の提案，キャッチ・ボール対
　　　　策（74）
　　Ⅲ　行政訴訟と民事訴訟の違い …………………………………………77
　　　　1　民事訴訟と行政訴訟が平行しない場合（77）　2　民事訴訟と行
　　　　政訴訟が平行する場合（79）
　　Ⅳ　法律上の争訟 …………………………………………………………81
　　　　1　「法律上の争訟」の定義（81）　2　行政上の義務の民事執行と法
　　　　律上の争訟（82）　3　国と地方公共団体の間の訴訟（84）

第2節　取消訴訟の訴訟要件 ……………………………………………88
　　Ⅰ　抗告訴訟の対象 ………………………………………………………89
　　　　1　公権力，処分の概念――その基本的な発想（89）　2　古典的な
　　　　通常の考え方（91）　3　問題の多い伝統的な判例（101）　4　処
　　　　分性を拡張する判例の動き（108）　5　給付行政における「処分性」，
　　　　法治主義と救済方法の工夫（126）　6　処分概念・抗告訴訟・当事
　　　　者訴訟のあり方――まとめ（134）
　　Ⅱ　原告適格 ………………………………………………………………143
　　　　1　原告適格制度の趣旨（143）　2　主流判例の考え方，制定法準拠
　　　　主義，「法律上保護された利益説」（145）　3　判例の解釈は狭すぎ
　　　　て，かつ，恣意的（146）　4　多少拡大傾向の最近の判例（148）
　　　　5　より柔軟な判例（149）　6　行政法の役割・法治国家と原告適格
　　　　（150）　7　行訴法の改正＝考慮事項の導入（152）　8　判例変更
　　　　への期待と動き（154）
　　Ⅲ　訴えの利益の消滅 ……………………………………………………159
　　　　1　9条かっこ書き（159）　2　実例（160）　3　訴えの利益消滅
　　　　への救済（165）
　　Ⅳ　出訴期間 ………………………………………………………………166
　　　　1　出訴期間，不可争力，違法性の未確定（166）　2　出訴期間の存
　　　　在理由への疑問符（167）　3　新行訴法の改正点（171）　4　解釈
　　　　上の論点（172）

目　次

　　Ⅴ　不服申立前置主義と自由選択主義 ………………………………… *186*
　　　　1　制度の概要（*186*）　2　解釈上・運用上の論点（*187*）
　　Ⅵ　原処分主義，裁決主義 ………………………………………………… *189*
　　　　1　原処分主義（*189*）　2　裁決主義（*190*）
　　Ⅶ　被告・管轄 ……………………………………………………………… *192*
　　　　1　被告適格の変更（*192*）　2　管轄（*195*）
　　Ⅷ　訴えの変更，訴えの併合，関連請求 ………………………………… *198*
　　Ⅸ　教　　示 ………………………………………………………………… *199*
　　Ⅹ　印紙代（訴額） ………………………………………………………… *200*
　　　　1　印紙代は民事訴訟の発想（*200*）　2　訴えの併合の場合の印紙代
　　　　の計算（*201*）　3　1つのホテルを構成する複数の建物の固定資産
　　　　課税，関連請求の拡大（*202*）　4　裁決と処分の取消訴訟の併合の
　　　　場合（*202*）

　第3節　仮の救済 …………………………………………………………… *203*
　　Ⅰ　不利益処分の執行停止 ………………………………………………… *203*
　　　　1　執行不停止原則（*203*）　2　執行停止の要件（*204*）　3　即時
　　　　執行への救済（*209*）　4　執行停止の申請手続（*209*）
　　Ⅱ　執行停止の限界──拒否処分では利益なし，非遡及効 …………… *210*
　　　　1　拒否処分には働かない（*210*）　2　非遡及効（*211*）
　　Ⅲ　第三者に対する授益的処分の執行停止 ……………………………… *211*
　　Ⅳ　内閣総理大臣の異議 …………………………………………………… *211*
　　Ⅴ　公権力の行使に対する仮処分の禁止 ………………………………… *212*
　　　　1　仮処分禁止の意味，欠缺なき実効性ある権利救済の保護の観点か
　　　　ら（*212*）　2　具体例の検討（*213*）

　第4節　審理の特色 ………………………………………………………… *214*
　　Ⅰ　司法審査の範囲──事実と法解釈 …………………………………… *214*
　　Ⅱ　事実認定 ………………………………………………………………… *215*
　　Ⅲ　実質的証拠の法則 ……………………………………………………… *216*
　　Ⅳ　主張・立証責任 ………………………………………………………… *217*
　　　　1　処分の根拠の法的説明責任（*217*）　2　弁論主義・立証責任
　　　　（*220*）　3　職権証拠調べと釈明（*220*）　4　立証責任は法治国家
　　　　の要請から行政庁に（*221*）　5　裁量性がある処分でも行政庁に主

xiii

　　　　　張・立証責任 (226)　6　無効確認訴訟の場合 (230)　7　訴訟要
　　　　　件充足に関する立証責任 (230)　8　立証責任・証拠の評価に関す
　　　　　る釈明義務 (231)
　　Ⅴ　文書提出命令 ·· 231
　　　　　1　文書提出命令の必要性 (231)　2　文書提出義務と文書提出命令
　　　　　申請の方法 (232)　3　公務文書にも一般義務化とその例外 (234)
　　　　　4　インカメラ (237)
　　Ⅵ　釈明処分の特則 ··· 239
　　Ⅶ　自己の法律上の利益に関係のない違法の主張制限 ·············· 240
　　　　　1　判例 (240)　2　検討 (242)
　　Ⅷ　行政庁の訴訟参加 ··· 243
　　Ⅸ　処分理由の差替え・追加 ·· 244
　　　　　1　これまでの考え方 (244)　2　検討——申請に対する処分の場合
　　　　　(245)　3　検討——不利益処分の場合 (246)
　　Ⅹ　違法判断の基準時 ··· 247

第5節　判　　　決 ··· 253
　　Ⅰ　判決の類型 ··· 253
　　Ⅱ　事 情 判 決 ··· 253
　　　　　1　事情判決は法治国家適合的 (253)　2　適用例 (254)　3　運
　　　　　用のあり方 (254)　4　訴えの利益の消滅との区別 (255)　5　区
　　　　　画整理・収用訴訟は，やるだけ無駄 (255)　6　事情判決はどちら
　　　　　の側から申し立てるべきか (257)　7　事情判決を無効の場合にも
　　　　　適用せよ (257)
　　Ⅲ　取消判決の効力 ··· 258
　　　　　1　取消判決の「取消」の意味，形成力？ (258)　2　民事訴訟の原
　　　　　則 (258)　3　第三者効（対世効）・第三者の参加 (258)　4　取
　　　　　消判決の拘束力 (262)　5　既判力 (269)

第6節　取消訴訟以外の訴訟類型 ··· 277
　　Ⅰ　無効確認訴訟と争点訴訟 ·· 277
　　　　　1　無効確認訴訟の存在理由 (277)　2　違法と無効の区別 (278)
　　　　　3　行政処分の種別？（無効の制度の誤解）(285)　4　無効確認訴
　　　　　訟の明文化と補充性，争点訴訟 (287)　5　無効確認訴訟が適法に

　　　　なる場合（289）
　　Ⅱ　不作為の違法確認訴訟 …………………………………………290
　　Ⅲ　義務付け訴訟 ……………………………………………………291
　　　　1　従前の法状況（291）　2　義務付け訴訟の法定（293）　3　仮の義務付け（301）
　　Ⅳ　差止訴訟 …………………………………………………………304
　　　　1　本案の差止め（304）　2　仮の差止め（310）
　　Ⅴ　（公法上の）当事者訴訟 …………………………………………312
　　　　1　実質的当事者訴訟（312）　2　形式的当事者訴訟（322）
　　Ⅵ　客観訴訟 …………………………………………………………324
　　　　1　客観訴訟（324）　2　民衆訴訟＝住民訴訟，選挙訴訟（325）
　　　　3　機関訴訟（328）

第10章　行政への不服申立てと行政の監視 ―――― 337
　第1節　行政不服申立て …………………………………………………338
　　Ⅰ　行政不服審査の特色 ……………………………………………338
　　Ⅱ　不服申立ての対象──概括主義の導入と除外 …………………340
　　Ⅲ　不服申立ての種類の整理・統一 ………………………………341
　　　　1　審査請求と異議申立て（341）　2　審査請求原則主義・異議申立前置主義（342）　3　不作為の場合（343）　4　上級庁とは？（343）　5　地方公共団体の上級庁は？（343）　6　聴聞を経た場合に異議申立禁止，異議申立をすると失権（345）
　　Ⅳ　不服申立適格 ……………………………………………………346
　　Ⅴ　不服申立書の記載事項 …………………………………………347
　　Ⅵ　代理など …………………………………………………………348
　　Ⅶ　不服申立期間 ……………………………………………………350
　　Ⅷ　教　示 ……………………………………………………………351
　　Ⅸ　審理手続 …………………………………………………………352
　　Ⅹ　仮の救済 …………………………………………………………355
　　Ⅺ　裁　決 ……………………………………………………………355
　　Ⅻ　不利益変更禁止の射程範囲 ……………………………………356
　　ⅩⅢ　裁決に対する処分庁の出訴 ……………………………………357

	XIV	審査機関に対する指示権 ………………………………………………………	357

第2節　行政不服審査法改正案について ……………………………………… 362

	I	改正の経緯 ……………………………………………………………	362
	II	権利救済機能の強化 ………………………………………………	362
	III	不服申立ての対象 …………………………………………………	362
	IV	審査請求一本化，異議申立て・再審査請求の廃止 …………………	364
	V	再調査請求の創設 …………………………………………………	365
	VI	審査請求期間の緩和 ………………………………………………	365
	VII	審査請求書の記載事項 ……………………………………………	366
	VIII	審査請求書の提出先 ………………………………………………	366
	IX	審査請求の却下 ……………………………………………………	366
	X	審理員，審査請求手続 ……………………………………………	366
	XI	行政不服審査会 ……………………………………………………	368
	XII	救済の方法・種類 …………………………………………………	370
	XIII	裁　　　決 …………………………………………………………	371
	XIV	教　　　示 …………………………………………………………	371

第3節　行政の統制に関するその他の方法 ……………………………………… 373

	I	会 計 監 査 …………………………………………………………	373
	II	行 政 監 察 …………………………………………………………	374
	III	議会による統制 ……………………………………………………	374

第11章　国家補償法 ——————————————————— 377

第1節　損失補償法 ……………………………………………………………… 377

第1款　損失補償とは ……………………………………………………… 379

	I	憲法29条の損失補償 ………………………………………………	379
	II	類似制度との区別 …………………………………………………	379

　　　1　損害賠償，国家補償の総合体系——賠償と補償の相対化？ (379)
　　　2　事業損失 (380)　3　予防接種禍訴訟 (381)　4　天災被災者補償 (382)　5　伝染病に汚染した家畜撲殺と補償 (382)

目 次

第2款　公的土地取得システム ……………………… *382*
I　収　　用 ………………………………………………… *382*
1　収用制度の存在理由（*382*）　2　事業認定と収用裁決，収用委員会のあり方（*383*）　3　土地収用における補償額の決定時期（*384*）　4　取引価格主義に対する疑問——経済学の観点から（*388*）　5　ゴネ損方式立法化のすすめ——賠償と補償の比較を兼ねて（*388*）

II　区画整理と土地収用の比較 …………………………… *392*

第3款　財産権の制限に対する補償の要否 …………… *393*
I　損失補償の実定法上の根拠——直接請求権発生説か違憲無効説か ……………………………………………… *393*
1　問題の所在（*393*）　2　違憲無効説のマイナス——違反のしほうだい？（*395*）　3　直接請求権発生説のマイナス——被規制者の訴訟追行の負担と立法者の怠慢の助長（*396*）　4　直接請求権発生説のマイナス——莫大な補償？（*396*）　5　立法者の裁量——相当補償の場合（*397*）　6　違憲無効説と直接請求権発生説の相互排斥？（*397*）　7　方向付け（*397*）

II　財産権の規制に対する補償の要否 …………………… *398*
1　補償の要否の考え方（*398*）　2　具体例の検討（*405*）

III　公用制限における補償の範囲——通損補償 ………… *411*
1　相当因果関係説，地価低落説，積極的実損説（*411*）　2　2つの判例（*412*）　3　地価低落説の妥当性？，自然公園法の場合（*413*）　4　相当因果関係説（*414*）　5　積極的実損説（*415*）　6　まとめと問題点（*415*）

第4款　権利剝奪の場合における補償額の考え方 …… *416*
I　完全補償説と相当補償説の対立——学説の射程範囲 … *416*
II　行政財産の使用許可の取消しと補償 ………………… *417*
III　任意買収と収用の補償項目と範囲 …………………… *418*

第5款　補償の特殊問題 ………………………………… *421*
I　事業損失 ………………………………………………… *421*
II　精神的損失 ……………………………………………… *424*
III　文化財的価値の補償 …………………………………… *424*

xvii

Ⅳ　生活補償 …………………………………………………………………425
　第2節　国家賠償法 ……………………………………………………………428
　　第1款　国賠法1条（公権力を行使する公務員に代わる国家の責任） ……429
　　　Ⅰ　公権力の行使の意義 ……………………………………………………431
　　　　1　狭義説，広義説，最広義説の趣旨と異同（432）　2　諸説の対立点と当否（432）
　　　Ⅱ　国家賠償責任の性質 ……………………………………………………436
　　　　1　自己責任説と代位責任説（436）　2　加害公務員の特定の要否と国家賠償責任の性質（436）
　　　Ⅲ　公務員の対外的個人責任 ………………………………………………438
　　　　1　民法の原則（438）　2　軽過失の場合公務員に求償しないこととの調和（438）　3　不法行為制度の趣旨，公務員の対外的賠償責任否定説（438）　4　制限的肯定説（439）　5　国家賠償責任と公務員の責任の重複（440）　6　制限的肯定説の新たな根拠付け（441）
　　　Ⅳ　公務員とは ………………………………………………………………443
　　　　1　公務員概念の相対性（443）　2　公権力の行使を委託された者（443）　3　公務員の帰属主体の判定（448）
　　　Ⅴ　「職務を行うについて」 …………………………………………………451
　　　Ⅵ　違法行為 …………………………………………………………………452
　　　　1　計画保障請求権（452）　2　違法性判断における利益衡量——パトカー追跡事故事件（456）　3　行政過程の正常性と異常性——個室付浴場業事件を例として（459）　4　裁判官の違法過失（463）　5　検察官の違法過失（465）　6　判決以外の裁判所の判断（468）　7　立法者の違法過失（470）
　　　Ⅶ　過　　失 …………………………………………………………………480
　　　　1　過失の意義（480）　2　注意義務の程度（481）　3　予見可能性判定の具体例（483）　4　法解釈の誤り・調査不十分と過失の有無（494）　5　権力行為には過失の推定を（496）
　　　Ⅷ　違法と過失・不当との関係，抗告訴訟と国家賠償訴訟の関係
　　　　　 …………………………………………………………………………497
　　　　1　違法性の意義，違法と過失の関係，民事法的解釈と法治国家的解釈（497）　2　不当も国家賠償法上は違法？（501）

IX　行政の危険防止責任·····················503
　　　　　1　2面関係から3面関係の法システムへ(503)　2　主要判例の動向，多少の雪解け(508)　3　残された理論的課題(517)

　第2款　国賠法2条（＝公物営造物の設置管理の瑕疵）···········520
　　　I　瑕疵の意義，義務違反説，客観説，「通常」の安全性········520
　　　II　利用者との関係における瑕疵と利用者の自己責任···········521
　　　　　1　具体例の検討(521)　2　理論的な課題(527)
　　　III　河川災害·····························530
　　　　　1　洪水対策(530)　2　大東水害訴訟最高裁判決（リーディングケース）(531)　3　具体的事例をめぐる瑕疵の考え方(536)
　　　IV　公物営造物の第三者との関係における瑕疵················538
　　　　　1　使用者（公務員）や第三者との関係における物理的な欠陥(538)　2　第三者に対する騒音・振動被害と瑕疵(538)　3　1条と2条の違いはあるか，賠償と補償の違いはあるか(540)　4　瑕疵の判定における公共性の考慮(541)

　第3款　国賠法3条·························545
　　　I　国賠法3条の趣旨と実例分析···················545
　　　　　1　被告選択のリスクの低減(545)　2　実例の検討(546)
　　　II　国家賠償責任主体相互の責任分担·················548
　　　　　1　費用負担者説と管理者説(548)　2　公立中学校体罰事件の賠償責任者は県か市か(550)

　第4款　国賠法4条，5条·······················550
　　　I　国賠法4条と消防職員の消火ミス·················550
　　　II　消滅時効·····························551
　　　　　1　「知った」時(551)　2　継続的加害行為(552)
　　　III　除斥期間20年の例外·······················552
　　　IV　国賠法5条···························553

　第5款　賠償されるべき損害の範囲・請求権者···············553
　　　I　相当因果関係··························553
　　　　　1　拒否処分・手続違法の場合の特殊性(554)　2　事実的因果関係(554)　3　相当因果関係(555)　4　損害の範囲(558)

Ⅱ　損害賠償請求権者の範囲 …………………………………………559
　第3節　その他の救済制度と国家補償の谷間の救済方法 ……………561
　　第1款　その他の救済方法 ……………………………………………561
　　　Ⅰ　無過失責任の立法化──完全補償の規定………………………561
　　　Ⅱ　責任の制限立法 …………………………………………………562
　　　Ⅲ　違法行為による意図せざる結果的な損失に対する恩恵的な不完
　　　　　全補償 ……………………………………………………………563
　　　　　1　刑事補償（563）　2　予防接種禍補償（564）
　　　Ⅳ　戦争犠牲補償──社会福祉に遅れて色づけ……………………565
　　　　　1　その立法例（565）　2　その根拠と合理性（566）
　　　Ⅴ　犯罪被害者への給付 ……………………………………………568
　　　Ⅵ　転業規制，競争事業の創出 ……………………………………569
　　　Ⅶ　民事責任の行政法的制度化（無過失責任を含めて）…………570
　　第2款　国家補償の谷間の救済策 ……………………………………570
　　　Ⅰ　現行法制の実情 …………………………………………………571
　　　Ⅱ　谷間を埋めるためにこれまで用いられた諸方法 ……………573
　　　　　1　諸外国における工夫（573）　2　日本法での工夫（573）
　　　Ⅲ　谷間を埋める諸方法の提唱 ……………………………………575
　　　　　1　「いわんやをや」の救済，奈良県ため池条例を例に（575）
　　　　　2　破壊警察の例（576）　3　外交官による殴られ損事件（577）
　　　　　4　違法・無過失な行政活動（577）　5　結果的不法行為──逮捕，
　　　　　起訴，裁判（579）　6　保護されている動物による被害（583）
　　　Ⅳ　立法による救済の新動向 ………………………………………583
　　　Ⅴ　むすび，国家賠償訴訟の活性化を ……………………………586
　　　　　1　国家賠償訴訟は多少機能（586）　2　およそ不平等（587）
　　　　　3　消極判例の厳存（587）

最後に　国家補償のまとめ，行政救済法の総合的鳥瞰　589
事項索引
判例索引

行政救済法の体系

　まず最初に、行政活動に対する救済のための法システムを示そう。
　行政活動が違法である場合、それはあとで救済されても、刑事事件における冤罪と同じく人生や商売を失う。そこで、冤罪を防がなければならない。まず、違法な結果が生じないように、事前手続で阻止する必要がある。これが行政手続である（⇒第8章）。
　その段階を終えても、行政処分がなされる前はそれを差し止める必要があるし、既になされれば原状回復を求めることが必要である。それが行政不服申立てと行政訴訟、民事訴訟である。このうち、行政不服申立てと行政訴訟を併せて**行政争訟**というのが一般の用語である。
　不服申立ては、行政に対してなす（⇒第10章）。裁判所に対してなすのは、民事訴訟なり行政訴訟である。公権力の行使にかかわる場合には抗告訴訟、そうではないが、公法上の争いであれば公法上の当事者訴訟、民事紛争であれば民事訴訟となる。主観的な利益がなくても争えるのが、民衆訴訟、機関訴訟である。
　事前に差し止めるのが、抗告訴訟のうちの差止訴訟、民事訴訟のうちの差止訴訟である。
　行政処分その他違法な行政活動が行われた場合には、それを阻止し、なされた行為を原状に戻し、その求める行為をしてもらうことが必要である。訴えの対象となる行為が行政処分その他公権力の行使であれば抗告訴訟、そうでなければ当事者訴訟または民事訴訟となる。抗告訴訟には取消訴訟、無効確認訴訟、不作為の違法確認訴訟、義務付け訴訟、差止訴訟がある（以上、⇒第9章）。
　私人がなす時間的な順序で言えば、不服申立てが先だが、制度としては行政訴訟を先に理解した方が不服申立てを理解しやすいので、行政訴訟を第9章で、不服申立てを第10章で扱う。

行政救済法の体系

　行政に対してなすという点では行政手続も不服申立ても同じだが，前者は事前に（処分前に），後者は事後に行う。

　一般に行政手続は，行政救済法には入れられていないが，本書では，事前であるか事後であるかというよりも，違法な行政権力に対する救済の面に着目して，行政手続も行政救済法に入れた（事前と事後の峻別に疑問を提出するものとして，白藤博行「行政不服審査制度改正の憂鬱と希望」ジュリ1371号16頁，福家俊朗＝本多滝夫編『行政不服審査制度の改革』〔日本評論社，2008年〕168頁）。

　違法な公権力の行使により既に違法な結果が生じた場合には，その損失を補塡させる必要がある。この金銭救済が国家賠償である（⇒第11章第2節）。

　行政活動が適法なら，これを阻止することはできないが，それが法律に基づく意図的なものであり，特別の犠牲を生ずる場合には損失補償が行われる。土地収用がその典型である（⇒第11章第1節）。

　損失補償にも国家賠償にも当てはまらないため損害を生ずるにもかかわらず，賠償・補償がされない領域を国家補償の谷間と称する（⇒第11章第3節）。この損失補償と国家賠償および国家補償の谷間を併せて，国家補償と称している。

　以下，事前手続，行政不服審査を除き，訴訟段階の救済制度について図示する。

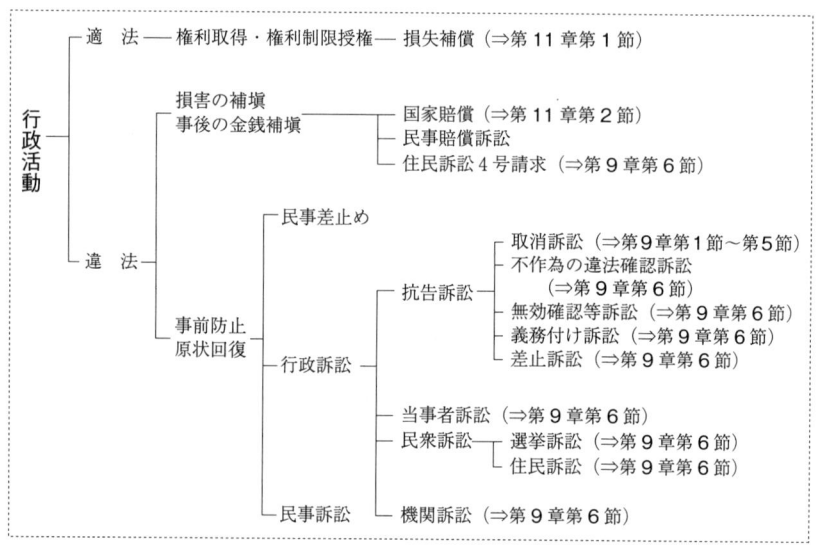

第8章　行政手続

　① 行政手続の保障は，法治国家の手続的側面だという。どこの国でも，前から保障していたのか。英米法と大陸法ではどう違うのか。
　② 行政手続法を発展させたのは，個人タクシー・群馬中央バス白石判決だという。どんな理論なのか。
　③ 課税処分に理由が付いていないが，なぜ？
　④ 理由附記は，相手方が処分の理由を（立入調査でのやりとり等から）知っていたら，もう不要ではないか。
　⑤ 保育所民営化で，恣意的な入所拒否が起きるという。なぜか。
　⑥ 行政処分をするときは，事前に証拠を見せて，徹底的に言い分を聴いたら，間違いが少なくなるはずだが，不許可処分を受けたときは何も聴いてもらえなかった。行政手続法ができたのに，なぜ？
　⑦ 営業許可を取り消す予定だから，聴聞するという通知が来た。文書閲覧請求権はあるが，コピーは駄目という。なぜ？
　⑧ 営業停止処分を予定しているから弁明せよという通知が来たが，処分の根拠となる書類の閲覧は認められなかった。これでは防御できないではないか。
　⑨ 保険医療機関指定取消処分の聴聞の通知書に，何とかの注射をしたとかどんな薬を出したとの記載がなく，単に，健康保険法80条といった理由が付けられていた。これで十分か。
　⑩ 届出に行ったら，受理してくれない，許可申請に行ったら，申請書は預かりますと言われた。これでは事業はできない。どうすればよいのか。
　⑪ 聴聞を経て不利益処分がなされた。裁判の段階で，聴聞手続で十分に論争できなかったと主張したのに，裁判所は処分は実体的に違法ではな

いとした。実体法上適法な処分について手続の保障はないのか。

　⑫　以上は，個別処分に先行する手続であるが，行政立法，行政指導基準，処分基準などを定めるときも広く意見を聴く意見公募手続が導入された。わが社も意見を言いたいが，どうせ握りつぶされるのではないか。

　⑬　法令の解釈は，不明確で，わが社の企画があとで違法とされるのではないかと心配である。担当官庁の意見を事前に聴きたいが，どうすればよいか。

　ある行為をしたいが，処罰されるかもしれない。先に法務省に刑罰法規に触れるか，質問したら，教えてくれるだろうか。

【本章で学ぶこと】

　違法な行政処分を受けたら，行政訴訟，不服審査，国家賠償という救済方法があるが，これは処分を受けてからであるので，例えば，指示・営業停止処分・取消処分を受けたら（さらにその事実がHPにでも掲載されたら），顧客と取引先の信用は失墜し，銀行融資は止まり，営業者としても個人としても，社会的には死刑に近い。仮に裁判で勝っても，実際上まともな救済にはならない。それは刑事事件で，冤罪だとして無罪となるのに匹敵する（行政冤罪）。

　違法な処分がなされないように止めることが是非必要である。それが事前手続である。処分に際して，理由を提示したりし，事前に（行政処分前），被処分者の言い分を聴いたりして，間違いが少なくなるようにする手続である。さらに，聴聞手続においては，被処分者に証拠を提出させ，論戦することにより，処分庁の事実認定と見解の誤りを指摘することができる。

　この意味で，行政手続法は，違法処分から身を守るきわめて有力な武器である。しかし，その意義は裁判所にも処分庁にも処分を受ける者にも必ずしも理解されていない。そこで，これを，行政救済法の一環として位置づけ，その冒頭で説明することとする。

　法治国家の側面からみれば，それには実体法と手続法の両面がある。これまで実体法の側面を扱ってきたが，ここでは手続法の側面を扱う。この手続法が遵守されたかどうかは，実体法と同じく，行政訴訟で審査される。

第1節　大陸流と英米流

　事前手続と法治行政の関係は，ヨーロッパの大陸法（ドイツ，オーストリア，フランス等）と英米法では異なった思想でできてきたと言われてきた。

I　伝統的事後的実体審査システム＝大陸流の法治国家

　大陸法では，行政庁が行政行為を発する段階では，相手方や利害関係者の意見を聴かず，自らの責任で判断し，不服審査庁が事後の不服審査において，さらに，訴訟の段階では裁判所が，行政行為が法規に適合するかどうかについて事後的に実体審査することにより法治行政を担保するシステムを採用していた（**事後的実体審査システム**）。裁判所は，法規裁量の行為（これは字義に反し，裁量行為ではなく，全面的に司法審査が及ぶ羈束行為であるので，本来廃語にすべきであるが）については，行政庁と同様の立場で事実認定を行い，その法規適合性を審理し（これを**実体的判断代置主義**という），自由裁量の行為（裁量性のある要素）については，裁量濫用のみを審理するのである。このシステムは，法規裁量行為であれば，司法による徹底的な審理により権利救済を図りうるというメリットを有する。

　しかし，反面，行政の手続なり処分過程が不透明のままで，裁量のベールに隠れた恣意的な処分が行われ，その統制が不十分となりやすい。事後では救済が間に合わないことも多いし，処分が仮に違法として取り消されるとしても，いったんは不利益が発生するし，それを原状回復することに伴いさらに種々の社会的不利益が生じることもある（区画整理の例を考えよ）。被処分者にとっては出訴・訴訟追行の負担が大きいという欠点を伴った。処分が不明確な規定（不確定概念）で規定されている場合，建前としては行政に裁量を認めないといっても，実体的判断代置主義は必ずしも十分に機能しないのであり，法治国家としても十分な制度ではないのである。

II　英米法の事前手続＝英米流の法の支配

　これに対し，英米法にも実体的判断代置主義を採る審査方式はある（いわゆ

る de novo の審査）が，むしろ，行政に広い裁量を認め，行政は事前に利害関係者に告知・聴聞（notice and hearing）の機会を与えて，裁決（adjudication）を下し，裁判所は行政手続が遵守されたかどうかに重点を置いて統制し，行政活動が法律に適合するかどうかという実体法の側面については統制を弱めるシステムに特色がある。こうした手続重視の発想は，英米法では，実定法に規定がなくても，当然のこととされた。イギリス法の natural justice（自然的正義）の法理や，アメリカ法の due process of law（適正手続と訳されることが多いが，法の適正な過程を指す）の法理がこれである。いわば手続的法治国家である。これは英米の**法の支配**（rule of law）の一内容をなす。

　これは行政の判断形成過程を公正・透明化することによって，事前の救済を図り，また，不当処分を防止し，裁量をある程度統制できて，事後統制の欠点を修正するメリットがある。しかし，裁判のレベルでは，実体審査が不十分になる不安がある。

　これは，もともと判例法であったが，アメリカでは1946年に行政手続法（APA, Administrative Procedure Act）が制定され，イギリスでは1958年に審判所及び公聴会法（Tribunals and Inquiries Act）が制定された。

　なお，ここにいう行政手続は行政処分前に行う事前手続を指し，告知・聴聞のほか，記録閲覧，理由附記（理由の提示）を含む。同じく行政の行う手続でも，不服審査手続は処分の事後になされるもので，行政手続とは区別される。

　アメリカの行政手続では，個別の処分に相当する裁決を，ヒアリングを行った後，記録に基づく決定を行うように個別の法律で定められているものがある。これを正式裁決という（宇賀克也『アメリカ行政法〔第2版〕』〔弘文堂，2000年〕97頁）。

Ⅲ　大陸法の発展

　実は，大陸法もかなり早くから事後的実体審査のほかに事前手続を導入していた。オーストリアは1926年に一般行政手続法を施行していた。ドイツは1977年になってようやく連邦行政手続法を施行したが，ただ，それは既に判例で形成された法理（理由附記，官庁の書類の閲覧権なども含めて）を体系化したにとどまる（バッホフ〈阿部訳〉「ドイツ連邦共和国の行政手続法」自治研究54巻1号，ドイツの行政手続について詳しくは，海老沢俊郎『行政手続法の研究』〔成文堂，

1992年〕)。

　ドイツでは，判例の主流は，日本流の制定法準拠主義という発想ではなく，むしろ不備な実定法を憲法の柔軟な解釈により補ってきた。それが後から法律の形で整理された。制定法の国と言われるドイツでも，判例法の国である英米法に似ているのである。

　理由附記としては，**ドイツ行政手続法 39 条**は，書面による行政行為または書面により確認された行政行為については書面により理由を附記することを原則としている。「理由付けにおいては，行政庁がその決定をするに当たって考慮した重要な事実上および法律上の根拠を示さなければならない。裁量決定の理由付けにおいてはさらに，行政庁がその裁量の行使に当たって基礎とした観点をも明らかにするものとする」としている。

　われわれから見て驚くべき例としては，ドイツでは，司法試験（Staatsexamen）の受験者が自分の答案に対する採点書類を閲覧して，その成績の理由を知ることができる（もちろん，不合格処分の取消訴訟を提起できる）という制度になっていることである。

　ドイツでは，正式の行政手続，計画確定手続のほかに，通常の手続としては，略式行政手続の制度を置く。**計画確定手続**（原発，長距離道路，鉄道などに適用）においては，公開の聴聞を経て，すべての許認可を統合する計画確定決定がなされる。正式行政手続（連邦鉱業法など。他に例は少ない）においても，すべての関係人に意見を述べる機会を与え，口頭審理を行った後に初めて行政行為を発布する（成田頼明『行政手続の比較研究』〔第一法規，1981 年〕，山田洋『大規模施設設置手続の法構造』〔信山社，1995 年〕）。これに対して，通常の略式行政手続では，手続の方式は決まっておらず（無方式），口頭審理は不要で，書面による意見聴取で十分であり，また，聴聞や理由の附記が不服審査の段階で追完されれば瑕疵は治癒されるとされているので，手続の要請は不服審査の段階を含めて初めて保障されることになっている（高木光「西ドイツ行政手続法」同『技術基準と行政手続』〔弘文堂，1995 年〕）。一国の制度の全体像を知る必要がある一例である。

　フランスでは，コンセイユ・デタ（行政裁判所兼内閣法制局）による事後的統制が中心で（これについては，阿部泰隆『フランス行政訴訟論』〔有斐閣，1971 年〕），事前手続は軽視されてきたと言われる。今日でも統一的な行政手続法典は存在

しないが，行政裁判所の判例と補完的に個別法令が行政の手続的統制の問題を処理している。

諮問的行政手続で利害関係集団代表の参加が広く認められ，防御権（droits de la défense）の法理も判例で承認されている。

法律としては，行政と公衆の関係の改善のために一連の立法が行われ，1979年の理由附記法は，一定の不利益処分について理由附記義務を定め，1983年11月28日のデクレ（政令の一種）は，行政文書の公開，事前の通知，制裁事由の開示，理由附記，対審手続等を定めている。意見書提出ないし聴聞を要するのは，理由附記法で理由附記を義務づけられる行政処分である。最近では，「行政機関との関係における市民の権利に関する2000年4月12日の法律第2000-321号」24条が，理由附記を要する個別の決定における対審手続を国の行政機関（それは1983年のデクレで定められていた）からすべての行政主体に義務づけた。

このほか，台湾（1999年），韓国（1996年）でも行政手続法が整備されている（以上の諸外国の法制の発展については，阿部「行政手続法の整備の意義，聴聞手続と司法審査のあり方」法学新報114巻1＝2号，3＝4号〔2007年〕）（以上，**問題①**）。

第2節　従前の日本の実定法

I　告知・聴聞

こうした諸外国の趨勢に対して，日本では長らく，統一的な行政手続法がなく，事前手続は個別法で要求されているにすぎず，告知・聴聞等の制度は不備・不統一であった。例えば，同じ公物管理における監督処分でも，道路法や都市公園法には聴聞の規定があったのに，河川法，海岸法には規定がなかった。

II　理由附記

行政の決定には理由が必要である。これは法治行政の必要に基づく。つまり，私人の行為には私的自治の原則が支配し，各人はするとしないの完全な自由を有するから，その行動，例えば契約，縁組みの拒否について理由を付ける必要はない。これに対し，行政の活動，少なくとも国民の権利や自由を制限する活

動については法律に基づく必要があり（法治行政の原理），そのためにはそれなりの理由が必要である。いわゆる自由裁量が認められる場合でも，行政は公務を信託されているのであって，恣意的な権力発動を許されているわけではないから，それなりには理由の付く行動をする必要がある。「**理由のない行政活動はない**」のである。

　問題はこの理由をあらかじめ明示する必要があるかどうかにある。この点，日本では従来，一般法はなく，個別法で規定していたのみであったために，規定は不備・不統一であった。

第3節　判例の発展と評価

I　告知・聴聞の判例
1　個人タクシー事件・群馬中央バス事件と制定法準拠主義

　1963年のいわゆる**個人タクシー事件**と**群馬中央バス事件**の東京地裁判決が判例の発展の契機となった。これは，当時の裁判長白石健三の名をとり，白石判決とも呼ばれる（陪席判事，濱秀和＝弁護士，町田顕＝元最高裁長官）。ただし，当時の道路運送法122条の2では事業の免許をするに際して（制度としては講学上の許可制であるが，需給調整を行っていた）聴聞が必要とされていたので，これらの事件では聴聞が必要なのにしなかったというのではなく，聴聞は行われたが，それが十分かどうか，つまり，**釈明義務**の規定がなくても，釈明（質問して聴くこと）する義務があるかどうかが争点であった。

　　＊　なお，現行道路運送法では，名称も許可制に変わり，需給調整は抑制され，許可に際しては，同法89条，90条ではなく，行政手続法の申請に対する処分のルールにより聴聞も弁明の機会も不要である。

　個人タクシーについては，当時需給調整の観点から新規参入が規制されていた（当時の道運6条。ただし，2000〔平成12〕年の法改正で，需給調整条項が廃止された）。出願者が，免許の枠（需要と供給が均衡のとれる範囲で設定している）を上回ったので，入学試験のように選抜しなければならないが，免許基準は抽象的なので，当局（当時の運輸省の下部部局）は，それを具体化して，転業の容易さと一定年限（7年）以上の運転歴という内部基準を設定して，聴聞のうえ審査し

たが，原告の申請についてはこの基準を満たさないとして却下した。

白石判決（東京地判1963〔昭和38〕・9・18行集14巻9号1666頁，判時349号12頁）は，この基準の当否を問題としたのではなく，当該却下処分に先行した聴聞における聴き方の不十分さを指摘した。具体的には，申請人が現在洋品店を経営しているというだけで個人タクシーに転業困難と決め付けてはならず，本当に転業する意思があるかどうかを聴くべきであり，申請人の国内での運転歴（5年）は基準に不足するが，軍隊での運転歴も入ることを教えなければならないというのである。

最高裁判決（1971〔昭和46〕・10・28民集25巻7号1037頁〔百選246頁〕）も，この判断を維持し，**多数の者から少数の者を具体的事実関係に基づき選択する場合には，明文の規定がなくとも「事実の認定につき行政庁の独断を疑うことが客観的にもつともと認められるような不公正な手続をとつてはならない」**とした。

群中バス事件は，新規バス路線の免許申請について，公聴会を経て，運輸審議会が，既設路線の乗継ぎと比べて，時間がかかり，運賃も高くなると認定したので，運輸大臣がこれに基づき，「事業の開始が輸送需要に対し適切なもの」（当時の道運6条1項1号）に当たらないとして却下した事件である。白石判決（東京地判1963〔昭和38〕・12・25行集14巻12号2255頁，該当箇所は2317頁以下，判時361号16頁）は，手続重視の審査方法によりこれを取り消し，高裁（東京高判1967〔昭和42〕・7・25行集18巻7号1014頁，判時492号3頁）は，伝統的な実体的判断代置主義により，申請路線は時間も金もかかると自ら認定して処分を適法とし，最高裁（最判1975〔昭和50〕・5・29民集29巻5号662頁〔百選248頁〕）は，公聴会で運賃，輸送時間について釈明しなかったことを不十分としつつ，釈明しても結果は同じとして，結局処分を適法とした。

個人タクシー判決も群中バス判決も，**条文に規定のない釈明義務を創造**している。ただ，1審は憲法13条・31条などからそれを導いているのに対し，最高裁は道路運送法関係の規定の解釈によってこれを導いている。いわゆる**制定法準拠主義**である。こうした思考は手堅いようにみえて，判例による行政手続法の発展を妨げた（阿部・裁量と救済第2部第5章140頁）。

*　ただ，個人タクシー判決には次の理由で問題がある。つまり，洋品店経営者でも個人タクシーの方が儲かるので転業する意思があるとか，外国で戦時中運転歴があ

るといった例外的な事情については，いちいち指摘されなくとも申請者の方から申し立てるべきことであり，多数の者から短時間に少数の者を選択せざるをえない行政にそうした例外的なことに気づいて教える義務を課すのは酷ではなかろうか（阿部・事例解説［11］）。

また，群中バス判決にもやや行きすぎという疑問がある。つまり，運送業者は運賃や輸送時間という重大なことについては，釈明されなくとも自ら積極的に証明すべきであろう（遠藤博也『実定行政法』〔有斐閣，1989年〕155頁，阿部・裁量と救済152頁）（以上，**問題②**）。

2 明文の手続規定がない場合の判例

これに対して，告知・聴聞を要するとする明文の規定がない場合には，普通は文理解釈に従ってこれを必要としないというのが判例である。ただ，例外として，**公務員の免職処分について憲法31条などを根拠に，明文の規定がないのに告知・聴聞を要するとする判例**が若干あった（甲府地判1977〔昭和52〕・3・31判タ355号225頁，東京地判1984〔昭和59〕・3・29判時1109号132頁，判例自治5号44頁〔公務員百選64頁〕，宇都宮地判1959〔昭和34〕・12・23行集10巻12号2597頁）。ただ，公務員の免職処分に関するこの例について言えば，実は処分が実体法上違法の疑いが濃いが，必ずしもその証明がないときに活用される面がある。換言すると，実体法上適法と判断される処分について手続法のルールを明文の規定なしに創造して違法とまで決めつけることには，なかなか至っていない（阿部・裁量と救済220頁以下）。

3 成田特別法判決

最高裁大法廷はいわゆる**成田特別法判決**（最大判1992〔平成4〕・7・1民集46巻5号437頁〔百選244頁〕）で，**憲法31条の定める法定手続の保障は，直接には刑事手続に関するものとしつつ，行政手続についても適用の余地がある**ことを認めた。これによれば，「一般に，行政手続は刑事手続とその性質においておのずから差異があり，また，行政目的に応じて多種多様であるから，行政処分の相手方に事前の告知，弁解，防御の機会を与えるかどうかは，行政処分により制限を受ける権利利益の内容，性質，制限の程度，行政処分により達成しようとする公益の内容，程度，緊急性等を総合較量して決定されるべきものであって，常に必ずそのような機会を与えることを必要とするものではない」ということである。そして，成田空港事件では，「工作物使用禁止命令により制限される権利利益の内容，性質は……，右命令により達成しようとする公益の

第8章　行政手続

内容，程度，緊急性等……を総合較量すれば，右命令をするに当たり，その相手方に対し事前に告知，弁解，防御の機会を与える旨の規定がなくても……憲法31条の法意に反するものということはできない」とした。

これは行政手続法制定前の憲法解釈論であるが，行政手続法も，緊急の処分には適用を除外し（同法13条2項1号），成田特別法（成田国際空港の安全確保に関する緊急措置法）8条は行政手続法第3章の適用を除外している。

II　理由附記の判例
1　法律上義務付け規定がない場合

理由附記が法律上義務づけられていない場合には，必要ないと考えるのが普通の場合であった。税法関係では，**青色申告**の承認（所税143条以下，法税121条以下）を受けた者に対する所得税，法人税の更正処分では理由附記が必要である（所税155条2項，法税130条2項）が，いわゆる**白色申告**（青色申告と違って，帳簿書類の記載が不十分な者が行う申告）では，**課税処分の段階で理由を明示する必要はない**（最判1967〔昭和42〕・9・12訟月13巻11号1418頁，税務訴訟資料48号395頁）とされてきた。その理由は，理由附記は青色申告の承認を受けた者の特典である一方，白色申告者に対する処分は大量であるから，税務当局の手間を省く必要があるし，不服を申し立てれば，滞納処分される前に理由が示されることによるというものであった（この点では，事後手続が事前手続に代わる機能を果たすはずとの認識がある）。

そして，行政手続法が施行された今日でも，国税通則法74条の2第1項は，行政手続法12条の理由附記の規定の適用を除外している。消費税法も理由附記の制度を置いていない。

しかし，そもそも，理由附記は帳簿を備えた者に対する特典という発想が，行政手続法が施行された今日の発想に合わないアナクロニズムである。課税処分を行う以上は，それなりの理由を明示することは適正手続の法理上自明である（北野弘久『税法学原論〔第6版〕』〔青林書院，2007年〕282頁）とも言える。実質論でも，処分の理由を書くことは，わかっているはずのことを簡単な言葉に置き換えるだけであるから，いわば朝飯前で，行政の負担が重くなるなどという言い訳（もっぱらお上の立場の発想！！）は，納税者の重い負担の前には，正当化できない。納税者の方は，不服申立てをする場合の手がかりがないので，

手探りで異議申立書を書くことになり，また，処分の理由を知るだけのためにわざわざ異議申立てをすることもあるので，税務当局もかえって手間がかかることになる。この制度は，解釈論としてはともかくとしても，改正されるべきである（日本弁護士連合会「国税に関する不利益処分の理由附記及び処分基準の公表についての意見書」2007年11月5日）（以上，**問題③**）。もともとは税務行政の特殊性が手続の整備を促したが，行政手続法が整備された今日，逆に税務手続は遅れてしまったのである。

2　附記義務に違反した場合

これに対し，**法律上理由附記が義務づけられているにもかかわらず理由を附記しなかった場合，その瑕疵は取消事由**となる。

次に，附記すべき理由としてはどの程度のものが要求されるか？　これは理由附記の機能として何を考えるかによって決まる問題である。

判例はこれを，①「処分庁の判断の慎重・合理性を担保してその恣意を抑制する」（**恣意抑制機能**）とともに，②「処分の理由を相手方に知らせて不服申立てに便宜を与える」（**不服申立て便宜機能**）ことに求める（最判1963〔昭和38〕・5・31民集17巻4号617頁〔百選250頁〕）。

そこで，一般理論として，どの程度の理由を附記すべきかは，処分の性質と理由附記を命じた各法律の規定の趣旨・目的に照らして決定すべきことであり，**処分理由は附記理由の記載自体から明らかでなければならない**とされている。

例を挙げると（行政手続法制定後もこの判例は生きている），審査請求に対する裁決（理由附記が義務づけられている。行審41条・48条，税通84条4項・101条1項）の例で，「貴社の審査請求の趣旨，経営の状況，その他を勘案して審査しますと，芝税務署長の行った青色申告届出承認の取消処分は誤りがないと認められますので，審査の請求は理由がありません」という理由は，理由になっていない。審査決定の理由としては，「**不服の事由に対応して，その結論に至った過程を明らかにすべきである**」（最判1962〔昭和37〕・12・26民集16巻12号2557頁〔百選298頁〕）。

　　＊　さらに，判例を紹介する。
　　　旅券発給の拒否では，旅券法13条1項5号は「著しく且つ直接に日本国の利益又は公安を害する行為を行う虞があると認めるに足りる相当の理由がある者」に対しては旅券の発給を拒否でき，その際は「理由を付した書面をもって」通知する

第8章　行政手続

(同 14 条) としている。同号に該当するとだけ記載されて，その**適用の基礎となった事実関係が具体的に示されていなかった場合には，その記載自体からは旅券発給拒否の基因となった事実関係を知ることができない**として，**理由不備**とされた（最判 1985〔昭和 60〕・1・22 民集 39 巻 1 号 1 頁，判時 1145 号 28 頁〔百選 252 頁〕）。

情報公開では，東京都総務局が警視庁から入手した「個人情報保護対策の検討について」と題する文書の情報公開請求に対してなされた，「本条例 9 条 8 号に該当」との理由を記載した非開示決定について，1 審（東京地判 1991〔平成 3〕・3・1 行集 42 巻 3 号 371 頁，判時 1383 号 127 頁）は，同号該当（関係者間の信頼関係が損なわれると認められるものは非開示という趣旨）というだけで理由に不備はないとした。しかし，高裁（東京高判 1991・11・27 判時 1408 号 17 頁，判タ 772 号 86 頁）は，これだけではいかなる理由でどのような障害があるかまったく不明で，理由として不備とした（最判 1992〔平成 4〕・12・10 判時 1453 号 116 頁，判タ 813 号 184 頁〔百選 254 頁〕も同旨）。

　さらに，理由附記の趣旨は，前記のように処分の慎重・合理性の担保であるから，**相手方が処分の理由を（調査などで）知っていても，なお必要**とされる（前掲最判 1962・12・26，最判 1974〔昭和 49〕・4・25 民集 28 巻 3 号 405 頁〔租税百選 2 版 152 頁（3，4 版に掲載なし）〕）（**問題④**）。

　　＊　最近の下級審では，馬主登録の申請に対し日本中央競馬会が行った**拒否処分の理由が根拠規程の条文とその条文の文言のみ**であったので，「いかなる根拠に基づきいかなる法規を適用して当該申請が拒否されたのかということを，申請者においてその記載自体から了知し得るものでなければならず，単に，当該拒否処分の根拠規定を示すだけでは，それによって当該規定の適用の基礎となった根拠をも当然知り得るような場合は格別，……理由提示として，不十分というべきである。」「申請者が当該拒否処分理由を推知できると否とにかかわらず，当該拒否処分がなされた時点において，右に述べた程度の理由が示されていなければ，理由提示義務違反として，当該拒否処分は違法なもの」として，取り消した判例（東京地判 1998〔平成 10〕・2・27 判時 1660 号 44 頁，判タ 1015 号 113 頁）がある（このほか，阿部・法務戦略第 3 章第 1 節三）。

　　　道路運送法 40 条の規定に基づく輸送施設使用停止命令処分の理由欄に条文の列挙以上の理由が記載されず，処分基準の記載もなかった事案で，被告は，処分基準も公にされ，法の定める違反事項を単純に処分基準に当てはめれば，自動的に処分の内容が導かれるような事案においては，理由提示の程度としては，違反事由と根拠条文を示せば足りると主張した。しかし，裁判所は，違反の程度，加重事由の有無，初犯か再違反かを本件命令書等の記載から了知できず，原告にとって，いかなる処分基準が適用されて本件処分がされたのかを知ることはできない（それ故，処分基準の適用が正当であったか否かが判断できない）として，理由提示は不十分であるとした（大阪地判 2007〔平成 19〕・2・13 判タ 1253 号 122 頁）。

【理由附記の不備は聴聞手続で適法化されるか？】
　理由の提示は不十分で，違法であるが，聴聞手続で明らかにされた事実の程度や聴聞期日におけるやり取りの状況，聴聞で示された事実と処分理由上の事実との対比等を総合すれば，理由提示の制度の趣旨を没却するとまでは言えないから，聴聞手続に基づく処分を取り消すほどの違法があるとは言えないとの判例（高松地判 2000〔平成12〕・1・11 判例自治 212 号 81 頁）があるが，聴聞でしっかり聴けたのなら，理由を記載することは簡単なはずで，それさえ怠ることはきわめて杜撰というべく，理由附記の趣旨が害されるので，反対に解すべきであろう。

【理由が不備でも不服審査の段階で理由を示せば瑕疵は治癒されるか？】
　理由附記の趣旨が，①「処分庁の判断の慎重・合理性を担保してその恣意を抑制する」（恣意抑制機能）とともに，②「処分の理由を相手方に知らせて不服申立てに便宜を与える」（不服申立て便宜機能）ものである以上は，**あとから理由を示しても，瑕疵は治癒されない**（最判 1972〔昭和 47〕・3・31 民集 26 巻 2 号 319 頁，最判 1972・12・5 民集 26 巻 10 号 1795 頁）。

第 4 節　行政手続法の制定

I　立法の遅れの理由

　1964（昭和 39）年の第一次臨時行政調査会が行政手続法草案を作成したが，店晒しのままであった。その政治的な理由は，こうした総論立法については利益団体がなく，族議員もおらず，外圧（組織外の圧力，外国からの圧力）もかからないので，立法化への政治的圧力がかからず，また，関係省庁は拘束されることが増えるのはいやだと反対なうえ，担当官庁（当時の総務庁）には力がないためである。立法が役人主導型の国では，「泥棒に刑法を作らせる」のにも似ていて，立法化されても骨抜きになりやすい。諸外国で立法化されたのは，判例が憲法から行政手続を導くという，いわば憲法準拠主義で先行して不統一・複雑となったため，行政にとっても不便であり，それらを整理・体系化して法を透明化するとともに，行政の負担を軽くする要請が行政庁側にもあったためである。

第8章　行政手続

　わが国では，判例は昭和30，40年代には発展の動きを示したが，特に昭和50年代に入り，いわゆる制定法準拠主義（憲法より下位の法令の文言通りに行動する主義）に堕し，憲法から事前手続を導くという発想に乏しくなったために十分発展しなかった。立法者は判例待ちで，お互いにキャッチ・ボールしているので，行政手続法立法の地盤が弱かったのである。

　しかし，近時の国際化の進展により，わが国の行政の不透明なスタイルを国際的に通用するように変えることが必要であると認識されるようになってきた。その方法として，個別の不統一な制度に代えて，**共通的・横断的な法律を制定することにより，「公正・透明な」行政手続を確立し，わが国の行政に対する信頼を確保すべきもの**と考えられるようになったのである。そして，やっと行政手続法が1993（平成5）年に成立し，1994（平成6）年から施行された。

　行政手続法と憲法との関係については，憲法13条説，31条説，手続的法治国説がある（対話で学ぶ115頁）が，この法律は，憲法から導かれる最小限ではなく，それ以上の定めを置いている。

II　行政手続法の概要
1　定　義

　この法律は，第1条に見るように，処分（申請に対する処分，不利益処分），行政指導，届出ならびに命令などを定める手続に関する共通の事項を定めることによって，行政運営における**公正の確保と透明性の向上**を図り，もって国民の権利利益の保護に資することを目的とする一般法である（特別法があればそれが優先する）。

　ここで，透明性については，法令用語として例がないので，「行政上の意思決定について，その内容及び過程が国民にとって明らかであることをいう」とする定義規定を置き，地方公共団体もその例に倣って定めることを求めている（「第46条において同じ。」とするのはその趣旨である）。行政スタイルの転換も求める画期的な定めである。

　全体は，総則，申請に対する処分，不利益処分，行政指導，届出，意見公募手続に分かれる。行政指導については先に（⇒序章第2節III3(5)，第2章第1節IV）述べたので，ここではそれ以外について述べる。

第4節　行政手続法の制定

		基準の設定	理由提示	書面弁明	口頭弁論	文書閲覧
申請に対する処分（拒否処分）		○	○	×	×	×
不利益処分 名宛人の権利を制限、第三者除く）	許可の停止など	○	○	○	×	×
	許可の取消しなど	○	○	×	○	○

　まず，この法律の用語（2条）で，「処分」とは，行政庁の処分その他公権力の行使に当たる行為をいう。定義にはなっていないが，これは行政事件訴訟法，行政不服審査法と一緒で，学説判例に任せるしかないということである。

　「**申請**」とは，「法令に基づき，行政庁の許可，認可，免許その他の自己に対し何らかの利益を付与する処分（以下「許認可等」という。）を求める行為であって，当該行為に対して行政庁が諾否の応答をすべきこととされているものをいう」。法令に基づかない申請，行政庁に諾否の応答義務がない申請（職権による行為）はここでの申請に当たらない。許認可等は申請人に対し何らかの利益を与える処分をいい，公害工場に対する規制的処分を求める等，第三者に対する不利益処分を求める申請は含まれないことに注意する必要がある。なお，申請・届出・処分通知をオンラインで行うことができるようになった（主務省令で定める。行政手続オンライン化法＝行政手続等における情報通信の技術の利用に関する法律）。

　「**不利益処分**」とは，「行政庁が，法令に基づき，特定の者を名あて人として，直接に，これに義務を課し，又はその権利を制限する処分をいう」。営業の停止や取消しがそれである。ただし，**申請により求められた許認可等を拒否する処分**は，通常の用語では不利益処分であるが，この法律では，それは申請に対する処分であって，不利益処分には含まれない（2条4号ロ）と定義していることに注意すべきである。更新拒否処分も不許可処分扱いとする説が多いようであるが，これは既存の許可業者の営業を禁止するのであるから，実質に即して許可取消処分＝不利益処分と解すべきであろう。

　この定義では，第三者に対する許可処分により不利益を受けようと，それはここでいう不利益処分には当たらないとされている。また，「イ　事実上の行為及び事実上の行為をするに当たりその範囲，時期等を明らかにするために法令上必要とされている手続としての処分」，例えば代執行の戒告，「ハ　名あて人となるべき者の同意の下にすることとされている処分」，「ニ　許認可等の効

力を失わせる処分であって，当該許認可等の基礎となった事実が消滅した旨の届出があったことを理由としてされるもの」は実質的には不利益処分ではないとして除かれている。これらは後述の聴聞手続の対象外となる。

2　適用除外
(1)　学生・公務員等，個別法

第3条1項はこの法律を適用しない場合で，税務関係，公務員，国公立学校の学生，囚人，外国人，試験など，種々の例がある。

公務員が処分を受けるとき，事前に聴聞を受ける機会を保障されていない。単に処分に関する説明書の交付の制度があり（国公89条，地公49条），処分を受けてから，不服申立段階で言い分を言えるだけである。国公立学校の学生の処分の場合には不服申立制度もない。実際上は何らかの意見を聴くだろうが，法的な保障はないし，しかも，処分庁担当者が被処分者の言い分を非公式に聴くだけなので，検察官と裁判官を兼ねる遠山の金さんのような人が判断する，恣意的なしくみである。そのようなことがないように内部の手続をきちんと分離すべきである。

さらに，事後救済は機能しにくいので，解釈論としても，公務員の免職処分について，弁明の機会を保障すべきとする判例は行政手続法制定前も散見された（⇒第3節Ⅰ2）が，同法制定後の最近も出されている（福岡高判2006〔平成18〕・11・9判タ1251号192頁）。

税については，行政手続法の規定の大部分が適用除外されている（税通74条の2，地税18条の4）。課税処分は不利益処分の最たるものであるが，白色申告であれば理由も附記されず，弁明手続も文書閲覧請求権もない。甚だ不備である。まして，制裁的処分である重加算税（税通68条）についても事前手続がないのは，成田特別法最判に照らしても違憲ではないか。

生活保護法は，不利益処分（保護の廃止・停止）については，処分基準と理由附記を適用するものの，聴聞，弁明の手続を適用していない（29条の2・62条5項）。これは憲法25条の定める生存権保障の制度であるから，実体的だけではなく手続的にもきちんと保障すべきであり，実際上言い分は聴いている等と称することなく，正式の手続を導入すべきであろう。

　　＊　外国為替及び外国貿易法55条の12は，同法25条1項・2項，48条1項・2項の許可と許可取消しに行政手続法第2章，第3章を適用しないとしているから，そ

のほか行政指導の規制など，第4章以下は適用される。さらに，同法27条の勧告，命令には行政手続法が適用される。丁寧に見ないと，適用関係がわからないので，わざわざ紹介した。

外国人関係も，出入国管理及び難民認定法で規制され，行政手続法は一律適用除外されていて（行手3条1項10号），権利救済が甚だ不備な領域となっている。

単位弁護士会・日弁連が弁護士法に基づいて行う処分は，行政手続法第2章，第3章の適用を受けない（弁護士43条の2・49条の2）。

「報告又は物件の提出を命ずる処分その他その職務の遂行上必要な情報の収集を直接の目的としてされる処分及び行政指導（3条1項14号）は，行政調査であるが，行政庁の意思決定の準備行為であり，通常の行政処分，行政指導とは異なる特色があり，個別の法律の手続規制に委ねることとした」という（宇賀克也『行政手続法の解説〔第5次改訂版〕』〔弘文堂，2005年〕69頁）。現実の権利侵害は，処分の前に行政調査段階で起きるので，その手続的整備が緊要である（⇒第6章第1節Ⅲ6，韓国では行政調査基本法を制定した）。

(2) 地方公共団体の行う行為

次に，第3条3項で，地方公共団体の機関の行う行為のうち，条例に基づく処分・届出には行政手続法を適用しないとした。これについては，行政手続条例が制定されているのが普通である。これに対し，**法令に基づく処分と届出については，地方公共団体が行う場合でも，この法律が適用される**（根拠法令基準主義）。

行政指導については，法令に基づくものか条例に基づくものか，それらの根拠がないものかを問わずに，本法の適用を受けない。これは区別が難しいので，いわば主体説で，地方公共団体の機関が行うという外形だけで，本法の適用を除外したものである。

(3) 国・地方公共団体・特殊法人・認可法人・指定法人等の監督

第4条1項では，国の機関，地方公共団体もしくはその機関が**固有の資格に基づいて処分を受ける場合およびそれが届出をする場合には適用外**とする。行政手続法は私人の地位を保護するための制度であるから，地方公共団体が地方債の許可を拒否されるような場合は対象外となっている（ただし，地方債の許可は今は同意を要する協議となっている。地財5条の3）。

これらが行政指導を受ける場合には，固有の地位かどうかを問わず本法の適用を受けない（主体説）。

特殊法人と一定の認可法人に対する処分については，当該法人の監督に関す

る法律の特別の規定に基づいてなされるものには本法を適用しない（4条2項）。国の施設が消防長から措置命令を受ける場合（消防17条の4）は，民間人と同じ立場なので，本法の適用がある。

いわゆる指定法人（⇒第5章第2節V参照）に対する監督処分についても同じである（4条3項）。

3 申請に対する処分
(1) 審査基準

申請に対する処分については，「行政庁は，審査基準を定めるものとする。」（5条1項）。裁量が広いとどんな判断をされるか予測できないので，基準を明確にして，予測可能性を高めるものである。「ものとする」というのは，日本の立法技術の約束では，義務ではあるが，それは原則にとどまり，例外もありうるとの趣旨である。例外とする理由は処分庁が立証すべきことであろう。ここで，審査基準を設定するのは行政庁であるから，権限が大臣から地方の出先機関に委任されている場合，審査基準に関する大臣の通達があっても，それだけでは審査基準にならない。処分権者ごとに審査基準を作らなければならない。

「行政庁は，審査基準を定めるに当たっては，許認可等の性質に照らしてできる限り具体的なものとしなければならない」（同2項）。

その必要性は個人タクシー事件で示された。審査基準は行政庁の判断基準として司法審査の際に考慮される。もともとは審査基準は行政内部の行政規則で，違反しても違法にはならないと解されたが，今日では審査基準に違反すれば違法になる（いわゆる行政規則の外部化現象，⇒第4章第2節Ⅲ2。宮田三郎「行政規則の拘束力について」朝日法学論集27号〔2002年〕1頁以下，野口貴公美「行政立法」新構想Ⅱ25頁がこの問題を一般的に整理している）。審査基準を設定していないことも違法事由になる。

これに対して，審査基準は，それのみで手続の公正を図っているのではなく，理由の提示を十全ならしめるためであるから，それが不備でも後に処分の理由提示の段階できちんとした理由を付ければ，処分は違法ではないとの説がある（藤山編・行政争訟173頁）が，審査基準は，申請時に必要になるものであるから，処分時に理由を付けても審査基準の不備の瑕疵が治癒されるものではないと思う。

「行政庁は，行政上特別の支障があるときを除き，法令により申請の提出先

とされている機関の事務所における備付けその他の適当な方法により**審査基準を公にしておかなければならない**」（同3項）。「公にする」とは，積極的に公表するほどではないという趣旨とされる（HP に掲載されるとは限らない）が，許認可を申請する者は，先に処分庁に行って，審査基準を見ることができるわけである。

これに関する判例として，中国人医師による医師国家試験受験資格の認定に関して，審査基準が示されていなかったことを理由として原処分を違法として取り消した判例（東京高判2001〔平成13〕・6・14判時1757号51頁，判タ1121号118頁）がある。

* これは，既に東京高裁で弁論終結して，敗訴が確実となってから，筆者が，弁護団から検討依頼され，理由不備と審査基準設定義務違反を主張した結果，弁論が再開され，取消判決を得たものである（阿部・法の解釈(2)第9章）。なお，この事件当時，台湾人医師は日本の医学部卒業と同格で医師国家試験を受験できるのに，中国本土の医師は予備試験から受験せよとされており，合格しにくいものであった。この判決だけでは，やり直しにすぎないが，厚生労働省はその後，原告中国人医師が日本の医師国家試験の受験資格を得られるような基準を作成し，この医師は日本の医師国家試験に合格して，日本の医師になっているので，この裁判は無駄ではなかった。

公立保育所の入所決定の審査基準を明示しないことを違法とした判決がある（大阪地判2002〔平成14〕・6・28〔原野早知子・賃金と社会保障1327号（2002年）49頁，小島晴洋・季刊社会保障研究38巻4号（2003年）324頁］）。他方，奈良地判2000〔平成12〕・3・29判例自治204号16頁は，審査基準の定立・公表の手続が履践されなかったからといって「個々の行政処分が直ちに違法となるものと解すべき根拠はない」としているが，それ以上の理由は付いていない。

応用研究：保育所民間化の問題

保育所は，民間でも設置できるが，地方公共団体の公の施設（自治244条の2）であれば，その使用関係は使用許可という，申請に対する行政処分により行われるので，行政手続法の適用がある。これは民事の契約自由の原則に対する行政法の優勝性を示すものである。保育所が民営化されると，その入所拒否は処分ではなくなるので，行政手続法の適用がなくなり，入所希望者の権利保護が図られなくなる。由々しきことである。形式が私法上の契約でも，児童の保育という公的課題を確保できるような契約条件を確保するべきである（**問題⑤**）。

(2) 標準処理期間

行政庁は申請に対する処分については，**標準処理期間**をあらかじめ定めるように努め，これを定めたら公にしておかなければならない（6条）。例外的に処

理期間を定める法律もあるが，本法では努力義務にとどめている。
　これは役所に備え付けてある。握りつぶし対策で，いい加減に処理してと求める根拠にはなるが，努力義務であるため，不作為の違法確認訴訟の根拠にはならないし，期間が過ぎたら許可になるといった効果はない。

(3) 申請は遅滞なく審査

　第7条では，行政庁は，申請がその事務所に到達したときは，申請に対して**遅滞なく審査**（まずは申請が形式上の要件に適合しているかどうかの審査，これに適合している申請については申請の内容に関する審査）し，形式上の要件に適合しない申請（不適法な申請）に対しては，速やかに，申請人に申請の補正を命ずるか，またはこれを却下するか，いずれかの措置を講じなければならないとされている。これまで，書類が提出されても正式に受理せずに預かるとか，受付けにすぎないと称したり，申請の変更を求める行政指導を行って，応ずるまで審査を進めない扱いがあった。これらは既に判例で違法とされているが，本条は，それを確認的に禁止するものである。受理拒否・放置は許されないのである。実際に受理拒否されたら，内容証明郵便を送ればよい。また，行審法21条では補正優先となっているが，行手法では補正優先の制度はないので，書類不備なら補正を求められずに，拒否されることが起きる。やり直せばよいが，先願主義などの際には不利になる。

(4) 書面による理由提示

　拒否処分（申請により求められた許認可などを拒否する処分をいう）を書面で行う場合には原則として**書面で理由を示さなければならない**（8条）。前述のように，理由らしい理由を付けないと違法になる。附款を付したり，処分の内容を限定したり（市内全域の営業許可申請に対して地域を限定する，3年の保育所入所申請に対して6ヵ月の期限を付すなど）するのは，一部拒否に当たり，理由の提示が必要であると解される。例外は，「ただし，法令に定められた許認可等の要件又は公にされた審査基準が数量的指標その他の客観的指標により明確に定められている場合であって，当該申請がこれらに適合しないことが申請書の記載又は添付書類その他の申請の内容から明らかであるときは，申請者の求めがあったときにこれを示せば足りる」というものである。

(5) 弁明・聴聞の不適用

　許認可等の拒否処分は，行政手続法上，不利益処分に当たらないので，後述

の**弁明や聴聞の事前手続の適用がない**ことに注意する必要がある。新たな許認可の拒否と、いったん許可などを受けた者に対する不利益処分とでは処分の重大性が定性的に異なること、不利益処分は突然行われるが、許認可の拒否はあらかじめ予想されるので、申請段階で拒否事由に当たらないとの主張をすることがそれなりに可能であることによるものであろう（**問題⑥**）。ただし、それは許認可申請の際にそれなりの応答と説明があることが前提である。また、特定の日のデモ行進の許可申請のように、事後救済が実際上機能しない事例では、拒否処分前に事前手続を置くべきであった。

(6) その他

情報の提供（9条）は努力義務であるが、当局が堂々と無視するのは容易ではないから、申請者は強く求めればよい。

公聴会の開催など、第三者の参加は単に努力義務であり、しかも、訴訟の原告適格並みに大幅に限定されている（10条・17条）。嫌忌施設、計画等の住民参加の問題は行政手続法では十分な対応ができていないのである。

第11条は、複数行政庁が1つの許認可にかかわるとき、役所同士のいわゆる**見合いを禁止**したものである（⇒第4章第4節Ⅳ1参照）。

4　不利益処分

(1) 処分基準・理由附記

不利益処分の**処分基準**もできる限り具体的に設定すべきであるが、これは、審査基準の設定と異なって、「努めなければならない。」と規定されているように、努力義務にすぎない（12条）。処分基準にあっては、審査基準に比べ、処分の要否、内容、程度が個別の事案によって異なること、このために基準の設定が困難な場合や設定してもあらかじめ公表することが適当でない場合が比較的多いこと、処分庁の手の内を明らかにすると悪用されることを考慮したものとされている。しかし、容易に努力できるのに努力しないで、処分基準を設定しないため、被処分者が処分基準を勘違いするような場合には、処分権の濫用という方向で考えるべきではないか。

しかも、国税通則法74条の2ではこの制度さえ適用除外されている。その理由は、基準が法令と通達で決められているということにあるが、それでは不十分であり、租税行政の公平性と国民の予測可能性の観点から、この制度を適用すべきである（日弁連・前掲意見書2007年11月5日）。

第8章 行政手続

　＊　例えば，健康保険法80条の保険医療機関の指定取消しは，条文上は，一定の違反をしたときで，「相当の注意及び監督を尽くしたときを除く」となっており，同81条の保険医登録の取消しには，違反とだけあって，このかっこ内の規定はない。
　　しかし，厚生労働省の指導監査大綱で，取消しは，
　　① 故意に不正又は不当な診療を行ったもの。
　　② 故意に不正又は不当な診療報酬の請求を行ったもの。
　　③ 重大な過失により，不正又は不当な診療をしばしば行ったもの。
　　④ 重大な過失により，不正又は不当な診療報酬の請求をしばしば行ったもの。
　となっている。軽過失では取消しはできない。
　　これは，処分庁である社会保険事務局長を義務づける上級機関の命令であるから，処分をする際の裁量基準にはなっているが，行政手続法上の不利益処分の基準は，処分をする行政庁である社会保険事務局が作成して，公にしておかなければならない（聞くところでは，そのようになされていないどころか，社会保険事務局にはそのような問題意識もない）。
　　介護保険施設に対しては「介護保険施設等監査指針」（厚労省老健局長通知平成18年10月23日）がある。
　　廃棄物処理法による廃棄物処理業者の許可の取消しなどについては，環境省産業廃棄物課長から，積極的かつ厳正に行政処分を行うようにとの「行政処分の指針」（平成17年8月12日）という通知が発せられ，処分権者は，これを根拠に不利益処分の基準を作っている。

　書面による理由提示義務は，拒否処分と同様に，不利益処分についても課されている（14条）。

　不利益処分に対する事前手続としては，聴聞手続と弁明手続の2種の手続が置かれている（13条）。

(2) 聴 聞 手 続

　聴聞手続は，許認可等を取り消す処分，名あて人の資格を直接剥奪する処分（例：道路公団総裁解任事件）等において実施しなければならないもの（13条1項1号）で，このような特に重大な不利益処分については，弁明手続よりも丁寧な事前手続を置くものである。改善命令，営業停止等は，聴聞手続の対象ではなく，より簡易な弁明手続の対象とされる。

　　＊　ただし，緊急性がある処分，金銭的処分，機械的に行われるとみられる処分等にはその適用が除外される（13条2項）。

　処分の相手方は，行政庁から「予定される不利益処分の内容及び根拠となる法令の条項」，「**不利益処分の原因となる事実**」等の処分理由が通知され（15条1項），**意見を述べ，立証を尽くし，行政庁の職員へ質問する機会**が与えられる

(20条)。この行政庁の職員への質問権は，行政不服審査では認められていない（行審25条以下，ただし，2008年改正案では質問権が認められる）ので，行政手続の方が充実している。

　こうして，処分庁は処分の根拠法条と，いわば犯罪構成要件に該当する処分要件該当事実を開示し，行政庁と当事者とのやりとりを通じて争点が明確になり，公正な判断を行うことを期待するものである。ここでは，検事役に当たる処分庁側（説明する者）と別に，裁判官役に当たる**主宰者**が審理を進行させる（19条・20条）。といっても，主宰者も，処分をする行政庁側なので，いわゆる職能分離はおよそ徹底していないが，ただ，処分のための調査や検討に当たった部局とは別の部局の職員が担当するべきものと解される。

　「主宰者は，聴聞の審理の経過を記載した調書を作成し，当該調書において，不利益処分の原因となる事実に対する当事者及び参加人の陳述の要旨を明らかにしておかなければならない。」（24条1項）。これは**聴聞調書**と言われる。それは期日ごとに速やかに作成しなければならない（同2項）。

　次に，「主宰者は，聴聞の終結後速やかに，不利益処分の原因となる事実に対する当事者等の主張に理由があるかどうかについての意見を記載した報告書を作成し，第1項の調書とともに行政庁に提出しなければならない。」（同3項）。これは**報告書**と言われる。

　そして，**処分は，聴聞調書および主宰者の意見を「十分に参酌して」しなければならない**（26条）ので，聴聞において審理の対象となった事実以外の事実を重要な根拠として処分を行うことは許されないと解される。

　なお，この聴聞調書，報告書では，事実に対してとされているので，法律論は記載されない。処分の根拠となる法解釈が違法であるとの主張を整理することは主宰者の役割ではない。

　そこで，聴聞の席でも，法律論を主張できないとの意見があるかもしれないが，処分は事実と法律判断を合体させて行うものであり，聴聞の席での当事者の陳述，質問を事実問題に限定するとの規定はないので，法律論を主張することができる。これを制限・禁止する主宰者の判断は違法である。法律論については，主宰者は報告書に記載しないが，処分庁側が，当事者とのやりとりを踏まえて，判断することになる。

　英米法では，聴聞には事実審型と陳述型がある。行政規則制定の際には陳述

第8章 行政手続

型で，意見を述べさせるだけであるが，具体的な処分を行うに際しては，刑事裁判というほどではなくても，被処分者の反論を踏まえて，証拠に基づいて事実を認定する**事実審型聴聞**である。本法の聴聞はこの事実審型聴聞を採用したものである。

　この手続の過程では，当事者は，調書その他の不利益処分の原因となる事実を証する資料の閲覧を求めることができるのが原則である。これを**文書閲覧請求権**という（18条）。これも，処分通知書に記載されている「不利益処分の原因となる事実」と同じく，処分の要件に当たる事実を証明する書類・物件等である。この閲覧請求権は一種の手持ち証拠の開示で，不意打ちを避け，当事者の防御権の実質的保障に寄与する。情報公開制度では，非公開事由に該当する文書であっても，この要件に当たる事実を証明する文書は開示されなければならない。

> **応用研究**：文書の閲覧を拒否すれば処分は違法になるか
>
> 　文書閲覧請求権の趣旨は，聴聞の当事者等に調書等の関係資料の閲覧を認めることにより聴聞手続における意見陳述や立証活動を効果的にさせ，当事者の防御権の行使を十全ならしめようとした点にあるから，閲覧拒否が処分の取消事由となるのは，閲覧を認めないことに瑕疵があり，かつ聴聞当事者の防御権の行使が実質的に妨げられたと認める場合に限られると解すべきであるとの判例（大阪地判2008〔平成20〕・1・31判タ1268号152頁）があるが，これも手続軽視で，結果を裁判官が自分で判断するとの発想である。適時に閲覧できなければ，通常は防御権の行使が実質的に妨げられるのであるから，適法とするのは，妨げられないとの例外がある場合に限り，それは処分庁が立証すべきであると考える。なお，塩野・Ⅰ321頁参照。

　しかし，文書閲覧請求権は文書の閲覧を許すだけで，**謄写**を認める明文の規定はない。それは，「行政庁の事務負担等を考慮したため」（仲正『行政手続法のすべて』〔良書普及会，1995年〕57頁）とされるが，情報公開制度で一般的に複写サービスをしている時代に，複写のサービスが行政に重い負担を課すとは信じがたいことであるし，被処分者には不便この上なく，しばしば当事者の防御権を侵害する。手書きで写すほうが時間がかかり，行政側にも負担が増える。また，カメラで写真を撮るのは，謄写ではなく，閲覧として許容されるべきだが，それならコピーを拒否する理由もない。民刑事法の記録でも，当事者には謄写を認めているのである（民訴91条，刑訴53条・40条・46条）。学説上は，書類の謄写は原則として認めるべきであると解されている（塩野宏＝高木光『条解　行

政手続法』〔弘文堂，2000年〕248頁，高橋滋『行政手続法』〔ぎょうせい，1996年〕300頁)。

したがって，その場で写すことが可能な少量であればともかく，特段の行政上の負担がなく，要求があったにもかかわらず謄写の機会を与えなかった場合には，聴聞において，証拠に基づいて主張する機会を奪ったことになり，聴聞を経た不利益処分の取消事由になる (塩野＝高木・前掲書254頁) (問題⑦)。

＊　ただし，**聴聞手続中に行われた処分については，行政不服審査法による不服申立てをすることができない** (行手27条1項)。そうした中間的な処分について不服申立てを認めると複雑になるので，最終処分の中での不服事由にすぎないものとされている。

　　また，**聴聞を経てなされた不利益処分については行政不服審査法による異議申立てをすることは許されない** (同27条2項。⇒第10章第1節Ⅱ6。なお，この規定は弁明手続には適用がない)。同じことの繰り返しとして無駄になるからである。異議申立てをして，却下されてから出訴すると，期間徒過することが多い。

(応用研究)：行政書士への聴聞手続代理権の拡大

　聴聞手続でも代理人を選任できるが (16条)，行政書士が業として代理することは許容されるかという問題があった。これも一種の法律事務であるが，筆者は，弁護士法72条 (事件＝紛争性のある法律事務の独占) に明示の禁止規定はなく，まだ紛争性も明確ではないので，許されると解してきた (阿部『行政書士の未来像』〔信山社，2004年〕46頁) が，2007 (平成19) 年行政書士法改正1条の3第1号により認められることとなった (「及当該官公署に提出する書類に係る許認可等 (行政手続法……第2条第3号に規定する許認可等及び当該書類の受理をいう。) に関して行われる聴聞又は弁明の機会の付与の手続その他の意見陳述のための手続において当該官公署に対してする行為」が加えられた)。しかし，ここでは，「弁護士法第72条に規定する法律事件に関する法律事務に該当するものを除く」との限定がなされた。他の「士」業の代理権にはない規定である。これでは，「法律事件に関する」，つまり，紛争性がある法律事務は，行政書士の聴聞代理権の対象外となる。聴聞は自己の権利を主張する機会であるから，普通に言えば紛争性があるので，代理権が認められるのは，争わない場合などとされる (第168回国会参議院総務委員会第12号，平成19年12月25日原口一博議員説明)。それなら，これは無意味な改正である。むしろ，本人が争う意思があるのに，争わせない方へ誘導するインセンティブを行政書士に与える不適切さがある。そうではなく，聴聞手続においてみられる程度の紛争は，弁護士法違反ではないとの趣旨と解釈すべきである。

　なお，聴聞代理権が名実ともに認められても，それは実質は裁判における口頭審理の代理と同じであるから，行政実体法と行政訴訟に強い弁護士に依頼すべきであろう。

また，ここでは，聴聞・弁明の対象は許認可等および当該書類の受理とされているが，それが届出をして，命令を受けるというシステムにおいては聴聞，弁明の機会を与えないとする趣旨とすると不合理である。さらに，行政手続法では受理という概念がなくなったはずなのに，ここでは，許認可等の受理という概念が用いられており，許認可の申請の受理に際して聴聞・弁明が行われるというのも変である。

聴聞手続は，行政庁が「相当な理由」があると認める場合のほか**公開**しない(20条6項)。原則非公開とした理由は，当事者・第三者のプライバシーの保護，行政庁の事務負担であるが，当事者が公開を求めるときには当事者のプライバシーの問題はなく，第三者のプライバシーは匿名化するなどにより保護することが可能である。公開することによって，行政側の事務負担が重くなるというのは，例えば，巨大な会場を設営する場合を念頭に置くのであろうが，マスコミだけの公開であれば，小さな会場でも可能であり，行政の事務負担が増えることはない。これは一見裁量規定であるが，行政の過程は，広く社会の納得を得ることが要求されている時代であり，当事者が求めているのに，少なくともマスコミにも公開しない理由は見あたらない。特に社会的関心のもたれる事件ではなおさらである。なお，金融商品取引法186条の2は同法による聴聞を原則公開としている。

聴聞期日の指定は主宰者の裁量で，当事者の申立権は規定されていないので，主宰者が原告に事前確認せずに続行期日の指定をしたことは違法ではないとの判例がある（大阪地判2008〔平成20〕・1・31判タ1268号152頁）が，これでは当事者の防御権は反故に帰す。当然日程調整すべきである。

(3) 弁明手続

処分の取消しまでに至らないとき，つまり，停止，改善命令等においては，聴聞手続は適用されないが，代わりに，**弁明手続**という簡略な手続が適用される。これが不利益処分を行う場合の原則的な手続であるとなっている（13条1項2号）。現実には，使用停止，改善命令等でも，取消し以上の重大な不利益を及ぼす場合があるが，この法律は形式的にそれでも聴聞の対象から外しているのである。

こうした処分を行おうとする行政庁は，「予定される不利益処分の内容及び根拠となる法令の条項」，「不利益処分の原因となる事実」等の処分理由を通知する（30条）。後者は，処分の要件に該当する事実である。これに対して，処

分の相手方は，意見の表明および自己に有利な証拠の提出を行うが，それは原則として（行政庁が口頭ですることを認めたときを除き）文書により行うものとする（29条）。聴聞手続とは異なり，この制度においては，文書閲覧請求権は認められていない（31条）し，行政庁は，提示された事実上および法律上の意見について，処分前に応答する必要はない。

これは権利救済制度としては著しく不備である。この立法趣旨は，口頭審理や文書閲覧に伴う行政側の負担と，取消しではない処分は重くないことを考慮していると思われるが，行政側は，処分する以上は文書を整理して整えているはずであるから，それを閲覧させる負担は軽微であり，処分を受ける方から言えば，取消しではなく，改善命令でも営業停止でも，事業の存続にかかわる重大な不利益処分であるから，弁明手続においても，せめて文書閲覧請求権を認めるべきであった（条例で認めている例がある）（**問題⑧**）。

弁明手続は，前記のように原則として書面によるが，現実には，被処分者が，書面で弁明書を出した後で口頭で説明することがある。それは書面でないからと無視すべきではなく，それも口頭陳述の機会を与えたと解するか，弁明書を敷衍したものとして，考慮対象とすべきである。

弁明を経た処分の際に弁明の結果を考慮せよという規定は，聴聞の場合の26条とは異なって，存在しないが，だからといって，弁明の結果を無視するのでは事前手続の意味がないので，弁明（口頭陳述を含めて）の結果をそれなりには考慮しなければならないと解すべきである（小早川光郎編『行政手続法逐条研究』〔ジュリスト増刊，1996年〕164頁〔塩野宏発言〕，南博方＝高橋滋編『注釈 行政手続法』〔第一法規，2000年〕306頁参照）。

弁明手続・聴聞手続は，公益上緊急の必要がある場合には省略できる（13条2項1号）。薬事法に基づく医療器具の回収命令について，それに当たらないとして取り消された判例がある（長野地判2005〔平成17〕・2・4判タ1229号221頁）。

なお，緊急の場合には，仮の行政処分を行い，あとで弁明・聴聞手続を行う制度を置けばよいのであって，この手続自体を不要とする根拠はない（建基9条7項・8項参照）。

行政手続法なら弁明手続となるのに，それにもかかわらず聴聞を行うと定める個別法もある（例：金商9条・10条）。

5 違反是正のための処分または行政指導を求める申出制度の導入

2008年行政手続法の改正案（36条の3）は、「何人も、法令に違反する事実がある場合において、その是正のためにされるべき処分又は行政指導（その根拠となる規定が法律に置かれているものに限る。）がされていないと思料するときは、当該処分をする権限を有する行政庁又は当該行政指導をする権限を有する行政機関に対し、その旨を申し出て、当該処分又は行政指導をすることを求めることができる。」と規定する。**法令違反型行政不指導**への対応である。

この申出書に記載する事項は、申出人の氏名・名称、住所、法令に違反する事実の内容、当該処分または行政指導の内容、当該処分または行政指導の根拠となる法令の条項、当該処分または行政指導がされるべきであると思料する理由その他参考となる事項である。

これは、行訴法改正により、第三者へ一定の処分を行うように求める義務付け訴訟が認められたことから、行政手続法においても、違法行為是正のための処分を発することを求める制度を置いたものである。申出人に対する違法な行政指導の中止を求める制度は別に36条の2に規定される（これについては、第2章第1節Ⅳ2(5)で述べた）。

これは、処分と行政指導を同じように位置づけている。ここで、行政処分と行政指導の峻別が流動化してきたと言える。

申出を受けた当該行政庁または行政機関は、「必要な調査を行い、その結果に基づき必要があると認めるときは、当該行政処分又は行政指導をしなければならない」。では、申出を受けた行政庁または行政機関がこれを怠ったらどうなるか。義務付け訴訟を提起できるのか。この制度は結果の通知制度も置かれず、「何人も」「申出」とあるように、原告適格の制限のある訴訟上の制度ではなく、単なる苦情処理として制度化されている。したがって、義務付け訴訟を提起するには、その要件を満たさなければならず、原告適格のない者、処分ではない行政指導については、適用されない限界がある。この問題については、ジュリスト1371号の特集「行政不服審査法改正・行政手続法改正の検討」、特に常岡孝好論文参照。

Ⅲ 検討課題

以下、行政手続法上の検討課題を挙げる。

第 4 節　行政手続法の制定

1　告知すべき内容

Q 告知の際，違反法条のみを示せばよいか，具体的な違反事実を示す必要があるか。営業停止処分では，処分期間を示す必要があるか。

　行政手続法制定前の判例でも，聴聞に際しては，いちいち明文の規定がなくても，被聴聞者がその機会を活用して自己の主張を立証するためには，何について違反したかが示される必要があるとされていた（ニコニコタクシー事件，大阪地判 1980〔昭和 55〕・3・19 行集 31 巻 3 号 483 頁，判時 969 号 24 頁）。単に違反法条を示しただけでは足りない。さもないと，被処分者は，あらゆる違反を想定して防御活動をしなければならなくなり，不可能を要求されることになるからである。現行行政手続法（15 条 1 項 2 号・30 条 2 号）ではこの趣旨が明示されている。

　　＊　さらに，次のような不利益処分の原因となる事実の記載があった。
　　　多数の日に行われた立入検査の結果，「不正請求，診療行為が実施されていない又は実施した旨の記載がないにも拘わらず，診療したとして不正請求していた（付増請求）。
　　　〔実施されていない〕超音波検査……。〔実施した旨の記載がない〕術後創傷処置
　　　これらのことは，健康保険法 80 条 1，2，3，6 号に該当します。」（ある病院の指定取消聴聞事件）。
　　　これでは，いつのどの患者の診療に関するものか，どの行為がどの条項に違反するのか，不明であり，聴聞の期日までの準備はとうてい間に合わない。しかも，これらの行為は直接に健康保険法に違反する前に療担規則（厚生労働省規則）に違反するとされるので，その条項も個々に示されるべきである。立入検査の際に違反を認めたとしても，事実関係を正確に確認できないので，違法というべきである（**問題⑨**）。
　　　営業停止処分では，期間を示さないと，処分内容を示したことにならない。

2　届出制と許可制

　行政手続法上，**許可制**・登録制なら，申請書が形式上の要件を満たせば，実体審査に進むだけで（7 条），許可・登録を得るまで事業を行うことは許されない。**届出制**では，形式上の要件を満たせば，当該届出をすべき手続上の義務が履行されたものとみなされ，事業を行うことができる（37 条）。

　　＊　農地の転用は，市街化区域内では届出制で，市街化調整区域では許可制である（農地 4 条 1 項 5 号）。後者では実質的な判断が行われる。鉄道の路線廃止が許可制から届出制に変わった（鉄道事業 28 条の 2，1999 年改正）。
　　　届出の要件充足の有無を実質的に審査する必要がある場合もあるが，その必要が

31

第8章 行政手続

ない場合との区別も難しい。そこで，届出制度を廃止して，届出制にすべきものは，すべて一定期日内に返答すべき（返答がなければ許可があったものとみなす）**羈束行為の許可制**にした方がよいのではないか。

届出制でも，勧告，中止命令の制度を置き，一定期間は届出事項に着手することを禁ずる制度がある（外為27条・30条，老福29条）。許可制に近いが，形式上は届出制の変形であるので，審査基準の対象ではなく，処分基準の設定は努力義務とされるので実際上設定されず，中止命令の段階で，弁明の機会が与えられるだけである。許可制から届出制へと規制緩和されたら，事業の自由度が増すのではなく，かえって，救済手段を奪われ，不自由になるのである。

有料老人ホームについては，老人福祉法29条が届出制と事後命令制度を置くだけで，国家の保証がない，基本的には私法の世界である。入居者の相当割合が手厚い介護を要するようになると，潰れやすいし，悪徳業者なら，入居保証金を勝手に使ってしまう。「有料」ではあっても，「優良」とは限らないので，もっと国家が介入すべき事案である。公正取引委員会は，景品表示法4条1項3号の規定に基づき，「有料老人ホーム等に関する不当な表示」を，平成16（2004）年4月2日付官報に告示し，同年10月1日から施行した。

3　不受理の処分性？

届出の受理が拒否されたり，届出書が返戻（へんれい）された場合，これまでは，受理拒否を処分として捉えて，その取消訴訟を提起することになっていたが，今は，行政手続法37条により，届出している以上は，既に届出人としてはなすべきことを済ましているから，届出としての効力が生じているのであって，**受理拒否という処分はない**とされている。しかし，疑問を感ずる（この点の先駆的業績として，芝池義一「『行政手続法』における申請・届出に関する一考察」法学論叢139巻6号〔1996年〕1頁以下）。

* 　無償旅客自動車運送事業に係る届出について，法律の要件を満たさないとして，この届出を返戻した行為を不受理処分として，取消しが求められた事案において，届出時点で効力を発生する代わりに，不受理は行政処分に当たらず，行政訴訟の対象にならないとする判例がある（名古屋地判2001〔平成13〕・8・29判タ1074号294頁）。これはこの制度の建前に沿ったものである。しかし，ここでは無償運送事業が適法かどうかが争われており，当局はこれを違法として，実際に無償運送事業を行えば刑事告発するという方針でいるのであるから，この法律上の紛争はこの段階で成熟している。この判決の立場では，主管庁の判断を争うためには刑事被告人になるリスクを犯さなければならない。適法に届けたと思っている事業者にわざわざそのような負担を負わせる根拠はないし，行政手続法が権利救済の機会を削減する趣旨とは考えられない。

　そこで，受理を拒否された場合には，やはり受理拒否の取消訴訟も認める方が合

第4節　行政手続法の制定

理的である。なお，これに対し，それでは受理されるまで，受理拒否の公定力により法律に基づく行動が許容されないという意見もある。しかし，それでは，かえって権利救済の機会を奪い，行政手続法の趣旨に反する。そもそも公定力といった特殊の効力は存在しないのであって（⇒第1章第2節Ⅳ2），受理拒否が違法であれば，係争中でも，受理されたものとして，行動できると言うべきである。

　また，届出がなされたかどうかについて争いが生ずる場合，届出をしたことの確認訴訟，届出人の行動が適法であることの確認訴訟（この場合，無償運送事業を適法に行うことができる地位の確認訴訟）も適法に提起できると解すべきである。

　これらの訴えは理論的には両立しないが，いずれかに統一すると，上級審で逆の判断が示された場合に救済の機会を失うので，いずれも認めるべきである（併用説。⇒第9章第2節Ⅰ）。

　他方，自動車の登録申請が登録事項に該当しないとして受理が拒否されたときは，許可の拒否と同じく，登録という行政側の行動が必要なので，申請人が受理されたものとして行動することはできない。したがって，本来は登録請求の義務付け訴訟を適法視すべき事案であって，この不受理処分は取消訴訟の対象になる（名古屋地判2001〔平成13〕・10・29判タ1074号297頁）。

　なお，登録すべきなのに登録が違法に拒否されたのであれば，それは無登録状態であるという考え方を放棄し，それは行政側の責任であるから，勝手に行動しても，刑事事件では，登録拒否の違法性を主張して無罪となるという考え方（違法性の抗弁，⇒第7章第8節Ⅰ4）を導入すべきである。

応用研究：経由機関の不受理

　この問題は，許可権限のある行政庁に申請する場合には，まだ単純であるが，経由機関が申請を不受理とした場合には，複雑になる。農地の転用許可権限（農地5条）は知事にあるが，市町村農業委員会を経由して申請することとされている（農地法施行令1条の15）。そこで，農業委員会に申請したところ，必要書類（土地改良区の意見書，排水放流承諾書，農用地除外証明書等，農地法施行規則6条2項）が添付されていない等として，不受理となったので，その不受理の取消しを求めたが，裁判所は，農地転用許可手続における農業委員会の権限は，提出された許可申請書を審査し，意見を付して県知事に送付するにとどまり，形式的要件の不備を理由として，許可申請書の受理を拒絶する権限はないから，不受理は無効であるとした。それなら，不受理を取り消すかと思うと，訴えは却下された（さいたま地判2007〔平成19〕・9・26〔平成18年（行ウ）第54号事件〕最高裁HP）。

　理由は，不受理は無効であるから，農業委員会に対する本件申請は残存しており，農業委員会は，これに意見を付して送付すべき義務をなお負っていることになるが，原告としては，農地法施行令1条の2第3項に基づき，知事に直接申請書を提出することができ，これにより本件における原告の救済は達せられるからという。

　たしかに，不受理という処分は存在しないという法律構成に従えば，それにもかかわらず受理されなければ，申請書を内容証明郵便で送付すれば，申請したことと

第8章 行政手続

なり，処分庁の審査義務が進行するので，経由機関が定められているときでも，それをパスして，申請書を権限ある処分庁に送付すべきであろう。この事件の場合，申請し直せば済むから，原告の不利益もそう大きくはない。しかし，処分庁は経由してないことを問題とするであろうし，いずれにせよ，法制度の複雑さのために救済が遅れるのである。不受理が無効であれば，せっかく訴えがあったのであるから，取り消す（無効のものも取り消せることについては，⇒第9章第6節Ⅰ）こととすれば，受理して，やり直しになるので，十分に解決できるのではないか。

4 許可申請の放置・返戻

許認可の申請も申請の形式上の要件を満たせば遅滞なく審査を開始されるべきものである（行手7条）から，申請が受理されずに握りつぶされたり，課長の個人預かりとされたりした場合も，申請者は適時に審査を開始すべきだとして，行政庁が審査を開始しないことを理由とする不作為の違法確認訴訟などを提起することになる（仙台地判1998〔平成10〕・1・27判時1676号43頁，判タ994号132頁，神戸地判2000〔平成12〕・7・11判例自治214号76頁，広島高岡山支判2000・4・27判例自治214号70頁）。

さらに，医療法に基づく病院開設許可の申請を放置し，または申請書を返戻して，審査を行わず，その間に，別の病院に申請させ，その地域を地域医療計画上余剰病床がない地域にして，医療法7条に基づき病院開設の中止勧告をしたのは，行政手続法7条違反であり，その手続的瑕疵は結果に影響を及ぼすから，この勧告は違法な処分として取り消された（富山地判2007〔平成19〕・8・29判例自治309号23頁，判タ1279号146頁）（この点，先取りした私見として，阿部・法の解釈(2)82頁以下）。

* ところが，病院の開設許可申請前に，事前協議により病床の配分調整を行ったことについては，申請前だから行政手続法7条の問題ではないとして，適法とされた（水戸地判2007〔平成19〕・10・24〔平成17年（行ウ）第17号事件〕最高裁HP）。事前協議をせよとの指導が行われても強引に許可申請すべきだったということであろうか。それなら，行政に騙されたことになる。

  この事件で，処分庁は，事前協議でまとまったことに従わない病院に対して，医療法30条の7（現行30条の11）による病床の削減勧告をした。これは，「医療計画の達成の推進のために特に必要である」場合に行うことができるが，裁判所は，この事前協議が必要であり，合理的であるから，それによって決まった病床の配分に基づいて削減勧告をすることは適法であると判断した。しかし，事前協議はあくまで任意の制度であるから，そこで原告以外の病院とまとまったからといって，その結果を原告に押しつけることは，強制に当たることであり，違法である。行政庁

には病床配分の権限はないのである。この勧告は，相当程度の確実さをもって保険医療機関の指定拒否につながるもので，処分とされているのである（最判2005〔平成17〕・7・15民集59巻6号1661頁，⇒第9章第2節Ⅰ4）から，勧告の要件は，事前協議とは別に認定しなければならないはずであるし，その要件も，法治行政の観点から，「医療計画の達成の推進のために特に必要である」というように曖昧なものでは許されないのではないか（**問題⑩**）（なお，この点について，高木光意見書が東京高裁に提出されている。さらに，高木光「事前協議（続）」自治実務セミナー47巻6号〔2008年〕4頁以下参照）。

5 聴聞を経た行政処分の司法審査のあり方——特に，手続違反と実体違反の関係

聴聞では，主宰者が，処分通知書に沿って，反論を踏まえて，事実に基づいて審理して，聴聞調書と報告書を作成する。処分庁は，それを十分に参酌して処分を決定する。それは処分理由に反映されなければならない。

聴聞を経た不利益処分に対する司法審査においては，聴聞の段階で当事者の防御権が保障されたか，要するに，処分事由が十分に示され，文書を適時に閲覧して反論の準備をする余裕が与えられたかどうか，当事者が十分に意見を述べ，処分庁に質問し，処分庁の方が的確に応答したかどうか，その結果，事実が的確に認定されたかどうかを争点とすべきことになる。裁量性が高い，不明確な条文に基づく処分であればあるほど，裁判は機能しにくいから，聴聞段階での事実の解明が必要なのである。

聴聞によって事実を確定して処分することになるから，聴聞調書，報告書が事実を正確に記載しているかどうかも，司法審査の対象でなければならない。これは通知された処分事由と異なってはならない。

裁判所が，**聴聞手続で行政庁が提示しなかった証拠を採用して，処分は，実体法上要件を満たしたと判断することが許されない**ことは明らかであるが，聴聞手続に提出された証拠に関しても，聴聞手続での審理の仕方を無視して，裁判段階で事実をゼロから明らかにして，法令を適用して処分を正当化することは，聴聞段階での当事者の手続的な権利を侵害し，かつ裁判所が自ら処分を行った結果になるので違法である。

したがって，裁判所が先に実体審理をして，適法との判断を行い，聴聞の違法性の審理を後回しにすることはそれ自体違法である。いわゆる 道路公団総裁解任事件（東京地判2006〔平成18〕・9・6判タ1275号96頁）は，このような違

第8章　行政手続

法を惹起する判決であった。

　その東京高裁判決（2007〔平成19〕・4・17〔平成18年（行コ）第250号〕最高裁HP）は、「行政手続法及び国土交通省聴聞手続規則上、聴聞手続が実施された場合、その後の行政訴訟において提出できる証拠を聴聞手続において取り調べられた証拠に制限するとの規定はないから、訴訟当事者は、聴聞手続における証拠のほかにも、行政訴訟において新たに提出された証拠を提出することができ、裁判所は、その取調結果に基づいて事実を認定し、判断することができるものであるから、控訴人の主張は採用することはできない」と判断した。

　これは、法制度全体を見るというまっとうな法解釈をせず、たまたま規定があるかどうかで決めるという制定法準拠主義の悪弊が出たものである（阿部・前掲「行政手続法の整備の意義、聴聞手続と司法審査のあり方」）。

　他方、裁判所が先に手続審理を行って、違法との心証を得たが、実体審理では、適法との心証を得た場合、処分を維持すべきかという問題が存在する。そのような順序による審理は、先に実体審理を行うのと異なって、それ自体は違法ではない。これが「手続的瑕疵の効果」という問題である。群中バス事件最高裁判決では、結果に影響を与える可能性があれば取り消されるということである。この趣旨を示す判例（前橋地判1993〔平成5〕・7・20行集44巻6＝7号637頁、判時1480号58頁）がある。さらに、この判決が、道路運送法（平成元年法律83号改正前）18条1項に基づく一般乗用旅客自動車運送事業の事業計画変更の認可の審査については、憲法31条を考慮して、事業免許の審査について聴聞手続を保障する同法122条の2（当時）の趣旨は可能なかぎり及ぼされるべきものと解するとしたのは、個人タクシー、群中バス時代の創造的判例を想起させるものである。

　運転免許の取消しの場合の聴聞について、「処分の結果に影響を与える可能性のある事項のなかに、……事実認定上微妙なものが含まれているとき、あるいは、法律適用上見解の対立の予想されるものがあるときは、被処分者において争う意思を有している以上、被処分者に対し当該事案全体につき包括的に答弁を求め、主張立証の有無を確認するといった聴聞にとどまるのでは足りず、進んでその事項を具体的に摘示し、被処分者に主張立証を促す方法をとることによって聴聞を実施することまで要し、かつ、事実認定上微妙なものを含んでいるがゆえに被処分者に当該事項を摘示すべきであると認められる場合にあつ

ては，証拠を開示することによって第三者の名誉が害され，あるいは，刑事事件の捜査裁判に支障を来たすといった事情が認められない限り，あわせて当該事項に関連する主要な証拠を具体的に開示したうえ，被処分者にこれに対する反論立証の機会を与えることを要する」とする判例が既に30年も前に存在する（浦和地判1974〔昭和49〕・12・11行集25巻12号1546頁，判時774号48頁）。

* しかし，速度制限違反で免許が取り消された**ネズミ捕り**事件の意見の聴取において，被処分者が，信号がある以外に高速道路とは変わりがない立派な7キロもある道路における速度制限を50キロと指定したこととそのような場所における取締りに裁量濫用があったこと，仮に，免許取消相当の点数であっても処分軽減裁量を発動すべきだった（事案の特殊事情を考慮する義務）と文書で主張している（これについては，⇒第4章第5節Ⅳ末尾）のに，何ら反論もなく，その文書を検討した形跡もないまま，その理由を示すこともないまま，単に，「処分の根拠法条　道路交通法第103条第1項第5号，違反発生日平成18年3月15日，違反行為の種別等　速度50未満　点数6点，前歴3回，累積点6点，過去5年以内における取消し歴なし」との理由が示されたにすぎない例を経験した。これは，判例から明らかなように，手続法上重大な違法であるが，東京地判2007〔平成19〕・7・21はこれを適法とした（**問題⑪**）。

6　一般処分と行政手続法の適用

　行政機関が，不特定かつ多数の相手方に対し，具体的事実に関する定めを置いて，権利義務を規制したとき，一般処分という。例えば，道路の通行禁止，市道廃止処分（福岡高那覇支判1990〔平成2〕・5・29判時1376号55頁，判タ751号78頁参照）がそうである。これは抗告訴訟の対象となる。なお，判例では都市計画決定は抗告訴訟の対象となる処分ではないとされており，土地区画整理事業計画は処分とされた（⇒第9章第2節Ⅰ4）が，しかし，それは行政事件訴訟法上処分とするとしても，行政手続法にいう不利益処分ではない。同法2条4号では，不利益処分とは，「行政庁が，法令に基づき，特定の者を名あて人として，直接に，これに義務を課し，又はその権利を制限する処分をいう。」と定義され，不特定人を対象とするいわゆる一般処分は対象外である。名あて人が特定していないのに，事前手続を行うとすれば，無数の大衆を相手として行うことになり，実際上不可能であるし，不必要でもあるからである。

　青少年健全育成条例による不健全図書の指定は，対物処分であって，特定の個人または団体を名あて人として行われるものではないとして，行政手続条例の適用がないとした判例（東京地判2003〔平成15〕9・25〔平成12年（行ウ）第

307号，第345号，平成13年（行ウ）第29号事件〕最高裁HP）がある。

　たしかに，発行者以外の販売店を念頭に置けば，相手は無数であるから一般処分であり，これら無数の者を相手に事前手続をとることは無理である。

　しかし，不健全図書の指定の告示に発行者などの特定の名あて人が記載されていることからもわかるように，この指定は，対物処分ではあるが，発行者との関係では，雑誌ごとに個別の判定を行ったうえで，その発行者である「特定の者を名あて人として」いるものであるから，交通規制と異なることも明らかで，一般処分には当たらない。

　このように，この指定は，多数の販売店に対する一般処分の面と発行者に対する個別処分の面を併有する。これを区別せずに議論すると混乱を生ずるのである。一般処分の面を有するからといって，告示でも名指ししている特定の発行者との関係で，普通の個別の不利益処分であることを否定する効果が生ずるものではない。

　事業認定なら，相手方は収用対象地の権利者であって，多数ではあっても，特定しているので，抗告訴訟の対象となっている。これはしばしば一般処分とされ，個別の通知を要せず，告示で済ますことを前提に，不服申立期間を，知った日からではなく，告示の日からとする最高裁判例（最判2002〔平成14〕・10・24民集56巻8号1903頁，⇒第9章第2節Ⅳ）があるが，個別の処分の束と理解して，知った日から期間を計算すべきである（阿部「誤解の多い対物処分と一般処分」自治研究80巻10号26頁〔2004年〕以下）。

　　7　公正取引委員会の審判手続の改革

　公取委は，従来は処分前に行政審判という丁寧な審理を行っていたが，これでは処分を引き延ばされる弊害があるとして，処分前は弁明手続を置くだけで，事後に行政審判を行うこととなった（2005年改正）。そこで，事前手続としては，公取委の処分（排除措置命令，課徴金納付命令）は，普通の処分並みとなった。詳しくは，第10章第1節末尾参照。

　　8　軽微な手続上の瑕疵と取消事由

　手続を審理すると，違法が散見されるのが普通である。それについてどんな細かい違法でも，1つでもあれば処分が違法となるとすれば，実際的ではない。

　軽微な瑕疵で，結果に影響を及ぼすおそれがないものは，取消事由とすべきではない。郡中バス最高裁判決はこの趣旨であり，土地収用法131条2項はこ

の旨明文で定める。

なお，ドイツでは，手続的瑕疵があっても，結果に影響がない場合に取り消さないという特別の制度がある（ドイツ行政手続法46条，山田洋『大規模施設手続の法構造』〔信山社，1995年〕286頁以下参照）し，地区詳細計画に関して建設法典215条，216条では，手続違反は1年以内，衡量の瑕疵も7年以内に主張しなければならないとしている（大橋洋一『都市計画法の比較研究』〔日本評論社，1995年〕91頁，さらに，旧建設法155条のb第2項2文につき，高橋滋『現代型訴訟と行政裁量』〔弘文堂，1990年〕107頁以下）。

他方，手続違反は，それぞれは処分を違法ならしめるというほどではなくても，全体として粗雑であれば，処分の違法原因になると言うべきである（小早川編・前掲『行政手続法逐条研究』229頁以下，常岡孝好「裁量権行使にかかる行政手続の意義」新構想Ⅱ258頁，阿部・裁量と救済159頁参照）。

9　国法の処分基準への条例基準の持込み

国法の審査基準，処分基準を定めることは，機関委任事務があった分権改革前は，国家の事務であるので，中央官庁の指示に従うべきで，そこに条例の基準などを持ち込むことは許されないとの考えが普通であったろうが，機関委任事務が廃止され，国法上の執行事務も，法定受託事務か自治事務かはともかく地方公共団体の事務となった今日，基準設定の際には中央官庁の指示にとらわれず当該地方公共団体独自の考え方を取り入れることはできる。ただし，それは法律の基準である以上は，国法の体系や目的，要件規定の趣旨から導かれるその裁量権の範囲内でなければならない。

環境影響評価法33条の横断条項は環境配慮規定のない法律にも適用されるので，後者は環境配慮のための審査基準を作るべきである。地方公共団体において，条例上の基準（環境影響評価条例，まちづくり条例等）を他の条例の審査基準に入れるようにとの横断条項を置くことは許される。

さらに進んで，国法では必要とされていない基準を条例で定めて（例えば，国法上は環境影響評価を要しない小規模事業について条例上のアセスを必要と定めて），それを国法の審査基準に入れてその遵守を強要することは許されるか。

国法と条例をリンクさせるこうした手法の適法性は，国法の体系や要件からはずれず，地域の実態に合う限りは適法と言える。例えば，法律のスソキリ未満のアセスでも，当該地域でのいわば横出し条例であるから適法であり，それ

が地域実態にふさわしく，国法の体系の範囲内と解釈できるなら，国法の審査基準の中に取り入れることができるというものである。

しかし，国法上の許可申請に先立って，住民への説明会を行って，その多くの同意を取ることなどといった審査基準は，もともと行政指導にすぎないことを許可という権力手段の基準とすることであるから，一般的に言って，行政権限の発動基準として行きすぎである。

* 鳥取県廃棄物処理施設の設置に係る手続の適正化及び紛争の予防，調整等に関する条例（2005年）は，廃棄物処理法に基づく廃棄物処理業や廃棄物処理施設の許可申請に先立って，独自の条例手続を設け，その終了がないことを理由に申請を不許可にすることができるような制度を整備した。当初は，廃掃法の許可の審査基準において条例上の手続終了通知を許可申請書に添付することを義務づけたのであるが，2007年改正条例24条1項は，知事は，事業者がこの条例上の手続終了通知を受ける前に廃掃法の許可を申請した場合，当該申請が，施設に関する計画が「周辺地域の生活環境の保全……について適正な配慮がされたものであること。」を求める廃掃法の規定（8条の2第1項2号・9条2項・15条の2第1項2号・15条の2の5第2項）に適合していないものとして，当該許可をしないものとする，と定める。
　ここでは，条例上の手続がこの「適正な配慮」の中に読み込めるかどうかが争点である。たしかに，「適正な配慮」は不確定概念であり，その概念が充足されたかどうかは，住民参加手続を行って判断できる場合もあるとも思われるが，しかし，それは実体法上の概念であり，条例が要求する住民参加などの手続要件で判断することは，行政の権限を住民に丸投げし，業者の負担を不当に過大なものとする点で疑問がある（北村喜宣『分権政策法務と環境・景観行政』〔日本評論社，2008年〕157頁，同「さらに強く！　鳥取県廃棄物処理施設条例改正」自治実務セミナー48巻1号〔2009年〕，同『自治体環境行政法〔第4版〕』〔第一法規，2006年〕170頁に詳しい検討がある）。

10　生活保護申請不受理水際作戦対策

生活保護法29条の2では，保護の申請には行政手続法の適用がない（不利益処分の基準と理由提示だけは適用される）が，同法24条により，申請があったら14日以内に決定しなければならないので，生活保護の申請を受け付けてしまうと面倒な審査が必要になり，濫給の原因になるとして，申請書を渡さないで，追い返す水際作戦が横行している。これが漏給の大きな原因である。これに対しては，申請の仕方を教示し申請書を素直に渡すようにとの規定を置くべきだとの提案がなされている（日本弁護士連合会「生活保護法改正要綱案」2008年11月18日）。また，現場のこのような運用は，窓口の相談員が同時に審査を担

当し，生活保護財政高騰防止の任務を負わされているためなので，相談員と審査員を分け，相談カードにきちんと記録するようにすべきである。

　11　事実認定のあり方

　処分庁は，弁明，聴聞を踏まえて事実を正確に認定すべきであるが，例えば，消費者からの苦情で業者を特定商取引法違反，消費者保護条例違反などで処分する場合に，この手続に入る前に，消費者の言い分で心証を固め，業者の弁明など，形だけで，聞く耳持たない例がある。しかも，消費者の言い分は，個別に面談して丁寧に録取し，その曖昧な点・矛盾点を除去するのではなく，役所の方が電話で聞き取って，それをまとめて文章化する。消費者には負担をかけないためという。しかし，その結果，役所の方の思い込みが混入する。消費者にも，苦情マニアがいるし，行政官の聞き取りも正確とは限らないので，両方の言い分をきちんと吟味すべきである。

　12　地方社会保険局長の行う病院の保険医療機関の指定取消しの聴聞で，厚生労働省の担当官が説明役に入ることは適法か

　厚労省の担当官がこの聴聞に際し処分の説明役として出席した例がある。その病院の監査は，当該地方社会保険局と厚労省が共同で行ったものであるから，厚労省の担当官が説明することは適法であるというのが当局の説明であるが，説明するのは，行政庁の職員とされ（行手20条1項），この処分は厚労省の処分ではなく，それから権限を委任された地方局長の処分であるから，説明するのも，この局の職員でなければならず，厚労省の職員は背後にいて指導助言監督するのはともかく，前面に出て説明することはできない。これは単なる形式的なことではなく，処分（人の人生を全面的に左右し，病院を潰すという重大なこと）をするには，権限を与えられた者が，自分で説明できなければならないのであって，自分で説明できないような処分をすることは許されない。なお，この主宰者である総務課長は，これが違法なのか，不適切なのかどころか，違法と不適切という法律用語のイロハも知らなかった。これが聴聞を主催するのは無理である。増員された弁護士を法務専門官として雇って，主宰させるべきであろう。

　13　手続違反で取り消してもやり直されるから無駄では？

　手続違反で取り消される場合，処分庁は取消判決の拘束力によりやり直せばよいから痛痒を感ぜず，被処分者はくたびれもうけのことがある。特に受益処

分の拒否では手続をやり直しても同じ処分が可能なことが多い。これに対しては，せめて弁護士費用の賠償を認めるべきである。不利益処分については，取り消されてやり直されるまでの間処分は存在しないから，被処分者にとっても実益がある。

第5節　行政立法制定における意見公募（パブリック・コメント）手続

I　導入の経緯

もともと行政手続法制定の際には，アメリカの規則制定過程における告知とコメント（notice and comment）手続に倣って，行政計画，行政立法も対象にすべきだという議論があったが，行政はどうせ利害関係人の意見を知っているし，正式の手続は行政に過大な負担を課すという理由でとりあえずはずされた（西村康雄「運輸法制における行政手続の傾向と課題」公法研究47号〔1985年〕186頁）。

ところが，世の中の流れが変わって，行政改革会議最終報告（1997年12月3日）が，「各省が基本的な政策の立案等を行うに当たって，政策等の趣旨，原案等を公表し，専門家，利害関係人その他広く国民から意見を求め，これを考慮しながら最終的な意思決定を行う，いわゆる**パブリック・コメント制度**の導入を図るべきである」とした（本格的な研究は，常岡孝好『行政立法手続』〔信山社，1998年〕，同『パブリック・コメントと参加権』〔弘文堂，2006年〕参照）。

これは，正式には，「**規制の設定又は改廃に係る意見提出手続**」と称し，規制の設定または改廃に当たり，行政機関が意思決定過程において広く国民等に対し案等を公表し，それに対して提出された意見・情報を考慮して意思決定を行う全省庁共通の提出手続である。閣議決定（1999年）によるもので，法令の根拠はない。

II　意見公募手続等の導入

1　意見公募の手続

こうした経緯を踏まえ，2006（平成18）年に行政手続法第6章に，命令等を定める場合の意見公募手続が導入された。個々人の権利救済制度ではなく，民

第 5 節　行政立法制定における意見公募

主主義の理念を拡張したものである（この解説として，白石俊「行政手続法の一部を改正する法律」ジュリ1298号60頁以下）。アメリカ法では，規則制定の際に陳述型聴聞が行われる。証拠を提出するのではなく，単に意見を述べるだけの手続であるが，この制度はこれに多少近づくものである。これは立法手続でもあるが，行政手続の1つとしてここで述べる。

　まず，命令等を定める場合の一般原則として，2つ挙げられている。

　①　法令の趣旨適合性の原則　「命令等を定める機関（閣議の決定により命令等が定められる場合にあっては，当該命令等の立案をする各大臣。以下「命令等制定機関」という。）は，命令等を定めるに当たっては，当該命令等がこれを定める根拠となる法令の趣旨に適合するものとなるようにしなければならない。」（38条1項）。

　②　社会情勢適合原則　「命令等制定機関は，命令等を定めた後においても，当該命令等の規定の実施状況，社会経済情勢の変化等を勘案し，必要に応じ，当該命令等の内容について検討を加え，その適正を確保するよう努めなければならない。」（38条2項）。これは，訓示規定ではあるが，社会情勢への対応を求めるものである。

　ここで命令等とは，「内閣又は行政機関が定める次に掲げるものをいう。」として，次の4つが掲げられている（2条8号）。

　イ　法律に基づく命令（処分の要件を定める告示を含む）または規則

　ロ　審査基準（申請により求められた許認可等をするかどうかをその法令の定めに従って判断するために必要とされる基準をいう）

　ハ　処分基準（不利益処分をするかどうかまたはどのような不利益処分とするかについてその法令の定めに従って判断するために必要とされる基準をいう）

　ニ　行政指導指針（同一の行政目的を実現するため一定の条件に該当する複数の者に対し行政指導をしようとするときにこれらの行政指導に共通してその内容となるべき事項をいう）。

　すなわち，適用対象が，政省令に限らず，審査基準，処分基準や行政指導基準にも及ぶ。また，法規命令と行政規則の区別もなく，両者ともに規制している。とにかく，処分前の抽象的な基準策定一般にこの意見公募手続を及ぼすものであって，理論にも実務にも大きな影響を与えるものである。

　意見公募手続の方法は，まずは，「命令等制定機関は，命令等を定めようと

43

する場合には，当該命令等の案……及びこれに関連する資料をあらかじめ公示し，意見……の提出先及び意見の提出のための期間（以下「意見提出期間」という。）を定めて広く一般の意見を求めなければならない」（39条1項）。ここで，「命令等の案は，具体的かつ明確な内容のものであって，かつ，当該命令等の題名及び当該命令等を定める根拠となる法令の条項が明示されたものでなければならない」（39条2項）。「意見提出期間は，同項の公示の日から起算して30日以上でなければならない」（39条3項，ただし，例外的な短縮規定がある。40条）。

ここで，具体的かつ明確な内容の案と資料が示されるが，代替案，検討過程が必ずしも示されない。当該意見公募手続の実施に関連する情報の提供に努めるものとする（41条）とされているだけである。わずか30日以内に一般国民が適切な意見を述べることがどこまで可能なのかは，疑問である。この公示の方法は，HP等への掲載による（45条）。

適用除外は次の場合である。

一　緊急性：公益上，緊急に命令等を定める必要がある場合。

二　法律の施行命令：法律の施行に関し必要な事項を定める命令等を定めようとするとき（例：納付すべき金銭について定める法律の制定または改正により必要となる当該金銭の額の算定の基礎となるべき金額および率ならびに算定方法についての命令等）。租税法律主義に配慮し，単なる命令はこの制度の適用があるが，法律の施行に関して必要なことは，国会事項と考えている。

三　予算の具体化：予算の定めるところにより金銭の給付決定を行うために必要となる当該金銭の額の算定の基礎となるべき金額および率ならびに算定方法その他の事項を定める命令等を定めようとするとき。これも国会の財政権（憲83条）に配慮したものである。

四　行政委員会などの手続：行政委員会，審議会の議を経て定めることとされている命令等。

その他軽微な事項として，5号～8号が挙げられている（39条4項）。

2　提出された意見の考慮

「命令等制定機関は，……提出……意見を十分に考慮しなければならない。」（42条）。この制度は，権利救済ではなく，広く民主制の観点から意見を収集する情報収集制度であり，また，意見も多様であるから，単に「考慮」するとい

う訓示規定にとどめられている。

　実際には多数の理由のある反対意見を無視して規定方針通りとすることも少なくない（例：2009年5月29日付け厚労省薬事法施行規則114号・医薬品ネット販売禁止経過措置）。

　ただ，命令を定めた場合には，「提出意見を考慮した結果（意見公募手続を実施した命令等の案と定めた命令等との差異を含む。）及びその理由」が公示される（43条1項4号）。

　提出された意見も公示されるが，それをすべて公示するのは大量になるから，「提出意見に代えて，……整理又は要約したものを公示することができる」。ただし，「当該公示の後遅滞なく，当該提出意見を当該命令等制定機関の事務所における備付けその他の適当な方法により公にしなければならない」(43条2項)。

　「命令等制定機関は，前2項の規定により提出意見を公示し又は公にすることにより第三者の利益を害するおそれがあるとき，その他正当な理由があるときは，当該提出意見の全部又は一部を除くことができる」(43条3項)（以上，問題⑫）。

第6節　ノーアクションレター
―― 行政機関による法令適用事前確認手続 ――

I　閣議決定の手続

　法の解釈・適用の不明確性に伴うリスクを可及的に除去する方法として，平成13年に閣議決定により導入された（法律に基づくものではない）のが，いわゆる**ノーアクションレター**，日本語では**行政機関による法令適用事前確認手続**である。一種の事前手続であるので，ここで簡単に解説する（この問題については，常岡孝好「法令解釈照会制度と不問通知（no-action letter）」金子古稀下445頁以下参照）。

　民間企業等がある行為を行うに際し，法令に抵触するかどうかについての予見可能性を高めるため，当該行為について特定の法令の規定との関係を事前に照会できるようにするとともに，行政の公正性を確保し，透明性の向上を図るため，当該照会内容と行政機関の回答を公表することとする。要するに，複雑

第8章 行政手続

な金融やIT（情報技術）などの新商品販売や新規事業が，実行後に違法として摘発されると，企業が負うリスクが大きいため，あらかじめ相談できるシステムである。

対象となるのは，2001（平成13）年の閣議決定によれば，

ア　当該条項（違反すると処分や刑事制裁の対象となると定める条項）が「申請」（行政手続法2条3号にいう申請をいう）に対する処分の根拠を定めるものであって，当該条項に違反する行為が罰則の対象となる場合，

イ　当該条項が「不利益処分」（行政手続法2条4号に定める不利益処分をいう）の根拠を定めるものである場合，である。

各府省は，この手法をそれなりに拡げている。国土交通省のHPによれば，本手続の対象である国土交通省所管法令（条項）について，以下の照会ができますとなっている。

自ら行おうとする行為が，
・法令（条項）に基づく不利益処分の適用の可能性があるかどうか，
・法令（条項）に基づく許認可等を受ける必要があるかどうか（許認可等を受けない場合，罰則の対象があるかどうか），
・法令（条項）に基づく届出・登録・確認等を受ける必要があるかどうか（届出・登録・確認等を受けない場合，罰則の対象があるかどうか）。

各府省は，窓口を設けて，民間企業等からの照会を照会窓口において受け付ける。回答期間は原則として30日以内となっている。

また，照会者から提示された事実のみを前提に，照会対象法令（条項）との関係のみについて，現時点における見解を示すものであり，もとより，捜査機関の判断や罰則の適用を含めた司法判断を拘束しうるものではない旨明示される。

従来は，この条件として，「ウ　照会者名並びに照会及び回答内容が公表されることに同意していること」となっているので，同業者，顧客などに知られて困るような場合には，照会できないので利用しにくかった。

そこで，政府は金融機関などが新たな金融商品などを開発しやすくなるように，省庁への法令違反かどうかの事前問い合わせへの回答を出す際，照会者名の公表を控えるように方針を変更した（2007年5月）。

これは，法の不明確性を除去する有用な手段である。企業経営者としては，

法の解釈・運用について，大丈夫だと思い込んでいて，ノーアクションレターを活用せず，あとで違法と指摘されることが起きれば，それなりにミスがあることになる。疑義がある場合には，必ず活用すべきである。

しかし，行政官庁は，法を自分の都合がよいように，規制が広く及ぶような解釈，あるいは曖昧な解釈をする傾向がある。

そこで，何でも当局に照会すればよいというわけではない。当局は，一度見解を出せば，あとではなかなか変更しないから，不利な見解を出される前に理論闘争を行って，なるべく不利な見解を出されないようにすることが必要である。

　＊　また，この制度は，一般的に，刑事罰を科されないかどうかを問い合わせるものには利用できない。刑事罰については，許可を申請しないで行為することが処罰されるかどうかだけが対象となっている（**問題⑬**）。
　　なお，これは目下国の制度で，地方公共団体ではやっていないようである。地方公共団体は，国民に対して行われる事務の大部分を所管しているのであるから，早急に導入すべきである。

Ⅱ　租税法における事前照会に対する文書回答手続

これは 2001 年から運用されている（国税庁 HP，事務運営指針）が，制約が多かった。

納税者から，申告期限等の前に「**具体的な取引等に係る税務上の取扱い**」に関して，文書による回答を求める旨の申出（「事前照会」という）があった場合に，一定の要件の下に，文書により回答する手続である。照会者が自ら実際に行う（または行った）取引等についての国税に関する法令の解釈・適用その他の税務上の取扱いに関する事前照会であって，これまでに法令解釈通達などにより，その取扱いが明らかにされていないものだけが対象である。「実際に行われる取引等に係る」ものであることが要求されたため，回答の結果次第で取引を行おうかどうかを判断する納税者の期待に応えない。上記のノーアクションレターが，将来行おうとする行為を対象とすることと大きな違いがあった。

これは平成 20 年に改正された。「仮定の事実関係や複数の選択肢がある事実関係に基づくものではなく，実際に行われた取引等又は将来行う予定の取引等で個別具体的な資料の提出が可能なものに係る事前照会であること」が追加された。

第9章　行政訴訟法

　筆者は，行政訴訟は「だまし討ち続出の障害物競走」だと酷評してきたが，2005（平成17）年4月施行の行政事件訴訟法の改正法では，どれだけ改善されたか。どのような視点で解釈すべきか。また，現行制度は妥当な考え方でできているのか。多くの行政法学説は，現行制度を何とか正当化する説明をするが，それに疑問をもち，あるべき姿を描くべきではないか。このことを念頭に置いて，以下，考察してください。

　① 抗告訴訟は，行政処分に伴う公定力（違法でも有効として通用する効力）を排除する訴訟とされてきたが，これは法治国家においても通用する正しい見方か。

　② どんな訴訟を提起すべきかについて判断を間違えると，門前払い（却下）される。法律を正しく解釈したつもりでも，後から裁判官にそれは間違いとされれば，負けても当然なのか。正しい解釈とは誰の何時の時点のものを言うのか。

　③ 騙されて家を売った場合，売買契約を取り消して，買主ではなく，現在の所有者に対して，転売禁止・現状変更禁止の仮処分とともに，所有権に基づいて返還請求をする。わが家が税金を滞納して公売された場合は，現在の所有者相手に訴訟するのではなく，公売処分をした税務署長の属する国を被告に，その処分をめぐる訴訟をするのだという。なぜ，こんな面倒なシステムがとられているのだろうか。それで本当にわが家が返ってくるのか。それはまともな行政法のシステムなのか。

　④ 土地区画整理事業計画ができて，木造2階建てまでしか建築できないが，事業が進まず，ビルを建てたいのに長年土地を有効利用できない状態が続いている。換地処分を受けたら，取消訴訟を起こせるが，それで救

済されるのだろうか。最高裁大法廷で，この現状が逆転したと聞くが，それはどんな理論なのだろう？

⑤ 法令でなく，要綱で定められている災害支援金の支給が拒否された。隣と比べて不公平だと訴訟を起こそうとしたが，これは行政が贈与するものであるが，贈与の拒否はサンタクロースと同じく自由であり，また，それは行政処分ではないとして，訴訟は門前払いになった。いかにもひどいが，救済する理論はないか。

⑥ 隣に廃棄物処分場の許可が降りた（あるいは，許可を得た業者の違法操業を監督している県が見逃している）。これに対して，訴訟で攻撃する方法は？

民事訴訟のほかに，行政訴訟は考えられるか。行政訴訟ではどんな訴訟類型が考えられるか。また，行政訴訟では門前払いではないかという。なぜなのか。なんとか，本案に入る理論はないか。

第三者に対して監督権限を発動することを求める義務付け訴訟ができたらしいが，申請権がないので，制限があるという。まっとうな理論か。

⑦ 大きな道路工事が進んでおり，土地家屋を収用された。収用裁決処分の執行停止を申請しても，却下された。仮の救済がなくても，事業が進んでからでも処分が取り消されると，土地を取り返せるから回復困難な損害はないという（圏央道訴訟，東京高決2003〔平成15〕・12・25判時1842号19頁，判タ1176号145頁，最高裁2004〔平成16〕・3・16第3小法廷判決〔平成16年（行フ）第2号事件〕）。

ところが，本案訴訟で，実際に収用裁決の違法を証明しても，そのころは道路ができてしまっているので，事情判決（行訴31条）で土地を取り返せない。これでは裁判所による詐欺ではないか。

⑧ 公立高校入試で成績がよいのに障害者だという理由で不合格になった。これを違法として取り消してもらえば入学できるはずだが，これまでは拒否処分に対する仮の救済がなかったので，権利救済の実効性を害された。義務付け訴訟，仮の義務付けはこれを克服するはずだが，十分に救済されるのか。

⑨ 市長・知事が公金の違法支出を理由に賠償請求されるとき，これまでは個人として被告になり，弁護士を雇わなければならなかった。首長の

座はハイリスクだ。しかし，2002（平成14）年の地方自治法改正で，ポストとしての市長・知事が被告になり，役所が勝ち負けにかかわらず，最高裁まで多数の弁護士を雇ってくれることになった。少々ミスしても，安心か？

⑩　行政法は原告個人の利益のほか，広く社会の利益を守るものであるから，行政訴訟も，原告個人の利益保護だけではなく，社会の利益をも保護する趣旨と解釈するべきではないか。それはどんな点に現れるか。

【本章で学ぶこと】
　行政訴訟は，従来行政法学が最も力を入れてきた領域である。日本の行政救済制度は，窓口も狭く，救済機能も乏しいので，その改善が望まれている。これは行政行為論等とつながる訴訟類型論と密接にかかわり，行政行為論のゆらぎ，行政活動の多様化に伴い，行政行為と訴訟形式の結びつきにも疑問が出されているので，制度自体にも大改革が必要になっている。しかし，行政訴訟改革は，視点も定まらず，オープンスペースとかで，いまだ道なかばである。これらの複雑に絡んだ糸を解きほぐして，救済機能を大幅に拡充する（それは同時に行政の適法性の確保につながる）理論と制度を創造することが課題である。先に第1章第2節を読み直したうえで，進まれたい。

はじめに
――行政訴訟は実質的法治国家と権利救済の実効性を確保する手段――

I　行政訴訟も法治行政確保の視点から

　行政訴訟は「実質的法治国家」（本書のテーマ，本書Ⅰの副題）の担保手段である。実体法上・手続法上，行政法規に違反する行政活動は行政訴訟によって是正される。行政法上の**違法の是正**こそがキーワードである（このことは行訴法では正面から規定していないが，10条1項の文言が示すように当然の前提となっている）。
　この訴訟法は，複雑怪奇な行政実体法以上に，ややこしくできている。違法かどうかを争う（これを本案の問題という。本書Ⅰで説明した）前に，種々の関門

第9章　行政訴訟法

（訴訟要件）をくぐらなければならない。ここではその解釈問題（併せて若干の運用と立法政策）を考える。主な争点は，どのような訴訟形式なら許容されるのか，誰が争えるのか，どの行為を捕まえることができるのか，判決の効力はどこまで及ぶか，違法，特に裁量の瑕疵を誰がどのように立証するかといった法技術的な点にある。

これについて基本的なルールを定めているのは，**行政事件訴訟法**（行政訴訟法ではない）であるが，完結的な定めを置いているのではなく，特則を定めるほかは，民事訴訟の例によることになっている（行訴7条）。刑事訴訟法は事の性質上関係がない。しかし，民事訴訟法だけで決めるのではなく，行政法の特質，特に法治行政（⇒本書第1章，第2章，第4章など）を踏まえて，制度を設計し，解釈することを心がける必要がある。そうすると，**行政訴訟の審理の仕方も，当事者の意思尊重の民事的発想ではなく，法治行政を確保する視点**で行われるべきである（民事事件とは異なり，行政庁の処分権限行使方法について適法要件を追求する事後審査的な審査方法をとるべきである。濱秀和「実務を通じてみた行政訴訟制度の問題点」公法研究52号〔1990年〕177頁参照）。理由の差替えも立証責任も，刑事訴訟的に考える方が妥当である。この点の理解が学界でも実務界でもまったく不足している。

II　「やるだけ無駄」と酷評される行政訴訟

この制度はこれまで必ずしも機能しておらず，「行政訴訟はやるだけ無駄」と言われてきた（その結果出訴件数は人口比でドイツの数百分の1，台湾・韓国の数十分の1）ので，行訴法改正法が2005年に施行されたが，立案関係者の認識が甘く，なお不十分である。

私見では，行政訴訟が**機能不全**に陥った原因は種々あるが，1つは，行政訴訟は，当事者が実質的に対等ではなく，「**ネズミがライオン，トラに挑む**」ような戦いであることによる（しかも，筆者が原告側の代理をすると，被告行政庁・会社側は無限の資金を駆使して弁護士を大幅増員し，学者の鑑定を取ったりする）。そこで，対等性を確保する立法が必要である。個人タクシー事件，群馬中央バス事件の第1審裁判長として，行政手続法理の創造に貢献した**白石健三裁判官**（⇒第8章第3節）は，かつて，現状では，**横綱と幕下の相撲**であり，訴訟の当事者は車の両輪というが，原告の車輪が小さすぎると，指摘した（「行政事件訴

はじめに

訟のありかた」判時 428 号 3 頁〔1966 年〕)。また，法律が不備であるだけではなく，裁判所の形式的な（法令の文言にこだわった），あるいは，行政側の主張には公定力があるとばかり（⇒序章末尾，園部逸夫発言参照）、**行政擁護的な解釈と訴訟の運営**（被告の杜撰な主張を採用するのはもちろん，訴訟引き延ばしを意図する被告の時機に後れた主張にも寛大で，思い込みで被告のために杜撰な事実認定を行い，被告の主張すべきことまで原告に主張立証させ，被告が主張しない，思いもよらない理論で原告を敗訴させ，「まだ最高裁がある」と高い印紙代を払って上告しても，1 行だけの門前払いが頻繁）が大きな問題である（弁護士になって吃驚仰天。白石判決とはまったく逆。阿部「行政法解釈のあり方」自治研究 83 巻 7 号〔2007 年〕以下参照）。刑事訴訟法の大家・平野龍一先生の言葉「わが国の刑事裁判はかなり絶望的である。」（⇒序章第 2 節 V）に倣えば，**「日本の行政訴訟も法治国家も今の裁判所では絶望的であり，まさに放置国家である」**（濱・前掲論文 166 頁も，「現在の行政運営の実情は，法律による行政の原理という見地からは，ほぼ絶望的であるとの感じをもつ」と述べている）。

　原告勝訴率が低い（正確な統計はないが，おそらくは最終的に実質勝訴するのは 10% 未満，数% ではないか）大きな原因はここにあり，その結果，訴え提起がためらわれ（弁護士として勝つべき事件でも，裁判官には当たりはずれが大きいから，ばくちと思ってやりますかとしか言えない），行政の違法が是正されないという悪循環にある。

Ⅲ　行政訴訟の設計指針その 1 ——実効性の確保など

　本来，行政訴訟は，民事関係とは異なる行政法の特色を踏まえ，**権利救済の実効性，両当事者の対等性，救済ルールの明確性を旨として，設計され，解釈されるべきである**。ドイツの裁判所は，裁判を受ける権利（「何人も公権力によって自己の権利を侵害されたときは，出訴の道が開かれる」。ドイツ基本法 10 条 4 項）という単純な規定からこのような解釈をするのに，日本の裁判所が一般にそのような解釈をしないのは法解釈の基本をわきまえていないと言うべきである。

　そこで，筆者は，改正法にこの種の目的規定なり解釈指針を入れよと主張したが，訴訟法には目的規定などないという誤った意見（刑訴法 1 条にはある）か，解釈指針などと裁判官に指示するのはおこがましいという裁判官の抵抗か（藤田Ⅰ 421 頁参照），何かの理由で入らなかった。この改正は，特定の学説を固定

化せず，オープンスペース論として，判例の創造的役割に期待しているということであるが，それでも，このような基本的な指針がないと，裁判所は権利救済という基本を忘れがちなのである。しかし，最後に国会の附帯決議で入れていただいた。この観点で解釈すべきである（なお，目的規定の解釈機能について，塩野宏『法治主義の諸相』〔有斐閣，2001年〕58頁以下参照）。

* **国会衆議院附帯決議**　政府および最高裁判所は，本法の施行に当たり，次の事項について格段の配慮をすべきである。
「本法については，憲法で保障された諸権利に十分に留意し，国民の権利利益の実効的な救済の確保の観点から，国民が多様な権利救済方式を適切に選択することができるように配慮するとともに，行政訴訟の特性を踏まえた当事者の実質的な対等性の確保が図られるよう周知徹底に努めること。」

　この視点は，筆者の年来の主張であり，『行政救済の実効性』，『行政訴訟改革論』，『行政訴訟要件論』序章，公法研究52号242頁以下のシンポジウム発言，「ドイツにおける行政訴訟と憲法訴訟――連邦憲法裁判所判事に聞く」（ユルゲン・キューリンク，木佐茂男氏と共同作成）法時64巻3号，5号，6号，さらに，司法制度改革推進本部・行政訴訟検討会第4回（平成14年5月20日）における阿部説明（http://www.kantei.go.jp/jp/singi/sihou/kentoukai/gyouseisosyou/dai4/4gijiroku.html），および提出資料（http://www.kantei.go.jp/jp/singi/sihou/kentoukai/gyouseisosyou/dai4/4siryou1.pdf）参照。

　また，宮田三郎『行政訴訟法（第2版）』（信山社，2007年）はしがきは，行政訴訟（法）は「包括的かつ実効的な個人の権利保護を目的とするものでなければならない」と主張しており，同旨である。木佐茂男『人間の尊厳と司法権』（日本評論社，1990年）311頁以下は，ドイツの親切な裁判所を分析紹介しており，模範となる。これは行政訴訟における実効性確保の主張であるが，行政実体法における法の不備と実効性確保の主張は，阿部・法システム第1編第1章，第9章等において強く主張している。最近では，北村喜宣『行政法の実効性確保』（有斐閣，2008年）がある。

IV　行政訴訟の設計指針その2――行政法のもつ社会の広範な利害調整機能を考慮

　さらに，行政法は，序章で述べたように，広く，社会の多様かつ広範な利益を調整するしくみであるから，その違法を是正した場合には，原告個人だけではなく，**社会全体にもその恩典が及ぶようなシステムでなければならない**。行政訴訟（抗告訴訟）は，単に原告個人の権利救済制度だけではなく，法律上の利益を有する者の出訴を契機に，法治行政を確保，すなわち違法の是正（行政

の適法性の維持・回復）を行うものである。原告勝訴判決の効力も，一般的な理由による場合には対世効（第三者効。正確には，広く社会一般への効力を対世効，特定の利害関係人への効力を第三者効として区別すべきであろう）であり，原告適格の根拠となる処分によって害される利益も，原告個人ではなく，その背景にある社会の利益も考慮すべきである。できるだけこの方向で改正すべきであったし，その方向で解釈すべきである。個々人の間の相対的な紛争解決を図る民事法的な発想（民事法帝国主義）から脱却することが大切である。

* 行政不服審査法1条は，「国民の権利利益の救済」と「行政の適正な運営」を並列的な目的としているが，行訴法にはこの種の規定はない。行政訴訟の目的は違法の是正か権利救済かという問題が提起されるが，違法を是正することによりその法律がカバーする権利・利益が保護される。単なる客観的な違法是正ではないのは，原告適格の制限による。原告適格を権利侵害を受けた者に限定すれば，行政訴訟は権利保護となるが，原告適格をより広く捉えれば，行政訴訟の目的は，権利救済という言葉で限定する必要もない。

* 行政訴訟改革を求める私見としては，上記の書物のほか，「司法改革により行政訴訟の復権を」学術の動向（日本学術会議）5巻5号（2000年5月号）17頁，「行政訴訟における裁判を受ける権利」ジュリ1192号（2001年）141頁，「行政訴訟改革の方向づけ」法時73巻4号（2001年）64頁，「行政訴訟制度改革の一視点」ジュリ1218号（2002年）68頁，「行政訴訟の新しいしくみの提案」自由と正義53巻8号（2002年）14頁，「環境行政訴訟の機能不全と改革の方向」法教269号（2003年）35頁，「税務訴訟活性化の視点からみた行政訴訟改革のあり方」税理2003年10月号2頁，「行政訴訟のあるべき制度，あるべき運用について」法律文化2004年2月号28頁，「法治国家充実のための法改革，行政訴訟改革――日本における阿部泰隆の提案――韓国公法学会報告」神戸法学雑誌53巻3号（2003年）1頁，「司法改革と行政訴訟改革――特に環境裁判を中心として」ドイツ憲法判例研究会編／栗城寿夫＝戸波江二＝青柳幸一編集代表『先端科学技術と人権』（信山社，2005年）。

  改正行訴法に関する私見については，「行政訴訟制度改革：鼎談」ジュリ1263号（2004年），「座談会　新行政事件訴訟法の解釈」判タ1147号（2004年）17頁，「行政事件訴訟法の改正について」日弁連研修委員会『研修叢書（現代法律実務の諸問題）平成16年版』（第一法規，2005年）717頁，「行政訴訟改革他の報告に関するコメント（2004年）」環境法政策学会誌8号（2005年）48頁。

  これからの行政訴訟の改革の視点については，「更なる行政訴訟制度の改革について（上，下）」（斎藤浩，高木光との鼎談）自治研究82巻3号，4号（2006年）。

* 従来，行政訴訟の教科書の書き方では，沿革とか外国法から初めて，最後に司法権の限界などを扱うのが普通であるが，それでは訴訟類型などが所与のものとなっ

て，硬直的な解釈が行われる原因となる。まずは，憲法の裁判を受ける権利，司法権，法律上の争訟が先行し，さらに，民事訴訟と比較したうえで，行政訴訟が果たすべき役割を考えると，憲法体制に適合した行政訴訟理論になると思われる。

＊　行訴法改正で，行政訴訟活性化？

今回の行訴法改正の裁判実務への影響については，後述するように，小田急訴訟最高裁判決等で原告適格が多少拡がり，在外邦人選挙権確認最判が出されるなど，積極的に捉えるものも少なくない（例えば，高橋滋「始動する『モノ申す裁判所』」中央公論2007年4月号256頁以下，同「行政訴訟をめぐる裁判例の動向と課題」曹時59巻8号〔2007年〕2505頁以下。東京地裁民事38部（行政部）長である杉原則彦「行政部における事件処理の現状」法律のひろば51巻7号〔2008年〕4頁以下，同・2008年10月公法学会報告）。確かに多少良くなったが，しかし，現実の裁判の多くは依然として，行政偏重であり，行政のすることには適法性の推定が働いていると思い込んでいる（さらに，行政に有利に事実をねじ曲げ，理論を勝手に創造している）というのが弁護士となった小生の実感である。さらに，亀井洋志「自壊する『行政偏重』司法――いまこそ，企業は"お上"を撃て！」Zaiten2007年6月号34頁）。

応用研究：裁判官は八宗兼学！！，最高裁判所のあり方

裁判官は，八宗兼学であるから，行政法は教科書さえ読めなくても判断できるといった発想が裁判官室の雰囲気らしい（園部逸夫発言・法教329号56頁，⇒序章末尾参照）が，裁判官がそれほど自分を知らない唯我独善の存在であるというのには驚愕するしかなく，行政法がわかっていない裁判官に行政事件を担当させること（濱・前掲論文180頁でも指摘）は裁判官による裁判（形式的に裁判官という地位にあるというだけではなく，実質的に人を裁く見識と能力のある者による裁判）を保障した憲法の趣旨に反し，違憲状態である。憲法学・行政法学の壮大な研究がほとんど全部無駄になっている理由もこれでわかった。

この解決策として，行政裁判所とか総合不服審判所構想があるが，それができるまで，違憲状態を解決できないという結論になりかねない。もともと，司法裁判所でも，行政事件を適切に判断できたことは白石健三判事等の業績からも明らかであり，裁判官は，新たに法理論を作る必要がなく，当事者の主張をよく聴いていずれが正しいかを判断すればよいのであるから，制度改革ではなく，裁判官室で教科書，論文を参照すれば適切な判断ができるだけの学力がある者に担当させることとすればよいのである（教育者としてはわかっていない学生にはイロハから教えればよいが，弁護士としては裁判官がわかっているかどうかがわからないので，何をどう主張すべきかの判断が難しい）。また，最高裁は，裁判官は八宗兼学でなくても調査官がいますから安心できるとの発言（園部逸夫発言・法教329号57頁）は，巷間，調査官裁判と言われていることを裏書きするものである。

日本の最高裁調査官は，今の運用では，最高裁の裁判官ごとにつくのではなく，事件ごとにつくので，丁寧に調査して，調査官室で議論して判決の準備までして報

はじめに

告する調査官と，十分な準備ができず，八宗兼学でもない裁判官が議論すれば，調査官の判断が通ることが多いらしいのである（そこで，巷間「調査官判決」と言われる。最高裁判例は少なくとも裁判官と調査官の合作である）。それなら，最高裁判事の任命方法を変え，調査官適任者を最高裁判事に任ずればよいと言いたいくらいである。アメリカやドイツでは，調査官は裁判官ごとにつくので，調査官の報告を聞いて，自ら他の判事と論争できなければ勤まらない（上記キューリンク判事によれば，ドイツの憲法裁判所の裁判官会議には調査官は入らない。裁判官だけで議論する）。この方法が正当であり，調査官が事件ごとにつくのか，裁判官ごとにつくのかは，実定法に根拠がないのである（裁 57 条）から，日本でも裁判官ごとにつけるべきである。これでは，今の最高裁判事にとって任が重すぎるとの反論があるが，だからといって，いわゆる調査官判決が正当化できるわけではない。もっと，憲法のほか，実定法全般について，調査官の補助を得れば，幅広く，適切な判断を自らなすことができる高度の見識のある法曹を最高裁判事に任命すればよいのである。最高裁判事の任命権は憲法上内閣にあるのに，事実上最高裁長官（最高裁の裁判官会議の議題でもないという）に丸投げしているのが実態である。長官が気に入った者をリクルートするのは，大学教授が自分の気に入った者を後継者として指名して，縮小再生産になることよりもはるかに社会的にマイナスの影響をもたらす。これは，内閣が，司法をコントロールするという憲法の三権分立原則違反の違憲状態であり，司法が，「独立」から「独善」へと，組織の病理に罹患するリスクを負担する大きな原因である。およそ不透明で，内閣は説明責任も果たしていない。諸外国に見られるように，最高裁判事候補者の見識を参議院で審議するように憲法改正するか，それまでは少なくとも内閣の責任で公聴会を行うべきである。

　さらに，最高裁へ権利として上告できる上告理由は，民事では，原則として違憲（ほかには滅多にない重大な手続違反）だけであり（民訴 312 条），判例違反その他の「法令の解釈に関する重要な事項を含む」ものと認められる事件は，裁判所が受理するかどうかを絶対的な裁量で判断する（不受理には何らの理由も付かない）とされる上告受理理由である（民訴 318 条）。「判決に影響を及ぼすことが明らかな法令の違反」は職権破棄事由である（民訴 325 条 2 項）。刑事では，上告理由として違憲のほか，判例違反がある（刑訴 405 条）が，「法令の解釈に関する重要な事項を含むものと認められる事件」は上告受理事由（刑訴 406 条）にとどまり，「原判決を破棄しなければ著しく正義に反する」ことは職権破棄事由である（刑訴 411 条）。これを見れば，最高裁は，憲法裁判所と戦前の大審院を兼ねているから，判事は，八宗兼学でなければならないが，特に憲法問題について，見識がなければならない。しかし，最高裁判事の選考においては，判事，弁護士，検事，行政官，学者（たった 1 人。先進国では珍しいくらい学者は馬鹿にされている）といった枠があり，枠を超えた実力審査は公的には行われていない。しかも，その出身母体のうち，行政官や検事は，法令を違憲と主張することがない立場であるから，不適切であり，下級審裁判官も，ほとんど違憲判決を下したことがなく，特に最高裁判事に

第9章　行政訴訟法

まで出世する過程で，最高裁事務局や高裁長官などを歴任する間，違憲として判断する機会はない。弁護士出身判事も，その選考基準は，東京，大阪の弁護士会会長，副会長等経験者が多く，通常事件処理の経験は豊かでも，最高裁で判断すべき，憲法問題を中心とした高度の学識の保障はないから，不適切である（難病にかかったとき医師会長に診てもらう人がいないのに，法律問題だとなぜ弁護士会長なのだ！！）。こうした判事に対して，諸外国の憲法理論と判例を活用して，最先端の憲法理論を主張しても，馬耳東風であるのも無理はない。日本で違憲判決が少なく，行政訴訟も死に体に近い理由の１つは，こうした判事の出身母体と見識の偏りによるものである。最高裁判事15人のうちせめて５人は，憲法問題に見識のある者を任命すべきである。

　行政事件について言えば，検事は行政事件を扱わず，行政官は一方の行政側であり，判事や弁護士で，行政事件に見識がある者が任命されるのも稀である。調査官がしっかり調査するからこれでいいという意見があるが，それでは，その選考基準も何ら公にされない調査官に任せたことを公言することになる。特に最新の行政法に強くない（むしろ，古い行政法に染まった）１判事・調査官が最高裁の行政事件を左右するので，しばしば権利救済を拒否し，行政法の基本を理解しない最高裁判決（第１節Ⅳで述べる「法律上の争訟」に関する宝塚パチンコ最判等，阿部「行政法解釈のあり方」自治研究83巻7号〜84巻1号）が出るのである。本来は，現実に立派な裁判を多数行っている地裁・高裁の部長判事と，立派な判決を勝ち取った弁護士，それに協力している法学教授が最高裁判事に適任である。

Column ：判検交流

　裁判所は，行政法に強い裁判官の養成方法として，いわゆる判検交流を行っている。裁判官がしばらく法務省で被告国側の代理人（訟務検事）を務めるのである。その判事が裁判所に戻って，行政事件の裁判をするとき，行政側の物の見方をしやすいと批判されているのである。これに対し，裁判所は，裁判官に戻れば中立になると主張しているが，敵のベンチからアンパイア席に座った者が公平な審理をするとなぜ信じられるのであろうか。訟務検事出身の裁判官の属する部に配置されると，原告は落胆し，被告はほっとする。「裁判の公正を妨げるべき事情」（忌避事由，民訴24条1項）が制度的・組織的に存在すると言うべきである。裁判官に行政訴訟の訓練をしたければ，原告代理人になってもらった方が訴訟の実態を体験できるはずである（年金，退職金がつながらないなどの点は，今でも裁判官の弁護士事務所派遣がなされているので，克服できないわけではないが，大弁護士事務所に派遣されている。小さな事務所で市民とともに苦労する経験が必要である）。あるべき姿は，行政訴訟で違法行政を糾弾する判決を勝ち取るのに貢献した弁護士を高給で出世コースの判事に迎える法曹一元である（木佐茂男「訟務制度にみる公共性と法治主義(1)〜(2・完)」北大法学論集41巻5＝6号，42巻1号〔1991年〕。西川伸一『日本司法の逆説』〔五月書房，2005年〕166頁以下参照）。

はじめに

> **Column**：裁判に対等性の保障を

　司法に正義を求める原告は，正しいからすぐ勝つと信じている。しかし，民事訴訟は，当事者が対等であるとのフィクションを前提に，裁判官は，アンパイアに徹するとの理念で作られている。そして，被告の方も，負ければ大損害であるから，徹底抗戦する。裁判は巌流島の決戦ないし源平合戦の場のようなものである。正義なら裁判官が助太刀してくれる訳ではない。

　しかも，その戦いの場は，決して対等ではない。現実には，当事者が負担するコストは一方に偏り，証拠は偏在している。労働紛争，医療過誤，交通事故，公害，保険金請求，行政処分，消費者被害など，多数の分野はそうである。

　例えば，行政処分を受けた企業や公務員であれば，被処分者の方は，事業や職を失えば生活そのものの成否にかかわる。営業停止や営業許可取消しになって，執行停止が取れなければ，何年か後に勝訴しても，事業自体は破綻する。課税処分も額が大きければ事業の遂行に支障を来す。営業不許可になったり，許可申請が行政指導で凍結されれば，事業自体が成り立たない。莫大な投資が無に帰す。公務員が免職になった場合なら，他の職場を探すとしても，求職先は，免職事由の当否を審査するコストがかかるから，経歴に傷ついた者の採用を回避する。まさに行政冤罪である。一方，役所の方は，違法に不許可処分をしても，違法な免職で人材を1人失っても，何の痛痒も感じない。違法処分であっても，官庁は今まで通り何事もなかったように存続できるが，個人は潰れるのである。

　裁判には費用がかかる。小さな事務所はともかく，普通の役所の方は，どうせ雇っている人事課や顧問弁護士に担当させるから，その訴訟のために支出する限界費用は小さい。しかも，費用はすべて税金で払うから，訴訟がいくら長引いても，困ることはない。被処分者の方は，その資力と比較して膨大な費用を負担せざるをえない。被処分者の方は，訴訟費用・弁護士費用は，黒字会社なら経費で落とせるが，個人にはその方法がない。

　役所側は証拠を握り，都合の悪い証拠はなかなか出さない。

　弁護士は事務所費用として，年間1000万円くらいはかかる中小企業である（司法書士・行政書士と異なって，怖い依頼者と敵がいるので，自宅で開業することは至難）し，歯医者のように行列ができるわけではないから，時間単価1万円ではとうてい事務所を維持できないのであるが，大企業ならともかく，行政訴訟の依頼者は一般に負担能力が低いので，対：行政側弁護士はボランティア的な貢献を求められることが多い。

　これでは，裁判の対等性は確保できない。司法改革では本来この改革が必要であったが，改正は中途半端である。

　弁護士費用は，役所が敗訴した場合，役所が弁護士に払う額とせめて同額を原告弁護士に払う片面的敗訴者負担とする。処分事由その他の証拠，資料は，行訴法23条の2で新設された釈明の特則に限らず，行政側がすべて当初に開示して説明しなければならないこととする。裁判所は，もっぱら原告側のためにのみ釈明する。

59

第 9 章　行政訴訟法

故意または重過失による行政処分については，懲罰的賠償を制度化する。裁判所は計画審理を行い，訴訟が長引くほど役所側が損するように，その割合を逓増する，原告勝訴によって多くの人が利益を得る場合には，公益訴訟勝訴報奨金（⇒第 5 節末尾）を導入する等の改正が必要である。裁判員制度も，死刑事件などよりも行政訴訟に導入する方がよいのではないか。

　国家賠償訴訟でも，このような不対等性に変わりはない。関西水俣病訴訟など，判例を発展させるには，原告代理人の大変な苦労があったのである。

第 1 節　行政訴訟と民事訴訟

I　行政処分に対する救済システムのあり方
1　行 政 処 分

　行政は，私人とは異なって，国民の同意なく一方的に国民の権利義務を左右する「権力」を有する。行政法学においては，行政と私人のこの関係を一般に権力関係といい，そこで行われる行政の行為を一般に行政行為ないし行政処分と称してきた（⇒第 4 章第 4 節。行政行為は講学上の概念，行政処分は行政手続，不服審査，抗告訴訟の対象を画する実定法上の概念）。

　相手方に不利益を及ぼす不利益処分としては，税金の賦課・滞納処分，営業許可の取消し・停止，違反建築物除却命令等，申請に対する拒否処分として，営業の不許可，情報の非公開，補助金の拒否，保育所の入所拒否，生活保護の拒否など無数ある。第三者に影響を及ぼす権力としては，建築確認，廃棄物処分場の許可，原発の許可，第三者情報の公開，違反建築の代執行の不作為，危険な原発への改善命令の不作為のようなものがある。滞納処分・農地買収処分も，財産を剥奪して第三者に売り渡すので，これに入る。

　これらは，法律による行政の原理に基づき，法律の根拠を必要とし，法律に適合する必要がある。

　受益（授益）行為・その拒否が処分になるかは，事の性質からは答えられず，規定がなければ私法行為であり，特別の規定なり解釈で処分とされることがある（⇒第 2 節 I 5）。

2　権力行為，民事訴訟の不適合，公定力，取消訴訟

　これに不服のある者が争う訴訟制度はどのようなものか。歴史的には（日本

行政訴訟法の母法であるドイツ，さらに，フランスなどの大陸諸国の歴史では），民事訴訟は訴訟の基本であるが，それは対等当事者間の紛争を裁くもので，権力関係から生ずる紛争処理を念頭に置くものではないと考えられてきた。

そこで，権力関係にふさわしい訴訟として発展してきたのが抗告訴訟である。これは，権力に対して異議を述べるということから，「抗告」訴訟と称される。

そして，抗告訴訟は，まず行政が権力を発動したあと，それを阻止するために提起されるものであるし，この権力には，私人の意思表示とは異なって，一定の効力（いわゆる「公定力」，違法でも取り消されるまでは有効として相手方に受忍を強要する効力）があるとして，それに対して特にそれを取り消せという形式をとるのが妥当だと考えられてきた。抗告訴訟は公定力排除訴訟という形成訴訟だというのである。

3　公定力は亡霊，違法行為は是正せよ

しかし，第1章第2節Ⅳで説明したように，そもそも，行政行為の効力というものも，適法であれば，規制行政であれば，権利を制限し義務を課する，あるいは給付行政であれば権利を確定する権力があるだけで，違法行為についてこうした効力を認めることは法治主義違反であるから，公定力理論は基本的に誤ったものであった。

そう考えると，抗告訴訟では，行政行為の違法を確認することが基本であって，取り消す＝効力を消滅させる（形成する）ことが重要なのではない。したがって，抗告訴訟は，行政の行為が初めから発動が許されない，無効・違法とされるべきものであるという意味の違法の確認を求める訴訟である（白石健三「公法関係の特質と抗告訴訟の対象」『訴訟と裁判：岩松裁判官還暦記念』〔有斐閣，1956年〕446頁）（問題①）。

取消訴訟を形成訴訟とする見解も，抗告訴訟の対象とした結果，民事訴訟などではその効力を争えないという，いわゆる取消訴訟の排他的管轄を説明しているにすぎない。それは，取消判決が処分の効力を「消滅」させるのだ，違法の確認をしている（その結果，法治国家ではその効力は遡及的にないことが確認される）のではない，とまでは説明できていないと思う。

「抗告」訴訟という用語も，裁判所の決定に対して上級審の判断を仰ぐときの「抗告」に由来するので，行政の決定に対する争いに関しては不適切であり，本来変更すべきである。また，行政行為を争う訴訟は，行政訴訟として構成し

ても、取消しなどと構成する必要はなく、違法是正訴訟でよいと思う（こうした公定力を批判する論者として、高柳信一『行政法理論の再構成』〔岩波書店、1985年〕、岡田雅夫『行政法学と公権力の観念』〔弘文堂、2007年〕、大浜啓吉「法の支配と行政訴訟」原田古稀25頁以下を挙げておく）。

 * なお、義務付け判決の性格については、給付判決との見方もある（塩野・Ⅱ215頁）が、取消訴訟では取消請求権を根拠としないのであるから、義務付け訴訟でも民事法的な意味での給付請求権を根拠とする必要はない。義務付け判決においても、基本は行政庁の処分権限と処分義務の確認（それから義務化された処分の発給）である（義務付け判決と義務確認判決の違いはないと思う）から、取消訴訟を違法の確認を求める訴訟とするのと性格的に変わりはない。したがって、義務付け訴訟を給付訴訟とする見方が民事訴訟の立証責任原則を適用することにつながるという見方（塩野・Ⅱ221頁）には賛成できない。義務付け訴訟であろうと、法治国家では処分庁はその権限の不行使が法規に適合していることを主張立証しなければならないことに変わりはないのである。

　なお、義務付け判決は、民事の通常の給付判決というよりも、むしろ、意思表示を求める判決（民414条2項但書、民執174条）に近い。現行の義務付け判決は行政性善説に立ち、行政側に義務づけるだけで、執行力はない。ドイツでは強制金という間接強制制度が置かれているが、日本では認められていないし、裁判所が直接に執行することは考えられてない。ただ、民事執行法では、意思表示を求める判決が確定すれば意思表示をしたものとみなしている。それと同様の制度は可能であろう。

4　民事訴訟一本化案

抗告訴訟は歴史的に成立した制度にすぎないので、今日、公定力の亡霊に縛られずに理論的に考え直せば、より徹底した立法論として、抗告訴訟を廃止して、基本的に民事訴訟によるべきだという考え方もありうる（当事者訴訟説もあるが、公法と私法の区別が消滅した今日、本来は当事者訴訟は廃止すべきであった。⇒第1章第2節Ⅲ）。

そこで、ここで多少原理的な考察をしてみよう。まず、争いの対象として、**原因たる行為を叩くか、それによって発生した法律関係を争うかというシステム**の違いがある。例えば、民事法では、私人間で売買契約をして、それに瑕疵があるとして争うとき、売主は契約を無効とか取り消すと主張して、代金と引換えに物件の返還を求める。買主は契約を有効と主張して、返還を拒否する。ここでは売買契約の取消しといった行為を直接に争うのではなく、それによって生じた法律関係を争うことになっている。

第 1 節　行政訴訟と民事訴訟

　これに対して，抗告訴訟においては，例えば公売処分を違法と主張する被処分者は，公売処分を直接の対象としてその違法を主張するのであり，公売処分によって発生した法律関係を争う（公売物件の返還請求・登記抹消請求訴訟等）ことは，原則として現行法では許されていない。こうした，原因たる行政行為を叩くというシステムはおそらく歴史的に成立したものであるが，処分をした行政庁に責任をもって反論させるという積極的な意義がある。しかし，処分が**無効**なら，原因行為は効力を有しないとして，現在の法律関係を争う（**争点訴訟**，行訴 36 条・45 条）制度が置かれていることからみても，原因行為を叩くという制度が必ずしも合理的と言えるわけではない。

　他の例を挙げると，課税処分なら，納税義務不存在確認訴訟，納付済みの税金返還請求訴訟，学校入学拒否なら，在学関係確認訴訟が法律関係を争う訴訟であるが，これらの訴訟においても，処分庁を参加させれば，処分庁に責任をもって答えさせることはできる。

　公務員の免職も，被処分者にその違法の認定権があるわけではないことは，公売処分と同じであるが，それは民間労働者の解雇とも同じである。そうすると，免職処分を叩くのではなく，それによって生じた法律効果をめぐって，地位確認訴訟として構成することが一般法理に適合している。むしろ，民間労働関係と異なる扱いをする根拠が問われる。もともとは行政行為に公定力があるためとされたが，今日では公定力は，抗告訴訟の対象とした結果の効力であって，抗告訴訟の対象とすることを正当化するような公定力は否定されている。したがって，免職処分取消判決によって初めて処分の効力が消滅したという構成は必要ない。規律力を認めるかどうかはともかくとしても，それがあるとすれば民間労働者の解雇にもあるだろうから，この点で公務員の免職処分に対する救済方法に特殊性を認める必要はない。

　また，原因行為を叩く訴訟では，原因行為から発生した結果を除去する**執行力**をもたない難点がある。それでも，行政自身が執行する場合（例：課税処分が取り消されたので，税金を返還する）には行政も敗訴すれば判決に従うので，大きな問題ではないが，第三者に対して判決を執行する必要が生ずる場合（例：公売処分が取り消された後で競落人に返還請求する場合）には，原告はその第三者に対して執行力のある給付判決を取らなければならない（Ⅲで述べるように時効が完成することもある）のであるから，最初から，原因行為から生じた法律関係

63

を争わせる制度を構築する方が権利救済に資する（被処分者は，公売物件の現在の所有者に対して，返還を求め，その訴訟に処分庁を参加させるなど）。

そうすると，行政行為について違法と無効の区別をなくして，私法行為と同じく，法律関係を争う訴訟として構成する方がよい。

なお，日本でも，戦前の行政裁判所と行政裁判法が廃止された戦後の1947（昭和22）年に，「日本国憲法の施行に伴う民事訴訟法の応急的措置に関する法律」が制定され，処分の取消訴訟について6ヵ月の出訴期間を置くのみで，それ以外は民事訴訟の手続によることになっていた。

そこで，出訴期間を残すなら，法律関係を争う訴訟に出訴期間を付ければよい。しかも，私見では，出訴期間は原則として不要である（⇒第2節Ⅳ）。行政処分だからといって，特別の審理手続に服させる必要はない。同じく法治行政の遵守を求める訴訟でも，国家賠償訴訟であれば，民事訴訟によっている。そうすると，行政処分についても，多くの場合，基本的には民事訴訟によればよい。そうすれば，行政訴訟と民事訴訟を併合できるかといった面倒な問題もなくなる（⇒第2節Ⅷ・第6節Ⅴ）。

5　行政訴訟にもメリット

しかし，行政訴訟のシステムにも，歴史的沿革を離れて今日考えても，メリットはある程度ある。これまでの**民事訴訟のシステムは，裁量が広い場合や第三者に影響を及ぼす行為を争う場合では必ずしも適切ではない。**

まず，裁量が広い場合には，義務付け判決や給付判決をそのまま下すのは無理で，瑕疵を除去してやり直せと命ずる（やり直し機能）こととなる。それは行政訴訟なら，行訴法33条の取消判決の拘束力で対応できるが，民事訴訟にはそうした制度は一般的には存在しない。例えば，生活保護の支給拒否決定に対して，金額を特定せずに給付を求める場合，民事訴訟では不適法となってしまうが，取消訴訟なら違法事由さえ明らかになれば勝訴できる。営業不許可でも，理由附記の不備を理由に取消判決を得ることができる。これらについては拘束力によるやり直しが必要であるが，法律関係を争う民事訴訟には適切な手段がない。

次に，広く多数人を画一的に規律する行政活動をコントロールするには，対世効（第三者効）を広く認める形成判決のシステムがなじみやすい。その場合には原因行為を叩く方が適切である。例えば，用途地域の指定，都市計画道路

第1節　行政訴訟と民事訴訟

の決定，土地区画整理事業計画，医療費値上げの告示，特急料金値上げ，保育所廃止等（⇒第2節Ⅰ「処分性」参照）について考えると，個別の法律効果（例えば，用途地域の指定について言えば，個々の土地所有者の権利制限，建築確認）を争わせるよりも，大本（原因行為たる行政処分）を叩いて，多数人にかかわる紛争を一挙に解決するように，認容判決の対世効と形成効を認めることが適切である（紛争の合一確定機能）。現行判例は，土地区画整理事業計画と医療費値上げの職権告示，保育所廃止について処分性（取消訴訟の対象性）を認めるようになった。その際に，（仮）換地処分段階，医療費の支払をめぐる保険者・被保険者と医療機関の間の紛争の段階で，元の土地区画整理事業計画や医療費値上げの違法を主張できる（先決問題としての違法の主張）のか，それを遮断するのかが争われているが，むしろ，これらの多数人を画一的に規律する行為については，それを取消訴訟の対象とする代わりにそれに対世効と形成効を認め，他の訴訟での先決問題としてその違法を主張すること（違法性の承継）を否定する方が立法政策として合理的である。このように制度化すれば，それはまさに形成判決と言えよう。

　実はこうした訴訟システムは民事訴訟における形成判決と同じである。これを瞥見すると，法律関係の変動を生じさせる要件に該当する事実が存在することを訴えをもって主張し，裁判所がそれを判決で宣言し，それが確定して初めてその変動の効果が生ずるとして取り扱うのが形成の訴えである。このような扱いは，変動自体を事実上困難にする反面，変動を明確にし，その法律関係をめぐる無用の紛争を防止できるし，判決の効力を第三者に及ぼしたり，多数の利害関係人の間の法律関係を画一的に処理するのに役立つ。遡及効があるかどうかは事柄の性質と法律の定めによるが，遡及効がある例として，嫡出否認判決（民775条），認知判決（民787条・784条）があり，遡及効がないものとして，離婚判決（民770条），婚姻の取消判決（民748条1項），会社の合併無効確認判決（会社828条・834条・839条）等がある（新堂幸司『民事訴訟法〔第4版〕』〔弘文堂，2008年〕197頁）。

　しかし，都市計画決定などは判例上処分性を認められておらず，今時の行訴法の改正では，処分性の拡張よりも当事者訴訟の活用のメッセージを出したことになっている。それでは請求認容判決の効力が当事者間にしか及ばないので不適切である。

第9章　行政訴訟法

　今日の判例と行訴法改正は，民事訴訟と同じく，法律関係を争わせて済む場合において原因行為を叩く特殊な制度を置き，原因行為を対世的に叩く形成判決を置くべきところで，処分性を否定して行政訴訟として取り上げないとか，対世効を否定するとか，逆行しており，なぜか行政訴訟のメリットを生かせないままになっているのである。

　　＊　取消訴訟の機能として，塩野（Ⅱ79頁以下）は，原状回復機能，適法性維持機能，合一確定機能，差止機能，再度考慮機能，処分反復防止機能を挙げている。しかし，公権力に対する争いを民事訴訟に任せても，これらの大部分は果たせるだろう。現在の民事訴訟で難しそうなのは，再度考慮機能，場合によっては，合一確定機能であろう。そこで，筆者は，抗告訴訟を民事訴訟と比較して，公定力を基準とせず，行為そのものを対象とする法規適合性の争い，裁量濫用，手続ミスなどについて取り消して拘束力によりやり直させること，第三者救済機能，紛争の一挙解決機能を中心に挙げている（阿部・行訴改革60頁）。こうした機能が必要な場合だけ行政訴訟として構成すればよい。なお，芝池・救済法30頁，宇賀・Ⅱ123頁参照。
　　　また，本文に関連する論考として，芝池義一「抗告訴訟と法律関係訴訟」新構想Ⅲ29頁以下があるが，波長が合わないので，別途併せて参照されたい。

6　制度作りの方向

　そうすると，行政活動をめぐる訴訟のシステムとしては，基本的には，行政行為の違法，無効を問わず，民事訴訟と同じく，法律関係を争う制度とし，ただし，例外として，やり直しを命ずる制度を置き，また，対世効が必要な場合も，会社訴訟と同様に民事訴訟の特例として特別の法律で定めればよいと思われる（阿部「行政訴訟の新しいしくみの提案」自由と正義53巻8号，同「基本科目としての行政法・行政救済法の意義（3〜9・未完）」自治研究77巻6号，7号，9号，78巻1号，4号，5号，7号〔2001〜02年〕を踏まえて改説）。

7　本書の解説の方針

　しかし，現行法は，たとえ理論的な整理が曖昧なままであるとは言え，処分その他公権力と非権力行為，公法上の法律関係，私法上の法律関係，抗告訴訟，当事者訴訟，訴訟類型，違法と無効，原因行為を叩く抗告訴訟，法律関係を争う当事者訴訟，争点訴訟といった種々の複雑なシステムを置いているので，解釈論としては，このシステムを無視するわけにはいかない。本書では，この混迷した状況において，この不合理なシステムをできるだけ合理的なものになるように解釈論的な努力を行うこととする。

第 1 節　行政訴訟と民事訴訟

補充説明：制定法の理解？

　塩野・Ⅱ82〜83頁は以下のように説明する。① 取消訴訟を確認訴訟として理解する見解も有力である。たしかに，法治主義の原則からすると，本来違法な処分が効力をもつべきではなく，実体法上の法効果を有すべきものではない。② しかし，制定法のシステムを前提とすると，取消訴訟の排他的管轄により取消訴訟によって取り消されない限りは（職権による取消し，行政上の不服申立てもある），処分によって法効果が発生したものとして取り扱われる。③ そして，取消判決によって初めてその効果がなくなり，原状に回復するというその法現象を前提とすると，民事訴訟上の訴訟類型との対比によっては，取消訴訟を形成訴訟と解するのが妥当と思われる。④ 取消判決の効力が第三者に及ぶこと（行訴32条）も，形成訴訟として把握するのが自然である。⑤ さらに，以上のように把握することによっても法治主義の原理に実質的に反するものではない。

　これは上記の私見に反する有力説であるので，コメントする。

　① は正しいが，筆者は，それ以降の論理には賛成できない。② のうち，取消訴訟の排他的管轄は，公権力については取消訴訟でしか争えず，民事訴訟では争えないというだけのことであり，要するに，公権力の行使に対する救済ルートを民事訴訟とするか行政訴訟とするかの交通整理の問題にすぎない。その結果，民事訴訟では処分の違法を是正できないことになるだけであって，取消訴訟で処分の違法を証明したら，最初から処分の効力がないことを確認してもらえるのか，それとも，一度変動した法律関係を原状に復させるのかは，排他的管轄だけでは決まらない。出訴期間は，その期間を過ぎれば争えない（不可争力）というだけで，時効と似たようなものであり，処分の効力の問題ではない。

　③ 取消判決によって初めてその効果がなくなるというのはなぜなのか。さらに，塩野（Ⅱ80頁）の説明を求めると，「私人間の雇用契約において解雇がなされ，紛争が生じたとすると，解雇はもともと無効であると主張して地位確認を求めることになる。これに対して，行政行為の場合には，一度行政行為により法律関係は変動するという見方をするので，判決によりその変動した法律関係がもう一度変動する，つまり，もと（原状）に帰るということになるのである。これは，現行法が，取消訴訟の排他的管轄の制度を採用しているとみることから生じているわけである」という。

　しかし，会社員の解雇と公務員の免職処分を比較すると，会社員の解雇は，違法＝無効とされると，当初から地位があったことになり，地位の確認が認められるが，判決があるまでは，仮に解雇が違法でも，雇用主がその間解雇を適法として扱うこと（給料を払わない，出勤を認めない）は許される（つまり，有効として通用する）のであって，このことは公務員の場合と変わりはない。公務員の免職処分の場合だけ，違法でもいったん法効果が生じ，取り消されて初めてその効果がなくなる（免職が違法でも，取り消されるまでは適法として取り扱わなければならない）という見方ができる実定法上の根拠はどこにあるのか。排他的管轄では説明できない

第9章　行政訴訟法

ことは上述した。
　民法では，詐欺・強迫による取消しと錯誤による無効を区別した条文を置き，取消しはいったん変動した権利関係を原状に回復させるというつもりである（今はその解釈に争いがある）が，行政実体法には，処分にそのような効力があるとの根拠規定はなく，取消訴訟と無効確認訴訟の違いは，後述（⇒第6節Ⅰ）のように出訴期間と不服申立前置主義の適用の有無という訴訟法上の問題にすぎない。
　したがって，取消訴訟も，最初から違法であることを確認する点で，無効確認訴訟と同じであるが，単に出訴期間があることと，無効確認訴訟では出訴期間徒過後の主張であるため単なる違法では勝訴できないという違いがあるだけである。逆に言えば，無効確認訴訟も，出訴期間経過後に認められる取消訴訟なのである。瑕疵ある行政行為に，違法ではあるが有効なものと，最初から無効なものの区別があるという伝統的な説は明白に誤りである。
　なお，塩野は，行政処分には規律力があるとも説明されるが，契約の解除権，労働者の解雇権も，一方的に権利義務を変動させる点では同じである（⇒第1章第2節Ⅳ3。塩野・Ⅰ140頁はこれについて説明を付加しているが，行政行為に規律力があるかどうかの論点において行政関係において行政行為が位置づけられていることを根拠とするのは循環論法のように感ずる）。
　その結果，取消訴訟を形成訴訟として把握するのが妥当とされ，④取消判決の対世効も，取消訴訟＝形成訴訟と把握するのが自然とされるが，そんな議論をするから，無効確認訴訟には対世効はないという条文が改正されずに残り（行訴38条），第三者への許可の無効確認判決に対世効がないため，その判決に実効性がなくなって困ってしまうのではないか。無効確認判決であれ，もともと画一的に対世的に規律していた行為を廃棄する場合には，前記のように対世効を認めるべきなのである。現に会社の組織に関する訴えの請求認容判決，合併無効確認判決については，無効といいつつ，そのような立法的措置がとられている（会社838条・839条・843条）。⑤取り消されるまでは違法でも有効として服従を強要すると，例えば，転勤命令の場合，法治国家違反の現象を生ずることは第1章第2節Ⅳで述べた。
　なお，塩野宏（Ⅱ83頁）も，民事訴訟上の形成訴訟は，原告に実体法上の形成権の存在が問題となるが，行政行為の取消訴訟に際しては，原告側には実体法上違法処分の取消権があるかどうかは疑問とされるところであって（ここで，行政行為の取消権をもつのは行政庁であって私人ではないとの雄川一郎説が引かれている），民事訴訟法上の形成訴訟そのままではないと留保している。私見では，会社の合併無効訴訟では私人に無効認定権がないが，それでも形成訴訟とされているのであって，前記の用途地域の指定の取消訴訟などは形成訴訟として構成すればよいと思うが，通常の行政処分の取消訴訟を形成訴訟として理解すべきではないことは前記の通りである。
　ここでは，現行制度を整合的なものとして説明しようという思考と，矛盾だらけの不合理なものとして「変革」を求める筆者の思考との発想の違いが現れている。

なお,以上の点については,第1章第2節において行政法理論の大改革の必要として詳述している。

II 訴訟対象・訴訟類型の判定困難対策
1 訴訟類型の壁,「法律上の争訟」が基本
(1) 訴訟類型判定困難

行政訴訟は,単に役所が違法行為をしたと主張すれば,審理してもらえるものではなく,訴訟の対象や一定の訴訟類型（訴訟形式）を原告が先に決めなければならないとされている。ここで,訴訟類型とは,本書IIの冒頭で説明した抗告訴訟,当事者訴訟,民事訴訟の区別,抗告訴訟の中で,取消訴訟,義務付け訴訟,差止訴訟,不作為の違法確認の訴え,無効等確認訴訟の区別をいう。

民事訴訟では訴訟の対象や訴訟類型を決めるのは当事者であり（例えば,金いくら払え,土地を返還せよ,登記を抹消せよ,離婚させよといったもの。処分権主義。民訴246条),行政訴訟も同じとするものである。

ところが,行政訴訟では,訴訟の対象や訴訟類型の判定が困難であるため,裁判所が原告とは異なる見解を採って,訴えを却下することが少なくない。原告はこれで疲れ果て,訴訟を断念するのが普通であるが,原告が仮に別の訴えを提起しても,今度の受訴裁判所は別の見解を採って,これまた却下するという**キャッチ・ボール**の弊害を生ずる（阿部・行訴要件18頁）。これでは裁判は形だけで,実質的には裁判の拒否である。この解決が緊要の課題である。

(2) 横川川事件,訴訟類型間のキャッチ・ボール

例えば,河川区域内に入っているかどうかについて行政処分による判定制度が置かれていれば,その取消訴訟を提起できるが,そうした制度がないので,自己の土地が河川区域に入っていないのに,入っているとの前提で,建てた建物の除却命令を受けそうなとき,それを争う方法として,

① 河川管理者に除却命令の権限がないことの確認訴訟,
② 当事者訴訟（自己の土地が河川区域内に入っていないことの確認訴訟),
③ 差止訴訟（除却命令をしてはならない）

の3つが考えられるが,そのいずれが適法かがはっきりしない。いわゆる横川川事件で,下級審ではキャッチ・ボールされた（第1審：高知地判1984〔昭和59〕・4・26行集35巻4号559頁,判時1131号74頁は,①を適法視し,控訴審：高松

第 9 章　行政訴訟法

高判 1988〔昭和 63〕・3・23 行集 39 巻 3＝4 号 181 頁, 判時 1284 号 57 頁は, ① を不適法とし, ② を適法としたが, 被告が知事では不適法とした〔被告適格の点は, ⇒第 2 節 Ⅶ〕）。

　これは伝統的に, 訴訟類型を厳格に考え, 原告がそれを間違えれば（というよりは, 裁判所と見解を異にすれば）却下してよいとの発想である。原告はどうすればこの難関を乗り越えられるのだろうか。

　なお, 最高裁は, 訴えの利益なしとして, このいずれかの決着を付けなかった（最判 1989〔平成元〕・7・4 判時 1336 号 86 頁, 判タ 717 号 84 頁, 阿部・行訴改革第 1 部第 3 章）。これについては, 第 6 節Ⅳで述べる。

> *Case*：**横川川事件控訴審判決**
> 　一般に, 行政庁の公権力の行使について予防的に行政庁の不作為義務の確認または処分権限の不存在の確認を求める無名抗告訴訟が適法なものとして許容されるのは, 当該行政処分について, 三権分立の原則を考慮しても, 行政庁の第一次的判断権を実質的に侵害することがなく, しかも, その処分がされ, またはされないことによって発生する損害が重大であって, 事前の救済を認めるべき差し迫った必要性があり, 他に救済を求める手段がない場合に限られるものと解される。
> 　本件の行政庁の不作為義務の確認を求める訴訟, 行政庁の処分権限の不存在の確認を求める訴訟は, 本件河川管理者である県知事が本件箇所について河川法上の処分を行う差し迫った状況があるというのではなく, 県知事が本件箇所は河川法第 6 条第 1 項第 1 号の河川区域に該当すると主張していることから, 県知事が将来, 河川管理者として, 本件箇所が河川区域であるとの前提の下に, 本件箇所について, 河川法上の処分を行うおそれがあるので, これをあらかじめ封じておくことを目的とするものであるとみられる。
> 　右のような紛争の実態からすれば, 河川管理の主体または河川管理者と原告＝控訴人との間の争いの根本的原因は, 本件箇所が, 河川法第 6 条第 1 項第 1 号の河川区域として同法第 26 条, 第 27 条など同法に規定された諸種の制約に服する土地であるか否かという点に関する右当事者間の認識の対立にあるというべきであり, 本件箇所がこのような制約に服しない河川区域外の土地であることが明らかとなれば, 紛争の根本的原因が解決し, したがって, 県知事が, 本件箇所について, 河川区域であることを前提とした河川法上の処分を行うこともないはずである。
> 　そして, 本件箇所が河川法第 6 条第 1 項第 1 号の河川区域であるか否かは, 河川管理者の指定処分などの公権力の行使を介在せずに, 右箇所が, 河川の流水が継続して存する土地または地形・草木の生茂の状況その他その状況が河川の流水が継続して存する土地に類する状況を呈している土地であるかという当該箇所の現在の形態によって当然に決まるものである。
> 　そこで, 原告＝控訴人は, 前記の目的を達するために, 本件河川の管理主体であ

る国を被告として，控訴人が本件箇所について河川法第6条第1項第1号の河川区域である場合に負担すべき同法上の義務を負わないという公法上の法律関係の確認を求める当事者訴訟（実質的当事者訴訟）を提起することが可能であり，当事者間の争いの根本的原因が行政庁の公権力の行使そのものにあるのではなく，その前提たる公法上の法律関係の存否の認識の対立にある本件のような場合においては，むしろ，右の方法によることの方がより紛争の実態に即した抜本的な解決が図られるというべきである。

したがって，原告＝控訴人としては右の当事者訴訟の方法により適切な救済が求め得るのであるから，本件は，無名抗告訴訟として許容される場合に当たらず，本件行政庁の不作為義務の確認を求める訴訟，行政庁の処分権限の不存在の確認を求める訴訟は，いずれも不適法であるといわざるを得ない。

ただし，知事に対してした河川法上の義務を負わないという公法上の法律関係の確認を求める訴については，知事は，地方自治法148条に基づき国の機関委任事務として河川の管理をしている行政庁であるから，河川の管理主体である国を被告とすべきであるとした。

(3) 抗告訴訟と民事訴訟のキャッチ・ボール，大阪空港訴訟，日本原訴訟

抗告訴訟と民事訴訟の間でもキャッチ・ボールが行われた。**大阪空港**の騒音を理由に，周辺住民が空港としての夜間供用の差止めを民事訴訟で求めたところ，1，2審では勝訴したのに，最高裁大法廷判決（1981〔昭和56〕・12・16民集35巻10号1369頁〔百選324頁〕）では，空港の離着陸時間の決定は，運輸大臣の有する空港管理権と航空行政権という2種の権限の総合的判断に基づいた不可分の一体的な行使の結果であるから，「行政訴訟はともかく」民事訴訟では争えないとした。「公権力の不可分一体説」という新規（新奇）の理論を採ったのである（公権力は法律に基づくから，複数の権限の不可分一体という権力はありえない）。

他方，自衛隊の実弾射撃演習を抗告訴訟で争ったいわゆる日本原訴訟において，最高裁判決（1987〔昭和62〕・5・28判時1246号80頁，判タ645号146頁）は，演習の阻止は民事訴訟によれとして，門前払いした。

これは，大阪空港判決と矛盾しないか。どっちでも助けないという，違憲の**裁判の拒否**ではないか。これが「最高」裁判所の判決で，その後も「再考」されない（福岡空港訴訟最判1994〔平成6〕・1・20判時1502号98頁，判タ855号103頁）のであるから，驚くしかない。

(4) 実務の発想の背景にあるもの，裁判の拒否を生じないために

こうした裁判実務の背景にあるのは，訴訟の対象や訴訟類型は原告が特定するものであるという民事訴訟の処分権主義の発想，さらに，法律が不明確な場合，しっかり解釈するのが優秀な法律家だという伝統的な発想，あるいは，最高裁判所は，法令の解釈の統一が大事だという，当事者無視の発想である。そのような発想は民事訴訟においても，利用者の立場を無視したもので，まったく不適切である（このうち，最後の点を早いうちから指摘したのが，新堂幸司「民事訴訟法理論はだれのためにあるか」判タ 221 号 17 頁〔1968 年〕）が，さらに行政訴訟では民事訴訟とはまったく異なる事情があるのであって，この点への配慮がない**民事法帝国主義的発想**が行政訴訟の機能を阻害しているのである。

ここで問題になっているのは，**訴訟要件の不明確さ**である。それは，本案の問題と異なって，もっぱら被処分者＝原告にだけ不利に作用し，しかも**裁判所による解釈は一種の事後立法であるから，原告にだけ不測の不利益をもたらす**。また，裁判所でさえ見解を異にするのに，原告には，どの審級でも認められる訴訟類型を選択せよというのであるから，およそ不可能な事を要求するものである（相撲で，被告は土俵の上に上がっていて，行司は，原告が東から上がろうとすると西から上がれ，西から上がろうとすると東から上がれと追い返して，時間切れにするようなものである）。

そもそも，「法律上の争訟」（裁 3 条）に該当すれば，裁判を拒否することはできないから，できるだけ本案に容易に入れるような法システムが必要であるし，救済ルールは，「裁判を受ける権利」の保障（憲 32 条）の観点から明確でなければならないのであって，その解釈の不明確性は立法者の責任であるから，原告の負担において解決すべきではないのである（このような問題を提起したものが，阿部・実効性第 1 章，さらに阿部・行訴改革 58 頁以下，167 頁以下。最初は留学帰りの 1975 年である）。したがって，原告のそのような不利益を可及的に防止する解釈方法と制度改革が求められるのである。

2 処分の頻繁な変更と訴訟の対象

(1) 再更正処分

このように原告が右往左往させられるのは訴訟類型だけではない。行政庁は処分を職権で変更できるし，第三者への許可も，事情の変化に応じて変更できる。訴訟の対象は，原告が決めなければならないが，では，被告がそれを変更

するたびに，原告が訴えを変更しなければならない（しなければ救済されない）のか。

　課税処分の内容を変更する更正処分を争っているうちに，**再更正処分がなされた場合**，従前の訴えを維持できるのか，後者の取消しを求めるように訴えを変更すべきか。両説成り立つが，判例では，増額再更正についてはいわゆる吸収説として再更正処分を争うように訴えを変更しないと，更正処分の取消しの利益が消滅したとして却下された（最判 1967〔昭和 42〕・9・19 民集 21 巻 7 号 1828 頁）。これは，**処分庁の一方的な処分変更による不利益を原告に転嫁するもの**で，きわめて不正義である。

＊　これに対し，**田中二郎判事の反対意見**は，増額再更正処分について，多数意見の吸収説を排し，逆吸収説により権利救済を図ったものであるが，その理論的根拠として，まさに抗告訴訟を違法是正訴訟として捉えたもので，その慧眼にはただ感心するしかない。

　「まず第一に，更正処分の取消訴訟の本質をどう考えるべきか，その訴訟物をどう理解すべきかが問題である，従来一般には，更正処分の取消訴訟は，特定の更正処分そのものの取消を求める訴訟として理解されてきた。そして多数意見も，この従来の普通の見解に従い，本件第一次更正処分は，これに対する取消訴訟の提起後，第二次更正処分によって取り消され，第三次更正処分は，第一次更正処分とは別個になされた新たな行政処分であるとし，第一次更正処分の取消を求めるにすぎない本件訴は，第二次更正処分の行なわれた時以降，その利益を失うにいたつたものとみるべきであるとし，これと同趣旨に出た原審の判断を正当として支持している。

　更正処分の取消訴訟を法文の字句に即して形式的に解釈すれば，右のような考え方も一応成り立つであろう。しかし，この訴訟の本来の狙いに即して実質的に解釈すれば，確定申告額の正当性を主張する納税者たる原告は，更正処分によって正当な納税額を超える課税をされたことに対して，当該更正処分を形式上の手がかりとして，実質的に当該更正処分による課税の違法を主張し，その違法状態の排除を求めているものにほかならない。もっとも，訴訟手続的には，再更正・再々更正等の処分がされた場合に，これらの処分に不服がある者は，不服申立前置を必要としないで，訴の追加的併合（又は訴の変更）をなし，あわせて（又はその）裁判を求めることができることになつてはいるが，このような行政庁の一方的な再更正・再々更正の処分に対し，常に納税者に相次いで訴の追加的併合（又は訴の変更）をなすべきことを要求するということは，あまりにも，訴訟技術に拘泥しすぎ，納税者の救済制度の趣旨にそわない解釈であるというべきではなかろうか。私としては，第一次の更正処分の取消訴訟が提起された後，さらに第二次の再更正処分，第三次の再々更正処分等がなされた場合において，これらの処分が，依然，納税者が正当として主張する税額を超えるものである以上，第一次更正処分の取消訴訟は，このよ

うな違法状態の排除を求めることに，その本来の目的があるのであるから，必ずしも，常に訴の追加的併合（又は訴の変更）の措置をまつまでもなく，第二次の再更正処分及び第三次の再々更正処分も，第一次更正処分の取消を求める訴訟の中に含まれるものと解するのが更正処分に対する取消訴訟の救済制度としての趣旨・目的にそう解釈ではないかと考える。」

(2) 原子炉設置許可の変更許可

次に，原子炉設置許可処分について周辺住民が取消訴訟を提起中に当該原子炉について設置変更許可処分が行われた場合，訴えを変更して後者の取消訴訟を提起すべきか。もとの許可処分の取消訴訟で，変更後の許可処分全体を審理すべきか。

東海第二原発訴訟控訴審（東京高判 2001〔平成 13〕・7・4 判時 1754 号 35 頁，判タ 1063 号 79 頁）は，実体的には両処分は一体であるとして，後者の説を採った。正当である。

許可を細切れにして，変更のたびに原告を右往左往させるべきではない。訴えの変更も「請求の基礎に変更がない限り」許されるのであり（民訴 143 条，行訴 19 条 2 項），逆に言えば，変更の前後で許可の基本に変更がない限り，両者を合体した処分とみればよいのである（なお，これについて，高木光「取消訴訟係属中の処分の変更」金子古稀下 413 頁〔＝同・行政訴訟論 210 頁〕参照）。

3 是正訴訟の提案，キャッチ・ボール対策

行政訴訟のポイントは，行政活動が違法かどうかであるから，訴訟類型としては，違法な行政活動を除去せよという**違法是正訴訟一本**でよいのである。違法是正の方法としては，やり直し，一定の行為の義務付け，事前の差止め，違法確認，行為の除去，法律関係の確認等が考えられるが，それによって審理の仕方が特段異なるものではないから，それを原告が最初にすべて決めておく必要はなく，訴訟の過程で裁判所が釈明しつつ当事者の意見を聴いて判決時に決めれば済むのである。そうすれば，訴訟類型や訴訟対象の判定の困難は生ぜず，却下判決相互のキャッチ・ボールは生じない。救済ルール明確性の要請にふさわしい制度である。

筆者は，行政訴訟改革において，違法を是正することに主眼を置く是正訴訟制度を提案して，日弁連案として採用された（日本弁護士連合会編『使える行政訴訟へ：「是正訴訟」の提案』〔日本評論社，2003 年〕）。これは特異な見解だと違和

感をもつ向きもあるが，それは古いドイツ法的発想に毒されているもので，「公権力の行使」，「行政行為」という概念をもたない英米法では当然の法システムである（アメリカ法につき，中川丈久「行政訴訟に関する外国法制調査——アメリカ（上）（中）」ジュリ1240号100頁以下，1241号78頁以下）。そして，これは法治行政の観点から望ましい制度である。

しかし，今回の改正の関係者は，民事訴訟の発想に染まりすぎて，こうした行政訴訟の特殊性に対する理解に乏しく，また，これまでの「処分」概念を変える気がないので，訴訟類型としては，処分の「取消」訴訟を残し，これに義務付け訴訟，差止訴訟を追加し，当事者訴訟活用のメッセージを送ったにとどまった。

ただ，被告は抗告訴訟の場合も，行政庁ではなく行政主体とされた（行訴11条）ので，当事者訴訟や民事訴訟との間での訴えの変更は容易になったとされているが，一般にはそこで止まっている。なお，もともと，行政庁の行為はすべて行政主体に帰属するのであるから，行政庁と行政主体は同視すべきであった。

訴訟類型を残すなら，訴訟類型間のキャッチ・ボール対策として，その判断を誤っても別の訴訟で救済するという特別規定が必要であるし（ドイツ行政裁判所法86条3項では，適法な訴訟類型の指示・釈明が行われる。ドイツ，フランスでは，行政裁判所と民事裁判所の間で同様の問題があるが，救済規定がある。阿部・実効性22頁），複数の訴えの併合に関する特則（関連請求の拡張，訴訟費用の軽減）が必要であるが，それさえ導入されなかった。

この現状では，原告としては，考えられる類型の訴訟をすべて提起して裁判所にそのいずれかを選択してもらう戦術を採るしかない。それでも，下級審で採用された訴訟類型が上級審で否定されると困ってしまう。例えば，原告が，処分取消訴訟を主位的請求，処分でないとした場合の違法確認訴訟を予備的請求として訴えたが，下級審で，処分扱いをして本案の判断をした場合には，予備的請求の本案の判断はなされない。最高裁で，予備的請求の方が適法だと考えた場合，主位的請求に関して不適法として，原判決を取り消し，1審から予備的請求の審理が行われる。これでは，原告は裁判所の判断過誤により，行きつ戻りつで，大変な苦労をさせられる。やはり，裁判の拒否である。

今回の行訴法改正の国会附帯決議においては，「国民が多様な権利救済方式

を適切に選択することができるように配慮する」ことが求められている。解釈論としても、裁判所は、原告の提起した訴訟類型が不適切と考えても、適法な訴えを提起したことになるように配慮すべきである。少なくとも、どの訴訟が適法かが微妙なケースでは、いずれかしか正しいものはないという硬直的な発想をやめ、裁判を受ける権利こそが大切であるとの視点から、いずれも適法であるとの併用説を採るべきである（同旨、新堂幸司『民事訴訟法（第4版）』〔弘文堂、2008年〕12～13頁）。その結果生じうる裁判の矛盾はまだ小さな害である。

　裁判所の運用に対する要望としては、訴えの変更を（新訴の出訴期間にかかわらず）、上級審でもできる限り認め（または、田中説・東海原発東京高判のように、訴えの変更をすることなく既存の訴えですべて救済するとし）、訴訟類型や訴訟の対象が異なっても本案はほとんど同じであるから、これまでの訴訟の審理経過はすべて新訴で活用することとすることとすべきである。最高裁で、その訴えは不適法だが、別の訴えが適法であるとする場合には、いちいち下級審に差し戻すことなく、原告に訴えの変更を釈明して、適法な訴えについてこれまでの審理経過を活用して判断するという取扱いをすべきである（以上、**問題②**）。

　　＊　園部逸夫は、「訴訟形式の選択を当事者に委ねることによって生ずる実務上の問題点を十分に解明しないままに、併行訴訟許容説をとると、混乱を招くことは明らかであり、容易に左袒できないものがある。……実務家としては、行政事件訴訟法の法文を忠実に解釈するほかはなく、抗告訴訟が存在する限り、権力分立、行政行為の公定力等、行政権の本質的な性格と理解されているものと無関係に法解釈を施すことは困難であると思われる。『公権力の行使に当たる行為』という文言の存在は決定的な意味を持っており、高柳教授の主張するように抗告訴訟制度を『権力性の契機において理解することを止めて』『その技術性の契機において理解する立場を確立する』……ことは理論的には賛成しえても、実務上これを実現することは非常に困難といわざるをえない」と述べている（園部「行政訴訟と民事訴訟の関係」鈴木＝三ケ月監修・新・実務民訴講座⑨21～22頁）。

　　　ここでは、まさに、行政事件訴訟法の条文レベルしか眼中になく、その上位の裁判を受ける権利とか当事者の立場はまったく無視されている。また、「混乱」というのは、訴訟中に生ずる矛盾などであろう。たしかにそうした問題はあるが、しかし、それは立法の不備であり、その結果、当事者の裁判を受ける機会を剥奪するのもより大きな「混乱」である。いずれの混乱を防止するのが憲法体制から見て望ましいかという視点がここにはまったく欠けている。これが実務家の通常の発想ということであれば、さらには、憲法裁判所である最高裁でもこのような発想であれば、誠に残念である。そうであるからこそ、本書第1章第2節では、権力とか行政行為、

公定力といった行政法の中核概念を批判したのである。

Ⅲ 行政訴訟と民事訴訟の違い
1 民事訴訟と行政訴訟が平行しない場合
(1) 民事訴訟の場合

民事訴訟と行政訴訟の違いを現行法に沿って（阿部の立法論ではなく）いくつかの例で示そう。まず，私法上の売却に瑕疵がある場合と税金の滞納処分に瑕疵があるとする場合との救済の違いを考える。

今，XがYに財産を譲渡し，それがさらにZに譲渡された後に，当該財産を取り返したいと考えたとしよう。「合意は拘束する」から，Xが理由もなしに，この譲渡契約を破棄することはできない。破棄できるのは，詐欺とか強迫，錯誤，隠れたる瑕疵等，売買契約に瑕疵があった場合，または契約の解約条項に適合する場合，公序良俗や強行法規に違反した場合に限る。この売買契約はX自身の意思に基づいて行われたものであるから，Xはそれを取り消す（または無効と主張する）こととなる（行政法学の用語で言えば職権取消しのようなもの）。そうすると，その所有権はXにあることになるが，当該物件は既にZに移転しているから，XはZを被告に当該物件の返還を請求することとなる（原因行為＝法律行為ではなく，法律関係を争う）。この場合，当初の売買契約が違法の場合と無効の場合との区別はない。

(2) 公売処分の場合

これに対して，税務署長Yが税金の滞納処分としてXの財産を差押え・公

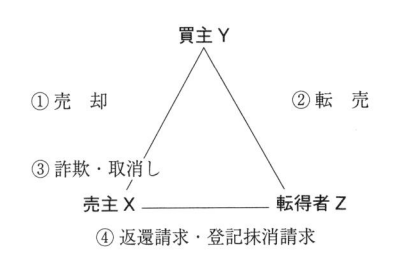

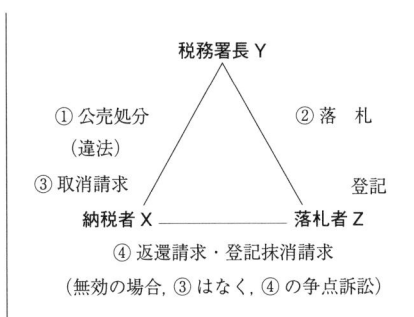

```
        買主Y                           税務署長Y
        △                               △
①売却      ②転売              ①公売処分      ②落札
                              （違法）
③詐欺・取消し                   ③取消請求              登記
売主X ───── 転得者Z           納税者X ───── 落札者Z
   ④返還請求・登記抹消請求         ④返還請求・登記抹消請求
                              （無効の場合，③はなく，④の争点訴訟）
```

売処分して，Zがその財産を取得したが，Xがこの公売処分に瑕疵があると考えたとしよう。意思表示をしたYがそれを取り消す（職権取消しという）場合は，前記の民事の例と同じく，XからZに返還を請求することになる。Yが職権取消しをしない場合，XがYのした意思表示を勝手に取り消せるわけはないから，裁判所に，Yの意思表示の取消し（ないし，その無効の判断）を求めることになる。Xは，何ら意思表示をしていないから，取り消すといった意思表示をする地盤がない。論理的に言えば，この場合でも，XからZを被告に返還請求訴訟を提起し，その訴訟で公売処分の違法を主張するという方法も考えられる（場合によっては，Yを参加させる。現行法でも，公売処分が無効の場合には，この**争点訴訟**が認められている〔行訴45条〕。⇒第6節）が，これまでは，ここでの争点は公売処分が税法の要件を満たしているかどうかにあるから，処分をした税務署長を被告にして審理する方が合理的であるとされてきた（改正行訴法11条で，被告は処分庁の属する行政主体とされたが，実質は同じである）。そこで，処分庁Yを被告とする，処分という法律行為の取消訴訟という制度が置かれたのである。

(3) 排他的管轄などの説明

その結果，XからZに対する民事訴訟は禁止される。つまりは，民事訴訟では，処分は違法であっても有効扱いになる。これは，公定力とか，**抗告訴訟の排他性**（排他的管轄）などと説明されるが，ルートが複数あっては混乱するから，取消訴訟のルートが明確に存在する以上は民事訴訟を禁止する方が合理的であるという交通整理にすぎない。民事訴訟と行政訴訟が平行する次の2の場合とは異なり，この場合には，行政処分がなければ民事上の権利侵害はないから，もとの処分について行政訴訟で排除する必要があり，行政訴訟を起こさず，民事訴訟だけを提起しても当然に敗訴するということである。

この処分は取消訴訟においては違法であれば遡及的に取り消されるのであるから，違法であっても有効だということはなく（さもないと，法治主義違反である），そのような説明は混乱を生ずるだけなので，やめるべきである（公定力，抗告訴訟の排他的管轄は死語にすべきである）。

同様の例として，課税処分については，行政側に滞納処分という執行力があるので，納税義務者は納税してからその取消訴訟を起こすのが普通である。処分が取り消されれば税金は返還されるので，民事訴訟で税金返還請求を求める

必要はなく，そうした訴訟は禁止される（公定力の一側面とされるが，無用な説明である。ただし，課税処分が無効の場合には争点訴訟で争う。また，ルートが不明確な場合，一本化を義務づける根拠はない。**併用説**。処分性に関する後述第2節Iの解説参照）。

(4) 取り消されるまでの処分の効力

これに続いて，公売処分の取消判決が確定したときは，買受人は無権利者になるが，登記が元所有者に戻る前に，第三者に転売したときは，この第三者と元所有者のいずれが権利を取得するかという問題が起きる。買受人が，取消判決により，もともと無権利者であることが判明したと考えると，登記には公信力がないから，それによる登記の移転も無効であり，元所有者がもともと所有権を有していたとして，第三者との関係でも勝つことになる。しかし，買受人は公売処分によりいったん有効に権利を取得したと考えると，その取消判決により（遡及的形成力），権利が元所有者に移転したことになる。そうとすれば，第三者が先に登記を得れば，民法177条の定める二重譲渡の典型的な例になる。したがって，元所有者は所有権を回復できない（最判1957〔昭和32〕・6・7民集11巻6号999頁〔租税百選3版184頁，4版には掲載なし〕）。

そうすると，取消判決だけでは，登記は戻らないから，取消訴訟を提起するだけでは常にこのような事態が起き，被処分者は権利を回復できない。それを防止するためには，将来の給付の訴え（民訴135条）を関連請求として併合提起（行訴13条1号・16条・17条）し，移転禁止の仮処分を取っておかなければならない。他方，取消訴訟の対象となっている公売処分によって権利を得た者から譲り受ける第三者の保護の必要性は高くない（民事法では売買契約が無効になれば，登記に公信力がないので，その後の取引が無効になることもある。落札者は課税官庁から確実に損害を回復できる）。したがって，この場合に二重譲渡と同じと考えるのは不適切であり，取消判決によって処分は最初から効力がなかったものと考えるべきである（**問題③**）。

2 民事訴訟と行政訴訟が平行する場合

(1) 原発の例

次に，例えば，原子力発電所（原発）の設置が許可された場合，その安全性を危惧する周辺住民はどのように争うのか。この場合には，設置許可の取消訴訟という行政訴訟と，許可とは無関係に，原発のもたらす危険性の排除を求め

る民事訴訟の2つが考えられる。

　民事訴訟では，原発によって権利を侵害されたかどうかが争点になるので，受忍限度を超える被害発生の蓋然性があることが必要になる。民事の差止訴訟として，女川原発訴訟（仙台地判1994〔平成6〕・1・31判時1482号3頁，同控訴審：仙台高判1999〔平成11〕・3・31判時1680号46頁，同上告審：最決2000〔平成12〕・12・19〔平成11年（オ）第936号等事件〕），高浜原発訴訟（大阪地判1993〔平成5〕・12・24判時1480号17頁），志賀原発訴訟（金沢地判2006〔平成18〕・3・24判時1930号25頁）がある。志賀原発金沢地裁判決は原発の許可取消判決を下した初めての判例である（ただし，名古屋高金沢支判2009〔平成21〕・3・18で逆転。⇒第4節X）。

　行政訴訟では，設置許可が法令の基準に適合しているかどうかが争点になる。この場合には，原発のもたらす危険性は，原発の存在によって生ずるもので，許可によって初めて発生したものではないから，その許可を取り消さなくても民事訴訟で争える（許可が無効である必要はない。この民事訴訟は行訴法45条の争点訴訟ではない）。ここで許可の公定力を論ずるのは間違いである。しかし，許可はその危険性を助長する（事実的侵害）から，やはり許可の取消しを求めることも必要である。**民事訴訟と行政訴訟が平行する**のである（もんじゅ最判1992〔平成4〕・9・22民集46巻6号1090頁〔百選380頁〕，阿部・法の解釈215頁以下，高木・行政訴訟論285頁以下）。

　ただ，もんじゅ最判再度の上告審では，**設計を基本設計と詳細設計に分け，許可取消訴訟では，許可段階の基本設計しか争えない**とされた（最判2005〔平成17〕・5・30民集59巻4号671頁，判時1909号8頁〔坂本勝調査官解説・曹時60巻2号560頁以下，重判解平成17年度41頁〕）。これに対し，民事差止訴訟では当該原発を，詳細設計を含め，また，事後の違法を含めてトータルに争えるから，民事訴訟の方が使いやすい面もある。

　(2)　日照権を侵害するマンション

　例えば，隣りのマンションが建築確認を得て建築中に，これにより日照権侵害を受ける者がそれを阻止しようと考える場合，隣りのマンション業者に対する民事の建築差止訴訟も，建築確認（建基6条）をした建築主事の属する行政主体（あるいは，指定確認検査機関，建基6条・6条の2・77条の18以下）を被告とする建築確認の取消訴訟も，いずれも同様に許容される。ただ，民事訴訟では，

日照権侵害の立証が必要であるが、どの程度侵害されれば法的に日照権侵害と言えるのか、必ずしも明確ではない。行政訴訟なら、周辺住民が建築確認について、建築基準法56条の2（日影規制）との適合性を争点にして争う。民事訴訟よりは審理しやすい面があるが、建基法違反の建築確認は滅多にない。いずれも長短があるので、場合によって使い分けるのがよい。

　＊　なお、この点では、原発とかマンションの「存在」は許可を前提とするもので、許可がなければ存在しないという疑問があるかもしれないが、行政法は、私法上の行動が存在することを前提にそれを規制しているだけなので、許可がなければ原発やマンションが存在しないというものではなく、許可がなくてもこれらは私法上は現実には存在していることがある。

Ⅳ　法律上の争訟
1　「法律上の争訟」の定義

訴訟で取り上げるかどうかの関門の最初は、「法律上の争訟」である。これに該当して初めて、処分性とか原告適格とか、行政訴訟特有の関門に至る。「法律上の争訟」の概念に主観訴訟性を組み込むのが一般的な見解であるが、それでは原告適格と重複してしまうので、概念上も、これは区別すべきである（詳しくは、⇒第6章末尾）。

判例によれば、**行政事件を含む民事事件において裁判所がその固有の権限に基づいて審判することのできる対象は、裁判所法3条1項にいう「法律上の争訟」、すなわち ① 当事者間の具体的な権利義務ないし法律関係の存否に関する紛争であって、かつ、それが ② 法令の適用により終局的に解決することができるものに限られる**（板まんだら事件最判1981〔昭和56〕・4・7民集35巻3号443頁参照）。

このうち、宗教上の教義の解釈（前記板まんだら事件）とか、国家試験の採点（最判1966〔昭和41〕・2・8民集20巻2号196頁〔百選308頁〕）をめぐる争いは、② 法令の適用によって解決できないものである。

　＊　ただし、大学入学試験の合否の判定は、本来は法律上の争訟ではないが、年齢、性別、社会的身分などによって差別が行われたかどうかは法令を適用して裁判できる事柄である（東京高判2007〔平成19〕・3・29判時1979号70頁、判タ1273号310頁〔重判解平成19年度8頁〕）。

これに対して，法令の適用によって解決できるにしても，① を満たさないため，「法律上の争訟」にならないとされたものがある。

抽象的な紛争（抽象的な規範統制訴訟）は，法律上の争訟ではなく，司法権の対象外とされる（警察予備隊違憲訴訟，最大判 1952〔昭和 27〕・10・8 民集 6 巻 9 号 783 頁〔百選 302 頁〕，最高裁による家裁支部廃止規則も同様，最判 1991〔平成 3〕・4・19 民集 45 巻 4 号 518 頁〔百選 304 頁〕）。

なお，具体的な紛争でも，次のものは司法権の範囲外である。

統治行為（衆議院の解散，最大判 1960〔昭和 35〕・6・8 民集 14 巻 7 号 1206 頁〔百選 314 頁〕），議会の自律権（国会の議事手続，最大判 1962〔昭和 37〕・3・7 民集 16 巻 3 号 445 頁〔百選 316 頁〕），市民法秩序外の問題（地方議員の除名は司法審査の対象となるが，出席停止は議会の自律権に任される。最大判 1960〔昭和 35〕・10・19 民集 14 巻 12 号 2633 頁〔百選 310 頁〕，大学の単位認定は大学の自律権に任される。最判 1977〔昭和 52〕・3・15 民集 31 巻 2 号 234 頁〔百選 312 頁〕）。

これらはおおむね賛成できるが，賛成できない判例がある。これを 2，3 に分けて説明する。

2　行政上の義務の民事執行と法律上の争訟

行政法規により課された義務は，処罰または行政代執行で実現するのが原則である。しかし，行政法規で義務を課したが，このいずれも適用できない場合（処罰規定を置かず，代執行も働かない不作為義務，例えば中止命令の場合）には，行政側がその命令の履行を求めて民事訴訟を提起するしかない。これはアメリカでは，ごく普通の司法的執行であるが，日本ではどうか。これまでの下級審では，これをあえて違法とせずに本案に入って判断していた（阿部・法の解釈 313 頁以下）。ところが，**宝塚市のパチンコ店等規制条例に関する最高裁判決**（2002〔平成 14〕・7・9 民集 56 巻 6 号 1134 頁）は，前記の 1981 年最判の一般論の下に，この訴訟を裁判所法 3 条に定める「法律上の争訟」ではないとして，訴えを却下した。

* 「国又は地方公共団体が提起した訴訟であって，財産権の主体として自己の財産上の権利利益の保護救済を求めるような場合には，法律上の争訟に当たるというべきであるが，<u>国又は地方公共団体が専ら行政権の主体</u>として国民に対して行政上の義務の履行を求める訴訟は，法規の適用の適正ないし一般公益の保護を目的とするものであって，自己の権利利益の保護救済を目的とするものということはできないから，法律上の争訟として当然に裁判所の審判の対象となるものではなく，法律

特別の規定がある場合に限り，提起することが許されるものと解される。そして，行政代執行法は，行政上の義務の履行確保に関しては，別に法律で定めるものを除いては，同法の定めるところによるものと規定して（1条），同法が行政上の義務の履行に関する一般法であることを明らかにした上で，その具体的な方法としては，同法2条の規定による代執行のみを認めている。また，行政事件訴訟法その他の法律にも，一般に国又は地方公共団体が国民に対して行政上の義務の履行を求める訴訟を提起することを認める特別の規定は存在しない。したがって，国又は地方公共団体が専ら行政権の主体として国民に対して行政上の義務の履行を求める訴訟は，裁判所法3条1項にいう法律上の争訟に当たらず，これを認める特別の規定もないから，不適法というべきである。」

　ここでは，「財産権の主体として自己の財産上の権利利益の保護救済を求める」訴訟と，「専ら行政権の主体として国民に対して行政上の義務の履行を求める訴訟」とが区別されている。後者は，①当事者間の具体的な権利義務ないし法律関係の存否に関する紛争には当たらないとされた。

　しかし，この判決には大きな疑問がある。第1に，「法律上の争訟」の概念は，アメリカ法の「cases and controversies」（"事件・争訟"）に相当すると思われるが，アメリカでは行政上の義務の民事執行が認められている（中川・前掲論文（上）ジュリ1240号100頁）。また，「法律上の争訟」の概念を，財産権に関する紛争とするのは民事訴訟的な発想で，なぜそのように限定しなければならないのだろうか。行政機関は，民事法とは異なって，権利を有していなくても，法律に基づく権限を行使するのである。行政法においてはこうした法治行政の特色に照らして，「法律上の争訟」の意義を考察しなければならないのである。行政主体間の紛争であれ，行政の権力行使であれ，具体的な法律問題として処理できれば，それは法律上の紛争として理解すべきではないか（これまでの学説も，阿部・行訴要件第1部第4章に収録したが，さらに，村上裕章『行政訴訟の基礎理論』〔有斐閣，2007年〕52頁以下，村上武則「宝塚市パチンコ店規制条例事件と法治主義」高田古稀82頁以下，室井敬司「自治体と法律上の争訟・司法権論覚書」兼子古稀127頁以下参照）。

　これを歴史的に説明する。美濃部達吉『行政裁判法』（千倉書房，1929年）1頁以下は，民事裁判は私権の問題について，裁判所が，双方の主張を聴き，争いとなった具体的事件について何が法であるかを公の権威をもって宣告する行為であるのに対して，刑事事件では，原告と被告の対立があるのではなく，も

とより権利の争いがあるわけではなく，両者に共通するのは，「具体的事件に関する法の宣告」である。そして，行政裁判は，「行政法規の適用を具体的事件につき判断し宣告する作用」である。ここでは，権利義務に関する争いという言葉は入っていないのである。

　裁判所が，行政事件を審理するようになった現憲法下で，法律上の争訟を権利義務の観念で判定しようとする判例は，戦前の民事裁判の発想である。戦後の司法国家では，裁判所は，大審院とは異なって，行政裁判権，違憲立法審査権を獲得して，三権の1つに昇格した（大審院判事は局長級にすぎないが，今の最高裁判事は大臣級である）。この制度の下では，法律上の争訟も，行政裁判権，違憲立法審査権を踏まえて解釈しなければならない。行政主体相互の争いも，行政訴訟の対象としなければならない。

　要するに，判例は，民事上の紛争を念頭に置いて，法律上の争訟＝「当事者間の権利義務」という定義を置き，行政上の権限行使は権利義務に当てはまらないから，法律上の争訟に当たらないとするもので，前提を先取りし，何ら説明を行っていないのである。民事法的発想を脱却しなければ，行政法を適切に解釈できないのである。

　第2に，この事件は，行政上の義務の民事執行（司法的執行）を求めたものであるから，それなら，本来は，裁判所の手を借りなくても，自ら義務の履行を担保できる制度（例えば，違反に対する刑事罰）を置くべきだとも考えられるので，その限りでこの訴えを不適法とすべきであった。しかし，この判決は，広く一般的に，「国又は地方公共団体が専ら行政権の主体として国民に対して行政上の義務の履行を求める訴訟は法規の適用の適正ないし一般公益の保護を目的とするもの」で「法律上の争訟」に当たらないという文言を選択している。あまりにも基本的事件から離れた判断である。

3　国と地方公共団体の間の訴訟

国の関与に対する地方公共団体の訴え（自治251条の5以下）は，機関相互の争いではないが，法律で特別に規定を置いており，立法者はこれを機関訴訟と理解した可能性もある（自治251条の5第8項・同9項，252条4項・同5項参照。小早川・下Ⅲ276〜277頁もこれに近い）。

　しかし，それは地方公共団体が国の内部機関とみられたかつての発想である。国と地方公共団体の関係は，もともと地方自治の本旨（憲92条），少なくとも，

2000 (平成 12) 年の地方分権改革により，同一団体の内部関係ではなく，法治国家的に構成されている。その間の争いは，民事法的な意味での当事者間の権利義務に関するものではないが，**行政主体間の権限行使の争いであり，法律関係が生じ，具体的な法的紛争である以上は，「法律上の争訟」と理解すべき**である。そこで，行政訴訟は一般に認められるが，典型的なものについて，特別の制限を置いたもの (国地方係争処理委員会，高裁管轄) と解すべきである。そのように解しないと，国と地方公共団体の関係は，財産上の関係でなければ，行政上の契約でも，破棄自由ということになり，地方公共団体は国の末端の行政機関にすぎないという，およそアクロバットな古い制度に戻ることになるだろう。

大阪市が，**大阪府国民健康保険審査会**から，ある者を住民＝被保険者と認めるようにとの裁決を受けて，取消訴訟を提起した事案では，この裁決により大阪市は保険事業者として財政上の不利益を被ることを理由に，訴訟を適法とする見解もあるが，最高裁 (最判 1974〔昭和 49〕・5・30 民集 28 巻 4 号 594 頁〔百選 4 頁，社会保障百選 30 頁〕) は，「保険者のした保険給付等に関する処分の審査に関するかぎり，審査会と保険者とは，一般的な上級行政庁とその指揮監督に服する下級行政庁の場合と同様の関係に立ち右処分の適否については審査会の裁決に優越的効力が認められ，保険者はこれによって拘束されるべきことが制度上予定されているものとみるべきであつて，その裁決により保険者の事業主体としての権利義務に影響が及ぶことを理由として保険者が右裁決を争うことは，法の認めていないところである」とした。これは市町村は，保険事業主体として国・都道府県の下級機関とする理解であるが，機関委任事務ではなく，団体委任事務である以上，市町村が違法な裁決に服しなければならないとするのも，地方自治体の国からの独立性と法治国家にそぐわず，判旨の理論が必ずしも説得力があるとも思えない (阿部・社会保障百選 3 版 26 頁参照)。

この点で問題になるのが**那覇市情報公開最高裁判決**である。これは，建築確認のために市が取得した国の防衛情報を情報公開条例に基づき公開するという那覇市の決定に対して，国が防衛上の秘密を理由に取消訴訟を提起したが，1 審は，ここで救済を求められているのが，国の適正かつ円滑な行政活動を行う利益および国の秘密保護の利益という公的利益であることを理由に (那覇地判 1995〔平成 7〕・3・28 行集 46 巻 2 ＝ 3 号 346 頁，判時 1547 号 22 頁)，控訴審は，当

該訴えに係る国と市長の間の紛争は，市長の条例に基づく権限の行使と，国の防衛行政遂行上の秘密の保持ないし，この行政活動に必要な建物の管理という防衛行政権限の行使との抵触をめぐる紛争であることを理由に，裁判所法3条にいう「法律上の争訟」に該当しないとした（福岡高那覇支判 1996〔平成8〕・9・24 行集 47 巻 9 号 808 頁，判時 1581 号 30 頁）。しかし，最高裁（最判 2001〔平成13〕・7・13 判例自治 223 号 22 頁）は，本件建物の所有者として有する固有の利益が侵害されることに注目して，本件訴えは，「法律上の争訟」に当たるとした。

これは行政主体間の争いは財産上の関係でなければ，「法律上の争訟」に当たらないと考えているようである。これを広げると，国と地方公共団体が，法的な権利義務を発生させるように明確な協定を締結しても，それが財産上のものではなく，行政の適正を確保するためであれば，その違反を裁判で追及できないことになる。横浜地裁 2006（平成 18）年 3 月 22 日判決（判例自治 284 号 26 頁，同控訴審：東京高判平 2007〔平成 19〕・2・15 訟月 53 巻 8 号 2385 頁）は，この趣旨のようにみえる（ただし，国，逗子市，県との合意は政治的なもので，法的な権利義務を発生させるものではないとの理由で〔これについては，⇒第4章第6節Ⅳ2〕，「法律上の争訟」ではないとした）。国も地方公共団体も，財産上の約束以外の約束は守らなくて良いのである！！

しかし，国と地方公共団体は別個の法主体であるし，では，地方公共団体が非財産的な国家機密を守らない場合，国としては争う方法がないということでよいのか。国家と那覇市との間で具体的な法律解釈の紛争が生じているのであるから，法律上の争訟とみるべきである。もちろん，国の方から，国家機密漏洩禁止命令を出すという制度を作れば，国から出訴する必要はないが，それがない以上は，国が提起した訴えであっても，司法権の範囲と捉えるしかないのである。なお，この最判の原告適格論が誤りであることは，後述第2節Ⅱ。

住基ネットシステムは住民のプライバシーを害するとの意見を踏まえ，杉並区が東京都を被告に，希望者のみの住民情報の受信義務があることの確認訴訟を提起した，いわゆる**杉並区住基ネット訴訟**において，東京地判（2006〔平成18〕・3・24 判時 1938 号 37 頁），同東京高判（2007〔平成 19〕・11・29 判例自治 299 号 41 頁）は，この訴訟は，権利義務を主張しているのではなく，行政の適正を求めるのであるから，「法律上の争訟」ではないとして却下した。宝塚市条例最高裁判決の射程範囲は，行政上の義務の民事執行に限定されないというので

ある (最高裁第三小法廷は 2008〔平成 20〕年 7 月 8 日，杉並区の上告・上告受理申立てを棄却・不受理とした)。

しかし，そもそも，この宝塚市条例最高裁判決自体，学説の大部分は反対しているものであるから，裁判所も再検討すべきである。国と自治体との法律上の紛争でも裁判に持ち込めなければ，自治体は国に服従しなければならないことになり，地方自治の憲法上の保障 (これは国の立法権も制限する) は死んだと同じである。しかも，もともと，判例は当事者の論争を踏まえて，当事者の法律上の紛争を裁くのであるから，他の事件へ一般的に効力を及ぼすのは控えるべきであり (自分が関与しない裁判に縛られるのは裁判を受ける権利を侵害する)，まして，この最判は，この論点については当事者の論争さえ経ていなかった (職権で判断された) ものであるから，その一般論を他の事件にも及ぼすのは，公の議論が全くないまま立法された専制時代の勅令と同じであって，賛成できない (詳しくは，阿部「区と都の間の訴訟 (特に住基ネット訴訟) は法律上の争訟に当たらないか (上，下)」，「行政主体間の法的紛争は法律上の争訟にならないのか (上，下)」自治研究 82 巻 12 号，83 巻 1 号〜3 号〔2006〜2007 年〕。さらに，常岡孝好「自治体による住基ネット接続義務確認訴訟と司法権」判評 580 号〔判時 1962 号〕164 頁以下，兼子仁＝阿部泰隆編『自治体の出訴権と住基ネット訴訟』〔信山社，2009 年〕が詳しい)。

なお，福岡高判 2007 (平成 19)・3・22 (判例自治 304 号 35 頁) は，市町村が産廃施設を協定に基づき使用途上で差し止めることは廃掃法の許可制度の本質に反して違法としたが，2002 年の最判 (宝塚市条例事件) は，地方公共団体等の行政主体の国民に対する義務履行請求を著しく制限するものであるから，本件のような場合にまでそのまま当てはめることはできないと正当にも判示した。

さらに，杉並区住基ネット訴訟では，杉並区から東京都，国への国家賠償請求訴訟も併合提起されていた。1 審は，行政訴訟は「法律上の争訟」ではないが，国家賠償訴訟は，権利義務に関するとして，本案審理をしたが，高裁は，さらに加えて，東京都が全住民の分を送信すべきであると区に対して主張し，希望者のみの情報受信を拒否したのを適法であるとしたほか，住基ネットシステムは全国画一的に実施するものであるから，個々の住民が訴えるのはともかく，市町村，都道府県，国の行政機関は，法律が違憲であると考えても，国会が制定した法律を誠実に執行しなければならないとした。しかし，この最後の点は，地方自治権に基づく地方公共団体と，単なる行政機関を混同しているも

のである。杉並区は，行政機関として，法律を違憲と主張しているのではなく，地方自治体として，国と対等に，法律の違憲を主張しているのであるから，それを裁判で主張する場がなければ，地方公共団体は違憲の法律によりその行政運用が阻害されても争えず，憲法で保障された自治権を発揮できないことになる。

立法も司法も，地方自治における法治国家を阻害している現状は嘆かわしい。
司法権といわゆる客観訴訟などに関する論点は，第6節Ⅵ3で述べた。

第2節　取消訴訟の訴訟要件

行政（事件）訴訟の中心は抗告訴訟である。これは公権力の行使にかかわるものである。そのまた中心はこれまで取消訴訟であった（行訴3条）。

これまで，**取消訴訟中心主義**などと言われたが，その意味はかなり曖昧である。実際上多いこと，制度的には，取消訴訟について規定を置き，他の抗告訴訟（不作為の違法確認訴訟，無効等確認訴訟）については準用規定を置くだけ（行訴38条），義務付け訴訟，差止訴訟は明示されていなかったということであれば正しい。改正法では，抗告訴訟として義務付け訴訟，差止訴訟が導入され，その骨格は明示されたが，取消訴訟の規定を準用していることには変わりはない。問題は理論的にも取消訴訟が中心となるべきで，義務付け訴訟，差止訴訟は補充的になるべきかどうかにあった。理論的には義務付け訴訟，差止訴訟は取消訴訟に補充的ではなく，並列的であるべきだというのが本書の主張である（⇒第6節）。

いずれにせよ，本書では，まず取消訴訟について説明することとし，その他の訴訟類型については，後述する（⇒第6節）。

公権力の行使が違法なら，原告は勝訴するかと思うと，その前に，そもそも訴訟で取り上げるかどうかが問題になる。これを**訴訟要件**という。この要件が複雑で厳しいために，救済が妨げられていた（阿部のいう障害物競走）。以下では，取消訴訟について述べる。他の訴訟類型については，違いだけ後に述べる。

どの行為を対象に（処分性），誰が（原告適格），誰を被告に（被告適格），いつまでに（出訴期間）訴えを提起できるか等々が問題になる。とにかく行政訴訟

を提起するにはこれだけ多数の障害物があるのである。これをプロレスにたとえると，被告行政側は，リングの上で，原告がリングに上がろうとするのを突き落としているといった惨状である。違法な公権力行使による被害（行政冤罪）を可及的に防止するとの観点から，制度自体の見直しと解釈論的工夫が求められている。

I 抗告訴訟の対象
1 公権力，処分の概念――その基本的な発想

抗告訴訟の対象は公権力の行使（行訴3条1項），あるいは，行政庁の「処分」その他公権力の行使に当たる行為である（同2項）（阿部「抗告訴訟の守備範囲」行訴改革第1部第1章）。

* ここで，「処分」と「その他公権力の行使」の関係は，「その他の」という用語が用いられていないことから，「処分」は例示ではなく，並列関係にあるはずだが（⇒第4章第1節Ⅲ3），その意味は不明である。講学上の行政行為ではないものを抗告訴訟の対象とする場合，それを「処分」と言いにくいなら，「その他公権力の行使」と位置づけるためであろうか。

戦前の**行政裁判法**（行政訴訟法でも，行政裁判所法でもないことに注意）では，訴訟で争える行為は法律に列記され，公権力の行使でも，訴訟の対象にならないものがあった。明治憲法下では裁判を受ける権利の保障がなかったので，それで済んだのである。しかし，現行憲法下では，それは憲法32条の定める裁判を受ける権利を侵害し，司法権の任務を制限してしまうので，違憲になる。そこで，行訴法は**列記主義**を廃止し，**概括主義**とした。なお，行政不服審査法4条では列記主義が採られているが，それは行政上の救済で，裁判を受ける権利の保障外だから，違憲ではない。

そこで，「処分」その他公権力の行使に当たる行為はすべて抗告訴訟の対象となり（これを処分性があるという），これに該当しないと，抗告訴訟は門前払いになる。

では，「処分」その他公権力の行使とは何か。その概念は伝統的な学説に従ったものであり，命令・強制を念頭に置けば明確である。それは国民の権利を制限しまたは義務を課するのである。

判例で「処分性」を定義したリーディング・ケースとされているのが**ゴミ焼**

第9章　行政訴訟法

却場設置の無効確認訴訟最高裁判決（1964〔昭和39〕・10・29民集18巻8号1809頁〔百選322頁〕）である。これによれば，処分とは，「直接国民の権利義務を形成しまたはその範囲を確定することが法律上認められているものをいう」とされる。そして，「違法でも，取り消されるまでは適法性の推定を受け有効な」行為については抗告訴訟を活用することになる。

　ゴミ焼却場の設置は，土地を取得し，建設会社と契約をすればできるもので，その設置決定は周辺住民に受忍義務を課すものではないから，そこから生ずる公害は，周辺住民の権利義務を形成するものではなく（損害賠償請求権の発生は権利の形成ではない），それは民事訴訟で排除すればよく，抗告訴訟の道を開く必要はない。

　この事件は，原告が民事訴訟を提起すべきところ，抗告訴訟を提起したため門前払いになっただけであるから，弁護過誤に近く，今後注意すれば済むことである。しかし，この判決から，抗告訴訟の基本的発想をみれば，次のようになる。

　公権力の行使は基本的には命令強制であって，仮に違法でも，裁判または職権で取り消されるまでは，有効として通用する効力（公定力）があるという前提がある。そこで，民事訴訟は適用されないとして，特別の救済制度を作り，併せて公権力優先の特殊な制度が置かれているのである（仮処分禁止＝行訴44条，執行不停止原則＝同25条，内閣総理大臣の異議＝同27条，出訴期間＝同14条）。1962（昭和37）年の行政事件訴訟法制定の際，無名抗告訴訟の法定化を断念した理由もこれに属する。

　ここで基本的に流れているのは，**公権力という行為の性質と抗告訴訟の対象が一致するという発想**である。こうした伝統的なしくみの下では，命令，強制が処分であるのは当然であり，不許可も，本来許可を得て活動する自由を制限するから処分である。

　そこで，行政処分または行政行為を定義してみると，**行政庁が，行政の外部にいる国民・住民等私人（外国人，法人を含む）の権利義務を法律に基づき個別具体的に一方的に形成しまたはその範囲を確定する行為**であるとされる。このうち，行政行為とは，前記のように，講学上の概念，行政処分は，行政訴訟の対象となる実定法上の概念（行訴3条）であるとされる。それはさらに，行政手続法，行政不服審査法の基本概念となっている。

権利義務の一方的形成，外部性，個別具体性，成熟性，最終性，法律の根拠等がその要素である。そもそも訴訟で争わせないかという観点と，抗告訴訟とそれ以外の訴訟のいずれで争わせるかという問題も混在している。「処分性」という1つの概念の中で種々多様な観点が混在しており，非常にわかりにくい。これについては第4章第4節で一応論じたが，以下は特に判例を分析して検討する。判例上，行政処分の概念が権利救済を阻害するように狭く解釈されてきて（拒否の論理），目下それからの脱却にもがいている状況にあるが，最近，しくみ解釈と称する法体系全体を考察する手法で，権利救済の実効性の観点から，処分性を緩和する判例が多数出現しており，これまでの思考方法の転換点に立っている。

* なお，この1964年の最判は，前半では規律力，後半では公定力を説明しているとの理解がある（塩野・Ⅱ95〜96頁）。そして，公定力排除訴訟という考え方は，抗告訴訟の対象とするとその排他的管轄という意味での公定力がつくということと，抗告訴訟の対象とするためには公定力ある行為であることが必要だという命題が循環するので，不合理であり，採りえないとされる（私見もかねて主張。阿部・行訴改革29頁）が，規律力と称されるものは，一方的な権利義務の確定行為であるから，それ自体では私法上もあるので，抗告訴訟の対象とする行為を決定する基準としては弱い（⇒第1章第2節）。

2 古典的な通常の考え方

これをいくつかの具体例で説明しよう。

(1) 権利義務の一方的形成

権利義務が法律に基づき一方的に形成された場合には，それが違法であれば，その段階でそれを排除する必要があるから処分である。

《(権力的) 事実行為》 単純な事実行為は，権利義務を左右するものではないから処分ではない。道路工事や河川工事などの公共工事も，工事自体は，私人も行う行為であるから処分ではない。それによって損害が発生すれば，権利制限が発生したかにみえるが，公権的判断によって権利義務が形成されたものではないので，処分ではないのである。損害賠償請求訴訟のほかに，民事上の差止訴訟の問題となる。ただし，それに行政庁の許認可などがあるとき（都市計画事業の認可等）は，それを処分とする。したがって，**公共工事の取消訴訟なるものは認められない**（塩野・Ⅱ107頁）。

しかし，**人の収容**（精神病院への強制入院等，精神保健及び精神障害者福祉法29

条)，**物の留置**（銃刀法25条1項，26条2項の銃刀類の仮領置。⇒第7章第4節Ⅱ）は，法律に基づき相手方の自由を束縛するので，権力性を有すると考えられ，違法であれば救済が必要であるから，行政不服審査法2条に倣って処分と解されている（**権力的事実行為**）。従来は，1回限りの行為は，終了すれば争う利益がないので，処分とする実益がなかったが，差止訴訟が認められた今日，継続的でない権力的事実行為も処分と解すべきである（⇒第4章第4節Ⅱ3(2)）。

> **応用研究：不法投棄除去請求訴訟**　廃棄物処理法19条の8第1項2号の権限不行使は義務付け訴訟の対象となるのか。
>
> 不法投棄地周辺住民が知事に対して，不法投棄の除去を求める訴訟を提起しようとする場合，これは「事実行為をすることを求めるのであり，命令を出すことを求めるのではないから，法定（有名）義務付け訴訟ではない」のか，「命令が出されることが前提のしくみの例外を規定しているので，法定義務付け訴訟の範疇で整理してよい」のか。
>
> まずは，この略式代執行なり簡易代執行は，命令を経て行われる代執行と同じ権力的事実行為である。代執行自身は，行政処分ではないが，公権力の行使である。したがって，この例の場合，義務付け訴訟の対象になる。

《**行政指導等**》　行政指導，警告などは相手方の自由を束縛するという権力を有せず，法的効果を生じない事実行為なので，一般には処分ではないとされている。もちろん，それが違法であれば，損害賠償請求はできるし，確認の利益次第では当事者訴訟（⇒第6節Ⅴ）が許容される。

保険医療機関に対する戒告（最判1963〔昭和38〕・6・4民集17巻5号670頁〔社会保障百選44頁〕）も，指導要綱に基づくものであって，（公務員法とは異なり）法的根拠がなく，次の処分の法的な前提にもならないので，同様とされた。

海難審判のうち**原因解明裁決**は関係者の権利義務を左右せず，過失の有無も確定するものではないので，処分ではないとされている（最大判1961〔昭和36〕・3・15民集15巻3号467頁〔百選338頁〕）。しかし，海難審判法旧46条1項は，「理事官又は受審人は，地方海難審判庁の裁決に対して，命令の定めるところにより，高等海難審判庁に第2審の請求をすることができる。」と定めていたのであり，原因解明裁決以上の権威ある判断はないのであるから，それを争う手続が必要であり，一般理論を無理にここで当てはめて，受審人の第2審請求権を制限する理由はないと思う。

《**生活保護法の指示**》　生活保護法27条の指示違反は62条により保護の廃止

処分等の前提となっているので、権利義務を形成したことになり、処分とした判例（秋田地判 1993〔平成 5〕・4・23 判時 1459 号 48 頁，判例自治 110 号 9 頁）がある（太田匡彦「生活保護法 27 条に関する一考察」塩野古稀下 595 頁参照）。特定商取引法 7 条，14 条の指示も処分として扱われている。

* なお，JAS 法（農林物資の規格化及び品質表示の適正化に関する法律）19 条の 14 第 1 項に基づく指示は処分とするには成熟性がないとした判例（神戸地判 2008〔平成 20〕・3・13〔平成 19（行ウ）第 52 号〕）がある。これは，指示の段階では処罰規定もないことを理由としている点で，処罰規定がある特商法の指示とは異なる。しかし，それでも，指示を受ければ，国家権力が違法行為をしたと断定しているわけであるから，救済方法が必要で，成熟性はあるというべきである。処分でなければ当事者訴訟でということではあるが，そのようなキャッチボールは，処分という概念に権利救済排除機能を果たさせる不合理がある。

《公　証》　公証は**証明行為**であって，反証によって覆すことができ，国民の権利義務を確定する性質を有しないので，実体法上の行政行為かも疑問で，処分性はないとされている（最判 1964〔昭和 39〕・1・24 民集 18 巻 1 号 113 頁〔百選 4 版 138 頁〕）。

公証行為については別の訴訟の前提問題として，反証を挙げれば覆せるから，公証を直接に訴訟で争わせるまでもないということであろう。しかし，公の証明力があれば，誤っていても，一応世間で通用するので，いちいちそれを覆して歩くのは不可能である。元の公の証明を覆す救済方法を工夫して紛争を一挙に解決する必要がある。そのためには処分性を拡張してもよいし，違法是正請求の民事訴訟でもよいと思う。

《住民票》　住民票の調製行為は公証行為で，それ自体によっては国民の権利義務を形成，確定するものではないが，選挙人名簿への登録の要件とされており（住民台帳 15 条，公選 21 条），選挙権の行使という法的効果が与えられているから，処分である。転入者の住民票をいったん作成した後に彼らが特定の宗教団体の信者であるという理由でこれを記録から抹消して（消徐）転入届を不受理とした行為については処分性が認められている（最決 2001〔平成 13〕・6・14 判例自治 217 号 20 頁）。

しかし，非嫡出子を「長男」，「次女」等ではなく，「子」と記載するという**続柄の記載**はこうした法的効果がないので処分ではない（最判 1999〔平成 11〕・1・21 判時 1675 号 48 頁，判タ 1002 号 94 頁〔百選 122 頁〕）とされた。

たしかに，前記の通り，公証行為については抗告訴訟を提起することはできないとするのが判例である。その理由は，反証を挙げれば救済されるということであるが，非嫡出子であることが事実であれば，事実に反するとして覆すことはできない。また，そもそも，住民票は居住関係を公証するだけで，親子関係を公証するものではないから，わざわざ「子」と記載して，非嫡出子だと一般人にわかるようにした行為はそもそも公証行為ではなく，単なる事実行為のプライバシー暴露行為である。しかも，本件は，事実に反する誤った記載だから訂正せよというのではなく，真実ではあるが，プライバシーに属する事実をわざわざ必要もないのに，公にされたので，公にするなというのが請求の真意である。そうとすれば，公証行為だから行政処分ではないというのは答になっていない。

原告の請求は，続柄を「子」と記載した処分を取り消すということのほかに，続柄欄を「嫡出子と非嫡出子の区別なく記載した住民票を発行せよ」というものである（原審：東京高判1995〔平成7〕・3・22判時1529号29頁の請求の趣旨参照）。処分性を拡大する立場である。これは処分でなければ争えないという前提があると思われる。しかし，戸籍記載行為を行政処分ではないと構成すれば，これに対して取消訴訟や義務付け訴訟を提起することはできないけれども，人格権侵害を理由とする給付訴訟（妨害排除請求訴訟）を提起できる（人格権に基づく自己情報の訂正請求訴訟を許容した東京地判1984〔昭和59〕・10・30判時1137号29頁参照）（阿部「住民票非嫡出子差別訴訟」ジュリ1156号〔1999年〕99頁）。

▶応用事例：農地の買受け適格証明：入札の前提行為
　　農地の競争入札に際し買受人として参加するために必要な農地買受け適格証明書の交付申請に対し，農業委員会がした不適格者である旨の通知の処分性については，この証明書がないと競争入札に参加できないのであるから，権利義務に影響があり，処分とするのが従来の多数の下級審判例であった（福岡地判1961〔昭和36〕・2・17行集12巻12号2337頁，長野地判1961・2・28行集12巻2号250頁，福岡高判1963〔昭和38〕・10・16行集14巻10号1705頁〔岡村周一・判評394号〔判時1397号〕168頁〕）。しかし，最高裁（最判1996〔平成8〕・10・8訟月44巻5号759頁）は，1964〔昭和39〕年の最判の基準に照らし処分ではないとする。売却不許可決定に対する執行抗告（民執74条1項）で証明書不交付の違法を主張できるとは解されないから，証明書の交付を拒否された者は，事実上競落できなくなるが，「売却手続において買受の申出をする資格は，権利といえるものではなく，処分性を基礎づけるような，法律上保護すべき利益ともいえないと解することとなろう

か」(司法研修所編・実務的研究21頁) という意見がある。しかし,この買受適格証明は,農地の譲渡の許可 (農地3条) の申請に際し,その要件の1つを満たすという証明であるから,事前の行政処分なり行政処分発給の約束である。判決でも将来の給付判決があるのと同じである。したがって,これは農地の譲渡許可権限に基づくもので,法令上の根拠があると解すべきである。また,農地の購入は,私的自治の原則,財産権の保障の観点から,公共の福祉に基づく法令上の制約がなければ国民の権利である。ここでも,判例には,憲法に戻って国民の権利を考える発想がゼロである。

応用事例:不動産登記

これは公証行為であって,国民の権利義務に直接具体的な影響を与えるものではないのが原則であるが,それも登記の性質によって異なる。権利に関する登記は物権変動の対抗要件であるから処分性が認められる。表示登記中滅失登記は,登記簿が閉鎖されるので権利者の権利に影響を与えるから処分である (最判1986 〔昭和61〕・12・16民集40巻7号1236頁)。表示登記中地積や地目の更正登記は国民の権利義務に直接影響を及ぼさないので処分ではない (司法研修所編・実務的研究34頁) とされているが,公証行為でも,国家権力が事実上国民の権利に大きな影響を与えるのであるから,その違法を排除する救済手段が必要である。これを処分でないとすれば,民事訴訟による排除が必要であり,その訴訟類型の選択については柔軟に対応すべきではないか。

《私法上の契約》 行政処分は,私人間には見られない特別の法律の根拠に基づき (法律の根拠論) 行政機関が行う一方的行為に限られる。行政庁によって行われる一方的行為でも,私法上の行為 (水道供給契約の解除など) は,行政処分ではない。**普通財産の売払いは処分ではない** (最判1960 〔昭和35〕・7・12民集14巻9号1744頁〔百選318頁〕)。**農地法80条に基づく旧地主への農地の売払い**も,法律に基づくものではあるが,既に公共目的が消滅したので,処分ではない (⇒第4章第2節Ⅱ,最大判1971 〔昭和46〕・1・20民集25巻1号1頁〔百選94頁〕)。

《供託金取戻請求却下》 供託法に基づく**供託金取戻請求却下**は私法上の行為とも構成できるが,判例は,「却下」,「処分」という用語が用いられているから処分であるとする (最大判1970 〔昭和45〕・7・15民集24巻7号771頁〔百選320頁〕)。私法上の行為との区別で,立法者の選択した文言を重視したものである。

《法律による自動的な効果発生》 行政処分とは,行政機関によって法律効果を発生させられる行為であるから,その取消しを求めることができるものであり,行政機関が何らの行為をしなくても,**法律上当然に効力を発生する行為**は,

行政からその旨の通知があっても，それを取り消しても法律上当然に生じた効力を除去できないので，行政処分ではない。これについては，法律上生じたとされる効果を争うことになる。

《登録免許税の過誤納金》　最判2005（平成17）・4・14（民集59巻3号491頁，判時1897号5頁）は，登録免許税については，納税義務は登記の時に成立し，納付すべき税額は納税義務の成立と同時に特別の手続を要しないで確定する（自動確定方式，税通15条2項12号・3項5号。納税義務を発生させる処分は存在しない）ので，登記などを受けた者が，過大に登録免許税を納付した場合には，登録免許税法31条2項所定の請求の手続によらなくても，国税通則法56条に基づき，**登録免許税の過誤納金**の還付を請求することができるとしている。

《公務員の失職・再任拒否》　禁錮以上の刑を受けた公務員は当然に失職する（国公76条・38条2号，地公28条4項・16条2号，最判2000〔平成12〕・12・19判時1737号141頁，判タ1053号87頁）ので，失職通知を取り消しても無意味である。失職扱いを違法とする者は，地位確認訴訟を提起することになる（なお，阿部「執行猶予付き禁固刑による公務員の失職の適用違憲性」判タ955号〔1998年〕55〜64頁参照）。

ただし，**失職しない例外認定**の制度を伴う失職は，例外認定をしないことによって公務員たる地位を奪うので，処分に当たる（名古屋地判1972〔昭和47〕・11・8行集23巻12号855頁，判時696号185号）。

大学教員任期制法による任期制の下での**国立大学教員の再任拒否**は，処分ではない（失職になる）ようにみえるが，普通にやっていれば再任されるとの了解の下，再任審査を行って，不合理な理由で再任拒否をした場合には，そこに大学の判断が入っているのであり，再任審査ルールは外部拘束力があると考える（⇒第4章第2節）ので，処分として扱うべきである（阿部・井上教授事件49頁以下，ただし，判例は遺憾ながら，この主張を排斥。大阪高判2005〔平成17〕・12・28判タ1223号145頁）。法人化された国立大学では，労働契約法が適用される（大学教員任期制法5条）ので，再任審査付きの任期制という契約になり，期限が来ただけでは失職せず，再任拒否は解雇として正当事由がなければ許されないことになる。

　　応用研究：行政決定不介在システム，都計法施行規則60条の適合証明
　　公務員の失職のような，行政の認定を介在させずに法が直接適用されるシステム

を，**行政決定不介在システム**と称する。直罰制度のほか，開発行為（都計29条），河川区域該当性（河川6条1項1号），有害図書の包括指定制度（青少年保護条例）などがある（阿部・法システム120頁以下）。

　建築確認は，当該建築が建築関連法規に適合していることを確認する。その中に都計法も一部含まれている（建基法施行令9条）。そこで，建基法と都計法を結びつけるため，建基法施行規則1条の3第5号の2（表77）では，当該建築計画が都計法の規制に適合していることの証明書を添付しなければならないとしている一方で，開発行為に当たらないので，開発許可を求めることなく，建築確認に進むことができる場合には都計法施行規則60条の適合証明を求めることになる。これは，法律に基づく処分ではない（だから，単なる施行規則に規定されている。⇒第4章第2節Ⅱ1）が，現場の実務を決定的に左右している。開発行為に当たらないはずなのに，この証明書の交付を拒否された場合には，事業者は，救済のためその不交付を処分と構成する（これを認めたものとして，岡山地判2006〔平成18〕・4・19判タ1230号108頁）か，開発許可なしに開発できる地位の確認の訴えを提起するか，必要な開発許可がなされていないという理由でなされた建築確認拒否処分の取消しを求めて，開発許可権者を被告側に参加させて，開発許可不要の主張をするか，処分ではないが，証明書交付の給付訴訟を提起することになる。逆に，開発許可が必要なのに，60条の適合証明が出された場合に，周辺住民が争う方法としては，60条証明書の交付処分取消訴訟を認める判例もあるが，これは処分ではないと考えると，建築確認の取消訴訟において開発許可権者を参加させて，都計法違反を主張することになる（その他種々，見解が分かれている点もある。これについては，中川丈久ほか編『公法系訴訟実務の基礎』〔弘文堂，2008年〕137頁以下，金子正史『まちづくり行政訴訟』〔第一法規，2008年〕211頁以下が詳しい。さらに，阿部〔解説〕・判例自治105号130頁）。

(2) 外　部　性

《**内部行為**》　行政機関内部の行為は，外部にいる者の権利義務を直接に左右しないから「処分」ではない。

　通達は，行政内部の指揮監督上の行為で，行政の外部にいる私人に対して拘束力を有するものではないから，処分概念には当たらず，私人はそれに不満でも，いちいち通達の取消訴訟を提起する必要はなく，通達に基づいて，次の処分を受ける段階に至って初めて争えば済むのが原則である。内部では上命下服の組織原理が妥当しているので，内部の者が争えないのは当然である。

　建築確認の際のいわゆる**消防同意拒否**（消防7条，建基93条）は，行政機関相互間の行為（消防長の建築主事への同意）で，建築確認申請者に対してなされるものではないので，取消訴訟の対象とならない（最判1959〔昭和34〕・1・29

民集13巻1号32頁〔百選48頁〕，福岡高判1954〔昭和29〕・2・26行集5巻2号403頁）。この場合は，建築確認拒否の取消訴訟の中で消防同意拒否の違法を主張することになる（⇒第5節Ⅲ4）。

　鉄道建設公団の成田新幹線工事実施計画に対する運輸大臣（当時）の承認は，行政内部の監督であって，対外的効力はないとされた（最判1978〔昭和53〕・12・8民集32巻9号1617頁〔百選6頁〕）。法主体は別であるが，実質的に国家組織の内部行為扱いされたものである。

　　＊　大阪市が国民健康保険事業者として，大阪府国民健康保険審査会の裁決を争うことを許さなかった前掲（⇒第1節Ⅳ）最高裁判決（1974〔昭和49〕・5・30民集28巻4号594頁〔百選4頁〕）も，内部関係扱いしているものである。
　　　県選挙管理委員会のした土地改良区総代選挙無効裁決に対して土地改良区が提起した取消訴訟を却下した判例（最判1967〔昭和42〕・5・30民集21巻4号1030頁〔百選4版490頁〕）も，選挙管理委員会の裁決は土地改良区を拘束するという制度であると理解している。

　　基本解説：行政行為と職務命令の違い

　行政行為は，違法であれば，国民を拘束する効力はないと考えるべきであるが，行政内部の上下関係においては上司の命令（職務命令）は，重大かつ明白な瑕疵がない限り部下を拘束するという考え方もそれなりには理由がある。組織の一体性を重視するものである（今村成和「職務命令と服従義務」同『人権叢説』〔有斐閣，1980年〕100頁以下参照）。

　「行政事務に従事する公務員は，上下の命令服従関係を構成して，一体として行政目的を追求すべき関係にあるから……，上司の職務上の命令に忠実に従わなければならない。そして行政の統一性・能率性と公務員関係の秩序維持の見地から，**職務命令**は，一応適法の推定を受け，受命公務員を拘束する力を有するものと解すべきである。ただ，職務命令は，発令者が職務上の上司であること，受命者の職務に関するものであること，その内容が法規に牴触しないことの要件を具備することを要するところ，これらの要件の欠缺が重大かつ明白な場合には，即ち職務命令が無効の場合には，かかる職務命令は拘束力を有せず，受命公務員は，自ら職務命令の無効を判断することができ，これに服することを要しない。従つて職務命令の内容についてもその形式についてと同じく，受命公務員は，単にその内容が法律上不能を命ずる場合に限らず，その他の重大かつ明白な瑕疵を理由に，その無効を判断することができる」。

「職務命令について……公定力を認めても，職務命令に基いてなした公務員の行為（即ち国または地方公共団体の行為）がすべて適法有効な行為となしえないことは当然であって，内容が違法な職務命令に基いてなされたときは，その行為は違法となり，それにより権利利益を侵害された国民は，行政処分の取消あるいは損害賠償請求等救済を求めうるのであって，この意味において法治主義の原則は貫かれているのである。ただ職務命令の発令者と受命公務員との関係においては，前記の如く行政の統一性，能率性，公務員関係の秩序維持の要請から職務命令に公定力が認められ，それが無効でない限り違法であっても服従すべきものとされるのであるが，行政処分に公定力が認められ，違法な処分であっても出訴期間等の一定の除斥期間を経過した後は，もはやその効力を争うことが許されない不可争力が認められているのと考え方を一にするのであって，このことをもって法治主義の原則に反するものということはできない」（東京高判 1974〔昭和 49〕・5・8 行集 25 巻 5 号 373 頁）。

これに対し，**君が代斉唱・国旗起立命令**，遠方への転勤命令，兼業不許可（国公 104 条，地公 38 条，裁 52 条 2 号）等は，同じく職員に対する命令でも，組織内部の行為にとどまらず，個人の地位に影響を与える行政処分であるから，この考え方は妥当しない。研修命令は一般には個人の地位にかかわらないが，単に 2 時間の研修でも，君が代を斉唱せよとか君が代斉唱しなかったことを服務事故（公務員法違反）として，反省せよといった，人の内心の自由に介入するものは，職務上のものではなく個人の法的地位にかかわるので処分とみるべきである（阿部・法の解釈(2)第 10 章）。

なお，裁判官に対する兼業不許可（裁 52 条 2 号）は最高裁判所が行うが，裁判ではなく行政処分である。

(3) 個別具体性

他の行為を媒介とせず，そのまま国民に適用される行為は，訴訟で排除しなければ救済の道がないので，処分であるが，これを逆論して，具体的な適用段階の前の行為は処分ではないとされるのが普通である。

《**行政立法**》 行政立法は，抽象的であるから，具体的適用を待たずに争うことはできない（裁判所法 3 条の「法律上の争訟」の一側面である具体的事件性を欠く）が，例外的にそれ自身で具体的な権利義務に直接法律的変動を起こす性質のものは行政立法でも処分として扱うことが可能である（三重県令の形式で貸座敷営

業地の一部を営業区域から削除した行為を営業免許の取消しとして扱ったもの。行判 1909〔明治 42〕・2・22 行録 20 輯 363 頁,雄川一郎『行政争訟法』〔有斐閣,1957 年〕69,72 頁)。1,2 類の医薬品のネット販売を,販売許可があるにもかかわらず当然に禁止する改正薬事法施行規則 15 条の 4 等(2009 年 2 月)は,それ自体で既存の地位を剝奪するから処分として扱うことも許されよう。ただし,当事者訴訟も許される。

《条　例》　条例は一般的には一般抽象的な規律であるから,条例に基づく行為を争えば救済されるので,処分ではない(例:青少年保護条例は,違反して処罰されるときに争う)。ただし,例外的に,あとでも実効的な救済方法がない場合には,その段階で争える。学校廃止条例は,学校が,「上告人らの子らにとって社会生活上通学することができる範囲内にないとは認められな」ければ,処分ではない(最判 2002〔平成 14〕・4・25 判例自治 229 号 52 頁)。逆に言えば,社会生活上通学できない事態を生ずる学校廃止条例は生徒の教育を受ける権利を直接に侵害するものとして処分になる(阿部・行訴要件第 1 編第 5 章)。保育所廃止条例も同様である(横浜地判 2006〔平成 18〕・5・22 判タ 1262 号 137 頁,判例自治 284 号 42 頁,大阪地判 2004〔平成 16〕・5・12 判例自治 283 号 44 頁など。田村和之『保育所の廃止』〔信山社,2007 年〕)。

最判 2006(平成 18)・7・14(高根町水道条例事件。民集 60 巻 6 号 2369 頁,判時 1947 号 45 頁〔重判解平成 18 年度 47 頁〕)は,旧高根町簡易水道条例の改正条例は,水道料金を一般的に改定するものであって,そもそも限られた特定の者に対してのみ適用されるものではなく,本件改正条例の制定行為をもって行政庁が法の執行として行う処分と実質的に同視することはできないとして,その処分性を否定した。処分性を認めると逆に出訴期間がつき,排他性が働くとの普通の立場に立てば,原告にはかえって不利であり,この事件では条例の違法無効を理由に水道料金債務の不存在確認,支払済み分の返還請求が認められているからこの判断は妥当である。しかし,ただ,この条例はそれほど一般的なものではないから,わざわざ執行を待たなければならないとして救済を限定する積極的な理由があるだろうか。この条例の処分性を認めても,出訴期間・排他性がつかない,**形式的行政処分**(形式的行政行為,⇒第 4 章第 4 節Ⅲ3)とすべきであろう。

3 問題の多い伝統的な判例

「処分性」の有無は，典型例ではわかりやすいが，現代行政は多様化しているところから，その外延なり周縁は不明確であって，以上の考え方では適切に判定することが困難な例が少なくない。そのため，裁判では，「処分性」の有無が第1の争点になることが少なくない。

処分性は，抗告訴訟で取り上げるかどうかに関する概念であるから，そもそもどの訴訟でも取り上げないかどうか（これは「法律上の争訟」概念の問題である）という問題が先行し，法律上の争訟に当たるのであれば，どれかの訴訟類型では取り上げないと違憲となることは前述したところである。ところが，判例は，処分性を探求するにあたって，当該処分の根拠法の規定を重視するいわゆる**制定法準拠主義**に立つことが多かった。日本の立法者は個別の法律の文言を選択するとき，処分性の有無まで検討しているわけではないから，こうした判例の思考方法は，権利救済の要請に必ずしも応えず，違憲と評価されるべきものも多く，少なくとも紛争を合理的に解決するものではない。その例を挙げる。

《**土地区画整理事業計画**》　都市計画関係では計画という手法が用いられ，事後の事業を規制し，あるいは，土地所有者の権利を制限する。その訴訟対象性（処分性）については，判例はこれまで一般に消極的であった。計画の処分性に関する従前の判例の考え方をまとめると，計画行政における中間段階の行為は利害関係人の権利義務を具体的に確定しないので処分ではないが，具体性の程度や立法政策によっては処分とされるというもので，その先例となったのは，**土地区画整理事業計画の処分性を否定した大法廷判決**（最大判1966〔昭和41〕・2・23民集20巻2号271頁〔百選328頁〕。最判1992〔平成4〕・10・6判時1439号116頁もこれを踏襲）である。

その理由を要約すると，事業計画は，直接特定個人に向けられ，具体的な変動を与える行政処分ではないから，事業の**青写真**（一般抽象的な単なる計画）にすぎず，土地所有者は仮換地処分などの段階で争えば救済される（**成熟性**否定論）というものである。そして，成熟性の点を敷衍して，「そもそも，土地区画整理事業のように，一連の手続を経て行なわれる行政作用について，どの段階で，これに対する訴えの提起を認めるべきかは，立法政策の問題ともいいうるのであって，一連の手続のあらゆる段階で訴えの提起を認めなければ，裁判

第9章　行政訴訟法

を受ける権利を奪うことになるものとはいえない。」とした。

　しかし，第1に，事業計画の段階で既に，施行地区，設計の概要，事業施行期間，資金計画が定められる（区画整理6条・54条など）。この段階で，これらの点についてはすでに行政の意思が確定し，対外的に効力を生じ，法的判断に熟している。特に事業施行地区に入れられることに不服をもつ土地所有者等が多い。争点が煮詰まっているのに，あとの（仮）換地処分の段階まで待たせる必要性はない。最終段階の処分がなされるまで待ったら，事業が進んで，実際上もう遅い（その段階でも救済できるとするのは権利救済の実効性の視点を全く欠く観念論である）から，裁判を受ける権利の保障の観点からもこの段階で処分性を認めるべきである。判例が，「**早すぎる，遅すぎる**」といって，どの段階でも救済しない（阿部・実効性第4章，行訴要件20頁）のは，違憲と評価すべき裁判の拒否である。

　第2に，事業が進まず，事業計画の対象地が計画制限により長年建築制限を受けたまま（都計12条・53条）放置されていることが多い（1966年の最大判の事件）が，これへの不服は，仮換地処分を待って主張できるはずはないから，仮換地処分を待てというのは見当はずれであり，計画失効の主張を認めるしかない。したがって，計画の処分性を認めるべきである（阿部「抗告訴訟の対象(2)——土地区画整理事業計画について」百選新版233頁）。

　この場合には，「法令に基づく申請権」はないので，不作為の違法確認訴訟は不適法である。計画の事後失効の確認訴訟（行訴法36条の無効確認訴訟等），あるいは計画の撤回を求める義務付け訴訟を許容すべきである。もっとも，改正行訴法により活用が期待される当事者訴訟によるとすれば，自己の土地が区画整理事業施行地区の範囲外であることの確認訴訟も適法とみるべきである。これはいずれでも実質的に同じであるから，キャッチ・ボールをしてはならない（**問題④**）。

　　＊　なお，事業計画のような中間処分を抗告訴訟の対象とするかどうかは，立法に際して考慮されるべき事柄であるから，当該処分の根拠法令がこれに処分性を付与する旨の明白な規定を置いていないかどうかを検討すべきとする説（藤山編・行政争訟123頁，131頁）は，この1966年大法廷判決に依拠しているのであろうが，もともと誤った制定法準拠主義であり，行訴法改正（9条2項）により妥当しなくなったと言うべきである。

　最高裁大法廷2008（平成20）年9月10日判決は，この判例を全面的に見直

した。後述する。

《道路建設のための都市計画決定》 同様に，**道路建設のための都市計画決定**も処分ではない（最判1987〔昭和62〕・9・22判時1285号25頁）。都計法54条により都計道路予定地での建築が不許可になって初めて（あるいは，都市計画事業が認可され，収用権を行使されて初めて）争えるとされているが，権利制限（都計53条・54条）を発生させたまま，長年事業認可まで進まず放置されていることが多く，土地所有者は家の建て替えも難しく困っている。事業認可の段階では収用権が発生する（都計70条，収用20条）ので，被収用者は当然その取消訴訟を提起して，先行行為である都市計画決定の違法性を主張することができる（小田急訴訟1審：東京地判2001〔平成13〕・10・3判時1764号3頁）し，その取消訴訟を提起せずに，収用裁決の段階で事業認可の違法性を主張できるかという，違法性の承継の問題がある（違法性の承継については，Ⅳ出訴期間の項参照）が，そのような段階では，実際上は事業が進行しているので，救済はできない。沿道者は，もともと事業認可を争う原告適格を有しないとされたが，それが認められた今日（小田急訴訟最判，⇒後述Ⅱ8）でも，都市計画決定の後事業認可までの間に任意買収が進んでしまって，今さら街は戻らないので，実際上の救済にはならない。「早すぎる。遅すぎる」として，救済されないのである（この点では，第5節Ⅱ5事情判決で紹介する藤山判決参照）。

《用途地域指定》 **用途地域の指定**の処分性も判例上同様に否定されている（最判1982〔昭和57〕・4・22民集36巻4号705頁，判時1043号41頁〔百選332頁〕）。その理由は，これは立法行為と同じで，具体的な処分段階で争えるとする。後述する最高裁大法廷2008年9月10日判決の藤田意見でも，これは土地区画整理事業計画とは異なり，それに続く事業がない**完結型都市計画**であるので，事業が進んで，もはや争っても間に合わないという問題はないので，異なるとされる。

しかし，建築の段階では実際上は争えない。用途地域が住居系から準工業地域に指定替えされた場合を考えると，建築の自由の拡充を求める立場では争う必要がないが，環境悪化を防止しようとする住民にとっては，他の建築主に与えられる個々の建築確認の段階ですべてを争うのは無理で，用途地域の指定を争うしか救済方法はない。また，建物を建てる段階で用途地域の指定替えが違法とされては，指定替えされた用途地域を信用して進出した者は不測の不利益

を被る。用途地域は，その指定・変更段階で既に土地所有者の権利を直接に制限していると考えて，処分と解すべきである。そして，逆に後に争われると混乱するから，この段階でしか争えないというように出訴期間を付け，違法性の承継を遮断すべきである（⇒第 1 節 I 5,「相対的行政処分」論，阿部・行訴改革 94 頁以下）。

《地区計画条例》　地区計画も処分ではない（最判 1994〔平成 6〕・4・22 判時 1499 号 63 頁，判タ 862 号 254 頁）とされている。これは条例に基づいて定められれば規制力を有する（建基 68 条の 2）。これだけであれば，一般的な法規にとどまるが，これはきわめて狭い範囲で，土地利用規制を詳細に厳しく定めるものであり（都計 12 条の 5），しかも，土地所有者等（仮登記権利者も入る）の意見の聴取は，一般的には案を作成してから行うことの例外として，案の作成前に行う（都計 16 条 2 項，都計法施行令 10 条の 3）という特別の制度で，個別処分に近いので，条例制定の段階で争わせるべきである。原告の土地以外にも地区計画の対象地があることを考慮し，また，将来の是正命令，建替えの際の建築確認拒否の段階で争えばよいとして，地区計画の処分性を否定した判例（国立マンション事件，東京高判 2005〔平成 17〕・12・19 判時 1927 号 27 頁，判例自治 277 号 61 頁。さらに，その原審：東京地判 2002〔平成 14〕・2・14 判時 1808 号 31 頁，判例自治 236 号 87 頁）があるが，そんな将来では証拠は散逸して，実際上争えるものではないから，これはおよそ観念的で，権利救済の実効性を著しく害するものである。

この判決の立場に立っても，少なくとも，反対している原告の土地を中心に指定した場合には，一般性を有するものではなく，処分と言うべきであろう。また，この判例を前提とするならば，地区計画の適用を受けない地位にあることの確認訴訟が許されるべきである。

《農用地利用計画》　農業振興地域の整備に関する法律 13 条 2 項に基づく農業振興地域整備計画中の農用地利用計画の変更申請については，その拒否は個人に対する具体的な権利侵害にならないとの判例（東京高判 1997〔平成 9〕・5・22 判時 1643 号 147 頁）と処分性を認めた判例（さいたま地判 2008〔平成 20〕・2・27 判例自治 308 号 79 頁）がある。農用地の指定変更は申請に基づいて行われているのであるし，農用地として指定されている以上は農地転用許可，開発許可を得られないし，その不許可の段階で農用地指定の違法を争うのも困難である

から，その処分性を認めるべきである。

《公共施設管理者の同意》 都市計画法29条の開発許可を申請する場合に，開発行為に関係がある**公共施設の管理者（道路，公園，下水道などの管理者）**の同意を要する（都計32条）。これは公共施設の適切な管理を確保する観点から行うべきであるが，公共施設の管理者としての市町村が住民の反対等を理由に同意しないことがある。判例は，この同意が得られないために開発行為ができなくても，これは法律がこの同意を要件として開発行為を行うことを認めた結果にすぎず，この不同意それ自体は開発行為を制限禁止する効果をもつものではないとして，その不同意は処分ではないとする（最判1995〔平成7〕・3・23民集49巻3号1006頁，判時1526号81頁〔百選334頁〕）。しかし，これは奇妙な理屈である。公共施設の管理者は，私法上の財産所有者として権利を行使できるものではなく，法律に基づいて公物管理権（財産としての管理ではなく，道路，公園等公共の用に供される公物としての管理権）を与えられているのであるから，公共施設の管理以外の観点からは不同意にできないことは，法治行政の見地から当然である（このことは今は都計法32条にも明示されているが，従前からも同様に解されている。この判決もこの不同意を，「公共施設の適正な管理上当該開発行為を行うことは相当でない旨の公法上の判断を表示する行為」とする）し，恣意的な不同意は他に問題のない開発を阻止し，適正な事業を挫折させ，財産権を殺すに近いので，この不同意それ自体が開発行為を制限禁止する効果をもつのである（宅地開発，廃棄物処分場設置などでは公共施設との関連が必ず出るが，この判例の下では宇奈月温泉事件が再現する）。したがって，これについては争わせなければならず，それは行政法規に基づくのであるから，処分と構成すべきである（斎藤浩『行政訴訟の理論と実務』〔三省堂，2007年〕32頁も同旨）。

これを都市計画法の立法政策的判断として正当化する見解がある（青木敏文「公物管理権の性質」藤山編・行政争訟364頁）。しかし，公物管理権の恣意的な行使から財産権侵害を守ることは憲法原理であるし，この同意拒否が裁量濫用であれば国家賠償請求できる（綿引万里子調査官解説・判解民平成7年度380頁以下）のであるから，それにもかかわらず抗告訴訟を許容しないことは，「**受忍せよ，そして賠償を求めよ**」という警察国家的判断であって，法治国家（違法行為を受忍する必要はない）ではとうてい許されない。

なお，仮に他の訴訟（民事の意思表示を求める訴えなど，民414条2項但書，民執

174条) の方が適法と考えるとしても，それに変更するように釈明するとか，最高裁で今さら訴えの変更ができない場合でも，それに読み替えて本案審理をすべきである。このような訴訟形式の違いは些細なものであるから，繰り返し主張するように，「法律上の争訟」(裁3条) に関する裁判を受ける権利の保障，裁判拒絶の禁止の方が優先するのである (阿部・法の解釈第12章，さらに，金子・前掲『まちづくり行政訴訟』30頁以下，中川ほか編・前掲『公法系訴訟実務の基礎』第1編はこの問題に力点を置いている)。これは今日のしくみ解釈という判例の下で見直されるべきである。

《墓地埋葬法の通達》　通達についても，伝統的な発想では，例えば，**異教徒の埋葬**を拒んではならないという当時の厚生省通達に対して，墓地経営者は，異教徒の埋葬を拒んで，刑事事件で起訴された段階で，この通達は違法だと主張できるから，通達が発されたというだけで，その取消しを求める必要はない，とされてきた (最判1968〔昭和43〕・12・24民集22巻13号3147頁〔百選106頁〕)。

しかし，起訴されて初めて争えるという制度は，善良な私人に，刑事被告人として深刻な苦難をもたらす (被告人として裁判所に呼び出され，刑事法廷で「被告人　前へ」と言われて立っていなければならない屈辱は裁判官に理解されているのだろうか) もので，厳しすぎるし，この通達は法令とは異なって相当に具体的なので，現に異教徒の埋葬が行われそうな寺院が争う場合には紛争は成熟しており，訴えを適法視するべきであると考える。その方法として，処分の差止訴訟あるいは通達を違法とする訴訟 (通達の取消訴訟，違法確認訴訟，違法な通達の除去訴訟，異教徒の埋葬を拒むことができる地位の確認の訴えなど) が考えられる。

《丸刈り強制》　生徒「心得」における**丸刈り**の定めについて，最高裁判決 (1996〔平成8〕・2・22判時1560号72頁，判タ902号51頁) は，これに違反した場合の制裁の定めがないから，個々の生徒に対する具体的な権利義務を形成する法的効果を生じないとして，行政処分ではないとした。

しかし，生徒「心得」に従わないと，法的意味での制裁はともかく，実際上は大きな不利益を被り，これを防止する方法はないから，紛争は成熟しており，それは先生の生徒に対する命令の束と考えて，行政処分と言うべきである (阿部「丸刈り強制校則の処分性と入学前の原告適格」ジュリ1061号117頁)。ただ，当事者訴訟を活用せよとの改正法によれば，丸刈りする義務を負わないことの確認を求める訴えも活用できよう。

《対物処分》　いわゆる対物処分については処分ではないとの見方もあるが，それは物を基準とするだけで，やはり処分の名宛人は人であり，それによって特定人に具体的な法効果が生ずれば処分である。「道路の供用の廃止とは，当該道路を一般交通の用に供する必要がなくなった場合に，当該道路を一般交通の用に供することをやめる意思的行為であり，公物である道路を消滅せしめる行政処分である。」として，取消訴訟の対象とした判例（福岡高那覇支判 1990〔平成2〕・5・29判時1376号55頁，判タ751号78頁）がある。道路の供用開始決定は処分である。有害図書の指定は，大衆との関係では一般処分であるが，発行元との関係では，人に対する個別処分と解すべきである（阿部「誤解の多い対物処分と一般処分」自治研究80巻10号〔2004年〕26頁）。

《反則金，通告処分──刑事訴訟との関係》　通告は，関税（関税138条1項），間接国税（税犯14条1項），交通違反（道交128条）にも適用されている。通告に応じて反則金を納付すれば起訴されず，納付しなければ，刑事事件となる。判例はこれを処分ではないとする（関税につき，最判1972〔昭和47〕・4・20民集26巻3号507頁〔租税百選251頁〕，道交法に基づく反則金の通告につき，最判1982〔昭和57〕・7・15民集36巻6号1169頁〔百選346頁〕）。建前は，通告に従いたくなかったら，原則に戻って刑事訴訟で争うべきであり，通告それ自体には法的効果はない（処分ではない）ということである。一見理論的に筋が通っている。

しかし，これでは警察が一方的に有利な立場に立ち，被疑者は大変なコストとリスクを負担し，勝訴してもともと（というよりも費用と時間分大損）なので，通常人は，経済的な損得勘定で，通告処分に不満ながら従う。それゆえ，現実には違法な通告処分が通用することになる。そこで，反則金納付後，錯誤を理由としてその返還を求める民事訴訟が提案されている（武田真一郎「交通反則金納付後の救済について」徳島大学社会科学研究8号51頁以下）。

立法論としては，警察の方が通告処分という簡易な手段を用いる以上，これを争う者にも簡易な救済手段が用意されていなければ不公平である。例えば，通告処分に従わない者に対しても，いったん通告処分をした以上，通常の刑事手続は発動できず，単に反則金を徴収できるだけとし（反則行為の実体的非犯罪化，行政制裁化。もちろん，免許の取消し・停止という別の処分はある），通告処分を受けた者は刑事制裁を恐れることなく，第三者機関による不服審査を求め，その取消訴訟を提起することができ，勝訴したら，反則金額の例えば500倍以内

第9章　行政訴訟法

の金額（弁護士費用を含む）を同時に支給されるという制度を作るべきである。

　　＊　ただ，翻って考えれば，交通違反について言えば，この制度は，ごく軽微な違反でも，本来刑事処罰の対象となることを前提としているが，市民の普通の運転行動（車の流れに沿った，ちょっとした速度超過，普通に言えば安全なところでのやむをえない駐車違反など）をも犯罪とすることは，抽象的危険さえほとんどない行為を処罰するもので，刑事実体法の適正を要求する憲法31条違反である。一般市民に刑事被告人という屈辱を受けなければ争えず，勝っても，反則金，罰金を払わずに済むだけで，経済的にはおよそ割りが悪い救済方法しかないとするのはあまりにも過大な負担である。そして，仮に取り締まる必要性が多少あるとしても，秩序違反にとどめ，行政上の制裁の対象とすれば足りる。通告の取消しを求める原告の真意はこの点にあるのであって，制度を変えるべきであるし，本来科されるべきではない刑事罰を前提とする通告は違法であり，それ自体で国民の権利侵害を予告する行為である（ちなみに，代執行の戒告は処分とされている）として，その取消訴訟を許容すべきである。あるいは，軽微な事件でも刑罰を科すことを前提とする現行制度は憲法原則である比例原則違反とも考えられる。

4　処分性を拡張する判例の動き

　他方では，処分性を緩和・拡張する判例もあり，特に最近その動きが顕著になっている。それは，基本的には歓迎されるべきことである。これを解説しよう。

(1)　30年，40年以上前の処分性拡張の動き

　《歩道橋決定》　古くなったが，処分性を拡張した著名な例は，いわゆる国立歩道橋決定である（東京地決1970〔昭和45〕・10・14行集21巻10号1187頁，判時607号16頁）。歩道橋の設置は行政の内部行為と私法上の契約，物理的な工事であるから，それに不満であれば，公害被害などを理由に民事差止訴訟を提起するのが筋であるが，この判例は，これを一体と解すれば公法的制約に服させ，救済の余地を広げることができるとした。しかし，内部行為と私法上の行為という，それぞれ公権力に当たらない行為を一体として解すれば，公権力になるとか，公法上の規制が及ぶというのも飛躍した論理であって，筆者でも賛成できない。これは例外的判例で，あとに続くものがない（この裏話として，園部逸夫『裁判行政法講話』〔日本評論社，1988年〕133頁以下）。

　《関数尺違法通達》　原告会社の製造販売している関数尺は違法だという通達が出されたとき，それに続く行政処分はなく，販売不振，契約解除が予想されるので，原告の救済のためには，通達を排除するしかない。そこで，通達によ

るこうした事実上の影響の排除のために，通達の取消訴訟を認めた判例（東京地判1971〔昭和46〕・11・8行集22巻11＝12号1785頁，判時652号17頁）がある。これは公権力概念から離れて，実際的な救済の必要性からアプローチした判例と言えよう。これに対しては，処分概念の不当な拡充だ，つまり，通達という事実行為には効力はないから，その取消しはありえないという意見があろう。しかし，これは法の適用によって解決できる紛争であるから，どれかの訴訟類型では拾い上げるべきであり，これを通達の違法確認訴訟と善解して適法視すべきである。確認の利益は認められよう。

《**医療費値上げの職権告示，米穀の政府買入れ価格の告示**》　健康保険法に基づく療養を要する費用の額の算定方法に関する職権告示により，医療費が値上げされた場合，それは一般的抽象的な法規であるとの見方もありうるが，医療機関と保険者・被保険者の間の民事訴訟でその違法を争うのは非効率・不適切であるうえ，実際上ほぼ不可能である。そして，この告示が取り消されれば，医療機関に効力が及ぶ（行訴32条）。そこで，この告示の取消訴訟で紛争を一挙に解決するのが合理的である。その処分性が肯定された（東京地決1965〔昭和40〕・4・22行集16巻4号708頁，判時406号26頁）のはこのような理由によると言うべきである。

米穀の政府買入れ価格を定める農水省告示についても，告示の取消しを得ずに個々の農家がその買入れ価格のアップを求めるのは実際上も無理であり，非効率であるから，その処分性を認めるべきである（東京地判1973〔昭和48〕・5・22行集24巻4＝5号345頁，東京高判1975〔昭和50〕・12・23行集26巻12号1495頁，判時805号55頁）。

(2)　最高裁での処分性拡張

以上の判例はだいぶ以前の地裁判例であり，しかも，判例の主流とは必ずしも言えないが，最高裁判例でも処分性拡大の傾向が看取されるものがあった。

《**税関の輸入禁制品該当通知**》　「風俗を害すべき書籍」等，当時の関税定率法にいう輸入禁制品に該当するかどうかは法律で客観的に決まっている（刑罰法規と同じで，輸入禁制品の例外輸入許可のような行政の公権的判断の制度はない。違反は刑罰。現行関税法109条2項参照）もので，これに該当するという税関長の通知（当時，関税定率法21条）は観念の通知であり（刑罰法規に触れるとの連絡），法的には不許可処分ではないが，この通知を受けると，実際上は輸入する方法

はない。しかも，実定法上これに対する異議の申出制度がある。そこで，税関長の通知は，実質的な拒否処分（不許可処分）として機能しているものということができ，上記通知および異議の申出に対する決定（当時，関税定率法21条5項）は，抗告訴訟の対象となる行政庁の処分および決定に当たるとするのが判例（最判1979〔昭和54〕・12・25民集33巻7号753頁〔百選340頁〕，最大判1984〔昭和59〕・12・12民集38巻12号1308頁，判時1139号12頁）である。

これは刑罰規定が適用されるとの通知であるから，新たに権利義務を創設したものではないので，処分ではないとするのが伝統的な見解であるが，せっかく刑罰規定に該当するとの公権的な判断を表明する制度が置かれているのであり，さらに，異議の申出も認められているから，その判断の適法性を争う道を開くのが合理的である。ここで，処分概念が緩和されていることを看取できる。

　＊　なお，これについて，通知を非処分とし，端的に所有権に基づく引渡請求を認める余地もあろう（塩野・Ⅱ106頁）が，処分取消訴訟が提起されているときにその方法をとるのは，キャッチ・ボールによる「裁判を受ける権利」の侵害を生ずるので，この判決は妥当である。
　　　なお，現在は，「風俗を害すべき書籍」を輸入禁止とする規定は関税法69条の11第1項7号に，輸入禁止の通知は同3項に移された。そして，関税法91条，93条は，この税関長の通知を処分とは別概念としつつ，審査請求前置主義の定めを置いている（同法89条の異議申立ての規定は処分だけを対象とするので，この通知には適用がない）。

《市街地再開発事業計画》　市街地再開発事業には，2種あり，第1種は**権利変換方式**，第2種は**収用方式**である（都開70条以下・118条の2以下）。第2種事業の計画は処分とされている。認可を受けた第2種市街地再開発事業計画は，土地収用法20条の事業の認定を与えられた事業と同様，収用特権を与えられ（都開6条1項，都計69条，都開6条4項，都計70条1項），地権者は収用されて補償金を得るか，建築施設を譲受するかの選択を迫られる（都開118条の2第1項1号）ので，所有者の法的地位に影響を与えるからである（大阪阿倍野地区再開発訴訟，大阪高判1988〔昭和63〕・6・24行集39巻5＝6号498頁，判時1283号21頁，最判1992〔平成4〕・11・26民集46巻8号2658頁〔百選330頁〕）。

これに対して，第1種事業は権利変換方式を採るので，第2種事業とは法制度を異にし，土地収用法上の事業認定に伴う土地収用権の付与といった法的効果は発生しない（都開法6条2項により都計法69条，70条の適用が排除される）。

しかし，第1種市街地再開発事業においては，施行区域内の宅地所有者等の権利者は，事業計画決定の公告後30日以内に，施行者に対し，権利変換または新たな借家権の取得を希望しない旨申し出ることにより，他へ転出して権利変換計画の対象者から除外されるか否かの選択を余儀なくされる（都開71条）。したがって，事業計画決定は，宅地所有者等の権利者の法的地位を変動させる効果を有するものとして，行政処分としての性格を有する。なお，仮に事業計画決定の処分性を否定すると，決定を違法と考えている者は，その段階ではその効力を争うことはできず，後に権利変換処分の効力を争うこととなるが，その結果，権利変換処分が適法とされると，他に転出しようとしても補償金（都計91条1項）または移転に伴う損失補償（都計97条）を施行者から受領することはできない。このような不利益を避けるために当初から他に転出することを余儀なくされ，事業計画の違法を争う余地は実際上なくなってしまう不合理が生ずるので，そうした事態を避けるためにも，事業計画決定の処分性を肯定するのが相当である（福岡市千代田地区再開発訴訟，福岡地判1990〔平成2〕・10・25行集41巻10号1659頁，判時1396号49頁，福岡高判1993〔平成5〕・6・29行集44巻6＝7号514頁，判時1477号32頁）。この判例は土地区画整理事業計画の処分性を肯定した後述の判例変更の先駆けとも言えるものである。

《土地区画整理事業組合の設立認可》　判例は区域内の所有者などを強制的に組合に参加させ，組合を設立させることを理由に，土地区画整理事業組合の設立認可を処分とした（最判1985〔昭和60〕・12・17民集39巻8号1821頁，判時1184号89頁）。

《市町村営の土地改良事業の施行の認可》　市町村営の土地改良事業の施行の認可につき，類似の例（土地改良87条）で不服申立て・訴訟の規定があることを拡張して処分とした判例（最判1986〔昭和61〕・2・13民集40巻1号1頁，判時1185号99頁）がある。これらはたまたま規定があれば，処分性を認める**制定法準拠主義**である。立法政策を尊重したという見方もあるが，逆にそのような手がかりがない場合には処分性を否定するわけで，処分性を認めるかどうかを立法過程で十分に議論して決めるということがない日本の解釈論の方法としては不適切である。

(3)　最近の最高裁判決による処分性の拡張，しくみ解釈

最近は，法制度のしくみ（阿部的言い方では手法なりシステム）を考察して，**救**

済の実効性確保の観点から処分性を認める判例が増えている。行政行為概念は，処分性とは結びつかなくなっているのである。

Case 1：医療法に基づく減床勧告，保険医療機関の指定拒否の予告

保険医療機関の指定を申請した者は，指定の拒否を争うことはできるが，指定の申請は，病院の建物を建て，使用許可（医療27条）を得てからとされている（厚生省令1957年13号「保険医療機関及び保険薬局の指定並びに保険医及び保険薬剤師の登録に関する省令」1条）。これでは，膨大な資本を投下したあとでなければ争えず，負ければ財産を喪失するし，仮に指定がなされても，長年の裁判のあとでは，その間の経済的な負担も重い。ハイリスクなので，出訴する者はまずいない。

そして，旧厚生省は，医療法に基づく地域医療計画で医療機関が過剰と判断された地域では，医療法30条の7（現行30条の11）に基づく減床・病院開設中止勧告の制度で，保険医療機関の指定拒否を予告している。勧告は，これまでは行政指導であって，行政処分ではないとして，争えないとされてきた。しかし，それでは，**保険医療機関の指定拒否の違法を実効的に争う訴訟制度がない**。これは「訴訟逃れの法システム」であり，違憲と言うべきである。そこで，上の減床・中止勧告を受けた段階で，建物を建てる前に，この指定拒否の違法の判断を求めて出訴できると解すべきである（阿部・法の解釈(2)第4章，第5章）。

最近ようやく，中止勧告によって，保険医療機関の指定申請の拒否処分を受ける現実的かつ具体的な危険があり，しかも，それによって保険医療機関としての指定を受けるという法的な利益が侵害されることになることを理由に，中止勧告を処分とした高裁判決（福岡高判2003〔平成15〕・7・17判タ1144号173頁）が出て（こうした判例の動きについては，宮崎良夫「行政指導と取消訴訟の対象適格性」原田古稀247頁以下参照），最高裁（最判2005〔平成17〕・7・15民集59巻6号1661頁，判時1905号49頁〔百選344頁，社会保障百選48頁〕）も，「医療法及び健康保険法の規定の内容やその運用の実情に照らすと，医療法30条の7の規定に基づく病院開設中止の勧告は，医療法上は当該勧告を受けた者が任意にこれに従うことを期待してされる行政指導として定められているけれども，当該勧告を受けた者に対し，これに従わない場合には，**相当程度の確実さをもって，病院を開設しても保険医療機関の指定を受けることができなくなるという結果をもたらすものということができる**。そして，いわゆる国民皆保険制度が採用

されている我が国においては、健康保険、国民健康保険等を利用しないで病院で受診する者はほとんどなく、保険医療機関の指定を受けずに診療行為を行う病院がほとんど存在しないことは公知の事実であるから、保険医療機関の指定を受けることができない場合には、**実際上病院の開設自体を断念せざるを得ない**ことになる。このような医療法30条の7の規定に基づく病院開設中止の勧告の保険医療機関の指定に及ぼす効果及び病院経営における保険医療機関の指定の持つ意義を併せ考えると、この勧告は、行政事件訴訟法3条2項にいう『行政庁の処分その他公権力の行使に当たる行為』に当たると解するのが相当である。」とした。

これまで処分とは行政行為のような法的効果を必然的に生ずるものでなければならないとされてきたが、ここでは、勧告の処分性は、将来の保険医療機関指定に及ぼす効果について「相当程度の確実さ」を理由としており、法的効果を厳格に考えないものと理解される。

同種事件で同様の判断を示した最高裁2005（平成17）年10月25日判決（判時1920号32頁、判タ1200号136頁）の藤田宙靖判事は、次のような補足意見を述べている。

「従来の公式」においては、行政庁の処分とは、実質的に講学上の「行政行為」の概念とほぼ等しく、このような行為のみが取消訴訟の対象となるとされるのは、取消訴訟とはすなわち、行政行為の公定力の排除を目的とする訴訟である、との考え方がなされているからであった。

しかし、今日、行政指導その他、行政行為としての性質をもたない数多くの行為が、普遍的かつ恒常的に重要な機能を果たしているとともに、**重要であるのは、これらの行為が相互に組み合わせられることによって、1つのメカニズム（しくみ）が作り上げられ、このメカニズムの中において、各行為が、その1つ1つを見たのでは把握し切れない、新たな意味と機能をもつようになっている**、ということである。医療法30条の7の規定に基づく勧告についても、まさにそういったことが指摘されうるのであると。

理論的課題：行政処分概念の破綻

私見では、ここに**行政行為、行政処分概念は破綻に瀕している**と言うべきである。行政行為は違法でも有効であるといった公定力という概念が法治主義違反の発想であることは繰り返し述べた。そして、行政の活動は、違法であれば、

それが行政行為であろうと行政指導であろうと，是正されるべきであって，ここで**重要なのは**，**法的な効力があるかどうかではなく**，**法治主義に違反しているかどうか**である。問題は，**今争わせるだけの現実の必要性と成熟性があるかどうか**による。本件のように，勧告を争えなければ，無理に病院を開設して，保険医療機関の指定を申請して，拒否されてから争うことになるしかないので，救済の実効性がない。論点は固まっているから，勧告の段階で訴訟を起こす成熟性があるのである。最高裁はこのように実効的な救済という観点に立っていると言うべきである。

とにかく，公定力，行政行為の効力なる概念は，行政法学では法治国家，行政救済を阻害する諸悪の根元とも言える概念であった。

ただし，前述の藤田意見が，さらに，処分性を認めると，後の行為では争えないという遮断効が付くと主張する点には賛成できない。後行行為を争ったのでは実効性がないから，先行行為を争わせるとした瞬間に，先行行為しか争えないとするのは，権利救済の拡充を目的とした解釈が逆効果を招くし，もともと，処分として争うことが「できる」ことと，救済を受けるためには「争わなければならない」ということとは別のことである。これを同視してはならない。そのような効果をもたせるには，明確なルールが必要である。

ここで，行政指導（医療機関に対する減床勧告）でも，後の保険医療機関の指定拒否に「相当程度の蓋然性」をもって連動するときは処分とされた。これには疑問が出されるかもしれない。

しかし，保険医療機関の指定拒否の段階では，給付の拒否であるので，執行停止はきかない（仮の義務付けも容易ではない）し，そもそも，病院を建設してからでなければ，保険医療機関の指定を申請できないので，救済の実効性がない。そこで，裁判を受ける権利の保障の観点から減床勧告の段階で訴訟の対象性を認めたものと考えられる。要するに，処分性の概念は，行政行為概念とは異なって，裁判所で訴訟の対象として取り上げるかどうかという視点から判断されるべきものであり，法的効果が生ずることが「必然的である」「最終的決定である」ことを要求すると，法的効果が生ずるのに救済の対象とならないことが頻発して，裁判を受ける権利を侵害するのである。なお，行政代執行の戒告は，必ずしも代執行には連動しない（断念されることもある）が，処分性が認められる（大阪高決1965〔昭和40〕・10・5行集16巻10号1756頁，判時428号53

頁)。代執行段階では実際上救済されないことが根拠と解されるべきである。

ここで，行政指導は，事実行為であるから，それを処分とするのは，処分概念の破綻だとみる向きもある。救済は必要だが，そのために「処分」概念を変えるべきではなく，事実行為にふさわしい訴訟類型（当事者訴訟）を利用すべきだというものである。しかし，それは学者の理論体系（処分と非処分の峻別）の一貫性の美学であって，訴訟類型よりも大事な，「法律上の争訟」に該当すれば，裁判を受ける権利を保障すべきだとする憲法上の価値を軽視しているものである。処分とは，行政行為とは異なって，取消訴訟の対象として取り上げる概念であり，当事者訴訟との垣根は，行訴法改正で低められたとみるので，本来は当事者訴訟の対象となるものであっても，取消訴訟が提起されればそれで取り上げればよいのである。これは実質的には，**違法是正訴訟一本化の動き**である。なお，今後は，この案件は，当事者訴訟で争うことも許されるとすべきである。

前記の処分性が否定された戒告・行政指導も，処分性を認めるか，当事者訴訟を認めるべきである（なお，山本隆司・法教333号41頁以下，高木・行政訴訟論43頁以下参照）。

 応用課題 ：勧告を処分としたら，行政手続法の適用はどうなる？

今，勧告を処分とすると，行政手続法では，不利益処分として扱われるのか，それなら，弁明手続を要するのかという問題が生ずる。1つの考えでは，行政訴訟で処分とする以上は，同じ概念は同じく解すべきであるから，行政手続でも行政不服審査でも処分と解すべきであるというものである。他方，ここで処分としたのは，行政訴訟による救済のためであるから，その実体法上の性質が，依然行政指導であることには変わりはない。そうすると，行政手続法上は，弁明手続の適用はないが，代わりに，従わなければ不利益な取扱いをすることを禁止する行政手続法32条2項の適用があり，勧告に従わないことを理由に，法律の根拠なく，公表することは違法となる（当事者訴訟としてその廃止を求めることができる。不法行為となるかどうかは，国家賠償法上の違法性の理解の仕方による）。

 Case 2 ：土地区画整理事業計画の処分性を認めた最高裁判例変更

最高裁2008（平成20）年9月10日大法廷判決（民集62巻8号2029頁，判時2020号18頁）は，土地区画整理事業計画の処分性を肯定した。1966年の消極大法廷判決の根拠は，前記のように**青写真論**，**成熟性欠如論**であった。これに対して，もともと，処分性を認めるべき理由として学説上挙げられていたのは，建築制限と事情判決のおそれの防止であるが，この判決は，第1には，**権利制**

限だけでは処分性を認めず，事業計画により換地処分を受けるべき地位に立つということを基本とし，事情判決の防止の観点からの成熟性も認めており，権利救済の実効性の視点を正面に出している。

　事業計画により換地処分を受けるべき地位に立つとする点は，権利制限論に乗らずに青写真論を否定するための新規の理論構成であり，一種の予防訴訟を認めたに近い面がある。

　「事業計画が決定されると，当該土地区画整理事業の施行によって施行地区内の宅地所有者等の権利にいかなる影響が及ぶかについて，一定の限度で具体的に予測することが可能になるのである。」という。たしかに，事業計画の段階でも，道路，公園の位置が判明するので，自分の土地が動かされるかどうかはある程度わかるし，平均減歩率がわかるので，自分の土地も同様の率で減歩されるとの予測は立つであろう。しかし，それ以上に自分の土地の換地がどこにどのような形で配分されるのかはまったくわからない。先の医療法の勧告の処分性を認めた判例も，「相当程度の蓋然性」を処分性の基準としたし，この判例を併せて考えると，必然的に権利侵害されることを処分性・原告適格の基準とするこれまでの判例の考え方は放棄されたと考えるべきである。

　私見は，区画整理事業計画の段階で決まっていることはその段階で裁判をするだけ成熟しているので，その段階で争わせるべきだと考えるし，建築制限は付随的な効果であるとしても，制限に変わりはないから，原告としては争うだけの利益があると考えていた（涌井紀夫判事の意見はこれに近い）。

　しかし，最高裁としては，建築制限だけで処分性を認めると，用途地域のような完結型（非事業型）都市計画について処分性を認めなければならなくなる（藤田意見参照）ので，大転換になるから，それだけで処分性を認めるという理論は避けたのであろう。また，上記の私見のような成熟性の議論には気が付いていないのであろう。

　そして，多数意見では，「土地区画整理事業の事業計画については，いったんその決定がされると，特段の事情のない限り，その事業計画に定められたところに従って具体的な事業がそのまま進められ，その後の手続として，施行地区内の宅地について換地処分が当然に行われることになる。前記の建築行為等の制限は，このような事業計画の決定に基づく具体的な事業の施行の障害となるおそれのある事態が生ずることを防ぐために法的強制力を伴って設けられて

いるのであり，しかも，施行地区内の宅地所有者等は，換地処分の公告がある日まで，その制限を継続的に課され続けるのである。そうすると，施行地区内の宅地所有者等は，事業計画の決定がされることによって，前記のような規制を伴う土地区画整理事業の手続に従って換地処分を受けるべき地位に立たされるものということができ，その意味で，その法的地位に直接的な影響が生ずるものというべきであり，事業計画の決定に伴う法的効果が一般的，抽象的なものにすぎないということはできない。」

つまりは，施行地内の土地所有者などは，土地区画整理事業計画によって，建築制限を伴う状態が継続して，いずれ換地処分を受けるべき地位に立たされるので，その法的地位に直接の影響を受けるというのである。青写真論は誤りだということである。

完結型都市計画でも処分性を認めてしまえば問題は簡単である。これを認めると，裁判所の負担が増えると言われるが，前記のように，都市計画に反する建築確認などの段階で争う者がいれば，同じであるし，どうしてもならあえてバラックの建築計画を立てて不許可処分を受けて争えばよいのであるから，訴訟を完全にブロックすることはできない。後になれば証拠が散逸するので，かえって審理しにくい。したがって，これも早期に争わせる方が合理的ではないか（本当はこのようにすることこそ，行政訴訟の意義がある。⇒第1節Ⅰ5）。ここで，処分とすると出訴期間の適用があるから住民に不利だとの論点では，この種のものは後で争われると混乱するから本来出訴期間で遮断すべきで，問題はない。

しかし，藤田判事は，完結型都市計画の処分性を否定した。他方で，本件の土地区画整理事業計画の処分性を肯定するには，さらに事業が進んで換地処分の段階では実際上は救済されず，**事情判決となってしまう点に着目**している。多数意見は必ずしも明確ではないが，「イ　もとより」（判決文より）としてこの可能性に触れているので，事情判決の防止の視点を重視していることは確かである。

筆者は，処分性について，「早すぎる，遅すぎる」と，どの時点ででも争わせない判例を批判して，事情判決の可能性を回避する処分性論を創造すべきことを主張してきたので，この判示は，裁判所にも，「行政救済の実効性」の視点がようやく芽生えたものとして，賛成ではあるが，それがなぜ処分の定義である「権利義務への直接の影響」に当たるのかは，わかりにくい。

そうではなく，処分性とはどの段階でどの論点で紛争が成熟し，また実効性ある権利救済が図られるのかという観点から，機能的に考える概念だと考えれば，権利制限を伴い，いずれ換地処分に至る（あるいは事業が進まず放置される）とすれば，それだけで，その段階で，事業計画自体の違法を主張できるだけ紛争が成熟していると考えればよいのである。

処分とすると，出訴期間が付くが，このような判例変更は予期せざるものであるから，換地処分の段階で事業計画の違法を主張することについては，当面は違法性の承継を認めるべきである（近藤意見）。

この判決は，処分性を一般論として拡大したのかというと，青写真判決の誤りを指摘したが，それ以上に一般的な拡大を示唆したものかどうかは，不明である（問題④）。射程範囲は，非完結型（事業型）計画にのみ及び，完結型には及ぼすつもりはないということらしい（判時 2020 号 19 頁の匿名調査官解説）。

この判例変更の先例には前記の都市再開発事業計画の処分性を認めた判決がある。こうした先例が判例変更の契機にもなっているのであろう。

この判決は，1966 年の最大判の事案である，事業が伸展しない蛇の生殺し状態を念頭に置いていないが，そうした場合には事業計画を対象に，その失効確認訴訟を提起すべきであろう（この判決については，坂和章平・市民と法 54 号 8 頁，山本隆司・法教 339 号 57 頁，同 340 号 73 頁，中川丈久・法教 341 号 20 頁，大久保規子・ジュリ 1373 号 58 頁，増田稔・ジュリ 1373 号 65 頁）。

こうして，この判決は，行政行為＝処分といった呪縛からまだ解放されていないが，**本来は，計画，規則，通達などを争わせるべきかどうかは，行政行為概念にとらわれず，争点ごとに争わせるべきかどうかを，タイミング，つまり，成熟性，最終性といった観点から考察するべきである**。これはアメリカ法的な発想でもある（越智敏裕『アメリカ行政訴訟の対象』〔弘文堂，2008 年〕がこれを本格的に分析したものとして，この視点からきわめて有用である，さらに，中川丈久「行政訴訟に関する外国事情調査——アメリカ（下 1）」ジュリ 1242 号 90 頁以下参照）（問題④）。

Case 3：検疫所長が行う食品衛生法に違反する旨の通知

食品を輸入する際には税関長から関税法 70 条の許可を得る必要があるが，その前に食品衛生法 16 条に基づき検疫所長に対し輸入の届出をしなければならない。そして，検疫所長から，当該食品が同法 6 条に違反する旨の通知があ

れば，税関長は許可しない扱いになっている。この場合，取消訴訟で争う対象は，税関長の不許可処分だけか，検疫所長の判断が間違いと考えるなら，直接この通知を争えないか。

この通知は一種の警告書なり証明書であるから，処分ではないとするのも1つの普通の意見である（横尾反対意見）。しかし，最高裁は，検疫所長のしたこの通知を抗告訴訟の対象となる行政処分に当たるとした（最判2004〔平成16〕・4・26民集58巻4号989頁，判時1860号42頁）。

この判決は，制度的には届出制なのに，当該食品等が，法の規定に適合しないと判断したときになされる上記通知を争えるとしているので，届出制の下で行政庁に認定権限を与えるという解釈をしたことになる。それは行政手続法37条に反する。

では，どう考えるか。これは届出と，別個の法律（関税70条3項）による別個の行政庁の許可の結合システムである。両者をつなぐものが，証明書であるが，証明書は普通に言えば，行政処分ではないので，この両者を結びつけるのは困難である。

税関長の不許可を待って，その取消訴訟で，検疫所長が証明書を発行すべきだったと主張することで救済はされるが，それでは救済が遅れるほか，税関長を被告に，検疫所長の判断を争うのはいかにも方角違いである（もちろん，検疫所長を参加させればよいが）。

そこで，この食品衛生法違反通知書による通知を争わせる方が紛争を適切に解決できる。この通知は処分ではなく，単なる警告書であるから，証明書の給付を求める訴訟が現行法の体系には合致するが，こうした理由で訴えを却下するのは，裁判を受ける権利を侵害する。こういうものは，このような面倒なことを言わずに，便宜上通知を処分として救済の道を開くべきである。あるいは不受理の処分性を認めたものとも解される（⇒第8章第4節Ⅲ3参照）。ここでも処分概念の崩壊，阿部流の違法是正訴訟一本化の動きが看取される。

Case 4：2項道路の指定

都市計画区域内では，建築物の敷地は，幅員4メートル以上の「道路」に2メートル以上接しなければならない（建基43条1項・42条1項）。ただし，都市計画区域および準都市計画区域内に編入されたとき，または建基法の規定が適用されるに至った際「現に建築物が立ち並んでいる幅員4メートル未満の

『道』で，特定行政庁の指定したものは，前項の規定にかかわらず，同項の『道路』とみなし，その中心線からの水平距離2メートル……の線をその『道路』の境界線とみなす。」(建基42条2項)。

このいわゆる2項道路として指定された「道」においては，その中心線から2メートル以内には建物を建築することは禁止され(建基44条)，私道の変更または廃止が制限される(建基45条)代わりに，中心線から2メートル離れれば建築が許容される(4メートル道路を築造する義務はない)。ここで，「道」と「道路」とは別物であることに留意しなければならない。なお，指定の際現に存する建築物もしくはその敷地または現に建築，修繕もしくは模様替えの工事中の建築物もしくはその敷地がある場合，その所有者に直ちにそのような建築基準法上の制約は及ばないが(建基3条2項，既存不適格)，将来，これらの既存の建築物などについて増改築などが行われる場合には，その制約が及ぶことになる(同条3項)。

では，包括的に一括して幅員4メートル未満1.8メートル以上の「道」を2項「道路」とすると定めたにとどまり，**特定の通路部分など特定の土地について個別具体的にこれを指定するものではない告示(包括指定)は取消訴訟の対象となるか**。

この告示は不特定多数の者に対して一般的抽象的な基準を定立するものにすぎないのであって，これによって直ちに建築制限などの私権制限が生じるものでないから，抗告訴訟の対象となる行政処分に当たらない(それに基づく建物除却命令や建築確認の段階で処分として争える)とする判例もあった(大阪高判1998〔平成10〕・6・17判例自治189号103頁，判タ994号143頁)が，最高裁は，本件告示の定める幅員1.8メートル以上の条件に合致するものすべてについて2項道路としての指定がされたこととなり，当該道につき指定の効果が生じ，その敷地所有者は当該道路につき道路内の建築などが制限され，私道の変更または廃止が制限されるなどの具体的な私権の制限を受けることになるのであるから，抗告訴訟の対象となる行政処分に当たるとした(最判2002〔平成14〕・1・17民集56巻1号1頁，判時1777号40頁〔百選336頁〕)。これは一般処分であるが，それでも処分である。結構であるが，それなら，用途地域の指定，都市計画決定も処分とするように判例を変更すべきである(なお，金子・前掲『まちづくり行政訴訟』63頁以下)。

第 2 節　取消訴訟の訴訟要件

応用研究：2 項道路における違法行政を利用した私人の禁反言
　これは本来は，第 2 章第 1 節Ⅸ法治行政と信頼保護の原則で扱うべきであるが，2 項道路の説明の関係でここで扱う。本件道路が 2 項道路であることを前提に自宅を建設した者が，それは 2 項道路の要件を満たさないとして，隣人の通行を妨害することは，著しく正義に反し，信義則上許されない（最判 2006〔平成 18〕・3・23 判時 1932 号 85 頁，判タ 1209 号 72 頁〔金子正史〔評釈〕・自治研究 83 巻 9 号〔2007 年〕127 頁以下〕）。

Case 5：登録免許税の還付請求拒否通知と国税通則法による過誤納金の還付請求の関係

　最高裁 2005（平成 17）年 4 月 14 日判決（民集 59 巻 3 号 491 頁，判時 1897 号 5 頁）は，前記のように，登録免許税については，**自動確定方式**であるから，過大に登録免許税を納付した場合には，国税通則法 56 条に基づき，登録免許税の過誤納金の還付を請求することができるとしたが，そのほかに，登録免許税法に基づく過誤納金の還付などに関する通知をすべき旨の請求（登録免許税 31 条 2 項）に対して登記機関がした拒否通知は，抗告訴訟の対象となる行政処分に当たるとした。

　そして，登録免許税法による手続は，過誤納金の還付が円滑に行われるようにするために簡便な手続を設けることにあり，登録免許税の還付を請求するにはもっぱら同項所定の手続によらなければならないこととする手続の排他性を定めるものではないとしている。

　これは，「簡易迅速に還付を受けることができる手続を利用することができる地位」という，単なる手続的な地位を根拠として処分性を認めたものであり，処分性の大幅な拡張である。この場合に救済ルートが 1 つしかないというドグマにとらわれると，処分性を拡張するのはかえって権利救済を妨げるが，これはいわゆる排他性を否定して，そのような懸念を払拭している。ただ，この場合には，還付請求制度は国税通則法 56 条に明示されているから，登記官のした拒否通知を処分としても，還付請求の救済ルールを否定するのは実定法上とうてい無理である。

　私見では，このように，救済ルールが複数考えられるときは，そのいずれかに統一するためには，裁判を受ける権利の要請上，その道筋が事前に明確になっていることが必要である。救済ルートが複数あるために判決が矛盾する場合が生ずるとしても，それは稀なことであり，また，それは実質的には二重起訴

として訴えの段階で対応する方が妥当であろう。
　これらの判決は，税額が自動確定する場合に限ってであるが，このような理論を認めたものと評価することができよう。

【しくみ解釈による判例変更の期待】
　このように，最近の判例は，「処分」の伝統的概念に拘泥せず，救済すべきものを取り上げて，当事者が取消訴訟を選択してきたときに，他の訴訟類型があるとか刑事訴訟によるべきだとして却下するのではなく，これまでの体系を無視しても，処分性を緩和・拡張して救済する傾向にある。権利救済を重視するものである（この視点は原告適格でも，里道廃止について沿道者の原告適格を認める判例に現れている。⇒後述Ⅱ5，最判1987〔昭和62〕・11・24判時1284号56頁）。
　「法律上の争訟」に該当すれば，何らかの訴訟類型で拾い上げるべきであって，処分―抗告訴訟であるかどうかは二次的な問題であり，違法を是正することこそ肝心のことであるから，このような柔軟な判例は大歓迎されるべきものである（なお，橋本博之「処分性論のゆくえ」立教法学70号〔2006年〕295頁以下，特に316頁以下〔＝同『行政判例と仕組み解釈』（弘文堂，2009年）1頁以下，61頁以下〕参照）。
　この観点からして，これまでの判例で見直すべきものは少なくないが，特に前掲の公共施設管理者の不同意を処分としなかった判例は見直されるべきである。また，後述5の法律の根拠なき給付行政についても，しくみ全体を考察して処分視すべきである。

　応用課題：**相対的行政処分概念**
　　不利益な勧告の相手方が，次に来る命令を争えば十分に権利を救済されるときは，勧告が処分に100％連動するときでも，勧告の処分性を認める必要性は大きくない。大店法の変更勧告の処分性を否定した東京高裁1985（昭和60）年6月24日判決（行集36巻6号816頁，判時1156号37頁）は，勧告を受ける大型店が争う場合には，この観点で正当化できる。しかし，第三者である地元商店からみれば，勧告が甘くて，大型店に受諾されると，争う手段がないので，処分とすべきである。環境基準も，行政の目標であり，排出源に対しては大気汚染防止法などにより排出基準が設けられ改善命令が出されて初めて争えば済むので，処分とする必要はないが，住民からみれば排出基準が緩和されれば，その段階でしか争えないから処分とすべきである。判例では承認されていないが，筆者は，これに着目し，**処分概念は相手により異なるとする相対的行政処分概念を提唱している**（阿部「相対的行政処分」行訴改革87頁以下，なお，松浦寛「環境基準の処分性」高田古稀参照）。処分

概念は客観的で画一的なものだという反論があるが，それは思い込みであり，処分は抗告訴訟で取り上げるべきかどうかに関する概念であると考えると，「法律上の争訟」である限り，訴訟の対象としなければならないのである。その場合に何が適切な訴訟類型かと考えて，当事者訴訟か取消訴訟かといった，キャッチ・ボールをしてはならない。成熟した論点に限り，いずれであろうと訴訟の対象とすればよく，抗告訴訟が提起されたら，処分とすればよいのである。

応用課題：**公表によって担保された行政指導に対する救済方法**

　行政指導に従わない場合に，その結果が**公表**されるという手法が取られているときには（国土利用計画26条，大店立地9条，特商8条等），公表の取消訴訟のほかに，「先行する行政指導を直接とらえてその違法の確認を求める訴訟なども考えられよう」（塩野・Ⅰ4版193頁）。「公表には処分性が認められないとしても，公表の事前差止めないしは，先行する行政指導の違法確認等が考えられる」（塩野・Ⅰ242頁）との見解がある。ここで引用されている川神裕「法律の留保」藤山編・行政争訟15頁も，公表によって担保されている行政指導を抗告訴訟の対象とすべきだとの見解が紹介され（同15頁），それを否定するこの著者（川神）自身，訴訟の成熟性が認められる限り，行政主体を被告として，行政指導に従う義務がないことの確認や公表の差止を求めることも可能と言うべきであろう（同16〜17頁）としている。

　東京地裁民事38部2008（平成20）年3月14日判決は，東京都消費生活条例48条に基づく事業者に対する勧告は法的効果を発生させないから処分ではないとし，それに続く公表によって社会的信用が低下するなどの不利益が生ずる可能性はあるが，その救済方法としては，公表に先行する勧告に処分性を認めずとも，営業権の侵害などを理由として公表の差止めを求める訴えを提起することも考えられないではないとする。これは勧告と公表を分離する発想である。しかし，これが両者一体で運用されている場合には不適切であるし，また，公表の差止めを求める方法があるからといって，せっかく提起されている勧告の取消訴訟を却下する必要もない（しかも，この事件では，勧告を処分として，訴訟も異議申立てもできるとの教示があったのである。⇒Ⅰ末尾）。

　さらに，では，勧告について当事者訴訟が提起できるかというと，この判決は，勧告は，これに従うべき義務を直接に課するものではないから，勧告に従う義務を負わないことの確認を求める訴えの利益はないとする。さらに，勧告の違法確認の訴えは過去の法律関係の確認を求めるものであるから，適切ではないとする。そして，勧告が公表されたことで不利益を被っているというのであれば，公表そのものの違法性を主張して，公表されない地位にあることの確認を求める訴えを提起することでその救済を図ることが直接的かつ有効な解決方法であるとする。

　しかし，勧告と公表が一体的に運用されている場合には，公表によって担保された勧告に従う義務を負わないことを確認することをなぜ許されないのか，わざわざ公表の削除請求訴訟を提起するように出直ししなければならないのか。これは重大

な不利益があると主張する訴えはできるだけ取り上げるとの発想がまったく欠けている。過去の法律関係の確認は許されないとの指摘は，行政処分無効確認訴訟が認められていることからも不適切である。

また，勧告だけであっても，それを受けると実際上取引業者，顧客，銀行などの信用を失うことが少なくないので，勧告に従う義務がないことの確認訴訟の利益を肯定すべきである。「従う義務」という言葉がミスリーディングなら，「勧告を受けない地位の確認」と善解すればよい。

なお，公表を処分とすると出訴期間の制限がかかるが，公表は物の留置，人の収容と同じく継続的処分であるから，公表が継続して行われている間は，その取消しを求めることができるはずである。

勧告と一体とならず，単に公表だけなら（2009年1月，職安法施行規則17条の4の追加により採用内定取消し企業名の公表が制度化された）事実行為であるから，民事訴訟なり当事者訴訟で，その廃止と損害賠償請求訴訟を提起すべきことになる。

なお，公表も1回限りであれば，それによる不利益も限定的であるが，HPへの掲載は情報が瞬時にかつ継続的に全国に流れるので，それによる不利益はきわめて大きい。仮に現実に違反があったとしても，制裁または消費者への情報提供としての公表は，比例原則に反しないように注意すべきであり，違反がなくなったら直ちに撤廃すべきであり，撤廃ルールがないHPへの公表はそれ自体重大な違法性を帯びると言うべきである。⇒第7章第7節Ⅵ。

＊　**2008年行政手続法改正案**　　2008年に国会に提出された行政手続法改正案は，第三者に対する義務付け訴訟に倣って，第三者に対する処分の他に行政指導を行うことを求める手続を導入したほか，法令違反の行政指導の是正を求める手続を導入した（⇒序章第2節Ⅲ3(5)，第1章第1節Ⅳ，第2章第1節Ⅳ2(5)）。これは行政処分と行政指導の峻別が流動化していることを示している。したがって，抗告訴訟と当事者訴訟の振り分けの点でも，処分か勧告かを厳格に区分するのは，立法者の意思にも合わなくなっている。

応用研究：法定外公共物の廃止と払下げの請求権

里道，**水路**は，道路法，河川法の適用がない**法定外公共物**である（法定外公共用物。公図の上に赤，青で記されるので，**赤線**，**青線**と言われる）。それについてはもともと建設省所管の国有財産であるが，市町村が機能管理（公物管理）を行っていたとされていた。それは，分権改革で，機能を喪失したものは国有財産のまま普通財産に用途変更して払い下げることとなり，機能を果たしているものは市町村に譲与されることになり，市町村が公物管理と財産管理を行うこととなった。しかし，公物管理については法律はない。

ある市町村では，法定外公共物管理条例を制定して，その使用の許可制度を置いているが，その廃止は，規則で定めている。そして，法定外公共物が機能を失ったか，付け替え道路を造るなら用途廃止申請を認め，そこで利用計画を書かせ，隣接

第 2 節　取消訴訟の訴訟要件

利害関係人から用途廃止と譲渡の同意を取って，普通財産に変更して払い下げる運用をしている。

　しかし，その町で廃棄物処分場業者が処分場を造るため民有地を買収して，事業予定地内にある里道の廃止を申請したら，一部住民が処分場に反対したので，町は里道廃止申請を拒否した。これについてどのように争えるのか。

　まず，用途廃止は処分か，その申請権はあるのか，用途廃止の裁量権に限界はあるのか，普通財産の払下げ請求権があるのかが論点になる。法定の道路については，そのような権利はありえない。そこで，単に公用廃止は一般処分だとか，普通財産の払下げは自由裁量だと分断して考えるのが普通の見方かもしれない。

　しかし，これは法定公共物とは全く違う特殊なしくみであるから，この制度全体のしくみ解釈を行うべきである。

　法定外公共物は，明治の地租改正の時，生産をしない土地だから地租を取れないので，払下げされずに国有地のままに残っていたものであって，民有地の中に線状に残っているだけである。その機能が消滅した場合または付替え道路が設置されるときには，それを有効に利用できる事業者の払下げを拒む理由がない。市町村がこれを所有していても，その財産を効率的に利用できる方法がなく，第三者に払い下げれば，その周辺を効率的に利用しようとする者の利用を妨害する宇奈月温泉事件（大判 1935〔昭和 10〕10・5 民集 14 巻 1965 頁）が再発するだけである。そして，現実にも，廃止後の利用を念頭に置いた利用計画を提出させた上で払い下げることを前提に，廃止の申請の制度が置かれている。ここで，用途廃止と普通財産の払下げは，別個独立の制度ではなく，連結しているのである。

　事業者は，事業用の民有地を確保したら，そこにある里道の払下げを受けられることを前提に，民有地の買収，廃掃法の許可申請手続などの事業準備に取りかかるものであり，単に里道の払下げを受けられないというだけの理由で事業が頓挫したのでは，予測外の重大な損失を被る。

　このしくみと実態の下では，規則で定められた事業者の公用廃止の「申請」は法的権利である申請権であり，したがって，これを拒否するのは，権利義務を左右する行為であるから，行政処分と解される。

　こうした申請を拒否できるのは，公共物に関する一般理論としても，公共の利用に支障がある場合に限る。里道の機能が消滅した場合や，代替道路がある場合には，市町村は里道を廃止する義務を負う。周辺住民が当該事業に反対しているという理由は他事考慮で，裁量濫用と言うべきである。

　この申請の段階で，周辺の土地を取得していることとか，廃棄物処分場の許可を得ること，その見込みがあることといった基準を作ることは，この規定の文言に反し，また，不可能を要求することで，違法である。

　さらに，払下げはこの廃止規則の上でも運用上も，里道廃止と一体ないし連結しているのであるから，里道の廃止を申請した事業者には払下げの申請「権」があり，市町村は廃止申請者に里道敷を売却する法的義務を負うと言うべきである。

5 給付行政における「処分性」、法治主義と救済方法の工夫

(1) 法治国家を逆用した救済の拒否

これまでは、不利益を及ぼす行為に関して検討してきたが、**給付行政における給付の拒否**については全く別の論点がある。

法律の根拠論は、不利益処分なら、法律の根拠がなければ、処分は許されず、被処分者は不利益を受けることがないというように、被処分者を救済するために使われるが、私人に利益を与える行為（およびその拒否）については、逆に、法律の根拠（作用法上の根拠）がなくても、予算措置と行政内部の「要綱」の根拠で済むとされる結果、その拒否を処分でないとするだけではなく、相手方に私法上の請求権さえないというように、民事救済までも拒否する方向で使われる。**法治主義**をこのように逆用することは正しい使い方であろうか。

(2) 処分とする法律の根拠を発見できる場合

まず、給付の制度が法律（または条例）に定められており、申請権が与えられていれば、申請者には、給付請求権が法律のルールに従って与えられるので、その申請を認める決定が処分であることはもとより、その拒否（一部拒否も含めて）は、給付請求権を制限するものとして、処分と解され、民事訴訟の対象にならない代わりに、取消訴訟（さらには、行訴法改正法では義務付け訴訟と仮の義務付け）により救済の道が開かれる。

ここで、給付請求権が法律上一義的に認められているものではなく、広い行政裁量にかからしめられている場合でも、裁量濫用があれば、給付拒否処分は違法となる（これを「瑕疵なき裁量行使請求権」と構成してもよい）。拒否処分は行訴法33条の取消判決の拘束力に従ってやり直しとなる。民事法では、このようなやり直しを求める給付訴訟は一般に認められていないので、行政裁量がある場合には行政処分として初めて救済の道が開ける。

しかも、処分とされると、行政手続法により審査基準、理由提示制度の適用があり、行政不服審査法により不服申立ての制度があり、かつ、不服申立て、行政訴訟の教示がなされる。生活保護や年金はその例である。

このように、**行政処分とされると民事法よりも広い救済がなされる**（行政法の優勝性）のである。

なお、規制規範も処分性を創設する。ただ、その結果、抗告訴訟の排他性が生ずるとの解釈がなされることに問題がある（阿部・行訴要件19頁）。

* いわゆる**摂津訴訟**では，国庫補助金については補助金適正化法がいわゆる規制規範として補助金の支給を処分と構成している（形式的行政処分）ため，児童福祉法による保育所建設費国庫5割負担のルールだけでは当然には国家に対する請求権は発生せず，交付申請に対する決定を要するとされた（東京高判1980〔昭和55〕・7・28行集31巻7号1558頁，判時972号3頁〔自治百選3版198頁，社会保障百選3版214頁〕）。しかし，補助金適正化法は，自治体には適用がない。条例で，補助金に関する根拠規範・規制規範を創設すれば処分性が生ずる（⇒第2章第1節）。

(3) 処分性を肯定する法律の根拠の探求

そこで，行政処分とする実定法上の根拠が探求される。それがあれば処分として抗告訴訟の対象となり，それがなければ民事上（あるいは公法上の当事者訴訟）の問題となる。これは，通常の理解では，抗告訴訟か民事訴訟かという訴訟形式の選択の問題として，それを間違えば訴えが却下されることと，民事訴訟では請求権があれば原告勝訴だが，行政裁量のため請求権がなければ争いようがないので，きわめて重要である。

判例は，処分とは，「直接国民の権利義務を形成またはその範囲を確定することが法律上認められているものをいう」という先例（⇒Ⅰの冒頭，最判1964・10・29）を出発点として，行政訴訟の対象になるかどうかを選別している。これは，もともと不利益処分（憲法・法令により与えられた権利を制限する行為）を念頭に置くもので，給付の拒否とはまったく法律状況を異にするが，ここでは，授益的な行為であるが，法律が定めた要件を具体化する行為を，「優越的地位に基づいて一方的に行う公権力の行使」と捉えているものである。本来は，法律（条例）に基づく権利の有無を判定する行為を処分とすればよいのである。

【労災就学援護費】

労働者災害補償保険法29条1項2号に基づく就学援護費の不支給決定について，最高裁（最判2003〔平成15〕・9・4判時1841号89頁，判タ1138号61頁〔百選342頁〕）は処分として，救済の道を開いた。その理由は，同法は，労働者が業務災害などを被った場合に，政府が行う保険給付を補完するために，労働福祉事業として，保険給付と同様の手続により，被災労働者またはその遺族に対して労災就学援護費を支給することができる旨を規定しているものと解するのが相当である。そして，被災労働者またはその遺族は，所定の支給要件を具備するときは所定額の労災就学援護費の支給を受けることができるという抽象的

な地位を与えられているが，具体的に支給を受けるためには，労働基準監督署長に申請し，所定の支給要件を具備していることの確認を受けなければならず，労働基準監督署長の支給決定によって初めて具体的な労災就学援護費の支給請求権を取得するものである。以上のように考えて，労働基準監督署長の行う労災就学援護費の支給または不支給の決定は，同法を根拠とする優越的地位に基づいて一方的に行う公権力の行使であり，被災労働者またはその遺族の上記権利に直接影響を及ぼす法的効果を有するものであるから，抗告訴訟の対象となる行政処分に当たるものと解するのが相当であるとされた。

ここでは，就学援護費の根拠が不明確であり，具体的には要綱で定められているが，具体的に支給を受けるためには，支給要件の確認を必要とする法システムが採られていると理解して，不支給決定はその権利を一方的に剝奪したと考えたのである。

これは抗告訴訟による救済の道を開くように格段の努力をしたものであるが，判例理論によれば，支給要件の確認を経ずに当事者訴訟の給付訴訟を提起することは許されないことになりかねない。それではこの判決はかえって救済の道を狭めたことになる。処分かどうかを択一的に考えるのは，ドグマであり，本来は，このような微妙な場合には**併用説**によるべきである。

   * なお，この「権力」という言葉の使い方は不利益処分を念頭に置く通常の使い方とは違うことに留意するべきである。また，これは，支給の根拠が法律にあるので処分としたが，このような行為を法律に留保するという趣旨は示されていないので，これは法律の留保理論における権力留保説とは関係がない。また，逆に，支給の根拠が法律になければ，支給請求ができないことにはならない。

【療育手帳の交付拒否】

障害者（障がい者）は障害者であるとの手帳を交付されれば，各種の福祉措置，税の減免その他の優遇措置が受けられる。そして，身体障害者と精神障害者については，手帳制度が法律に整備されているが，知的障害者について置かれている療育手帳制度の根拠は，厚労省の要綱にとどまる。療育手帳の交付を受けられなかった者は，取消訴訟を提起すべきか，当事者訴訟を提起すべきか。療育手帳の交付は，知的障害者としての地位を与え，各種税法上の優遇措置が与えられること等を理由に処分とした判例がある（東京高判2001〔平成13〕・6・26最高裁HP〔山本隆司・社会保障百選220頁〕，斎藤・前掲『行政訴訟の実務と理論』

37頁に詳しい）。これは原告が取消訴訟・無効確認訴訟を提起したことを受けて，処分として扱ったものであって，当事者の求めをはぐらかさず応答した点では，適切ではあろうが，このことがいわゆる抗告訴訟の排他性を伴い，当事者訴訟を許さないとの趣旨であれば，きわめて不適切である。療育手帳の不交付が処分であることは明示されていないから，思いもかけず出訴期間徒過の不利益を生ずるからである。この場合には，「処分」概念を柔軟に解釈して処分視したとしても，排他性を否定して，併用説を採るべきである。

応用研究：独立行政法人医薬品医療機器総合機構法の支給拒否決定

同法16条は，副作用救済給付は，副作用救済給付を受けようとする者の請求に基づき，機構が支給を決定するとしている。そして，同法17条は次のように定めている。

「機構は，前条第1項の規定による支給の決定につき，副作用救済給付の請求のあった者に係る疾病，障害又は死亡が，医薬品の副作用によるものであるかどうかその他医学的薬学的判定を要する事項に関し，厚生労働大臣に判定を申し出るものとする。

2　厚生労働大臣は，前項の規定による判定の申出があったときは，薬事・食品衛生審議会の意見を聴いて判定を行い，機構に対し，その結果を通知するものとする。」

さらに，同法は，審査の申立て等の制度を置く。

第35条「副作用救済給付若しくは感染救済給付の支給の決定又は拠出金の算定について不服がある者は，厚生労働省令で定めるところにより，厚生労働大臣に対し，審査を申し立てることができる。

2　拠出金の督促及び滞納処分に不服がある者は，厚生労働大臣に対し，行政不服審査法……による審査請求をすることができる。」

この副作用救済給付の拒否は処分か。

この組織の前身の法律である医薬品副作用被害救済・研究振興調査機構法28条以下について，処分性を否定する方向の解説がある（藤山編・行政争訟160～161頁）。裁判官に大きな影響を与えそうであるが，明らかに行政法を誤解しているので，あえて説明する。

その根拠として，同法の救済給付は，製薬会社等からの拠出金に負っていることに照らし，製薬会社などから個人に対する一種の見舞金の贈与に類似するものであり，その性質は基本的に私法関係とみるべきではなかろうかとする。しかし，この制度は製薬会社が民事法に基づいて贈与しているものではなく，その救済給付の財源は機構が滞納処分もできる権力により徴収するのであるから，およそ民事法にはありえないシステムである。

次に，前記の35条の1項と2項を比較すると，拠出金の督促と滞納処分につい

ては行政不服審査法に基づく不服申立てを認めていて，これらの行為が行政処分であることを明確にしているのに対し，救済給付の決定においては，「省令に基づく審査の申立てを認めるにとどまっている」ので，後者は，行政不服審査法の対象になるものではないこと，すなわち，行政処分ではないことを前提としているという。

しかし，1項では，審査の申立ての制度を置いているのであるから，「省令に基づく審査の申立てを認めるにとどまっている」とするのは間違いである。1項と2項の違いは，ともに不服申立てができることに変わりはないが，その手続について，2項では行政不服審査法による審査請求であるのに対し，1項では，厚労省令で定める手続による審査の申立て（審査請求とも異なる）であるという点にあるにすぎない。そして，1項は行政不服審査法の対象とはならない処分を創設しているのであって，「行政不服審査法の対象になるものではないこと，すなわち，行政処分ではないこと」という文章も間違いである。

さらには，救済給付を求める者は，もともと誰に対しても請求権を有しない者であるから機構に対しても当然には請求権を有しないものであり，救済給付を受ける場合も機構との契約締結といった形式が採られていないことからすると，法は，適切な救済給付がなされるか否かについてもっぱら厚労大臣の監督権の行使によって確保することを前提としているという。

しかし，救済給付を求める者には，この法律が17条の要件を満たした場合給付請求権を付与したと解されるべきであり，その実現方法として，契約方式が採られていなければ，処分と解されるべきである。

この解説の誤解は，もともと民事上の法律関係でも行政法規によって行政法上の法律関係に転化できる（公害健康被害補償制度がその一例。阿部・法システム第1編第12章）ことを理解していないことから発するものである（なお，医薬品副作用被害救済・研究振興調査機構法27条に基づく手当の支給申請を拒否した行為を処分とした判例として，東京地判2008〔平成20〕・5・22判時2018号3頁）。

(4) **法律の根拠がない場合，要綱補助金**

(ア) 問題は，法律の根拠に基づかない給付制度は国民に権利を与えないものであるから，その拒否は行政処分ではなく，抗告訴訟で争うことはできないという見解が多いことである。

要綱に基づく自治体の同和補助金を申請したところ，特定団体の推薦がないことを理由に応答が拒否されたので，不作為の違法確認訴訟を提起した事件で，この申請に対する拒否回答が処分であるかどうかが争われた。この申請は文言上は，行訴法3条5項の「法令に基づく申請」に該当しないし，その支給は私法上の贈与という形式をとるのでその不支給には処分性がないとするのが伝統的解釈である。判例は一時これを柔軟に解して，この訴えを適法とした（福岡

地判 1978〔昭和 53〕・7・14 判時 909 号 27 頁，大阪高判 1979〔昭和 54〕・7・30 判時 948 号 44 頁，判タ 395 号 98 頁，大阪高判 1979・7・30 行集 30 巻 7 号 1352 頁）が，その後，伝統的な立場に戻った（東京地判 1985〔昭和 60〕・6・27 行集 36 巻 6 号 1063 頁，判時 1162 号 45 頁。阿部「基本科目としての行政法・行政救済法の意義(4)」自治研究 77 巻 7 号〔2001 年〕）。

　なお，地方自治法 232 条の 2 は「公益上必要がある場合においては，寄付又は補助をすることができる」としているが，これは寄付または補助金について公益上の必要性という限定を加えたにすぎず，給付請求権を創設したものではないし，処分性を創造したものでもないから，この規定があるから，自治体の補助金支給拒否が行政処分になるとは考えられていない。

　そうすると，それは私法上の問題とされ，一般の民事法によることになるが，民事法的に言えば，給付の約束がない以上は給付請求権がないから，救済は難しい。

　もっとも，例外的には，給付しないことを公序良俗違反などとして，民事訴訟により給付請求権を認めた例がある（阪神淡路大震災の被災者向けの自立支援金訴訟，大阪高判 2002〔平成 14〕・7・3 判時 1801 号 38 頁）が，私法的には異常な発想であって，一般化できるとは限らない。さらに，中小企業基盤人材確保助成金の支給を受けられる地位の確認の訴えを，根拠法である中小企業における労働力の確保及び良好な雇用の機会の創出のための雇用管理の改善の促進に関する法律と同法施行規則が一律支給を定めていることから，認容した判例がある（東京地判 2006〔平成 18〕・9・12 最高裁 HP）。

　(イ)　思うに，国家が金銭を支給するには，サンタクロースとは異なり，作用法上の根拠はなくても，組織規範と予算の根拠は必要であり，国民から強制的に徴収した国家資金の配分である以上は，平等，公平の原則に従わなければならない。私法（贈与しない恣意的な自由）への逃避は許されない。その支給のルールを定めた要綱は，単なる内部規範ではなく，申請者との約束（外部効果）と言うべきである。そうすると，要綱違反の給付拒否については，しくみ解釈の手法を応用し，これを「処分」として，行政訴訟のルートに乗せて救済するか，そうでなくても，給付請求権があるとして，民事訴訟なり当事者訴訟（行訴 4 条）により救済すべきである（塩野は要綱に基づく補助金について形式的行政処分の構成をとらず，民法上の契約とするが，要綱に外部効果を認めて一定額の補助金給

付契約の締結を求める訴えを提起できるとする。前掲『法治主義の諸相』202頁)。

　㈦　この観点からさらに、例を挙げると、**災害弔慰金の支給等に関する法律**による災害弔慰金の支給は恩恵として、職権で行うものと構成され、申請権がないと解されている。そこで、災害後、持病を悪化させて死亡したような場合に、遺族がそれは災害による死亡だと主張しても、市町村が、それは災害による死亡ではないとして、弔慰金の支給を拒否したとき、争えないことになる。しかし、こうした給付行政の場合でも、憲法の平等原則は常に適用されるはずであるから、弔慰金を支給せよという一般的な請求権はないが、他の者と同一に扱えという請求権を認めなければならない。

　老人福祉法による施設への入所措置も同様に職権で行うことになっており(同法11条)、その拒否についても処分ではないとの判例(大阪地判1998〔平成10〕・9・29判タ1021号150頁、大阪高判2001〔平成13〕・6・21判例自治228号72頁)がある。しかし、本来、これは生存権の問題で、要介護者を放置すれば憲法25条1項違反であるから、申請権が憲法上認められるべきであり、さらには、これにも平等原則による制約があると解すべきである(阿部「憲法上の福祉施策請求権」成田古稀1頁以下)。あるいは、措置をしないことは拒否処分ではないが、措置を求める義務付け訴訟(非申請型)を提起できる(⇒第6節Ⅲ)と考えるべきである(須藤正彦「ヘルパー派遣における高齢者の救済手続」小島古稀下47頁以下)。

　　＊　なお、これらの場合に、行政に裁量があるという理由で、民事上の請求権を否定するならば、行政の裁量濫用を是正する道がないことになり、法治主義違反である(阿部・前掲「基本科目としての行政法・行政救済法の意義(4)」参照)から、行政処分として、取消訴訟および義務付け訴訟で争えるようにすべきである。
　　　このように考えると、これら行政法上の受益行為は、処分とする方が妥当であるが、いずれにしても、当事者の救済手段を奪うことのないようにすることが先決であり、処分とか契約概念にこだわって、大局を見失ってはならない。抗告訴訟と当事者訴訟の垣根も低いものと理解されるようになったのであるから、裁判所が、処分として出訴してきたものは処分として救済することに大きな問題はない。この点から処分性について「鷹揚な態度」(山本隆司・法教331号111頁の表現)を示す最高裁は支持されるべきである(**問題⑤**)。

　応用研究：重要事項留保説補充
　　法律の根拠論、重要事項留保説については、第2章第1節で詳説したところであるが、2009年、2兆円規模の定額給付金が実施されたので、再論する。

補助金や給付金について，予算措置で済ますか，法律の根拠を要するとすべきかの違いについては，いずれも議会の議決を経ている点では，民主的な統制が及んでいるが，予算の場合，提出権は，国の場合内閣（憲86条），地方公共団体の場合首長にあり（自治211条），款項に区分される（財政23条，自治216条，ただし，国の歳出は項に区分）が，一括審議であり，国会・地方議会に増額修正権があるかどうかも議論されているところで，さらに，国の場合，衆参両院の決議が一致しない場合も衆議院の議決が優先する（憲60条）し，地方公共団体の場合議会の議決権に制限がある（自治176条・177条）から，その民主的統制は弱い。しかも，予算措置による給付の拒否に対しては，前記のように，処分性がなく，また給付請求権がないとして争う方法がないとする説が普通である。

　他方，法律・条例によるなら，議会に権限があり，国の場合には，参議院が否決した場合衆議院で3分の2の多数の議決がないと成立せず，給付の目的，要件，手続を定めることになるほか，法律・条例に定めるので，私人に給付請求権を与えることになり，給付を拒否された者も，拒否処分取消・義務付け訴訟において，その裁量濫用を主張することができる。

　このように，単なる予算措置と法律・条例による場合では大きな違いがあるので，重要なものは，議会の法律・条例の形式による権限に留保されると解釈すべきである。2兆円規模の定額給付金はまさにその適例である。そのように解されれば，給付行為の処分性の有無に関する前記の議論もある程度は解決される。

　私に言わせれば，麻生内閣は重要事項留保説の存在意義を知らせてくれた大きな貢献があると思う。また，これは生活支援と景気回復の2つの目的をもつとされるが，政策として愚策であることは推進者以外は衆目の一致するところであり，政策評価法（⇒第1章第1節Ⅱ）で評価すべきである。

　なお，この点では橋本博之教授（慶應義塾大学）から，この補助金が国家関与の規制（⇒第5章第1節）の網から漏れているとの問題点をご教示いただいた。実際上補助金を拒否する自由を自治体から奪いながら，巨額の事業を自治体に法律なしで押し付けるのは，重要事項留保説が妥当する根拠を強化するだけではなく，地方自治の本旨にも反すると思われる。

応用研究：住民訴訟と補助金の処分性

　住民訴訟（自治242条の2第1項）のいわゆる2号請求は処分の取消し・無効を求める制度であるが，実際には第三者に対する補助金支給の取消しが求められる例が多い。補助金支給を処分とすれば，違法であるだけで取り消し，その効力を消滅させ，その返還を求めることができる。処分でないとすれば，契約であるから，いわゆる4号請求により返還を求めることになるが，契約上の行為は違法でも，第三者の保護も考慮して，当然には無効にならない（最判1987〔昭和62〕・5・19民集41巻4号687頁，⇒第4章第6節Ⅲ3(5)）ので，受領者に返還を求めることは難しい。そうすると，首長などの賠償責任を追及することとなる。それも気の毒であり，本来は，処分性を拡張する方が合理的な解決になる（この問題を考察したものが，

高木光「住民訴訟における行政処分概念」同『行政法と法の支配』〔有斐閣，1999年〕321頁以下＝同・行政訴訟論270頁以下）である。ただし，高木は，第三者への請求の道を探っている）。首長は住民訴訟で賠償責任を負担したくないだろうから，補助金には条例の根拠を置いて，処分として扱うのが得策だろう（法治国家が身を助ける！！）。

6　処分概念・抗告訴訟・当事者訴訟のあり方――まとめ
(1)　二者択一思考の廃棄

筆者の説明は新規であり，理解が容易ではないと思われるので，重複をいとわずまとめることとする。

これまでの一般的な見解は，行政の行為には，処分に当たるものと当たらないものがあり，それは水と油のように絶対に混じらない別個のものという二者択一思考に縛られていた。そこで，この中間的なものの解釈において学説判例が混迷を極めているのである。

しかし，そもそも，「処分」概念とは，不利益処分の場合には，意に反しても権利を制限し義務を課し，さらには強制できるという特色があるだけで，それは適法であることが前提であるので，裁判では行政の行為が違法かどうかを確認することが肝心であり，その中で，効力があるものは取り消し，さもなければ違法の確認をすればよいのであるし，行政処分と言えども適法でなければ効力がないと考えればすべて違法の確認でよい。行政のいわゆる行為形式論は，行政行為―抗告訴訟，契約，行政指導その他の事実行為―当事者訴訟，民事訴訟というように，訴訟類型とリンクしているが，それは行政行為の特殊性を過大評価したためであって，**行政行為には，他の行為形式と，訴訟類型を分けなければならないほどの重要な違いはなく，審理の仕方にほとんど変わりはない**のであって，**訴訟類型間の垣根は非常に低くなったと考えると，行為形式論の重要性も著しく低下する**。病院開業の際の減床勧告を処分とする前記最判には，理論的整合性を欠くとの批判があるが，それは行為形式論と訴訟類型とを結び付けるのを妥当だとする伝統的な見方が払拭されていないためである。

権利義務を対外的に確定する行為は，争えなければ，法治主義違反であり，裁判を受ける権利を侵害するので，それを処分と命名してもしなくても，結論に変わりはない。これに対し，権利義務を対外的に確定しない行為は争えないという逆論法はすべきではない。その中でも，その違法を排除する利益がある

場合がある。行政行為とはこのように，訴訟の対象とすべき典型例を拾っただけであって，争えるものをこれに限定する趣旨であってはならないのである。

そうすると，行政行為概念は実体法上の説明概念であるが，行政処分は訴訟法上の救済ルールを示す概念であって，両者は別であり，これをリンクさせる発想は本来放棄すべきである。**処分性を拡張しようと，行政行為概念の負担過重なるものを問題とすべきものではない。**

むしろ，肝心なのは，制定法全体の趣旨・目的，憲法的な基準である法治行政の確保，裁判を受ける権利の実効性の観点である。そして，**処分性とは，有効として通用して国民の権利義務を左右する行為という視点だけで捉えるのではなく，「法律上の争訟」に当たる場合に，司法権が，どの段階で取り上げるかという成熟性の問題と，どの訴訟（民事訴訟・当事者訴訟・刑事訴訟と行政訴訟のいずれ）で取り上げるのが適切かという，訴訟制度の中の分業の問題**と言うべきである。この観点からして抗告訴訟の対象とする方が，権利救済・行政の適法性を確保する制度として望ましい場合には，処分性を拡張すべきである（阿部・行訴改革61頁以下参照）。処分性というのは，このように救済制度上の柔軟な概念であって，処分か処分でないかが実体法上決まっているとする，カテゴリカルな二者択一思考は妥当ではないのである。

もちろん，立法者が処分とする意思を明示した場合には，解釈論としては処分として扱うしかないし，またそれでも当事者は不測の不利益を被らないが，立法者意思が明確でない場合も，処分か処分でないか，いずれかしかないとすると，原告が不測の不利益を受ける上，立法者の意思が明確でない場合には，立法者は処分かどうかにこだわっていないのであるから，いずれかに当てはめるという発想が間違いである。

このように考えると，三面関係においては，一方からは争えないが他方からは争えるという相対的行政処分論が妥当すべきである。その例としては，前記ように，用途地域の変更や，スーパーに対して甘い規制的勧告が出された場合が考えられる。勧告を処分とする教示があった場合には，それを処分として扱っても何ら異とするところではないのである。

行訴法の改正は，処分性を拡張することこそ行わなかったが，救済の拡充を意図して，制定法準拠主義を緩和した（9条2項）のであるから，処分性の拡充を拒否したものとみるべきではない。前記の海難審判原因解明裁決，公表，

公証行為，行政指導などによって実際上重大な不利益を受ける者にその排除を求めるだけの救済の必要性が認められる場合には当事者訴訟によることができようが，例えば，処分性がないとされている用途地域の指定替えについて確認訴訟で対応しようとしても，指定替え前の用途地域に入っていることの確認訴訟等では，対世効はないし，長年経た後，違法とされることは，その指定を信じて土地を購入して建築しようとした者にとっては，不測の不利益である（むしろ，違憲であろう）。そうすると，この場合にはむしろ出訴期間を付けるべきであり，処分とすべきである。また，こうした多数の者にかかわる行為の是正のためには，対世効のある取消訴訟がふさわしい。2項道路包括指定を処分とする判例からすれば，用途地域の指定を処分とする方が一貫する。なお，当事者訴訟の判決に対世効を認めるのは，民事訴訟の一般原則に反して不適切であるから，処分性を拡張しないでも当事者訴訟で救済できるとの説は，この点では不適切である。

(2) 公権力の行使，抗告訴訟の排他性，利用強制の再考，併用説

現行法下では，公権力の行使は，抗告訴訟の対象となる。その結果，それを民事訴訟で争うことは許されない。このことは，判決の矛盾，訴訟負担の無駄を防止するために，同じ行為について複数の救済方法を置かないという観点から正当化できる。従来，これを**抗告訴訟の排他的管轄**とか公定力などと説明してきたが，そのような意味不明の説明は妥当ではない。むしろ，留意すべきは，具体的な事例において，抗告訴訟の対象とすべきか，民事訴訟で争えるのかという問題を生じ，そのルールに反した訴訟が却下されるという，権利救済上由々しき問題が生じていることである。

特に，処分概念を拡張すると，それに**抗告訴訟の利用強制**のしくみが付いて不利になるという問題が指摘されるが，**利用強制は裁判を受ける権利の制限であるから，明示的になされるべき**で，その点の明示がないまま，処分とされたからといって，その段階で取消訴訟を出訴期間内に提起しないと救済方法がなくなるという制限が付くと考えるのは違憲の発想である。なお，土地区画整理事業計画について処分性を認めても，違法性の承継を認めればこの問題はなく，違法性の承継を認めないのであれば，出訴期間徒過の正当な理由を緩和すべきである。

解決策としては，このルールが明確でない場合には，いずれのルートを通っ

てもよいという併用説を採るべきである。その場合には，公権力として，抗告訴訟の対象としたところで，いわゆる排他性は発生しない。

　もちろん，それとともに，当事者訴訟の道も拡充し，訴訟類型の判定困難については前記のように柔軟に解釈していくべきである。

【大阪空港訴訟——空港騒音の差止訴訟の方法——民事訴訟と行政訴訟，当事者訴訟】

　前記大阪空港訴訟最大判 1981・12・16 は，空港騒音の差止訴訟において，これは「航空行政権」の問題になるから，「行政訴訟はともかく」民事訴訟では争えないとした。

　しかし，**騒音に公法も私法もないのであり**，騒音差止めは民事訴訟で許されるもので，その結果，離着陸時間の指定などの航空行政権と称する権力が必要になっても，民事訴訟の判決自体が「航空行政権」を妨げたものではない。また，そこでいう公権力の「不可分一体的な」把握は，公権力は個別の法律により個別に授権されるという法治行政の原理にも反して，およそとりえない謬論である。

　また，「行政訴訟はともかく」とされたが，行政訴訟で適切な訴訟はない。空港会社に対する事業免許の取消訴訟が考えられるが，**多数の会社の騒音の集積が違法となるだけであって，個々の免許は適法であるから，およそ救済にはならない**（道路公害と同じである。阿部「航空法の事業免許を争う近隣住民の原告適格」判タ 696 号〔1989 年〕49 頁）。

　権力的妨害排除訴訟（塩野・Ⅱ 229 頁，同『行政過程とその統制』〔有斐閣，1989 年〕334 頁参照）が提案されたが，それは，権力概念をきわめて包括的に捉えるもので，上記のように，個別の行為を対象とするこれまでの抗告訴訟（公権力についての分析的手法）とは異質であるから，とうてい受け入れられない。航空行政権の取消とすれば，それは個別の行政処分ではないから，内容はまったく不明である（なお，これについては，高木・行政訴訟論 184 頁以下も参照）。

　この判決の結果，民事訴訟も行政訴訟も許されないこととなったので，この判決の解釈は，裁判を受ける権利を否定する違憲の解釈である。そこで，この問題を回避するために，民事訴訟も抗告訴訟も不適法なら，中間の**公法上の当事者訴訟を活用**すべきではないかという，論争が起きた。しかし，この訴訟は民事訴訟とほとんど変わらないのであるから，民事訴訟が許容されないのに，

第9章　行政訴訟法

当事者訴訟なら許容されることになるはずはない（阿部・行訴要件第2部，同・実効性第2章，同「民事訴訟と行政訴訟——大阪国際空港事件」民訴百選I〔1992年〕8頁）。しかも，大阪空港訴訟でも，単に差止めを求められたにすぎないので，それ自体が民事訴訟と思い込むのは間違いで，それも当事者訴訟であったのかもしれないのである。公法上の当事者訴訟が復権した今日でも，差止訴訟として提起されたこの訴訟を，公法上の法律関係の確認訴訟として構成することは無理であろう。結局は，判例は間違いであり，変更するしかないのである。

その後，**厚木基地の供用差止訴訟**では，自衛隊機の運行に関する防衛庁長官の権限行使は，**周辺住民に騒音の受忍を義務づける公権力の行使**であるとした（最判1993〔平成5〕・2・25民集47巻2号643頁〔百選326頁〕）が，音に変わりはなく，住民に受忍義務を課する根拠となる規定はない。およそ法治行政に違反する解釈である（高木・行政訴訟論330頁以下も参照）。福岡空港訴訟最判1994〔平成6〕・1・20（判時1502号98頁，判タ855号103頁）も，何ら理由を付けずに大阪空港最大判を踏襲した。

さらに，前述したところであるが，日本原訴訟において，最高裁（最判1987〔昭和62〕・5・28判時1246号80頁，判タ645号146頁）は，自衛隊の演習の阻止は民事訴訟によれとして，抗告訴訟を門前払いした。まさにキャッチ・ボールの弊害である。

　　＊　なお，このように最高裁判例はどんな批判を受けても変更されない。絶望的である。行訴法改正の際，この判例を立法的に変更すべきであった。その方法としては，「公権力の行使については，抗告訴訟によって救済を求める途が開かれていることが明らかである限りにおいて，民事訴訟及び当事者訴訟を提起することができない。」と定めればよい。
　　　　ところで，イラク自衛隊派遣違憲訴訟においては，この派遣は公権力の行使に当たるから，私法上の権利としての平和的生存権を理由として差止めを求めることはできないとされた（名古屋地判2006〔平成18〕・4・14 D1.comに掲載）が，これは公権力を正面から争っているのであるから，抗告訴訟としての差止訴訟の問題となる。

【空港供用行為の差止めは公益を害するか】

大規模公共施設については，空港訴訟（前掲大阪空港訴訟最高裁大法廷判決，前掲厚木基地訴訟）でも，国道騒音差止訴訟（国道43号線訴訟，最判1995〔平成7〕・7・7民集49巻7号1870頁）でも，判例は，わずかの慰謝料請求を認めるだけで，

差止めは認めなかった。差止めから生ずる公共サービスの阻害という重大な結果を心配しているのであろう。

しかし，これは「受忍せよ，そして賠償を求めよ」という警察国家時代の発想である。附近住民の生活上受忍できないような重大な不利益を生ずる場合には，事業の公共性の如何を問わず差止請求権があると判断したうえで，とりあえず中間判決を下し（民訴245条），しかし，差止請求権に代わる措置が講じられたときは，受忍できない不利益が解消されたとみて，差止請求訴訟を棄却するという判決を下せばよい。空港騒音対策として，空港管理者が十分な移転補償を用意すれば，周辺住民がこれに応じなければ，騒音被害は自己の責任であると考えればよいのである。

* 空港判決で少数意見を書いた元最高裁判事の団藤重光は『反骨のコツ』（朝日新書，2007年）240頁以下において，住民たちの生命，健康，生活に大きな影響を及ぼしたのに，最高裁の連中は一切無視した，とんでもないことである，不思議なくらいみんなダメであった，政府との関係で反対の態度を取りたくないのでしょうかね，そういう行政優位，三権分立の精神から言ってもとんでもないことですよ，もう心底から憤慨してね，と言っている。

  このような，多数のダメ判事の判決を先例から葬れなかった行政訴訟改革もダメである。「反骨」の精神のある判事がほしい。せめて在野のはずの弁護士会がまともな判事を推薦してほしい。

  山田洋「道路公害差止訴訟と公権力の行使」川上古稀543頁以下＝同『道路環境の計画法理論』（信山社，2004年）94頁以下は，大阪空港，厚木基地，国道43号線の3つの最高裁判決を取り上げ，空港について公権力性を理由に民事差止訴訟が認められず，国道については民事差止訴訟が許される理由を検討する。筆者なりに理解したところでは，大阪空港訴訟で差止めが許されないとされた航空行政権の内容について，具体的には空港供用行為と航空事業者に対する許認可等が考えられるが，後者とすると，道路の場合道路の供用廃止，排ガス・騒音などの規制強化，交通規制は民事訴訟の対象外であるが，道路管理者による遮蔽物の設置などの事実行為は民事差止めの対象となるということである。そこで，大阪空港訴訟でも，夜間の離発着の差止めではなく騒音の差止めという請求であれば，民事訴訟として適法になるというのである。他方，航空行政権を国営空港の総合的な供用行為とみると，夜間離着陸は，こうした行為を妨げるもので，民事訴訟では許されないことになる。これは厚木基地判決の立場であろうが，その公権力性の説明が難しいし，43号線判決との整合性はとれていない。いずれにせよ救済ルールを明確にすべきであるということである。

  まさにその通りである。最高裁が，裁判を受ける権利から出発せず，公権力から出発したために，このような救済のない違憲状態が現出しているのである。

第9章　行政訴訟法

応用事例：モーターボート競走法に基づく場外発売場設置に対する地元市町村の不同意

　場外発売場を設置するには国土交通大臣の確認を要することとされ，同大臣は地元市町村長の同意がないと確認を与えない運用を行っている。この同意は，確認の要件ではなく，大臣が確認をする際の一資料にすぎないとの位置付けであるから，抗告訴訟の対象となる処分ではないとされている（横浜地判2007〔平成19〕・3・26判例自治298号38頁，広島地判2005〔平成17〕・8・30判例集未登載，阿部・法務戦略127頁）。たしかに，不同意は行政処分の定義に当てはまらないが，不合理・恣意的な不同意に対する救済はどうすればよいか。不同意を理由に確認が拒否されたとき，確認拒否の取消訴訟と確認を求める義務付け訴訟を提起するか，同意せよとの当事者訴訟が考えられる。その訴訟で，不同意の恣意性を証明していくことになろう。

応用課題：処分に法的根拠がなく無効の場合はかえって救済手段が制限される！！
法律の根拠の欠如と救済方法

　モーターボートの勝舟投票券場外発売場設置に対する国土交通大臣の確認について定める同法施行規則8条は，モーターボート競走法の執行命令の範囲内に入らず無効であるとした判例（東京地判2001〔平成13〕・12・27判時1820号59頁）がある。事件は，国交大臣が第三者に与えた勝舟投票場外発売場設置に対する確認について近隣住民がこれを処分としてその取消しと執行停止を求めたものであるが，裁判所は，この確認は法律の根拠がないから，公権力の行使とは言えず，「公定力は生じないのであり，これによって自己の権利を侵害された者は，その取消訴訟を提起するまでもなく，仮処分等を含む通常の民事訴訟手続における前提問題としてその効力の存否を争うことができるものというべきであり，その反面，当該行為を対象とする取消訴訟やそれに伴う執行停止の申立ては不適法なもの」とした（この判決の陪席判事である廣澤諭「行政立法の限界」藤山編・行政争訟30頁はこの解説である）。

　先に挙げた地元市町村の不同意の事件では，国交大臣の確認拒否に対して，場外発売場設置を希望する者が争ったものであるから，原告側は，それに先行する平成13年の東京地判を援用すれば，確認は無効であるから，確認拒否を争うことなく，当然に場外発売場を設置できるかと一見錯覚する。

　しかし，東京地判は，モーターボート競走法は，勝舟投票券の発売行為が競走場内でのみ行われることを前提として刑法187条の富くじ発売罪の対象から同行為を除外したと解されるため，場外発売場設置に対する国土交通大臣の確認について定めるモーターボート競走法施行規則8条は，同法の委任の範囲外で，無効としたものである。そうすると，市町村不同意事件の原告は，この東京地裁判決を援用すれば，そもそも，場外発売場の設置は不可能となるので，やぶ蛇として，援用しなかったのであろうか。

　さて，ここで，法律の根拠がないため無効になる行為に対する訴訟の方法という

興味深い問題が提示されている。種々場合を分けなければならない。

　法律の根拠がない場合には不利益処分は無効になるので，その相手方は，その取消訴訟・無効確認訴訟を提起すればよい。あるいは，そのような「処分」と称するものは，およそ行政行為ではありえないので，不存在であり，これに対しては，民事差止訴訟，仮処分を申請できる。受益処分の拒否の場合には，受益処分に法律の根拠がないと主張すれば，受益を得られないので，主張する者がいない（この点は，⇒第4章第4節Ⅲ）。行政側からは，そのような主張をするべき場合には，むしろ，職権で処分を取り消せばよい。受益処分の場合には，処分の相手方は争わないが，第三者が争うことがある。この事件はそうした場合である。この判決は，国交大臣の確認に法律の根拠がないから，公権力の行使ではなく，民事訴訟で争えばよいとしている。しかし，賛成できない。

　まず，確認は，法律の根拠を有しないから公権力の行使としては発動できないが，しかし，国交大臣が現実にこれを公権力として発動している以上は，それを止める訴訟が必要である。

　仮処分など民事訴訟では，権利侵害が争点であり，確認が上位法に違反するかどうかは直接の争点ではないから，取消訴訟を提起するまでもなく，民事訴訟で争うことができるとは言えない。この判決の立場では，場外発売場の設置は法律違反であるから，住民としては，その設置を差し止めたいが，民事上差止めを求めるほどの権利侵害はないのが普通であろう。これに対して，行政法上は，法律上禁止されているものを，国交大臣が確認という手段で許容するのであるから，禁止されていることを行政法上確認する訴訟制度が必要なのである。それは行政訴訟となる。

　今仮にモーターボート競走法に場外発売場の設置に関する委任規定が置かれているとして，政省令で委任の範囲を超えて確認を行えるとしていた場合には，確認は行政処分であるが，違法であるから，取消訴訟で取り消される。これに対し，確認におよそ法律の根拠がないため行政処分と言えないという，より重大な違法がある場合にはかえって取消訴訟のメリットを得られないというのは，逆転の不公平である。したがって，確認が処分としてなされている以上は，それに法的根拠がないにしても，その外形を除去する必要があるから，それを理由に取り消し，執行停止すべきである。無効の行為は取り消せないというのは概念法学である（⇒第6節）。

　東京地判2006〔平成18〕・12・20（判例集未登載）は，これに対して，モーターボート競走法26条は，場外発売場の設置に関する事項を施行規則に委任していると解釈して，上記の確認を処分として扱った。しかし，この法律は「……選手，……ボート……その他この法律の施行に関し必要な事項」を施行規則に委任しているだけであるから，もともと法律で禁止されている賭博を場外売場で許容することをこの規定から導くのは無理である。この2つの判決とも，法律の根拠を欠き，無効とされるべき行為には処分性がないという前提があるが，係争行為を処分とみなすべきかどうかと，当該処分が法律の根拠を欠き，無効であるかどうかは別個の問題である（府川繭子〔上記判決評釈〕・早稲田法学84巻1号191頁以下）。

第9章　行政訴訟法

応用課題：区域外通学を認めさせる訴訟方法

　　a町b学区居住者の子をc町d学区の小学校に区域外入学させるため，a町教育委員会がその子の就学すべき小学校をa町b小学校と告知した処分を取り消す，c町との間でd小学校に就学させる権利を有することを確認するとの訴訟が提起された。前者の告知処分は法律に基づいてなされているから，取消訴訟に理由はなく，後者の確認訴訟は，実質的当事者訴訟でも，無名抗告訴訟である予防訴訟としても，訴えの利益がないとの判例がある。c町教育委員会による区域外就学に関する処分等の具体的な処分がなされた後に，その取消訴訟等の抗告訴訟を提起することによって直截に救済を受けうる道があるから，確認の訴えは，実質的当事者訴訟として是認されるのに必要な要件を具備していない。また，区域外就学を認めるか否かは，c町教育委員会において教育行政上の裁量権を行使して判断すべきものであって，その第一次的な判断権を尊重すべきことが法令上要請されているから，c町教育委員会による判断が明らかにされる前に，本件確認の訴えによってその判断を拘束することは許されないものである（福岡高判1989〔平成元〕・7・18判例自治70号24頁，判タ721号139頁）。

　　これは義務付け訴訟が立法化される前の判決である。当事者訴訟は取消訴訟に補充的との位置付けである。なお今日なら，c町（教育委員会）を被告に区域外通学を認めよとの義務付け訴訟を提起すべき事案である。その際には，c町の教育委員会に裁量はあるが，区域外通学が長年の慣行で認められており，今それをやめるだけの理由が乏しいなら，義務付けも認められるべきであろう（なお，通学校指定処分に対する救済方法も，義務付け訴訟がない時代はきわめて不備であった。阿部・行訴改革263頁以下参照）。それと当事者訴訟との関係では，区域外通学を認めるかどうかが行政処分であるならば，義務付け訴訟が優先するのであろう。

　　これらの両立しない2つの訴訟を併合するとき，まず，抗告訴訟に当事者訴訟・民事訴訟を選択的併合として併合したい。民訴法136条は，「数個の請求は，同種の訴訟手続による場合に限り，一の訴えですることができる」とするので，行政訴訟と民事訴訟は別個の訴訟手続と考える限りは，この併合は許されないことになる。しかし，職権探知主義を採る人事訴訟ならともかく，抗告訴訟と当事者訴訟や民事訴訟とはほとんど違いはないし，ここで問題となっているのは，本案段階ではなく，訴訟要件の段階であるから，併合しても審理に支障がないはずであるから，この場合には，抗告訴訟と当事者訴訟・民事訴訟は同種の訴訟手続と解すべきである。さらに，関連請求になるか。関連請求は，抗告訴訟が適法であることを前提に併合するもので，抗告訴訟が不適法である場合に審理を求める当事者訴訟・民事訴訟は関連請求にならないとされる（抗告訴訟を却下し，当事者訴訟・民事訴訟は別個独立の訴えとして審理する）。逆に，民事訴訟に，抗告訴訟を併合するのはどうか。それは，抗告訴訟優先主義を採る行訴法13条の関連請求の制度の下では，認められていないとされる。しかし，いずれかの訴えは適法なのであるから，統一的な判断が行われるように，併合して，いずれかを適法とするように工夫すべきである（さ

らに，第6節Vで再説）。

応用課題：勧告を処分とする教示に従って取消訴訟を提起したら，却下された！！
　前記東京地判民事38部2008・3・14の事案では，東京都は消費者保護条例に基づく勧告について処分として教示し，被処分者業者がその取消訴訟を提起したら，「教示の有無により問題となる行政庁の行為の処分性が左右されるわけではない」として，この勧告の処分性が否定された。これまでも，「処分でないのに処分であるとしたり，原告適格がないのに有るものとして教示することがありうる。教示によって，実体法に定める行政庁の行為の法的性格が変わるものではないので，裁判所はこのような場合でも，職権調査事項として，自ら処分性，原告適格を審理判断すべきものと解される」（塩野・II 132頁）と言われてきた。たしかに，処分とは何かが法的に絶対的に決まっていると考えると，教示が誤ったからといって，処分でないものが処分になるわけではないということであろう。
　しかし，処分かどうかは太陽か月かといった自然科学的に絶対変えられないものとは違う。単に抗告訴訟で取り上げるかどうかの概念であり，それに先行して，法律上の争訟であれば何らかの訴訟類型で取り上げなければならず，訴訟類型の違いは，審理方式にもほとんど影響はない，重要性がない問題である。行政庁でさえ処分として扱うのに，これに応じて訴える原告が出直しさせられるのでは，およそ公平ではない。原告がこのため出訴し直さざるをえなかったために生じた損害は国家賠償請求で済むとすることは，原告にだけ大きな負担を負わせ，行政庁は誤っても何ら損しないシステムであって，著しく不合理である。管轄という裁判所の権限に関する事項でさえ，合意管轄，応訴管轄がある（民訴11条・12条）。行政庁が処分として教示した以上は，これに応じた出訴があれば，いわば合意管轄なり応訴管轄があったと同じく，裁判所もこれに従って審理すべきではないか。

II 原告適格
1 原告適格制度の趣旨

　訴訟を提起するには「**法律上の利益**」が必要である（行訴9条1項）。これを原告適格という。誰が争えるかという問題である。これが否定されると，訴訟は門前払いになる。
　処分の相手方が不服をもつのは，不利益を受けたか，法令に基づく申請が拒否されている場合なので，権利を侵害される可能性があり，裁判を受ける権利の保障の観点から，当然に原告適格を有する。給付処分をするかどうかについて処分庁に裁量権がある場合でも，法令に基づく以上は**瑕疵なき裁量判断により給付を求める権利**が法律上保障されているので，瑕疵ある判断により拒否された可能性があるから，同様である。**原告適格の有無が問題になるのは一般に**

第9章　行政訴訟法

は処分の第三者が争う場合であるが（このことは改正行訴法9条2項に明示された），第三者のもつ利害関係には様々なものがある。それは地域住民，消費者，競争業者，研究者などである。

　不満な者は誰でも訴えを起こせるようにしたら，裁判所を訴訟の洪水にさらし，応訴の相手方に過重な負担をかけるので，これを防止する（排除機能）ことにより裁判の正常な機能を維持し，他方で真に救済を必要とする者に十分な救済の道を確保する（救済機能）ことが必要である。

　そして，その範囲に関する考え方としては，従来，基本的には，「法律上保護された利益説」＝保護規範説と「法的保護に値する利益説」とが対立してきた。

* なお，原告適格が民事訴訟では一般に問題にならないのに行政訴訟で問題となる理由は，民事訴訟は当事者間の権利義務に関する争いであり，原則として第三者にはかかわりがない（他人がいかに不利益を受けて義憤を感じても，訴訟を提起することはできない）のに対して，行政法は広く公益を目指して多面的に規律するから，第三者も行政法規によってその利益を保護されていることが少なくないからである。

* **法律上保護された利益説の誤用**──不利益処分の相手方には適用なし
　　パチンコ店を出店しようとしたところ，先に社会福祉法人に対して児童遊園設置認可処分がなされて，出店できなくなった（風営4条2項2号，同法施行令6条）者が，パチンコ店の営業不許可処分の取消しではなく，児童遊園設置認可処分の取消しを求めたところ，児童福祉法は，風俗営業を営む者の利益を保護する趣旨を含まないとして，原告適格が否定された例がある（札幌地判2000〔平成12〕・10・3判例自治221号65頁）。
　　しかし，行政訴訟で原告適格の範囲が争われているのは，一般には，処分の名宛人その他の処分の当事者以外の第三者についてである。申請を拒否された者や不利益処分を受けた者は，既に，その法律または憲法などで与えられた権利を侵害されていると主張している（その主張が正しければ権利を侵害されている）のであるから，原告適格を有するのは明らかで，根拠法の趣旨をいちいち探索するまでもないことである。
　　風俗営業の許可は，距離制限内に児童遊園の認可がなされていないことを要件とし，後者がなされると，風営法の許可はなされないのであるから，後者の認可は，児童遊園設置者に対しては受益処分であるが，風俗営業を行おうとする者にとっては，不利益処分である。この原告は普通の原告適格論でいう第三者ではなく，不利益処分の当事者なのである。したがって，このパチンコ店の営業申請者はそれだけで（営業の自由の制限という理由だけで）原告適格が認められるべきである（阿部・行訴要件75頁，阿部・やわらか頭247頁）。

この主張は，この裁判では提出されなかったので，裁判所が採らなかったのも無理はないが，判決がとうの昔に確定してから，処分庁の代理人である秦博美氏は，「第三者の原告適格論の『第三者』該当性について——児童遊園設置認可処分取消請求事件（札幌地裁判決及び札幌高裁判決）再考」法学研究（北海学園大学）44巻2号87〜122頁（2008年年12月）という論文で，この私見が正しい旨述べておられる。
　このほか，不利益処分を受けた者について，第三者に適用する法律上保護された枠組みで考察する誤用例については，阿部・行訴要件76頁。

2　主流判例の考え方，制定法準拠主義，「法律上保護された利益説」

　「法律上保護された利益説」は判例の採る立場で，**処分の根拠となる実定法が原告の利益を「個別具体的に」保護する趣旨かどうかで決め**ようとするものである。これは処分の根拠となる制定法の文言を重視する，いわゆる**制定法準拠主義**と言われるものである。これについて，根拠法令となる実体法のしくみ解釈＝処分要件説として分析するものがある（橋本博之「原告適格論と仕組み解釈」自治研究84巻6号〔2008年〕77頁以下〔＝同・前掲『行政判例と仕組み解釈』123頁以下，さらに95頁以下〕）。

　例えば，保安林の伐採により洪水を心配する住民の訴えについては，森林法が意見書提出の規定を置いたりして下流住民の利益を守ろうとしている（**長沼ナイキ基地訴訟**，最判1982〔昭和57〕・9・9民集36巻9号1679頁），航空法は，公共用飛行場周辺における航空機騒音障害防止法などを考慮すれば，周辺住民の騒音を受けない利益を法律上の利益として保護している（**新潟空港訴訟**，最判1989〔平成元〕・2・17民集43巻2号56頁〔百選350頁〕），といった考え方である。**距離制限違反の公衆浴場の新規許可に対し既存浴場が出訴したケース**では，距離制限は，浴場の濫立により，浴場経営に無用の競争を生じその経営を経済的に不合理ならしめ，ひいては浴場の衛生設備の低下など好ましからざる影響を来すおそれがあることを理由に導入されたもので，その利益は反射的利益ではなく，公衆浴場法によって保護された利益であるとされた。既存業者の利益を憲法上保護されるものと解釈したことによる（最判1962〔昭和37〕・1・19民集16巻1号57頁〔百選38頁，阿部・重判解昭和43年度30頁も参照〕）。これに対して，質屋営業の許可に対して既存業者が出訴したケースでは，既存業者の営業上の利益を保護する規定はないとして，原告適格が否定されている（最判1959〔昭和34〕・8・18民集13巻10号1286頁）。

第9章　行政訴訟法

ここで，判例理論の再確認のため，その今日の到達点と言われる，**もんじゅ訴訟**最高裁判決（1992〔平成4〕・9・22民集46巻6号571頁〔百選356頁〕）を引用する。

> ＊　行政事件訴訟法9条にいう「法律上の利益を有する者」とは，「当該処分により自己の権利若しくは法律上保護された利益を侵害され又は必然的に侵害されるおそれのある者をいうのであり，当該処分を定めた行政法規が，不特定多数者の具体的利益を専ら一般的公益の中に吸収解消させるにとどめず，それが帰属する個々人の個別的利益としてもこれを保護すべきものとする趣旨を含むと解される場合には，かかる利益も右にいう法律上保護された利益に当たり，当該処分によりこれを侵害され又は必然的に侵害されるおそれのある者は，当該処分の取消訴訟における原告適格を有するものというべきである……。そして，当該行政法規が，不特定多数者の具体的利益をそれが帰属する個々人の個別的利益としても保護すべきものとする趣旨を含むか否かは，当該行政法規の趣旨・目的，当該行政法規が当該処分を通して保護しようとしている利益の内容・性質等を考慮して判断すべきである。」

要するに，当該行政処分を定めた行政法規の趣旨・目的とそれを通して保護しようとしている利益の内容・性質などを考慮して，**不特定多数者の具体的利益をもっぱら一般的公益の中に吸収解消させるにとどめる**（反射的利益）か，**個々人の個別的利益としてもこれを保護すべきものとする趣旨を含むか**を判断しようとするのである。原告の利益が法律の保護範囲内に入るだけではなく，個別具体的に保護されていることを要するという**個別保護要件**を要求するものである。

3　判例の解釈は狭すぎて，かつ，恣意的

しかし，なぜこれが「法律上の利益」の正しい解釈であるのかは皆目不明である。判例は，1つの立場を主張しているだけで，反対説を論破するような理由付けをしていないのである。そして，判例の立場では，たかが訴訟の窓口だけの問題なのに，実体法の複雑かつ技巧的な解釈が必要となるうえ，**実体法の規定の偶然に左右され**（本末転倒解釈，長沼ナイキ，新潟空港判決はその典型），解釈が恣意的に流れ，かつ，原告適格が狭すぎる。

不特定多数者の具体的利益をもっぱら一般的公益の中に吸収解消させるにとどめる（反射的利益）か，個々人の個別的利益としてもこれを保護すべきものとする趣旨を含むかは，規定をいくら吟味してもさっぱり読み込めず，裁判所が恣意的な結論を正当化するための文言として用いている感がある。排除機能を重視し，権利救済機能は放置される。**濫訴の弊を気にしすぎ，濫却下の弊を**

感ずることはない。

　原告適格を拡大すると裁判所は訴訟の洪水に見舞われるというのがこのような判例の背景にある不安であるが，判例で却下された下記の例を見ても，原告適格を肯定したら被告と裁判所は果たしてどれだけ負担が重くなるのだろうか。訴訟を提起・維持するのは大変な負担だから，原告適格を拡大したところで，濫訴が頻発するとは思われない。違法行政是正，権利救済の必要と比較すれば，取るに足らない。

　果物が入っていないジュースを香料使用と表示して消費者に誤認させた公正競争規約は不当表示だと訴えても，公正競争規約は消費者の利益を守るものではないとして，消費者の不服申立ては門前払いになる（**主婦連ジュース訴訟**，最判1978〔昭和53〕・3・14民集32巻2号211頁〔百選286頁〕）。これは，主婦連が自分はこの表示を誤認しないが，消費者が誤認するとして，他人のために出訴したもので，個人の権利救済制度の枠外であり，**団体訴訟**として考察すべきところであった。判例は，そのような分析をせずに，一般消費者の利益を反射的利益とする一般論を提示して，民衆訴訟への警戒心ばかり先行して，権利救済機能を忘れ，以後の判例に悪影響を与えたものと考える（阿部・百選Ⅱ初版318頁。いわゆる「仕組み」解釈の観点からの橋本・前掲書137頁以下も参考になる）。

　特急料金の値上げを争う利用者の利益は鉄道事業法では保護されていない（**近鉄特急料金訴訟**，最判1989〔平成元〕・4・13判時1313号121頁〔百選352頁〕）。

　公有水面埋立法は，当該公有水面の周辺において漁業を営む者の権利を保護することを目的として埋立免許権の行使に制約を課している明文の規定はなく，また，同法の解釈からかかる制約を導くことも困難であるので，埋立て海域の周辺漁民には原告適格がない（**伊達火力発電所埋立免許取消訴訟**，最判1985〔昭和60〕・12・17判時1179号56頁〔百選348頁〕）。

　文化財保護法は，遺跡の破壊について真摯な反対をしている研究者の利益を保護していない（**伊場遺跡訴訟**，最判1989〔平成元〕・6・20判時1334号201頁〔百選354頁，阿部「伊場遺跡訴訟」判評381号〔判時1358号〕172頁以下〕）。

　都市計画法は，都市計画事業の認可によりできる道路や鉄道により騒音の被害を受ける沿道者の個々人の個別的利益を保護しようとする趣旨を含むものではなく，これらの住民には原告適格がない（**環状6号線訴訟**，最判1999〔平成11〕・11・25判時1698号66頁，判タ1018号177頁）。

墓地埋葬法は墓地周辺の住民に墓地の経営許可の取消しを求める原告適格を与えていない（最判 2000〔平成 12〕・3・17 判時 1708 号 62 頁，判タ 1029 号 159 頁）。

風営法に基づくパチンコ店の許可につき，最高裁は，近隣の診療所が争ったケース（最判 1994〔平成 6〕・9・27 判時 1518 号 10 頁，判タ 871 号 76 頁）では，きわめて簡単に，「診療所等の施設につき善良で静穏な環境の下で円滑に業務を運営するという利益をも保護している」として，原告適格を肯定している。しかし，近隣住民が提起した取消訴訟（最判 1998〔平成 10〕・12・17 民集 52 巻 9 号 1821 頁，判時 1663 号 82 頁〔百選 360 頁〕）においては，風営法は一般的公益の保護に加えて個々人の個別的利益をも保護すべきものとする趣旨を含むものではないとしている。これらの者は，法律が遵守されれば何らかの利益を受けるが，それは単なる反射的利益にすぎないとされている。

* なお，第 1 節Ⅳ「法律上の争訟」で取り上げた前記最判 2001・7・13 は，那覇市情報公開条例 6 条 1 項が国の利益を個別的利益として保護する趣旨を含むものと解することができないとして，国の原告適格を否定した。しかし，法律上保護された利益説に立っても，情報公開条例は原則公開の例外として，非公開とすべき利益を保護しており，国家機密もその 1 つであるから，これは誤った解釈である。

4　多少拡大傾向の最近の判例

最近は原告適格拡大の傾向がいくぶん看取される。前記の新潟空港最判はその主要な例である。

さらに，原子炉等規制法の「災害の防止上支障のないこと」という規定は周辺住民の利益を守る趣旨である（前掲もんじゅ訴訟，最判 1992・9・22）。

都市計画法の開発許可については，工事による崖崩れなどにより生命の危険にさらされる周辺住民には原告適格がある（最判 1997〔平成 9〕・1・28 民集 51 巻 1 号 250 頁，判時 1592 号 34 頁）（林地開発許可についてほぼ同方向の判例として，最判 2001〔平成 13〕・3・13 民集 55 巻 2 号 283 頁〔百選 358 頁〕）。

廃掃法は，管理型最終処分場について，その周辺に居住し，当該施設から有害な物質が排出された場合に直接的かつ重大な被害を受けることが想定される範囲の住民の生命，身体の安全等を個々人の個別的利益としても保護すべきものとする趣旨を含むと解して，産業廃棄物最終処分場建設をめぐる業者と自治体の取消訴訟に，当該施設から有害な物質が排出された場合に直接的かつ重大な被害を受けることが想定される範囲の住民に当たる者は，民事訴訟法 42 条

所定の「訴訟の結果について利害関係を有する第三者」に当たるとして，補助参加の利益が認められた（最決2003〔平成15〕・1・24裁判所時報1332号3頁〔百選394頁〕）。その限りでは，原告適格も認められよう。

これらの判例は，処分要件のしくみ解釈だけではなく，処分によって害される利益の性質を考慮しているものであるが，原告適格の根拠を，生命，身体という重大な利益に限っているのではないかとも推測され，財産権を軽視するのは狭すぎるのではないか。

もっとも，周辺住民に総合設計制度（建基59条の2第1項）の許可の取消しを求める原告適格を承認した判例は，生命，身体の安全等および財産としてのその建築物を個々人の個別的利益としても保護すべきものとする趣旨を含むとした（最判2002〔平成14〕・1・22民集56巻1号46頁〔百選364頁〕，最判2002・3・28民集56巻3号613頁）（**問題⑥**）。

5　より柔軟な判例

これに対して，かなりの学説は，法律の趣旨をより広く把握し，あるいは法律が個々に保護しているかどうかにとらわれず，生命に限らず，事実上重大な不利益を被る者には，原告適格を認めようとする。**法的保護に値する利益説**である。

判例でも，その方向を示したものがあった。すなわち，里道が廃止されると，公道に出る道を閉鎖される者のために，最高裁も原告適格を認める余地を残している（最判1987〔昭和62〕・11・24判時1284号56頁，判タ675号111頁。ただし，傍論）。

里道に関する法律はなかった（せいぜいは国有財産の管理の観点に立つ国有財産法）から，これは法律上保護された利益説によって説明できるものではない。これについては，沿道者には特別使用権（司法研修所編・実務的研究110頁）ないし慣習法上の特別使用権が成立したとの説明（新谷祐子「公物を使用する私人の法的地位」藤山編・行政争訟376頁）や，ドイツの基本権の規範外的効果に相当するとみられないではないとの見方（人見剛「原告適格の考え方と条文」ジュリ1234号36頁）もある。しかし，そのように実定法に根拠がない権利を急に創造（ねつ造）して，苦し紛れの無理な説明をするよりも，素直に，法律上保護された利益説＝最高裁判例理論は破綻し，法的保護に値する利益説が採用されたと言うべきである。最高裁は，一般には法律上保護された利益説に立つが，それ

第9章　行政訴訟法

では救済されるべき権利が救済されないとなれば，その体系的な理論を無視しても，「事件指向型」の解釈（序章V1の原田尚彦説）をしていると理解して，賞賛すればよいのである。

　＊　判例にいう「当該処分により自己の権利若しくは法律上保護された利益を侵害され……」という原告適格の定式では，処分の根拠法規によって保護されている必要があるのは，「法律上保護された利益」だけであって，「権利」は根拠法規によって保護されているか否かを問わず，原告適格の根拠となるものであり，従来里道利用に生活を依拠してきた者は，その廃止により最低限度の生活を営む権利を侵害されることを根拠にその取消訴訟を提起することができるとして，私見を批判する見解（桑原勇進「原告適格に関する最高裁判例」ジュリ1310号13頁）がある（さらに，山村恒年『行政過程と行政訴訟』〔信山社，1995年〕216頁参照）。
　　しかし，利益には事実上のものもあるが，ここで根拠とするのは法律上のものでなければならないとの観点でわざわざ「法律上」と限定しているのに対し，権利は当然法律上のものである（事実上の権利というものはない。ドイツ語でRechtとは権利であり，法である）から「法律上」という限定をしていないだけではないか。そして，法律上保護された利益説にいう「法律」とは，処分の根拠法規とか関連法規を指し，つまりは行政法規を指すとしているのに，「権利」と言える代物となったとたんに，行政法規とは関係のない「権利」も原告適格の根拠となるとするのは著しく不合理な議論ではないか。
　　もしそんな議論が成り立つなら，建築確認を争う原告適格の根拠として，いちいち建基法の解釈をするまでもなく，私法上の日照権が侵害されたというのでも十分であるし，後掲の小田急訴訟でも，沿道者の静穏権，健康権を根拠とするだけで十分であり，わざわざ都市計画法や東京都の環境影響評価条例まで持ち出して行政法規の解釈をする必要はない。片山智彦「法治主義と行政裁判を受ける権利」高田古稀462頁は結論同方向。
　　しかし，最高裁はなぜかこの立派な判例を先例としたくはないようである。

6　行政法の役割・法治国家と原告適格

　そもそも，第三者と行政庁の法律関係について，なぜ訴訟を起こせるのか。第三者が行う行為については，行政法がなければ民事訴訟を提起するしかない。しかし，事後の民事法・民事訴訟に任せれば被害発生を防止できないなどの不適切な事態が発生するので，社会の一般的な利益なり周辺の住民の利益なりを守るために抽象的な段階で規制しているのが行政法である（⇒序章参照）。この周辺住民の利益等は行政法によって守られているはずであるが，それが司法過程で守られないと，実はお上任せで，守られていないことになる。
　そして，集団訴訟を念頭に置くと，行政訴訟の目的を，たまたま原告となっ

た個々人の個別の利益だけではなく，**原告となった者の利益の総和の保護**，さらには，個人の訴えを契機とした行政の違法の是正を目的とするとして，同じ立場にある多数の者の利益をも保護するものと考えれば（現に取消判決の効力はそうした多数人に，法的にあるいは実際的に及ぶ），その利益の集積は巨大なものとなり（塵も積もれば山となる），無視できない（**問題⑩**）。

このように，行政法の役割を重視し，それが保護すべき利益が司法過程でも確保されるようにと考えると，原告適格を多少拡大すべきであるし，民事法的な発想にこだわると，原告適格が狭くなると思われる。

また，**制定法準拠主義**については，法治国家であるから，法律の規定を根拠とするという根拠付けもある。しかし，立法者は，法律の文言を作るときに，誰に原告適格を付与するかについて，個別具体的な規定を置くかどうかまでは考えないのであるから，判例のように「個別具体的に」保護しているかどうかを詮索するのは，木に縁って魚を求めるようなもので，方法論的に誤っており，どうせ恣意的になる。それは，早期に権利救済を求める原告の立場はどこへやら，ややこしい窓口法律論争を惹起し，原告にだけ不当に過大な負担を負わせる。

もともと「法律上の利益」は，広く解することができる柔軟な文言であるから，以上のことを考えれば，面倒なことを言わず，**原告適格は**，「**当該法律の保護範囲に入れば**」，「**個別具体的**」**かどうかを問わず，肯定されるべき**である。そして，集団訴訟の場合，誰か1人でも原告適格を有すれば，ほかに何人原告がいようと，訴訟としては変わりはないから，他の者の原告適格の有無を詮議して，時間をかけることは不毛であり，全員について本案の判断をするのが実際的である（例えば，原発について遠方の人が1人で争うことは実際上想定できない。以上，阿部・行訴要件第1部第2章）（住民訴訟でも原告から脱落した者がいても，1人でも原告であることが確認できる者がいればそれで十分と解すべきである）。

他方，当該**法律が第三者の利益を守るというよりも，すべての人を守るという趣旨の場合**（文化財保護，オゾン層保護，地球温暖化対策，自然保護等）には，法律の保護範囲という基準では原告適格を判定することは無理である。それは立法論として，そのような利益を守ってきた団体に代表者として原告適格を認めるいわゆる**団体訴訟**を導入するのが近道のようである（大久保規子「団体訴訟」自由と正義57巻3号〔2006年〕，越智敏裕「行政訴訟改革としての団体訴訟制度の導

入」自由と正義 53 巻 8 号〔2002 年〕）。

  * なお，ドイツではこれまで団体訴訟を自然保護法でのみ認めてきたが，EU の義務付けにより，2006 年 11 月に成立した，環境救済法（Umwelt-Rechtsbehelfsgesetz）により，環境に負荷を与える重要な行政決定（例えば，道路・飛行場・発電所・汚染物質を排出するその他の施設の建設）に対する団体訴訟が認められた。
    なお，藤田宙靖判事は，行政庁が第三者に対して負う**リスクからの保護義務ないしリスク回避義務**を原告適格の根拠とされる（藤田・I 418 頁，同「許可処分と第三者の『法律上保護された利益』」塩野古稀下 255 頁以下，小田急最高裁大法廷判決藤田意見）。これは原告適格拡大の根拠ともなりうる考え方であろう。これにつき，大貫裕之「取消訴訟の原告適格についての備忘録」藤田退職 377 頁以下参照。
    さらに，宮田三郎『行政訴訟法〔第 2 版〕』（信山社，2007 年）116 頁は，原告適格は廃止すべきであるとする。なお，同著 131 頁。
    最近も，原告適格については中堅の業績が続々と排出している（山本隆司『行政上の主観法と法関係』〔有斐閣，2000 年〕495 頁以下，仲野武志『公権力の行使概念の研究』〔有斐閣，2007 年〕271 頁以下，神橋一彦『行政訴訟と権利論』〔信山社，2003 年〕，本多滝夫「行政救済法における権利・利益」新構想Ⅲ 211 頁以下等）が，難解なものが多く，拙稿の中に取り入れるのは危険と感じて，省略した。
    日本の判例は諸外国では信じられないくらい原告適格を絞っている。参考までに，アメリカの原告適格判例分析について最新の書物として，畠山武道『アメリカの環境訴訟』（北海道大学出版会，2008 年）。

7 行訴法の改正＝考慮事項の導入

改正行訴法 9 条 2 項は，この「法律上の利益」という用語はそのままに，その解釈に際して「**考慮事項**」を導入した。すなわち，

「裁判所は，処分又は裁決の相手方以外の者について前項に規定する法律上の利益の有無を判断するに当たつては，当該処分又は裁決の**根拠となる法令の規定の文言のみによることなく**，

①―1 **当該法令の趣旨及び目的**

並びに②―1 **当該処分において考慮されるべき利益**の内容及び性質を考慮するものとする。

この場合において，①―2 当該法令の趣旨及び目的を考慮するに当たつては，当該法令と**目的を共通にする関係法令**があるときはその趣旨及び目的をも参酌するものとし，②―2 当該利益の内容及び性質を考慮するに当たつては，当該処分又は裁決がその根拠となる法令に違反してされた場合に**害されることとなる利益**の内容及び性質並びにこれが害される態様及び程度をも勘案するものと

する。」

　ここで，「根拠となる法令の規定の文言のみによることなく」という文言は，いわゆる**制定法準拠主義**によって「個別具体的な利益」を法文の文言に求める判例を放棄ないし緩和する趣旨と解される。なお，このように，裁判官に法解釈のあり方を指示するのは立法者の越権だとの議論もあるようであるが，立法者は裁判を受ける権利を侵害しない範囲で原告適格をいかようにも定めることができるのであるから，裁判官への解釈指針が越権になることはないと考える（⇒本章はじめにⅢ）。むしろ，わが国の行政判例のレベルはこのような当然のことをわざわざ条文に書き入れなければならない低いものであったから，裁判官への説教（櫻井敬子『行政法のエッセンス』〔学陽書房，2007年〕196頁の表現）もやむをえないのである。

　この解釈手法は，原告適格だけではなく行政法規の解釈一般にも適用されるべきである（本書ではさしあたり処分性にも。⇒本節Ⅰ）。

　考慮されるのは，①―1「当該法令の趣旨及び目的」と，②―1「当該処分において考慮されるべき利益の内容及び性質」である。

　これはあくまで「考慮」するだけなので，考慮した結果，原告適格を認めるかどうかは裁判所に白紙委任したような条文である。オープン・スペースと称される。

　これは原告適格を拡大する趣旨の改正とされているが，それはこれまでの判例の中で先進的なもの（もんじゅ，新潟空港）を組み込んだものであり，原告適格も根拠法の合理的な解釈により定められるということで，根拠法の解釈が先進的な判例のように柔軟に行われることを期待したものである。

　①については，法律の趣旨目的は，当該処分の根拠法条だけではなく，法体系の全体の趣旨を見極めるべきであり，さらに，①―2「当該法令と目的を共通にする関係法令」があるときは，その趣旨および目的をも参酌するとされている。これは，前記の新潟空港訴訟の判断を明文化したものである。処分の根拠条文そのものには原告の利益を保護する趣旨が明示されていない場合でも，法体系全体として原告の利益を保護する趣旨が含まれると解される場合には原告適格を認定しなければならない。憲法13条，25条等も，例えば環境に配慮する趣旨であるとして参照することが可能であろう。

　②については，②―2「当該処分又は裁決がその根拠となる法令に違反して

された場合に害されることとなる利益の内容及び性質並びにこれが害される態様及び程度をも勘案」するとされている。被侵害利益を考慮するものである。上記4，5の判例に見るようにこれまでも行われてきたことである。この害されることとなる利益とは，文理上，処分の根拠法が保護している利益には限らない。処分が事実上重大な影響を与えれば原告適格を肯定する方向へと傾く〔水野武夫「最高裁弁論」小田急高架訴訟弁護団編『住民には法を創る権利がある』〔日本評論社，2006年〕111頁〕。そうすれば，法律上保護された利益説は大幅に放棄され，法的保護に値する利益説の方へ接近したことになる。あるいは，個別利益保護要件は，かなり緩和されたものと言うべきである。

なお，ここでは，「及び」と「並びに」が区別され，後者は大きな and であることは第4章第1節Ⅲ2で説明した。

 8 　判例変更への期待と動き

この「考慮事項」の規定は，これまでの判例の採る個別保護要件説をかなり柔軟化したものである。では，この「考慮事項」によれば，原告適格が否定された前記の判例はどこまで変わるべきであろうか。

例えば，近鉄特急料金訴訟では，鉄道事業法の運賃・料金認可制度の趣旨目的を，事業者が優越的な立場で不当に高額な料金設定をしないように利用者を保護するものと把握して，①をクリアーすべきである。②の利益は，原告1人1人個人だけではなく，集団訴訟であれば原告の利益を合算したもの，さらには，原告と同一の立場にある者の利益も，多数人の法律関係を規律する行政法の特殊性から考慮すべきである。そうすると，特急をたまたま1回だけ利用する者の利益は大きくないが，日常的に利用していると，その料金は結構高額になるし，そうした者が数百人集まって，同一の訴訟を提起すれば，その私的利益の合算額は非常に大きなものになるので，それを考慮して，②もクリアーでき，原告適格を肯定できるのではないか。

環状6号線訴訟では，都市計画法は，沿道者の騒音被害を受けない利益を保護していないとされたが，環境影響評価法も目的を共通にするとして，騒音被害を受けない利益を保護していると解釈される。そうすると，①はクリアーでき，被害の程度が受忍限度を超えるとか環境基準を超える場合には，②もクリアーして原告適格が認められることになる。次に述べる小田急訴訟最判はこの判決を変更した。

そもそも，都市計画法の事業認可は土地収用法の事業認定とみなされ，土地を強制収用する公益性があると判断する行為であるが，公益性の有無は，事業によって生ずる環境への影響も考慮して判断される。そして，その事業による周辺への影響が受忍限度を超えると，その事業自体に瑕疵が生ずるから，公益性はないとみるべきである。そうした事業については，沿道者も，後日の損害賠償はもちろんであるが，民事訴訟による差止めも許容される。それにもかかわらず，行政訴訟においては争わせないとする理由もない。救済が遅れるだけである。

小田急高架事業の認可取消訴訟において原告となったのは，高架事業の行われる線路の側道予定地の土地所有者であった。つまりは，側道用として収用される者が，その収用裁決ではなく，隣接の高架事業の認可の取消しを求めたものであった。第1, 2審判決（東京地判2001〔平成13〕・10・3判時1764号3頁，東京高判2003〔平成15〕・12・18訟月50巻8号2332頁，判例自治249号46頁）は，環状6号線最判に従って，原告適格を否定した。最高裁第1小法廷は，行訴法改正を受けて，原告適格についてだけ大法廷に回付し，大法廷判決（2005〔平成17〕・12・7民集59巻10号2645頁，判時1920号13頁，ジュリ1310号48頁〔森英明調査官解説・曹時60巻2号646頁，百選362頁〕）は，収用される土地の隣接地の所有者は，事業が実施されることにより騒音，振動などにより健康または生活環境に係る著しい被害を直接的に受けるおそれがあるとして，原告適格を肯定した。前記の環状6号線1999年最判は変更されることになった。判例の大転換である。東京都の環境影響評価条例も，都市計画法と目的を共通にするとして，その関係地域居住者に法律上の利益が認められる根拠となったのである。都条例は，都計法とは無関係に制定された自治条例であり，都計法との関係も定められていないが，それでも都計法と目的を共通にするとされたので，「目的共通」概念は相当に広いものと解釈されている（ただし，その趣旨はよく理解できない。都条例がなくても同じ結論になったのではないか）。

住民の健康，生活環境も，公益に吸収されない個別的な利益とされた。ただ，その判例の定式が多数意見では従来の判断枠組みと同じであるのは残念である（前掲『住民には法を創る権利がある』は，この小田急訴訟を扱ったものである）。なお，第三者が争えるのは，事業によって影響を受けるからであるから，他人の土地の収用裁決を争うことができないのは当然である。

なお，改正行訴法は，これまでに係属した訴えにも適用される（附則第2条）。その後，原告適格を拡大する判例がある程度出ている。

公水法は，違法な埋立免許がなされた場合には，汚濁の流出等に伴う水質や底質の悪化等によって，埋立区域の周辺地域で生活する者の健康または生活環境を害するおそれがあることにかんがみ，埋立区域周辺住民の健康の保持および生活環境の保全をも，その趣旨および目的とし，埋立免許制度を通じて，周辺住民に対し，そのような健康または生活環境に係る著しい被害を受けないという具体的利益を保護しようとするものと解される（大分地判2007〔平成19〕・3・26〔平成15年（行ウ）第6号事件〕D1.com）。

* 鞆の浦世界遺産訴訟広島地裁2008（平成20）年2月29日決定（平成19年〔行ク〕第13号，第16号事件）は，公有水面埋立免許の仮の差止めを求めた環境訴訟であるが，慣習法上の排水権者と近隣の居住者に法的保護に値する景観利益を有するとして，原告適格（仮の差止めの申立人の利益）を承認した。これは画期的な原告適格拡大判例である。その本案については，仮の差止め（⇒第6節Ⅳ2）で言及する。

大阪地裁2006（平成18）年3月30日判決（もぐれ阪神事件第1審判決，判タ1230号115頁）は，鉄道事業の工事施行認可取消訴訟において，騒音等により健康や生活環境に係る著しい被害を受けるおそれのある住民に，環境基本法，鉄道事業法，環境影響評価条例などを根拠に原告適格を認めた。

東京地裁2006年9月29日判決は，建築物の倒壊，炎上等により直接的な被害を受けることが予想される範囲の地域に存する建築物に居住し，またはこれを所有する者，建築確認に係る建築物により日照を阻害される周辺の他の建築物の居住者および風害を受ける地域内の居住者に建築確認処分の取消訴訟の原告適格を認めた。

大阪地裁2006年10月26日判決（判タ1226号82頁）は，パチンコ店の許可に対し周辺100メートル以内の住民に「個別的利益」が保護されているとして，原告適格を認めた。

大阪高裁2008（平成20）年3月6日判決（判時2019号17頁）は，競輪の場外車券売場（サテライト大阪）の経産大臣による許可に対する周辺住民の取消訴訟について，自転車競技法には周辺住民を保護する明文規定はないが，同法施行規則が文教施設・医療施設から相当の距離を要求していることなどから，施設から1キロ以内の周辺住民に具体的利益を保護していると解し，原告適格を認めた。

東京地裁2008（平成20）年5月29日判決（判時2015号24頁。三井グランド裁判）は，土地区画整理事業の施行認可，建築確認に対して周辺住民が取消しを求めた事件で，土地区画整理法の趣旨目的を考慮するに当たっては，関係法令として都計法，東京都震災対策条例・同規則の規定の趣旨目的を参酌すべきであり，土地区画整理法の規定に違反して事業が施行認可された場合に害されることとなる避難所

周辺の住民の利益は，一般的な公益に解消することは困難で，個人の個別的利益として保護しているとして，避難所として指定されている場所を利用する住民には原告適格があるとした。関連する法令も害される利益も広く解釈されている。しかし，「環境悪化，景観，温暖化など生活環境の悪化を根拠」とする原告については，「一般的な環境利益の域を出ず，土地区画整理法が，個別的利益として保護する趣旨を含むと解することは困難である。」として却下した。

他方，小田急最高裁判決のあとも，東京地裁2008年1月29日判決（判時2000号27頁）は，沿道住民の原告適格を否定した。

東京地裁2008年3月19日判決（民事38部平成19年（行ウ）第247号事件）は，道路法に基づく車両制限令により，原則としては通行できない車両について，マンション工事のための進入を認める趣旨の通行の認定に対して近隣住民が提起した取消訴訟につき，この認定において考慮されている利益は，一般に道路を利用する者が共通してもつ一般的抽象的な利益であるとして，訴えを却下した（園部逸夫ほか「行政訴訟の門戸開放は実現されているか」法時80巻11号〔2008年〕58頁参照）。

病院の開設許可について隣接病院が提起した取消訴訟の原告適格は，医療法がその利益を保護すべきものとする趣旨を含むものと読み取ることはできないとして否定された（最判2007〔平成19〕・10・19判時1993号3頁〔重判解平成19年度50頁，山田洋・判評598号〔判時2018号〕164頁〕）。

海砂の採取で砂浜が細り，ウミガメの産卵場所が侵害されたなどとして，鹿児島県・奄美大島の住民らが県内の砂利採取会社に海砂の採取差止めを求めた訴訟で，鹿児島地裁2008年7月15日判決は，「ウミガメの産卵や良好な砂浜海岸という自然環境を将来にわたり，保護していくべきだという主張は一応の理解ができる」と，原告が主張した「自然の権利」に理解を示したが，「個々の国民，住民が個別具体的な権利，利益として自然を享受するものとは解せない」と述べ，原告適格を否定した。

これらの動きを見ると，行訴法9条2項は，原告適格の拡大にかなり寄与しているが，やはり保護規範説の限界を超えていない（9条2項の意義，判例の今後のあり方については，斎藤・前掲『行政訴訟の実務と理論』66頁以下が詳しい）。最近の判例の分析として，小澤道一「取消訴訟における周辺住民の原告適格」（判時2040号以下）。

なお，関西水俣病訴訟最高裁2004（平成16）年10月15日判決（民集58巻7号1802頁，判時1876号3頁）は，国家賠償訴訟においてであるが，熊本県漁業調整規則（漁業法および水産資源保護法に基づく）は，水産動植物の繁殖保護，漁業取締りその他漁業調整を図り，併せて漁業秩序の確立を期することを目的とするものである（県漁業調整規則1条）が，何人も水産動植物の繁殖保護に有害な物を遺棄し，または漏せつするおそれのあるものを放置してはならない旨の規定は，水産動植物の繁殖保護等を直接の目的とするものではあるが，それを摂取する者の健康の保持等をもその究極の目的とするものであるとして，国家賠償責任の根拠とした。

第9章　行政訴訟法

法律の趣旨をかなり拡大したこの解釈も参照されるべきである。

　応用研究：違法操業をしている競業者の許可取消訴訟

　競業者が違法操業している場合でも，それを規制する法律が同業者を保護する趣旨を含まない場合には，被害を受けた同業者にはこれを争う原告適格がないと解するのがこれまで普通であったと思われる（前記の質屋営業の例）。しかし，憲法22条の定める営業の自由は，関連法令であり，違法操業にさらされない利益は考慮されるべき利益であり，また，それによって害される利益も憲法レベルであることを考慮すると，この原告適格を肯定すべきであろう。

　応用研究：競願の場合の訴えの利益

　定期航空運送事業を営む航空会社に対して国土交通大臣がした混雑飛行場運行許可処分（航空107条の3）について，将来その飛行場での発着枠の申請をしようとする他の航空会社が取消訴訟を提起した競願事案がある。理由は，新規航空会社等に配分されるべきものとされている発着枠につき，本件許可によって，原告が将来運航を予定している使用可能な発着枠を失うなどの不利益を受けるというものである。判決は，競願の場合の訴えの利益について次のように説明した。

　まず，単一の資格・地位を付与する行政庁の許可・認可を求めて，複数の者が同時に申請をしているような，いわゆる競願関係に立つ場合にあっては，一般に，その許可・認可が認められなかった申請者は，自身の不許可・不認可の処分の取消しを求めることができるだけでなく，これと表裏の関係に立つ，他の申請者に対する許可・認可の処分についても，その取消しを求めることができるものと解される（最判1968〔昭和43〕・12・24民集22巻13号3254頁参照）。

　また，許可・認可され得る資格・地位が複数ある場合であっても，その数が有限であるために，複数の申請者間において，一方に許可・認可が与えられれば，他方に不許可・不認可という結果が必然的にもたらされるという関係が認められるときは，上記と同様に他の申請者に対する許可・認可の処分の取消しを求めることができると言うべきである。

　さらに，ある資格・地位の全部についての許可・認可およびこれに対する申請の手続が同時期に一斉に行われる場合のみならず，これらが順次行われるような場合，すなわち，当該資格・地位の一部についてのみ許可・認可が行われたため，後日，申請を行えば別途許可・認可を得ることが可能な場合であっても，残余の数を上回る資格・地位の取得を希望する者や希望する数自体は残余の数を上回らなくとも，競合する希望者の存在が見込まれるために希望する数どおりの許可・認可が与えられないおそれがあるとき等にあっては，先行する許可・認可によって，その数に応じて，後日の不許可・不認可という結果が必然的にもたらされるという関係が認められる場合もありうるところである。このような場合に，原告適格に関する基本的考え方を踏まえれば，先行する許可・認可の時点で，同じ資格・地位の取得を希望する者がいまだ自身の許可・認可に関する申請をしていないという一事から，直ちに先行する許可・認可にいかなる違法があっても取消しを求めることができないと

すると，当該資格・地位等が複数存し，かつ，その許可・認可の手続が一斉に行われるか否か，また，申請がいつ行われたかという先後関係といった偶然の事情によって，自身が受けた不許可・不認可についての救済の可否が決せられることになるという不均衡が生じることにつき，当該許可・認可の趣旨等に照らして，これを容認することができないという場合もありうると言うべきである。

そして，この事件では，本件許可の内容と両立しないような内容の運行計画について，原告が適式な認可申請を将来行うことが，客観的にみて，相当程度確実に見込まれるかどうか検討されなければならないとしたうえで，本件については，原告の計画の一部は本件処分の内容と抵触しないものであり，他の計画は客観的にみて将来において相当程度確実に申請が行われる見込みはないとして，原告適格を認めず，訴えを却下した（東京地判 2006〔平成 18〕・3・28 判タ 1239 号 157 頁）。ここでの論点は，第三者の争訟利益ではなく，次Ⅲで述べる取消しの必要性の存否であろう。

なお，この判旨の中で「必然的」という言葉は不適切である。必然でなくても，相当程度確実に行われる見込みがあれば，訴えの利益を認めるべきで，それはこの判旨も認めるところである。

応用課題：**環境影響評価法 33 条の横断条項と原告適格**

環境影響評価法 33 条は，他の法律で（同法の対象事業の）許認可をするときに「環境影響の保全についての適正な配慮がなされるものであるかどうかを審査しなければならない」とした（⇒第 4 章第 5 節Ⅲ3）。例えば，道路法，河川法，航空法の許認可をするとき，それ自体では環境保全上の配慮規定がないが，この規定が取り込まれると解釈して，行訴法 9 条 2 項の「①―1 **当該法令の趣旨及び目的**並びに②―1 **当該処分において考慮されるべき利益**の内容及び性質を考慮するものとする。」の中に取り込むべきである。なお，代替案の検討も，適正な配慮の中に入る場合があると思われる。

Column：**自然，動物の原告適格**

アマミノクロウサギ訴訟（鹿児島地判 2001〔平成 13〕・1・22〔TKC の判例検索による〕，福岡高宮崎支判 2002〔平成 14〕・3・19）など，自然や動物を原告にする訴訟戦術がある（自然の権利訴訟。山村恒年＝関根孝道編『自然の権利』〔信山社，1996 年〕参照）。関心を呼び起こすにはすばらしい戦法であるが，人間の裁判である以上は，裁判所には通用しない。

Ⅲ 訴えの利益の消滅

1 9 条かっこ書き

取り消すべき法的効果が消滅すれば，取消訴訟の必要性はなくなる。ただ，「処分又は裁決の効果が期間の経過その他の理由によりなくなった後において

も」「なお処分又は裁決の取消しによって回復すべき法律上の利益」が残ることがある。事実上の利益を得ようというだけでは訴えの利益は残らない。これがいわゆる**9条かっこ書き**の問題である。判例は，違法処分による名誉・信用の毀損は，法律上の利益ではないとしている。

２　実　　例

争いがあった例を挙げよう。

Case 1：**免職処分取消訴訟中の選挙立候補**

免職処分取消訴訟を追行中の元公務員が公職に立候補したら，取消訴訟の利益は残るか。公務員は立候補の届出の日に公務員たることを辞したるものとみなされている（公選90条）ので，仮に免職処分が取り消されても，もはや地位回復はできないが，給料請求のために免職処分の効力を排除する必要があるので，訴えの利益が残るとされている（最大判1965〔昭和40〕・4・28民集19巻3号721頁，判時406号12頁）。

Case 2：**懲戒免職処分を受けた公務員が立候補，停職処分に変更された場合**

懲戒免職処分を受けた公務員が立候補したあとで免職から停職へ変更された場合，判例（最判1989〔平成元〕・4・27民集43巻4号322頁，判時1343号144頁）は1度立候補したら，公務員に戻れないので，免職処分を争う利益が消滅するとした。

しかし，公務員が立候補したのは免職されたことを前提としたためであり，停職処分を受けたのであれば立候補していなかった可能性が大であり，停職処分に変更されたので公務員に戻っても，政治活動をしたのは公務員としての勤務時期ではないから，政治的行為の中立性を害することはなく，この判決には賛成できない（阿部・行訴改革193頁以下）。

Case 3：**運転免許停止処分の期間満了**

運転免許の停止処分については，停止期間が過ぎてもしばらくは，事後の処分に影響するが，それもしばらく経てば法的な影響はなくなる。免許停止処分の記載のある免許証を所持することにより警察官に処分歴を覚知され，名誉，感情，信用などが損われる可能性が常時継続して存在することは事実上の効果にすぎないものであり，取消しの利益はないとされている（免許の効力停止期間を経過し，かつ，上記処分の日から無違反，無処分で1年を経過したときについて，最

判1980〔昭和55〕・11・25民集34巻6号781頁，判時987号28頁〔百選368頁〕）。運転免許取消処分後に免許を取り直しても，前歴として影響する期間内は，同様に取消しの利益は失われないと言うべきである（ネズミ捕り裁判東京高判2008〔平成20〕・3・12〔平成19（行コ）第285号事件〕もこれを前提とする）。

　道路運送法40条による自動車の使用停止処分の取消訴訟の訴えの利益は，期間満了後でも将来の処分の加重事由とされている間は失われない。その加重事由は法令ではなく処分基準に定められているが，それは事実上のものではなく，法的不利益であるからこのように解される（大阪地判2007〔平成19〕・2・13判タ1253号122頁）。

Case 4 ：運転免許取消処分取消訴訟中に更新時期が到来

　運転免許が取り消されて取消訴訟中に，有効期間の更新がない場合でも，更新ができなかったのは，公安委員会の違法処分に基づくものであるから，その取消処分の取消しが確定して免許証を行使しうる状態に復帰した際に，その適性検査の時期に至ったものとして取り扱うのが相当であり，訴えの利益は残る（最判1965〔昭和40〕・8・2民集19巻6号1393頁，判時423号24頁）。

　さらに，一般運転者として扱われ，優良運転者である旨の記載のない免許証を交付されて免許証の有効期間の更新処分を受けた者は，優良運転者に当たると主張して同更新処分の取消しを求める訴えの利益を有する（最判2009〔平成21〕・2・27裁判所時報1478号2頁）。

Case 5 ：被保護者の死亡と訴訟の承継——朝日訴訟

　被保護者が死亡した場合における生活保護拒否処分取消訴訟の利益について，保護受給権は一身専属的であることを理由に否定するのが最高裁多数意見である（最大判1967〔昭和42〕・5・24民集21巻5号1043頁〔社会保障百選170頁〕）が，田中二郎判事は，不当利得返還請求権については，行政訴訟の門戸を広く拡げるという観点から，相続を認め，実体に入って判断することが国民のための裁判所として採るべき基本的態度ではないかと指摘している。

Case 6 ：建物完成後の建築確認取消訴訟継続の利益

　建築確認について第三者による取消訴訟中に，建物が完成したら，確認を取り消すことには意味がないので，訴えの利益は消滅する（最判1984〔昭和59〕・10・26民集38巻10号1169頁，判時1186号53頁）。建築確認は，建築主に対して当該計画が法令に適合しているというお墨付き（保証）であって，建築が済ん

だあとで建築確認を取り消しても，刑事法の遡及適用禁止の原則上，無確認建築罪として処罰することはできないし，また，完成した建物に対して何らかの処置をする義務が行政庁に発生するわけではないからである。また，建築確認は，実体法上違法な建築を適法化する効力がないから，もし建物が実体法上違法と考えるなら，検査済み証の発行の取消訴訟，建築主に対する是正命令の発動を求める義務付け訴訟を提起すればよく，それは建築確認の取消しを前提としないのである。原告の訴訟戦略としても，義務付け訴訟を併合提起すべきである。

　もっとも，建築確認を誤った理由が建築主事側（および指定確認検査機関）にある事例に関する限り，建築主の建築確認に対する信頼は保護されるべきであるから，検査済み証の発行の取消し，是正命令を発することはできないと解すべきである。

　＊　これに対しては，違反は違反だから，建築主に是正させ，建築主は信頼して建築を行った建築確認が違法であったことを理由に，国家賠償を請求せよとの議論もあろうが，違法建築物といっても，近隣住民が訴えるのはたいてい集団規制違反であるから，違反だが，それ自体が公益に重大な支障を生ずるものではないのに，建築主が財産を放棄させられたのでは，大損害であるし，国家賠償を請求するのは大変な負担である（しかも，行政に過失がなければ賠償請求権は発生しない）。行政のミスで，そのような負担を国民に課すべきではないと思う。近隣住民は，行政に対して，国家賠償を請求すべきである。建物の安全性に関する審査ミスであれば，建築主は被害者であるから，これに対して加害者である行政側が是正命令を発する等は，天をも恐れぬ仕業で，特定行政庁が頭を下げて，自己の費用で是正すべきである。

Case 7 ：工事完了後の都計法の開発許可取消訴訟の帰趨

　判例では，都計法29条の開発許可に基づく工事が完了すれば，予定建築物について建築確認がされていないとしても，その取消訴訟の訴えの利益は否定される（最判1999〔平成11〕・10・26判時1695号63頁，判タ1018号189頁，さらに最判1993〔平成5〕・9・10民集47巻7号4955頁）。これは開発工事が完了すれば，建築確認と同様に開発許可の法的効力が消滅するとの前提に立つ。そうであれば，開発許可を違法として，工事中または完了後，是正命令の義務付け訴訟への変更を認めるのが筋である。

　しかし，建築確認は単に建築計画が建築法令に適合することを確認して建築を許容するだけであるので，建築が完了すると効果も消滅するが，開発許可の

場合，これに続いて，工事が完了すると，検査済み証が交付され，公告がなされ，建築制限が解除され，また，公共施設は自治体に帰属するという法的効果が発生する（都計36条〜40条）。そこで，工事が完了したが，その公告前に，開発許可が取り消されると，工事完了の公告も許されないので，これらの法的効果が発生しない。また，工事完了の公告がなされた後は，予定建築物以外の建築は禁止される（都計42条1項）。このことを勘案すれば，開発完了後も，開発許可取消しの利益があるのではないかという問題がある（原状回復が困難なのは事情判決の問題である。金子・前掲『まちづくり行政訴訟』1頁以下）。

Case 8：洪水の危険を理由とする訴えの利益は，代替工事完備で消滅，長沼ナイキ基地訴訟

森林伐採により洪水の危険があるとする長沼ナイキ基地訴訟では，代替施設の完備で訴えの利益が消滅する（長沼ナイキ基地訴訟，最判1982〔昭和57〕・9・9民集36巻9号1679頁）。

Case 9：保険医指定取消し

保険医指定取消処分の取消しを求める訴えは，保険医指定制度廃止後においては，上記取消処分を受けたことにより当該医師の申請する保険医療機関の指定が拒否されるおそれがあるとしても，訴訟追行の利益を失う（最判1966〔昭和41〕・11・15民集20巻9号1792頁〔社会保障百選46頁〕）とされているが，保険医療機関の指定拒否に大きく連動するので，救済の実効性の観点から，本件の指定取消処分の段階で，その取消しの利益を認めるべきではなかったかと思う。

Case 10：教科書検定と学習指導要領の改訂

教科書検定の根拠となった学習指導要領の改正により新たな学習指導要領が全面的に実施された場合には，原則として，改正前の学習指導要領の下で検定に合格した教科用図書についての教科用図書検定規則10条・11条による改訂検定は許されないということを前提に，改正前の学習指導要領の下でされた教科用図書検定規則による改訂検定不合格処分の取消しの訴えの利益は失われる（最判1982〔昭和57〕・4・8民集36巻4号594頁，判時1040号3頁）。

Case 11：協定永住資格を失った後の再入国拒否処分取消訴訟

わが国に永住する資格を有する大韓民国国民が，指紋押捺を拒否したため再入国許可を拒否されたままアメリカに出国したので，協定永住資格を失った扱いとされた。そこで，再入国不許可処分の取消訴訟を提起したところ，既に協

第9章　行政訴訟法

定永住資格を失っており，再入国不許可処分が取り消されても，もはやこの資格を回復できないから，無意味として，訴えの利益が否定された（最判1998〔平成10〕・4・10民集52巻3号677頁，判時1638号63頁）。

　しかし，もし，この不許可処分が違法であれば，協定永住資格を失わないで出国できたのであって，違法処分を前提に資格を喪失したと国側が主張するのは信義則に反すると解するのが妥当である（福岡高判1994〔平成6〕・5・13行集45巻5=6号1202頁，判時1545号46頁，阿部・行訴改革201頁以下）。

　＊　同様に，難民不認定処分取消訴訟中に退去強制令書を執行されたら，日本で難民として認定される余地がないので，訴えの利益が失われる（最判1996〔平成8〕・7・12判時1584号100頁，判タ924号150頁）とされているが，これでは，難民としての認定を求めている者を違法に強制退去させて（違法状態の作出），認定を求める地位を剥奪することが許されることになり，およそ裁判を受ける権利は無に帰す（最判1965〔昭和40〕・8・17民集19巻6号1412頁，判時425号26頁参照。⇒第2章第1節Ⅸ）。退去強制処分が違法かどうかを審理のうえ，違法であればそれを無視して，難民かどうかの判断を行い，難民であれば，日本に入国すれば難民と判断するという扱いにすべきである。

　なお，退去強制令書の発付，執行がされた後における収容令書の執行停止を求める申立ての利益は消滅する（最決2002〔平成14〕・2・28判時1781号96頁，判タ1089号133頁）。

　Case 12：明渡しの代執行完了後の明渡裁決の取消訴訟

　明渡裁決に基づく行政代執行により明渡しが完了したことにより，本件明渡裁決の目的は達成し，地権者はそれ以上に何らの義務を負うことはなくなったものであり，明渡しにつき原状回復を求めるためには，その元になった収用裁決を争えば足りることを理由に，明渡裁決の取消しを求める訴えの利益は消滅したとする判例（奈良地判2004〔平成16〕・5・26訟月51巻5号1292頁）と，明渡裁決の義務の履行としていったん占有を解除したとしても，明渡裁決が取り消された場合は対象となった土地を正当に占有する権利を回復すると解されるのであるから（収用101条の2参照），占有がいったん解除されたとしてもなお明渡裁決の取消しを求める独自の訴えの利益は失われていないとする判例（東京地判2004・4・22判時1856号32頁，判例自治253号68頁）がある。

　Case 13：情報を取得後の情報公開請求訴訟

　最高裁は，請求に係る公文書の非公開決定の取消訴訟において当該公文書が

書証として提出されたとしても，情報公開条例に基づく公開請求権者は，条例所定の手続により公文書を閲覧し，写しの交付を受けることができるのであるから，訴えの利益は消滅しないとした（最判2002〔平成14〕・2・28民集56巻2号467頁，判時1782号3頁）。非公開決定が職権で取り消されて文書が公開されれば，取消訴訟の訴えの利益が消滅するのは当然であり，文書が書証として提出された場合も同様に解する意見も多いが，最高裁は，所定の手続による公開請求権を重視したのである（福井章代調査官解説・曹時56巻4号〔2004年〕213頁）。

Case 14 ：船舶の移動命令

船舶を外に移動または搬出せよとの命令の代執行がなされた場合も，建物取壊し命令の代執行とは異なり，それが取り消されたら，原状回復が可能であるから，訴えの利益は残る（名古屋高判1996〔平成8〕・7・18判時1595号58頁，判タ933号117頁）。

さらに，訴えの利益消滅と事情判決の関係については，⇒本章第5節Ⅱ4参照。

3　訴えの利益消滅への救済

係争中に訴えの利益が消滅したら，国家賠償訴訟に変更できる（行訴21条）。

【研修命令取消訴訟中に研修実施】

都教員が君が代斉唱命令に従わなかったことを違法として，都教育委員会から戒告処分を受けたほか，特定日に「非行の再発防止」の研修を受けることを命じられた。被処分者がその取消訴訟と執行停止を申請したところ，後者は却下されたが，将来君が代を斉唱しないというのは内心の自由であり，そうした内心の信条に踏み込む研修は憲法19条に違反する疑いありとされた（東京地決2004〔平成16〕・7・23判時1871号142頁，阿部・法の解釈(2)第2章）ので，現実に行われた研修は，君が代・国旗とは関係のない地方公務員法の一般講義となった。この訴訟はどう扱われるべきか。

研修を受ける義務は既に履行されたので，その取消訴訟は訴えの利益を喪失するが，もともとの研修命令と，現実に行われた研修の両方とも，違憲違法であるとする国家賠償訴訟に変更できよう。当初の取消訴訟とは請求の基礎に変更がないと考えられるからである。

応用的考察

この制度は立法論としては中途半端である。

第9章　行政訴訟法

　　もともと，違法処分による名誉信用の毀損については，取消訴訟ではなく国家賠償訴訟によるべきだとされているが，国家賠償法上の違法（判例では，著しく重大な職務懈怠等，⇒第11章第2節第1款Ⅷ）と過失は，厳しすぎる。違法行為の確認訴訟でも，確認の利益が消滅しているかどうかが争点になる。しかし，事実上の不利益であれ重大で，現在も継続しているなら，確認訴訟の対象とすべきである（前記の保険医指定取消処分など）。
　　さらに，訴えの利益の消滅は原告の責任ではない。裁判に時間がかかるか，被告側が作為的に条件を変更したり，裁判引き延ばし作戦を採ったり，処分を職権で取り消したためであるから，訴訟に要した費用を被告に当然に賠償請求できる制度を導入すべきである。特に，被告の策による訴えの利益の消滅（前記教科書検定の例），職権取消しによる処分の消滅については，適法行為ではあるが，訴訟による救済方法を剝奪したとして損失補償を認めるべきではないか（阿部・実効性139頁）。これまで，原告が敗訴したからという形式的理由で訴訟費用を原告負担とする判例（長沼ナイキ基地訴訟上告審判決，最判1982〔昭和57〕・9・9民集36巻9号1679頁），家永教科書検定第二次訴訟（最判1982・4・8民集36巻4号594頁）の差戻後控訴審判決（東京高判1989〔平成元〕・6・27行集40巻6号661頁，判時1317号36頁）があったが，それは，正義公平の原則に反する。制度の改革，職権取消しなどで訴えが認容されたと同じ効果が生じて，訴えを取り下げた場合には，民訴法64条を準用して，訴訟費用を被告に負担させるべきである（最決2007〔平成19〕・4・20判時2012号4頁）。
　　また，同様の行為が継続されるか将来再発する蓋然性が高い場合には，訴えの利益を認めて，係争行為の違法性だけでも確認しておく訴訟が考えられる（ドイツの継続的違法確認訴訟。村上裕章「ドイツ行政訴訟における訴えの利益の事後消滅──継続的確認訴訟の検討（大陸法部会）」比較法研究56号〔1995年〕172頁以下）。改正行訴法で活用が期待される当事者訴訟を利用する方法もあろう。
　　ここで，過去のある行為が違法とされると，将来同種の事案で同様の行為が行われた場合には当然に違法とされるのか，という取消判決の効力の問題がある。プレジャーボートが特定の係留場所から別の場所へと代執行により移動させられた後も，除却命令の取消訴訟の訴えの利益が残るとの判例（名古屋高判1996〔平成8〕・7・18判時1595号58頁，判タ933号117頁）は，その取消判決は当事者たる行政庁を拘束するという理由を挙げる。取消判決の拘束力として，形式上は別個の行為であっても，同一処分の繰返し禁止効を認める立場であろう。

Ⅳ　出訴期間

1　出訴期間，不可争力，違法性の未確定

抗告訴訟では，一定期間内に出訴しなければならないという制限がある。これを出訴期間といい，主観的出訴期間と客観的出訴期間がある。

主観的出訴期間とは，処分を知った日から6ヵ月（従前は3ヵ月）以内に出訴しなければならないという制度である（行訴14条1項）。また，処分を知らなかった場合でも1年を過ぎると出訴できないとするのが**客観的出訴期間**である（行訴14条2項）。

この期間を徒過すると，処分には，無効でない限り（無効の場合には無効確認訴訟，争点訴訟，行訴36条・45条。⇒第6節Ⅰ），不可争力が付くという言い方がなされる。被処分者の方から争うことができないという意味である。処分庁の方から職権取消しをすることは妨げがない（職権取消しを制限する効力は不可変更力と言われるが，これは裁決など裁判類似の手続で行われた処分に限ると解釈されている）。

客観的出訴期間は，被処分者でも，不在などで処分に気がつかないことがあり，第三者は処分に気がつきにくいが，不可争力が生じてしまう制度である。

なお，恩給法13条は，異議申立てに主観的期間のみを定め，客観的期間を排除しているので，処分を知るまではいつまでも争える。

不可争力の趣旨は，それが抗告訴訟における期間制限であるから，抗告訴訟で争えなくするだけで，それに違法性がないと実体法的に確定する効力をもたせるわけではない。したがって，違法性の承継がある場合にも，後続処分の取消訴訟で，先行処分の違法を主張できるし（後述4(7)，⇒【土地収用の事業認定と収用裁決の関係】），後に国家賠償訴訟で処分の違法を主張することは妨げがない（最判1961〔昭和36〕・4・21民集15巻4号850頁）。というよりも，出訴期間が徒過したら，違法性の承継がない限り，無効確認訴訟，争点訴訟と国家賠償訴訟しか救済方法はなくなる。期間の制限という点では一見時効に似ているが，消滅時効は援用されれば一切実体法上の権利を失うし，取得時効は権利を取得する点で異なる。

先に述べたように，行政処分かどうかが争われる場合には，処分とすると抗告訴訟で争える代わりに，出訴期間の制約が付くことが問題とされ，処分とすることが被処分者の利益に必ずしもならないと主張される。そして，一般に出訴期間は絶対的な前提とされている。

2　出訴期間の存在理由への疑問符

先に述べたように，裁判を受ける権利から出発すれば，処分かどうかが微妙なものについては併用説が妥当であるが，ここで改めて，出訴期間とは何か，

本当に必要なものかを考えてみよう。

　訴訟による救済を短期間で制限する理由は，**行政上の法律関係の安定と円滑な運営を確保**することにあり（徴税関係について，最判1973〔昭和48〕・4・26民集27巻3号629頁），あとで忘れた頃に争われるのでは，公益にかかわるとか，次の処分がやりにくいといった点にある。そして，これこそが，行政の行為を処分とする実益というか，処分とされない場合との大きな違いである。

　それには多少の理由はあるが，次の処分がある場合（課税処分―滞納処分，都市計画決定―区画整理など）でも，争われたからといって，次の処分をしないわけではない（未確定執行の原則）から，この理由も弱い。

　特に，出訴期間が後続処分の効力を維持するために必要だと考えるなら，取消判決の効力は，後続処分の効力自体には影響を与えないとして，例えば，課税処分の取消訴訟中に，差押え物件が公売された場合，課税処分が取り消されたら，税金は返還するが，差押え物件は，もはや，落札者またはそれからの譲受人から取り返せないと定めればよいのである（もっとも，この点は，むしろ，課税処分に関して係争中は，被処分者の同意がなければ公売できないと定めるべきである）。

　次の処分がない場合（許可の取消し，不許可，学生の退学など）とか，給付（拒否）決定についても，解決があとになって困るのは，被処分者＝原告側だけであるから，期間の制限をおく理由は弱い。同じ金銭給付の問題で，公務員の給料や退職金支給拒否は処分として構成されていないので，その争いに出訴期間の制約は付けられていないが，特に不都合があるだろうか。

　また，公立高等学校の学生に対する処分について，私立学校の学生に対する処分と違って出訴期間を付ける必要性ははっきりしない（なお，国立大学は今は法人化され，私立学校並みである。東京高判2007〔平成19〕・3・29判時1979号70頁，判タ1273号310頁〔重判解平成19年度8頁〕）。

　第三者の権利関係を形成する場合（農地買収，公売処分について被処分者が訴えを提起する場合，競願，許可などに対し第三者が訴えを提起する場合など）なら，出訴期間により法律関係を安定させる必要がないではない。それでも，民事法では，先行行為が違法ならそのあとの行為はすべて覆滅するのが原則であるから，行政処分が介在すれば，とたんに法的安定性の要請が大きくなると言えるのかは，なお検討の必要がある。原発に対しては，民事の差止訴訟には出訴期間が

ないのだから，その許可の取消訴訟についてだけ出訴期間を置かなければならない理由も弱い。建築確認についても同様である。

　立法者が処分かどうかを選択する場合，例えば租税の過誤納の返還請求は5年の時効にかかるまで行える（税通56条・74条）が，登録免許税について登記官が返還を拒否したら，前掲Ⅰ4(3) *Case5* の最高裁（2005・4・14）はこれを処分としたので，出訴期間の制約が付く。この違いに合理的な根拠はあるのか。

　　＊　なお，出訴期間には，法律行為に対する処分の大きな特殊性，権力性を見出すことができると説明される（塩野・Ⅱ91頁）が，それは処分というものに事の性質上備わっている特殊性ではなく，なぜか処分なら早期安定性の要請があるという思い込みで作られた制度上の産物にすぎず，権力性とは関係がない。期間徒過後は争えないことが権力性の意味であるとすれば，私法行為でも時効にかかれば権力性を有することになる。

　このように，**出訴期間の必要性は高くなく，たった1日違いでも権利救済を拒否する重大な結果を生ずるので，比例原則違反の立法である**。比例原則に反しないようにするためには，例えば，税金なら，一定期間経過後は，出訴まで遅れた日数1日いくらの割合で，救済されるべき税額を減額する（あるいは提訴手数料を日数に応じて割高にする）のが合理的である。むしろ，出訴期間は原則として不要であり，必要な場合に特別に個別に規定を置けばよい（アメリカ流の制度）。例えば，都市計画決定とか用途地域の指定替えは，今は処分とされていないが，これを前提に土地利用関係が形成されていくので，短期に決着を付けるのがよく，これこそ都市計画関係訴訟の制度を置いて，出訴期間を置くべきものである（阿部「期間制限の不合理性——法の利用者の立場を無視した制度の改善を」小島古稀下1頁以下）。

　行訴法改正は，そうした抜本的な改正にまではおよそ及ばなかった。処分とすると出訴期間が付くから，かえって権利救済の範囲を縮小することもあるとして，処分の範囲を広げず，当事者訴訟を活用せよというメッセージを送った。これは処分と出訴期間が不可分一体であるというドグマによる。

　【不可争力を生じた課税処分による損害を国家賠償訴訟で請求できるか】

　行政処分は出訴期間を徒過すると，無効でない限り，不可争力を生ずる。しかし，取消訴訟で争えないとなっただけで，行政処分が実体法上違法ではないと確定したものではないので，国家賠償請求の対象とすることは許される。そして，国家賠償請求権の消滅時効は，損害および加害者を「知って」から3年

(民724条, 国賠4条) なので, 出訴期間徒過後もなお請求することができる。

問題とされているのは, 課税処分のような金銭確定処分である。これについて不可争力発生後も (さらには課税処分が無効であるが, 5年の税法上の時効, 10年の不当利得返還請求権の時効が完成した後でも), 国家賠償請求を認めるかどうか。否定説は, この場合には, 取消訴訟も国家賠償訴訟も同じく金銭請求訴訟であり, 不可争力を生じて取消訴訟では税金の返還を求めることができなくなってから国家賠償訴訟を認めることは, 実質的に課税処分の効力を消滅させ, 取消訴訟の排他的管轄の趣旨を没却させ, 法的安定性を確保するという出訴期間制度の趣旨を潜脱するとする。

しかし, これは誤解である。取消訴訟と国家賠償訴訟は制度目的を異にするのである。すなわち, **取消訴訟なら, 課税処分そのものを取り消すので, 課税処分に基づいて行われた滞納処分まで違法として, 競落人の地位を覆滅するなど, 法的安定性を害するから,** そうした事態が生じないように, 出訴期間を置くのである。税務当局も, 不可争力の発生を待ってから滞納処分手続に進めば, 法的安定性が害されるような事態の発生を防止することが可能なのである。

これに対し, **国家賠償訴訟で課税処分が違法とされても, それは金銭的な精算だけであって, 滞納処分手続を覆滅するものではないから, それは実質的に課税処分の効力を消滅させるものではなく, 第三者には影響を及ぼさず, 法的安定性を問題とする必要はない**のである。

国家が, あるいは小さな自治体であれ, 何年か後にまれに国家賠償訴訟で税金相当分の返還を求められることが起きても, そのために, 法的安定性が害されるというほど, 日本の法秩序は脆弱なものではない。

また, そもそも不可争力は, 処分の適法性を確定しないから, たまたま金銭に関する処分であるからといって, その原則を歪めて, 処分の適法性まで確定すると解する, 実定法上の論拠はないのである。取消訴訟の排他的管轄なるものも, 処分の効力を覆滅するには, 取消判決が必要だというだけであって, 処分の効力を存続させたまま, 単に金銭的な支払を求めるのは, 排他的管轄に反しないのである。

さらに, 国家賠償訴訟では, 違法のほかに, 過失, 損害の範囲の確定という要件があるから, 取消訴訟と当然に重なるものではない。2つの訴訟は要件効果を異にするのである (この問題については, 両説あったところであり, 最近の否定

説としては，碓井光明「租税法における実体的真実優先主義の動向」『納税者保護と法の支配：山田二郎先生喜寿記念』〔信山社，2007年〕があるが，学説判例の詳細は，占部裕典『租税法の解釈と立法政策Ⅱ』〔信山社，2002年〕805頁以下参照。阿部説は，政策法務194頁以下)。

　土地の固定資産税は，住宅が建っていることにより減額されるが，その適用がないまま長年課税されてきた場合，市町村がその誤りを認めても，地方税法18条の3では5年経ったら，時効で返せないとなっている。この場合には，国家賠償で返還させればよい（大阪高判2006〔平成18〕・3・24判例自治285号56頁，神戸地判2005〔平成17〕・11・16判例自治285号61頁，東京地判2008〔平成20〕・10・29〔民事2部平成19年（行ウ）第750号事件〕)。

> **応用問題**：新規立法，土地境界画定の簡易な手法
> 　　土地の境界をめぐる紛争を解決する境界画定の訴えは民事訴訟であり，証拠収集・調査を行う当事者の負担が重く，適切に機能していない。そのため，土地家屋調査士等外部の専門家で構成する境界確定委員会の意見を踏まえて，法務局が土地台帳等の資料調査，測量を経て，行政処分により土地の境界を画定して，それに対して行政訴訟を提起するという新しい制度が提案された。仮に，これが導入されると，土地境界確定に関する民事訴訟は受け付けないことになる。しかし，出訴期間を伴う行政訴訟のシステムは厳しいとの批判があり，民事訴訟のシステムが残されることになった。土地の所有権登記名義人等は，筆界特定登記官に対し，隣地との筆界について筆界特定の申請をすることができ，筆界特定登記官は筆界調査委員の調査を踏まえて，筆界特定書を作成する。ただし，それは行政処分とは構成されていないので，境界確定に不服がある場合は，現行通り，当事者間で境界確定訴訟を起こすことになった（2005年，改正不動産登記法123条以下）。ここには行政法と民事法の混合システムが認められる。あるいは，**出訴期間なき行政法システム**ということができる。逆に言えば，**行政法のシステムから出訴期間を放逐することは不合理とは言えない例**ができたのである。

3　新行訴法の改正点

　現行法は出訴期間制度を墨守しているが，それでも，この改正は，主観的出訴期間を原則として6ヵ月に延長し，「正当な理由」によるその徒過を許容した。また，その教示の制度を導入した（行訴46条）。客観的出訴期間にも，「正当な理由」による救済規定がある。

　といっても，不服申立期間が原則60日，短いのは30日（行審14条）なので，教示（行審57条）があるとは言え，期間を守れずに，不服申立前置主義が採られている場合には，救済の機会を失うことは依然生じうる。早急な法改正が望

まれる。

　　＊　期間の末日が土曜日・日曜日，祝日（国民の祝日に関する法律による），年末年始（12月29〜31日，1月2日，3日）に当たるときはその翌日に満了する（民訴95条3項，行訴7条）。1月3日は，かつては休日と明示されず，判例上休日と解釈された（最大判1958〔昭和33〕・6・2民集12巻9号1281頁）が，今は，民訴法95条3項で休日と明示された。また，不服申立中は出訴期間は進行しない（行訴14条3項）。

　　　この期間の計算では，途中に祝祭日があっても，計算に入る。2週間の上訴期間（民訴285条・313条），即時抗告の7日間（民訴332条），特別抗告と許可抗告の5日間（民訴336条2項・337条6項）の計算も同じなので，年末の12月28日，連休前，夏休み前に判決・決定があると，期限までに平日がほとんどないので，調査し，委任状を取る時間的余裕もきわめて限られている。裁判所は休めるが，弁護士も当事者も休めない。民の苦労をわきまえない制度である。

　　　出訴期間の6ヵ月は180日とは違う。6ヵ月というときは，暦で計算する（民143条1項）から，途中，2月が28日しかない閏年でも同じになるが，60日の審査請求期間は日を数えていくので，2ヵ月とは異なり，閏年では違ってくる。60日，30日をそれぞれ，2ヵ月，1ヵ月と思い込むと，間に合わないことが起きるので，注意が肝要である。法律によって月をもって計算する場合と日をもって計算する場合が混在しているのは，国民に対するわかりやすさの点で問題である。

4　解釈上の論点

(1)　裁判を受ける権利との関係

　出訴期間を置くのはある程度まで立法裁量であろう。しかし，事後的にそれを短縮するのを合憲とする判例（最大判1949〔昭和24〕・5・18民集3巻6号199頁〔百選4版422頁〕）は裁判を受ける権利を大幅に制限するもので，賛成できない。

　さらに，前記のように，**出訴が遅れて損するのは基本的に原告側であり，行政側にとっては便宜以外の何者でもないから**，それによって裁判を受ける権利を大幅に制限するのは，違憲ではないかとの疑問ももつ。解釈論としても，出訴期間徒過による救済の拒否を可及的に防止すべきである。仮に，出訴期間が必要としても，期限に遅れた瞬間にすべての権利を剝奪するのは比例原則に反するから，期間徒過の「正当な理由」をできるだけ広く認めるべきであろう。

(2)　知った日とは？

　「知った日」とは，抽象的な知りうべかりし日ではなく，当事者が書類の交付，口頭の告知その他の方法により現実に知った日をいう。処分書が送達され

第2節　取消訴訟の訴訟要件

たときは，知ったものと事実上推定するが，そのとき旅行中なら，知ったことにならない（最判 1952〔昭和 27〕・11・20 民集 6 巻 10 号 1038 頁〔百選 382 頁〕）。公務員の免職は辞令書の交付によって相手方の了知しうべき状態に置かれた時に効力を生じ，官報による公示ではこの効力を生じない（最判 1954〔昭和 29〕・8・24 刑集 8 巻 8 号 1372 頁）。書面で行う処分について事前に口頭で伝えられることがあるが，書面で正確にその内容を知って初めて出訴期間が走ると言うべきである。

訴訟要件の存在は職権調査事項であるが，その判断の基礎となる事実は当事者の弁論に現れたものに限る（新堂幸司『新民事訴訟法〔第 4 版〕』弘文堂，2008 年〕226 頁）から，処分のあったことを知ったかどうか，知った日は当事者の立証に待つことになる。

(3)　処分の送達方法

処分を知らせる方法は，一般的には規定がない。行政手続法でも行政処分の送達に関する一般規定を置いていない。

文書の交付，口頭または電話による表示でもよい。しかし，証拠を残すため，文書の交付によるのが普通である。相手方に受領させるために特に送達手続が行われることもあるが，日本法は行政上の送達については不備である（園部逸夫『行政手続の法理』〔有斐閣，1969 年〕48 頁以下に詳しい。古いが，問題状況には変わりはない）。送達の方法について，特例として，国税通則法は郵便による送達で通常到達すべき時に送達があったものと推定している（税通 14 条，さらに，地税 20 条）。独禁法 70 条の 17 は民事訴訟法を準用する。

> 応用研究：所在不明公務員に対する処分の効力発生時期・告知方法
>
> 所在不明の者に対する行政処分の告知方法に関して一般的に定めた法令はない。個別法では公示による送達を定める例がある（収用 135 条 2 項，同法施行令 5 条 1 項，区画整理 133 条，税通 14 条，独禁 70 条の 18，海難審判施規 91 条）。
>
> 出奔して行方不明になった公務員に対して，無断欠勤を理由に懲戒免職にする場合，国家公務員に対しては，その内容を官報に掲載することによって文書を交付することに代えることが認められている（人事院規則 12 - 0「職員の懲戒」5 条 2 項）。地方公務員に関する法律ではこのような規定はないが，県条例で同様の規定を置き（地公 29 条 2 項参照），県の公報に掲載すればそれで処分の効力が生ずる。
>
> このような規定がないとき，民法 98 条を類推適用して公示送達をすることができるかどうかについては，これは民事上の意思表示に関する規定なので，公権力による一方的な意思表示にも適用できるかどうか，これを法の一般原則とみることが

173

できるか。
　行政実例では，こうした個別の規定をもたない地方公共団体の場合，行方不明の職員に対しては，辞令および処分説明書を家族に送達するとともに，処分の内容を公報および新聞紙上に公示することによって差し支えないとするもの（1955〔昭和30〕・9・9付自治省公務員課長回答）があった。
　しかし，大阪高判（1996〔平成8〕・11・26判時1609号150頁，判例自治159号46頁）は，当該職員と同居の家族に対し人事発令通知書を交付するとともにその内容を県公報に掲載することによっては出奔した職員がこの処分を知りうる状態に置かれたとすることはできないし，公報に掲載されたというだけで通知があったとは言えない（前記(2)の最判1954・8・24）。そして，法令の根拠なくして公示により処分の効力を生じさせることはできない（上記最判1954・8・24）とした。
　これに対して，最高裁（最判1999〔平成11〕・7・15判時1692号140頁，判タ1015号106頁）は，これまで当該職員と同居の家族に対し人事発令通知書を交付するとともにその内容を県公報に掲載するという方法で行ってきたのであれば，その方法によって懲戒処分が行われることを被処分者は十分に了解しえたものというのが相当であるから，この方法による懲戒処分は効力を発生しているとした。
　この判決の匿名コメント（調査官解説と推定される）によれば，行政処分の中でも，一般国民を対象とするのではなく公務員に対する処分に限定すれば，内部の不文律的な定めであっても，一定の方式をもって反復継続して行われる告知方法が存在するときは，それが所在不明の公務員に対する告知方法として相当の合理性を有する方法であれば，被処分者側において，その方法によって告知されることを予想することができ，了知しようと思えば了知することが十分に可能であるという意味において，了知しうべき状態に置かれたものといって差し支えないというのである。なお，上記最判1954・8・24は，本人に辞令を交付する前に官報に登載されたというだけで，判検事の免官の効力は生じないというもので，所在不明の職員に対する告知方法に関する先例とは言えないものである。
　これは出奔した職員に対する処分の効力が発生しないとして，その者に給料，退職金を支払い続けることは不正義だという，個別の正義の観点から工夫したものである。しかし，行政内部の通知にすぎない行政実例によってこれまで行われてきたから，職員はその方法を十分了知できたとする理屈は納得できるだろうか。無断で行方不明になれば処分を受けることは誰でも予想できるが，それだけで懲戒免職を了知できるだろうか。これは，了知することが十分可能であるというよりも，やはり一種のフィクションである。この最判は当該事件の具体的な妥当性を追求する余り，地方公共団体のいわば慣習法的な扱いや行政実例を正当化してしまった。大阪高判の方が法治国家にはふさわしい。

(4)　初日不算入
この6ヵ月は「処分を知った日」を入れないで計算する。いわゆる初日不算

入の原則（民140条）である。知った日は丸1日残っていないので、それを1日分として計算することは、出訴期間を実質的に6ヵ月保障したことにならないからである。これに対し、不服申立てをしてから出訴する場合、これまでの行訴法14条4項では、この期間は通知を知った日から「**起算する**」と規定されていた。そして、「起算する」という文言上初日は算入する趣旨であるというのが判例である（最判1977〔昭和52〕・2・17民集31巻1号50頁。「年齢計算に関する法律」参照）。しかし、処分について直ちに出訴する場合には初日を算入せず、不服申立てをした場合には、1日早く出訴させるべき理由もなく、一般原則は初日不算入であるから、こうした法律の違いに気づくのは普通は無理である。これでは、国民を騙し討ちするだけで、裁判を受ける権利を侵害する違憲の法制度であった（阿部「平均的日本人と行政争訟」実効性240頁）。

* 「高等海難審判庁がした裁決に対する訴えは、裁決の言渡しの日から30日以内にこれを提起しなければならず、その期間は、不変期間とされていた（当時の海難審判法53条2項・3項）。そして、その期間計算について、当時の海難審判法施行規則83条1項が、「日をもってする期間の計算については、法第53条第2項の期間の計算の場合を除いて、その初日を算入しない。」と規定していたので、「同法第53条2項の期間計算をする本件においては、裁決言渡しの日は、これを算入すべきものと解される。」として初日算入として、訴えを却下した判例がある（東京高判2000〔平成12〕・9・28訟月47巻12号3737頁）。しかし、「知った日」を基準とする法律の施行規則で、初日不算入とすることは、法律の委任の範囲を超えて違法ではないか。現行海難審判法44条2項、3項、同法施行規則92条はこの規定を削除している。

審査請求では、この点をわかりやすく規定している（行審14条）。行訴法改正ではこうした見解を踏まえ、不服審査を経た場合も初日不算入となった（行訴14条3項）。

【正当な理由による徒過の許容】

また、「正当な理由」があれば、処分を知ってから6ヵ月の出訴期間を徒過しても、処分から1年経っても、出訴できる（不可争力がつかない）。出訴期間は、改正前は、不変期間として位置づけられていたので、「**その責めに帰することができない事由**」がなければ、その期間経過後は救済されなかった（民訴97条）。そして、この事由は厳格であり、天災地変でもなければ認められなかった。今回導入された出訴期間徒過の「正当な理由」については、これよりは緩和された解釈が可能とされる。

そして、立案関係者の説明によれば、処分庁が、誤って、法定よりも長い出訴期間を教示した場合、これまでの「その責めに帰することができない事由」には当たらないが、改正法の「正当な理由」には当たるとの解釈ができるようになるというのである。出訴期間の教示がなかった場合は、それだけでは当然には「正当な理由」があるとはされていないが、具体的な事情いかんによっては「正当な理由」があるという（福井秀夫ほか『新行政事件訴訟法』〔新日本法規、2004年〕339頁、さらに、小林久起『行政事件訴訟法』〔商事法務、2004年〕257頁、園部逸夫＝芝池義一『改正行政事件訴訟法の理論と実務』〔ぎょうせい、2006年〕108頁もほぼ同旨）。

しかし、原告の事務繁忙、病気、出張不在、法律の不知などは「正当な理由」に当たらないとの解説がある（南＝高橋編・条解行訴法370頁）。

私見では、これはこれまでの解釈を引きずっており、狭すぎる。こうした当事者の主観的な事情であっても、例えば、本人や家族の重病など、一般人の通常の行動から見て、期間の遵守を求めることを期待するのが酷である場合には、「正当な理由」があると解すべきである（裁判所の職員はそうした場合には休むし、予定された判決も延期するのである）。

また、年金裁定など、処分の時には違法と気が付きにくいもの（後から違法と判明するもの）にも適用されるべきだろう（この阿部説は今回の社保庁年金記録5,000万件不備問題で実証された）。公務員採用試験で合格するはずだったのに、市長の恣意的な操作で不合格になったことが、後になって露見した場合（兵庫県加西市2007年3月。阿部・法務戦略218頁。大分県教育委員会の不正な点数操作で不合格になった者についても同じ。2008年）も、不合格になった時にその違法を知ることができなかったのであるから、同様である。

実は、こうした解釈は、住民訴訟において前置を要する監査請求の期間徒過の「正当な理由」（自治242条2項）について既に最高裁が認めていることである。すなわち、「正当な理由の有無は、特段の事情のない限り、普通地方公共団体の住民が相当の注意力をもって調査すれば客観的にみて上記の程度に当該行為の存在及び内容を知ることができたと解される時から相当な期間内に監査請求をしたかどうかによって判断すべきものである。」（最判2002〔平成14〕・9・12民集56巻7号1481頁）。この趣旨は、監査請求期間・出訴期間が走るためには、違法と気が付く程度の情報が必要だということである。不法行為の消滅

時効の起算点である「損害及び加害者を知った時」(民724条) とは，被害者において，加害者に対する損害賠償請求が事実上可能な状況の下に，その可能な程度にこれらを知った時を意味するものと解するのが相当である（最判1973〔昭和48〕・11・16・民集27巻10号1374頁参照）とするのと同様の発想である。

(5) 訴状・不服申立書の到達時期

不服申立書や訴状が何時到達したかについては，**原則は到達主義**である（民97条1項，民訴95条1項）。実務的には，訴えを期限最終日裁判所の夜間受付に提出して期限を守ることもある。

その例外が**発信主義**である。民事法にも例外としてこれを定める規定がある（隔地者間の契約に関する民法526条。訪問販売でした契約のクーリングオフは，契約日を入れて8日以内に発信すれば効力を生ずる。特商9条1項1号・2項），行政法の領域でも発信主義を明示している規定は少なくない（行審14条4項，税通22条，地税20条の5の3，労働保険審査官及び労働保険審査会法8条2項）。

* しかし，制度が統一的でないため混乱する。土地収用法における申請書，意見書，異議申出については発信主義が採られているが，それは不服申立や訴訟には適用されていない（収用135条1項）。公務員法にも発信主義の規定がない（国公90条3項・90条の2，地公49条の2・49条の3）ので，原則に戻って到達主義になる。

(6) 一 般 処 分

処分が公告によって効力を生ずる**一般処分**（この場合，都計法59条1項に基づく都市計画事業の認可）の取消しを求める審査請求の場合，最高裁は**告示の性質上，知不知を問わず，認可の告示があった日の翌日から起算する**（最判2002〔平成14〕・10・24民集56巻8号1903頁〔百選284頁〕）とした。しかし，これは「知った日の翌日から」とする行政不服審査法14条の主観的審査請求期間の規定に反する。知らない者でも争えないという重大な権利制限をするのであれば，少なくとも明文の規定を置くべきであり（例：土地改良87条6項），この場合も，その期間は，処分の効力を受ける者が現実に処分があったことを知った日の翌日から起算するべきであった（その原審：東京高判2000〔平成12〕・3・23判時1718号27頁がまったく正当）。これは不服申立期間に関する判例であるが，出訴期間についても同じである（阿部〔判批〕・判例自治213号〔2001年〕113頁）。

(7) 違法性の承継

先行処分の違法を後行処分の段階で争えるか。これが**違法性の承継**の問題で

ある。伝統的な学説によれば，これが認められるかどうかは，**1つの手続ないし過程において複数の行為が連続して行われる場合に，これらの行為が結合して1つの法効果を目指すかどうかによって決まる**とされ（田中・上327頁，山田ほか・演習上266頁以下参照），農地買収計画と農地買収処分，事業認定と収用裁決（徳山ダム事件に関する岐阜地判2004〔平成16〕・9・15判例自治270号79頁），都市計画事業の認可と収用裁決（名古屋高判1997〔平成9〕・4・30行集48巻4号323頁，判時1631号14頁），滞納処分における差押えと公売処分，代執行の戒告と代執行については違法性の承継が認められ，課税処分と滞納処分の間，開発許可と建築確認の間，命令と代執行の間には違法性の承継が認められていない。

　しかし，そのような基準は曖昧であり，その根拠も不明確であるから，不適切である。本来は立法が望ましい。固定資産税の評価（固定資産税課税台帳登録事項，地税381条1項）の違法は，その段階で争うべきで，課税処分の取消訴訟の段階ではもはや争えないということが地方税法434条2項に明示されている。規定がない場合には，**先行行為について裁判を受ける権利が実質的に保障されているかどうかで決めるべき**で（阿部「収用と補償の諸問題（上，下）」自治研究62巻11号3頁，同12号3頁〔1986年〕），先行処分について通常人なら訴訟を起こすべきと言えるのに，出訴期間が徒過しているのであれば，後行処分の段階で先行処分の違法性を争うのは，出訴期間の制限を潜脱するから許されない（例：課税処分と滞納処分の間）のが原則であるが，先行処分について通常人には争うことが期待しにくい場合には違法性の承継を認めるべきであろう。土地収用の事業認定と収用裁決の間については，最近，否定説が有力になっている（福井秀夫「土地収用法による事業認定の違法性の承継」成田古稀251頁，千葉地判1988〔昭和63〕・6・6判時1293号51頁，判タ703号101頁）が，事業認定の段階で争わないと失権するとするのは地権者に酷だと思うと，違法性の承継を認めるべきである。また，農地買収計画と農地買収処分との関係（最判1950〔昭和25〕・9・15民集4巻9号404頁〔百選168頁〕は，これを違法性の承継の問題として捉えている）は，違法性の承継の問題ではない。農地買収処分の取消訴訟においては，買収処分の要件（例えば，不在地主保有面積限度超過，宅地見込み地除外等）を満たしているかどうかが争点になるが，それは農地買収計画の要件と共通なので，買収処分の取消訴訟で，買収計画の違法を争えるかのような外観を呈するだけで，買収処分の要件充足いかんを争っているのである。

第2節　取消訴訟の訴訟要件

　なお，**先行行為が処分でなければ，それを取消訴訟で争うことはできないから，後行行為を争う段階で先行行為の違法を理由とすることができるのは，裁判を受ける権利の保障上当然**で（例えば，用途地域・地区計画の違法を理由とする建築確認拒否処分取消訴訟，都市計画決定の違法を理由とする都市計画事業認可の取消訴訟），違法性の承継の問題と把握すべきではない。違法な行政調査に基づく課税処分とか営業許可の取消処分の場合には，行政調査が事実行為であって，取消訴訟の対象とならないところから，その違法性を後続行為の段階で争えるのは当然で，違法性の承継の問題ではない。ただし，行政調査の違法は，後続処分の違法事由を基礎づける事実として考慮されるにとどまり，当然に後続処分を違法ならしめるものではない。

＊　用途地域の指定，土地区画整理事業計画などについて処分性が肯定されるとすれば，それに不可争力がついて，それに続く処分の段階ではその違法性を争うことができないという説がある。もし，これを肯定すれば，処分性の肯定論は両刃の刃である。これは第2節Ⅰ4(3)で述べたが，筆者は，これは早期の段階で画一的に決めた方がよく，ただ，そのような判例変更の経過措置として，当面は違法性の承継を認めるべきだと考える（立法論として，行政手続法制定過程においては，「計画の効力は，所定の争訟の提起期間及び専属管轄に関する規定によってのみ争うことができる」との案が示されていた。「行政手続法制定への提案」ジュリ810号54頁，公法研究47号212頁）。

　　医療費値上げの職権告示の処分性を認めて，保険組合の出訴を許容すると（⇒第2節Ⅰ4），これに公定力がつき，医療費値上げの違法を理由に，被保険者，保険者，医療機関の間の民事訴訟は許されなくなるとの議論があるが，しかし，保険者，患者にとっては，いちいち医療費値上げの職権告示を争うことは通常は期待できないから，これでは，実際上使うことが困難な手段を用意して，権利救済の道を妨げる不合理な議論に堕する。そこで，この場合には，いずれの訴訟も許容されると言うべきである（原田尚彦『訴えの利益』〔弘文堂，1973年〕136頁以下参照）。

　　暴力団法に基づく指定を受けた暴力団の構成員であるとして，中止命令を受けた暴力団員が中止命令に対する取消訴訟で，暴力団としての指定を争えるのも当然である。

　応用研究：宅建業法に基づく指示と業務停止

　　宅建業法に違反した事実があったとして，同法に基づく指示（処分という性格をもつ）に違反したことを理由に，業務停止処分がなされた場合，後者の取消訴訟の中で，指示の違法を主張できるか。これまでの違法性の承継論から言えば，目的効果が異なるか同一の目的を達しようとするかで決まるが，権利救済の実効性の問題と考えると，指示を争っている間に，または争う余裕のない間に業務停止されてし

179

第9章　行政訴訟法

まうので，違法性の承継を認めないと法治国家違反である。

(8) 訴えの変更と出訴期間

係争中に訴えを変更したが，新訴について出訴期間を遵守できずに，却下されることが少なくない（司法研修所編・実務的研究78頁以下）。

判例は，「訴えの変更は，変更後の新請求については新たな訴えの提起にほかならないから，右訴えにつき出訴期間の制限がある場合には，右出訴期間遵守の有無は，変更前後の請求の間に訴訟物の同一性が認められるとき，又は両者の間に存する関係から，変更後の新請求に係る訴えを当初の訴え提起の時に提起されたものと同視し，出訴期間の遵守において欠けるところがないと解すべき特段の事情があるときを除き，右訴えの変更の時を基準としてこれを決しなければならない」とし，収用裁決書の正本の送達を受けた日から土地収用法133条1項所定の3ヵ月を経過した後にされた損失補償の予備的請求の追加の申立てを不適法却下した（最判1983〔昭和58〕・9・8判時1096号62頁，判タ512号96頁）。

土地改良事業における換地予定地的な一時利用地の指定処分の取消しの訴えとその後になされた上記一時利用地をそのまま換地とする旨の換地処分に対する取消訴訟の間ではこの特段の事情が認められた（最判1986〔昭和61〕・2・24民集40巻1号69頁〔百選386頁〕）。

課税処分を受けたので，まず更正の請求をして，これを拒否する通知を受けてからこの両方の取消訴訟を提起したところ，前者について審査裁決後3ヵ月を徒過しているときは，後者について出訴期間内であっても，前者の取消訴訟は不適法とされた（最判1991〔平3〕・2・22税務訴訟資料182号363頁）。

　　* 出訴期間の弊害が如実に表れるのがこの訴えの変更の問題である。行政法の制度は複雑であり，普通の人には想定外のものが多い。収用を受けたとき，損失補償という金銭請求にまで出訴期間があるとは思いもよらない（金銭請求に時効以外の期間制限があるのも一般的な制度ではない）。課税処分取消訴訟と更正の請求拒否処分取消訴訟とは，たしかに訴訟物を異にするが，実質的に同一事件であるから，更正の請求に対する返答を待ってから出訴するのは，少しも異常ではない。訴訟物を同一年度の所得税を争う訴訟と捉えれば，これは同一訴訟となる。さらに，更正処分をさらに再更正する場合のように，行政側が処分を変更するのは基本的には行政側の調査ミスに起因するのであって，その結果，原告が対応に追われ，対応が不十分なときに訴えが棄却されるのでは，まったく不公平な制度である。

　　　こうした例では，審査請求期間・出訴期間を延長する改正だけでは，すべて救済

されるわけではないから，さらに，期間徒過の「正当な理由」，不服申立前置を経由しなかった「正当な理由」（行訴8条2項3号）を柔軟に解釈して救済する必要がある。

(9) 第二次納税義務者が，主たる納税義務者への課税処分の違法を争う方法，不服申立期間の起算点——裁判を受ける権利の観点からする実質的合理的解釈の模範例

㋐ 問題の所在

第二次納税義務者は，本来の納税義務者から無償または著しく低い額の対価による財産譲渡等を受けたものである関係で，本来の納税義務者に対して滞納処分を執行してもなお徴収すべき額に不足すると認められるときに，納税の告知を受ける（税徴39条）。この者が納税の告知を受けた場合，救済手段は何か。自己に対する納税の告知を争い，その理由中で主たる納税義務者への課税処分の違法を主張するのか。それとも，納税の告知を争うことはできず，本来の納税義務者に対する課税処分を争うのか。その場合出訴期間の起算点は，その処分時か。現時点では，本来の納税義務者がもはや争えない以上は，争えないのか。自己に対する納税の告知の時点か。

以前の最高裁判決（1975〔昭和50〕・8・27民集29巻7号1226頁）は，納付告知処分を受けた第二次納税義務者は，主たる納税義務について徴収処分を受けた本来の納税義務者と同様の立場に立つものであって，納付告知処分の取消訴訟において，既に確定した主たる納税義務の存否または数額を争うことはできないとしていた。そこで，第二次納税義務者が，本来の納税義務者の納税義務の存否または数額を争って主たる課税処分に対する不服を申し立てたところ，原審は，本来の納税義務者とは別に不服を申し立てる適格を有しないとした。

㋑ 最高裁2006（平成18）年1月19日判決

しかし，最判2006・1・19（民集60巻1号65頁，判時1936号72頁〔重判解平成18年度37頁〕）は，原判決を破棄して，国税徴収法39条所定の第二次納税義務者は，本来の納税義務者に対する課税処分につき国税通則法75条に基づく不服申立てをすることができ，その本来の不服申立期間の起算日は，当該第二次納税義務者に対する納付告知がされた日の翌日であるとした（川神裕調査官解説・曹時59巻9号3157頁以下参照）。

　＊　これを詳しく述べると，(1) 第二次納税義務は，「主たる納税義務の税額につき

本来の納税義務者に対して滞納処分を執行してもなお徴収すべき額に不足すると認められる場合に，……第三者に対して補充的に課される義務であって，主たる納税義務が主たる課税処分によって確定されるときには，第二次納税義務の基本的内容は主たる課税処分において定められるのであり，違法な主たる課税処分によって主たる納税義務の税額が過大に確定されれば，本来の納税義務者からの徴収不足額は当然に大きくなり，第二次納税義務の範囲も過大となって，第二次納税義務者は直接具体的な不利益を被るおそれがある。他方，主たる課税処分の全部又は一部がその違法を理由に取り消されれば，本来の納税義務者からの徴収不足額が消滅し又は減少することになり，第二次納税義務は消滅するか又はその額が減少し得る関係にあるのであるから，第二次納税義務者は，主たる課税処分により自己の権利若しくは法律上保護された利益を侵害され又は必然的に侵害されるおそれがあり，その取消しによってこれを回復すべき法律上の利益を有する……。

　そうすると，……第二次納税義務者は，主たる課税処分につき国税通則法75条に基づく不服申立てをすることができる……。

　確かに，一般的，抽象的にいえば，国税徴収法上第二次納税義務者として予定されるのは，本来の納税義務者と同一の納税上の責任を負わせても公平を失しないような特別な関係にある者であるということができるが，その関係には種々の態様があるのであるし，納付告知によって自ら独立した納税義務を負うことになる第二次納税義務者の人的独立性を，すべての場面において完全に否定し去ることは相当ではない。特に，本件で問題となっている……第二次納税義務者は，本来の納税義務者から無償又は著しく低い額の対価による財産譲渡等を受けたという取引相手にとどまり，常に本来の納税義務者と一体性又は親近性のある関係にあるということはできないのであって，譲渡等による利益を受けていることをもって，当然に，本来の納税義務者との一体性を肯定して両者を同一に取り扱うことが合理的であるということはできない。また，第二次納税義務が成立する場合の本来の納税義務者は，滞納者であるから，自己に対する主たる課税処分に瑕疵があり，これに不服があるとしても，必ずしも時間や費用の負担をしてまで主たる課税処分に対する不服申立て等の争訟に及ぶとは限らないのであり，本来の納税義務者によって第二次納税義務者の訴権が十分に代理されているとみることは困難である。なお，主たる納税義務が申告によって確定する場合には，第二次納税義務者が本来の納税義務者の申告自体を直接争う方法はないのであるが，そのことから逆に，行政権の違法な行使によって権利利益の侵害が生ずる場合にまで，これを争う方法を否定する結論を導くべきであるとは考えられない。

　(2) 第二次納税義務は，本来の納税義務者に対して滞納処分を執行してもなお徴収すべき額に不足すると認められるときに，初めて，その義務が成立するものであり，主たる課税処分の時点では，上記のような第二次納税義務が成立する要件が充足されるかどうかが未確定であることも多い。したがって，本来の納税義務者以外の第三者がそのような段階で主たる課税処分の存在を知ったとしても，当該第三者

において，それが自己の法律上の地位に変動を及ぼすべきものかどうかを認識し得る状態にはないといわざるを得ない。他方，第二次納税義務者となる者に主たる課税処分に対する不服申立ての適格を肯定し得るのは，納付告知を受けて第二次納税義務者であることが確定したか，又は少なくとも第二次納税義務者として納付告知を受けることが確実となったと客観的に認識し得る時点からであると解される。そうであるのに，不服申立ての適格を肯定し得ない段階で，その者について不服申立期間が進行していくというのは背理というべきである。

殊に……第二次納税義務者は，……第二次納税義務を確定させる納付告知があるまでは，不服申立ての適格があることを確実に認識することはできない……。その反面，納付告知があれば，それによって，主たる課税処分の存在及び第二次納税義務が成立していることを確実に認識することになるのであって，少なくともその時点では明確に『処分があったことを知った』ということができる。

そうすると，……第二次納税義務者が主たる課税処分に対する不服申立てをする場合，国税通則法77条1項所定の『処分があったことを知った日』とは，当該第二次納税義務者に対する納付告知（納付通知書の送達）がされた日をいい，不服申立期間の起算日は納付告知がされた日の翌日である……。」

(ウ) 泉判事意見

泉徳治判事は多数意見の結論に同調しつつ，第二次納税義務者は，独自に，納付告知処分の取消請求の中で主たる課税処分の違法性を主張することができるとする。

納付告知処分は，「本来の納税義務者に対する課税処分……により確定した国税を徴収するためのものではあるが，単なる徴収手続上の一処分にとどまるものではなく，本来の納税義務者とは別人格の第二次納税義務者に対し，新たに納税義務を成立させ確定させる性質も有している。第二次納税義務者の納税義務は，この納付告知処分によって成立し確定するのである。納付告知処分の要件の一つとして主たる課税処分が組み込まれてはいるが，第二次納税義務者の納税義務と，本来の納税義務者の納税義務とは別個独立のものである。したがって，第二次納税義務者は，自己の第二次納税義務の成立自体にかかわる問題として，納付告知処分の内容に組み込まれた主たる課税処分の違法性を，独自に争うことができる……。主たる課税処分の公定力は，第二次納税義務者が自己に課せられた納税義務，すなわち第二次納税義務を争うために，その要件の一部を構成する主たる課税処分の違法性を主張することを妨げるものではない。換言すると，第二次納税義務者は，独自に，納付告知処分の取消請求の中で主たる課税処分の違法性を主張することができる……。そうすると，第二次納税義務者は，自己の法的利益を守るため，主たる課税処分の取消し自体を請求するまでの必要がなく，主たる課税処分の取消訴訟の原告適格を有しない……。」

そして，前記最判1975年8月27日については，「第二次納税義務の独立性を認

めず，第二次納税義務者の納税義務が納付告知処分により成立し確定することを無視するものであって，変更されるべきである。」とする。
　「しかし，本件は，納付告知処分が争われている事案ではなく，上記判決の変更を議論するのに適切な事案ともいえないところ，上記判決が変更されない以上，第二次納税義務者として，主たる課税処分の違法を理由に第二次納税義務の成立確定を争うためには，主たる課税処分そのものの取消しを請求するほかないから，第二次納税義務者に主たる課税処分の取消訴訟の原告適格を認めるべきであり，したがって，その前置手続である異議申立て及び審査請求をすることを認めるべきである。そして，第二次納税義務者は，納付告知処分によって成立確定した自己の納税義務の取消しを求めるために，主たる課税処分の違法性を主張するものであり，本来，納付告知処分の取消訴訟において主たる課税処分の違法を争うことができるのであるから，上記異議申立てに係る国税通則法77条1項所定の不服申立期間は，第二次納税義務者が納付告知処分のあったことを知った日の翌日から起算すべきである。」

㈐　コメント

　さて，以下，私見であるが，第二次納税義務者は，主たる納税義務者の地位をそのまま引き継ぐと考えれば，争う方法はないが，第二次納税義務者は，主たる納税義務者とは一体ではなく，利害を異にするし，争う契機が生ずるのは主たる納税義務者に対する課税処分があった時ではなく，自己への納税の告知があった時であるから，これに対して実効性のある争訟方法を用意しなければ裁判を受ける権利を侵害して違憲と言うべきである。
　本件はこれに答えたが，その方法として，多数意見は，① 第二次納税義務者は，主たる納税義務者への課税処分の取消訴訟を提起できる，出訴期間の起算点は自己に対する納税の告知があった時であるとし，泉意見は，② 自己に対する納税の告知の取消訴訟中で，主たる納税義務者への課税処分の違法を主張するという方法を提示する（諸説の状況は，判時1936号72頁の調査官匿名コメント参照）。
　しかし，もともと，この事件の原告が，主たる納税義務者への課税処分の取消訴訟を提起したのは，自己に対する納税の告知の取消訴訟の理由中で主たる納税義務者への課税処分の違法を主張できないとする前掲最判1975年8月27日に従ったものであるから，ここでこの判例を変更して，その方法を採るべきであったとして訴えを却下するのは，まさにキャッチ・ボールの弊であって，判例への信頼保護の原則に反する。裁判所が，事件ごとに判例を変更して，自

分の説と違う訴えを却下しているようでは，一見理論的に正しいようで，およそ正義に反するのである。したがって，現行の判例を前提とする限り，多数意見が妥当である。

ただ，このような論争の前提には，正しい訴えは1つしかなく，原告は正しい訴えを選択すべきであったし，裁判所はあとから正しい訴えを見つけることができるという発想がある。このような問題が起きるのは，法律が不明確なためであって，原告の責任ではないから，立法者の怠慢を原告の不利に扱ってはならない。正しい法解釈をすることが大切だと言っても，一番肝心なのは，裁判を受ける権利を保障することである。

このような場合，いずれであれ，提起された訴えは適法とすべきであり，整理したければ，立法者が将来に向かっていずれかに統一すれば済むことである。裁判所が落ち度のない原告の不利にあえて法を統一することはかえって違憲である。

私見によれば，この判決は，裁判を受ける権利を基本に，救済ルールの明確性，その判断を誤った者の救済という点で，これまでの判例の基本的な発想を覆すという，きわめて優れた視点をもっている。今後この視点を他の場合にも応用することを期待する。

なお，多数意見については，第二次納税義務者が，主たる納税義務者への課税処分の取消しを求めることができるとすると，名宛人＝主たる納税義務者が争わずに既に確定した処分を第二次納税義務者が覆せることになって，不合理ではないかという問題がある。取消判決はたしかに第三者に対して効力を有する（行訴32条）が，それは第三者に不利に効力を及ぼすのであって，第三者（この場合は主たる納税義務者）が取消判決を有利に援用できるかどうかは争いがあるところである。本来当然に争うべき主たる納税義務者が争わなかったのであるから，第二次納税義務者の提起した取消判決を有利に援用できないと解釈しても済む。これに対して，泉意見に立てば，この問題はない。

応用研究：継続的処分の出訴期間

出訴期間とは，1回限りで終了する通常の処分について適用されるもので，継続的に効果をもっている行為（例：物の留置，人の収容，精神病院への強制入院，行審2条1項参照）についてはその継続中は出訴期間は走らない。通達，計画，ガイドライン，条例などを処分とした場合も，出訴期間が走るというのが普通の見解であろうが，これは1回限りで終了するのではなく，継続的に効果を生じていると考

えると，出訴期間は走らないと考えることもできる。

V　不服申立前置主義と自由選択主義
1　制度の概要

旧訴願法時代においては，訴訟を提起する前に不服申立てを経なければならないという訴願前置主義が採られていた。**もう一度検討するためという行政側の都合，争点整理により裁判所の負担を軽減するというスクリーニング効果期待**による。実際には救済しない例が多いので，行訴法8条は，不服申立てをするか，直ちに出訴するかを原告の自由とする**自由選択主義**を採用した。

しかし，その但書きに例外として**不服申立前置**の制度が置かれ，実際に，社会保障（生活保護69条），社会保険（国民年金101条の2），税金（税通115条，地税19条の12），公務員（国公92条の2，地公51条の2）などで活用されている。立法理由は，大量に行われる処分で，行政の統一性を図る必要があるもの（税法，社会保障法），専門的なもの（原子炉等規制法70条2項＝原子炉の設置許可に関して，原子力安全委員会など），第三者機関が判断するもの（公務員法＝人事院，人事委員会，公平委員会，建基法96条＝建築審査会，都計法52条＝開発審査会，関税法93条＝関税や輸入禁制品に関する関税等不服審査会など）である。

公正取引委員会が課徴金納付命令，排除措置命令を発するには，従前は事前に裁判類似の審判の手続が必要であったが，2005（平成17）年に，事前には弁明の機会を与えるだけで（独禁49条・50条），命令を発し，事後に，審判手続（独禁52条）を行うという事後審査型に移行した。これには不服申立前置主義が適用される（独禁77条）。

不服申立前置が，1回ではなく二段階必要とされる場合もある（税通75条3項・115条1項本文，国民年金101条1項・101条の2など）。

不服申立前置は，裁判による救済を遅らせる。それだけの不利益を被処分者に課する理由があるのだろうか。この制度の存在理由のうち，行政側に再考する機会を与えるというのは不合理である。行政側がいい加減な処分をして，裁判所に呼び出される前に再考させてくれと言うのは，手前勝手であり，処分は再考する必要のないように慎重に行うべきである。したがって，同じ行政庁に対して行う異議申立てを訴訟に前置させる理由はない（まして，審査請求の前に異議申立てを前置する現行行政不服審査法はまったく不合理である。同法の改正案では，

異議申立ては原則として廃止するが，再調査の請求として一部残る。⇒第10章第2節)。

別の行政庁に対して行う審査請求は，それが中立的な判断を保障して，実質的に救済機能を発揮するなら，裁判所の負担をも軽減するので，存在意義がある。しかし，現実には，ほとんど救済機能を発揮していない不服審査も少なくない。印象では，情報公開・個人情報保護審査会はそれなりに頑張っているが，人事院，人事委員会，公平委員会は救済機能をほとんど果たしていない。本来は，これらの不服審査がどれだけ救済機能を発揮しているかを吟味すべきである。救済機能を発揮しない不服審査を前置させるのは裁判を受ける権利を侵害して違憲である。さらに，組織論的に説明しても，**不服申立前置制度では，救済ルートを独占するので，救済をしようとする組織的な動機が働かない。独占の弊害である**。自由選択主義として，救済しなければ利用者が激減して，組織の存亡が問われるシステムとすべきである。そうすれば，不服審査機関は，組織の存亡をかけて，迅速に審理し，救済率をアップさせ，その旨の情報を公開するであろう。どんなに譲っても，二段階の前置主義は行きすぎである。

  * 行政不服審査法の改正で，国レベルでは原則として統一的な不服審査機関を設置するという方向にあるが，不服申立前置主義は廃止して，自然に被処分者から不服申立てをしたくなるように努力を促す，利用者重視のシステムとすべきである（この点，第10章で再説する）。

2 解釈上・運用上の論点

不服申立前置の制度は，第三者が争う場合（建基96条，都計52条）にも適用される。処分を受けると不服申立ての教示がなされるが，不服申立前置かどうかは教示されない（行審57条）ので，それに気づかず，不服申立てを経ないで出訴してしまうことが起きた。行訴法の改正（46条1項3号）により不服申立前置の定めがあるときはその旨教示される（裁決主義の定めがあるときはその旨教示される，行訴46条2項）が，それは処分の相手方に対してだけで，第三者など，利害関係人に対してはなされない。結局，第三者が不服申立前置に気が付かないで失権することはこれからも起きるのである。その場合には，次に述べる行訴法8条2項3号の「裁決を経ないことにつき正当な理由がある」場合も少なくないと思われる。

不服申立前置主義が採られている場合，不服申立てが不適法として却下され，再度の申立ての前に不服申立ての期間が徒過すれば，出訴もできない。ただし，

一定の場合には出訴することができる（行訴8条2項）。その一事由である「審査請求があった日から3箇月を経過しても裁決がないとき」（同1号）は、不服申立てに対する裁決は3ヵ月以内になされるべきことを前提としているが、現実には不服申立てに対する裁決にも時間がかかり、原告がそれに期待せずに出訴することも少なくない。そうすると、不服審査庁は模様眺めをしやすいので、これは無駄な手続になっていることも多い（なお、ここでは条文上は審査請求という用語が用いられているが、これは異議申立て、再審査請求を含めた不服申立て全般を指す用語である。行訴3条3項。⇒第4章第1節Ⅲ5、阿部「不利益処分についての不服申立てに関する規則……15条に定める再審の請求と行政事件訴訟法14条4項にいう審査請求」民商86巻1号〔1982年〕108頁）。

　当局の見解が明示され、変更の余地はないときは、前記の「その他裁決を経ないことにつき正当な理由がある」（横浜地判1965〔昭和40〕・8・16行集16巻8号1451頁）。

　また、**争点がもっぱら違憲論争であるとき**は、行政機関には判断できないから、「正当な理由」がある。それどころか、政省令が法律に違反するかも、行政不服審査機関には審査権がないのではないか。

　生活保護のように緊急性を要する場合も「その他裁決を経ないことにつき正当な理由がある」と言うべきである。

　不服申立てが違法にも却下された場合には不服申立てを前置したことになるのか。もう一度不服申立てをすべきか。却下処分の取消訴訟を提起すべきか。行政としては実体審査していないけれども、それは行政の責任であるから、この場合は前置済みとして、出訴できる（最判1961〔昭和36〕・7・21民集15巻7号1966頁〔百選388頁〕）。

[**Q　公務員試験不合格者が、不合格処分の取消しを求めるとき、不服申立前置か**

　公務員試験を受験して不合理な理由で不合格になった場合には、不合格を行政処分として取消訴訟を提起して、裁量濫用を理由に、合格の判決を取ることができる（水戸地判1980〔昭和55〕・11・20判時999号118頁）。最近でも大分県教育委員会教員採用、加西市職員採用で違法行為があるとみられる。公務員法では一般に不服申立前置主義である（国公92条の2、地公51条の2）が、それは職員に対する不利益処分を対象とする場合で、公務員になる前の処分には適用が

ないから，不服申立てをすることなく，直ちに出訴することができる（期間徒過の正当事由がある間に出訴すべきである。さもなければ無効確認訴訟となる）。

　応用研究：私法形式に不服申立前置
　　不服申立前置は行政訴訟の特殊性で，私法行為にはないかと思うと，郵政民営化前，総務省が担当していた簡易生命保険事業は私法形式を採って，生命保険，年金事業を行っていたが，「保険契約者，保険金受取人又は年金受取人が，簡易生命保険の契約上の権利義務に関する事項について国を被告として民事訴訟を提起するには，審査会の審査を経なければならない」（当時の簡易生命保険法88条）となっていた。この審査会の審査は行政不服申立ての審査請求とほぼ同じである。しかし，その審査の対象は私法行為であり，そのあとも，審査決定の取消訴訟ではなく民事訴訟を提起することが予定されている。
　　ここで，行政処分と不服申立査前置の結びつきが理論的なものではないことが明らかになる。

VI　原処分主義，裁決主義
1　原処分主義

　取消訴訟には処分の取消訴訟と，不服申立てに対する裁決の取消訴訟がある。2つの訴訟で同じ違法性が争われると混乱するので，後者においては原処分の瑕疵は争えない（**裁決固有の瑕疵のみ争える**。理由附記不備，審理手続ミスなど）と交通整理した（行訴10条2項）。これを原処分主義という。異議申立棄却決定の教示欄には，「この決定の取消しの訴えにおいては，不服申立ての対象とした処分が違法であることを理由として，決定の取消しを求めることはできません。」などと，意味不明の文章が付けられているが，それはこの意味である。

　原処分主義でも，不服申立てをしてから争う場合，裁決を対象としやすく，間違いやすいところである。これについては，気が付いたときに処分の取消訴訟を関連請求として併合提起すれば，出訴期間の遵守については裁決の取消訴訟を提起した時点を基準に判断される（行訴20条）ので，救済される。

　しかし，何が原処分かがはっきりしない場合がある。**懲戒停職処分の取消訴訟中に人事委員会（人事院）で減給処分に変更する判定（修正裁決）がなされた場合，原処分とは何か。**停職処分が消滅し，減給処分が新たになされたと構成すると，訴えを減給処分の取消訴訟に変更しなければならない。従来の判例の多数はこの立場であった。

　これでは被処分者は裁決のために，出訴し直さざるをえないという不利益を

受けるし，そもそも，減給処分を争う場合でも，原処分である懲戒処分について懲戒事由がないとか，減給でも重いといって争っているわけであるから，原処分は消滅していないのであって，停職から減給処分へと変更された懲戒処分が原処分であるとして，訴えを変更する必要はないと言うべきである（阿部・法の解釈第7章，208頁参照）。

最高裁は，修正裁決は，原処分を行つた懲戒権者の懲戒権の発動に関する意思決定を承認し，これに基づく原処分の存在を前提としたうえで，原処分の法律効果の内容を一定の限度のものに変更する効果を生ぜしめるにすぎないものであり，これにより，原処分は，当初から修正裁決による修正どおりの法律効果を伴う懲戒処分として存在していたものとみなされることになるものと解した（最判1987〔昭和62〕・4・21民集41巻3号309頁〔百選296頁〕）。

2 裁決主義

(1) 裁決主義の例

例外として，「裁決主義」を採る法律がある。それは，取消訴訟において，訴訟の対象の問題につき，**原処分に対する行政庁の判断（裁決）を待って，裁決を争わせる主義**である。原処分主義とはまったく逆で，原処分の取消訴訟を提起すると却下される。裁決前置（不服申立前置。この場合には訴訟では原処分を争う）主義とは別の制度である。原処分が簡易迅速になされる関係で，裁決が実質的に行政庁の終局処分と見られる場合に採られる立法政策と言われる。

固定資産の登録価格に関する不服は，固定資産税の賦課についての不服の理由とすることができず（地税432条3項），固定資産評価審査委員会に審査を申し出ることができる事項については，その裁決の取消訴訟のみを提起することができる（地税434条2項）。

* その他，裁決主義を採る法律は多数あるので，処分を受けたら制度を精査する必要がある（電波96条の2，船舶安全11条1項・3項，鉱業等に係る土地利用の調整手続等に関する法律（鉱調法）50条，土地改良87条7項・10項など。労組法27条の19では，都道府県労働委員会から救済命令を受けたときは，直ちにその取消しの訴えを提起できるが，中労委に再審査の申立てをしたときは，中労委の救済命令の取消訴訟のみを提起できるとする）。土地改良法87条7項，10項については，最判1986（昭和61）・2・13民集40巻1号1頁（土地改良事業認可の処分性を肯定した例），大阪高判2005（平成17）・12・8（永源寺訴訟，⇒第4章第5節Ⅳ3）等がある。

(2) 解釈上の論点

　原処分の違法を理由として裁決が取り消されたとき，原処分はどうなるか。もし，裁決取消しの判決が原処分の効力に影響を及ぼさず，原処分の失効には原処分取消しの判決あるいは新たな行政処分を要すると解すると，違法な行政処分を受けた者の権利救済に十分でないのみならず，原処分取消しの訴えと裁決取消しの訴えの重複，その各判決の抵触，原処分取消しの行政処分の遅滞による違法状態の継続，新たな行政処分についての紛争の惹起等，種々不合理な事態を生ずることになる。

　したがって，裁決が取り消されたら，原処分も効力を失う（最判 1975〔昭和50〕・11・28 民集 29 巻 10 号 1797 頁〔百選 390 頁〕）。これは旧行政事件訴訟特例法時代の農地買収計画処分の違法を理由として，それに対する裁決を取り消した事案であるが，上記の理由で一般化できる。

　＊　原処分主義に関する行訴法 20 条は，誤って原処分の違法を理由に裁決の取消しの訴えを提起した者が出訴期間の徒過等により救済を受ける機会を失うことを防止する規定であるが，裁決主義にもかかわらず，原処分の取消しの訴えを提起した後に裁決の取消しの訴えを提起した場合にも，同条の立法趣旨を考慮し，同条を類推適用すべきである（大阪地判 1976〔昭和 51〕・9・16 行集 27 巻 9 号 1573 頁）。

　　　裁決主義自体の下では，裁決があるまで出訴できない（行訴法 8 条 2 項は直接には適用されない）ので，執行停止を求めることができない。確定するまで発効しない（かつての母体保護法 10 条）とか，裁決があるまで処分が発効しない（海難審判 57 条，土地改良 87 条 7 項・8 項）とか，裁決を求めないで訴訟を提起する道がある（労組 27 条の 19）ならいいが，その前に発効するしくみ（電波 96 条の 2）では，救済が画餅に帰す場合がありうる（東京高判 1975〔昭和 55〕・10・2 東京高判（民事）判決時報 31 巻 10 号 207 頁参照）。裁決主義は裁決によって初めて発効することを前提とするものではないのか。

　　　裁決主義は原処分の取消訴訟を禁止するが，原処分の無効確認の訴えも禁止されるか。最高裁は，鉱調法 50 条の規定は，「処分に不服のある者は必ずこの裁定を経たうえで裁定に対してのみ訴訟を提起すべきものとしている」こと，「取消訴訟と無効確認訴訟とを区別していないことからすれば，同条は，裁定を申請することができる処分それ自体に対しては，その無効確認を含め一切の抗告訴訟の提起を禁止しているものと解するのが相当である。」（最判 1986〔昭和 61〕・6・10 判例自治 33 号 56 頁）とした。

第9章　行政訴訟法

Ⅶ　被告・管轄
1　被告適格の変更
(1)　被告適格を行政庁から行政主体に

これまでは，被告は，抗告訴訟では，処分庁（大臣，知事，市町村長，そこから権限を委任された地方局長，福祉事務所長など）であり，民事訴訟（国家賠償訴訟もこれに属するとされている），当事者訴訟では，行政主体（国，都道府県，市町村，土地区画整理組合など）であった。

裁判実務では，この制度の建前を重視し，大臣を被告に抗告訴訟を提起した場合に，当事者訴訟に変更するには，被告の変更を要し，被告を行政庁としたままの当事者訴訟は却下されていた（いわゆる**横川川事件控訴審**，⇒第1節Ⅱ1。高松高判1988〔昭和63〕・3・23行集39巻3＝4号181頁，判時1284号57頁）。

2000年分権改革前，機関委任事務として準用河川を管理する逗子市長が，米軍の宿舎を建設する防衛施設局長に対して工事中止命令を発したが，無視されたので，訴訟により工事中止を求めた**池子弾薬庫訴訟**においては，1審判決（横浜地判1991〔平成3〕・2・15判時1380号122頁，判タ751号56頁）は，市長も防衛施設局長もともに国の機関であるから，法律に特別の規定のない以上訴訟は認められないとしたが，上級審（東京高判1992〔平成4〕・2・26判時1415号100頁，判タ792号215頁，最判1993〔平成5〕・9・9訟月40巻9号2222頁）は，原告が市長である点をとらえて，これは権利義務の主体たりえない行政庁による訴えに当たるとして不適法とした。

私見では，国と大臣は実質的に同一体であるから，このような些細な違いで，訴えを却下すべきではなかったが，実務の現実は深刻であった（斎藤・前掲『行政訴訟の実務と理論』95頁以下）。

*　なお，建前では，市長が準用河川を管理する地位が国の機関であるということから，この紛争は建設省と防衛庁の間の争いとして閣議で決めるということであろうか。それは実際上期待できない。逗子市は実質は自治権を主張しているのであるし，建設省がその意向を代弁することは期待できない。これも，実質は自治権侵害を理由とする訴訟と構成すべきだろう（原田尚彦・法教133号56頁参照）。

今回の改正では，抗告訴訟でも，原則として被告を行政主体とした（行訴11条1項）。

処分庁・裁決庁が国に属すれば（組織基準），被告を国に，公共団体に属すれ

ば，被告を公共団体とする。従前は機関委任事務であれば，国の事務だが，地方公共団体の機関が行うこととなっており，被告の判定基準を，事務の帰属主体とするか組織とするかで異なってきたが，改正法では単純に組織基準をとった。組織基準で被告がない場合には，事務の帰属主体を基準とする（行訴11条3項）。

これにより，被告適格の判断の誤りを防止し，当事者訴訟・民事訴訟との訴えの変更を容易にしたものとされている（ただし，依然として被告を行政庁とする特別法がある。特許179条，独禁78条，海難審判45条）。これにより，抗告訴訟と，当事者訴訟・民事訴訟との連続性をもたらす契機となるものであり（黒川哲志「被告適格の統一と公法上の当事者訴訟の蘇生」早稲田法学81巻3号〔2006年〕32頁），私見の是正訴訟に近づく。

* 処分庁の権限が下級行政機関に委任されているときは，従前はその下級行政機関を被告としなければならなかったが，改正法では，その下級行政機関の所属する国または公共団体を被告とする。なお，この被告適格と，「事案の処理に当たった下級行政機関」の所在地の地方裁判所にも管轄が認められている（行訴12条3項）ことは別のことである。

  また，処分庁は被告ではなくなったが，従来通り裁判上の一切の行為をする権限を有する（行訴11条6項，指定代理人の権限については，法務大臣権限法5条1項参照）。

従前通り訴状においては処分庁を表示するものとされている（行訴11条4項）が，これは訓示規定と解されている。

* 実際の例を挙げると，警視総監が行った運転免許停止処分，東京都公安委員会が行った運転免許取消処分の取消訴訟の訴状においては，事件名として，運転免許停止・取消処分等取消請求事件とし，次のように記載する。

> 被　告　　東京都
> 　　　　　〒163-8001　　東京都新宿区西新宿二丁目8番1号
> 上記代表者　東京都知事　石原慎太郎
> 処　分　庁　警視総監，東京都公安委員会

この訴訟において東京都を代表する者は，いずれも東京都公安委員会（運転免許停止処分をしたのは警視総監であるが，東京都公安委員会に審査請求をしたところ，同委員会がした棄却裁決によれば，裁決の取消訴訟も，原処分の取消訴訟も，東京都を被告として〔当該訴訟において東京都を代表する者は東京都公安委員会となります〕提起することができると教示されていた）。

(2) 被告を行政主体とする改正の例外

医師会がした母体保護法上の医師の指定の取消し，指定確認検査機関がした建築確認，弁護士会がした弁護士の懲戒処分，健康保険組合の保険料徴収処分，土地区画整理組合・土地改良区のした換地処分については，それぞれ処分をした行政庁が国または地方公共団体に所属しない場合（行訴 11 条 2 項）に当たり，医師会，指定確認検査機関，弁護士会，健康保険組合，土地区画整理組合，土地改良区が行政庁として被告になる。

【被告の誤りの救済】

被告の誤りについては「重大な過失」がなければ，変更できる（行訴 15 条 1 項。形式的当事者訴訟にも準用，行訴 40 条 2 項）が，弁護士が付いている場合，ある程度の調査をしないと重大な過失があるとされる例が少なくなかった（古崎慶長「行政訴訟に於ける被告変更の許可の要件としての『重大な過失』」『手続法の理論と実践上巻・吉川大二郎博士追悼論集』〔法律文化社，1980 年〕502 頁以下，さらに，小林博志『行政組織と行政訴訟』〔成文堂，2000 年〕302 頁以下参照）。私見では，この誤りは被告にとって何ら困ることがないので，被告の変更は自由に認めるべきであった。被告適格の改正と教示制度の整備により被告の誤りは激減すると思われるが，なお残るので，この規定の解釈論の意義がなくなるわけではない（文書提出命令の文書の所持者の意義について，⇒後述第 4 節 V2）。

　　* 被告がわかりにくい例を挙げると，教員が君が代斉唱の際に起立しなかったので，懲戒処分を受け，さらに，「反省」するまで研修を命じられたとき，市町村立学校の教員に対する懲戒処分は都道府県教育委員会の権限なので，被告は都道府県であるが，それに対する研修命令は市町村教育委員会の権限なので，その取消訴訟の被告は市町村である（地方教育行政の組織及び運営に関する法律 43 条）。都立高校の教員については都が被告である。

　　行訴法改正後において，東京都公安委員会から放置違反金納付命令を受けて，その取消しを求める異議申立てをして，棄却・却下の裁決を受けた者が，その取消訴訟を東京都公安委員会を被告として提起したところ，裁判所から，行訴法 11 条を挙げつつ，被告の表示に誤りがあれば訂正するようにとの指示があった。原告は，「被告は東京都公安委員会として間違いありません」と述べたので，裁判所は，被告の誤りを理由に訴えを却下した。原告は控訴審で，被告を東京都に変更した。高裁は，この誤りには過失があるが，十分な法律知識を有しない原告には故意または重過失はないとして，被告の変更を許可し，事件を 1 審に移送した（東京高決 2007〔平成 19〕・11・29 判時 1996 号 14 頁）。地裁段階でもっと丁寧な教示をすべきであった。

被告は選挙管理委員会との教示を受けて，弁護士がその通りにしたが，行訴法が改正されていたことを知り，町に変更することの許可を申請したところ，弁護士に重過失があったとして却下された例がある（福岡地決2005〔平成17〕・5・18〔平成17（行ク）第4号・被告変更許可申立事件）。弁護士は訴訟代理人として受任している以上，教示内容いかんにかかわらず，弁護士自ら被告とすべき者が誰であるかを調査すべきことは当然であり，改正法の施行日は，弁護士として多少の注意を払えば容易に知りえたはずであることから，その過失は重大であるというのである。
しかし，弁護士は滅多にない事件を受任し，超多忙の中で判断するのに対し，被告の方は組織で行動しているのであるから，教示の誤りは超重過失である。これでは**官の誤りは許し，私人の誤りは許さないシステム**（⇒第1章第3節Ⅲ）で，あまりにも不公平である。重過失かどうかは，行政庁の判断の誤りと相関関係的に判断すべきである。また，裁判所は，答えが出てから見るので，誤りは一見明白だという印象を抱くが，それは結果論であり，弁護士は多忙の中で瞬間的判断を迫られているので，教示が誤っているかどうかを吟味する余裕がないのが普通であろう。裁判官は，受任当時の弁護士の立場に立って，自分でも明らかに間違わなかったかという視点で判断すべきである。

2　管　　轄
(1)　地裁本庁へ出訴

簡易裁判所は，一般に，140万円を超えない請求を管轄するが，行政訴訟の管轄権は，民事訴訟とは異なり，訴額が140万円を超えない請求でも，簡易裁判所には与えられておらず（裁24条1号・33条1項1号。事物管轄），しかも，地方裁判所でも，支部では取り扱わず，被告庁の所在地を管轄する地裁本庁に出訴することとされている（地方裁判所及び家庭裁判所支部設置規則1条2項，ただし，支部は独自の管轄権をもつものではない。裁31条）。なお，訴額が算定不能の場合には，160万円とみなされる（民訴8条2項，民訴費用4条2項）ので，当然に簡易裁判所の管轄をはずれる。

*　これは行政訴訟は難しいという前提に立つが，北九州市の事件を，当事者双方とも福岡地裁まで行って弁論する無駄が生じている。国家賠償なら論点が同じでも，支部で処理しているから，行政訴訟でも，地裁支部，少なくとも甲号支部で処理できないとするのは不合理である（しかも，国家賠償訴訟と行政訴訟を併合すると，行政訴訟を管轄する裁判所に回されるのが原則である。後述，併合）（白井皓喜『行政裁判の法理と技法』〔法律文化社，2000年〕14頁）。

また，一般行政事件は，労働事件を除き，東京地裁なら民事2部，3部，38部を専門部とする。神戸地裁では民事2部に集中させる。その根拠は，裁判所法29条2項および下級裁判所事務処理規則6条により，地裁ごとに裁判官会議で事務分配

第9章　行政訴訟法

規程を定め，どの部にどの事件を配点するかを決めるとなっていることによる。ここでいう一般行政事件とは，行訴法にいう行政事件であり，公法上の当事者訴訟も含む。行政事件は一般に合議とされるが，合議にするかどうかは配点された部が決める。裁定合議という。行政事件だからといってすべてを合議にするとのルールはない。

(2)　これまで，中央官庁の処分については東京地裁に出訴

被告の所在地を管轄する裁判所に出訴するのが原則とされている（行訴12条1項）。したがって，中央官庁の処分については，東京地裁が管轄権を有していた。例えば，原爆医療法（1994〔平成6〕年から原子爆弾被爆者に対する援護に関する法律11条）の給付，免許およびその取消し（医師2条・7条）などは厚生労働大臣の処分であり，厚生年金の受給資格は社会保険庁長官が裁定する（厚生年金33条）。これらの処分を争うのに地方から上京しなければならない（地元の弁護士に依頼するとその上京費用もかかる）ので，原告の負担は著しく重く，実質的には裁判を受ける権利が侵害されていた。そこで，原告住所地を管轄裁判所とすることが求められてきた。

ただし，土地の収用，鉱業権の設定その他不動産または特定の場所に係る処分または裁決についての取消訴訟は，その不動産または場所の所在地の裁判所にも，提起することができる（行訴12条2項）。

「事案の処理に当たつた下級行政機関」は，正式に権限を委任されているわけではないが，その所在地にも管轄が認められている（行訴12条3項）。原告の便宜に資する規定である。その意義については，「当該処分等に関し事案の処理そのものに実質的に関与した下級行政機関をいうもの」とする判例（最決2001〔平成13〕・2・27民集55巻1号149頁，判時1744号64頁）がある。

＊　行政事件においては，都道府県に1つしかない地裁本庁が管轄するので，地方公共団体の事件では，出先機関がいかに事案の処理を行おうと，下級行政機関の所在地を管轄する裁判所に管轄権を認めるこの特例が適用される余地はないが，国を被告とする事案では，原則として東京地裁が管轄するので，出先機関の所在地にも管轄権を認めるこの特例は地方の住民にとっては有用である。

(3)　管轄の中途半端な拡張

ところで，情報公開訴訟は，中央官庁の情報非公開処分についても，地方で出訴できるようにとの要望と，裁判所や被告国の都合の妥協点として，原告住所地の高裁所在地の地裁（全国8つ。札幌，仙台，東京，名古屋，大阪，高松，広島，

福岡）にも出訴することができることとなった（行政機関情報公開法 36 条）。

　行訴法の方でも，行政訴訟に慣れていない地方の裁判所に行政訴訟をたくさん担当させるのは，資源の効率的配分に反するとして，情報公開訴訟並みに，原告の住所地の高裁所在地の地裁の管轄とされた（行訴 12 条 4 項）。これを**特定管轄裁判所**という。一歩前進であるが，沖縄の住民は福岡地裁に出訴しなければならないなど，相変わらず原告に不便を強制している。被告の国は全国に訟務検事を配置しているので，どこの地裁でも対応可能のはずである。この制度は利用者の立場に立つとする司法改革の理念にも反している。

　　＊　情報公開訴訟は，形式は主観訴訟でも，実質は，誰でも訴えを提起できる客観訴訟のようなものであるから，主観訴訟である抗告訴訟の考えを適用するのは間違っている。同じ請求を全国各地から起こせば，同一内容の訴訟が最大全国 8 ヵ所で行えることになるので，きわめて不合理なシステムであり，東京地裁にまとめる代わりに地方の原告には上京費用を支給するのが合理的であった。せめて，高裁支部（全国 6 ヵ所，秋田，金沢，岡山，松江，宮崎，那覇）所在地の地裁にも管轄を認めるべきである。
　　　主観訴訟では，処分庁は適法な処分を原告の住所に持参する債務があると構成して（義務履行地，民訴 5 条 1 号あるいは不法行為地，同 9 号参照），**原告住所地の地裁に出訴することができるようにすべきであった**。せめて，原告の出訴権を害しないよう，テレビ法廷を証人尋問の場合も一般的に使いやすいしくみとすることが是非必要である。
　　　地方の裁判所が行政訴訟に慣れていないというなら，地元の行政庁の行った事件を地元の地裁に担当させるのも，きわめて不合理であるし，特定管轄裁判所には行政訴訟専門部なり集中部を置くべきであるが，福岡地裁には集中部がないのも矛盾している。この問題は，裁判官に行政訴訟の研修をしっかりやればよいのである。**当事者は裁判官を選べない（弁護士はいくらでも選べる）のであるから，行政事件を担当する裁判官には行政法の研修合格を義務づけるべきである**。また，巡回裁判所制度を創設すればよい。さらに，今でも，高裁には行政部がないため，行政法をにわか勉強している裁判官が，地裁の行政部の判決を審理することもある。高裁でも行政専門部を創設すべきである。もっとも，行政訴訟に慣れている東京地裁民事 2 部，3 部，38 部の一部の判決を見ると，**慣れているのは，従来の制定法準拠主義，権利救済消極型の行政法ではないかと痛感する実態が時折存在し，実質的法治主義をわきまえて行政法に通暁した専門部が必要**である。

　また，国の行政機関のした処分については国が被告となったことから，地方の行政機関がした処分でも，東京地裁も管轄権をもつことになった（民訴 4 条 6 項，法務大臣権限法 1 条）。東京の弁護士の仕事が増えるのである。国税に関す

る訴訟は，地方の事件でも東京に集中する可能性がある。
　　＊　行訴法12条3項，4項は，取消訴訟以外の抗告訴訟には準用されているが，**当事者訴訟には準用されていない**（行訴38条1項・41条）。そこで，国を被告に，例えば健康保険を利用して混合診療を受けることのできる地位確認の訴えなどを提起する場合，地方の住民でも東京地裁に出訴しなければならないのではないかという問題がある。裁判を受ける権利の保障，両当事者の対等性の保障を考え，処分性の拡張の代わりとしての当事者訴訟の活用という行訴法改正の趣旨などを考慮すれば，管轄の特例を当事者訴訟にも準用できると解すべきではないか。また，事務所または営業所を有する者に対する訴えでその事務所または営業所における業務に関するものについては，当該事務所または営業所の所在地を管轄する地裁に出訴できるとする民訴法5条5号を活用したらどうか。健康保険については厚労省は地方の社会保険事務局に実務を担当させてきたので，混合診療に関する訴訟は，その地方事務局における業務に関する訴えと考えると，原告の居住地で訴えを起こすことができよう。
　　　国家賠償訴訟なら，管轄は不法行為地である原告の住所である（民訴5条9号）ので，国家賠償訴訟を関連請求として，併合提起することが考えられるが，その場合には行政訴訟の係属する裁判所に管轄権があるというのが行訴法の建前である（行訴13条）。逆に，国家賠償訴訟の係属する裁判所が管轄するように逆併合を認めるべきであり，また，運用として，応訴管轄，合意管轄（民訴11条・12条）で同様の結果が得られるようにすべきである。

Ⅷ　訴えの変更，訴えの併合，関連請求

　原告は請求の基礎に変更がない限り，口頭弁論の終結に至るまで（事実審の最終裁判）請求または請求原因を変更することができる（民訴143条）。同じ行政訴訟の間では関連請求でなくても民訴法143条による訴えの変更は可能である。さらに，取消訴訟を損害賠償訴訟等に変更できる（行訴21条）。取消訴訟が訴えの利益を失うときが典型例である。

　民事訴訟では訴えの主観的併合（民訴38条），客観的併合（民訴136条）が認められている。審理の重複排除，効率化等のためであるが，それは同種の訴訟手続による場合に限る（民訴136条）ので，**行政訴訟と民事訴訟の併合は建前として許されない**とされてきた（この批判は前記第2節Ⅰ6(2)，さらに第6節Ⅴで再説する）。そこで，行政訴訟では，取消訴訟を中心として，**関連請求**（行訴13条）という概念を設定し，その間では，**取消訴訟と民事訴訟であれ，請求の基礎の変更の有無と関係なく，客観的併合，主観的併合，訴えの追加的併合を認**

めている（行訴16条〜19条）。これは当事者訴訟に準用されている（行訴41条2項）。だたし，高裁では被告に審級の利益を保障するため，その同意を要する。

 ＊ 損害賠償訴訟に取消訴訟を併合しようとした事件において，裁判所は，この制度は，「取消訴訟を基本事件とし，民事訴訟はその関連請求に係る訴訟として基本事件に併合することのみを許容しているものと解せられ，本件〔損害賠償請求〕のような民事訴訟たる関連請求に係る訴訟を行政訴訟たる取消訴訟に交換的に変更することを許容しているものと解する余地はない。」とし，また，この訴えの変更は，同種の手続ではないから，行訴法7条に基づく民訴法143条1項の規定によっても許されない（東京高判1998〔平成10〕・6・29税務訴訟資料232号945頁）とした。
  制度の趣旨はそうであろうが，訴訟類型，公法と私法の垣根が低くなった今日，行政訴訟と民事訴訟は，異種の手続というほどではないので，この考え方を変えていく必要があろう。この意味では**民事訴訟一元化の方が望ましい**。

関連請求の意義は，複数の固定資産を有する者の評価額を争う訴えで拡大された（⇒後述X）。

 ＊ 取消訴訟が不適法なときは，関連請求は却下されるのか，独立の訴えとして扱うかという問題があるが，前者は原告に重い印紙代の負担を課すし，後者が原告の意思であろうから，後者によるべきであろう。

IX 教 示

これまで教示の制度は不服申立てについてはあったが，訴訟の方にはなかった。この改正法46条は，取消訴訟を提起することができる処分または裁決を書面でする場合に，当該処分または裁決の相手方に対し，被告，出訴期間，審査請求前置主義，裁決主義を，形式的当事者訴訟においては被告と出訴期間を教示することとして，ある程度の改善をした。第10章で説明する行政不服申立ての教示との違いとして，利害関係人は，不服審査法では教示を求めることができるのに，行訴法では教示を求めることができないので，第三者が出訴の機会を失うおそれは大きい。原告適格の有無の判断を行政庁に委ねることが困難であることが理由とも言われるが，それなら不服申立てをしようとする利害関係人の判断も困難である。原告適格の有無は裁判所の判断に留保することを前提として，教示制度を置くべきではなかったか。

審査請求ができないのにできると教示した場合にはその通りにすればよいが（行訴14条3項），それ以外には教示の誤りについて規定はない。しかし，出訴期間徒過の「正当な理由」（行訴14条1項），被告を誤った場合の「故意又は重

過失」の有無（行訴15条）等の判断に影響するとされている。本来は教示を誤った場合，すべきなのに怠った場合には，処分庁に不利になる制度を工夫すべきである。

処分でないものを処分と教示した場合については，I末尾で扱った。

X 印紙代（訴額）
1 印紙代は民事訴訟の発想

訴状には印紙代を添付しなければならない。これは民事訴訟の原則に従って，「訴えで主張する利益」を基準に判断される（民訴8条，民訴費用3条・4条）。印紙代はその額に応じて逓増する。その**算定がきわめて困難であるときは，その価格は160万円とみなされ，印紙代は1審で13,000円である**（民訴8条2項，民訴費用4条2項。高裁で5割増し，最高裁で倍）。取消訴訟でも，不許可処分取消訴訟なら，算定不能扱いであるが，実務上，課税処分取消訴訟や（仮）換地処分取消訴訟では，その税額や不動産の固定資産評価額が基準になるとされている（ただし，最高裁民事局長通知により，不動産訴訟では固定資産評価額の2分の1を基準とし，換地処分ではさらにその2分の1，つまりは評価額の4分の1が基準とされているが，土地収用裁決の取消訴訟ではその固定資産評価額の2分の1だけである。『弁護士業務便覧2008年』28頁，42頁）。

そこで，1億円の課税処分取消訴訟では，印紙代は，1審で，32万円，高裁で，48万円，最高裁で，64万円の計144万円もかかる。

東京都の大手銀行に対する外形標準課税（銀行税）条例をめぐる訴訟では，訴訟費用＝印紙代は，都が約9億3,200万円，銀行が8億8,700万円に上ったという。

* しかし，そもそも，民事局長通知という内部規範が事実上当事者を拘束しているのは，法治国家に反する（提訴手数料の基準は法的拘束力がないから下記のような事件では争うべきである）。

そのうえ，課税処分の場合も，手続ミス・理由附記の不備等を理由にやり直しを求めている場合も少なくないから，この算定方法は不合理である。換地処分取消訴訟でも，その土地を取り返すことが目的ではなく，よりよい代替地を求めているので，請求額は算定不能のはずなのに，その土地代の4分の1とされる。土地収用の場合も，補償金を返還して土地を取り返したいのであるから，

請求額は算定不能なのに，土地代の2分の1とされる。これは不合理な，しかも大きな負担である（なお，民事訴訟で引替え給付請求では訴えによって請求する額はその差額なのに，請求額が基準となっているのは不合理である）。

なお，住民訴訟における印紙代は後述する（⇒第6節Ⅵ2）。

* そもそも，行政側から一方的に処分を受けた庶民がお上を訴えるのに印紙代が必要だというのは逆転している。行政は適法な処分を持参する債務を負っているはずであるから，行政の効率性のために国民の方から訴えなければならないという制度を残すとしても，せめて，行政訴訟の印紙代は無料，少なくとも訴額算定不能にすべきである。こうして初めて，当事者が対等になる。

2 訴えの併合の場合の印紙代の計算

次に，一の訴えで数個の請求をする場合には，その価格を合算したものを訴訟の目的の価格とする。ただし，その訴えで主張する利益が各請求について共通である場合における各請求については合算しない（民訴9条1項）。そこで，1人で複数の請求をしたときは，その訴額を合算して，これに応じて印紙代の総額を算定する。多数の者が，同じ行政処分の取消しを求めたときは，その**利益が全員に共通であれば，印紙代は1人分でよく**（吸収説），共通でなければ，その訴額を合算した額から印紙代を計算し，人数で割って，1人分を算出する（合算説）（各人につき訴額から印紙代を計算して，合算するよりも安くなる。印紙代逓減制）。

これにつき，最高裁（最決2000〔平成12〕・10・13判時1731号3頁，判タ1049号216頁〔百選440頁〕）は，開発区域の周辺に居住する多数の原告らが林地開発行為許可処分の取消しを求めた事件に関して，原告らが主張する水利権，人格権，不動産所有権等の利益は，その性質に照らし，各原告がそれぞれ有するものであって，全員に共通であるとは言えないとして，合算説を採った。

しかし，これは，解釈論としても，「**訴えで主張する利益**」と，**この訴えの根拠なり原告適格の根拠を混同**している。原告らはこの訴訟で水利権などの権利を確認せよと主張しているのではなく，あくまで開発許可の違法性を主張しているのであり，開発許可のない状態の回復こそが「訴えで主張する利益」であるから，それは原告全員に共通のものなのである。水利権その他の権利の主張は，周辺住民の原告適格の根拠（行訴9条）および本案である許可の違法性を根拠づける法的な構成にすぎない。この最高裁判例は行政訴訟の特質を知ら

ず民事訴訟の発想で行政訴訟を論じている弊害がある（阿部「基本科目としての行政法・行政救済法の意義(5)」自治研究77巻9号〔2001年〕）。

3　1つのホテルを構成する複数の建物の固定資産課税，関連請求の拡大

1つのホテルを構成する複数の建物の固定資産課税台帳登録価格につき，需給事情による減点補正がされるべきであるとしてされた審査申出の棄却決定の取消訴訟に係る各請求は，それぞれの建物ごとに評価処分がある建前であり，その取消訴訟は別々の処分に対する別々の訴訟であるが，本件訴訟に係る**各請求の基礎となる社会的事実は一体として捉えらえられるべきものであって密接に関連しており，争点も同一であることを理由に，互いに行政事件訴訟法13条の関連請求に当たる**とされた事例がある（最決2005〔平成17〕・3・29民集59巻2号477頁，判時1890号43頁〔重判解平成17年度37頁〕）。これにより印紙代は，合算・逓減制の適用を受け，大幅軽減される。

> ＊　行訴法13条6号に規定する「**関連請求**」の**意義**については，この事件の調査官解説（杉原則彦・曹時58巻2号653頁以下）によれば，従来広狭両義があった。第1の見解は，1号ないし5号に該当する場合に準ずる程度に当該取消訴訟と密接な関係があり，これと一括して処理するのが適当と認められるような請求であるというものであり，第2の見解は，そのようなものに限らず，事実に関する争点が相当程度共通し，かつ，各請求の基礎となる社会的事実が同一ないし密接に関連するものも含まれるとするものである。この見解の相違は，関連請求に限り併合を認めた趣旨に関する2つの考え方，すなわち，①併合提起を認めることによって，裁判の矛盾抵触や審理の重複を回避して，当事者の訴訟追行上の負担を軽減すること，他方で，②併合提起などができる範囲を関連請求の場合に限定することによって，いたずらに訴訟手続が錯綜することを避け，迅速な審理と裁判を確保しようとすることのいずれに重点を置くかという立場の違いであると考える。従来は，第1の見解が多数であったが，この判決は第2の見解を採り，柔軟な解釈を示したものである。これは1つの処分ということにあまり重点を置くのではなく，例えば事実に関する争点が相当程度共通し，かつ，各請求の基礎となる社会的事実が同一ないし密接に関連するものも関連請求に含まれると解するのが相当である。
>
> この事件は特殊であり，何でも関連請求にできるわけではないが，柔軟に解釈されるというので，なるべく印紙代を節減する方法を工夫するべきである。

4　裁決と処分の取消訴訟の併合の場合

原処分と裁決の取消訴訟を関連請求として併合提起した場合，提訴手数料はそれぞれの訴えの訴額の合算額を基準とするとの実務がある。しかし，この場合はその訴えで主張する経済的利益が共通であるから，民訴法9条の但書きを

適用し，多い方の一方が吸収する関係になると解すべきである（裁判所書記官研修所編『訴額算定に関する書記官事務の研究〔補訂版〕』〔法曹会，2002 年〕127 頁～130 頁，行政裁判資料 33 号 72 頁）。

応用課題：**救済ルール不明の場合の併合提起**

　関連請求の制度は，行政訴訟が適法であることを前提として，関連請求を併合するものであるから，処分性の有無が明確ではないため，取消訴訟と民事訴訟なり当事者訴訟を併合提起する場合，行政指導の取消訴訟と，行政指導が違法であることを前提とする，法律関係の確認訴訟等を併合提起する場合などは適用がないとするのが普通の見解であろう。しかし，この 2 つの訴訟に係る各請求の基礎となる社会的事実は一体として捉えられるべきものであって密接に関連しており，争点も同一であるから，行訴法 13 条 6 号により関連請求として，併合提起できることとして，実体審理をすることが紛争の迅速かつ合理的な解決に資する。そして，この場合，その主張する利益は共通であるから申立手数料は合算しない（民訴 9 条 1 項但書き）。

応用課題：裁判官が，訴え却下の誘惑に勝つようなシステムはないか

　訴訟要件が充足されているかどうかについては，裁判官は合理的な解釈をするはずであるが，多数の事件を抱えて，迅速処理が求められているうえ，実体審理の負担は，事実認定，法解釈とも，平均して，訴訟要件審理の負担の数十倍はあろうから，却下を正当化するような判例理論があれば，それに乗って処理したいという誘惑に駆られ，先例を見直すという困難な作業をする意欲が失せていくのではないか。それが，救済を求める原告の死者累々という実態の大きな原因ではなかろうか。

　裁判官には，処理件数のノルマといったものが事実上あるようである（田川和幸「裁判官の現状と改革への期待」池添徳明ほか編『裁判官　who's who：東京地裁・高裁編』〔現代人文社，2002 年〕270 頁）から，本案審理事件は，却下事件の数十倍の処理をしたとカウントするようにすれば，裁判官も，排除機能よりも権利救済機能の方に傾斜するのではなかろうか。最高裁人事局の内々での検討を求めたい。

第 3 節　仮の救済

I　不利益処分の執行停止

1　執行不停止原則

　不利益処分を受けた場合，取消訴訟で最終的に勝訴するには時間がかかる。その間，行政処分を執行しないと，例えば，違反建築物を放置している場合，

食中毒事件を起こした飲食店に対して営業停止処分を保留している場合のように，公益が害されるおそれがある。他方，執行されてしまえば，原告側は，最終的に勝訴しても，画餅に帰す。そこで，この両者の要請を考慮して，行政処分は即時に効力を発生し，さらに実力執行もできる（出訴期間徒過も必要としない未確定執行の原則，阿部・実効性170頁，小早川光郎「行政処分の確定と発効」法教141号〔1992年〕65頁）が，例外として，執行停止（処分の効力，処分の執行または手続の続行の全部または一部の停止をいう）するという，**執行不停止原則**が置かれている（これを公定力で説明するのは混乱するだけなので，やめるべきである。⇒第1章第2節Ⅳ2）。

立法的には，執行停止を原則として，即時に執行できる場合を例外として規定する方法（執行停止原則，ドイツ法）と，即時執行を原則として，例外として執行停止をするシステムがある。現行法は，基本的には後者のシステムを採っている（行訴25条1項・2項）。公務員が免職されたり，営業許可が停止・取消しされた場合，これを争っている間，これらの処分に従わなければならない（ただし，税理士法による懲戒処分は，同法の解釈上，確定して初めて効力を生ずる。最判1975〔昭和50〕・6・27民集29巻6号867頁〔百選116頁〕）。のみならず，代替的作為義務の不履行の場合には，代執行されたり，税金なら差押え物件が公売処分されたりする。例外として，訴訟中執行できないとする立法例が地方自治法231条の3第10項にある（分担金・加入金・過料または法律で定める使用料その他の普通地方公共団体の歳入につき，差押物件の公売は処分確定まで執行を停止する）が，税金でも，一般には不服審査中だけ執行しないのであり，訴訟段階では執行できることになっている（税通105条1項但書き，地税19条の7第1項但書き）。

2 執行停止の要件
(1) 3要件

そうすると，執行停止認容の要件が重要になる。これまでは，①「回復の困難な損害を避けるため緊急の必要があるとき」（**積極要件**），②本案（勝訴）について理由がないとみえるときに当たらないこと，③公共の福祉に重大な影響を及ぼすおそれがあるとき（②，③ともに，消極要件，行訴25条4項），の3つが要件であった。

(2) 積極要件の緩和，「回復の困難」が「重大」に

行訴法改正で，積極要件は「重大な損害を避けるため緊急の必要があると

き」と緩和された（行訴25条2項）。「**回復の困難**」が「**重大**」となったのである。そして，「重大な損害を生ずるか否かを判断するに当たつては，損害の回復の困難の程度を考慮するものとし，損害の性質及び程度並びに処分の内容及び性質をも勘案するものとする。」（同3項）として，例えば，生命・健康への影響とか，侵害の深刻さの程度が考慮される。

　営業停止処分，公務員免職処分などでは，これまでは長年経っても，勝てば，（ただし，処分をした公務員の故意過失を要件として）金銭的な救済を受けられる建前であるから，「回復の困難な損害」はないとされることが多かった。いわゆる圏央道訴訟（**問題⑦**）においては，土地収用手続における明渡し裁決の執行停止の申立てについて，1審（東京地決2003〔平成15〕・10・3判時1835号34頁，判タ1131号90頁）は，定住の意思をもって終の棲家として居住する利益を非代替的価値として，回復困難な損害を認めたが，高裁（東京高決2003・12・25判時1842号19頁，判タ1176号145頁）は，居住の自由は，国土利用や社会的基盤の上に成り立つもので，転居により直ちに失われるものではなく，金銭賠償で十分に填補できるとした（これに関しては，日弁連行訴センター編・最新重要行政関係事件実務研究49頁以下。しかし，土地収用においてはそうした価値は主観的なものとして補償されないのである）。さらには，外国人の退去強制のための収容は，これにより高校就学が妨げられた事案でも，社会通念上金銭賠償による回復をもって満足することもやむをえないもので，当然には回復困難な損害があるとは言えないとの例（最決2004〔平成16〕・5・31判時1868号24頁，判タ1159号123頁），「収容部分の執行により当然に生ずる身体拘束による自由の制限等の不利益は，それのみでは，いまだ行政事件訴訟法25条2項にいう『回復の困難な損害』に当たるものとは言えず，同項にいう『回復の困難な損害』があるというためには，収容部分の執行により当然に生ずる上記のような身体拘束による自由の制限等の不利益を超え，収容に耐え難い身体的状況があるとか，収容によって被収容者と密接な関係にある者の生命身体に危険が生ずるなど，収容自体を不相当とするような特別の損害があることを要する」（東京高決2002〔平成14〕・4・3〔平成14年（行ス）第14号事件〕最高裁HP）。

　その例外として執行停止が認められるのは，公務員の場合，生活困難とか研究困難といった場合であった（東京高決1966〔昭和41〕・5・6行集17巻5号463頁，判タ195号151頁）。診療報酬の不正請求を理由とする保険医療機関の指定取消

処分について，経営破綻のおそれがあり，回復困難な損害を避ける緊急の必要性があるとして，処分の執行停止が認められた事例がある（名古屋地決 1999〔平成 11〕・7・1 判例自治 206 号 82 頁）。

　改正前の「回復の困難な損害」の判断にあたっては，行政処分そのものや法が当然予定した損害の発生は入らないとの説もあった（緒方節郎「行政処分と執行停止」『裁判法の諸問題上：兼子博士還暦記念』〔有斐閣，1969 年〕691 頁以下，ただし，批判により改説，緒方「行政処分の執行停止と公共の福祉」田中古稀中 1178 頁）が，それは，処分が違法になることはまずないとの適法性の推定説に近い発想であって，今日採りえない前提がある（藤山編・行政争訟 302 頁，さらに 343 頁以下）うえ，処分の性質やその結果である損害の性質，さらには申立人の事情等を考慮して，当該損害自体を検討すれば足り，行政処分そのものや法が当然予定した損害の発生が予想されるにとどまる場合であっても，そのことにより後の勝訴判決が実効性をもたない可能性がある場合には，執行停止の必要性を肯定すべきである（東京地決 2001〔平成 13〕・12・27 判時 1771 号 76 頁）。これは当然「重大な損害」に該当しよう。

　当面の事業や生活が容易でない場合は，「回復の困難な損害」があるとは言えなくても，「重大な損害」があるとは言いやすい。そこで，これまでの判例は妥当しなくなったのである。これは権利救済を大いに実効的なものとする有意義な改正である。現場の裁判実務にこの趣旨を浸透させることが急務である。

　弁護士に対する業務停止 3 月の懲戒処分による社会的信用の低下，業務上の信頼関係の毀損等の損害が行訴法 25 条 2 項にいう「重大な損害」に当たるとされた事例（最決 2007〔平成 19〕・12・18 判時 1994 号 21 頁，判タ 1261 号 138 頁）は，この改正による緩和の影響もある（この決定の田原睦夫裁判官補足意見参照）。

　留学生について収容継続されると大学を除籍される蓋然性が高いことを理由に送還のほか収容の執行停止をした例も出た（大阪地判 2007・3・30 判タ 1256 号 58 頁）。

*　保険医療機関の指定および保険医の登録の各取消処分の執行停止が，本件各処分が取り消されるのを待っていたのでは，本件診療所の経営が破綻し，申立人に重大な損害が発生するとして，処分の効力を停止することにつき，重大な損害を避けるため緊急の必要があると言うべきであり，他方，本件診療所における診療には，多分に疑義のある診療行為等が複数存在することは否定できないが，行政手続における平等扱いの原則や比例原則などに照らして本件各処分が適法であることについて

まったく疑問の余地がないとまでは即断し難く，本件各処分の適法性については，本案において相手方の主張する不正請求等の事実を個別・具体的に検討したうえで慎重に判断するのが相当であるとして，申立てを認容した事例がある（甲府地決2006〔平成18〕・2・2〔平成17年（行ク）第2号事件〕）。

　フェリーの事業停止命令の執行停止が認められた例がある（福岡高決2005〔平成17〕・5・31判タ1186号110頁）。

　公売処分についても執行不停止原則の適用があり，上記の要件を満たさなければ執行停止されないこととなっている。しかし，執行停止を取ったが，最終的に敗訴すればその間14.6％の利子を取られるので，勝訴の自信がなければ執行停止を申請するはずがない。差押えして，現状変更を禁止さえすれば，換価の執行停止を無条件に認めても弊害はなく，解釈としてもできるだけその方向で緩めるべきではないか（⇒第7章第2節Ⅰ1）。

　ただそれでも，直ちに執行（阿部用語の即時執行。即時強制の意味で用いる塩野・Ⅰ229頁の「即時執行」とは意味を異にする）されると「万事休す」（満足的執行。民訴法の満足的仮処分に倣った阿部の造語）の場合には，執行しないと重大な公益侵害が生ずる場合以外は，とりあえず「ちょっと待て」と執行を停止することとすべきであろう。例えば，外国人の退去強制がそうである（阿部・実効性169頁以下）。判例（最決1977〔昭和52〕・3・10判時852号53頁〔百選412頁〕）は退去強制されても，「裁判を受ける権利」は残るとするが，あまりにも権利救済の実効性を無視した形式的判断である。もちろん，多くの裁判は，「後の勝訴判決が実効性を持たない」ことにならないように配慮している（前掲東京地決2001・12・27，前掲東京高決2002・4・3等）（なお，退去強制の執行停止について，野口貴公美「出入国管理行政における行政事件訴訟法25条の諸問題」原田古稀401頁以下＝同『行政立法手続の研究』〔日本評論社，2008年〕所収参照）。

(3)　消極要件①——本案について理由がないとみえるときに当たらないこと

　消極要件のうち，本案の理由については，積極的に疎明する必要はなく，消極的に，本案について理由がないとみえるときに当たらないということが否定されれば，満たされる。退去強制については，不法入国者でも執行停止が認められることが多い（例：前掲東京高決2002・4・3）。しかし，裁判所は，やはり本案について理由があるとの心証をもたないと執行停止しないし，むしろ，思い込みで，こんな訴えには理由がないと頭から決めつけることもある（ネズミ捕り訴訟，⇒序章末尾，第4章第5節Ⅳ。東京地民事38部決2006〔平成18〕・9・12〔平成18年（行ク）第194号事件〕，阿部「行政法の解釈のあり方(4)」自治研究83巻10

(4) 消極要件②——公共の福祉に重大な影響を及ぼすおそれがあるとき

公会堂の使用を許可すると妨害行為が危惧されるので，公共の福祉への支障があるといった主張はまず認められない。それは普通には警察力で抑えられるからである。

道路建設について，私人の私益と広く多数の人の利益にかかわる公益を比較して，後者を勝たせる裁判がある（圏央道事件，東京高決 2003〔平成 15〕・12・25 判時 1842 号 19 頁，判タ 1176 号 145 頁）。しかし，このような比較考量をしたのでは，常に公益が勝ち，執行停止制度の意味がない（櫻井敬子「公益と私益——圏央道執行停止事件を素材として」自治実務セミナー 43 巻 5 号 10 頁）。私人の裁判を受ける権利は，金銭塡補以外は画餅に帰する。

ここでいう「公共の福祉」とは単なる私益と比較した公益の大きさであってはならない。多数の人の生命とか国家の安全とかへの重大な危険など，より限定されるべきものである。

(5) 3 要件の関係

この執行停止の 3 要件は別個独立に判断されるべきではなく，相関関係的に判断されるべきであろう。つまり，本案の理由がありそうなときは「重大な損害」を緩和するべきである。執行停止の「緊急の必要」は，当該処分が違法である蓋然性の程度と相関的に判断すべきであり，発生の予想される損害が重大で回復可能性がない場合には，「本案について理由がないとみえるとき」との消極要件該当性を厳格に判断すべきであるのに対し，損害が比較的軽微で回復可能性もある場合には，消極要件該当性を比較的緩やかに判断すべきである（東京地決平成 2003〔平成 15〕・6・11 判時 1831 号 96 頁）。営業停止のように期間徒過で訴えの利益が消滅する処分については，違反を繰り返すおそれがあるような場合を除き原則として執行停止すべきである。また，執行停止は普通には，本案判決確定まで，あるいは，1 審判決の言渡し後一定期間までとして行われる。そのため裁判所が慎重に審理して，執行停止決定が遅れることがある。権利救済の実効性を欠くことがないように，執行停止の要件充足に十分自信がなくても，とりあえず 1 ヵ月とか 2 ヵ月の執行停止をして，さらに審理するような運用を行うべきである。

執行停止のうち，処分の効力の停止は，処分の執行または手続の続行の停止

第 3 節　仮 の 救 済

によって目的を達することができる場合には，することができない（行訴25条2項但書き）。例えば，退去強制処分の執行は停止されても，収容までは停止されないことが多い。

(6) 疎　明

この3要件の有無は，仮の救済なので，疎明（証明と異なり，訴訟法上，確からしいという推測を裁判官に生じさせること，または，これに基づいて裁判官が一応の推測を得た状態）で判断する（行訴25条5項）。疎明は即時に取り調べることができる証拠によってしなければならない（民訴188条）という制約がある。

なお，民事保全法（14条・25条）と異なり，担保を立てることにより仮の救済を取る，逆に解放金を積むことにより執行停止を免れる方法はない。

3　即時執行への救済

一般に，自力執行は自己責任で行うべきであり，民事訴訟の仮執行宣言は1審判決のお墨付きがあるのに上級審で覆れば，原告は無過失責任を負わされる（民訴260条2項）し，仮処分も逆転すれば過失の推定が働くとするのが判例である（最判1968〔昭和43〕・12・24民集22巻13号3428頁）。これに反し，行政上の即時執行が違法でも，その結果生じた損害は担当公務員に故意・過失がないと賠償されない。これは不正義であるから，無過失賠償責任を導入すべきである（消防6条3項に例がある）が，解釈論としても，即時執行は公共の利益のための制度であるから，それが違法な場合には，仮処分並みに過失を推定し，公共のために特別の犠牲になったものとして，損失補償を工夫すべきであるし，過失認定を緩めるべきである（⇒第7章第3節Ⅰ2，第11章第2節第1款Ⅶ5）。

4　執行停止の申請手続

執行停止の申請は，処分の取消訴訟を適法に提起してからでなければできない（行訴25条2項）。民事訴訟の仮処分にはない要件である。民事訴訟では先に仮処分を求め，それから本案訴訟を提起することが可能である。仮処分は保全部に申請し，本案訴訟は別の部に提起するので，本案訴訟の部は予断を抱かない。これに対して行政訴訟では，執行停止申請の管轄裁判所を本案の係属する裁判所とする（行訴28条）だけではなく，本案も執行停止も同じ部で審理するという運用が行われているので，執行停止申請が却下されると，本案訴訟がきわめてやりにくくなるという問題点がある。

また，執行停止決定は口頭弁論を経ないですることができるが，あらかじめ

当事者の意見を聴かなければならない（行訴 25 条 6 項，なお，民事保全法による仮処分については民保 23 条参照）。

II　執行停止の限界——拒否処分では利益なし，非遡及効
1　拒否処分には働かない

執行停止は，不利益処分を仮に阻止する制度である。**申請に対する拒否処分については，これを停止しても，申請状態に戻るだけで，積極的な決定を仮に行うことを義務づけるものではないから，その利益がない**（名古屋地決 1968〔昭和 43〕・5・25 行集 19 巻 5 号 935 頁，神戸地決 1991〔平成 3〕・7・22 行集 42 巻 6 = 7 号 1193 頁，判時 1392 号 37 頁など）。ちょうど本案訴訟で，訴えの利益がないのと同じである。したがって，拒否処分がいかに違法であり，重大な不利益を生ずると立証しても，その執行は停止されない（執行停止申請は却下される）。条文上も，拘束力に関する行訴法 33 条 2 項は執行停止には準用されていない（なお，これに対し，第三者効に関する行訴法 32 条は執行停止に準用されている。同条 2 項）。

これはきわめて不備な制度で，裁判を受ける権利を侵害する違憲状態であった。例えば，尼崎市立高校筋ジストロフィー障害者訴訟神戸地裁判決は高校不合格処分を取り消した（神戸地判 1992〔平成 4〕・3・13 行集 43 巻 3 号 309 頁，判時 1414 号 26 頁〔阿部〔解説〕・判例自治 105 号 83 頁〕）が，学校側が別の理由で，再び不合格にする可能性もあるし，判決の確定には時間がかかる。そして，仮に不合格決定を執行停止しても，合否未決定の状態に戻るだけで，仮にでも入学することはできないので，意味がない。なお，この違憲状態は後述の仮の義務付け制度の導入により解消された。

* **デモ行進の進路変更条件付許可**
　なお，デモ行進の許可に付された進路変更の条件を負担とする説が多い（次に述べる IV 参照）。許可の効力が発生して，そこに進路変更という効果の制限が付されていると説明するのである。これに対し，進路，日時はデモ申請の本体であるから，その変更は，附款ではなく，申請の変更処分とする見解がある（藤原静雄「行政処分の附款の限界」法教 237 号〔2000 年〕49 頁以下，塩野・I 170 頁）。形式的にはその通りであるが，申請の変更行為であれば，執行停止では許可を得られないので意味がなく，仮の義務付けがない当時はデモ行進の権利は画餅に帰す。前記の説は，執行停止を認めるために，これを負担とし，負担の執行停止により本体の許可処分

第3節 仮の救済

が完全に効力を発生したと説明したのである。これは苦肉の策ではあるが，権利救済の要請，表現の自由の保障の観点からして法創造的な優れた解釈であったと言うべきである。今日では，条件の付かない許可を求める仮の義務付けを申請すればよい。

2 非遡及効

また，執行停止決定には遡及効はない（最判1954〔昭和29〕・6・22民集8巻6号1162頁〔百選414頁〕）。公売処分を執行停止しても，物件は返還されず，生活保護取消処分を執行停止しても，過去の保護費は支払われない。

Ⅲ 第三者に対する授益的処分の執行停止

原発の設置許可とかマンションの建築確認など，第三者に対する授益的処分についても執行停止は許容されるが，その要件充足の判断においては，原告だけではなく，第三者の利益をも考慮すべきである（阿部・実効性194頁以下。なお，執行停止原則を採るドイツ法では，第三者の利益を守るための即時執行命令等の制度がある。ドイツ行政裁判所法80a条）。この執行停止決定が後で取り消された場合，原告はこれを賠償する責任があるか。仮処分なら，逆転した場合，不法行為として，過失が推定される（最判1968〔昭和43〕・12・24民集22巻13号3428頁）し，仮執行宣言なら，無過失賠償責任がある（民訴260条）。しかし，執行停止は，疎明すれば，裁判所の責任で発するものであり，第三者もこのような制度的制約の下で許可を得たと考えれば，原告に賠償責任はないと言うべきであろう（阿部・実効性210頁以下）。

Ⅳ 内閣総理大臣の異議

執行停止に対しては，内閣総理大臣が異議を述べれば，それだけで問答無用でストップできる制度が置かれている（行訴27条）。安保闘争の頃，進路変更付デモ行進許可に対して，変更部分を執行停止して，申請通りのデモ行進ができると判断した東京地裁決定（1967〔昭和42〕・6・9行集18巻5＝6号737頁，判時483号3頁）に対して活用された。これは行政処分には自力執行力があり，その執行停止は行政作用であるという前提に立つ（東京地判1969〔昭和44〕・9・26行集20巻8＝9号1141頁）。しかし，**仮の救済こそ司法権の生命線であり，行政権が問答無用で司法に介入するこの制度は違憲**であると考える。これが学界

の多数意見である（百選417頁参照）。

　＊　行訴法の改正過程においては，この制度の改廃が検討の対象となったが，緊急事態への対応など，なお検討を要する点があることから見送られたようである（塩野・Ⅱ193頁）。
　　私見では，国家公益に特に重大な影響がある処分について，本案訴訟で違法と判定された場合に，数倍の無過失賠償を認めるなら，この制度を存続させることにそれなりに賛成できる。
　　なお，これは国の行政に限らず，公安条例違反事件など，地方の自治事務についても可能であるとされている。おそらくは，内閣総理大臣はこの限りで国と地方の両方の行政権の頂点に立っている（単なる行政権ではなく，執政なり統治権）という前提に立っているのであろうが，地方分権が進んでいる今日，法律の根拠なく内閣総理大臣が自治事務に介入するものとして憲法92条に違反するとも言える。もし存続させるとしても，地方公共団体の事務については，特に国家的な理由があるか，その首長の申請により，を要件とすべきではないか。

V　公権力の行使に対する仮処分の禁止

1　仮処分禁止の意味──欠缺なき実効性ある権利救済の保障の観点から

「行政庁の処分その他公権力の行使に当たる行為については，民事保全法……に規定する仮処分をすることができない」（行訴44条）。公権力の行使については抗告訴訟が予定されており，民事訴訟は禁止されていると解されている（いわゆる抗告訴訟の排他性）が，明文の規定はない。仮処分についてだけ明示の規定があるのである。

　その趣旨は何かが争われている。大きく分けて，この無限定な文理と行政のいわば第一次的判断権を尊重して，とにかく公権力の行使はすべて仮処分禁止の対象になる（争点訴訟・当事者訴訟において行政処分の効力が先決問題になっている場合にも，仮処分は禁止される）との説に対して，**権利救済に欠缺を生じないようにとの観点から，執行停止の対象になるものに限る**（取消訴訟の対象となる不利益処分は執行停止の対象となるものであり，仮処分も禁止される）との説が対立している。

　もともと，仮の救済は司法権の権限ではないという説もあったが，司法権なり裁判とは，本案判決だけではなく，仮の救済を付与することも含むのである。仮の救済のない裁判は多くの場合，空手形判決なり画餅に帰すから，憲法32条の「裁判を受ける権利」，司法権の本質を侵害するので，違憲である。執行

停止の対象にならない（争点訴訟・当事者訴訟はその例）のに，仮処分も禁止されれば，仮の救済手段は認められなくなる。執行停止など，**行訴法上の仮救済が適用される場合に限り，仮処分の適用が排除されるというように，この規定を限定解釈すべき**である（近時，有力説。古くは，濱秀和「行政訴訟に対する仮処分の排除」実務民訴講座Ⅷ318頁参照。さらに，岡田雅夫『行政法学と公権力の観念』〔弘文堂，2007年〕107頁以下参照）。

もっとも，これは従前の考え方であって，今時の行訴法改正により，義務付け訴訟，仮の義務付けの制度，差止訴訟，仮の差止めの制度が導入されたので，これらの制度の対象となる限りは仮処分を認める必要はない（当事者訴訟における仮処分については，⇒第6節Ⅴ）。逆に，行政訴訟上の仮の救済が可能である場合に限り仮処分が禁じられていると解すべきである。

2 具体例の検討

具体的に言えば，農地買収処分を無効として現土地所有者相手に返還請求・登記抹消請求訴訟を提起する場合，現状変更禁止・転売禁止の仮処分を求めるのは，買収処分の効力とは関係がないから，許容されると言うべきである。

公有水面埋立工事に対して，民事訴訟で差し止めうるか。埋立免許自体は，抗告訴訟の対象となる行政処分であるから，民事訴訟の対象とはならない。しかし，埋立免許は，周辺住民の人格権に基づく差止め請求権を剥奪する効力をもたないから，住民はこの権利を根拠として埋立工事禁止の仮処分を求めることができる（熊本地判1980〔昭和55〕・4・16判時965号28頁，判タ416号75頁）。

都市計画法に基づく道路開設工事に対する仮処分を禁止した判例（大津地判1965〔昭和40〕・9・22行集16巻9号1557頁）があるが，都市計画制限は行政訴訟の対象とすべきであり，公害を理由とするなら民事訴訟と仮処分を許容すべきである（阿部・行訴改革207頁）。

都市計画法に基づく阪神高速道路建設工事差止めの仮処分については，都市計画事業である点および道路法などの規定から，公権力の行使に当たる行為に該当するので，同道路建設（公権力の行使）を不可能にするような仮処分，例えば同工事を全面的かつ長期的にわたって停止する仮処分は許されないが，正当な公権力の行使を妨げることのない仮処分，例えばその行使方法の是正を求め，あるいはそれが正当に行使されるべきことの保障を求め，もしくはごく短期間に限ってその行使を停止するなどの仮処分をも禁止する趣旨ではない（神

戸地尼崎支決 1973〔昭和 48〕・5・11 判時 702 号 18 頁，判タ 294 号 311 頁）。

都市計画事業の認可に基づく行政の諸活動のうち，道路工事のみを私法関係として把握して，差止訴訟を提起することは許されない（名古屋地判 2006〔平成 18〕・10・13 判例自治 289 号 85 頁）。

公務員の地位は，私法上の労働関係ではなく，公務員法により定められるものである。そして，公務員の任用は一般に公務員法上の処分として扱われている。そこで，これについては，仮処分をすることはできない（県公立学校教員採用選考試験を受けるべき地位にあることを仮に定め，上記試験を受けることを妨害してはならない旨を命ずる仮処分は，行訴法 44 条により許されない。名古屋地決 1981〔昭和 56〕・7・18 行集 32 巻 7 号 1234 頁，免職処分の無効を前提とする給与の仮払いを求める仮処分も許されない。福岡高判 1980〔昭和 55〕・3・28 行集 31 巻 3 号 802 頁，判時 974 号 130 頁）との判例がある。ただし，この前者は仮の義務付けの問題として改正法では対応が不可能ではない。後者は免職処分の執行停止の問題となる。

　　＊　なお，法律の根拠を欠く行為は公権力とは認められない（フランス法でいう暴力行為＝voie de fait）から，行政が行っても民事上の仮処分の対象である。行政指導に従わない業者に対して，水道の給水拒否，下水道の使用妨害をした武蔵野市長の行為に対する仮処分申請について，後者を公権力の行使に対するものとして，認めなかった判例（東京地八王子支決 1975〔昭和 50〕・12・8 判時 803 号 18 頁）は誤りである。下水道は水道と異なって，使用させなければならない（住民は利用しなければならない）のであって，その使用妨害をする法的根拠は，下水道法にはない（下水道 38 条 5 項参照）からである。下水道使用関係を包括的に権力関係とする見方は，権力は個別の法律で授権されるとする今日の「権力」理論からみて誤りである。

第 4 節　審理の特色

I　司法審査の範囲——事実と法解釈

司法審査では，処分の根拠となる事実と法解釈，事実の法律への当てはめが審理される。事実認定と法解釈は日本法では特別の規定がなければ司法権の範囲内に入り，裁判所の専権である。**法解釈の裁量が行政権にあるという判例**（鹿児島地判 1999〔平成 11〕・6・14 判時 1717 号 78 頁）**は間違いである**（阿部・法の解釈(2)第 5 章）。

＊　国家公務員法3条3項は，「法律により，人事院が処置する権限を与えられている部門においては，人事院の決定及び処分は，人事院によってのみ審査される。」とし，同4項は，「前項の規定は，法律問題につき裁判所に出訴する権利に影響を及ぼすものではない。」としている。そこで，司法の権限は「法律問題」に限られ，事実認定は人事院の専権であるかのように読める。事実問題は行政委員会の権限で，司法は法律問題だけを審理するという棲み分けがあるアメリカ法に倣ったものであろう。しかし，日本の行政委員会は一般には事実認定を適切に行う組織としては構成されておらず，「法律問題」とは事実認定を含むと解釈されている。

II　事実認定

事実認定は，証拠によるものであり，それは自由心証主義による（民訴247条，行訴7条）。刑事訴訟法（320条）のような伝聞証拠禁止の原則もない。そこで，伝聞証拠や陳述書も，裁判官の自由心証による証拠の評価の問題とされる。ただ，伝聞証拠は，反証により覆すことが至難であるからその証明力は乏しいと言うべきであり，陳述書は嘘を書いても偽証罪（刑法169条）に問われないので，その証明力は高くない。陳述書のほかに，嘘を言えば偽証罪に問われる証人尋問をきちんと活用すべであろう。また，証拠の評価は，経験則，論理法則，採証法則に違反してはならない（これは重要な法令違反であり，上告受理申立理由になる。なお，事実認定に関する文献参照の意味を含めて，加藤新太郎「民事事実認定の基本構造」小島古稀上304頁以下）。

＊　消費者保護法規に違反したとして処分された業者の取消訴訟で，業者の従業員はすべて会社のために発言するので一切信用できず，消費者のいうことは一貫しているし，嘘を言う動機がないとして，信用された例がある（東京地裁民事38部2008〔平成20〕年3月14日判決，⇒序章第2節V末尾）が，従業員も，偽証罪の威嚇があってもみんな嘘を言うと決めかかるのは経験則に反するし，消費者もセクハラ被害者も，痴漢の被害者も，なかには被害を誇張し，場合によっては嘘を言う者もいること（さらには，痴漢被害を演じて金を取る者もいること，消費者でもクレーマー的な者や，無料では解約できないので，騙されたとか，契約したのではなく見積書にサインしただけと嘘を言う者も中に入ること）は，経験則上明らかである。また，伝聞証拠であれば，正確に聴いたかが問題である。しかも，この事件では，夕方5時から10時まで消費者宅で粘って強引に契約を取ったと認定されているが，営業マンが7時過ぎに出たことは駐車場の領収書で証明されているのに無視されている。普通の生活をしているので信用されているが，特定のことについては嘘ばかり言ったり妄想する人格障害者も例外的であれ存在する。思い込まず，虚心坦懐に事実を認定すべきである。

215

最高裁 2008（平成 20）年 11 月 7 日判決（判時 2031 号 14 頁）は，痴漢として訴えられて勾留された男性が，被害者と称する女性を虚偽告訴だとして，不法行為請求をした事案で，被害者から痴漢がそばにいるとの電話を受けていたとする第三者の尋問もせずに，被害者の訴えを真実とするのは審理不尽とした。被害者は検察の事情聴取にも応じなかったので，不起訴になった事案であるが，高裁はそれでも痴漢があったと認定しているのである。高裁段階では，ひどい事実認定が行われているのに愕然とし，最高裁に良心が残っているのに一安心する。

神戸地裁 2008（平成 20）年 4 月 24 日判決（平成 18 年〔行ウ〕第 43 号事件）は，神戸市から外郭団体に無給で派遣した職員の人件費を別途補助金として支給したことを違法とする住民訴訟で，派遣職員の人件費分の金額が明らかにならず，原告は立証責任を果たしていないとして一部棄却したが，その額の大部分は裁判所の調査嘱託に応じて神戸市から提出されていた文書で明らかであった。裁判所は記録さえ見なかったのである。

神戸地裁が神戸空港訴訟で明白な事実誤認を犯したうえ原告を「ことさらにこじつけた」と非難したことは序章末尾で述べた。

Ⅲ　実質的証拠の法則

公正取引委員会（公取委）のような**準司法機関**でも，事実認定はその専権とはされていないが，ただ例外として，**その認定した事実にこれを立証する「実質的な証拠」があるときは，裁判所を拘束する**とされている（独禁 80 条 2 項，さらに，公害等調整委員会に関する鉱業等に係る土地利用の調整手続等に関する法律〔鉱調法〕52 条，電波監理審議会の議を経た総務大臣の決定に関する電波法 99 条）。**この実質的証拠の有無は裁判所が判断する**（実質的証拠がないとした例として，最判 1962〔昭和 37〕・4・12 民集 16 巻 4 号 781 頁〔百選 406 頁〕。あるとした例として，東京高判 1998〔平成 10〕・11・25 判時 1665 号 34 頁）が，実質的証拠があれば，裁判所は自らの事実認定を行うことができず，その事実認定権は制限される。ここで，「実質的な証拠」とは，公取委の審決認定事実の合理的基礎たりうる証拠（その証拠に基づき理性ある人が合理的に考えてその事実認定に到達しうるところのもの）をいい，上記規定の趣旨は，委員会の証拠判断が経験則に反せず合理的であるならば裁判所もこれに拘束されるけれども，そうでないときは，裁判所はそのことの故をもって上記委員会の審決を取り消すことができるものとするにある（東京高判 1953〔昭和 28〕・8・29 行集 4 巻 8 号 1898 頁）。そこで，**裁判では，実質的証拠の有無が審理されることになり，新たな証拠の提出が制限される**こ

とになる。このことは明文の規定（独禁81条1項，鉱調53条1項）があればもちろん，なくても（電波法），実質的証拠の法則上当然と考えられている（最判1968〔昭和43〕・12・24民集22巻13号3254頁）。民事訴訟では高裁においても，新たな証拠を提出することができるので，この実質的証拠の法則は，1審裁判所を超える権限を行政委員会に与えることになる。

しかし，これらの行政委員会が，それにふさわしい組織，審理手続を置いているのか，疑問があるので，その改革が求められる。特に，公取委から排除措置命令，課徴金納付命令を受けた企業は公取委に審判を請求できる（独禁49条・50条・52条）。処分を行う組織と審判を行う組織は内部では分離しているが，同じ公取委という合議制の組織の中であるので，公正中立な判断ができる組織ではなく，第1審とは言えない。そこで，公取委の審判機能を地方裁判所に移すべきであるとの見解も増えている。

明文の規定がない場合でも，行政委員会の決定に実質的証拠の法則を認めるべきだとの見解もあるが，こうした事情も背景にあり，事実認定権は司法権の本質だという日本法の発想からは，認めるわけにはいかないことになる（塩野・Ⅱ45頁以下参照）。

しかし，実質的証拠の法則が，司法権を侵害して違憲というほどではないと考えられている（前記東京高判1953・8・29）。最終判断権は司法に委ねられているし，行政委員会という独立の専門組織の判断をそれなりに尊重することは合理的であるからである（以上の点で最近の詳しいものとして，納谷廣美「実質的証拠の法則」青山善充ほか編『民事訴訟法理論の新たな構築下巻：新堂幸司先生古稀祝賀』〔有斐閣，2001年〕265頁以下参照）。

なお，実質的証拠の法則は司法権の限界の問題ではあるが，裁量問題とは異なる。行政に裁量があり，司法審査が及ばないのは，事実の法律への当てはめの過程および行為をするかどうかに判断・選択の余地がある場合である（⇒第4章第5節）（「準司法手続の今日的課題」の総合的検討については，ジュリ1352号〔2008年〕の特集参照）。

Ⅳ　主張・立証責任

1　処分の根拠の法的説明責任

行政訴訟の本案審理の争点は，行政処分の違法性いかんである。まずは原告

が違法と考える処分を特定し，違法と考える理由を主張し，これに対して，被告が当該処分の法的根拠，適法性を主張するように進行し，裁判所は争点を整理して，足りない点について当事者に主張立証を促すべきである。

処分が適法であるためには，事実を正確に認定することと，それが法律の要件に適合することが必要である。このうち，法律論は立証責任の問題ではなく，当事者の攻防を踏まえて最終的には裁判所が判断することである（裁判所の独断的判断は違憲と考える）が，まずは，処分をした行政庁は，法律に基づいてその職責として権限を行使した以上はその根拠をその責任で説明することができ，すべきことである。この説明責任は法治国家の要請である。

* 説明責任は，行政機関情報公開法1条（⇒第6章第4節Ⅱ）に始まって，今日では広く国家の基本的な原理として承認されてきている。訴訟の場では，法治主義を根拠として被告に説明責任を課すものと解されるべきである。この点，北村和生「行政訴訟における行政の説明責任」新構想Ⅲ85頁以下に詳しい。

  なお，裁判所は行政庁の解釈をしばしば信用するが，それは司法権の放棄である。そもそも，行政解釈といっても，普通は，担当官庁というだけで，法解釈の基本をわきまえていない非専門的な下級官僚が行っている。

重要提言：裁判所の独断的判断は法律問題でも違憲

裁判実務では，法律論は，裁判所が当事者の主張なくても判断できることになっている。筆者が行政訴訟の原告代理人となって驚くのは，被告行政庁が反論できない（あるいは沈黙している）ので勝訴のはずと思ったら，裁判所が，被告も言わず想定もできない理屈を挙げて，原告を敗訴させることがしばしばあることである（神戸空港訴訟はその例，⇒第4章第4節Ⅳ2(5)）。原告は，裁判官の心証を害さないように，しかし，行政の代理人だけではなく，裁判所をも敵として（しかも，裁判所の判断は事前に示されないので，見えない敵を相手に，闇夜に鉄砲を撃つように）攻撃しなければならないという，法治国家では信じがたい事態が頻発することである。

裁判とは，両当事者の主張立証を踏まえて，裁判官が第三者として中立的な立場で判断する制度のはずである。そして，それは事実認定に限らない。法律論と言えども，裁判所が，神のご託宣のように決めたものが最も適切だということにはならない。それは，当事者の攻防を待って論点を適切に整理しないと適切な判断ができない性質のものである。むしろ，当事者の主張にない法律判断で一方を敗訴させるのは，その法律判断がしばしば著しく妥当性を欠くうえ，

中立性を欠き，他方に対する不意打ちである。したがって，裁判所は，当事者の法律論を排斥するときは，できるだけ反対当事者に主張させるとともに，当事者の主張に現れない法律判断をするときは，裁判所の考える理論を示して反論させるべきであり，そうしないのは，釈明義務違反であるし，さらには，その裁判を受ける権利を侵害して，司法権の限界を超え，違憲であると考える。

このことは行政処分の根拠法規の説明だけではなく，裁判所の職権調査事項とされる訴訟要件の解釈でも当てはまると解すべきである。極端な例として，行政上の義務の民事執行を法律上の争訟に当たらないとした最高裁判例（宝塚市パチンコ店等規制条例事件，最判 2002〔平成 14〕・7・9 民集 56 巻 6 号 1134 頁，⇒第 1 節Ⅳ）を挙げておこう。最高裁で口頭弁論が開かれたが，当事者は，宝塚市パチンコ店規制条例が風営法に違反するかを論じ，「法律上の争訟」が争点だとは気が付かなかったのである。論点が示されていれば，当事者がしっかり論陣を張り，裁判所も別の解釈をとったかもしれないのである。そして，それ以後の裁判所は，これを先例としてしまい，いくらこの判決を批判しても馬耳東風なのは嘆かわしい（⇒第 1 節Ⅳ3，4）。

* ちなみに，ドイツ民事訴訟法 278 条 3 項は，「裁判所は，付帯債権のみに関するものを除き，裁判所が（当事者に対し）ある法的観点について表明する機会を与えていたときのみ，当事者が明らかに看過した，又は重要でないと考えていた，その法的観点に基づいて裁判することができる」と定めている。これは，実定法に規定されているが，規定がなくても，裁判の本質に属する憲法上の要請であると解すべきである。

　人事訴訟においては職権探知主義が採られている（当事者が主張しない事実を斟酌し，職権で証拠調べをすることができる）が，その事実および証拠調べの結果について当事者の意見を聴かなければならない（人訴 20 条）。法律論の場合もこれと異なると解する理由があるのだろうか。

　なお，国会が作る法律は，原案が国会に提出されてから，公開の場で，多少なりとも議論され，場合によっては修正される。裁判所は密室で作った法律論を先例として，以後の別件の私人と判例を事実上拘束している。これは，個別事件の解決を任務とする裁判所として行きすぎであろう。

　末弘厳太郎『役人学三則』（岩波現代文庫，1932 年）137 頁は，天下の秀才は自分がすべてわかると思って，実態も外国法も分析しないで法律を制定したりするが，しばしば外れる。それは小知恵であるという趣旨である。

　この問題は，山本和彦『民事訴訟審理構造論』（信山社，1995 年），高橋宏志『重点講義民事訴訟〔上〕』（有斐閣，2005 年）399 頁，納谷廣美「法的観点指摘義

務」青山善充ほか編『現代社会における民事手続法の展開上巻：石川明先生古稀祝賀』（商事法務，2002年）575頁以下に詳しいが，私見は，今の裁判実務は裁判の本質に反する違憲の運用と考えるのである。

2 弁論主義・立証責任

次に事実の認定について述べると，民事訴訟では，裁判所は積極的に事実を探求するものではなく，当事者の主張立証に基づいて裁判する。これを弁論主義という。職権主義に対立する概念である。裁判所は両当事者のいずれかに肩入れするべきものではなく，公平中立なアンパイアであるはずであり，争われているのは当事者が処分できる私的な利益であり，当事者に任せる方が熱心に証拠を探求し，主張すると考えられるからである。行政訴訟も原則としてこのルールに従っている（行訴7条）。そこで，原告は処分が違法と考える事実を主張することになり，被告は処分を根拠付ける事実を主張することになる。

しかし，その立証活動にもかかわらず，**真偽不明**の事態が生ずる。この場合にどちらを敗訴させるかのルールが必要である。これを**立証責任**という。立証責任を負う当事者が立証に専念せざるをえないことになるのである（民事の証拠法については，門口正人編『民事証拠法大系Ⅰ～Ⅴ』〔青林書院，2003～2007年〕が有用である）。

3 職権証拠調べと釈明

もっとも，行政訴訟においては，公益にかかわるので，裁判所が後見的に証拠調べをしてあげようという**職権証拠調べ**（行訴24条）の制度がある。これは，当事者の主張しない事実も職権で探求する職権探知（人訴20条参照）とは異なり，当事者の主張に現れたが立証しない事実を裁判所が職権で証拠調べするものである。実際上は当事者に釈明すればよいので活用されていないといわれる。まして，職権証拠調べする義務はない（最判1953〔昭和28〕・12・24民集7巻13号1604頁〔百選404頁〕）。

　＊　このことは公法上の当事者訴訟と民事訴訟を区別する理由がない根拠とされているが，昭和30年代当時，東京地裁では裁判所が積極的に裁判所の予算で学者の鑑定などを取っていたという（濱秀和〔講演〕・2009年3月10日行政関係事件専門弁護士ネットワーク総会）ことで，活用は裁判官次第ということである。

職権証拠調べの制度は，職権探知義務とは異なり，立証責任を免除するものではない。

釈明は，「裁判長は，口頭弁論の期日又は期日外において，訴訟関係を明瞭

にするため，事実上及び法律上の事項に関し，当事者に対して問いを発し，又は立証を促すことができる。」との規定（民訴149条）に基づいて行われる。これは規定上は，被告側，原告側いずれに対しても行いうる。そこで，裁判所は，適法な処分が違法とされることはないようにとばかり心配するのか（刑事事件で犯人を見逃すことがあってはならないと，検察官に代わって被告人尋問するのと同じく），そんなことがあっては公益が害されるとでも思うのか，被告が沈黙していても被告に有利な質問をすることが少なくない。これでは，原告から見れば，裁判官は中立ではなく，裁判は，まるで敵が2人いて，その敵の1人に裁いてもらう儀式にすぎない観を呈する。行政訴訟は，行政機関が法令に基づいて権限を行使したかどうかを審理するものであり，行政機関は，権力と組織によりその権限行使を正当化するだけの調査が可能であるし，行政訴訟の現実は，「ネズミがライオンに挑むような」ものであるから，裁判所は原告のために積極的に釈明すべきである。こうして救済されるべき者が救済されることこそが公益に適合する審理方式と考えるべきである。この点でも，木佐茂男『人間の尊厳と司法権』（日本評論社，1990年）が紹介するドイツの親切な裁判所がモデルになる。

4 立証責任は法治国家の要請から行政庁に

(1) 法治国家における立証責任

では，行政訴訟における本案の違法事由（適法性）の立証責任の所在についてはどう考えるべきか。これについては諸説ある（塩野・Ⅱ144頁以下，宮崎良夫「行政訴訟における主張・立証責任」新・実務民訴講座⑨225頁以下，藤山雅行「行政訴訟の審理のあり方と立証責任」藤山編・行政争訟300頁以下，山村恒年『行政過程と行政訴訟』〔信山社，1995年〕229頁以下，南＝高橋・条解行訴法210頁以下参照）。

かつては，行政処分には**公定力**があるから，違法でも有効であり，適法性の推定が働くから，これを覆そうとする原告に立証責任があるとする説が有力であったが，**役人無謬論**という，現実離れした感覚によるものであって，今日一般には採られていない。理論的に言っても，違法でも有効ということと，適法性の推定はまったく別物であり，それは公定力なるものにあまりにも多くの意味をもたせすぎ，また，法治国家に違反するのである。さらに，違法でも有効ということは法的評価の問題で，立証責任の問題ではないうえ，立証責任の対象である事実の有無についてまで，間違いでも行政の認定が通用するという趣

旨であるとしたら，とうてい行きすぎである。

　民事訴訟では，いわゆる**法律要件分類説**が妥当している。例えば，権利根拠規定（例：売買契約の存在）は，それに基づいて権利を主張する方が，権利障害規定（例：代金支払）は，相手方（買主＝代金支払者）が証明する責任を負う。行政訴訟でも同様に解する見解もあるが，それは民事訴訟的な発想であり，かつ，行政法規は一般に行政機関の行為規範であって，訴訟における立証責任を考慮して工夫されたものではないので，一般的には不適切である。

　私見では，行政法では行政機関が法律に基づいて権限を行使するのであるから，行政に裁量がない場合はもちろん，裁量がある場合でも，事実に関する調査義務があり（小早川・下Ⅰ27頁），誤りのない事実認定に基づいていることは行政が証明すべきことであるし，その**事実に基づいた処分の適法性の説明責任は行政側にある**と言うべきである。これは法治国家の要請である。なお，法治国家は実体法の原則であるが，行政機関は法律によって与えられた権限の行使について司法審査を受けるのであるから，上記のように，立証責任という訴訟法上の制度につながることは異とするに足りない（塩野・Ⅱ147頁は反対）。

　一般にも，少なくとも行政に裁量がない場合には，処分の適法性を根拠づける事実の立証責任は行政庁にあるとする説が増えている。

　私見では，このことは不利益処分でも，申請に対する給付の拒否でも同じである。営業不許可のような自由権の侵害の場合と，生活保護の拒否のような社会権の侵害でも同じであるべきであるかについては，争いがあるが，私見では同じである。例えば，生活保護の拒否処分をめぐる訴訟において，申請事由は申請者が証明しなければならないが，行政機関が拒否する以上は，調査権を有する（生活保護28条・29条）ことでもあり，拒否理由を証明しなければならないと考える。福祉事務所は，例えば，申請者に働く能力がある，資力がある，親戚の支援があるといったことを証明する責任があると言うべきである。ただ，行政庁に立証責任があるといっても，立証責任はもともと当事者間の公平の理念に立脚する制度であるから，どの程度証明すれば立証責任が果たされたのかという問題があり，被処分者の方が容易に立証できる事項（証拠との距離が近い）については徹底的に証明する必要はなく，申請者がそれなりに十分に説明できなければ，処分庁としては，それを踏まえてそれなりの立証をすれば立証責任は果たされたと考える。また，課税処分における必要経費，更正の請求の

根拠事実（税通23条），各種の許認可の申請事由等は被処分者の領域に属する事実でもあるから，行政庁の立証責任は同様に厳格に考えるべきではない。

* なお，不法入国事案で，旅券が有効であることなどは，容疑者である外国人に立証責任があるとの立法例（入管46条），難民であることは申請者の提出資料によって認定するとの立法例（入管61条の2）もある。

このことは，憲法上の権利・自由にかかわるか，単なる法律に基づく権利である（年金・健康保険など，さらには，条例に基づく補助金請求権）かで違うべきではない。法治国家を基準とする立場においては，法律のルールがある以上は，処分の根拠となる事実は行政機関が証明すべきであると考える。

* この点で民事法的な立証責任論は，行政法の領域では給付の拒否でも，妥当しない。申請拒否処分については義務付け訴訟が導入されたが，立証責任についてこれを民事訴訟の給付訴訟として民事訴訟の考え方によるとの考え（塩野・II 221頁）には賛成できない。立証責任の所在は訴訟形式とは関係がないと思う。これについては，⇒第1節I3。

  なお，立証責任は，当事者は自己に有利なすべての事実を主張立証すべきだという簡潔な原則だけでよい（遠藤直哉『ロースクール教育論』〔信山社，2000年〕41頁）とするのは慧眼である。そうとすれば，課税処分では，収入がある，必要経費に当たらないという事実は税務官庁で，収入がない，必要経費に当たるというなら納税者が主張すべきであるということになる。ただ，それは民事法的発想で，行政法の場合には，行政権限発動の際の行政庁の調査義務の視点を加えるべきであろう。

  ドイツ連邦行政裁判所長官エッカルト・ヒーン氏の講演「裁判による裁量決定の統制」（2006年2月14日関西大学，判時1932号5頁以下）の際の質疑によれば，ドイツでは，裁量の違法について，原告は主張すればよく，立証の必要はない，ただ，個人的な領域では協力義務を負う，民事訴訟の厳格な立証責任は不要で，行政は沈黙すると損する，裁判所は職権でも裁量が正しく行使されたかどうかを調査するということである。

(2) 若干の実例の考察

情報公開訴訟においては，裁判所は当該文書を見ることができない（インカメラは認められていない）ので，推認するしかないが，非公開事由（〜の「おそれ」があるもの）に該当するかどうかについて**「判断を可能とする程度に具体的な事実を主張・立証」する責任は実施機関が負うとするのが判例**（最判1994〔平成6〕・2・8民集48巻2号255頁，判時1488号3頁）である。情報公開制度は原則公開のシステムであるから，**非公開事由の立証責任が被告にあるのは，実体法の構造上当然である**。

これを認めつつ，行政機関情報公開法5条1号但書きイないしハにも該当する情報は，同条本文によって不開示とされる情報から例外的に除外されるものを定めたものであるから，開示請求者がその適用を求めるべき規定であることを理由に，主張立証責任を負うとの判例（東京地判 2003〔平成 15〕・9・16 訟月 50巻 5 号 1580 頁）がある。条文の構成を基準とする法律要件分類説的発想である。

私見では，原則公開の制度の下で，情報公開の実施機関は，例外たる，情報公開を拒否する判断をする以上は，その説明をすることができるはずであり，原告はそれを知らないのであるから，その主張立証責任は被告にあると考える。このことは，条例の文言には左右されず，国の情報公開法にも妥当する（名古屋高判 2002〔平成 14〕・12・5〔平成 14 年（行コ）第 33 号〕判例集不登載，宇賀克也「情報公開訴訟における法律問題・再論」原田古稀 469 頁）。

文書存否の立証責任については，⇒第6章第4節Ⅱ4。

長崎原爆訴訟に関する最高裁判決（2000〔平成 12〕・7・18 判時 1724 号 29 頁，判タ 1041 号 141 頁）は，原爆医療法に基づく「負傷又は疾病が原子爆弾の傷害作用に起因する」かどうかの判断（放射線起因性の判断）について，原審が，「放射線起因性の証明の程度については，物理的，医学的観点から『高度の蓋然性』の程度にまで証明されなくても，被爆者の被爆時の状況，その後の病歴，現症状等を参酌し，被爆者の負傷又は疾病が原子爆弾の傷害作用に起因することについての『相当程度の蓋然性』の証明があれば足りると解すべきであると判断した。」のに対して，条文の構造を理由に原告に立証責任を負わせ，さらに，その立証の程度について，かなり厳格な立場を示している。

すなわち，「行政処分の要件として因果関係の存在が必要とされる場合に，その拒否処分の取消訴訟において被処分者がすべき因果関係の立証の程度は，特別の定めがない限り，通常の民事訴訟における場合と異なるものではない。そして，訴訟上の因果関係の立証は，一点の疑義も許されない自然科学的証明ではないが，経験則に照らして全証拠を総合検討し，特定の事実が特定の結果発生を招来した関係を是認し得る高度の蓋然性を証明することであり，その判定は，通常人が疑いを差し挟まない程度に真実性の確信を持ち得るものであることを必要とすると解すべきであるから，〔原爆医療〕法 8 条 1 項の認定の要件とされている放射線起因性についても，要証事実につき『相当程度の蓋然性』さえ立証すれば足りるとすることはできない。……そうすると，原審の前

記判断は，訴訟法上の問題である因果関係の立証の程度につき，実体法の目的等を根拠として右の原則と異なる判断をしたものであるとするなら，法及び民訴法の解釈を誤るものといわざるを得ない。

　もっとも，実体法が要証事実自体を因果関係の厳格な存在を必要としないものと定めていることがある。例えば，原審が右判断の過程において検討対象としている原子爆弾被爆者に対する特別措置に関する法律（……すでに廃止。以下「特措法」という。）5条1項が健康管理手当の支給の要件として定めているのは，被爆者のかかっている造血機能障害等が『原子爆弾の放射能の影響によるものでないことが明らかでないこと』というものであるから，この規定は，放射線と造血機能障害等との間に因果関係があることを要件とするのではなく，右因果関係が明らかにないとはいえないことを要件として定めたものと解される。原審の前記判断も，特措法の関連法規である法8条1項の放射線起因性の要件についても同様の解釈をすべきであるという趣旨に解されないではない。しかし，特措法は各給付ごとに支給要件を書き分けていることが明らかであり，同法5条1項が健康管理手当について右の程度の弱い因果の関係でよいと明文で規定しているのと対比すれば，同法2条の医療特別手当の支給については，このような弱い因果の関係では足りず，通常の因果関係を要するものとされていると解するほかはない。そして，これらの特措法の規定と対比すれば，むしろ，法7条1項は，放射線と負傷又は疾病ないしは治ゆ能力低下との間に通常の因果関係があることを要件として定めたものと解すべきである。このことは，法や特措法の根底に国家補償法的配慮があるとしても，異なるものではない。そうすると，原審の前記判断は，実体要件に係るものとしても，法の解釈を誤るものと言わなければならない。」

　私見では，行政法規の条文の作り方で立証責任を左右するほどの考慮がなされているのかは疑問である（国会ではそのような議論はまず行われていない）。処分をする以上は，調査をしたはずであるから，行政がその根拠を説明すべきであり，根拠となる事実を立証すべきである。

　原告がどこにいたかは，行政庁が容易に証明できることではないだろうが，原告にとっても，当時の悲惨な状態の中では容易ではないのであり，原告がそれなりの説明をすれば，その地点での放射能の被爆の程度は原告よりも行政側が責任をもって解明すべきことであろう。

第9章　行政訴訟法

　この判決は，民事訴訟の通常の発想にとらわれている。それは，原告が民事訴訟で損害賠償請求を求める場合には妥当するかもしれない。しかし，本件では，行政が責任をもって，請求権の有無を判断しなければならないという行政法特有のシステムが採られているのであるから，裁判所は，行政判断の適法性を事後に吟味するべきものであり，その場合には，処分庁は自らの判断の適法性を証明しなければならないはずである。**裁判所が第一次的に事実を認定する民事訴訟のシステムと，行政判断を介在させて，その適法性を審理するという行政法のシステムとは別物**なのである（なお，この判決に関する詳細な検討として，太田匡彦・重判解平成12年度34頁参照）。

　＊　ネズミ捕り裁判では，警察の検挙データに出ている81キロで走行していたのか，80キロ未満（免許取消事由にならない）で走行していたのか，つまり警察の速度測定措置にわずか1キロの誤測定もないのかが争点になった。原告としては，同じ道路で実際に80キロ弱で走って，同じ措置で測定するわけにはいかない（それは道交法違反になる）から，別の類似の場所での研究データで，数キロの＋誤差が出るという論文を提出し，現場検証を申請したが，裁判所は，この申請を却下し，誤測定はあくまでその可能性があるというだけで，本件でもそうだと直ちに推認されるとは言えないとした（東京高判2008〔平成20〕・3・12〔平成19年（行コ）第285号事件〕）。では，原告はどうすれば立証できるのだろうか。これは警察が容易に立証できることであるから，原告がこれだけ主張している以上は，警察が実験して立証すべきことではないのか。

　なお，土地改良事業に必要な地権者の3分の2の同意要件（土地改良3条・5条2項・85条2項）の有無の立証責任について，いわゆる川辺川ダム訴訟高裁（福岡高判2003〔平成15〕・5・16判時1839号23頁，判タ1134号109頁）は，法律要件分類説に従って，同意の成立については行政側，同意の無効・瑕疵については原告側にあるとした。同意の無効・瑕疵の問題は，法治行政の問題というよりも，私人の意思表示の瑕疵の問題であるから，民事法の原則に従うのが妥当であろう。

5　裁量性がある処分でも行政庁に主張・立証責任
(1) 多数説は原告に裁量濫用の立証責任を課す

　次に，行政に裁量がある場合には，原告の方が，裁量濫用を証明しなければならないというのが多数説のようである（なお，行訴法30条の裁量濫用の問題は，実体法の問題である。⇒第4章第5節）。これは裁量濫用は例外であるとの発想による。あるいは，民事の権利濫用の立証責任のアナロジーによる。

　原発訴訟では，立証責任を原告に負わせつつ，**処分の相当性を処分庁に立証させる**という中間的解決が行われている。すなわち，「被告行政庁がした右判

断に不合理な点があることの主張，立証責任は，本来，原告が負うべきものと解されるが，当該原子炉施設の安全審査に関する資料をすべて被告行政庁の側が保持していることなどの点を考慮すると，被告行政庁の側において，まず，その依拠した前記の具体的審査基準並びに調査審議及び判断の過程等，被告行政庁の判断に不合理な点のないことを相当の根拠，資料に基づき主張，立証する必要があり，被告行政庁が右主張，立証を尽くさない場合には，被告行政庁がした右判断に不合理な点があることが事実上推認されるもの」と言うべきである（伊方原発訴訟，最判1992〔平成4〕・10・29民集46巻7号1174頁〔百選150頁，阿部発言・ジュリ1017号20頁〕）。

さらに，「公にすることにより，犯罪の予防，鎮圧又は捜査，公訴の維持，刑の執行その他の公共の安全と秩序の維持に支障を及ぼすおそれがあると行政機関の長が認めることにつき相当の理由がある情報」を不開示情報として規定している行政機関情報公開法5条4号は，行政庁に比較的広範な裁量権を付与したものである（⇒第4章1節Ⅲ7）。裁判所は，このことを理由に，「司法審査の場面においては，裁判所は，……行政機関の長の第一次的な判断が合理性を持つものとして許容される限度のものであるかどうか，すなわち，当該処分に社会通念上著しく妥当性を欠くなどの裁量権の逸脱ないし濫用があると認められる点があるかを判断するという審査方法によるべきであると解される。そして，処分の取消訴訟においては，同号の該当性を否定する原告が，……裁量権の逸脱又は濫用があったことを基礎付ける具体的事実を主張立証する責任を負う」とされている（東京地判2003〔平成15〕・9・16訟月50巻5号1580頁）。5条3号についても同旨の判例（東京地判2006〔平成18〕・2・28判時1948号35頁，判タ1242号184頁）がある。

(2) 裁量の本質と被告立証の原則

しかし，そもそも，**認定された事実に照らし裁量濫用があるかどうかは法的な評価であるから，立証責任の問題ではない。**

裁量の範囲内にあることが原則で，濫用は例外であるから，原告に立証責任があるとする判例は，行訴法30条の構造をも根拠とするであろうが，これは，単に，古い学説を条文にしただけで，立証責任・説明責任まで決めたものではないと理解すべきである。

権利濫用論との比較は，原則として自由な権利行使という私法の原則と，法

律により信託され制限されている権限行使という行政法の原則とを混同する私法的な発想であって，法治国家に反する。

そして，裁量濫用の有無を決する事実についても，次のようにまとめられる。

法治国家においては，行政は立法者からの委託を誠実に処理する義務を負うのである。裁量は法治行政の例外との見解（⇒第4章第5節Ⅰで紹介）はきわめて古いものであって，今日では妥当ではなく，これは法治行政の一環であって，ただ法の羈束度が緩いだけである。司法審査では裁判所がその行政活動を自ら行うという立場にはないが，行政がその委託された職務を誠実に果たしたかどうかを争点とすべきである。**行政側は法律に基づいて行政を行っているのであるから，自分のしたことは説明する責任があるはずである。**行政手続法でも，理由の提示が原則であり，審査基準，処分基準を策定するはずである。後者は努力義務であるが，事前には作らなくても，具体的な事案においては処分の基準，少なくとも考え方は説明できるはずである。これはいわゆる裁量処分でも同じである（『理由のない行政処分はない』）。ちなみに，ドイツの連邦行政手続法39条は，「裁量決定の理由づけにおいてはさらに，行政庁がその裁量の行使に当たって基礎とした観点を明らかにするものとする。」とされている。こうした考え方こそ法治国家における説明責任に合致するのである。行政手続法の適用がない処分においても，訴訟における考え方は同じである。

そうすると，**訴訟の当初において，被告・参加行政庁は，その判断の根拠となった事実を立証し，結論に至る理由が合理的なものであることを説明しなければならないとすべき**であり，裁判所としては，その方向で訴訟指揮を行うべきである。最終的に責任を負うのは行政であるから，法律の趣旨の枠内で，合理的な判断が行われたとの説明が付けば，代案があっても，それは行政の責任で対処すべきことである。この意味で裁量処分という用語も廃止すべきである（まして，羈束裁量という意味不明の用語は廃止すべきである）。

基準を設定した場合には，（もちろん，その合理性を前提としてであるが）基本的にはそれを画一的に適用すべきであるが，事案の特殊性を考慮した例外的な判断を要する。この例外的な特殊事情があれば有利になる被処分者に当然にその主張・立証責任があるとの説も多いだろうが，そうとは限らない。被処分者＝原告から例外的な事情があるとの主張がなされたら，被告は事実を確認し，それをなぜ考慮すべきでないかを主張立証すべきである。事実が最終的に真偽

不明であれば、行政側の敗訴とすべきである（⇒第4章第5節参照）。
(3) 具体例の検討
　原発の安全性は、事実問題というよりも評価の問題にかかわるが、行政が安全と評価した以上は、その根拠となる事実とその評価の理由を説明する責任があると言うべきである。少なくとも原発訴訟では、事実と証拠は基本的には行政側に握られている。原告は手探りであるから、これは大変な負担であり、不公平である。行政は、専門家として判断したのであるから、ある程度の裁量があるとはいえ、**処分の適法性を主張し、その根拠となる事実を立証すべき**であり、原告の主張には誠実に対応すべきである（阿部発言・ジュリ1017号22頁）。
　「おそれがあると行政機関の長が認めることにつき相当の理由がある情報」は「おそれがある情報」とは異なり、行政裁量を認めるが、しかし、それは「相当の理由がある」との証明があるならば、裁判所はそれ以上は介入しないとの趣旨であるから、処分庁は**「相当の理由」がある点を主張し、その根拠となる事実を立証すべき**である（なお、名古屋地判2008〔平成20〕・1・31判時2011号108頁は、死体見聞調書の開示が将来の捜査に支障を生ずるとの警察の判断に「相当の理由」はないとしたが、立証責任は問題とされていない）。
　さらに、風俗営業の名義貸しを理由に許可を取り消された事件で、名義貸しは特段の事情がない限り取消事由に該当するから、特段の事情は被処分者が立証せよという判例（最判2000〔平成12〕・3・21判時1707号112頁、判タ1028号138頁）がある。しかし、もともと、処分庁が取消処分をするときは、特別の事情がないと判断して取り消したはずであるから、その点は処分庁が説明し、立証すべきことである。
　銃刀法5条1項10号の定める「集団的に、又は常習的に暴力的不法行為その他の罪に当たる違法な行為で国家公安委員会規則で定めるものを行うおそれがあると認めるに足りる相当な理由がある者」という要件該当性の判断について、過去における暴力団との関係というものの実態がどのようなものであったのか、その後関係を絶っているという原告の申立てが信用できるかといったことが判断の中心になるべきであって、そのためには、原告の交友関係、仕事、家庭生活を調査検討する必要があるが、それがなされていないと判示した判例（横浜地判2006〔平成18〕・3・15判例自治285号105頁）がある。これは裁量性のある要件の該当性の判断について、行政の調査義務を明らかにしたものである。

もちろん，被告に主張立証責任を課して，原告は，何もしなくて良いわけではなく，違法事由をそれなりに特定し，論点を整理する責任がある。

6　無効確認訴訟の場合

無効確認訴訟（⇒第6節Ⅰ）においては，「裁量権の行使がその範囲を超え又は濫用にわたり，したがって，右行政処分が違法であり，かつその違法が重大かつ明白であることを主張及び立証」する責任は原告にあるとされている（最判1967〔昭和42〕・4・7民集21巻3号572頁〔百選408頁〕，最判1959〔昭和34〕・9・22民集13巻11号1426頁〔百選162頁〕）。無効に当たる重大かつ明白な違法性は例外だからということであろう。しかし，無効というのは，事実ではなく，法的評価であるから，立証責任の問題ではない上，話は逆であって，行政庁は権限を行使している以上は，そのような例外的な違法を犯していないと主張すべきであり，その立証は，行政庁には容易なはずである。また，処分庁は，処分の根拠となる事実の存在を主張しなければならない。例えば，既に宅地となっていた土地を農地として買収したとしてその無効が主張された場合には，買収当時その土地は農地であったことは処分庁（県知事）が主張立証しなければならず，それは容易なはずである。

これに対し，争点訴訟では，民事訴訟の前提となる行政処分の効力が争われるので，原告が処分の無効を立証せざるをえないが，それに処分庁を参加させて（行訴45条・39条），処分の有効性を主張立証させることで進行させるべきである。

7　訴訟要件充足に関する立証責任

以上は，本案の違法事由に関するものであるが，訴訟要件の充足いかんに関しては，例えば，出訴期間の起算日である「知った日」，その徒過の「正当な理由」，被告の誤りについて「故意又は重大な過失」がないこと，原告適格の考慮事項である処分によって害される利益等は，原告の守備範囲であり，法治行政の観点から行政側が調査すべきことではないので，基本的には原告が立証すべきことである。

なお，訴訟要件の充足は職権調査事項であると言われるが，それでも裁判所が調査しきれるわけではない。ただし，原告適格の有無の判断は，本案の判断と重複するところがあり，訴訟の入口で行われるので，社会通念による概括的な判断で足りると解される。

第4節　審理の特色

8　立証責任・証拠の評価に関する釈明義務

　弁護士実務で難しい点の1つは，誰が，どこまで立証すべきかにある。立証責任は相手方にあると思ったら，当方が立証責任を果たしていないという前提で敗訴させられることがある。また，十分に立証したと思ったら，信用できないなどとされることがある。

　立証責任，証拠の評価については法令はなく，判例も明確ではないため，こうした事態を当事者の責任に帰すのは酷である。裁判所は，これらの点で当事者が誤解していると思えば，釈明すべきである。

V　文書提出命令

1　文書提出命令の必要性

　処分の根拠や証拠は処分庁等関係行政庁に握られているので，原告は手探りであり，処分の違法を立証することは容易ではない。筆者の説くように，処分庁に適法性の説明責任と事実に関する立証責任があるとしても，論点を把握して，処分庁にこれらの責任を果たさせるには，処分の根拠となる文書などが公開されることが望ましい。

　行政手続法18条は**文書閲覧請求権**を導入しているが，それは不利益処分をめぐる聴聞手続に限られる。聴聞の対象になる許認可の取消し等の事案でない場合（弁明手続の対象となる営業停止等，さらに，拒否処分等）では，原告は処分庁の有する文書を入手できず，きわめて不利な立場にある。不服申立てでは，審査請求人または参加人は処分庁に提出された物件の閲覧を求めることができる（行審33条）が，謄写権がなく，審査庁が自ら証拠を収集する場合には適用がない（⇒第10章第1節Ⅸ）等，重大な欠陥がある（ただし，後者は行審法改正法案37条で改善される）。

　これに対して，訴訟段階においては，文書提出命令制度は近時かなり改善され，原告が，処分庁等の有する文書を入手して，その手の内を明らかにして，攻撃防御に資する道が少し広くなっている。これにより，原告と行政の間に存在した情報の格差は多少減少する。

　ただし，文書提出命令は行政側から積極的に情報を公開する制度ではないので，原告側が必要な情報を特定しなければならない（民訴180条1項）。なお，文書提出命令は，処分庁から原告の所持文書についても申し立てることができ

るが，その必要性は高くない。
  2　文書提出義務と文書提出命令申請の方法
  民事訴訟法の一般原則では，引用文書，引渡し・閲覧請求権がある文書，利益文書，法律関係文書（「挙証者ト文書ノ所持者トノ間ノ法律関係ニ付作成セラレタル」文書）の4つが文書提出義務の対象になる（民訴220条1号～3号）ほか，1996（平成8）年に成立した同法改正法は，一定の例外（証言拒絶権がある場合，黙秘権がある場合，公務員の職業上の秘密文書，医師などの職務上の秘密，技術または職業の秘密，自己使用文書，刑事事件において押収されている文書）に該当しなければすべて提出すべきとする一般的な文書提出義務の規定（**一般義務化**）を新設した（民訴220条4号）。このうち，刑事事件との関係については，⇒第6章第4節Ⅵ。
  それでも，第三者が，その所有する文書をすべて提出するように義務化されたわけではない。
  文書提出命令は，書証の申出の一方法であり（民訴219条），証拠の申出は，「証明すべき事実を特定してしなければならない」（民訴180条1項），「裁判所は，当事者が申し出た証拠で必要でないと認めるものは，取り調べることを要しない」（民訴181条1項），文書提出命令を発するときも，「文書に取り調べる必要がないと認める部分又は提出の義務があると認めることができない部分があるときは，その部分を除いて，提出を命ずることができる」（民訴223条1項）とされている。
  しかも，文書提出命令の申立ては，「一　文書の表示，二　文書の趣旨，三　文書の所持者，四　証明すべき事実，五　文書の提出義務の原因」を明らかにしてしなければならない（民訴221条1項）。そして，一般義務化された220条4号を文書の提出義務の原因とする文書提出命令の申立ては，書証の申出を文書提出命令の申立てによってする必要がある場合でなければ，することができない（民訴221条2項）。
  したがって，文書提出命令の申立てにおいては，文書の所持者に提出義務があることのほか，証明すべき事実を明らかにして，取り調べる必要性を明らかにしなければならないのである（文書の表示・趣旨，所持者，証明すべき事実なり当該文書による証明の必要性，文書提出義務の根拠を示すことになる）。
  この221条2項の関係では，文書提出命令を求める前に情報公開を求めるべ

きかが論点になるが，これは制度を異にするし，情報公開も拒否されると紛争が長期化するので，消極に解すべきである（藤山編・行政争訟339頁）。

　この文書の所持者とは，社会通念上文書をその支配下に置き，いつでも自らの意思のみに基づいて提出することができる者をいうが，それは国または地方公共団体をいうのか，当該文書を管理する行政庁をいうのか（地方公共団体の場合，文書の保管は首長の事務である。自治149条8号）という問題がある。抗告訴訟の被告が行政庁とされた従来のシステムの下では，所持者も行政庁とする見解が優勢であった（東京高決2003〔平成15〕・11・18判時1884号34頁）ようであるが，抗告訴訟の被告を行政主体とした今日（行訴11条），所持者も行政主体とすべきではないかとの問題がある（藤山編・行政争訟324頁。福岡高決2008〔平成20〕・5・12判時2017号28頁，判タ1280号92頁もこの説である）。

　この点，違ってくるのは，文書提出命令に従わない場合の制裁である。当事者であれば相手方の主張を真実と認めることになるが，第三者であれば20万円以下の過料に処されるだけなのである（民訴224条・225条）。抗告訴訟において，被告も文書の所持者もともに行政主体とされれば，それは当事者扱いとなる。例えば，Y行政庁の処分において，同じ行政主体に属するA行政庁が文書提出を拒んだ場合，同じ被告の行政主体が拒んだとして，当事者が拒んだ扱いになって，Y行政庁は敗訴する。これを不合理とする見解もあろうが，行政は統一的でなければならないから当然のことと言うべきであろう。

　　＊　筆者の経験では，文書提出命令を発した裁判所が，神戸市長を相手方にしたのは明白な誤りであるとして，神戸市に更正した例がある（大阪高決2008〔平成20〕・2・20〔平成19年（行タ）第79号事件の更正決定〕）。被告の誤りも重大な過失がなければ訂正してもらえるのである（行訴15条）から，この場合はどっちであれ裁判所で訂正されるべきである。ただ，しかし，例外として，住民訴訟4号請求においては首長などが被告となる。文書の所持者を行政主体とすると，20万円の過料を払って，文書提出逃れが可能になる。それは公益を追求すべき行政主体，行政庁として許されることではなく，この場合に首長等を被告とした理由は，説明責任を果たさせるというだけであり（2002〔平成14〕年住民訴訟制度の改正，⇒第6節Ⅵ），文書の所持者は代表者＝首長の判断で行動するのであるから，文書の所持者である行政主体を当事者扱いすべきである。

　　　なお，この事件では，神戸市に提出されたカラー文書の提出が命令されたが，神戸市が白黒のコピーを提出して裁判所が受け取ったので，カラーの文書は提出されずじまいであった。

第9章　行政訴訟法

　上記の「**技術又は職業の秘密**」（民訴197条1項3号）とは，その事項が公開されると，当該技術の有する社会的価値が下落しこれによる活動が困難になるものまたは当該職業に深刻な影響を与え以後その遂行が困難になるものをいう（最決2000〔平成12〕・3・10民集54巻3号1073頁）。

　3　公務文書にも一般義務化とその例外

　この一般義務化の制度は当初公務員には適用されなかった（当時の4号のかっこ内）が，2001年同法改正法は，このかっこ内を削除し，「公務員の職務上の秘密に関する文書」でも，「その提出により公共の利益を害し，又は公務の遂行に著しい支障を生ずるおそれがあるもの」に該当しない文書の所持者は，その提出を拒むことができないとした（民訴220条4号ロ）。

　ここで，「**公務員の職務上の秘密**」とは，公務員が職務上知りえた非公知の事項であって，実質的にもそれを秘密として保護するに値すると認められるものをいう（最決1977〔昭和52〕・12・19刑集31巻7号1053頁，最決1978〔昭和53〕・5・31刑集32巻3号457頁）。そして，上記「公務員の職務上の秘密」には，公務員の所掌事務に属する秘密だけでなく，公務員が職務を遂行する上で知ることができた私人の秘密であって，それが本案事件において公にされることにより，私人との信頼関係が損なわれ，公務の公正かつ円滑な運営に支障を来すこととなるものも含まれる。「その提出により公共の利益を害し，又は公務の遂行に著しい支障を生ずるおそれがあるもの」と言えるためには，「単に文書の性格から公共の利益を害し，又は公務の遂行に著しい支障を生ずる抽象的なおそれがあることが認められるだけでは足りず，その文書の記載内容からみてそのおそれの存在することが具体的に認められることが必要である」（**労基署の労災事故の災害調査復命書**に関して，最決2005〔平成17〕・10・14民集59巻8号2265頁，判時1914号84頁〔松並重雄調査官解説・曹時60巻2号613頁〕）（神戸・御影コンペ住民訴訟大阪高決2008〔平成20〕・1・24〔平成19年（行タ）第79号事件〕はこれに従う）。

　そして，「公務員の職務上の秘密」に関する文書について提出を求められたときは，裁判所は監督官庁の意見を聴かなければならない（民訴223条3項）。監督官庁（この意味は明確ではないが，秘密文書を所管している官庁という趣旨らしい。深山卓也ほか「民事訴訟法の一部を改正する法律の概要（下）」ジュリ1210号〔2001年〕176頁。前記東京高決2003・11・18によれば，国税不服審判所の所持する文

書については国税庁長官）が，上記の事由に該当するとの意見を述べるにはその理由を示さなければならないが，そのうちで，当該監督官庁が当該文書の提出により，「一　国の安全が害されるおそれ」等，「二　犯罪の予防，鎮圧又は捜査……その他の公共の安全と秩序の維持に支障を及ぼすおそれ」があるとの意見を述べたときは，裁判所が提出を命ずることができるのは，「相当の理由があると認めるに足りない場合」に限り，として，裁判所の審査権を制限し，監督官庁の裁量を広く認めることとした（民訴223条4項）。

　これを「高度の公務秘密文書に関する司法審査の特則」ということができる。それ以外の場合には，裁判所の審査権は制限されない。

　また，監督官庁が，当該文書の所持者以外の第三者の技術または職業の秘密に関する事項に係る記載がされている文書について意見を述べようとするときは，上記の文書提出義務がないとの意見を述べるときを除き，あらかじめ，当該第三者の意見を聴くものとする（民訴223条5項）。

　これは，このような「おそれ」の有無を判断するについては，その性質上，防衛・外交政策上または刑事政策上の将来予測を含む専門的・刑事政策的判断を要するという特殊性が認められるから，監督官庁の第一次的判断を尊重するのが相当であるということである。そこで，監督官庁が，裁判所に対して，「おそれ」があることを理由に公務秘密文書に該当する旨を述べた場合には，裁判所は，当該意見について「相当の理由がある」と認められる場合には，文書提出命令の申立てを却下するものとしたのである（深山ほか・前掲ジュリ1210号177頁以下）。これは「おそれがあると行政機関の長が認めることにつき相当の理由がある情報」という表現で，行政機関の裁量を尊重する行政機関情報公開法5条3号，4号と整合する制度である。

　ただし，この「おそれ」は，抽象的であってはならず，具体的でなければならない。労基署が作成した労災事故の災害調査復命書のうち，事業所関係情報は提出を拒むことができない（最決2005〔平成17〕・10・14民集59巻8号2265頁，判時1914号84頁）。

　自己使用文書は対象外であるが，情報公開の対象となる「組織的に用いられている文書」（**組織共用文書**。行政機関情報公開法2条2項）は自己使用文書ではなく，文書提出の対象になる（民訴220条4号ニ）。これは情報公開制度との整合性を図ったものである。したがって，文書提出命令についてこれまで蓄積さ

れた判例は，この新しい法制度の下で，見直しが必要になる。

かつての**伊方原発訴訟**では，まずは，原子炉設置許可手続等の過程において作成された電力会社提出の調査資料等，原子力委員会等の議事録および科学技術庁原子力局が原子力委員会等に提出した報告資料等の文書が非公開であった。高松高決（1975〔昭和50〕・7・17行集26巻7＝8号893頁，判時786号3頁）は，原発周辺住民と処分庁との間には，住民が本件許可処分の取消しを求めうる権利（形成権）の存否ないし本件許可処分の取消原因（形成要件）の存否に関する実体法上の法律関係が存在するものと把握して，これを法律関係文書として提出させた。

こうして初めて原発許可取消訴訟に実質的な審理の道が開けたのである。ただ，今日では，このような苦労をしなくても，これは自己使用文書ではない（組織共用文書である）ので，文書提出命令の対象にもなる。

文部省教科用図書検定調査審議会が教科用図書の検定に当たり作成した審議結果を記載した書面および文部大臣に提出した検定意見についての答申書は，**内部文書**であるから，民事訴訟法220条3号後段の文書に該当しないとされた事例がある（最決2000〔平成12〕・3・10判時1711号55頁，判タ1031号165頁）が，これは，挙証者と文書の所持者の間の法律関係について作成された文書か否かという問題を否定的に解しただけで，一般的な文書提出義務制度の下での例外としての自己使用文書であるとしたものではない。むしろ，審議会関係の文書は組織的供用文書であり，一般には情報公開制度でも非公開文書に該当しないものであるから，現行法（2001年改正法）では自己使用文書ではなく，提出義務があるものと解すべきである。

文書提出命令は，第三者にも適用があるので，私人間の民事訴訟において行政文書を活用するために用いられる（阿部・法務戦略87頁以下）。ただし，その場合には監督官庁を審尋する必要がある（民訴223条2項）。企業の情報については，情報公開制度なら「当該法人等又は当該個人の権利，競争上の地位その他正当な利益を害するおそれがあるもの」（行政機関情報公開法5条2号イ）については，誰にでも見せる制度である関係で，公開の範囲が狭く解される可能性があるが，文書提出命令の制度では，個別の具体的な権利義務に関する紛争が生じているので公開の必要性が高くなり，しかも，閲覧制限の制度（後述）もあるので，公開事由に該当すると解される余地が広くなる。

さらに，法務省が外務省を通じて，難民であると主張するパキスタン・イスラム共和国籍の外国人の逮捕状等の真偽についてパキスタン政府へ照会を行った際に外務省に交付した依頼文書の控え，ならびに外国公機関に交付した照会文書の控えおよび同機関が同省に交付した回答文書につき，監督官庁の民事訴訟法223条4項1号の「他国……との信頼関係が損なわれるおそれ」があるとの意見に相当の理由がないとして，同法220条4号ロ所定の除外文書に該当しないとした原審の判断に違法があるとした事例がある（最決2005〔平成17〕・7・22民集59巻6号1888頁，判時1907号33頁。この差戻審：東京高決2006〔平成18〕・3・30判タ1254号312頁は，法務省から外務省への文書は開示，外務省と外国機関との間の文書は非開示とした）。

　逆に行政訴訟において私人の文書の提出を求めることがある。その場合には，前記の「技術又は職業の秘密に関する事項」（民訴197条1項3号）のほか，「専ら文書の所持者の利用に供するための文書」が提出義務の範囲外である（民訴220条4号ニ）。最高裁は，銀行の貸出し稟議書を内部文書とし，その理由として，「ある文書が，その作成目的，記載内容，これを現在の所持者が所持するに至るまでの経緯，その他の事情から判断して，専ら内部の者の利用に供する目的で作成され，外部の者に開示することが予定されていない文書であって，開示されると個人のプライバシーが侵害されたり個人ないし団体の自由な意思形成が阻害されたりするなど，開示によって所持者の側に看過し難い不利益が生ずるおそれがあると認められる場合には，特段の事情がない限り」，この条項に当たるとした（最決1999〔平成11〕・11・12民集53巻8号1787頁）。

4　インカメラ

　この文書提出命令の制度においては，裁判官だけが証拠を見る（相手方には見せない）いわゆる**インカメラ**（in camera）手続も導入された（民訴223条6項）。もともと，裁判の「対審及び判決は，公開の法廷でこれを行ふ」（憲82条）のであり，インカメラ手続は違憲ではないかとの疑問があったが，しかし，証拠が秘密として非公開されては，知る権利が制限され，裁判を受ける権利が侵害される場合には，裁判公開の原則も後退して，インカメラ手続は合憲と言うべきである（最決2009〔平成21〕・1・15民集63巻1号46頁，判時2034号24頁の泉・宮川意見はインカメラを導入することは合憲とする）。

　これは決定手続で行うので，口頭弁論は一般には行われない（民訴87条1

項・223条1項)。ただし、それは一般義務化されて、提出義務ある文書(民訴220条1項4号イ〜ニまで。刑事記録に関するホは除く)かどうか、つまり証拠申出の採否の判定のために用いる制度である。証拠調べそのものを非公開で行いうることを認めたものではない。また、文書提出の必要性の判断(民訴181条)に用いるものではない。

前記のロ号の「おそれ」の判断については、裁判所は、監督官庁の意見に相当の理由があるかどうかを判断することになる。これはインカメラ手続を用いるまでもなく、判断できるのが通常であると考えられるが、例外的に監督官庁の意見を基礎づけるべき文書中の記載の存否・内容などが争われ、裁判所がこれらについて心証を形成できない結果、相当の理由があるかどうかを判断できない特別の事情がある場合には、裁判所は、監督官庁の意見が相当であるか否かを判断するために、インカメラ手続を利用することも可能である(深山ほか・前掲ジュリ1210号177頁)。

なお、文書提出命令の申立てについての決定に対しては即時抗告することができ(民訴223条7項)が、証拠調べの必要性を欠くことを理由とする申立却下決定に対しては、必要性があることを理由として独立に不服申立てをすることはできない(最決2000〔平成12〕・3・10民集54巻3号1073頁、判時1708号115頁)。証人尋問、書証などの採否については、自由心証で判断される(実務では理由が示されることなく、単に必要なしとの独断的判断が下される)ので、それに対して独立しての上訴はできない(判決に対する上訴理由で主張する)。

* 訴訟実務では、文書提出命令は上級審で争われると訴訟が遅延するので、急ぐ事件では、文書提出命令を求めないで済ませる方がよく、長期化戦略を採る被告は、文書提出命令にも徹底抗戦するので、上級審は早期に判断すべきである。
 　提出された文書に、①「当事者の私生活についての重大な秘密が記載され、又は記録されており、かつ、第三者が秘密記載部分の閲覧等を行うことにより、その当事者が社会生活を営むのに著しい支障を生ずるおそれがあること。」、または、②「当事者が保有する営業秘密(不正競争防止法第2条第6項に規定する営業秘密をいう。……)が記載され、又は記録されている。」ならば、民事訴訟法92条1項、民事訴訟規則34条により記録閲覧制限の申立てをすべきである。

【情報公開訴訟におけるインカメラ】

情報公開訴訟では、その情報は、証明手段ではなく、請求の対象そのものであるので、民事訴訟法に定めるインカメラの制度は適用されない。情報公開審

査会は行政機関であるので、インカメラ手続をとっているが、情報公開訴訟にそれを導入するには、特別の法制度が必要である（⇒第6章第4節Ⅳ5）。

　　＊　なお、笹田栄司「イン・カメラの憲法的基礎」、山下義昭「行政上の秘密文書とイン・カメラ審理」川上古稀479頁以下、519頁以下参照。
　　　行政文書不開示決定処分取消訴訟において、行政機関情報公開法5条3号、5号の不開示事由該当性を判断するため当該不開示文書について検証物提示命令（民訴232条）が発せられた例がある（福岡高決2008〔平成20〕・5・12判時2017号28頁）。これは当事者が立会権を放棄した結果認められたもので、実質的にはインカメラ手続と同様の効果がある。なかなか工夫したものであるが、前記最決2009・1・15は、情報公開制度においてはインカメラ手続を導入していないことを指摘して、この工夫を違法とした（鎌野真敬・ジュリ1382号122頁に詳しい）。

Ⅵ　釈明処分の特則

　文書提出命令は、訴訟が進行してからでないと実際上活用できないが、当初から審理を充実・促進するために、**釈明処分の特則**が導入された（行訴23条の2）。民事訴訟法151条1項3号の釈明処分の制度を拡充したものである。文書提出命令と異なり、裁判所が「訴訟関係を明瞭にするため、必要があると認めるとき」職権で行う。当事者からの申立権は規定されていない。当事者は申し立てても、職権発動を促すにすぎない（裁判所から返事もない）。

　その対象となるのは、「処分又は裁決の内容、処分又は裁決の根拠となる法令の条項、処分又は裁決の原因となる事実その他処分又は裁決の理由を明らかにする資料（次項に規定する審査請求に係る事件の記録を除く。）であって当該行政庁が保有するものの全部又は一部の提出を求めること。二　前号に規定する行政庁以外の行政庁に対し、同号に規定する資料であって当該行政庁が保有するものの全部又は一部の送付を嘱託すること。」というものである。民訴法では釈明処分において提出を求めることができるのは、引用文書その他の所持文書であるが、これはそれに限定していない。処分理由も原則は提示されるはずであるが、それが提示されない場合も含めて早期にその資料が開示されると審理はしやすい。ただ、処分または裁決の内容、処分または裁決の根拠となる法令の条項は当然に明らかになっているだろう。

　「処分又は裁決の原因となる事実その他処分又は裁決の理由を明らかにする資料」とは、「当該不利益処分の原因となる事実を証する資料の閲覧」権を規

定する行政手続法18条に基づく文書閲覧の制度と似た条文であるが、後者は聴聞を行う不利益処分に限定されているのに対し、釈明処分の特則は処分の要件事実を示す文書、関係記録を綴った一件記録だけではなく、裁量基準を明らかにする資料なども含むので、適用範囲は広い。

　また、民事訴訟法の釈明処分は、訴訟当事者に対するものであるが、これは処分庁以外の行政庁にも釈明をすることができる（これについては、菅野博之「釈明処分の特則」園部逸夫＝芝池義一編『改正行政事件訴訟法の理論と実務』〔ぎょうせい、2006年〕116頁以下が詳しい）。

　　＊　本来は処分庁には説明責任があるので、被告は、このような制度を待たず自発的に関係文書を提出すべきであるが、現実には「悪しき当事者」として、なるべく答えず誤魔化そうという態度に出ることが多い。そして、裁判所も、悪しき弁論主義にとらわれ、民訴法上の釈明でさえ、原告のためにはなかなか活用しない。むしろ、お役所のした処分は適法であると（昔の公定力理論のように）思い込んでいるに近い訴訟指揮も少なくなく、原告は、敵は被告行政とともに、裁判所であると実感することが少なくない。「ネズミがライオンに挑む」ような行政訴訟では、釈明権は原告のために活用されるべきである。
　　　なお、これは差止訴訟には適用がない。まだ処分がないから資料がないという前提であるが、東京都条例に基づく外形標準課税の差止訴訟の例（東京地判2002〔平成14〕・3・26判時1787号42頁、判例自治226号16頁）を考えると、課税処分の資料はないが、条例制定の資料はあるはずで、その提出を求めることを可能とすべきであった。

Ⅶ　自己の法律上の利益に関係のない違法の主張制限

1　判　　例

　原告は、原告適格の壁を突破すれば、本案において何でも主張できるわけではなく、「自己の法律上の利益に関係のない違法」は主張できない（行訴10条1項）。第三者の利益のみにかかわることを主張すること（抵当権者への通知の懈怠を所有者が主張するといった例）ができないのは当然である。

　その上で、これについては判例上も2つの立場がある。

　1つは限定的に解するものである。新潟空港訴訟最高裁判決（1989〔平成元〕・2・17民集43巻2号56頁）は、周辺住民が主張した航空事業の免許の違法事由のうち、滑走路等の供用の違法、利用客の大部分が遊興目的の団体客であること、輸送力が著しく供給過剰となるという主張はいずれも自己の法律上の

利益に関係のない違法であると判示した。

　労組法5条1項は，同法の2条および5条2項の資格要件を欠く労働組合には同法上の救済は与えられないとしている。使用者が地労委の救済命令の取消しを求めるに際しては，この規定は，労働組合が国家に対して負う責務であって，使用者に法的利益を保障したものではないとして，使用者が不当労働行為の成立を否定するために主張するなら格別，単に審査の方法ないし手続に瑕疵があることもしくは審査の結果に誤りがあることのみを理由として救済命令を求めることはできないとする判例（最判1957〔昭和32〕・12・24民集11巻14号2336頁〔百選402頁〕）がある。

　原子炉等規制法24条1項各号は，原発の許可基準について，1号（平和利用），2号（原子力の開発利用の計画的な遂行），3号（技術的能力，経理的基礎），4号（災害の防止上支障のないものであること）の4要件を求めている。4号は原告適格の根拠であるから，本案においても当然に主張できるが，もんじゅ訴訟最高裁1992（平成4）年9月22日判決（民集46巻6号571頁），もんじゅ訴訟差戻1審福井地裁2000（平成12）3月22日判決（判時1727号33頁，判タ1043号239頁）は，1号，2号と3号に定める経営能力の不備の主張を認めない。

　　＊　東京地裁2008（平成20）年5月29日判決（判時2015号24頁。三井グランド裁判）は，前記原告適格の末尾で述べたように原告適格を拡大したが，逆に，原告適格を基礎づける規定以外の処分の根拠規定に違反するという違法事由は，原告の法律上の利益に関係がないとして，本案審理を拒んだ。

　これに対し，比較的広く解する判例がある。

　東海原発訴訟水戸地裁1985（昭和60）年6月25日判決（判時1164号3頁，判タ564号106頁）は，行訴法10条1項にいう「法律上の利益」も，9条のそれと同義で，「法律により保護された利益」と解することを前提としつつ，1号，2号は，もっぱら公益の実現のための規定であり，3号中「技術的能力」に係る要件は，4号の「災害の防止」と同様，公共の安全という公益とともに原子炉周辺住民個々人の利益をも保護すると認めた。そして，「経理的基礎」に係る要件も，資金を欠く者に原子炉の設置を認めると，不完全な原子炉を建設するおそれがあるから，災害の防止を資金的な面から担保することを目的として設けられているものと解されるとした。

　その控訴審（東京高判2001〔平成13〕・7・4判時1754号35頁，判タ1063号79

頁）はさらに進んで，行訴法10条1項の制限の趣旨を，法律上の利益の保護という観点とは無関係に，もっぱら他の者の利益等を保護する要件違背を理由としては当該処分の取消しを求めることはできないとすることにあると解して，不特定多数者の一般的公益保護という観点から設けられた処分要件であっても，それが同時に当該処分の取消しを求める者の権利，利益の保護という観点とも関連する側面があるようなものについては主張できるとした。そして，技術的能力，災害防止のほか，3号の経理的基礎に係る要件も，災害の防止上支障のないようにするためで，原告らは主張できるとした。

さらに，1号および2号の各要件に反するような公益目的に合致しない原子炉の設置等が行われるといった事態がありうるものとすれば，原告ら住民の権利・利益の保護という観点とも関連するとして，各号の定める原子炉設置許可処分の各要件の存否はいずれも本件処分の取消訴訟における裁判所の審理，判断の対象事項に含まれるとした。

産業廃棄物設置許可の取消しを周辺住民が求めた事件で，経理的基礎を欠くことが災害が想定されるほどであるとして，行訴法10条1項の制限に触れないとした判例がある（千葉地判2007〔平成19〕・8・21判時2004号62頁，判例自治298号41頁）。仮に経理的基礎は一般的には原告の利益と関係がないとの立場に立っても，それを欠くことが処分場の安全性に重大な結果を生ずるとみられる場合には当然の結論である。

2　検　　討

ところで，土地収用裁決の取消訴訟において，収用事業が貴重な自然を破壊し，国土の適正利用に反するという主張は，一見すると公益上の問題であり，一部では，10条1項の制限を受けるかのごとき誤解がある（亘理格『公益と行政裁量』〔弘文堂，2002年〕284頁以下）が，公益上の理由があって初めて土地を収用できるのであるから，これは被処分者の権利にかかわる主張と解すべきである。

司法研修所編・実務的研究190頁以下は，10条1項について，処分の本来的効果として原告の権利利益が侵害される場合と，処分が公定力をもって原告＝第三者の権利利益の侵害について受忍義務を課しているわけではないので，原告は民事訴訟をも提起できるが，取消訴訟を提起する場合に分けて考察する。前者はこの土地収用のような場合であり，もちろん原告は処分要件違背を原則

として主張することができるが，この後者については，原告適格を根拠づける規定以外の処分の根拠規定は，当該処分による原告の権利利益に対する影響を全く考慮していない規定，すなわち原告の権利利益を保護する趣旨を全く含まない規定であるとして，10条1項の制限に触れるとする（南＝高橋・条解行訴法210頁以下もこれに近い）。

　しかし，この後者である原発の設置許可でも飛行場の設置許可でも，法定の要件を満たして初めて周辺住民を事故の危険にさらし騒音等をまき散らすことが許されると考えると，それは原告の法律上の利益に関係があるから，許可が住民の権利を公定力をもって制限するかどうかとは関係なく，土地収用の場合と区別する理由がなく，原告適格を有する住民は，原告適格を根拠づける規定かどうかにかかわらず，例えば，平和利用等，これらの許可の法定要件違反をすべて（全くの第三者にかかわることはともかく）主張できると解すべきである（福井秀夫「行政事件訴訟法10条1項による自己の『法律上の利益』に関係のない違法の主張制限（上，下）──2004年改正法による原告適格の『法律上利益』概念との関係を踏まえて」自治研究84巻9号，10号）。これが前記東海原発訴訟東京高裁の考え方であろう。

　少なくとも，原告適格の「法律上の利益」は9条2項により拡大され，処分の根拠規定の個々の要件にはこだわってはならないのであるから，本案で主張できる「法律上の利益」も，処分の根拠要件にこだわらずに，広く解されるべきである（阿部・行訴要件第1部第3章で論じたが，論旨修正）。

Ⅷ　行政庁の訴訟参加

　これは，「処分又は裁決をした行政庁以外の行政庁を訴訟に参加させる」制度で，裁判所が「必要であると認めるとき」当事者もしくはその行政庁の申立てによりまたは職権で，決定をもって行う。裁判所は，前項の決定をするには，あらかじめ，当事者および当該行政庁の意見を聴かなければならない。これにより訴訟に参加した行政庁については，民事訴訟法の補助参加の規定（45条）が準用される（行訴23条）。

　処分庁以外に処分に実質的な関係をもつ行政庁がある場合には，これにより参加させるべきである。いわゆる消防不同意では，建築確認拒否処分取消訴訟において，消防長を参加させるべきであるし，食品衛生法の届出拒否の通知を

受けた者が（最判2004・4・26の横尾和子判事の反対意見に従って），税関長の不許可処分を争うときは，保健所長を参加させることになる（処分性の項で説明した。⇒第2節Ⅰ4(3)）。

なお，第三者の訴訟参加（行訴22条）については，判決の対世効（第三者効）の項（⇒第5節Ⅲ3）で扱う。

Ⅸ 処分理由の差替え・追加
1 これまでの考え方

拒否処分や不利益処分には原則として理由を付す必要がある（行手8条・14条）。最初の理由が違法であるとされそうなとき，処分を維持するために，被告は別の理由を主張することが許されるか。それを認めると，処分理由を附記（提示）させる制度の趣旨（処分庁の判断を慎重ならしめ，被処分者に争う手がかりを与えること）がかなり後退してしまうし，被処分者は，処分理由の追加変更にいちいち対応しなければならず，負担が重い。さらに，聴聞手続が保障されている場合，訴訟中に新しい理由を持ち出すのは聴聞の保障（行手26条）を潜脱する。

しかし，最初の処分の段階で，すべての理由を丁寧に付けなければならないとすれば，処分庁にとっても負担が重い。理論的にも，処分理由の附記と処分理由の追加禁止は別物であると言われる。理由附記の不備を独立の取消事由とし，治癒についても厳格に処理すれば，少なくも行政庁の慎重考慮は担保される。そして，行政庁としては慎重に考慮したうえで理由を付して処分をしても，そのことで行政庁の調査義務・真実発見義務が果たせ終わったわけではなく，以前の理由に誤りがあれば，訴訟段階で適法な理由を付すことになるという（塩野・Ⅱ157頁）。

さらに，訴訟制度として，取消訴訟の対象（訴訟物）は処分の違法性一般とされるので，被告も処分の適法性を根拠づける理由をいつでも追加できるという考えも有力である。判例は，基本的にはそのような方向を示している（最判1978〔昭和53〕・9・19判時911号99頁）。しかし，判例は，個別案件を処理しているだけで，制度全般の合理的なあり方を示しているわけではない。

この問題の解決には，以上の論点のほか，法治国家の視点，再処分の可能性を考慮すべきである。また，これまで，適切な解決策が示されていないが，そ

れには，理由と処分，事実認定という種々のものが混同して議論されていること，申請に対する処分と不利益処分という異なるものを区別することなく論じられていること，民事法的な発想が底流にあることにもよる。

2 検討——申請に対する処分の場合

申請に対する拒否処分においては，あらゆる拒否事由（a, b, c……）を最初の処分の時に挙げなければならないとすれば，処分庁に無用の負担を課すことになるし，処分庁は，拒否事由を1つ見つければとりあえず目的を達する。処分庁にそれ以上の調査義務はない。そこで，aという理由で拒否したところ，誤りと判定される場合であっても，申請を認めるには，bという要件を満たさなければならないなら，被告はそれを主張できると言うべきである。実際的にも，当初に処分庁がaしか理由として挙げなかったというだけで，bを満たさないのに申請認容処分をしなければならないとすれば，きわめて不合理である。また，法制度上も，行訴法33条2項は，aという理由による拒否処分が取り消された場合，bという理由で改めて同じ拒否処分を行うことができるとしているから，最初の処分の際にすべての理由を挙げなければならないとはしていないことになる。

そうすると，拒否処分が取り消されても，再び不許可になり，許可を得るためには再度の訴訟が必要になることが起きるが，それよりは最初の訴訟中にbという理由を被告が持ち出すことは，紛争の一回的解決の要請にも合致して，被処分者にも好ましい（最判1999〔平成11〕・11・19民集53巻8号1862頁〔百選398頁〕）。

これは取消訴訟であるが，義務付け訴訟では，最初から，a, b……という処分要件がすべて満たされて初めて，請求が認容される（行訴37条の2第5項・37条の3第5項）ので，処分庁が，bは満たされていないという理由を訴訟中で主張できるのは当然である。

ただ，処分庁が次々と新しい理由を持ち出すのでは，被処分者は振り回されるばかりであるから，裁判所は，処分を拒否できる理由を早期に提出するように処分庁に訴訟指揮するべきである（時機に後れた攻撃防御方法の制限，民訴156条以下）。また，いい加減な拒否事由で不許可となったので，それを違法と証明しても，別の理由で不許可処分が維持される場合，最初から適法な不許可理由が示されていれば訴えを提起しなくて済んだのであるから，弁護士費用は，

当初の不許可処分と相当因果関係のある損害であり，これを別途請求できると言うべきである。

3　検討——不利益処分の場合

これに対し，不利益処分の場合には，処分庁は，処分を職権で発動して，被処分者を危機に陥れる以上は，処分の根拠となる事実をできるだけ正確に調査しておくべきであり，したがって，処分時に処分庁が認識した事実が処分の根拠となるのであるから，a という処分理由が誤りであると被処分者が証明したところ，処分庁が b という理由を新たに探し出して処分を正当化しようとすることは，処分庁の判断を慎重ならしめ，不服申立ての機会を与えるという，理由附記の制度の趣旨に反するだけではなく，法治行政の原理に反する重大な事実認定の誤りである。この点は，申請に対する処分とはまったく違う事情にある（この点，フランス法の発想に近い面がある。交告尚史『処分理由と取消訴訟』〔勁草書房，2000 年〕参照）。

民事法では，請求の趣旨さえ同じであれば請求の原因を新たに探し出して追加変更することは時機に後れない限り一般的には許されている。前記1978年の最高裁判決はそのような民事法的発想に由来すると思われるが，行政法では，法治行政の原理により，処分庁が処分する以上は，処分時に処分要件がきちんと備わっていることを確認しなければならないのであるから，民事法とはまったく事情を異にする（むしろ，刑事訴訟に近い）。

ここで，処分理由の意味が問題になる。処分理由の同一性の範囲では，敷衍するとか付随的な説明をすることは当然に可能であるが，理由が異なると処分自体が異なることも多い。問題は，どのような場合に処分理由が同一と言えるかにある。

例えば，公務員の懲戒処分でもセクハラと横領とは明らかに別個の処分である。同じセクハラを理由とする公務員の懲戒処分でも，別人に対する別個の機会に行われたセクハラは別個の処分であり，最初の懲戒処分を維持するためには主張できない。同一人に対するセクハラ嫌疑でも，ある日の行為を処分の根拠とするには不十分とわかったとき，別個の日の行為を追加できるかというあたりが微妙なところであるが，処分事由となる事実が異なるのであるから，刑事訴訟法的に言えば，訴因変更を要するところであり，原則として追加を認めるべきではない（別の理由については別個に処分をやり直すべきである）。同じ日の

セクハラの状況説明は，多少変わっても，許される範囲の追加変更であろう。ただ，それも，時機に後れた攻撃防御方法にならないように，適時に提出すべきである。

なお，理由の追加が許されるとの立場に立った場合には，ｂの理由を持ち出せるのに出さないで，処分取消判決があった後で，ｂを理由に同一の処分を行うのは，なすべきことを怠った行政に不当に有利で，被処分者の地位の安定を害するので，許されないと言うべきである。

また，聴聞（行手法上の「聴聞」に限らず，道交法上の「意見の聴取」等も）が保障されている制度の下では，理由の追加は聴聞制度を害するので，許されないことは当然である。処分庁は，聴聞の段階で十分に調査すべきなのである。どうしても処分をしたいなら，改めて聴聞手続からやり直さなければならない。

* 税法では，課税処分取消訴訟は争点主義と総額主義のいずれにより審理すべきかが争われる。判例は必ずしもはっきりしないが，当初主張していなかった課税処分の理由を追加主張することはある程度は許されている（最判1981〔昭和56〕・7・14民集35巻5号901頁〔百選396頁〕）。多少，総額主義的な発想に近い。その結果，課税処分を争う納税者を徹底的に調査するということが行われやすい。それは納税者の防御権を侵害する（叩かれても埃が出ない人しか課税処分は争えない）。そもそも，総額が同じ範囲であれば，別個の事実を主張することが許されるという総額主義は，民事法的な発想である。権力により課税要件事実を認定して課税処分を行うという法治国家においては，事実認定，処分理由は正確でなければならず，その変更は基本的には認められないものと言うべきである。それに，この事件は，取得価格が申告額よりも低いとしてなされた譲渡所得税の増額更正処分をめぐる訴訟で，処分を維持するため，譲渡価格が申告よりも高いとの主張を許容したのであって，総額主義的に，理由の自由な追加変更を認めたものではない。ただ，税法では，更正処分は訴訟外で最長7年までできる（税通70条）ので，訴訟内での主張を制限することに大きな意味はないという問題がある（阿部「基本科目としての行政法・行政救済法の意義（7〜9）」自治研究78巻4号3頁，5号3頁，7号3頁以下〔2001年〕。本書では，この論文の私見を修正している）。そうは言っても，青色申告の場合には更正処分に理由を付さなければならず，白色申告でも，不服申立て段階では理由を付さなければならないのであるから，訴訟中における処分理由の変更，訴訟外における処分の変更のために，原告が被った余分な負担については，少なくとも弁護士費用の賠償は認めるべきである。

X 違法判断の基準時

処分後に，処分の根拠となった法令が改廃され，または処分要件の存否に関

する事実状態が変わった場合に、裁判所は、処分時と判決時（事実については、正確には事実審の最終口頭弁論終結時）のいずれの時点を基準に判断すべきか。これが違法判断の基準時という問題である。

　この問題では、実体法上の問題と、司法審査における裁判所の権限の問題が複合して論じられている。判決時説は、行政訴訟の目的は、処分が現在の段階で維持されるべきかどうかにあると主張する。少なくとも、給付を求める訴訟（義務付け訴訟のみならず、不許可処分の取消訴訟を含めて）では、現時点で給付すべきかどうかが争点になるから判決時とされる。

　もともと、処分時に実体法上、適法（違法）であった行為が、法令、事実状態の変更により違法（適法）に変わることはありえない。処分時の評価と判決時の評価は分けて行うべきである。例えば、農地買収の要件が買収時には満たされていなかったが、後に満たされても、買収処分が適法になるわけはない（最判 1952〔昭和 27〕・1・25 民集 6 巻 1 号 22 頁〔百選 410 頁〕）。都市計画決定も、法令の変更により、違法のものが適法になるわけはない（小田急訴訟、1 審判決 東京地判 2001〔平成 13〕・10・3 判時 1764 号 3 頁〔47 頁〕）。しかも、過去の違法な処分を適法化する立法を行うことは、それが相手方に不利益を及ぼす場合には、不利益処分不遡及禁止の原則に違反するので許容されない（これに反し、公務員の給与・手当に法的根拠がないとして違法とされるときに、遡及的に法令の根拠を作ることは、受益処分であるから許される。⇒第 2 章第 1 節 X。阿部・法システム第 4 編第 5 章）。

　当初違法な処分について、その後の法令、事実の変更により、現時点なら適法となる場合には、改めて処分を行えばよいのであって（上記の例なら、改めて買収処分、都市計画決定変更を行う）、裁判の場で現時点で適法と判断するべきではない。

　逆に、不利益処分がもともとは適法であったにせよ、後発的に違法となる場合には、それを維持する必要性がなくなるので、その段階で処理すべきである（**後記⑤**）。

　これをいくつかの例で説明しよう。

　① 不許可処分がもともとは違法であり、許可されるべきであったが、処分時以後の法令により許可されないこととなった場合、例えば、マンションの建築確認を求めたところ、違法に握り潰されたが、係争中その地域にマンション

を建築できない高度制限がかけられた場合，現時点では建築確認できないから，救済は国家賠償しかないという見方がある。

　しかし，この高度制限は既に建っている建物を取り壊させるものではなく（建基3条2項，既存不適格の尊重），これからの建築を禁止するだけである。このマンションは行政が適法に判断していれば，建築確認を得られ，今日でも存続可能であるから，行政の違法な握り潰しにより建築禁止にするのは信義に反する。高度制限導入は将来に向かって行うべきである。もともと，建築確認があったと考えればよいので，遡及的に確認すべきである。そこで，判断の基準時は，処分時であり，取消判決を受けて行う行政の再度の判断も当初の処分時を基準にすべきである。

　これは取消訴訟だけではなく，義務付け訴訟においても，もともとの建築確認拒否処分の時点に遡って処分を義務づけるべきである。

　② 福祉手当拒否処分の取消訴訟を提起した。当初は資格があったが，係争中資格を失った場合には，処分時主義で処分が取り消され，過去の分の支給を受けることができる（さもないと，過去の分の給付を求める方法がなくなり，違憲である）。これに対し，当初資格がなかったが，その後資格ができた場合には，裁判所がそれを審査して，その時点以後の給付を認めるべきだろうか。不支給決定の取消判決では，「……以後取り消す」とすればよいし，義務付け判決では，「……以後資格を認定する」とすればよいということだろうか。

　しかし，訴訟中に資格ができた場合には申請をし直しすればよく，そこで，認容される可能性も大きいのであるから，直ちに裁判所に給付を求める必要性はない。このことは義務付け訴訟の許容性の問題とは別次元の問題である。

　③ 原子力発電所の設置の許可について，許可当時の科学的知見に照らせば安全と評価された（前者）が，現時点の知見では安全性に疑問があるとき（後者。例えば高速増殖炉もんじゅは重大事故を起こしたので，安全性への重大な疑念が生じた。また，従前の耐震設計審査指針は現在の科学的知見に適合しないとも言われている）はどうか。国家賠償訴訟では，許可の違法を理由とするなら基準は前者であるが，現時点での知見を適用して改善すべきであり，これをしないことの違法を理由とすることも可能である。行政処分取消訴訟であれば，違法判断の基準時を判決時とすれば，当然に後者を理由に取り消せるが，処分時とする立場では，許可の取消訴訟はもともとの行政の判断過程の適法性を審査するのか，

処分そのものの適法性を判断すると考えるのかで結論が分かれる。行政の判断そのものが審査対象であるとの立場では、許可当時の行政の調査義務の範囲を超えるなら違法ではないことになる。

　しかし、わが国では一般には処分庁の認識は関係なく、行われた処分そのものが法規に照らして適法であるかどうかが審理される。そして、原発の安全性は事実認定の問題と考えれば、原発設置許可に安全性を欠くことが判明したのが現時点であっても、処分当時から客観的には瑕疵（原始的瑕疵）があったと解される。最高裁（伊方原発訴訟、最判1992〔平成4〕・10・29民集46巻7号1174頁）は「現在の科学技術水準に照らし」と述べているので、現在の知見で判断すべきだとしているとの理解が多いようである（藤山編・行政争訟294頁）。もんじゅ訴訟福井地判（2000〔平成12〕・3・22判時1727号33頁〔43頁〕）は、「科学的知見に関しては、科学的経験則、自然法則又は論理法則にほかならないのであるから、本件許可処分時の科学水準のものによるのではなく、現在の科学水準のものに則って判断すべきである」とし、結果として安全性は確保されていると判断したが、もんじゅの許可後に起きたいわゆるナトリューム漏れ事故も検討の対象とした。その名古屋高裁金沢支部2003（平成15）年1月27日判決（判時1818号3頁、判タ1117号89頁）は、本件安全審査は、調査審議およびその判断の過程に看過し難い過誤、欠落があり、本件安全審査の瑕疵により、本件原子炉施設については、その原子炉格納容器内の放射性物質の外部環境への放散の具体的危険性を否定することはできず、かかる重大な瑕疵がある本件安全審査に依拠したと認められる本件許可処分は無効と判断すべきであるとして、重大説により無効とした。最高裁判決（2005〔平成17〕・5・30民集59巻4号671頁、判時1909号8頁）は、もんじゅの許可を適法とした（交告尚史・法教301号89頁参照）。

　なお、北陸電力志賀原発2号機の許可について1審金沢地判2006（平成18）・3・24（判時1930号25頁、判タ1277号317頁）は耐震設計の不備を理由に取り消したが、名古屋高金沢支判2009（平成21）・3・18は、新耐震設計に基づいて補強したので安全として、原判決を取り消した。

　これに対し、現時点の知見で安全でないことを後発的瑕疵と捉えると（さらには、事後的に新たな欠陥が発生した場合）、本来は改善命令を発するか、許可の職権取消しを行うべきであり、そのための義務付け訴訟（非申請型）を許容す

るのが筋である（後発的瑕疵が発生した時から取消訴訟を提起できるとして出訴期間が走るとするのは，原告に不可能を要求するものである）。しかし，この許可は，1回限りのものではなく，いったん与えられたら継続するものであるから，許可の取消訴訟中で新たな（後発的）瑕疵について審理して，瑕疵が発生した時点以後について取り消すことは取消訴訟の制度の趣旨に反しないし，わざわざ義務付け訴訟（この場合には非申請型，⇒第6節Ⅲ）を追加併合させるといった負担を原告に強要しない点でも望ましい。なお，後発的瑕疵を取消訴訟において主張させることは行政庁の第一次的判断権・取消訴訟の事後審査性と抵触するとの見解もある（藤山編・行政争訟265頁）が，義務付け訴訟が導入されたことで，第一次的判断権論は理論的な根拠を失ったことが承認されたと思う（⇒第1章第2節Ⅳ5）。

　これとは別に，許可後に法令が変更されたのではなく，新しい法令や事実，知見の発展に基づいて，変更許可がなされた場合には，新しい許可について改めて司法審査するのが筋である。むしろ，いまさら，古い許可の違法を判断しても，現在の許可を除去しなければ無意味である。そのための方法として，許可が変更されるたびにいちいち出訴し直させることは原告に余分な負担を強要することになる。元の許可と新しい許可が基本的には同じであれば，両者を一体と見て，従来の訴訟経過を利用するのが筋である。そこで，後の変更許可が元の許可処分の中に吸収された（訴訟の対象は変更された後の元の許可処分）と理解すればよい（逆吸収説，⇒第1節Ⅱ2）。

　なお，**処分の瑕疵の治癒**や，**瑕疵ある処分の適法行為への転換**が行われれば，実体法上処分の瑕疵が消滅するので，ここでの問題ではなくなる。農地買収計画について，異議・訴願の提起があるにもかかわらず，これに対する決定を経ないで事後の手続を進行させたという違法は，買収処分の無効原因となるものではなく，事後に決定があったときは，買収処分の瑕疵は治癒されたとされる（最判1961〔昭和36〕・7・14民集15巻7号1814頁〔百選170頁〕）が，更正処分の理由附記の不備は事後に補われても治癒されない（⇒第8章第3節Ⅱ，最判1972〔昭和47〕・12・5民集26巻10号1795頁〔百選172頁〕）。

　④　出入国管理及び難民認定法50条1項3号に定める特別在留不許可処分取消訴訟中，判決までの間当該外国人に有利になった事情は考慮されるか。②の例と異なって，特別在留許可は，申請による制度ではなく，裁量によって判

断する恩恵的な制度であるから，申請し直すわけにもいかず，この訴訟の中で判断すべきであろう。不許可時点後の事情は，不許可処分の適法性の判断にあたってそのまま斟酌できるわけではないが，不許可処分当時予測できる事情は考慮されるとの判決もある（東京地判2006〔平成18〕・3・28判時1952号79頁〔該当箇所は90頁〕）。

⑤ 高さ制限違反の建物に対して適法に除却命令を発したが，係争中に，その地域の高さ制限が緩和され，当該建物が適法になった場合には，処分時説によれば，処分取消訴訟は請求棄却されるが，そうではなく，除却する必要性が後発的に消滅したとして，処分を取り消すべきであろう。

⑥ なお，在外邦人選挙権訴訟最高裁判決は，杉原則彦（当時）調査官の公法学会報告（2008年10月）によれば，違法判断の基準時を最高裁の判決時として，インターネット普及状況，何度も在外投票が行われた状況を考慮したということであるが，これは処分の取消訴訟ではなく，選挙権の確認訴訟であるので，現時点での選挙権の有無が訴訟物であり，また，この程度のことは，原審の口頭弁論終結時に限定せず，最高裁の判断時までの事実でも公知の事実であるからではなかろうか。

> 応用研究：**都市計画決定の特殊性**
>
> 　日本では，都市計画決定はもともとは単に図面に線を引くだけなので（今は多少の住民参加がある），簡単に行われ，都市計画事業の認可により事業化するには膨大な予算が必要なので，なかなか順番が回ってこない。実際に都市計画事業が行われる頃には，都市計画決定当時とは街がすっかり変わっているのが普通である。そして，都市計画決定には処分性がないので，その違法は，都市計画事業の認可処分に承継される。そこで，忘れた頃に行われる都市計画事業の認可処分の取消訴訟において，先行行為である都市計画決定の違法性が争われるが，その判断基準時は，都市計画決定が行われた時であるとされる（いわゆる小田急訴訟最判2006〔平成18〕・11・2民集60巻9号3249頁では平成5年の都市計画決定が基準となっている）。しかし，計画の基礎となった街はどんどん変わっていくものであるから，昔の計画を基準として今事業を実施すべきではない。
>
> 　これを説明する理論として，1つの方法は，計画の適法性を判断する基準は現時点であるという考え方であるが，それは違法性の判断基準時を処分時とする一般理論にも反する。むしろ，計画は，街の現状を前提に将来を描くものであるから，変化の激しい日本の街では，計画は数年で失効することとして，現時点で計画を作り直さなければならないとすべきところである。
>
> 　この点で，土地収用の場合には，起業者が事業認定を得ても，原則として1年以

内に収用裁決の申請をしないと失効するとして，土地所有者が，事業認定による権利制限を受けた状態が長期間続くことはないように配慮されている（収用29条，さらに，34条の6）が，都市計画事業では，その事業は土地収用事業とみなされ，都市計画事業の認可は，土地収用の事業認定とみなされている（都計69条・70条）にもかかわらず，この土地収用法29条，34条の6の適用が排除されている（都計71条）。長期間経って，事情が著しく変わった場合には，この法制度はきわめて不合理であり，財産権を著しく侵害する点で違憲性を帯びる。そこで，この法律にもかかわらず，都市計画決定が失効したとするか，少なくとも現時点の情勢に合わせて見直さなければ効力を存続しないと解すべきである。

類似の問題は，30年も前に策定され，環境影響評価などはおよそ杜撰であった特定多目的ダム法に基づくダム基本計画が土地改良事業の根拠となっている川辺川ダム問題にも存在する。

第5節　判　　決

I　判決の類型

訴訟要件を満たさない場合には，本案に進むことなく，訴えは**却下**され，本案で違法でないとされたときは，請求**棄却**される。

処分が違法であれば，取り消され，遡及的に失効するのが原則である（遡及効）し，原状に回復することが物理的に不可能であれば，訴えの利益がないのが原則である。この中間で，処分が違法ではあるが，「これを取り消すことにより公の利益に著しい障害を生ずる場合において」は，いわゆる事情判決（行訴31条）の制度が存在する。項を改めて述べる。

II　事情判決

1　事情判決は法治国家適合的

これは，「原告の受ける損害の程度，その損害の賠償又は防止の程度及び方法その他一切の事情を考慮したうえ，処分又は裁決を取り消すことが公共の福祉に適合しないと認めるときは，裁判所は，請求を棄却することができる。」とするものである。違法なのに取り消さないのであるから，法治国家違反であるとの批判は絶えないが，既に執行されてしまってから原状回復をすると，公の利益に著しい障害を生ずる場合には，善後策を講じた上で，処分自体を維持

するのもやむをえないと思われる。「覆水盆に返らず」である。むしろ，事情判決の制度がないと，かえって，今更で，取消しの利益がないとの判断もなされる可能性があるので，事情判決は，処分を違法と判断して損害賠償，改善策の道を開く点で，法治国家に適合するのである。ただし，原状に回復できないような執行が行われないようにすることは大切である（執行停止の要件を緩和すべきである）が，それは別問題である。

2 適 用 例

もともと，典型例として想定されたのは，ダム設置許可が漁業権を侵害して違法であるが，既にダムが建設されているときは，魚道（水路）を造らせるなどの代わりに，設置許可自体を取り消すことはしないとするものである。土地収用，土地区画整理，土地改良等の事業に適用例が多い（例：最判1958〔昭和33〕・7・25民集12巻12号1847頁〔百選418頁〕）。アイヌの聖地にダム建設するための土地収用裁決が，事業認定の公益性の判断において，アイヌ文化を考慮していないことを違法としつつ，既にダムが完成しているので，事情判決で済まされた例（二風谷〔にぶたに〕事件，札幌地判1997〔平成9〕・3・27判時1598号33頁）がある。さらに，市立保育所廃止条例の制定を裁量濫用としつつ，事情判決を適用した例がある（横浜地判2006〔平成18〕・5・22判例自治284号42頁〔社会保障百選206頁〕）。これに反し，都市計画事業認可に基づいた土地収用等が行われていない場合について，事業認可が取り消されても既になされた工事について原状回復義務などの法的効果は発生しないから，事情判決をなすべき場合に当たらないとした例（小田急訴訟，東京地判2001〔平成13〕・10・3判時1764号3頁，判タ1074号91頁）がある。

3 運用のあり方

裁判所は，本来は，事情判決を下す前に，損害賠償や損害の防止の方法などを見極めるべきであり，そのためにはまずは，「相当と認めるときは，終局判決前に，判決をもって，処分又は裁決が違法であることを宣言することができる。」（行訴31条2項）とする中間判決を活用して，これらの措置を促すべきである。

しかし，裁判所が，それをしないで終局判決を下してしまった場合には，原告はさらに損害賠償を別訴で求めなければならない。その場合には，元の処分が違法であるかどうかの争いが蒸し返されないように，既判力を及ぼす必要が

ある。そのために，事情判決を下すときは，「当該判決の主文において，処分又は裁決が違法であることを宣言しなければならない。」（行訴31条1項後段）とされている。

この制度には種々問題がある。

4　訴えの利益の消滅との区別

まず，訴えの利益の消滅との区別であるが，最高裁は，土地改良事業が進行して，原状に回復することが社会的，経済的損失の観点からみて，社会通念上，不可能であるとしても，そのような事情は，行訴法31条の適用に関して考慮されるべき事柄であって，土地改良事業の認可処分の取消しを求める法律上の利益を消滅させないと解している（最判1992〔平成4〕・1・24民集46巻5号54頁，判時1425号53頁〔百選374頁，阿部〔判批〕・民商107巻2号260頁以下。同・重判解昭和50年度33頁参照）。

5　区画整理・収用訴訟は，やるだけ無駄

原告は事情判決を下されると，結局は賠償請求しかできない。土地収用であれば，土地代の補償はなされているので，請求できるのは，賠償と補償の差であるが，土地を剥奪された場合には，この差がどれだけあるかは不明である。これでは，起業者は，違法に収用しても，損はしないことになってしまう。

したがって，収用事案では執行停止が勝負である。執行停止をしなくても，最終的には勝訴すれば土地を取り返せるから，回復困難な損害がないという見解は誤りである（**問題⑦**，これはいわゆる圏央道訴訟から取材したものである。これについては，日弁連行訴センター編・最新重要行政関係事件実務研究49頁以下）。

同じ土地の問題でも，土地区画整理，土地改良事業であれば，普通は，換地照応の原則（区画整理89条，土地改良53条）違反であると主張して，よい代替地を求めているので，賠償は，もともと与えられた換地と本来与えられるべき換地の差額ということになるが，その差も僅少である。しかし，印紙代は高額である（算定不能ではない。⇒前記第2節X）から，争う者は少なく，争っても割りが悪い。これでは違法行為のやり得である。

土地区画整理訴訟・収用裁決取消訴訟は，このように現行法では，一般には**やるだけ無駄**なのである。

これを解決する制度が必要である。収用の場合，被処分者は，本来有している取消請求権を公共のために収用されたようなものである。それも，もともと

は，処分を取り消すことに公共性があった（違法処分を取り消すのは公共性に合致する）ところ，行政側が違法行為を執行して既成事実を作ったために逆に取り消してはならないという公共性が発生したものである。したがって，この場合もともと存在した違法行為による賠償のほかに，賠償請求権剥奪の損失補償が必要であると解すべきである（反対，芝池・救済法104頁）。それは実質的には重複するが，判断の基準時が異なる。また，賠償としても，被収用者としては，違法に収用されては特に悔しいから，慰謝料を特に上積みすべきであるし，立法論としては，5割増しくらいの追加賠償を義務づけるべきである。

区画整理・土地改良の場合でも，賠償金を同様に上積みする工夫が必要になる（被処分者が儲けるのはおかしいとの反論については，懲罰的賠償の項，⇒第11章第2節第1款末尾参照）。

* **圏央道あきる野IC事業認定・収用裁決取消訴訟，第1審・藤山判決の提言する都市計画争訟**

この判決（東京地判2004〔平成16〕・4・22判時1856号32頁，判例自治253号68頁）は，道路建設のための事業認定と収用裁決を取り消す場合において，被告がどうせ控訴するから1審だけでは判決が確定しないので，事情判決の可否を検討する必要性はないとしたほか，次の附言を付け加えている。

「事情判決といった例外的な制度の運用の可否が問題となるのは，計画行政一般につき，計画策定以降長期間にわたって事業認定等の行政処分をしないまま，任意買収の形で着々と事業の準備を進め，それが完了した段階で事業認定を得て，それについて取消訴訟が提起されても一気呵成に事業を続行して完成に至らせるという行政の運用とそれを可能とする法令の定めがあることによるものであり，これを国民の側からみると，例えば，本件のように都市計画法に基づく都市計画施設に関する都市計画決定がされた場合，その計画区域内に居住する住民らは，都市計画決定は行政処分ではないため，同法53条による建築制限の効果を受けるにもかかわらず，決定に不服があってもこれを直接争うことができず，あくまで計画に反対する場合は，建築制限による不便を忍びつつ，本件のような事業認定又は都市計画法に基づく事業認可という行政処分がされるのを待って取消訴訟を提起するほかないのであって，しかも，これを提起しても事業の進行を止めることはできず，強制収用を甘受するしかない地位に置かれるのである（執行停止制度が有効に機能しないことは，本件において明らかとなった。）。このような状況に直面した場合，多くの住民は，計画への不服の有無にかかわらず，任意買収に応じざるを得なくなるのであり，その結果，計画行政の分野においては，司法によるチェック機能が十分に働かず，国民は行政のなすがままに任されているといえよう。これは，一般法としての行政事件訴訟法のみでは，この種類の争訟を有効に解決することができないことを

示しているのであり，この分野における法の支配を有効に機能させるには，都市計画法等の個別実体法において事業計画の適否について早期の司法判断を可能にする争訟手段を新設することが是非とも必要である。これが実現するならば，事業進捗前に事業計画の適否が明らかとなっており，それを前提とした事業の進行を図ることにより，事情判決という例外的な制度の発動を検討する必要性もほとんど消滅するものと考えられるのである。」

6　事情判決はどちらの側から申し立てるべきか

事情判決については，どちらから申し立てるべきかという問題がある。原告から申し立てれば，取消判決は不要との意思表示と取られるし，被告から申し立てれば敗訴を自認したことになるので，お互いに言い出しにくい。裁判所が職権で判断する（前記31条2項の「相当と認めるときは」というのはこの趣旨）のも，適切な判断を保障しない。そこで，立法論としては，裁判所は，事情判決を選択するときは，必ず，処分を違法とする中間判決を行って，事情判決か取消判決かを判断するからそれについて主張せよという釈明を行う制度を置くべきである（以上，阿部・百選418頁，同・実効性第8章参照）。

7　事情判決を無効の場合にも適用せよ

事情判決は無効確認訴訟には適用されないとされている（行訴38条は31条を準用していない）が，行政処分に重大かつ明白な違法があろうと，ただの違法があろうと，原状回復が公の利益に著しい障害を生ずる場合があることに変わりはなく，無効の場合には何が何でも原状に回復せよというのも無理である。

これは，もともと無効とは最初から効力がないので，有効とする前提がないという考え方によったものであろうが，無効も取消しも，違法事由が確認されたら最初から効力がないので，この点に違いはないのである。違いは出訴期間，不服申立前置をクリアーする必要があるかどうかだけであるから，無効確認訴訟であろうと，争点訴訟であろうと，事情判決を準用すべきである。仮にそうでないとすれば，無効だからといって，原状回復を求めるのは，権利濫用の法理で対抗すべきである。

これに対しては，条文の文理を無視するとの反論があるが，事情判決を適用しないとしている公選法219条の下でも，議員定数配分規定の違憲を主張する選挙訴訟では法の一般原則として，事情判決が適用されている（最大判1976〔昭和51〕・4・14民集30巻3号223頁，判時808号24頁，阿部「議員定数配分規定違憲判決における訴訟法上の論点」ジュリ617号〔1976年〕55頁）から，このような

条文無視の解釈も，最高裁で堂々と行われているのである。
　請求認容判決の効力については，以下に述べる。

III　取消判決の効力
1　取消判決の「取消」の意味，形成力？
　取消しは処分のなかりし状態を遡及的に創出する。これが，いったん発生した処分の効果を原状回復的に消滅させるものか，初めから効果がなかったものと確認する趣旨と解すべきかについては本章第1節Iで述べた。これまでは前者の説で，取消判決を形成判決とし，これに対して，無効確認判決は，もともと確認判決で，形成力を有しないとする意見が多かったが，いずれも違法を確認し，処分の効力を消滅させる判決と理解すべきである（ただし，現行制度では，処分が違法であるにとどまる場合には，その効力を消滅させるのは取消判決に限られているが，処分に無効の瑕疵があると判定されると，その効力を失わせる手段は，取消判決，無効確認判決，争点訴訟と種々あるというだけである）。
　なお，取消判決は，当然に処分の効力を消滅させるものであって，処分庁に処分の取消しを命ずるものではない（義務付け判決が処分を命ずる点で違う）。例えば，営業禁止処分，生活保護支給決定の職権取消処分の取消判決は，当然に，営業許可，生活保護支給処分を遡及的に復活させる。これに対し，営業不許可処分，生活保護支給拒否処分の取消判決は，申請状態に戻すだけであり，処分庁に再度の処分（不許可，不支給決定かもしれない）義務を課す（行訴33条。取消判決の拘束力）。特定の処分（許可，保護決定）を命ずるのは義務付け判決である。

2　民事訴訟の原則
　民事訴訟では，確定判決の効力は原則として当事者間にしか及ばない（民訴115条）。当事者として訴訟に関与しないのに，判決に拘束されるのでは，裁判を受ける権利（憲32条）を侵害されるからである。行政訴訟でも，請求棄却判決の効力は当事者間にしか及ばない。請求認容判決については，下記のような特殊問題がある。

3　第三者効（対世効）・第三者の参加
（1）第三者に不利益を及ぼす判決の第三者効・第三者の訴訟参加・第三者の再審の訴え・将来の給付の訴え
　行政処分にはもともと第三者関係を規律しているものが少なくない。そのよ

第5節 判　　決

うな行為の取消訴訟においては，請求認容判決の効力を第三者に対して及ぼす（行訴32条）とするしか合理的な解決はない。前記（⇒第1節Ⅲ1）の公売処分の例では，その取消判決はZ競落人にも効力が及ぶ。XはY税務署長に勝訴すれば，Zに対して，返還・明渡しを請求できる（Zはその訴訟で公売処分の適法性を主張することはできない。しかし，有益費の返還請求などはできる）のである。

　厚生大臣（当時）がした医療費値上げの職権告示が保険者の提起した執行停止申請により停止されれば，その効力は医療機関に及ぶ（東京地決1965〔昭和40〕・4・22行集16巻4号708頁，判時406号26頁）。

　用途地域の指定変更について判例は処分性を否定している（最判1982〔昭和57〕・4・22民集36巻4号705頁）が，これを肯定すれば，その取消判決は用途地域を変更したくない住民にも効力を生ずるとすべきである。処分性が肯定された土地区画整理事業計画（⇒第2節Ⅰ4）についても同様である（近藤判事の意見。ただし，私見では，事業計画が可分であれば，原告にだけ効力があるとの適用除外説で十分であろう）。

　代わりに，訴訟の結果により権利を害されるZはこの訴訟に参加できる（第三者の訴訟参加，行訴22条）ことにより裁判を受ける権利が保障される。なお，取消判決により権利を害された第三者で，自己の責めに帰することができない理由により訴訟に参加することができなかったため判決に影響を及ぼすべき攻撃または防御の方法を提出することができなかった者は，確定の終局判決に対し再審の訴えを提起することができる（**第三者再審の訴え**，行訴34条。この要件を満たさないとされた例，東京地判1998〔平成10〕・7・16判時1654号41頁，判タ977号57頁）。

　この訴訟に参加したZは，明文の規定はないが，**共同訴訟参加**（民訴38条）に準じた**共同訴訟的補助参加人**と解釈される（単なる参加人ではなく，被参加人の訴訟行為と抵触する訴訟行為を有効に行える。最判1965〔昭和40〕・6・24民集19巻4号1001頁〔阿部・法協83巻2号（1966年）279頁〕）。

　被処分者から言えば，これでは二度手間なので，最初から，公売処分の取消訴訟に，関連請求として，その取消しを前提に，Zに対する将来の給付の訴え（民訴135条）を併合すれば（行訴13条1号・16条・17条），一度に解決できるし，最初の訴訟が長引いている間に，Zが当該物件を時効取得する（最判1972〔昭和47〕・12・12民集26巻10号1850頁）ことを防ぐことができる。

第9章　行政訴訟法

＊　なお，立法論としては，原告が最初から処分庁と第三者を共同被告にしなければならないという制度（必要的共同訴訟）も合理的である。また，取消判決により権利を害される第三者がいる訴訟が係属した場合には，裁判所は，その旨，第三者に職権で告知しなければならないと，解釈論および立法論の両面にわたって行う提言もあり，現に人事訴訟法28条はその種の規定を置いている（新山一雄『職権訴訟参加の法理』〔弘文堂，2006年〕，同「改正人事訴訟法と取消訴訟における職権告知」成城法学75巻〔2007年〕5頁以下）（なお，前記東京地判1998・7・16は，再審の訴えで救済できるとして，この告知義務を否定している）。

　産業廃棄物最終処分場周辺の住民は，この処分場の設置不許可に対して業者が提起している訴訟の結果により「権利を害される」とまでは言えなくても，「利害関係を有する」と言えるので，民訴法42条の**補助参加**が認められる（⇒第2節Ⅱ4。最決2003〔平成15〕・1・24裁判所時報1332号3頁〔百選394頁〕）。

　用途地域のような多数人にかかわる行政決定については，特に合一確定機能を重視した立法が望ましい。

　応用課題：開発許可取消裁決の取消判決に対する住民の上訴手段

　X事業者の得た開発許可に対して，住民Zが不服申立てを行ったところ，開発許可取消裁決が下された。しかし，Xがこの裁決の取消訴訟を提起して，開発許可が適法なので裁決は違法として，勝訴した場合，住民はもはや争えないのだろうか。

　この判決の理由が，裁決手続の瑕疵であれば，確定すれば，判決の趣旨に従い改めて裁決がなされる（行訴33条2項）ので，住民はこれを争うことができる。これに反して，実体法上の瑕疵を理由とするものであれば，その判決が確定すると，処分庁がもう一度開発許可を発するという構成ではなく，取消裁決が遡及的になかったことになり，最初からもともとの開発許可が適法であったことになる（取消判決は裁決の取消しを命ずるのではなく，判決自体で裁決という処分を消滅させる）。この開発許可は，今改めて行われるのではないから，住民はこれを改めて争うことはできないことになりそうである。

　住民の争う手段は，この裁判確定前の参加である。この場合，住民は「訴訟の結果について利害関係を有する」から，民訴法42条の補助参加は認められる（行訴法7条による民訴法の準用。これを認めたものとして，さいたま地決2008〔平成20〕・3・31〔平成20年（行ク）第2号〕最高裁HP）が，被告である開発許可庁が上訴しない場合に独立に上訴することができるか。

　住民は，行訴法22条の補助参加が認められれば，共同訴訟的補助参加として扱われるので，独立に上訴することができる。しかし，その要件は，訴訟の結果により権利を害されることである。これはもともと公売処分，農地買収処分，競願処分などが念頭に置かれていた。住民が開発許可取消訴訟を提起した場合には，X事業者はこれによって権利を害されることになるので，行訴法22条の参加が認められるが，逆に，開発許可取消訴訟の原告適格を認められる原告住民が，事業者が提

260

起している開発許可取消裁決の取消訴訟について行訴法22条の参加適格を有するのか。

　思うに，開発許可に関する訴訟において原告適格を住民に認めることは，住民，処分庁，開発業者の3面関係を認めたものであり，住民には，開発業者と同じ訴訟法上の武器を与えて初めて，本当の3面関係ということができるから，住民を「訴訟の結果により権利を害される第三者」として，これに共同訴訟人としての地位を与えるべきである。しかも，現に開発許可について住民に原告適格が認められるのは，工事による崖崩れなどにより生命の危険にさらされる場合（最判1997〔平成9〕・1・28民集51巻1号250頁，判時1592号34頁）であるから，権利を害されることに該当するのは当然であり，したがって，住民にも行訴法22条の訴訟参加を認めるべきである。

　さしあたり，実務的に言えば，「補助参加人は，訴訟について，攻撃又は防御の方法の提出，異議の申立て，上訴の提起，再審の訴えの提起その他一切の訴訟行為をすることができる。……2　補助参加人の訴訟行為は，被参加人の訴訟行為と抵触するときは，その効力を有しない。」（民訴45条）。この意味について，「補助参加人のなした控訴の申立が被参加人の意思に反するものであっても，その申立の以前に被参加人が相手方と不控訴の合意をなし，または控訴権を放棄していたなどの事由の認められないかぎり，右控訴の申立は，被参加人の訴訟行為に牴触するものといえず，したがつて，無効とはならない」と解されている（最判1971〔昭和46〕・6・29判時639号78頁）。したがって，開発許可庁が上訴権を放棄していない限り，住民は，この訴訟が係属中に補助参加して上訴の申立てをすることができる。

(2)　第三者のための効力

(1)で述べたのは，判決の効力のうち，第三者に対して不利益に及ぼす効力であるが，原告と同じ立場にある**第三者のために**効力を及ぼすかどうかについては規定はない。

　例えば，鉄道の特急料金認可処分（近鉄特急料金訴訟の例）が取り消されたら，原告だけが旧料金で乗れるのか，その取消事由はみんなに共通であるから，一般的な効力があるのか。裁判は個人の権利救済制度であるという点を強調すると前者になる。医療費値上げ職権告示の判例（東京地決1965〔昭和40〕・4・22行集16巻4号708頁）はこの立場を採った。しかし，広く社会を規律する行政法の特色を考慮すれば後者になる。しかも，改札口や切符売り場の制度をみれば，勝訴原告だけが旧料金で乗れるという制度はおよそ実際的ではないから，対世効説を採るべきであろう。医療費値上げが取り消された場合も，原告の保険者だけが値上げ前の料金とすると混乱する（被保険者にも原告とならなかった保険者

にも値上げ前の料金を適用すべきである）し，取消し理由は一般的なものであるから，対世効説を採るべきである（南博方編『注釈行政事件訴訟法』〔有斐閣，1972年〕274頁以下〔阿部執筆〕参照）（**問題⑩**）。しかし，区画整理事業計画の取消判決は賛成する地権者には効力を及ばさないと解してよい。

4　取消判決の拘束力
(1)　判決の趣旨に従った再処分

　行訴法33条は，拘束力として3つのことを規定している。まず，処分または裁決を取り消す判決は，その事件について，処分または裁決をした行政庁その他の関係行政庁を拘束する（行訴33条1項）。これは取り消された処分と同一の処分を同一の事情と理由の下で繰り返してはならないとする消極的な禁止効果（反復禁止効）である。これは執行停止決定にも準用される（同4項）。

　例を挙げて説明すると，申請を拒否した行政処分が取り消されたときは，処分庁は，直ちに申請された処分をするのではなく，判決の趣旨に従って判断し直す（行訴33条2項）。例えば，許可要件がA，Bとあるとき，処分庁が，Aの要件を満たさないとして不許可とし，Bの要件充足の有無を判断していないとき，裁判で，Aの要件の判断に誤りがあるとされれば，行政庁は，その点を覆すことはできない（反復禁止効果）が，Bの要件の有無を判断し直すのである（大阪高判1998〔平成10〕・6・30判時1672号51頁，判例自治189号8頁）。

　食糧費の情報公開拒否処分取消訴訟で，公務員が職務として会議に出席したものである，公務員個人の私事に関する情報を含むものではないとの事実認定により，取消判決が確定した後，出席したのが私人であるとしてなされた非公開決定は，上記の1992年最判の考え方に従って，先の判決の事実認定に反し，拘束力に違反するとした判例（大阪地判2005〔平成17〕・6・24判タ1222号163頁）がある（ただし，その判断には国家賠償法上の違法・過失はないとされた）。

　取消判決の趣旨に従った反復禁止効果は，このように，処分の違法性一般ではなく，判決で指摘された具体的な違法にのみ及ぶ（違法性一般に及ぶ既判力との違いに留意）。この場合，申請状態に戻るので，申請人は改めて申請し直す必要はないが，その結果，やはり不許可になることもある。そうすると，許可申請人としては，再び訴訟を提起しなければならないから，負担が重い。そこで，処分庁が前の訴訟で主張できることを主張しないで，処分後に別の理由で処分を繰り返すのは，原告に過大な負担を課すだけであるから，前の訴訟で主張で

第5節 判　決

きた事由では再度の処分をすることは許されないと解すべきである。
　今回の改正法で導入された義務付け訴訟なら，A，Bの両方の要件を審査するから，1回の訴訟で片づく。これからは，申請に対する処分については，取消訴訟のほかに義務付け訴訟を併合提起すべきであろう。義務付けに熟しないときは，取消判決だけが下される（行訴37条の3第6項）。
　先に（⇒第2節Ⅰ2(2)），消防不同意は内部行為で，処分として争う対象にならないと述べた。消防の不同意により建築確認を得られなかった場合には，建築確認拒否処分取消訴訟を提起し，消防長を参加させ（行政庁の訴訟参加，行訴23条），消防の不同意を違法とする取消判決を得て，その判決の拘束力により，改めて建築確認を得ることになる。もちろん，建築確認の義務付け訴訟の方が適切である。
　さらに，申請に基づいてした処分または審査請求を認容した裁決が判決により手続に違法があるとして取り消された場合も，判決の趣旨に従ってやり直すことになる（行訴33条3項）。これは第三者が争った場合である。実体法上の違法がある場合にはやり直しても同じ結論になるので，やり直しはしない。そこで，ここで手続の違法という場合には，厳格な意味での手続だけではなく，やり直せば結論が変わる可能性がある場合をすべて含むことになる（南編・注釈行政事件訴訟法315頁〔阿部〕）。

　　＊　反復禁止効を拘束力ではなく既判力で説明し，判決で取り上げられた違法事由に限られず，同一の事情の下での同一内容の処分の反復禁止効は既判力によって生ずるとの見解もある（塩野・Ⅱ171頁以下）。原子炉設置許可申請拒否処分が判決で取り消されたあとで当該原子炉に新たな欠陥が判明した場合，この見解によれば，それが処分後の新たな事情と認められるようなものでない限り，再度の許可申請拒否処分をすることはできないということになりかねないが，それは不合理であり，この場合には，前の訴訟で主張しようともできなかった理由であるから，再度の拒否処分の理由とすることができる（藤山編・行政争訟216頁）。
　　　さらに，特許法の例であるが，この拘束力の及ぶ範囲についてリーディング・ケースとなる最高裁判決は，次のように説明する。本件発明は特許出願前に当該発明の属する技術の分野における通常の知識を有する者が容易に発明することができたとして，本件特許を無効とする旨の審決がなされたが，確定判決で，この発明には進歩性があるとして，この特許審判が無効とされた場合，再度の特許審判がその拘束力に従って行われたならば，再度の審判の取消訴訟では，「この拘束力は，判決主文が導き出されるのに必要な事実認定及び法律判断にわたるものであるから，審判官は取消判決の右認定判断に抵触する認定判断をすることは許されない。したが

って，再度の審判手続において，審判官は，取消判決の拘束力の及ぶ判決理由中の認定判断につきこれを誤りであるとして従前と同様の主張を繰り返すこと，あるいは右主張を裏付けるための新たな立証をすることを許すべきではなく，審判官が取消判決の拘束力に従ってした審決は，その限りにおいて適法であり，再度の審決取消訴訟においてこれを違法とすることができない」（最判1992〔平成4〕・4・28民集46巻4号245頁）。

[　**応用研究**：一部違法の場合の全部取消し？　　固定資産評価審査委員会の固定資産評価額が高すぎるとする訴訟では，全部取り消して，やり直させるべきか，高すぎる分だけ取り消すのか。

　全部取り消すと，一見全部勝訴なので，納税者は争えず，違法部分を避けた再処分がなされる。納税者はこれに不満なら改めて訴訟を提起することになる。これに対して，高すぎる分だけを取り消せば，納税者は不満ならその訴訟の中で上訴によりその是正を求めることができる。判例はこのような観点から，後者の立場を採った（最判2005〔平成17〕・7・11民集59巻6号1197頁〔増田稔調査官解説・曹時59巻11号3830頁以下，重判解平成17年度45頁〕）。

　これとは異なり，全部取り消されたが，理由では一定以上の分だけ違法とされている場合には，一部勝訴にすぎないので，敗訴部分について上訴の利益があると解すべきである。上訴の利益は既判力だけではなく，判決の拘束力を基準とすべきであり，これが民事訴訟と異なる行政訴訟の特殊性なのである（阿部「拒否処分取消訴訟を審理する裁判所の審理を尽くす義務——手続上の理由による取消判決に対する上告，あわせて国家賠償の判断回避の違法性」高田古稀416頁以下）。

(2)　違法性を共通にする処分の取消義務？

　拘束力の問題として判例に出てくるのは，土地収用の事業認定と収用裁決，差押え処分と公売処分のように，一連の手続を経て完成する数個の行政処分，原処分と裁決で違法事由を共通にする処分の場合，一方が取り消されれば関係行政庁は他方を取り消すべく拘束される（例えば，農地買収計画に対する訴願棄却裁決が取り消されれば買収処分も取り消すべく拘束される）から，原告には他方の取消しを求める利益がないというものが普通である。

　確かに，実際上は，このような場合には他方の処分が職権で取り消されるのが普通であろう。しかし，違法事由が共通である限り，一方が取り消されれば他方の処分も当然に違法と言うべきで，形式上残っている他方の処分の取消義務は，拘束力を待つまでもなく，実体法上生じていると言うべきであるし，また，処分庁が他方を当然に取り消すという法的な保障はないから，せっかく裁判を行う以上，他方の処分を取り消すのは一挙手一投足であって，取消しの利

第5節 判　　決

益を否定する理由はないと思う。
　(3)　原状回復義務は拘束力から導かれるか
　裁判で取り消された処分を前提とした各種の行為を是正して原状に回復する作為義務（収用裁決が取り消された場合の土地の返還義務・登記抹消義務など）を行政庁に課すことを取消判決の拘束力から導くことができるかどうかは，意見が分かれる。しかし，そうした作為義務は，拘束力の効果としては広すぎ，それはそれぞれの実体法から導かれる場合があるという程度であろう（南編・注釈行政事件訴訟法308頁〔阿部〕）。
　(4)　不整合処分の取消義務
　取り消されるべき処分αと両立しない（不整合）処分βがあるとき，もはや処分αを取り消せないのではなく，むしろ，不整合処分βを取り消すべきだというのが拘束力の効果である（石崎誠也「取消判決の拘束力と不整合処分の取消義務について」法政理論31巻4号〔1999年〕166頁以下参照）。

　【競願の場合の訴訟方法】
　競願の事案で，第三者に対する免許と，自分に対する拒否処分があるとき，両方を争えばよいが，後者だけを争う利益があるか。判例は，自分に対する拒否処分が取り消されれば，申請状態に戻り，処分庁が第三者に対する免許を職権で取り消してやり直しする可能性があるとして，適法とした。拘束力による訴えの利益の肯定である（12チャンネル事件，最判1968〔昭和43〕・12・24民集22巻13号3254頁〔百選366頁〕）。
　再開発事業で権利変換処分が借地権者と所有権者に対してなされたとき，前者に対する権利変換処分の取消しの利益を所有権者に認めるのも，競願ではないが，同一の土地をめぐる争いである点で，同様に考えられる（最判1993〔平成5〕・12・17民集47巻10号5530頁〔百選420頁〕）。この場合の第三者も訴訟に参加できる。
　もっとも，これは本来弁護人の訴訟ミスであって，両方争うべきである（詳しくは，阿部・判例自治155号〔1997年〕93頁）。

　応用研究：年金不支給の裁定取消しと遅延利息
　　年金不支給裁定に誤りがあることが判明すれば，遡って年金が支給されるが，利子を付ける法律がないという理由で，利子は付けられていない。理論的には，年金請求権は，法定要件を満たしただけではまだ抽象的であり，社会保険庁長官の裁定

第 9 章　行政訴訟法

があって初めて具体化されるので，そのとき以降も支払がないときに初めて民法419条の遅延損害金が発生するにすぎず，その裁定前は，具体的な請求権が発生していないので，民事訴訟によってこれを請求できないのに，同条所定の債務不履行があったものとして，同条を適用する等ということは解釈論としてはとうてい無理であるという（大阪高裁民事9部1998〔平成10〕・1・29判決〔平成9年（行コ）第22号事件］，さらにその原審神戸地裁1997〔平成9〕・4・28判決〔平成8年（行ウ）第14号事件］，ともに D1-Law.com）という点にある。

しかし，年金の不支給裁定が誤っているとして取り消された場合には，具体的な請求権の存在が判明したのが本来発生すべき時期よりも遅れたにすぎず，裁定が取り消されて，年金が遡及して支払われる以上は，具体的請求権も遡及して発生するはずであるから，利子もそのときから遡及して発生すると言うべきである。これは，取消判決の拘束力ではなく，法の一般原則として民法の遅延利息の規定が，年金の遡及支払にも適用されるという考えであるので，ここに入れるのも不適当であるが，関連するのでここで述べておく。なお，違法のほか，過失を証明できれば，国家賠償も成り立つ。また，この問題は，「官は悪をなさず」（⇒第1章第3節Ⅱ）の一例である（阿部「年金不支給裁定の取消しと遅延利息」法時69巻8号61〜67頁〔1997年］）。2009年の年金法改正で，この利息を付けるとの立法的解決がなされた。

　応用研究：日本人の配偶者等としての在留資格に基づく在留期間更新許可申請に対して不許可処分を受けた外国人が，その申請に基づいて短期滞在許可を得た場合に先の不許可処分の取消しを求める利益があるか。

名古屋地判2002（平成14）・7・26（平成14年（行ウ）第16号事件），同高判2003（平成15年）・8・7（平成14年（行コ）第50号事件）はこれを否定する（ともに最高裁HP）。

しかし，日本人の配偶者等としての在留資格に基づく在留期間更新不許可処分が取り消された場合においては，処分庁は審査し直し，判決で指摘された違法を犯さないように配慮すれば許可以外の選択肢がない場合には許可しなければならない。その許可の判断基準時が問題になるが，その不許可処分時に遡って許可をし直すこととなるとすれば，その後に行われた短期滞在許可と一見抵触するが，取消判決の拘束力により，それを職権で取り消して，日本人の配偶者等としての在留資格に基づく在留期間更新許可処分を行うべきこととなる。これは取消判決の拘束力に基づく是正措置であるから，短期滞在許可が本人の申請に基づくものであるかどうか，それに原始的瑕疵があるかどうかも，関係がない。現実に二重の資格で滞在したわけではないから，一在留一資格の原則には反しない。前記の不許可処分の取消しを求める利益は認められなければならない（詳しくは，阿部「取消判決の拘束力による不整合処分の取消義務に関する一事例——在留期間更新不許可事案について」原田古稀139頁以下）。

これについて，「問題の所在は，判決の拘束力にあるというよりは，更新不許可処分が短期滞在許可によって，処分としての効果を発揮し終わる，つまり，前者の

第5節 判　　決

効果は完了したものとみるかどうかという当該法律の仕組みの解釈によるのであって，仮に効果は完了していないとすると，不許可処分の取消判決，その拘束力による再度の考慮の結果，許可処分がなされれば，短期滞在許可は前提条件を失い無に帰するので，ここに拘束力の観念を持ち出すまでもない」（塩野・Ⅱ170頁）との指摘がある。

しかし，この意味はよく理解できない。更新不許可処分が適法であればそれで終わりだが，それが違法であっても，短期滞在許可がなされた場合には処分としての効力が完了したものとみるような法的しくみがありうる（名古屋の2つの判決はあるいはこのような法的しくみがあるとの理解を採っているようでもある）とするなら，更新が不許可になったのでやむなくとりあえず短期滞在の許可を取った場合でも，もはや違法な更新不許可処分を争うことができないことになり，法治国家違反と言うべきではないか。それは，協定永住資格を失った後の再入国拒否処分取消訴訟の利益を否定した判例（⇒第2節Ⅲ2。最判1998〔平成10〕・4・10民集52巻3号677頁，判時1638号63頁）と共通の発想であるのかもしれないが，それは信義則違反と考える。そこで，その後に短期滞在許可がなされても，更新不許可処分を争う利益は当然に保障されていると言うべきであろう。問題は一見重複する2つの許可の関係をどう理解するかにある。

この塩野説の後半部分は，在留期間更新不許可処分の取消しの利益を肯定するためには，拘束力に従って「短期滞在許可」を取り消すなどという理論構成をするまでもなく，「在留期間更新許可」がなされると，短期在留許可は前提を失い，自動的に失効するとして説明できるということであろうか。私見と結論は同じだが，しかし，許可の前提には適法な許可申請が必要だとか土地収用裁決の前提には適法な事業認定が必要だといった意味での「前提」は，短期滞在許可と更新不許可処分の存在の間には存在しない。それにもかかわらず，先に行われた短期滞在許可と矛盾する在留期間更新許可を行うことができ，それが行われれば短期滞在許可が自動的に前提を失うのはなぜなのか，理解は容易ではない。

(応用事例)：**議員の除名議決の執行停止・取消しと除名を前提とする繰上当選の効力**

ある議員が除名されたので，もともと得票数が同じで，くじにより不運にも当選者とならなかった者が繰上当選した（公選112条5号・95条2項）。後者について当選争訟（公選206条・207条・208条）が提起されることなくその効力が確定している場合，除名処分の取消し・執行停止を求める利益があるか。1つの考えでは，繰上当選した者の当選の効力が確定しており，議員定数に余裕がない以上，仮に除名処分が取り消されても，除名された者が議員たる地位を回復することはできないから，この訴えの利益は否定される。しかし，それでは，除名処分に対する救済方法がないことになる。

判例は，議員の除名処分の執行停止を認めた（最決1999〔平成11〕・1・11判時1675号61頁，判タ999号213頁）。その理由は，「本件除名処分の効力停止決定がされることによって，同処分の効力は将来に向かって存在しない状態に置かれ，相

手方の町議会議員としての地位が回復されることになり，これに伴って，相手方の除名による欠員が生じたことに基づいて行われた繰上補充による当選人の定めは，その根拠を失うことになるというべきであるから，関係行政庁である町選挙管理委員会は，右効力停止決定に拘束され，繰上補充による当選人の定めを撤回し，その当選を将来に向かって無効とすべき義務を負う」。

執行停止決定は，本案判決とは異なり，処分の効力を将来に向かって停止するだけで，遡及的な効力がないので，除名処分の効力が将来に向かって差し止められても，当初の除名処分に基づいて行われた繰上当選の効力を左右するものではないという見解もあるはずであるが，この判決は執行停止・取消判決の拘束力をこのように関連する行政処分の撤回義務にまで拡張することにより，除名された者を救済したのである。

* **処分の根拠法律が違憲である場合の救済方法**

不利益処分（不許可を含めて）については，その根拠法が違憲であれば存在の根拠がないので，取り消される。例えば，薬事法の距離制限は違憲なので，距離制限を理由とする不許可処分は取り消される（最大判 1975〔昭和 50〕・4・30 民集 29 巻 4 号 572 頁）。この場合には，不許可処分は取り消され，距離制限以外に不許可にする理由がなければ，行政側が拘束力に従って判断して許可することになる。

これに対して，成人になった学生が国民年金に加入していないうちに障害者になったため，年金給付を受けられないことは，20 歳までに障害者になった者に障害基礎年金が無拠出で支給されることと比べて，平等原則違反で違憲であるとして，給付を求めた事件を考える。

この制度は，立法理由の合理的根拠を欠き，立法理由との関連において著しく不合理で立法府の裁量の限界を超えたものであり，合理的理由のない差別として憲法 14 条 1 項に違反するとして，違憲，無効な規定に基づいてなされた不支給決定は違法であり取り消すべきとの判決がある（広島地判 2005〔平成 17〕・3・3 判タ 1187 号 165 頁）。

わが国の違憲訴訟制度では，違憲の法律を適用しないとするだけであって，立法裁量がない場合であっても，代わりの法律が制定されていない以上は，それが制定されたことを前提に，裁判所が行政庁に特定の給付を義務づけることはできないというのが一般的な考え方であろう。もっとも，反対の見解もあろうが，それはともかく，一般的な考え方に従うと，取消判決の拘束力は行政庁にやり直しを求めるにすぎないから，給付処分の根拠となる法律が違憲だと指摘されても，代わりの法律がない以上は，処分庁としては給付の根拠がない。また，この場合，成人になってから年金に加入しないうちに障害者になった者に年金を支給しないことが違憲とされても，20 歳までに障害者になって，障害基礎年金を支給されている者と同じ年金を当然に支給すべきことになるわけではない。違憲の法律が改正されることを前提に処分庁にやり直せという趣旨で取り消すという考え方も，いつ法改正がなされるのかがわからないので無理である。さらに，義務付け訴訟で義務づけられるのは，

行政庁であって，立法者ではないから，義務付け訴訟で法律の改正を求めるのは無理である。したがって，この場合には国家賠償しかない（違憲判決：東京地判 2004〔平成16〕・3・24判時1852号3頁。逆に合憲判決が主流：東京高判2005〔平成17〕・3・25判時1899号46頁，判タ1148号94頁，最終的に最判2007〔平成19〕・9・28民集61巻6号2345頁〔重判解平成19年度22頁，社会保障百選18頁〕は合憲判断を是認した）。なお，これを受けて，2004年12月，無年金障害者に月4～5万円を支給する「特定障害者に対する特別障害給付金の支給に関する法律」が成立したが，これは障害基礎年金のほぼ半額である。

　もっとも，この場合，保険料を遡及納付させ，年金資格を認めるという解決が望ましいと思われる。そして，解釈論としても，20歳までに障害者になった者との均衡をいう以上は，保険料を納入することを前提に，年金を支給しなければならないという趣旨の義務付け判決の方法もあるかもしれない。

　同じく，給付を求める場合でも，児童扶養手当と障害福祉年金の併給禁止規定が違憲であると仮定すれば（堀木訴訟，最大判1982〔昭和57〕・7・7民集36巻7号1235頁は否定），もともとそれぞれの支給の根拠法律は残っているので，支給しなければならないことになる。

5　既判力

(1)　請求棄却の場合

　既判力とは，同一当事者間において，後の裁判における同一紛争の蒸し返し禁止の効力である（民訴114条）。取消請求が棄却され，確定した場合には，あらゆる意味においてその処分は適法であることが確定する。

　土地所有者と建設大臣（当時）の間の事業認定取消訴訟請求棄却確定判決の既判力は，土地所有者が土地収用委員会を被告に提起した土地収用裁決の取消訴訟にも及ぶ（最判1997〔平成9〕・10・28訟月44巻9号1578頁）。建設大臣と土地収用委員会は，機関委任事務当時は同じ権利主体に属するとみられたので，この訴訟の当事者は前後同じと考えられるのであるが，機関委任事務が廃止された今日どうなるのか。

　もし最初の訴訟で手続上の違法だけを主張して敗訴した場合でも，複数ある処分事由のうち，一部だけを主張して敗訴した場合でも，本来すべての違法を主張することができたはずであるから，他の実体法上の主張を繰り返すことはできない。この意味では，処分の違法性一般が訴訟物であり，その点に既判力が発生する。

　そうすると，もはや無効確認訴訟を提起することも許されないし，違法性の承継が認められる場合（例：土地収用裁決の取消訴訟において先行行為である事業認

第9章　行政訴訟法

定の違法を主張することが許されること）においても，後行行為の取消訴訟においては，もはや先行行為には違法がないことが確定したものとして扱われる。

最高裁 2005（平成 17）年 4 月 14 日判決（民集 59 巻 3 号 491 頁）は，登録免許税については，還付請求棄却判決が確定したら，過誤納金の還付などに関する通知をすべき旨の請求（登録免許税法 31 条 2 項）に対して登記機関がした拒否通知の取消訴訟の利益がないとしている。既判力が及ぶということである。

取消訴訟請求棄却判決が確定すれば，国家賠償訴訟においても処分違法の主張は遮断される（更正処分取消訴訟請求棄却判決は国家賠償訴訟に既判力を及ぼす。広島地判 2007〔平成 19〕・10・26〔平成 18 年（行ウ）第 37 号事件〕最高裁 HP による。土地区画整理事業の施行者たる市長に対する仮換地指定処分による損失補償請求を棄却する旨の確定判決の既判力は，同市長所属の市にも及ぶ。大阪高判 1978〔昭和 53〕・10・25 判タ 380 号 128 頁）。その違法性は，取消訴訟におけるそれとは違うという説もあるが，それでは，処分は取消訴訟では適法であるが，国家賠償訴訟では違法であるという，法の分裂を生ずるので，とりえない（⇒第 11 章第 2 節第 1 款Ⅷ，阿部「国家賠償訴訟における違法と抗告訴訟における違法」争点新版 176 頁，同「抗告訴訟判決の国家賠償訴訟に対する既判力」判タ 525 号〔1984 年〕15 頁）。前記の事情判決において違法性の判断を行うのは，このことを前提としている。しかし，先の取消訴訟における認定が弁論主義違反，経験則違反などである場合，必ずしも上告受理理由にならないので，後の国家賠償訴訟で蒸し返すことを許すべきである。

　　応用課題：争点効の応用

　　処分の取消訴訟で敗訴した者が第三者を被告に処分の無効を理由とする争点訴訟を提起した場合（換地処分，公売処分，農地買収処分，土地収用裁決などで起きうる）には当事者を異にするので既判力が及ばないが，処分の受益者が処分庁勝訴判決を援用できないのは不合理である。しかも，この最初の取消訴訟に受益者が補助参加しても，同様になるのはますます不合理である。これについては，明文の規定なく第三者に効力を及ぼすのは無理（司法研修所編・実務的研究 299 頁）という解釈があるが，民事訴訟の争点効の議論とは別に，行政法の特殊性を念頭に置いて，処分の取消判決は第三者のために効力を生ずるという第三者説を採用する代わりに，その請求棄却判決は，これにより利益を受ける第三者もこれを援用できると解すべきであろう。立法論としては，処分の取消訴訟において請求棄却判決が確定したときは，原告は処分の無効を前提とする争点訴訟を提起することはできないという規定を置くべきである。

第5節 判　決

応用課題：却下判決の既判力など

　なお，却下判決の既判力については民事訴訟法学でも争いがあるが，ある処分に関する取消訴訟が却下されても，実体法上その適法性が確定されるものではないので，違法性の承継が認められる案件である限り，後行行為において違法性の承継は認められ，無効確認訴訟でその処分の無効を主張し，国家賠償訴訟でその違法を主張することは妨げられない。

　執行停止却下決定は，仮の判断であるから，改めて同じ執行停止を申請することが完全に排除されるというものではないであろう。

(2)　請求認容のうち給付を求める場合

　処分が取り消されれば，その違法が確定する。その効力の範囲つまりは訴訟物の範囲はどこまでか。取消訴訟の訴訟物は，具体的な違法性か，抽象的な違法性一般かが争われ，後者の違法性一般とされてきた。しかし，そう一筋縄ではいかない。給付を求める場合と不利益処分を排除する場合とでは異なっている。

　まず，給付を求める場合を考えると，民事の給付訴訟では，請求が認容（一部認容を含む）されるかされないかは，二者択一である。しかし，給付申請に対する拒否処分の取消訴訟では，給付のための要件がすべて認められて認容される（この場合にはむしろ義務付け判決が下されるので，それにより原告の求める処分が行われる）ほか，例えば，考慮すべき事項を考慮していないとか考慮すべからざる事項を考慮したとか，処分要件の一部が満たされていないとする処分理由に誤りがあるとか，手続ミスがある（この場合には，原告の求める処分をすべきだとまでは判定されない）として取り消される場合がある。これは民事訴訟にはない行政法の構造的特色である。

　訴訟物は処分の違法性一般だという発想は民事訴訟に倣ったものであるが，それが妥当するのは，オール・オア・ナッシングでいずれかに決着が付いた場合だけであって，こうした灰色判定の場合には，違法として取り消されても，次の損害賠償訴訟において，本来この給付が得られたはずだという前提での違法性を確定するものではない。二度手間のために生じた時間的な損失，弁護士費用その他の賠償を請求できるだけである。ここでは，既判力で確定される違法の範囲は判決の理由を参照して初めて解明される。

　給付の拒否決定が取り消され，再度の処分では給付決定を行わざるをえないとき（義務付け判決が下されたとき）は，次の国家賠償訴訟では，給付の遅れを

理由とする賠償請求をすることができる。

(3) 請求認容のうち不利益処分を排除する場合

不利益処分について考えると，請求が認容されたら，処分が消滅するので，再び同じ処分の取消訴訟を提起する必要が生ずることはない。取消判決後に行われる処分は別件である。実体法上の違法の場合には同じ再処分は拘束力により禁止されるから，もし同じ処分が行われれば当然国家賠償法上も違法である。手続ミスで取り消され，やり直しで同じ内容の不利益処分がなされた場合には，最初の処分が行われた時と取消し確定時までの間に発生した損害を賠償請求できるのが原則であろう。

　　＊　また，公務員の免職処分を考えると，その間の給与を得られるし，定年になっていれば，無事に退職金を受けることができる。これでは，被処分者はたまたまの手続ミスで，本来受けるべき処分を免れて不合理ではないかと考えれば，再処分を最初の処分時に遡らせるという理論構成がありうるが，後日の課題としよう（遡及的行政処分）。

　　　課税処分が，理由附記の不備で取り消されたら，やり直しで同様の処分がなされるのが普通であるが，賦課権の期間（原則5年，税通70条）が徒過した場合にはもはや課税できないので，原告は不当に課税を免れる。これについては，取消判決の確定後一定の短期間内では課税できる（ただし，これでは原告の訴訟は法治行政違反を是正しただけで，無駄になるので，相応の報奨金制度を併せて置くべきである）という規定を置くべきであろう（阿部・裁量と救済114頁）。

■重要課題■：**手続上の瑕疵と実体上の瑕疵の両方が主張されている場合における裁判所の審理の仕方**

いずれかの瑕疵だけ主張されていれば，裁判所はそれだけに応答すればよいが，両方主張されている場合において，請求を棄却するには，手続の瑕疵と実体法上の瑕疵をともに否定しなければならないことは明らかである。これに対して，認容するのに，どの順番で審理するか，一方が違法と判断されれば他方は審理しなくてよいのか，全部審理するべきか，裁判所は当事者が付けた審理の順位に拘束されないのかという問題がある。

民事訴訟では，例えば，貸金返還請求訴訟において，原告が，弁済，時効，相殺の順に判断してほしいと申し立てた場合も，一般には，相殺だけは反対債権を失うので，原告の付けた順位で判断し，これについては上訴の利益がある（民訴114条2項）が，それ以外は結果に変わりがないとして，原告の付けた順位に左右されないとされているようである（新堂幸司『新民事訴訟法〔第4版〕』

〔弘文堂，2008年〕841頁参照）。たしかに，それは理由中の判断であり，訴訟物の問題ではないので，そのような点を基準とすれば正しい考え方である。ただ，私見では，いずれの主張で請求を棄却するかで効果が異なる（時効の場合には一時所得になる可能性がある）ので，原告の付けた順位に従って判断すべきであると考える（順序が違えば上訴の利益があるとすべきである）。事柄は訴訟物だけの問題ではないのである。

　行政処分取消訴訟の場合も，請求の趣旨は，単に取り消せというだけで，手続上の理由と実体上の理由で訴訟物が異なるとはされていないので，原告が，手続審理と実体審理の両方を求めていても，裁判所は，いずれであれ判決に熟したところで判断して良いという考え方がある（小早川・下Ⅱ205～206頁）。これも民事訴訟法学の主流的な考え方をそのまま導入したものであろう。

　民事訴訟に関するこの私見は新説であって，簡単に採用されないかもしれないが，しかし，行政訴訟では，特に，民事訴訟とは異なる事情がある点に留意すべきである。行政訴訟の訴訟物は違法性一般であるとするのが通説であるが，それは再訴禁止の側面で妥当する議論であり，行政訴訟では，それに特有の取消判決の拘束力を基準に考えるべきである。手続違法だけで取り消されると，単にやり直されるだけで結局は同じ不利益処分なり拒否処分がなされることが普通であろう（それは取消判決の拘束力に反しない）から，高裁においてはもちろん，1審においても，原告は，最初から再訴しなければならず，重大な不利益を被る。原告が手続違反だけではなく，実体法上の違法を主張している事案では，原告は，実体についても拘束力を及ぼさせる利益があるはずである。要するに，同じ取消しでも，手続違法による取消しと，実体違法を理由とする取消しは，判決の拘束力の点で意味が異なるのである（訴訟物論は難しいが，フランス法では，手続違法と実体違法では訴訟物を異にするとされている）。そのような事情は民事訴訟にはないから，民事訴訟をモデルに単純に思考してはならない。裁判所は，原告の主張全部について判断をしなければならず，実体の判断をしないで手続違法だけで原処分を取り消した判決に対しては，控訴，上告の利益があると考えるべきである（阿部・前掲高田古稀416頁以下）。

　次に，先に手続で違法と判断したが，実体で適法と判断したときは，手続違法で取り消すのは無駄だからとして，請求を棄却すべきか。完全に羈束されている場合には，手続をやり直しても，同じ処分をするしかないので，請求を棄

却すべきであろうが，普通は，行政側に裁量があるので，手続をやり直せば，別の処分がなされる可能性があるから，裁判所は，実体で適法と判断した場合でも，その旨言及するだけで，手続違法で取り消すべきである（群馬中央バス事件，最判1975〔昭和50〕・5・29民集29巻5号662頁〔百選248頁〕では，結果に影響を与える可能性があれば取り消される。これが「手続的瑕疵の効果」という問題である。この点につき，⇒第8章第4節Ⅲ8）。手続で適法と判断したとき，実体の審理をしなければならないことは言うまでもない。

　先に実体審理を行って，違法と判断したときは，不利益処分なら，それを取り消せば，同じ処分をすることは禁止されるから，手続違法の審理をする必要はない。給付の拒否なら，実体で，拒否事由をすべて審理して，拒否できないという趣旨で取り消すのであれば，手続の審理の必要はないが，拒否事由の一部だけ違法としたので，処分をやり直せというだけであれば，手続違法の審理をしなければ原告の利益を害する。旅券発給拒否処分を実体法上違法として，理由附記の不備の違法を審理する必要はないとした判例がある（大阪地判1980〔昭和55〕・9・9行集33巻1＝2号229頁，判時1052号58頁）が，私見では，その拒否事由以外の理由により再び拒否される可能性を考えると，理由附記の不備も審理すべきである（なお，以上の問題に関する解説として，交告尚史・法教303号114頁）。

　これは手続の制度が未整備の時代の議論で，手続の制度が整備されている今日では，まずは手続違法を審理すべきである。行政手続法は，手続的法治国の制度と言われるように，実体法上の法治国家のルールと並ぶ，法治国家の核心であるから，実体がどうであれ，行政手続法などの定めるとおり手続ルールが遵守されていたかどうかを先に審理すべきである。特に聴聞手続を踏むべき事件では，被処分者には，適法な聴聞手続を経た処分を受ける利益があり，裁判所は，聴聞手続がきちんと行われたかどうか，聴聞手続によって事実認定が的確に行われたのかどうかを審理すべきである。聴聞手続を抜きにして，実体について自らの目で見て，実体的判断代置方式を採ることは，行政手続法を空文化して，同法に違反すると考える（阿部「行政手続法整備の意義，聴聞手続と司法審査のあり方」法学新報114巻1＝2号，3＝4号〔2007年〕）。もちろん，当事者が，このほかに実体審理を求めているのに，これを無視することが許されないのは前述の通りである。

第5節 判　　決

　義務付け訴訟では，一定の処分をなすべきことが訴訟上確定されないと，義務付け判決を下すことができず，単に取消判決にとどまる。聴聞手続を経て給付を拒否した場合には，裁判所は実体判断をすることができず，手続の瑕疵を理由に取り消すにとどまるべきことが多いであろう。しかし，実体審理の結果，義務付けに熟する場合には，手続をやり直させる必要はない（行訴37条の3第6項）。

　重要課題：**和　　解**

　わが国では，行政と言えども民事上の和解（民訴267条）をすることは当然にできる（ただし，地方公共団体の場合には，地方自治法96条1項12号は，議会の議決を要するとして，首長の権限を制限しているが，地方公営企業〔地方公営企業法40条〕と国の場合にはそのような制限はない）が，行政処分については，行政は，法律に定めた権限を法に照らして自ら適正に行使すべきで，民訴法の処分権主義（民訴246条）の適用はなく，和解することは許されないという見解が通説である。そのため，抗告訴訟においては，事実上和解し，形式的には，処分の職権取消し・変更と訴えの取下げを同時に行うという運用が行われるのが一般的である（長谷川博「租税訴訟における和解の意義とその課題」税理45巻3号〔2002年〕13頁以下参照）。また，行政処分権限を背景に行政指導を行い，相手方がこれに応じても（修正申告の慫慂），それは和解契約ではなく，事実上の行動であるとされる。

* 　東京都の大手銀行に対する外形標準課税（銀行税）条例をめぐる訴訟は2003年9月，最高裁で和解が正式に成立した。和解条項は，(1)都側が税率を3％から0.9％に引き下げる条例改正をし，過去にさかのぼって銀行側に差額と還付金を支払ったことを確認する(2)銀行側が条例無効確認などの訴えを取り下げる(3)訴訟費用は各自が負担する——との内容。都側は既に，訴訟に加わっていない銀行も含めた30行に計約2344億円を返還している（山下清兵衛「東京都銀行税条例訴訟の判決と行政訴訟における和解の可能性」日弁連行訴センター編・最新重要行政関係事件実務研究415頁以下）。
　杉並清掃工場建設反対に関しても和解が行われた（東京地裁1974〔昭和49〕年11月25日和解・判タ315号212頁）。
　幼稚園就園本邦初の仮の義務付けで裁判上の和解が成立した（⇒第6節Ⅲ3）が，確定判決と同一の効力を有する和解調書による和解ではなく事実上のものという（日弁連行訴センター編・実例解説行政関係事件訴訟173頁）。
　抗告訴訟において民事訴訟法上の和解が許されないとの一般的な見解には少なか

らざる問題がある。まず，あとで，行政側が約束に違反しても，その約束自体が単なる裏取引であるとされかねず，法的な責任を追及することは困難である。また，そもそも，法的な和解ができないという前提で，行政側には単なる努力義務を課すだけの和解が多いので，原告の期待したとおりの結果が得られなくても，行政側が和解契約に違反したことにはならないとされる。

しかし，実際に相互の互譲により妥協したのであれば，それに法的な効果を付与すること，つまり，後にこれを蒸し返すことはできず，契約通りに行動すべき義務を課すことが妥当である。さらに，この事実上の和解は不透明に行われるので，かえって，公益が害される可能性もある。

思うに，行政処分に関する和解と法治行政が矛盾するとするのは，観念的な発想である。法治行政から常に一義的な解決が導かれるわけではないから，法律上・事実上の不明確性を相互の互譲により除去するのは，それが法律の枠内である限り，法治行政に反しないとみるべきである。日弁連はこの趣旨の立法論を唱えている（斎藤・前掲『行政訴訟の実務と理論』4 頁）。

* 　現に，国の関与に関する審査の申出があった場合，国地方係争処理委員会は職権で調停を行い，双方が受諾したら調停が成立するとされている（自治250条の19）のは，行政処分についても和解を認めていることになろう（さらに，自治紛争処理委員による調停，自治251条の2）。

ドイツでは，連邦行政裁判所法106条で，「当事者が訴えの対象を処分できる場合に限り……調書に記載させる方法により」和解をすることができるとされている。連邦行政手続法55条でも，「事実関係または法律状況を適正に評価して存在する不確実性を相互の互譲によって除去する公法上の契約は，官庁が，不確実性の除去のために和解契約を締結することが義務にかなった裁量により適正と判断する場合には，締結することができる」とされている。

アメリカでは，公共の利益に反しない和解を許容する規定がそれぞれの根拠法に存在し，その場合に，和解が不透明にならないように，連邦公報に掲載し，広く意見を聞く手続がとられている（中川丈久『行政手続と行政指導』〔有斐閣，2000年〕348頁，石川正「独禁法のエンフォースメントにおける和解の意義とその発展について」雄川献呈下130〜131頁，川嶋四郎「『公共訴訟』事件における公正な和解内容の確保と裁判官の役割」小樽商大商学討究39巻2号〔1988年〕81頁以下参照）。

そこで，立法的に整備するとすれば，日本でも，「事実関係または法律状況を適正に評価して存在する不確実性を相互の互譲によって除去する公法上の契約は，官庁が，不確実性の除去のために和解契約を締結することが義務にかなった裁量により適正と判断する場合には，締結することができる。」「前項の場合には，その事実，法律状況を適切に説明して，代替案との比較の上，和解案を1ヶ月，国にあっては官報，地方公共団体にあってはその公報に掲載し，広く意見を求めなければならない。当該官庁は和解をするときは，この意見を踏まえて，国にあっては会計検査院

及び総務省，地方公共団体にあっては監査委員と協議しなければならない。当該官庁は，これらの文書を秘密にわたらない範囲で公開しなければならない。」としたらどうであろうか（森尾成之「行政上の和解——手続規定の導入によるその許容化」『法政策学の試み　法政策研究（第四集）』〔信山社，2001年〕参照，さらに，奥平力「行政訴訟における和解」実務公法学会編『実務行政訴訟法講義』〔民事法研究会，2007年〕256頁以下，争点3版126頁）。

応用提案：**公益訴訟勝訴報奨金導入の提案**

　行政処分は多数の人にかかわる。原告が，特に原告固有の理由ではなく，一般的な理由で（例えば，共有林分割禁止や在外邦人選挙権否定などの法律の違憲，行政立法や計画，通達の違憲違法，今述べた無年金障害者差別違憲判決を考えよ）勝てば，多くの人がフリーライダーとして受益するので，公共財を作ったと同じである。したがって，社会の利益を原告に還元すべきである（有益費の償還のようなもの。民196条参照）。また，そうすれば，訴訟を提起する者が増えて，違法行為は減るし，そもそも，行政側は，原告個人ではなく，社会全体への影響を考慮して，組織と税金を駆使して親方日の丸で抗争するのであるから，原告も社会の利益を集めて初めて対等に争えるのである。したがって，勝訴した原告側には，社会の利益の相当部分を公益訴訟勝訴報奨金として支給すべきである。行政訴訟も，個人の権利救済制度だとして，このような発想を拒否するのは，民事的な発想にとらわれ，行政法自体を知らないものである。その費用は国家が負担するとしても国民全体にとっては得である。その額は特別の委員会が評価することとすればよい。

　さらに，私人と行政の間には力関係で絶対的な格差があるから，行政を被告として勝訴した場合には（行政訴訟，国家賠償訴訟とも）弁護士費用を行政側に負担させる（しかし，敗訴した場合には行政の弁護士費用を負担しない）弁護士費用の片面的敗訴者負担を導入すべきであろう（**問題⑩**）。

第6節　取消訴訟以外の訴訟類型

以上，取消訴訟について述べてきたが，以下ではその他の訴訟類型について述べる。

I　無効確認訴訟と争点訴訟

1　無効確認訴訟の存在理由

　取消訴訟には，出訴期間，不服申立前置の制限（これは法律で定められた場合に限る）がある。行政処分の違法があまりにもひどいときでも，被処分者がこ

〔行政活動と法規との関係＝不当事由，違法事由，無効事由の関係〕

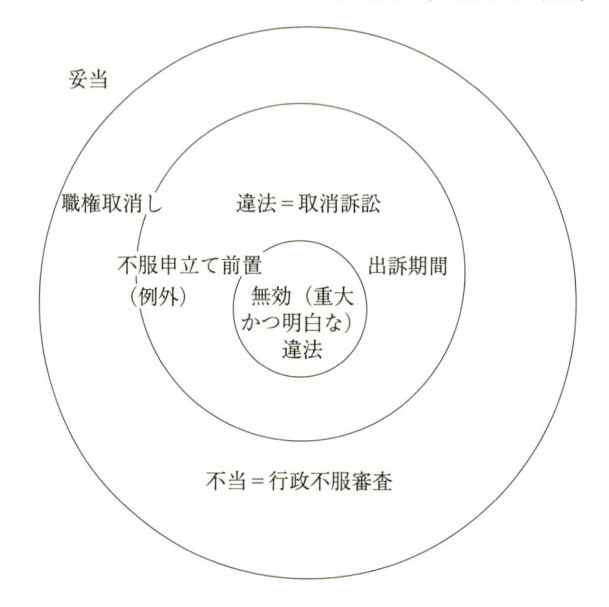

```
           妥当
      ┌─────────────┐
      │   違法＝取消訴訟    │
   職権取消し              
      │ 不服申立て前置  出訴期間│
      │   （例外）           │
      │     無効（重大       │
      │     かつ明白な）      │
      │       違法          │
      └─────────────┘
         不当＝行政不服審査
```

の訴訟要件のルールを守らなかったというだけで門前払いになるのは気の毒である。戦後，どさくさの中で行われた農地買収処分にはインチキなものが多かったので，違法があまりにもひどければ，出訴期間を徒過し，または（および）不服申立てを経由しなくても，明文の根拠がないにもかかわらず（超法規的に），無効と称して（初めから効力がないと称して），訴訟要件のルールを無視してよいとする判例が発展した。制定法準拠主義ではなく，判例の創造物である。これを無効確認訴訟という。

2 違法と無効の区別

そこで，取消訴訟しか起こせない場合と無効確認訴訟を起こせる場合とを区別する必要が生じた。**行政行為の無効と取消しの区別**がこれである。区別の基準としては，無効とするには，ただの違法ではなく，違法が重大であることとする重大説，違法が重大明白であることが必要だとする重大明白説がなどが唱えられている。

まず，「一旦内務大臣が……帰化申請を許可した以上，仮りにその認定に過誤があり，客観的には該条件を具備しない申請人に対して帰化を許したことと

なるような場合においても，かかる瑕疵を理由として取消の問題を生ずるか否かは格別少くともその許可処分を目して法律上当然無効となすべきいわれはない。けだし国家機関の公法的行為（行政処分）はそれが当該国家機関の権限に属する処分としての外観的形式を具有する限り，仮りにその処分に関し違法の点があったとしても，その違法が重大且つ明白である場合の外は，これを法律上当然無効となすべきではないのであり，そして前示認定上の過誤の如きものが，ここにいわゆる**重大且つ明白**なる違法といい得ないこと勿論だからである。」とする判例（**ガントレット事件**，最大判1956〔昭和31〕・7・18民集10巻7号890頁）があった。無効確認訴訟とは，普通は，不利益処分を争うものであるが，これは，戦時中日本国籍を取得したイギリス人が戦後になってから帰化の許可という受益処分の無効確認を求めた事件で，きわめて特殊なので，一般化は不適当である。そして，これは，**重大かつ明白説**の根拠として，単に国家機関の公法的行為という権威主義的な理由を付けているだけであるから，今日妥当すべきものではない。

　無効事由の判例は農地買収処分の事件を通じて形成された。「無効原因となる重大・明白な違法とは，処分要件の存在を肯定する処分庁の認定に重大・明白な誤認があると認められる場合を指す……たとえば，農地でないものを農地として買収」した場合も，「無効原因があるというためには，農地と認定したことに重大・明白な誤認がある場合（たとえば，すでにその地上に堅固な建物の建っているような純然たる宅地を農地と誤認して買収し，その誤認が何人の目にも明白であるというような場合）でなければならない。従って，**無効原因の主張としては，誤認が重大・明白であることを具体的事実**（右の例でいえば地上に堅固な建物が建っているような純然たる宅地を農地と誤認して買収したということ）**に基いて主張すべきであり**，単に抽象的に処分に重大・明白な瑕疵があると主張したり，若しくは，処分の取消原因が当然に無効原因を構成するものと主張することだけでは足りない」。これは，本件買収計画樹立当時既に特別都市計画事業戦災復興土地区画整理施行地区内にあり，現在，区画整理の結果道路敷地となっているような土地であるから，買収除外の指定をなすべきで，これを買収する処分は，重大・明白な違法があるものとして当然無効と解すべきであるとの主張に対して，かような主張は，無効原因の主張としては，主張自体理由がないとしたものである（最判1959〔昭和34〕・9・22民集13巻11

号 1426 頁〔百選 162 頁〕）。

　次に，この判例を先例として，「瑕疵が明白であるというのは，処分成立の当初から，誤認であることが**外形上客観的に明白**である場合を指す」，「瑕疵が明白であるかどうかは，処分の外形上，客観的に，誤認が一見看取し得るものであるかどうかにより決すべきものであって，行政庁が怠慢により調査すべき資料を見落したかどうかは，処分に外形上客観的に明白な瑕疵があるかどうかの判定に直接関係を有するものではなく，行政庁がその怠慢により調査すべき資料を見落したかどうかにかかわらず，外形上，客観的に誤認が明白であると認められる場合には，明白な瑕疵があるというを妨げない」との判例（最判 1961〔昭和 36〕・3・7 民集 15 巻 3 号 381 頁）がある。

　「**客観的に明白**ということは，客観的ということが主観的に対応する概念であるから，**処分関係人の知，不知とは無関係に，特に権限ある国家機関の判断をまつまでもなく，何人の判断によつても，ほぼ同一の結論に到達し得る程度に明らかであることを指す**」（最判 1962〔昭和 37〕・7・5 民集 16 巻 7 号 1437 頁）。

　これに対して，処分要件の存否に関する行政庁の判断が，行政庁の職務の誠実な執行として当然に要求される程度の調査を尽くさなかった結果に基づくものである場合には，当該処分の瑕疵は明白であると解すべきであるとの**調査義務違反説**もある（東京地判 1961〔昭和 36〕・2・21 行集 12 巻 2 号 204 頁，判時 256 号 23 頁）。

　しかし，**処分の根幹にかかわる場合**には，重大説（重大な違法だけでよい。まったく不知の間に第三者がほしいままにした登記操作によって，突如として譲渡所得による課税処分を受けた例，最判 1973〔昭和 48〕・4・26 民集 27 巻 3 号 629 頁〔百選 164 頁〕。さらに，非課税所得に国民健康保険税が課された場合につき，最判 1997〔平成 9〕・11・11 判タ 958 号 99 頁，判時 1624 号 74 頁）の判例が現れた。

　ところが，最近，第三者の保護を考慮する必要がない課税処分の例でも，外形上客観的に明白な瑕疵を要するとの判例（法人でない社団の要件を具備すると認定してされた法人税等の更正に誤りがあるとしても，誤認であることが上記更正の成立の当初から外形上，客観的に明白でなければ無効でない，最判 2004〔平成 16〕・7・13 判時 1874 号 58 頁，判タ 1164 号 114 頁）が現れた。

　最近の下級審判例を見ると，**もんじゅ訴訟**（高速増殖炉もんじゅの設置許可の無効確認訴訟）の差戻し控訴審判決（名古屋高金沢支判 2003〔平成 15〕・1・27 判時

1818号3頁，判タ1117号89頁）は，本件安全審査は，調査審議およびその判断の過程に看過しがたい過誤，欠落があり，本件安全審査の瑕疵により，本件原子炉施設については，その原子炉格納容器内の放射性物質の外部環境への放散の具体的危険性を否定することはできず，かかる重大な瑕疵がある本件安全審査に依拠したと認められる本件許可処分は無効として，重大説に立った。これについては争いがある（高木・行政訴訟論369頁以下，高橋滋「科学技術裁判における無効確認訴訟の意義」原田古稀329頁以下，山下竜一「行政法理論における原発訴訟の意義――もんじゅ訴訟差戻控訴審判決を素材にして」ジュリ1251号〔2003年〕，日弁連行訴センター編・最新重要行政関係事件実務研究261頁以下，特に328頁以下参照）（なお，最判2005〔平成17〕・5・30民集59巻4号671頁は，もんじゅの許可は適法として，この無効の基準に立ち入らなかった）。

* 外国人の退去強制処分，特別在留不許可処分について，難民であることを誤認したのは処分の根幹にかかわる過誤で，出訴期間の徒過による不可争的効果の発生を理由として，難民とは扱われないという不利益を原告に甘受させることが著しく不当と認められるような例外的な事情があるとして，不認定処分を当然に無効とした例（東京地判2007〔平成19〕・2・2判タ1268号139頁），官報に告示された文化財保護法69条1項（現109条）に基づく「伊丹廃寺跡」の史跡指定について，文化財保護委員会事務局の意思によるものとは推認できるが，権限ある文化財保護委員会による決定がなされておらず，処分の根幹を欠く重大な瑕疵があり（講学上の主体に関する瑕疵），当然無効とした例（大阪高判1995〔平成7〕・7・28判タ905号139頁）がある。

思うに，重大明白説を採る先の最高裁判例は単にそれを宣言するだけで，その根拠を説明していない。そして，もともと，無効とするために重大性のほか，明白性，まして外観上一見明白性を要求するのは，行政裁判所と司法裁判所が分かれていた戦前の制度の下で，行政処分の違法を認定する権限を持たなかった司法裁判所が民事訴訟で行政処分について判断権を獲得するためである。同じ司法裁判所が行政処分について判断する現行法では，このような制約を付する理由がないし，そもそも出訴期間は，行政側の便宜であって，国民の権利救済を著しく制限するものであり，その必要性にも疑問が多い（⇒第9章第2節Ⅳ出訴期間の項）。しかも，もんじゅ訴訟のように，周辺住民が争う場合には3ヵ月以内にこれを争うために住民を組織するのは至難である一方で（現在は6ヵ月に延長されたが，困難であることには変わりはない），高速増殖炉の危険は許可の

根幹にかかわり，ずっと継続している。

　したがって，行政の安定性の必要と，出訴期間をちょっと徒過したミスとを比較考量し，裁判を受ける権利の実効的な保障を勘案すると，無効事由を限定する理由がない。前記の判例は今日妥当しないと言うべきであり，無効とは，明白性を要せず，事案の重大性との関連で出訴期間を遵守できないのが気の毒な場合に認めるべきであろう。もんじゅ訴訟では単なる抽象的危険ではなく，具体的な危険が否定されない以上は，当然に，無効事由があると解すべきである。無効事由の立証責任を原告に課す判例も妥当ではない（⇒第4節Ⅳ6）。

【行政処分の**後発的違法・後発的瑕疵**と救済方法】

　出訴期間や取消訴訟は，行政処分の瑕疵が当初からある場合（原始的瑕疵）を念頭に置いている。これに対して，瑕疵が後発的に発生した場合の瑕疵の程度（無効か，取消しか），出訴期間や救済方法ははっきりしない。いくつか例を挙げる。

　税法では，現金が入らなくても権利が発生すれば課税するいわゆる発生主義が採られている（所税36条，現に得られた金額でなく，「収入すべき金額」との文言）ので，利息債権はいったん発生すれば未収段階でも課税の対象となる。それが後に**貸倒れ**になれば，課税処分は後発的に過大になる。これについて今日ではその事由が発生したら2ヵ月以内に更正の請求をすべきものとする制度が導入された（所税64条・152条）ので，一般的にはそれ以外の救済方法はないが，この制度がなかった当時，この過払い分は，一定の条件の下で不当利得として返還請求できるとされた（最判1974〔昭和49〕・3・8民集28巻2号186頁〔百選76頁〕）。この判決は，「いったん適法，有効に成立した課税処分が，後発的な貸倒れにより，遡って当然に違法，無効になるものではない」としつつ，当該課税処分が取消し変更されなくても，正義衡平の原則により，貸倒れに相当する部分の税額を不当利得として国は返還する義務を負うとしたものであるが，課税処分を有効としたまま，国の税収を法律上の原因を欠くとするこの理論はわかりにくい。不当利得とするなら，その前提として課税処分はその限りで後発的に無効になったものとする方がわかりやすい（加藤雅信・租税百選193頁参照）。

　また，この判決が「貸倒れの発生とその数額が格別の認定判断を待つまでもなく客観的に明白」な場合に限定することには賛成できない。後発的瑕疵については通常の出訴期間の適用がなく，すべて無効扱いすべきである。これにつ

いて公定力を論ずるのも混乱を招くだけである。

　ただ，課税処分が無効になると，それを前提として行われた滞納処分が無効になって，影響が大きくなることが心配されるのかもしれないが，後発的な違法・無効の場合には，事後に積み重ねられた法律関係の尊重の法理との関係で，滞納処分の効力を左右しないというように，無効の範囲を制限すればよい。

　青色申告の承認処分が取り消されたので，それを前提に白色申告として更正処分がなされた。その後に青色申告承認の取消処分が職権で取り消されたとき，白色申告を前提とする更正処分は事後的に違法になったと言うべきである。これについて判例は減額更正の請求（税通23条）をすべきだとする（最判1982〔昭和57〕・2・23民集36巻2号215頁〔租税百選198頁〕）が，この場合に減額更正の制度を利用できるかどうかはそれまで法的に明確ではなかったので，それを利用しないと救済しないとするのは裁判を受ける権利を侵害する解釈である。そこで，更正処分の取消訴訟で，事後的違法を主張することを許すべきであった（阿部・行訴改革176頁以下，同「後発的瑕疵と行政処分の効力——青色申告承認処分が取り消されたことを前提として更正処分が行われた後，右青色申告承認取消処分が職権で取り消された場合における，更正処分の効力」判評203号〔判時795号（1976年）〕138頁以下）。

　国公立学校の学生の無期停学処分が，処分当時は適法であったが，その後改悛の情を示して，解除事由に該当すると思われるのに，何年も解除されないとき，解除するかしないかの裁量がゼロに収縮して，解除しないことが違法となることはありうる。この場合には，無期停学処分について原始的瑕疵を理由とする取消訴訟の出訴期間は徒過しているが，後発的瑕疵を理由として，無期停学処分を一定時点以後は取り消せという取消訴訟なり無効確認訴訟，あるいは，復学させよとの義務付け訴訟が考えられる。そして，これについて，執行停止，仮の義務付けもありうる。

　　応用研究：特許法による特許の公定力？　無効の主張方法
　　　特許法によれば，特許権をめぐる紛争では，特許権があるのに侵害されたとして特許権者が第三者に対して提起する民事の侵害訴訟（差止訴訟，損害賠償訴訟，特許100条・102条），特許を特許庁に申請して拒絶された場合における拒絶査定不服審判（特許121条），他人の特許権を無効とする特許無効審判（特許123条）がある。特許庁の審決に不服であれば（審決前置主義，特許178条6項），当事者は審決取消訴訟を知的財産高等裁判所に提起することができる（特許178条1項，知

的財産高等裁判所設置法2条2号）（なお，ここでいう特許とは，許可と区別される意味での行政法学上の特許ではなく，特許法上の特許である）。

　従前は，他人の特許に無効事由があると考える者は，まず無効審判においてその効力を争い，その審決になお不満がある場合には審決取消訴訟を提起することとされており，特許権者とされる者と侵害者とされる者の間において争われる特許権侵害訴訟においては，特許が特許庁において無効と判断されるまでは，無効と思われても，有効であるという前提で，審理しなければならなかった。そして，特許無効審判，審決取消判決が確定すると，特許権は初めから存在しなかったものとみなされた（対世効・形成効，特許125条）。つまり，特許権付与行為は私人に特許権という財産権を付与する行政処分であり，行政法的に言えば公定力が備わっているので，その効力は，特許無効審判・審決取消訴訟のルートでしか争えない（排他性）という扱いであった。しかも，一般の行政処分であれば，違法と無効を区別して，無効事由があれば，争点訴訟のような形で争う方法があるが，特許権についてはそのような例外なく，特許について無効事由があろうと，侵害訴訟でこれを主張することは許されなかった。排他的二元構造がとられていたのである。

　これに対し，最高裁は，「特許の無効審決が確定する以前であっても，特許権侵害訴訟を審理する裁判所は，特許に無効理由が存在することが明らかであるか否かについて判断することができると解すべきであり，審理の結果，当該特許に無効理由が存在することが明らかであるときは，その特許権に基づく差止め，損害賠償等の請求は，特段の事情〔訂正審判の請求がなされているなどを指すようである，阿部〕がない限り，権利の濫用に当たり許されない」との新判断を下した（**キルビー判決**，最判2000〔平成12〕・4・11民集54巻4号1368頁，判時1710号68頁〔百選131頁，特許百選3版168頁〕）。これは平成16年改正の特許法104条の3で明文化された。しかも，この判決は無効であることが明白であることを求めていたが，この法律は，「明白性」の要件を削除した（以上につき，髙部眞規子・判解民平成12年度418頁以下，田村善之・重判解平成12年度270頁，梅谷眞人「特許侵害訴訟における裁判所の機能拡張と手続保障」小島古稀上117頁以下，櫻井敬子「行政法講座(4)　公定力──キルビー判決の『誤算』」自治実務セミナー42巻11号〔2003年〕13頁等）。

　この最判は，「明白」という用語を用いて，「行政行為の無効の法理に従い，裁判所において当然無効を主張できると解することができ」る（田村・前掲271頁）としたようにみえる。もっとも，最高裁判決は，権利濫用という私法上の理論に依拠しており，それは無効審決の確定まで特許権は有効に存続することを前提とするもので，無効の抗弁を採用したものではない（髙部・前掲437頁）．「明白性」とは，「無効審決が確定する前の有効な特許権の行使であっても，その行使が許されないほど，無効事由が存することが明らかな場合を指」すという（髙部・前掲442頁）。特許法固有の観念で，行政法学とは別の概念のようであるし，二元的排他性を否定したのも，特許紛争特有の解決方法（衡平性，紛争解決の一回性，侵害訴訟の審理

の迅速化）を工夫したもので（髙部・前掲433頁以下参照），行政法学的な解説は必ずしも適切ではない。

しかし，あえて行政法学的に解説すれば，この判決は，侵害訴訟でもいわば明白な無効の抗弁だけは行える（対世無効は審決取消訴訟によらなければならない）としたもので，行政行為の公定力，無効と取消しの区別の理論，無効の場合の争点訴訟を許容する一般的な制度と親和的である。むしろ，それ以前は，明白な無効さえ認めない絶対的な公定力があったという扱いであった。

さらに，この改正は，侵害訴訟において，無効の抗弁を認めているが，無効事由として明白性を要求していない上，その無効は，特許無効審判における認容事由と共通なので，特許法では，無効と違法の区別をしていないということができ，行政法学的に言えば，違法の抗弁をも認めたことになる。また，そもそも，特許権設定は行政行為ではあるが，それを無効とするための審判に期間制限はない（特許125条）ので，その意味では取消しと無効の区別はもともと存在しない。

今日行政法学においては，公定力は取消訴訟の排他的管轄の結果として説明されるが，その妥当範囲は，違法と無効を区別して，しかも違法の場合の民事訴訟に限るものであり，刑事訴訟や国家賠償訴訟には及ばないとされている（⇒第1章第2節Ⅳ2，第7章第8節Ⅰ4）。特許のいわば公定力は，侵害訴訟において，違法無効の区別なき，無効の抗弁を認めたことで，刑事訴訟並みに消滅したということができる。

なお，侵害訴訟において，特許無効（＝違法）の抗弁を提出することができるようになっただけで（相対効），特許が対世的に無効とされたわけではない。そこで，特許無効の審判と，特許権侵害訴訟が平行し（ダブル・トラック問題），矛盾する可能性は残っている。なお，政府は，「特許権紛争，裁判所処理に一元化，特許庁との対立解消へ」という特許法改正を志向している（日経新聞2009年4月5日）。

3　行政処分の種別？（無効の制度の誤解）

行政法の伝統的な教科書では，無効と取消しについて**行政行為の種別**と称していたが，実は行政行為にこうした区別があるのではなく，出訴期間と不服申立前置を守らなかった者を救済するほどかどうかという観点からの評価の問題にすぎない（行訴法38条は同法14条，8条を準用していない）。

これに対し，**職権取消し**の場合には出訴期間の制限がないから，取消しと無効の区別はなく，重大かつ明白な瑕疵のある処分についても，無効という必要はなく，単に取消しすればよい。また，出訴期間内で不服申立前置主義を守った場合には，重大な瑕疵があると主張する実益はない。取消しを求めれば十分である（主位的請求＝無効確認訴訟，予備的請求＝取消訴訟という訴状は通常は愚である）。原告が出訴期間内に無効確認訴訟だけを提起した場合も，裁判所は取消

判決を下しうるが，それは訴訟類型を定めるのは原告だという処分権主義の例外という説明をする必要はなく，請求の趣旨の善解による。

なお，**住民訴訟2号訴訟**（自治242条の2第1項2号）は，行政処分について取消訴訟と無効確認訴訟を置くが，いずれにも出訴期間の適用がある（同2項）ので，この区別の意味はなく，単に行政処分には本来的に無効と取消しの区別があるとの誤解によって生じた条文にすぎない。期間を徒過した後は無効確認訴訟を提起する余地もない条文構成となっており，この無効確認訴訟は制度的にも意味がない。

また，取消訴訟を形成訴訟，無効確認訴訟を確認訴訟とするのが多くの見解であるが，これは，行政処分は違法でも無効でない限り有効として通用するから，取消訴訟によってその効力を消滅させる必要があり，その性格は形成訴訟であるが，無効の場合には最初から効力がないから，その効力を失わせる形成の必要はないので，無効の確認訴訟となるという観念論による。しかし，違法も無効も本来は同じであって，その違法性，重大（かつ明白な）違法性が判明すれば遡及的に効力を失うと考えれば，形成と確認という違いはなく，これは誤った見解である。また，無効確認訴訟でも，執行停止の規定は準用されている（行訴25条～29条・38条3項）が，これは無効にも法的効力があることを前提としないとありえない矛盾した制度である。

無効確認訴訟には取消訴訟の規定が準用される（行訴38条）が，現行法の立法者は，このように無効という制度について根本的に誤解したため，準用すべきなのに準用されていない規定が多い。解釈上，その不合理を是正しなければならない。

第三者効の規定（行訴32条）は，執行停止については準用されている（38条3項が32条2項を準用している）が，本案については準用されていないので，例えば，高速増殖炉もんじゅの許可処分について，その執行停止が認められると，原発会社の許可は効力停止されるが，原告が本案で勝訴すると，原発会社に効力が及ばなくなるという矛盾がある。既存業者が新規の公衆浴場への許可の無効確認判決をとっても同様である。

そもそも，無効確認訴訟は，出訴期間が徒過したなどの場合の救済手段であるだけで，取消訴訟と性質を同じくし（準取消訴訟），その対象である処分はもともと画一的に規律していたものであるから，その取消判決も，無効確認判決

もともに対世効をもたなければならないのである。

なお，最判 1967（昭和 42）・3・14 民集 21 巻 2 号 312 頁（百選 422 頁）は**無効確認判決の第三者効**を認める（ただし，それは旧行政事件訴訟特例法時代の判決である）。

そこで，この **38 条は立法ミス**というしかなく，無効確認判決にも第三者効があると解釈するべきである。なお，これに対しては明文の規定に反する解釈だとの反論があろうが，もともと無効確認訴訟自体が，明文の規定がないのに判例で導入されて，1962（昭和 37）年の行訴法制定の際導入されたものであるから，上記の程度の条文を無視する解釈が許されないわけはない。なお，実務的には第三者に対して訴訟告知をすべきである（第三者が無数に及ぶときは実効性はない）。

無効の場合には事情判決の適用がないとされている（行訴 31 条）が，事情判決を必要とする既成事実の尊重は，処分の瑕疵が重大であろうと明白であろうと変わりはない（⇒第 9 章第 5 節Ⅱ）。

無効確認訴訟の原告適格については，行訴法 9 条は準用されていないが，取消訴訟と同じである（もんじゅ訴訟，最判 1992〔平成 4〕・9・22 民集 46 巻 6 号 571 頁〔百選 356 頁〕）。自己の法律上の利益に関係のない違法の主張の制限（行訴 10 条 1 項）も同じである（福井地判 2000〔平成 12〕・3・22 判時 1727 号 33 頁）。

裁量処分の違法に関する行訴法 30 条も，無効確認訴訟に準用されていないので，裁量処分の濫用の場合に，無効をどのように考えるべきか。条文上は明らかではない（この点は，⇒第 4 節Ⅳ6）。

4　無効確認訴訟の明文化と補充性，争点訴訟

1962 年に制定された行政事件訴訟法は，判例で発展した無効確認訴訟を明文化した（行訴 36 条）。ただし，処分が無効であれば，処分がないことを前提とする法律関係（民事上の法律関係）を争う方が実効的である。公売処分の例で言えば，税務署長相手に無効確認訴訟を提起するよりも，民間の売買関係と同じく，現在の所有者を相手に返還請求をする方が適切である（認容判決に執行力も付く）し，納付済みの税金の返還を求めるためには，課税処分が無効であれば，税金返還請求訴訟を提起する方が適切である。この種の民事訴訟を**争点訴訟**（行訴 45 条）という。民事訴訟の争点が行政処分の無効・不存在（違法ではない）いかんにかかっていることから付けられた名称である。条文上は，「私

法上の法律関係に関する訴訟において，処分若しくは裁決の存否又はその効力の有無が争われている場合」とされている。

そこで，この場合には，無効確認訴訟は提起できない。これを**無効確認訴訟の補充性**という。なお，公法と私法を区別するならば，「公法上の法律関係に関する訴訟において，処分若しくは裁決の存否又はその効力の有無が争われている場合」もありうる。税金返還請求訴訟，公務員の地位確認訴訟等がその例で，実質は争点訴訟であるが，公法上の当事者訴訟の扱いである（塩野・Ⅱ207頁）。とにかく，公法と私法の区別は実益のない混乱をもたらすだけである。

* なお，争点訴訟における行政処分の効力に関する判断に民事訴訟法学上の争点効が生ずるかどうかについては，塩野・Ⅱ205頁。

争点訴訟は，民事訴訟ではあるが，処分庁へ通知してその訴訟参加を予定し，参加を得た場合，補助参加，釈明処分の特則，職権証拠調べ，訴訟費用裁判の規定が準用される（行訴45条1項〜4項）。行政庁の参加により処分の適法性に関する審理が適切に行われることが期待されているが，現実にはほとんど行われていない。処分庁としては，既に行った処分を正当化するインセンティブに乏しいからである（役人の善意に頼った公共性の確保は当てはずれである）。

無効確認訴訟は，①「当該処分又は裁決に続く処分により損害を受けるおそれのある者」，②「その他当該処分又は裁決の無効等の確認を求めるにつき法律上の利益を有する者で，」は，③「当該処分若しくは裁決の存否又はその効力の有無を前提とする現在の法律関係に関する訴えによって目的を達することができないものに限り，提起することができる。」（行訴36条）とされているが，このうちの③が無効確認訴訟の補充性を示したものである。

ただ，ここで，補充性があるのは，②の場合だけか，①の場合もかと，③の意味は何かという解釈上の争いが生じている。

この行訴法36条の条文では，「，」は，②と③の間にある。そうすると，文理上は，①も②も，③の制約を受け，両者ともに補充的になるはずである（一元説）が，この条文における「，」**の位置は立法技術的ミス**で，立案関係者では，①なら，争点訴訟が提起できる場合にも当然に無効確認訴訟を提起でき，争点訴訟に対して補充的になるのは，②に限るとするつもりであり，「，」を①と②の間に置くように読むべきだ（二元説）とする有力説がある（雄川一郎『行政争訟の理論』〔有斐閣，1986年〕200頁，211頁以下，これにつき，塩野・Ⅱ

196頁参照）。

　さらに，二元説は，「当該処分又は裁決に続く処分により損害を受けるおそれのある者」について，争点訴訟の提起しかできないとすれば，仮の救済が困難になる（争点訴訟は民事訴訟なので，その仮の救済は仮処分であるが，公権力に対する仮処分は行訴法44条により制限されている）ので，執行停止を申請できるように，無効確認訴訟の対象とすべきであるという。

　この問題は，③の意味は何かという問題とも関係する。最高裁は，課税処分を受けたが，納付しておらず，滞納処分を受けるおそれがある場合は無効確認の訴えを適法とした（最判1976〔昭和51〕・4・27民集30巻3号384頁）。この場合も，例えば，租税債務不存在確認訴訟を提起できるから本来は③の制約を受けると考えれば，この判決は，①だけでこの訴訟を許容した二元説になるが，この場合には，争点訴訟では「目的を達成できない」と考えれば，それは，一元説でも説明できないことはない（高木光「行政法入門㉛」自治実務セミナー47巻1号〔2008年〕5頁）。

　公務員の免職処分について地位確認訴訟によって「目的を達する」から無効確認訴訟は不適法となるかという議論があるが，仮処分が許容されるのであれば，妥当な説である。しかし，いずれも許容性には不透明なところがあり，いずれでも同じようなものであるから，その統一は立法者が明確に行うべきで，当事者の負担においていずれかに統一させる理由はない（この問題については，塩野・Ⅱ198頁参照）。

　5　無効確認訴訟が適法になる場合

　現在の法律関係に還元できずに，無効確認訴訟が適法になる例を挙げる。まず，許可を受けた高速増殖炉もんじゅに対して，民事の差止訴訟を提起できるが，このほかに，無効確認訴訟を提起することは，行訴法36条により許されないとの解釈（福井地判1987〔昭和62〕・12・25行集38巻12号1829頁，判時1264号31頁）があった。しかし，この民事訴訟は許可の無効を前提とする争点訴訟ではない（⇒第1節Ⅲ2）から，この訴えはともに適法である（名古屋高金沢支判1989〔平成元〕・7・19行集40巻7号938頁，判時1322号33頁，最判1992〔平成4〕・9・22民集46巻6号571頁〔百選380頁〕，阿部・法の解釈第8章）。

　換地照応の原則違反を理由として換地処分を争う場合（最判1987〔昭和62〕・4・17民集41巻3号286頁〔百選378頁〕），競争業者への許可を既存業者が争う

場合（最判 1962〔昭和 37〕・1・19 民集 16 巻 1 号 57 頁〔百選 38 頁〕）は，適切な争点訴訟が考えられないので，無効確認訴訟が適法となる。なお，このうち，前者の最判は，前述した無効確認訴訟の補充性について「より直截で適切な訴訟形態」の有無を検討する形で，柔軟に解釈している。

なお，行政処分が単に違法であるときは，前記のように，処分が存在することを無視できないから，その取消訴訟を提起しなければならず，争点訴訟を提起することはできないと構成されている。行訴法 45 条の「私法上の法律関係に関する訴訟において，処分若しくは裁決の存否又はその効力の有無が争われている場合」にいう存否とは，存在・不存在の意味であり，効力の有無とは，有効か無効かという意味であって，処分の違法性いかんが争われている場合ではない。行政法の立法では，違法と無効では大きな差があるという前提に立っているのである。

II 不作為の違法確認訴訟

以上は，行政の作為を争う場合であるが，許認可を申請したのに，行政機関が返事をしない（握り潰す）場合，取り消せといってもはじまらない。この場合，許可をせよという義務付け訴訟が適切であるが，日本では，1962（昭和 37）年の行訴法立法時には，それは，行政に対して裁判所が過度に介入することだという意見が優勢で，中途半端に，返事をしない不作為を違法とするヌエ（鵺：頭は猿，胴体は虎，尾は蛇という怪物，あるいは，頭は猿，体は狸，手足が虎，尾が蛇という合成獣）的な訴訟が立案された。これが不作為の違法確認訴訟である。

これでは，原告が勝っても行政の不作為が違法になるだけなので（行訴 33 条・38 条 1 項），行政の方が今度は拒否することも十分にあり，原告としては 2 度も訴訟を提起しなければならないし，仮の救済もないという不合理がある。改正行訴法は義務付け訴訟を新設したが，それを提起する場合も，これまでの不作為の違法確認訴訟を併合提起するものとして，残されている（行訴 37 条の 3 第 3 項）。

これについても基本的には取消訴訟の制度が適用される（行訴 38 条 1 項・4 項）が，いくつか特に留意すべき点について説明しよう。

その要件は，「行政庁が法令に基づく申請に対し，相当の期間内に何らかの

処分又は裁決をすべきであるにかかわらず，これをしないこと」（行訴3条5項）である。単なる申請ではなく，申請権が法令で認められていなければならない。独禁法45条による違反事実の申告の制度はここでいう申請権を認めたものではない（最判1972〔昭和47〕・11・16民集26巻9号1573頁〔百選256頁〕，阿部「審判不開始決定は抗告訴訟の対象となるか」独禁百選初版232頁）。それは単に職権発動を促すにとどまる。

要綱に基づく同和補助金の申請拒否が処分であるかどうかについて判例が分かれていることは前述した（⇒第2節Ⅰ5）。

「相当の期間」は訴え提起時に満たされている必要はなく，口頭弁論終結時までに満たされればよい。その判断に際しては，行政手続法6条の標準処理期間が参考になるが，決め手にはならない。それはあくまで「標準」にすぎないからである（詳しくは，石川正「不作為違法確認の訴え」新・実務民訴講座⑨81頁以下参照）。

Ⅲ 義務付け訴訟
1 従前の法状況

2005（平成17）年改正行訴法施行前の法状況を説明すると，以上の取消訴訟，無効等確認訴訟，不作為の違法確認訴訟は，法律に根拠のあるいわゆる法定抗告訴訟であるが，これでは救済が得られない場合には，法律に明示の規定がなくとも，公権力の行使に関する訴訟がありうるとされてきた。行訴法3条1項は抗告訴訟の定義として，「『抗告訴訟』とは，行政庁の公権力の行使に関する不服の訴訟をいう。」と規定するだけで，2項以下に規定されている取消訴訟などは例示にとどまり，それに限定していない趣旨だというのである。これを無名抗告訴訟（非典型＝法定外抗告訴訟）と称してきた。これには義務付け訴訟と差止訴訟がある。

行政の不作為に対して一定の作為を義務づける訴訟を義務付け訴訟という。これには，申請に対する不作為・拒否がある場合（営業不許可，生活保護拒否，公立高校不合格など）に自分へ作為（許可など）を求めるものと，第三者に対して不利益処分を求める場合（原発への改善命令，公害工場の規制，違反建築の取締りなど）の2つの類型がある（図参照）。

第9章　行政訴訟法

〔申請に対する処分を求める場合〕　　　〔第三者に対する不利益処分を求める場合〕

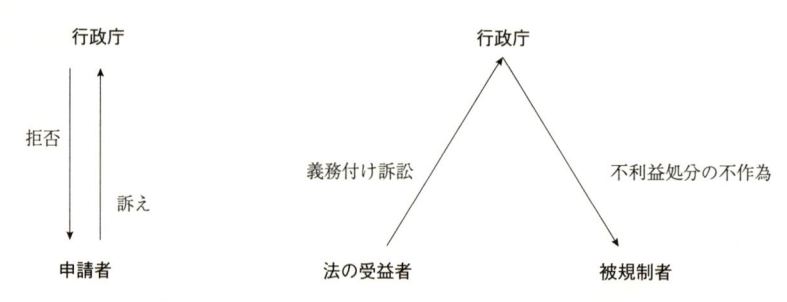

```
        行政庁                              行政庁
         ↑                                 ↗     ↖
     拒否│↑訴え                      義務付け訴訟   不利益処分の不作為
         ↓│                             ↙            ↘
        申請者                        法の受益者      被規制者
```

　英米法でいうマンデイマス (mandamus), ドイツ法にいう義務付け訴訟 (Verpflichtungsklage) がモデルである。この制度は権利救済の実効性の観点からも望ましいが, 日本では, **行政の第一次判断権**を侵害するのではないか, したがって, 権力分立違反で違憲ではないかといった疑問が出され, 1962年には行訴法の立法段階における妥協で, 将来の学説判例に委ねることとして, 明文化されなかった経緯がある。

　たしかに, 行政が何ら判断をしていないのに裁判所が勝手に行政に命令を発するなら, 行政の第一次的判断権が侵害されるであろうが, 訴訟では, 裁判所は, 行政の反論を聴いて, そのうえで判断するのであるから, 行政は既に第一次的に判断していると考えられる。ドイツやアメリカでは違憲論議を聞かない。むしろ, 行政側は, 行政処分をするかどうかについて適時に判断して国民の権利義務を確定する責務を有するのであるから, 第一次的に判断する権限を行使しないで, 取消訴訟を許さないこととする権限を有しないのであって, **第一次的判断義務**を負うのである (⇒第1章第2節, 阿部・行訴改革第2部第1章, 第2章。村上裕章『行政訴訟の基礎理論』〔有斐閣, 2007年〕305頁以下。今回の行訴法改正にあたって参照された本格的なドイツ法の研究としては, 東條武治『行政保全訴訟の研究』〔信山社, 2005年〕, 山本隆司「義務付け訴訟と仮の義務付け・差止めの活用のために〔上, 下〕」自治研究81巻4号, 5号〔2005年〕, 同「行政訴訟に関する外国法制調査——ドイツ (上, 下)」ジュリ1238号, 1239号〔2003年〕)。

　そこで, 今日では, こうした消極説は少数説になった。むしろ, 学説上は, 行政処分をなすべきことが裁判により明らかになればよいとする積極説 (成熟説) が有力となっていた。しかし, 義務付け訴訟に言及しない立法スタイルか

ら，**取消訴訟中心主義**といった曖昧な言葉で，単に条文の配列だけではなく，実質的にも，義務付け訴訟を例外扱いする傾向が強く，妥協説として，積極説と消極説の中間である**制限的肯定説**も優勢であった。判例は，最高裁判決はない（最判1955〔昭和30〕・10・28民集9巻11号1727頁は，特定の換地請求権がないことを理由に義務付け請求を排斥したものであって，義務付け訴訟の適法性いかんを判断したものではない）ものの，制限的肯定説とされてきた。行政の権限行使義務が一義的に明白であること，緊急であること，他の救済手段がないことを必要とするものである。いわゆる堀木訴訟大阪高裁判決（1975〔昭和50〕・11・10行集26巻10＝11号1268頁）は，この立場に立って，義務付け訴訟を不適法とした。これに対し，義務付け訴訟を認容したものとして，国立マンション事件がある。当該建物について，建築基準法68条の2などに違反する部分を是正するために，是正命令権限を行使しないことが違法であることの確認を求める部分に限り，明白性，緊急性，補充性の各要件を満たし，原告適格も肯定できるとして認容したのである（東京地判2001〔平成13〕・12・4判時1791号3頁）。

しかし，もともと，権限行使義務の存否は本案の問題であって，義務付け訴訟の許容性の問題ではなく，給付を求める場合には，取消訴訟は，拒否処分の執行停止が認められない（⇒第3節Ⅱ）ことも相まって，機能不全であるから，緊急性，補充性の要件は不要と解すべきであった。

2 義務付け訴訟の法定

(1) 法令に基づく申請の有無による2つの類型

新行訴法では義務付け訴訟が明示された（37条の2・37条の3）。これには2つの類型がある。

　　申請権なし（**非申請型**（独立型，直接型），1号型）（3条6項1号・37条の2第1項～2項）

　　申請権あり（**申請型**，2号型）（3条6項2号・37条の3第1項～4項）

(2) 申請型（2号型）

法令に基づく申請がなされた場合（2号型）には，不作為の違法確認訴訟または取消訴訟を併合提起すれば（37条の3第2項），それ以上の訴訟要件は要求されていないので，提起しやすい。

不作為の違法確認訴訟では，違法が確認されても拒否処分が予想されるので二度手間であり，拒否処分取消判決を得ても，すべての拒否事由を違法としな

い限り，行政側は再度の拒否処分をすることがある。これに対し，義務付け訴訟であればすべての拒否事由を審査して（裁量がある場合には裁量がゼロに収縮するとき，これについては，⇒第11章第2節第1款Ⅸ），義務づけるので，再度の訴訟を余儀なくされる可能性がなく，救済に資する。それよりも重要なことは，仮の救済である。執行停止は，処分を止めるだけなので，受益処分の拒否には適用されず，仮の救済が存在しなかった。仮の義務付けは，この違憲状態を解消するものである。義務付け判決は，処分すべきと判断されるときになされ（37条の3第5項），拒否処分や不作為が違法ではあるが，義務付けに熟しない場合には，取消判決または不作為の違法確認判決がなされる（37条の3第6項）。

　タクシーの運賃値下げ認可申請を却下した処分について義務付け訴訟と併合提起された取消訴訟についてのみ取消判決がなされ，義務付け訴訟について判断がなされなかった例がある（大阪地判2007〔平成19〕・3・14判タ1252号189頁）。却下処分に裁量濫用はあるが，認可せよとの判断には熟さないので，処分やり直しが事案の迅速な解決に資するとの判断である（取消判決確定後に再度却下処分がなされたら，その取消訴訟と義務付け訴訟を併合することになる）。

　義務付けすべき内容を確定できない場合でも，「一定の処分」（37条の2第1項。裁判所の判断が可能な程度に特定されていればよいとの趣旨である。一定の事項を考慮して，算定される年金，生活保護費を支給せよといった処分等）をすべきことが確定できる場合には，そうした処分をせよとの義務付け判決をすべきである。

　2号義務付け判決として，非公開事由がない場合の情報公開義務付け判決（さいたま地判2006〔平成18〕・4・26判例自治303号46頁），障害者児童の保育園への入園義務付け（東京地判2006・10・25判時1956号62頁，判タ1233号117頁。仮の義務付けを認めた，後掲3の東京地決2006・1・25の本案判決である）等がある。

　(3)　非申請型（1号型）

　他方，申請権がない場合（1号型）には，「一定の処分がされないことにより重大な損害を生ずるおそれがあり，かつ，その損害を避けるため他に適当な方法がないときに限り，提起することができる。」(37条の2第1項）と厳しく限定されている。制限的肯定説に近い立場で立法されたのである。

　義務付け判決が義務付けに熟するときになされることは，2号型と同じであるが（37条の2第5項），行政庁の対応が違法ではあるが，一定の処分をなすべきものとまで義務付けに熟しないときの規定（ドイツ流にいう指令判決）がない

ことは不合理である。解釈上も，判決の指示に従って判断すべき義務付け判決を認めるべきであろう。審議会の答申を得ることが義務づけられている場合には，その判断を踏まえてといった義務付け判決となる。

1号義務付け判決として，戸籍法上の出生届出が不受理の場合に例外的に職権で住民票を作成することを義務づけた判決（東京地判 2007〔平成 19〕・5・31 判時 1981 号 9 頁，判タ 1252 号 182 頁）がある。

(4) 申請権を基準として区別する理由とそれへの疑問

この **1 号型，2 号型の区別は，法令に基づく申請がなされたかどうかによる**とされている。法令に基づく申請権があっても，申請をしなければ，2号型には当たらないが，その場合には，申請すればよいのだから，1号型にも当たらないだろう。

この区別は，自己への給付処分の請求か，第三者への義務付けかという区別とはほぼ一致するが，そうとは限らない。第三者への義務付けでも，申請権があれば（いわゆる規制申立権），2号型になるということである。逆に，自己への給付を求める場合，例えば，減額更正処分を求める場合，更正の請求期間（法定申告期限から1年以内，税通23条）内なら，減額更正の請求に対する減額更正拒否処分の取消訴訟とともに減額更正処分の義務付け訴訟を提起することができるが，この期間が過ぎた場合には，既に申請権が消滅し，拒否処分がないので，併せて提起すべき取消訴訟が成り立たず，2号型には当たらない。そこで，これを1号型として構成する立場がある（下記応用研究参照）。出入国管理及び難民認定法 50 条の定める在留特別許可については，条文上申請権がないので，2面関係ではあるが，義務付け訴訟として構成するなら，1号型として位置づけられるが，同法 49 条の異議申出を 50 条の特別在留許可の申請の性質も併有するとして2号型とし，さらに内縁関係があることを誤認したことを理由に特別在留許可の義務付けをした判例が出た（東京地判 2008〔平成 20〕・2・29 判時 2013 号 61 頁。ただし，裁量判断を誤認しても取消事由になるだけで，特別在留許可という広い裁量がなぜゼロに収縮するのか，疑問である）。

しかし，1号型の中心は，主に第三者への不利益処分の発給を求める場合，例えば，隣の廃棄物処分場や原発に対する改善命令，隣の違反建築物の撤去命令などの発給を求める義務付け訴訟であろう（**問題⑥**）。この場合には原告適格は，第三者に対する処分取消訴訟の場合と同じである（37 条の2第3項・4項）。

ではなぜ，申請権を基準としたのかについて，立法関係者は，申請権が規定されていない場合には，義務付け訴訟により申請権を創出したことになるので，行政権と司法権の関係を考慮して，その要件を限定する必要があると説明する（小早川光郎「行政庁の第一次的判断権・覚え書き」原田古稀217頁以下，同・下Ⅲ263頁，313頁）。義務づけるためには，訴訟法だけでは足りず，実体法上の介入請求権が必要であるが，それが条文上明示されていないので，制限的になるというのであろう。

思うに，申請権については，自己に対する給付処分と第三者に対する不利益処分を分けて考えなければならない。自己に対する給付処分については，申請権がなければ最初から権利がなく職権発動を促す制度にとどまる。不作為の違法確認の訴えにおいて「法令に基づく申請」（行訴3条5項）が求められたのはこの趣旨で（⇒前記本節Ⅰ）ある。ここでは，行訴法9条の原告適格も問題とならない。

しかし，第三者に対する不利益処分については制度を異にする。隣の原発や産廃処分場の設置許可に関しては，規制申立権などは規定も滅多にない上，第三者である周辺住民がそれを争うのには，原告適格としての法律上の利益さえあれば，あとは実体法の解釈で許可が違法になるかどうかが争点になるだけである。許可取消申立権とか介入請求権が明文で置かれている必要はない。

その改善命令等による介入を求める場合でも，「**法律上の利益**」があれば，あとは，**実体法の解釈で，行政の権限行使が義務付けられれば十分である**。そして，行政の権限行使が義務付けられれば，その反面として，住民には規制介入請求権という実体法上の権利（瑕疵なき裁量行使を求める請求権）が生じたと解することはできる。しかし，そのほかに，なぜ申請権が必要なのか。これは義務付け訴訟に消極的な根拠とされ，既に否定された第一次的判断権の亡霊に苛まれているのではないかとの疑問を禁じえない（阿部「行政訴訟改革他の報告に関するコメント」環境法政策学会誌8号〔2005年〕50頁，同・行訴改革331頁以下）。

むしろ，申請権の有無を問題とすることは，第三者に対する義務付け訴訟について新たな列記主義（救済の範囲を法律で列記したものに限ること，戦前の行政裁判法の手法）を導入したことになり，賛成できない。

また，それは義務付け訴訟を給付訴訟とする見方をも背景としていると推測されるが，賛成できないことは前述した（⇒第1節Ⅰ3）。

＊　高木光「義務付け訴訟・差止訴訟」新構想Ⅲ54頁以下は，義務付け訴訟における実体権構成を論ずる。いずれにせよ私見では，実体権が必要としても，それは当該行政処分の根拠となる法令の解釈上行政介入請求権が導かれれば十分であり，そのほかに申請権の明文の規定は不要と解する。

(5)　1号型の要件限定その1――「重大な損害」要件への疑問

　1号型の要件のうち，「重大な損害」の解釈基準は，原告適格に関する行訴法9条2項，執行停止の要件に関する25条3項と同様である（37条の2第2項）。

　　＊　都計法81条1項に基づく違反是正命令の発動を求める非申請型義務付け訴訟が，生ずると主張された交通騒音などが重大な損害を発生するものではないとして，却下された例がある（大阪地判2007〔平成19〕・2・15判タ1253号134頁）。建築物の是正命令義務付け訴訟も，日照権の侵害がないので重大な損害なしとされた例がある（東京地判2005〔平成17〕・12・16〔平成17年（行ウ）第45号事件〕，東京高判2006〔平成18〕・5・11〔平成18年（行コ）第18号事件〕ともに最高裁HP）。

　このシステムは，損害が重大でないことは，行政の介入に関する裁量権が義務化しない（裁量権のゼロ収縮がなされない）という本案の基準であるならば，理解できるが，これは義務付け訴訟の訴訟要件として構成されているので，損害があっても，申請権がない場合には，損害が重大でない限り門前払いになる。その根拠は，「第三者に対する公権力の発動を求めるものであるから……法治国原理からしても，救済のあり方について，申請満足型と異なる要件を定めることは立法者の裁量の範囲に入るし，その際，損害の重要性の要素を行政権に対する司法的チェックの範囲の一要素として用いることも許されるものとして，立法化された」ようである（塩野・Ⅱ217頁）。

　しかし，筆者は，法治国原理からすれば，行政が法律上の義務を怠っている場合には是正させるべきであり，申請権の有無を問題とすることは，前記のような疑問があるので，賛成できない。

(6)　1号型の要件限定その2――「他の適当な方法」の不存在という要件への疑問

　この類型では民事訴訟も許されている（例：隣の原発の差止訴訟等，⇒第1節Ⅲ2）ので，義務付け訴訟は，「他に適当な方法がない」という補充性なり必要性要件に抵触するのではないか，そうとすると，許容される場合があるのかについて議論が生じうる。

立案関係者は，この「他に適当な方法」として想定している例として，減額更正処分を求める義務付け訴訟を提起するよりも，更正の請求をせよとか，課税処分の一部に不服がある場合その取消訴訟を提起せよという趣旨と説明し，この規定は第三者に対する上記の民事訴訟を阻害するものではないとする（福井秀夫ほか『新行政事件訴訟法』〔新日本法規，2004年〕139頁）。

思うに，減額更正処分の例は期間内であれば申請権がある（税通23条）から，2号型として，適法であって，わざわざ1号型として提起されて場合に義務付け訴訟としては不適法だなどと制度化するほどの必要はない（1号型を提起する必要性がないとして一般理論で却下すれば足りる）。課税処分の一部の取消しを求める例は，不利益処分の排除を求めるもので，一定の処分を求める義務付け訴訟はおよそ想定できない。

他方，第三者に対する民事訴訟が「他に適当な方法」に当たらないとされることは結構であるが，そうすると，この規定が想定している適例は示されていない。要するに，1号型として適例を想定できないのに，わざわざ類型を2つに分けて規定すること自体不合理である。それはもともと，「法令に基づく申請」かどうかという分類基準を作った間違いに由来すると思料する。

そもそも，第三者に対する不利益処分を求める義務付け訴訟と，同様の目的を達しようとする民事訴訟は，その要件も効果も費用も当事者も異なるから，後者が「他に適当な方法」となるわけはない。両訴訟平行すべきである（塩野・Ⅱ218頁もこれを認める。ただし，かつての塩野説「無名抗告訴訟の問題点」同『行政過程とその統制』〔有斐閣，1989年〕は民事訴訟が機能していれば公権力発動請求権はないとしている。これが今回の立法の根拠か？ これに対しては，阿部・行訴改革331頁以下の批判参照）。義務付け訴訟の母法であるドイツ法はそうなっている。一方に統合するのであれば，その旨明文の規定を要する。

(7) 要件についてのまとめ

以上のように，「一定の処分がされないことにより重大な損害を生ずるおそれがあり，かつ，その損害を避けるため他に適当な方法がないときに限り，提起することができる。」とする，この1号型の要件限定は，申請権等に関する疑問が多く，裁判を受ける権利と合理的な訴訟制度を要請する憲法の観点からみて，可及的に抑制的解釈をすべきである。

第6節　取消訴訟以外の訴訟類型

【村道の妨害排除の方法】

　村道の不法占拠のために道路の自由使用権を侵害された場合，民法の不法行為として，その妨害排除請求を認めた判例（最判1964〔昭和39〕・1・16民集18巻1号1頁〔百選40頁〕）があるが，これは本来なら，村長が道路法32条，71条に基づき，不法占拠者に対して原状回復命令を出し，代執行することを求める義務付け訴訟を提起することもできる。そして，村道が閉鎖されて，住民に，生活上著しい不便を生じさせている場合には，1号型の義務付け訴訟の要件を充足し，さらに，行政の裁量はゼロに収縮し，義務付け判決に熟すると言うべきである。

　埋立免許を得たが，その海面にヨットが不法係留しているときは，埋立権に基づいてその妨害を私法上排除できると言うべきである（阿部・法の解釈(2)第7章）が，さらに，埋立免許権者（都道府県知事，港湾管理者の長）に対して，公有水面埋立法31条により妨害物排除を義務づけることもできると言うべきである。

　応用課題：期間徒過後の減額更正処分義務付け訴訟等

　　減額更正の請求の期間は1年と短く，徒過しやすいので救済方法が必要である。その方法として，1号型の義務付け訴訟によってこれを適法化することは可能か。

　　従来の普通の見方では，それは更正の請求の制度の期間制限を回避するものであるから，認められない（福井ほか・前掲『新行政事件訴訟法』140頁，371頁。さらに，小林久起『行政事件訴訟法』〔商事法務，2004年〕164頁，広島地判2007〔平成19〕・10・26最高裁HP）。

　　これに対し，減額更正要件に該当したのに，職権で減額更正をしない裁量を認めるとすれば，税法の公平原則に違反するから，その場合裁量がゼロに収縮するとして，これを肯定する説（水野武夫「行政訴訟改革と税務訴訟」税法学551号120頁，同「新行政事件訴訟法の活用(1)(2)」税務事例38巻1号36頁以下，2号26頁以下〔2006年〕）が提示されている。

　　税務行政は，租税法律主義と平等原則に基づくから，することが「できる」ことは「すべき」であると考え，他の人には職権または嘆願による減額更正をしておいて，原告にしないことは他の事情が同じ限り平等原則に違反すること，また，税務署は7年間更正できるのに，納税者は1年しか過ちを是正できないのは，対等性の原則違反である（⇒第1章第3節Ⅲ3）と考えるならば，「処分をすべきである」（行訴37条の2第5項）場合に該当し，期間徒過後も減額更正処分の義務付け訴訟が許されることになろう。

　　なお，職権取消しの義務付け訴訟が許容されるかという問題がある。その瑕疵が原始的瑕疵なら，不可争力を生じて取消訴訟では争えない処分について争うことに

なるので，出訴期間を潜脱するが，後発的瑕疵（青色申告承認処分が取り消されて，白色申告を前提に課税処分がなされたが，後に青色申告承認処分の取消しが取り消されて，青色申告が復活した場合における課税処分の職権減額更正義務）なら，職権取消しを行うべきで，その義務付け訴訟ないし当初の課税処分の後発的無効確認訴訟が考えられる。なお，Ⅰ2でも述べた最高裁1982（昭和57）年2月23日判決（民集36巻2号215頁）は，更正処分の無効確認訴訟を不適法とし，国税通則法23条2項により所定の期間内で減額更正の請求をすべきであるとした（これを前提とする解説として，藤山編・行政争訟263頁）が，この場合に減額更正の請求の制度が利用できることは明らかではなく，事後にこのような解釈を示して，救済を拒否するのはきわめて不当である（阿部・行訴改革176頁以下）。

国税通則法71条1項1号は，「更正決定等に係る不服申立て若しくは訴えについての裁決……判決等があつた日から6月間」，更正できるとしている。減額更正すべきなのにこの期間内に更正してもらえなかった場合，義務付け訴訟を提起するとしても，判決時には既に課税庁には更正権限がないとの反論がある。しかし，判決等を受けての更正は裁判受ける権利，財産権の保障上当然の権利であるから，これに対する救済手段が存在しないのは違憲である。そこで，この場合には，6ヵ月の期間は，税務官庁からの積極的な更正についてのものと解し，納税者からの更正請求については6ヵ月の期間にとらわれず，申請権がない場合の義務付け訴訟を認めるべきである（なお，減額更正をすべきことを怠ったことを理由とする国家賠償請求も認められる）。

阿部のぼやき：国籍法を無効として国籍を創出するなら，義務付け判決はもちろんだ

最大判2008（平成20）年6月4日（民集62巻6号1367頁，判時2002号3頁）は，外国人の母から生まれた子が出生後日本人男性に認知された場合には，両親の婚姻を要求する国籍法3条1項の婚姻を要求する部分だけ無効として，残りの出生後認知により国籍を付与する部分だけを生かして，国籍確認の訴えを認容したが，これに対しては，これは国籍法に規定のない国籍付与要件を創出したものであるとして，立法権侵害であるとの反対意見があった。反対意見にも一理あり，代わりの立法をしたに近い判断が多数意見になるのであるから，まして，行政権が，実は現場の普通の公務員が行った判断に，尊重すべきものはあるはずがなく，義務付け訴訟が司法権の限界を超えるなどという発想はとうてい無理なものであった。1号型の要件限定とも調和しない。

(8) 義務付け判決の効力

次に，義務付け判決においては，第三者に対して不利益処分を発給するように行政庁に義務づけた（これは拘束力で担保される。行訴33条・38条）にもかかわらず，取消訴訟の第三者効の規定（行訴32条）が準用されていない（行訴38条）結果，行政庁が不利益処分を発しても，当の第三者がこれに従わずに取消

訴訟で争うことができる。つまり，裁判所は先の義務付け判決にとらわれずに改めて不利益処分の適法性を審理せざるをえないことになるので，行政庁は間に入って困るだけではなく，先の義務付け判決の実効性が害され，原告の利益は著しく阻害される。この対策として，訴訟告知（民訴53条），行訴法による第三者の訴訟参加（行訴法38条1項により準用される22条）が考えられる。

訴訟告知は，被告からだけではなく，原告からも申し立てることができ，そうすれば，行政庁敗訴義務付け判決の効力を第三者に及ぼすことは可能である（民訴46条・45条）。行訴法22条による第三者の参加も同様に当事者から申し立てることができる。ただ，この場合には民訴法46条が準用されていないので，第三者に判決の効力を及ぼす明文の規定はない。これについて行訴法7条を介して民訴法46条を準用する解決もある（小林・前掲『行政事件訴訟法』179～183頁）。

しかし，それにしても迂遠である。取消判決については第三者への効力を規定しつつ，義務付け判決についてこれを否定する立法理由はどこにあるのか。こうした3面関係の訴訟では，最初から第三者も必要的に被告とするか参加させることとして，判決の効力を及ぼすこととすべきではなかったか。なお，無効確認判決についても，対世効の規定が準用されていないが，解釈上準用すべきことは前述した。こんなことになったのは立法的な検討不足による（塩野・Ⅱ223頁）ようだが，抗告訴訟の性質と権利救済の実効性にちょっと配慮すれば，面倒な検討など不要だったのではないかと愚考する。

3　仮の義務付け

これまでは，先に（⇒第3節Ⅱ）述べたように，例えば，公立高校不合格，生活保護の拒否のような拒否処分に対する仮の救済がなかったので，権利救済の実効性を欠き，違憲であった（阿部・行訴改革351頁，「ドイツにおける行政訴訟と憲法訴訟——連邦憲法裁判所判事に聞く」（ユルゲン・キューリンク，木佐茂男氏と共同作成）法時64巻3号，5号，6号〔1992年〕）。そこで，仮の義務付けが必要になり，ドイツ法が参照された（山本隆司・前掲）。

改正行訴法は，義務付け訴訟を明文化し，その仮の救済を導入した（37条の5第1項）ので，ようやくこの違憲状態が解消されることとなった。例えば，特定の学校への入学決定を求める訴え，さらに仮に入学させるという仮の義務付けが認められるのである。しかし，仮の義務付けは，「償うことのできない

損害を避けるため緊急の必要があり，かつ，本案について理由があるとみえるとき」に限って認められる。これは，執行停止の要件（「重大な損害」，「本案について理由がないとみえるときに当たらない」）と比較してみればわかるように損害要件が加重され，本案要件は消極要件でなく，積極要件とされており，厳格すぎる。

仮の義務付けと執行停止の要件にこのような差が置かれたのは，新規の地位を創設するのと既存の地位の侵害を防御するのでは違うという理由によるが，新規の地位でも，恩恵ではなく，拒否事由がなければ獲得できる制度の下では，その拒否は既存の地位の侵害と変わりがないのであるから，不適当である。例えば，保育所の退所処分と入所拒否，公会堂の使用許可後の職権取消しとそもそもの不許可，デモ行進の許可後の取消しと最初からの不許可，生活保護の支給決定の取消しと最初からの拒否がそのような例である。

このような条文の下では，高校入学が遅れても，重大な損害はあろうが，人生は長いから回復できるなどという反論を許すおそれがある。もちろん，青春の1年間，特に同級生と一緒に入学することは，回復できない貴重なものであると再反論できよう（**問題⑧**）。身体障害者差別で不合格になった場合（第3節Ⅱ1で述べた尼崎市立高校筋ジストロフィー障害者入学拒否訴訟，神戸地判1992〔平成4〕・3・13判時1414号26頁，判例自治94号13頁）には，大至急裁判を開始し，4月初めまでには同級生と登校できるように仮の合格決定をすべきものである（被告は引き延ばし作戦を講ずるが，処分をした以上はその理由はすぐ整理して述べることができるはずである）。仮の営業許可は一般には満足的仮処分と同じ効果をもつので，公益に影響があるとの考えで，認めにくいとの意見もあるが，それでも拒否理由が著しく不合理なら認めるべきであり，強引な行政指導による許可の留保（⇒第2章第1節Ⅳ2）に対しては仮の許可，住民の反対などによる建築確認留保に対しては仮の建築確認を認めるべきである。

仮の義務付けの活用状況を見ると，徳島地裁2005（平成17）年6月7日決定（判例自治270号48頁）の事例では，両脚に障害をもつ障害児の町立幼稚園入園について，町が，バリアフリーに配慮した施設ではない，教員の加配は困難，入園を認めて不測の事態が起こった場合，町として責任を負い切れない，などとして，入園を拒否する決定をした。これに対し，裁判所は，学校教育法などに規定がないことなどからすれば，幼稚園の入園許可をするか否かについて裁

量権があるが拒否する合理的な理由がなく不許可としたような場合には，裁量権の逸脱または濫用になるとの一般論の下に，「当該幼児に障害があり，就園を困難とする事情があるということから，直ちに就園を不許可とすることは許されず，当該幼児の心身の状況，その就園を困難とする事情の程度などの個別の事情を考慮して，その困難を克服する手段がないかどうかについて十分に検討を加えた上で，当該幼児の就園を許可するのが真に困難であるか否かについて，慎重に検討した上で柔軟に判断する必要がある」というべきでありとして，審理の結果，これを違法として，仮の義務付けを認めたのである（本件については2005〔平成17〕年8月17日第2回弁論準備手続調書（和解）において入園許可をするとの和解が成立した。そのほか，詳しくは，日弁連行訴センター編・実例解説行政関係事件訴訟137頁以下）。

気管切開手術を受け，吸引器によるたん吸引が必要な5歳の女児が，「たん吸引は医療行為で，適切な保育を確保するのが困難」などとして市立保育園への入園を拒否された事件で，東京地裁は「たんの吸引は，保育園に配置されている看護師で対応可能」と指摘し，「幼児期の集団生活は子供の心身の成長に重要で，入園が認められないと回復不可能な損害を受ける」と述べ，入園を認めるよう仮に義務づける決定をした（東京地決2006〔平成18〕・1・25判時1931号10頁，その本案認容判決が前掲東京地判2006・10・25）。

喘息のひどい児童が普通の学校への就学を指定されたので，養護学校への指定を求めて認められた（大阪地決2007〔平成19〕・8・10賃金と社会保障1451号38頁，大阪高決2008〔平成20〕・3・28最高裁HP，類似例として，大阪地決2009〔平成21〕・7・18判例自治316号37頁）。車いす障害者が普通の中学校への入学を求めて仮の義務付けが認められた（奈良地決2009〔平成21〕・6・25）。行訴法改正の大成果である。

改正前は，学校統廃合などの紛争において，希望しない学校への入学指定がなされたとき，その取消しを求めると行き場がなくなる（そこで，少なくとも新1年生については，訴えの利益がないという判例がある。愛知県田原町事件，阿部・行訴改革262頁以下）という違憲状態が生じていた。やっと救済の道が開けたのである。

生活保護のように緊急の場合には，仮の義務付けが効力を発生するまで当面仮に生活保護を支給せよとの仮の決定が必要である。犯罪被害者等給付金の支

給等による犯罪被害者等の支援に関する法律12条で認められている仮の給付金支給の制度と同様の制度を作り，裁判でも同様の運用ができるようにすべきである（窃盗で執行猶予刑を受けている間に生活保護が間に合わず弁当を盗んだ71歳に実刑判決という例がある。毎日2009年4月1日13面〔阪神版〕）。

　公の施設の使用拒否については，従前はいったん使用許可されて，取り消されたら執行停止により使用できるが，最初から不許可となった場合には，執行停止が働かないため救済方法がなかった。これに対しては，仮の使用許可の義務付けが活用できる。市の設置するホールでの公演の使用許可を求める仮の義務付けの申立てについて，「償うことのできない損害」とは，「金銭賠償ができない損害に限らず，金銭賠償のみによって損害を甘受させることが社会通念上著しく不相当と評価される損害を含む」として，公演が実施できないことはこのような損害があるとし，また，「本件公演が実施された場合に，警察の適切な警備によってもなお混乱を防止することができない事態が生ずることが客観的な事実に照らして具体的に明らかに予測されるものとは認め」がたいとの判断の下に，本件申立ては「本案について理由があるとみえるとき」に当たるとして，認容した例がある（岡山地決2007〔平成19〕・10・15判例自治302号67頁，判時1994号26頁）。

　なお，本案で原告敗訴の場合，仮の義務付けが取り消されると，仮に行われた処分も職権で取り消されることになるだろう。

　　＊　介護も緊急を要するものであるから，介護保険法上の要介護認定・要支援認定（これは申請に基づく処分扱いである。介護保険27条・183条）が拒否された場合，仮の義務付けが必要であり，老人福祉法11条の措置制度は職権で行う制度であるが，非申請型の義務付け訴訟と仮の義務付けにより迅速な救済を行うことが必要である（須藤正彦「ヘルパー派遣における高齢者の救済手続」小島古稀下47頁以下）。

Ⅳ　差止訴訟

1　本案の差止め

(1)　従前の学説判例

　違法な公権力の発動を事前に差し止める差止訴訟ないし予防訴訟については，権力分立，行政の第一次的判断権との関係で疑問が寄せられ，従前は明文化されていなかったため，その訴訟要件について激しい争いがあった。判断に熟す

れば（処分を発動することが違法と判断できれば）適法とする成熟説と，判断に熟するほかに，事前の救済を認めないことを不相当とする特段の事情があって初めて適法とする補充説とがあった。その程度は論者によってもニュアンスの差がある。明白性，緊急性，補充性のいわゆる3要件を要求する判例も多かった。義務不存在確認訴訟，権限不存在確認訴訟も，事前予防機能を果たすので，同様の論点をクリアーしなければならなかった。予防訴訟として，どの訴訟類型を利用すべきかという問題もないではないが，判例はこの点で，訴訟類型には必ずしもこだわっていない。むしろ，肝心なのは，成熟性である。

　勤務評定にかかわる自己観察表示義務を負わないと主張する教員は，その義務の不存在確認訴訟（後述の公法上の当事者訴訟）を提起すべきか，その義務を履行しないことを理由とする処分の差止訴訟を提起すべきかという問題がある。前者の訴えが提起された事案で，最高裁は却下した（長野勤評事件，最判1972〔昭和47〕・11・30民集26巻9号1746頁〔百選426頁〕）。

　「具体的・現実的な争訟の解決を目的とする現行訴訟制度のもとにおいては，義務違反の結果として将来なんらかの不利益処分を受けるおそれがあるというだけで，その処分の発動を差し止めるため，事前に右義務の存否の確定を求めることが当然許されるわけではなく，当該義務の履行によって侵害を受ける権利の性質およびその侵害の程度，違反に対する制裁としての不利益処分の確実性およびその内容または性質等に照らし，右処分を受けてからこれに関する訴訟のなかで<u>事後的に義務の存否を争ったのでは回復しがたい重大な損害を被るおそれがある等，事前の救済を認めないことを著しく不相当とする特段の事情がある場合は格別</u>，そうでないかぎり，あらかじめ右のような義務の存否の確定を求める法律上の利益を認めることはできない」。

　「本件通達によって記載を求められる事項が，上告人〔教員〕らの主張するような内心的自由等に重大なかかわりを有するものと認めるべき合理的根拠はなく，上告人らがこれを表示しなかったとしても，ただちに義務違反の責めを問われることが確実であるとは認められず，その他，上告人らにおいて不利益処分をまって義務の存否を争ったのでは回復しがたい重大な損害を被るおそれがある等の特段の事情の存在は，いまだこれを見出すことができない」。

　最高裁は，この訴訟を公義務確認訴訟とするか，予防訴訟とみるかという訴訟形式論にあまり拘泥することなく，その予防訴訟的実質にかんがみ，訴えの

利益の有無によって決しようとしたものと推測される（佐藤繁調査官解説・判解民昭和47年度363頁，364頁）が，論点は，懲戒処分に対し，事後救済の可能性をどう考えるか，成熟性があるかがポイントであったので，差止訴訟の要件についても妥当する考えである。

　　＊　自己所有地が河川法6条1項所定の河川区域内に入るとして，県知事から処分を受けそうだとして，これを阻止しようとする訴えが提起されたいわゆる横川川事件（⇒第1節Ⅱ1(2)）において，最高裁（最判1989〔平成元〕・7・4判時1336号86頁，判タ717号84頁）は，「上告人の主張するところによっても，上告人が，河川法75条に基づく監督処分その他の不利益処分をまって，これに関する訴訟等において事後的に本件土地が河川法にいう河川区域に属するかどうかを争ったのでは，回復しがたい重大な損害を被るおそれがある等の特段の事情があるということはできないから，上告人は，あらかじめ河川管理者たる被上告人が河川法上の処分をしてはならない義務があることの確認（第一次的訴え）ないし河川法上の処分権限がないことの確認（第二次的訴え）及びこれらと同趣旨の本件土地が河川法にいう河川区域でないことの確認（第三次的訴え）を求める法律上の利益を有するということはできない」として，この1972年の最判を引用している。この事件では，3つの訴訟形式の間で，そのいずれが適法かが争われていたが，最高裁判例は，長野勤評最判を基準とし，訴訟型式の違いよりも，訴えの利益の問題として解決したのである。いずれの訴えでも，成熟性が要件になるのである。

　　いわゆる東京都外形標準課税事件では，東京高判（2003〔平成15〕・1・30判時1814号44頁，判例自治236号9頁）は，外形標準課税条例に基づく不利益処分（東京都知事による更正処分および決定処分を指す）によって具体的に形成される権利義務関係の不存在確認を求める請求について，1972年長野勤評最判に依拠して，厳格に判断した。

　　筆者は，いわば折衷説で，緩やかな補充説を提唱していた。「事前の救済を認めないと救済が相当程度困難になる」といった基準で，しかも，成熟性が十分に高いときは事前救済を認めないことを不相当とする特段の事情はより緩和すべきであると述べていた。その根拠は，判例分析，権利救済の実効性の確保のほか，アメリカ法，ドイツ法の研究の成果による（阿部・行訴改革2部第3章）。

(2)　改正行訴法

　行訴法改正37条の4において差止訴訟が立法化された。その考え方は，前記の長野勤評最判を参考としているが，しかし，要件は著しく緩和されている。明白性，緊急性は要求されず，損害も回復困難を要せず，「重大」だけで済む。

　①「一定の処分又は裁決がされることにより重大な損害を生ずるおそれがある場合に限り，提起することができる」。消極要件として，「ただし，その損害

第 6 節　取消訴訟以外の訴訟類型

を避けるため他に適当な方法があるときは，この限りでない。」となっている。

②「重大な損害を生ずるか否かを判断するに当たつては，損害の回復の困難の程度を考慮するものとし，損害の性質及び程度並びに処分又は裁決の内容及び性質をも勘案するものとする。」

本案の認容の要件は，「行政庁がその処分若しくは裁決をすべきでないことがその処分若しくは裁決の根拠となる法令の規定から明らかであると認められ又は行政庁がその処分若しくは裁決をすることがその裁量権の範囲を超え若しくはその濫用となると認められるとき」である。要するに，一定の処分をすれば違法になるというだけである。

ところで，違法な処分なら，それが行われれば，取消訴訟で取り消される。差止訴訟は，処分前なので，「**先にずらされた取消訴訟**」と言われる。改正前は，同じく無名抗告訴訟と言われた義務付け訴訟の方は積極的な給付を求めるのに対して，これは取消訴訟と性質を同じくし，ただ，処分前であるというだけである。

そうすると，処分前の差止訴訟について，取消訴訟にプラスして，どのような要件を要求するかが課題になるが，改正法は，「重大な損害を生ずるおそれがある場合に限り」「他に適当な方法があるときは，この限りでない。」という要件の下に，補充説を採っている。これは補充説ではあるものの，かなり緩やかな補充説であることに注目すべきである。

問題は，ここでいう「重大な損害」と「おそれ」の意味である。その判定基準は，2 項で考慮事項として規定されている。要するに，「損害の回復の困難の程度を考慮」するものとし，「損害の性質及び程度」ならびに「処分又は裁決の内容及び性質をも勘案」することになる。

ここで「損害の回復の困難」とあるので，あるいは，補充説の中でも厳しい立場，1972 年最判の立法化，執行停止の積極要件として「回復の困難な損害」を要求した改正前の行訴法 25 条と同じと理解する見解があるかもしれないが，そうではない（最高裁判所事務総局行政局監修『改正行政事件訴訟法執務資料』〔法曹会，2005 年〕95～98 頁において委員会の議論が紹介されている）。ここでは，「損害の回復の困難」「の程度」を考慮するのであり，要件は，「回復の困難」なしの「重大な損害」の単なる「おそれ」であるから，文言上も，これまでの執行停止の積極要件よりも大幅に緩和されていると理解すべきである（斎藤・前掲

『行政訴訟の実務と理論』286頁)。**長野勤評判決はもう妥当しない**と考えるべきである。

　これまでの経過などから違法な処分がなされる蓋然性が高く，論点が既に煮詰まっているならば，処分がなされてから執行停止を求めても救済されることがほぼ確実でなければ，「重大な損害のおそれ」ありとして，差止訴訟を積極的に審理すべきであろう。前記の河川区域に該当することを理由とする建物除去命令の差止訴訟はこの観点で適法とすべきであろう。

　判例では，差止訴訟は事前訴訟であることにかんがみ「重大な損害」とは，それを避けるために事前救済を認める必要がある損害をいうと解すべきであり，当該損害がその処分後に執行停止を受けることができることにより避けることができるような性質のものであるときは「重大な損害」には該当しないとするものがある（大阪地判2008〔平成20〕・1・31判タ1268号152頁，大阪地判2006〔平成18〕・1・13判タ1221号256頁，大阪地判2006・2・22判タ1221号238頁）が，事後救済を原則とするとの考え方に固執しすぎではなかろうか。

　民間の情報を行政が公開する場合には，情報主の意向聴取が必要であるとも考えられる。そして，情報主の意向に反して情報が違法に公開されないように差止訴訟を適法とする必要がある。

　国旗国歌予防訴訟東京地判（2006〔平成18〕・9・21判時1952号44頁）は，教員には，国歌斉唱・国旗起立命令に従う義務がないことを確認し，これに従わないことを理由とする懲戒処分の差止めを認める画期的な判断をした。

　この判決は，まず，一般論として，前記の長野勤評最高裁判決の一般論を引いて，さらに，ことが思想信条の自由を侵害すること，職務命令を拒否すると処分を受けることが確実であり，事後救済になじまず，毎年繰り返されること，回復しがたい損害を生ずることなどを理由に差止めを認めた。ただ，行訴法施行前に係属した事案でも施行後には改正法で判断することになっている（行訴法附則2条）のに，なぜかこれは行訴法改正前の要件で判断している。要件が緩和された改正後の差止訴訟を基準とすればもっと容易に差止めが認容されるはずであった。

　前記大阪地判2008・1・31は，保険医療機関指定取消処分および保険医登録取消処分の差止めの訴えについて，保険診療が禁止されると，経営が破綻し信用が損なわれ，事後に回復することは困難であることを理由に，「一定の処分

がなされることにより重大な損害を生ずるおそれがある」との要件に該当するとした。

さらに，最決2007（平成19)・12・18判時1994号21頁，判タ1261号138頁の補足意見参照（⇒第3節Ⅰ2）。

* なお，東京高判2005（平成17)・3・24（判時1899号101頁）は，戸籍の続柄欄における嫡出子と嫡出でない子を区別する記載をやめることを求める訴えは，「本件続柄欄の記載の抹消を求めるものではなく，かつ，区別のない記載方法を特定する形で請求をするものでもない」と把握し，これは「明確性を欠く，不特定な請求で不適法である」とした。そして，「控訴人らは，具体的にどうそれを実現するかについて被控訴人らに選択の自由があり，上記のような請求も許される旨主張し，騒音や排ガスの差止請求訴訟の場合を例示するが，騒音や排ガスの差止請求訴訟の場合，差止めの結果がどのような状態であるかは一義的に確定し，少なくともいわゆる間接強制の方法により強制的に判決内容の実現を図ることができるのに対し，本件は，控訴人らの請求自体からは，被控訴人らがどのような記載をすれば嫡出子と嫡出でない子を区別する記載をやめたことになるのかが一義的に確定しているわけではないから，間接強制による強制執行をすることもできないのであって，本件を騒音や排ガスの差止請求訴訟における場合と同列に論じることはできない。」として不適法とした。これは抗告訴訟ではなく，民事の差止訴訟として提起されたものであるが，差止対象の特定性に関して参考になる。

差止判決についても行訴法32条の第三者効の規定が準用されていない（行訴38条）ので，義務付け訴訟と同じ，実効性不足の問題が生ずる。

* また，差止訴訟の係属中に処分がなされた場合にその取消訴訟に変更できるかについては直接の規定がない（行訴法21条は国家賠償訴訟への変更規定である）が，通常は「請求の基礎に変更がない」として，差止訴訟が却下される前に，民事訴訟法143条による訴えの変更が認められるべきであろう（日本弁護士連合会行政訴訟センター編『書式 行政訴訟の実務：行政手続・不服審査から訴訟まで』〔民事法研究会，2008年〕147頁参照）。ただ，取消訴訟に不服申立前置主義の規定があるときもそのまま変更できるのかという問題があるが，不服申立てを行うと同時に，緊急であれば，少なくとも3ヵ月経てば取消訴訟は適法になるので，変更自体は許容すべきである。

[　**応用課題**：ノーアクションレター（法令適用事前確認手続）で不利益処分をするとの回答があった場合，差止訴訟を提起できるか。
　　これについて，ノーアクションレター（⇒第8章第6節）は，法律に基づく制度ではなく，閣議決定に基づくものであり，かつ，回答者も行政庁の各課室の長にとどまるのが一般的であることからして，不利益処分をするとの回答があったことからして，行政庁の第一次的判断権が行使されたと評価することは，この制度の過大

第9章　行政訴訟法

評価であるとの見解（藤山編・行政争訟199頁）がある。これは，差止訴訟に明白性が必要との見解（改正前）でもあるが，処分であっても大臣自ら判断することはまずなく普通は課長が最終的に判断しているのであるから，これで行政の判断としては成熟しており，第一次的判断権が行使されたと解すべきであろう。さらに，突然差止判決が出されるのではなく，その訴訟で被告の主張を聴くのであるから，当然そこで第一次的判断が示されるのである。被告の第一次的判断が訴訟外でなされなければならないとする見解は，行政側の見方にすぎず，私人の立場をまったく無視している。しかも，改正法では，第一次的判断権は問題とされていないから，この解説は既に過去のものと言うべきである。

　応用研究：**効力発生日を先とする行政処分の争訟方法**
　　行政処分は普通は即日効力を発生させるが，例えば，効力発生日を1ヵ月先とする営業停止処分（直ちに停止すると，業務が混乱してかえって顧客サービスを妨げるため）や，保育所の廃止日を条例の施行日から3ヵ月先とする保育所廃止条例（これは処分と解される）に対して提起すべき訴えは，取消訴訟か差止訴訟か。
　　差止訴訟，仮の差止めの要件が取消訴訟，執行停止よりも厳格になっているのは，まだ処分がなされていない段階では，どのような状況でどのような処分がなされるのか，未確定な面があることによるが，この例では，処分はなされたが，効力発生前であるというにすぎないから，行政処分の内容は確定し，それを審理しても，行政の第一次的判断権を侵害することはおよそないので，これに対しては，差止訴訟ではなく，取消訴訟を提起し，執行停止を申請することができると言うべきである。

2　仮の差止め

差止訴訟が明文化されても，審理中に処分がなされることが多いので，それ自体では大きな意味はない。審理を開始した段階で仮に差し止めることが権利救済の実効性を確保するためには不可欠である。しかし，その要件は，「償うことのできない損害を避けるため緊急の必要があるとき」と，本案での勝訴の見込みを積極的に証明することという，きわめて高いバリアである（行訴37条の5第2項）。処分前に仮に差し止めるのであるから，執行停止や本案の差止訴訟よりも厳格にするというのが立案関係者の発想である。その意味は，処分がなされた後の金銭賠償による損害の回復では相当ではないという趣旨に解されている（大阪地決2006〔平成18〕・8・10判タ1224号236頁）。これほど厳しくては実際上は使いにくい。解釈でこれを緩和する必要があるが，緩和しなくても，この要件を満たす場合もある。

【保育所の民営化】
　神戸地決2007（平成19）・2・27（賃金と社会保障1442号57頁）は，神戸市立

保育所の廃止は，民営化前に新旧の保育士が園児らを引き継ぐ「共同保育」の期間が，当初計画の3ヵ月間から5日間に変更され，「共同保育の計画自体に問題があり，実質的に無きに等しい」と指摘し，これでは「民間への引き継ぎが極めて不十分で，保育所の選択権を侵害すると言わざるを得ない」として仮の差止めを認めた。本邦初の仮の差止決定である。これは保育所廃止条例が4月1日施行予定で，2月議会に提案された段階で発せられた仮の救済である（これについては，日弁連行訴センター編・実例解説行政関係事件訴訟233頁以下）。

【鞆の浦世界遺産訴訟】

これは公有水面埋立免許の仮の差止めを求めた環境訴訟である。その広島地決2008（平成20）・2・27（平成19（行ク）第13号事件）は，慣習法上の排水権者と近隣の居住者は法的保護に値する景観利益を有するとして，仮の差止めの利益を承認し，本件埋立てが着工されれば，直ちに広島・鞆の浦等の景観が害され，原状回復は著しく困難であることは認めたが，埋立工事は免許後1～2ヵ月後と予想され，本案訴訟は既に進行しているので，埋立免許がなされてから直ちに取消訴訟と執行停止申立てに変更すれば，着工に十分間に合うとして，「緊急の必要性」を否定した。その通りかもしれないが，この段階で判断できることをわざわざ先延ばしするための「緊急の必要性」なのか，いささか疑問である。それでも，これは免許後1～2ヵ月の間に執行停止が認められる可能性が高いことを示唆したものである。他方，これは1～2ヵ月の間は原状回復困難な事態は進展しないことを前提とするもので，営業停止，許可取消しなどには妥当しないと言うべきである。

パチンコ店が診療所のそばにできるのは違法として仮の差止めを求めた事件では，パチンコ店ができることによって周辺環境が不可逆的に悪化するとは言えず，不可償の損害を生じないとして，却下された（前記大阪地決2006・8・10）。しかし，許可されてから取り消されるのでは，パチンコ店にも不可償の損害が生ずるので，できるだけ早期に解決すべきではないか。

* 廃棄物処理施設の許可を仮にしてはならないと，周辺住民がした申立てについて，原告適格を認めたものの，当該施設において産業廃棄物が適正に処理されなかった場合にも，住民の健康などを著しく侵害する性質のものではないとして却下した例がある（大阪地決2005〔平成17〕・7・25判タ1221号260頁）。
  歯科医師としての保険医登録取消処分の仮の差止事件で，生じうるのは，処分後の取消訴訟と執行停止で避けることができる程度の損害であり，「重大な損害」で

第9章　行政訴訟法

はないとした判例（大阪地決 2006〔平成 18〕・5・22 判タ 1216 号 115 頁）がある。

応用課題：ホームレスの住所
　大阪市のいわゆる釜が崎に所在する簡易宿所を生活の本拠としつつ，近くの解放会館を住所として届けていた建設労働者が，選挙権行使のため，住民票消除処分の仮の差止めを申請して認められた例がある（大阪高決 2007〔平成 19〕・3・1 賃金と社会保障 1448 号 58 頁）。ただし，大阪地決 2007・4・3（判例自治 302 号 13 頁）は，転入届が出された住所が寝食の場として利用されたことがなく，単に郵便物の転送先として利用されたにすぎない場合，住民票消除処分の執行停止申請は「本案について理由がないとみえるとき」に当たるとして，これを認めなかった。

応用課題：対物処分と被処分者の特定の要否
　第三者に対して特定の処分をするなという差止訴訟において，それが対物処分で，その違法事由は，被処分者が誰であろうと関係なく，別の第三者に対してもその特定の処分が行われる蓋然性があるときは，相手方不特定で，これこれの内容の処分をしてはならないという差止訴訟も適法であると言うべきである。例えば，海浜環境を保護するため海砂利の採取を許可するなという訴えがその例である。

V　（公法上の）当事者訴訟

1　実質的当事者訴訟

(1)　実益なく，実害ばかりの当事者訴訟

　当事者訴訟には形式的と実質的の 2 つがある。まず，実質的当事者訴訟について述べる。これについては第 1 章第 2 節Ⅲで述べたが，追加する。

　行政と国民の間に権力の関係がない（対等な関係である，つまり，「処分」はない）場合は，原則は民事訴訟によるが，もともと，ドイツやフランスの発想に倣って，世の中に**公法と私法の区別があると思い込んでいた行訴法の立法者は，対等であるが，公法関係に当たるものについて，訴訟上の受け皿を必要とするという立場から，実質的当事者訴訟の制度を作った**（行訴 4 条後段）。これには出訴期間の適用はない。

　ただ，これに当たるのは，もともとは，公務員の残業手当請求訴訟とか収用による補償請求訴訟くらいであり，しかも，これについては実は原則として民事訴訟が適用され，行政事件訴訟法の特例として意味のある規定はない（39 条〜41 条）。公法上の当事者訴訟を生かすかどうかの論争においては，筆者はこれを抹殺すべしとの主張であり，反対説からは，無名抗告訴訟に当たるものも公法上の当事者訴訟として衣を替えて提言されたが，そうすれば生き返るのか

疑問というのが私見であった。

　そもそも，公法と私法の区別は大陸流の発想であり，行政裁判所制度に支えられていたが，英米法にはないことであり，**英米法に倣って行政裁判所を廃止して，司法国家一元制度とした現憲法の下では，対等関係において実体法上公法と私法を区別する意味もない**（塩野宏『公法と私法』〔有斐閣，1989 年〕131 頁以下参照）。したがって，これは無意味な制度である（阿部・行訴要件第 2 部）。

　それどころか，これは，**権利救済を阻害するしくみ**でもある。一般的に，訴えの併合は同種の手続を前提とする（民訴 136 条）。国家賠償訴訟は民事訴訟であり，損失補償請求訴訟は行政訴訟（の中の当事者訴訟）であって，異種の手続と理解されている関係上，民事訴訟法の定める併合はできない建前である。そして，行訴法は関連請求の概念の下に異種の手続の併合を認めているが，それは行政訴訟を中心に併合するもので，取消訴訟，当事者訴訟に関連請求として損害賠償請求を併合することは認めている（行訴 16 条〜19 条・41 条 2 項）が，逆に，損害賠償訴訟に当事者訴訟である損失補償請求を併合する（逆併合）規定はない。

　この現状において**逆併合**の許否が争われる。予防接種禍訴訟では，国家賠償請求に損失補償請求を併合することを認めた判例（名古屋地判 1985〔昭和 60〕・10・31 判時 1175 号 3 頁，大阪地判 1987〔昭和 62〕・9・30 判時 1255 号 45 頁）と認めなかった判例（札幌高判 1986〔昭和 61〕・7・31 判時 1208 号 49 頁）がある（阿部・行訴要件第 2 部第 3 章）。

　最高裁（最判 1993〔平成 5〕・7・20 民集 47 巻 7 号 4627 頁〔百選 432 頁〕）では，自然公園内で営む旅館が，ダム工事によって環境が破壊され，営業上の損失を被ったとして提起した国家賠償訴訟に，憲法 29 条 3 項に基づく損失補償請求を追加的に併合した事案で，これはいずれも対等の当事者間で金銭の支払を求めるもので，その主張する経済的不利益の内容が同一額で請求額もこれに見合うものであり，同一の行為に起因するものとして発生原因が実質的に共通するなど相互に密接な関係を有するから，請求の基礎を同一にするものとして民訴法 232 条（現行 143 条）の規定による訴えの追加的変更に準じて前記損害賠償請求に損失補償請求を追加的に併合することができるとした。ただし，被告の審級の利益に配慮し，高裁では，被告の同意を要するとした。逆併合を行訴法ではなく民訴法の規定により認めつつ，民訴法にはない被告の同意の制度を行

訴法の準用により認めたものである。

　こうして，実質的に同じような訴訟も，損失補償か国家賠償かという理論構成の違いだけで併合できるかどうかの大論争をしなければならず，認められても限定的になるのである。当事者訴訟は訴訟制度を複雑にするだけで，権利救済を阻害するだけの産物であった。

　しかも，**当事者訴訟を訴訟類型と称すること自体に問題**がある。処分について，取消訴訟か，義務付け訴訟か，それとも民事訴訟を起こすかは，訴訟類型の問題で，それを間違えたら，却下されることになっている（⇒前述第1節Ⅱ）から，きわめて重大である。ところが，当事者訴訟か民事訴訟かは，訴えを提起するときに明示するものではない。訴えを提起するときは，請求の趣旨として，単に，金いくら払えとか，法律関係を確認するというだけであり，請求原因でも，その理由を述べるだけである。国家賠償請求は民事訴訟であり，損失補償請求は当事者訴訟であると言っても，それは請求の趣旨にも請求原因にも書く必要はない。ただ，訴状を受け取った裁判所が，事件番号として，行政事件とするか民事事件とするか，行政部と通常部のいずれに回すか，地裁支部で扱えないかどうかというだけである。それは訴えの適法性とは関係がない。

　もっとも，簡裁事件か地裁事件かは管轄の問題となるが，気になれば，簡裁から地裁に移送してしまえば済むことである。当事者訴訟であるかどうかが問題になるのは，実際には，職権証拠調べ（行訴24条）をするかどうかを判断するときと，上記のように訴えを併合するときであるが，職権証拠調べは活用されず，訴えの併合は認める方へと解釈すればよい。制度の作り方は悪いが，裁判を受ける権利の実質に即して現行法を適切に解釈することが求められているのである。

　そうすると，**民事訴訟か当事者訴訟かは，訴訟類型の問題ではなく，裁判所の入口どころか，出口まで気にしなくてよい代物**（いわばずっと混浴風呂）だが，たまに訴えの併合が問題になるとき混乱するというだけである（なお，これまでも公法上の当事者訴訟として適法とされた事件が多数あるとの報告もあるが，それは行政事件として書記官が分類しただけで，それが民事訴訟であれば不適法になるとされた事件ではないので，公法上の当事者訴訟が活用された証拠にはならない）。そうであれば，当事者訴訟に関連請求として民事訴訟を併合することも，逆に，民事訴訟に当事者訴訟を併合することも，異種の手続ではないとして，許容されると

言うべきである（第2節Ⅷでも述べた。この方向の見解として，田頭章一「改正行政事件訴訟法の下での請求併合論の行方——いわゆる『逆併合』の許容性を中心として」『民事紛争と手続理論の現在：井上治典先生追悼論文集』〔法律文化社，2008年〕304頁以下。特に316頁以下参照。なお，逆併合の可否については，藤山編・行政争訟220頁以下が論じているが，裁判を受ける権利とか当事者の利用しやすさといった視点が欠けている）。

さらに，ここでは国家賠償訴訟を民事訴訟とする前提に立っているが，これは公権力の行使から発生した債権をめぐる争いであるから，公法上の当事者訴訟であると捉えれば，抗告訴訟，公法上の当事者訴訟とは訴訟手続を異にするものではなく，民訴法の併合に問題は生じない。

しかし，大阪空港騒音差止訴訟で「行政訴訟はともかく」民事訴訟は許されないとの最高裁大法廷判決（1981〔昭和56〕・12・16民集35巻10号1369頁）が下されてから，では公法上の当事者訴訟なら，訴訟の土俵に乗るのではないかという観点から，論争が繰り広げられた。

ここで，私見は，公法上の当事者訴訟は活用しようもなく，するのは有害だという立場であり，これを，伝統的なものに限らず拡大しようという立場と論争をした（阿部・行訴要件第2部）。

　＊　反対説としては，そこに掲げた鈴木庸夫などの説のほか，高木・行政訴訟論136頁以下，143頁以下，185頁以下参照。
　　　活用説の立場は必ずしも明確ではないが，公権力の発動をする権限が行政機関には存在しないことの確認訴訟を当事者訴訟として位置づける可能性がある。

(2)　公法上の当事者訴訟活用のメッセージ

しかし，新行訴法は，公法上の法律関係に関する確認訴訟を当事者訴訟の1つとして明示した（行訴法4条後段に「確認訴訟」の文言を追加）。これまで，権利救済が阻害されないようにと行政処分の拡大が求められてきたが，この改正は，それを立法的に行わない代わりに，確認訴訟を活用せよというメッセージを出したことになっている（中川丈久「行政訴訟としての『確認訴訟』の可能性——改正行政事件訴訟法の理論的インパクト」民商130巻6号〔2004年〕963頁以下参照。活用方向での詳細な主張として，日弁連行訴センター編・実例解説行政関係事件訴訟119頁以下〔斎藤浩〕，最新の判例の動向を分析したものとして，碓井光明「公法上の当事者訴訟の動向」自治研究85巻3＝4号）。

しかし、「確認訴訟」の文言が追加されただけで、公法上の当事者訴訟の活用というメッセージを出したとするのは、通常の日本人には読みにくい立法スタイルである。しかも、この改正は具体的なことは何も述べておらず、すべて解釈論に任されている。どんな確認訴訟なら適法なのかについては当分不明確であり（当事者訴訟論争の契機となった空港騒音差止訴訟が適法になるかどうかも示されていない）、法律の適用関係も曖昧であって、誠に無責任な立法であるが、解釈の現場では、確認訴訟の活用可能性を明らかにし、その隘路を除去するように工夫せざるをえない。

(3) 公法と私法の区別の再生

私法関係ではこの訴訟は適用されない。したがって、公法と私法の区別が必要になり、**実体公法が復権**する。こうした改正法を前提とすれば、実体公法の内容形成が法理論の課題となるが、純粋の市場原理で決められること以外は、例えば、公営住宅の利用関係でも、PFI法（民間資金等の活用による公共施設等の整備等の促進に関する法律）に基づく入札も、公金の適正な使用を確保する、平等原則を適用する、広く利用者の利益を確保するといった視点を、公共性を実現する公法と把握して、実体公法を復権し、公法上の当事者訴訟に乗せるべきものと考える（ただ、私見では、今日公法上の当事者訴訟に乗せると言われる訴訟でも、民事訴訟に乗せればよいのである）。

(4) 法律関係の確認か、行為の違法の確認も許容されるか

公法上の当事者訴訟は法律関係の違法確認を求める制度とされているが、前記のように（第1節Ⅰ4で、原因行為を争うか、法律効果を争うかを扱っている）、法律行為なり事実行為（行政指導は事実行為である）でも、それが紛争の根元をなす行為で、それを除去すれば関係する紛争が一挙に解決する場合にはそれを直接に攻撃させることが適切であり、特に、行為がないことを前提とする現在の法律関係に還元できない場合には、行為の違法確認訴訟も認めるべきである。行為の違法確認訴訟を認めない見解は行政法関係の基本的なしくみを知らないものである。

半強制的な行政指導の違法確認訴訟とか行政指導で要求される義務の不存在確認訴訟、土地区画整理事業計画や都市計画の違法を理由とする、計画の範囲外であることの確認訴訟、通達の違法確認訴訟、通達で示された義務を負わないことの確認訴訟などが考えられようか（実務上はこれらを併合するしかない）。

ただ，当事者訴訟は，民事訴訟とほぼ同じなので，第三者効がなく，第三者にもかかわることの多い行政上の法律関係に関する紛争を解決するには限界がある。不備な改正である（処分性の拡大の方が妥当な場合が少なくない）。

(5) 確認の利益は？

確認訴訟が適法とされるためには，確認の利益がなければならない。それは，民事の判例によれば，判決をもって**法律関係等の存否を確定することが，その法律関係等に関する法律上の紛争を解決し，当事者の法律上の地位ないし利益が害される危険を除去するために必要，適切である場合**に認められる（最判2004〔平成16〕・12・24 判時1890号46頁，判タ1176号139頁）。当事者訴訟でも同じだろう。

行政処分は被処分者や第三者の権利義務を左右するから，処分に関する争いを，現行法のように，取消訴訟や義務付け訴訟と構成せずに，私見のように，違法性の確認訴訟（その結果の違法の是正訴訟）と構成しても，当然に確認の利益がある。これに対して，行政指導は，建前としては任意の手段であるから，相手方は，その違法の確認を求めることなく拒否できるので，その違法の確認を求める利益がないのが普通である。しかし，行政指導は，しばしば事実上強制力を有するので，その違法を確認することが当事者の法律上の地位ないし利益が害される危険を除去するために必要，適切である場合があると言うべきである。

なお，このように，行政訴訟を法治国家の観点から理解する私見によれば，**処分であれ行政指導であれ，違法かどうかが肝心の点であり，訴訟で争えるかどうかは確認の利益の有無なり成熟性の問題である**。この点は処分性に関する第2節Ⅰ6で述べた。

(6) 具 体 例

当事者訴訟として適法とされたと思われる例をいくつか挙げる。

Case 1 ：許可または許可の更新を受けることなく薬局開設をなしうることの確認訴訟

旧薬事法に基づき薬局開設の登録を受けていた原告は，新薬事法附則第4条により同法5条による許可または許可の更新を受けない限り薬局の開設ができないことになった。1審（東京地判1962〔昭和37〕・10・24 行集13巻10号1858頁）は上記請求の趣旨を，「右許可又は許可の更新を受けなくても昭和38年1月1

317

日以降も薬局の開設ができる権利のあることの確認」を求める点にあると善解した。そして、「一般に行政庁のなんらかの処分をまつまでもなく，法令自体が直接国民の権利義務に影響を及ぼすような場合には，その法令により権利義務に直接の影響を受ける国民は国に対しその法令の無効確認あるいは当該無効法令に基づく権利義務の存在，不存在等の確認を求めて裁判所に提訴することは，許されるものと解すべきところ，原告は右薬事法の規定により新たに薬局開設の許可又はその更新を得ない限り昭和38年1月1日以降薬局の開設をなしえないことになったというのであるから，（その主張によれば）その権利に直接の影響をうけたものというべく，かかる場合には右規定が無効であることを理由として」上記に善解した訴えを提起しうるものと解されるとした。

そして、「この点については被告は本訴のごとき請求は行政処分がされる前に行政庁を事前に拘束することを目的とするものであつて，許されないと主張するが，本件の場合は原告の申請のない限り行政庁の薬局開設の許可又はその更新の行政処分はありえないのであり原告は申請に基づく許可又は更新の適否を争うものでなく，その前の許可の制度自体を定めた法律による権利侵害の適否を争っているのであるから，本訴のような請求は行政庁の処分をまって始めて司法審査をすべきものとはいえないものであり，従って行政庁を事前に拘束することを目的とする許すべからざるものということはできない（原告が右薬事法の規定に反して薬局を開設した場合には罰則の適用……，薬剤師法第8条第2項による薬剤師の免許の取消処分等がありうることが考えられるが，これらの処分は，個別の立場から考慮される事項であつて，それら処分のあるまで，本訴のような請求による権利救済を待つべきものとすることはできない。）」。

この事件の最高裁大法廷判決（1966〔昭和41〕・7・20民集20巻6号1217頁）はもっぱら実体法上の憲法論を取り上げて上告を棄却したので，この訴訟類型は適法視されたことになる。これは行訴法改正において確認訴訟が実は前から認められていたとして確認訴訟の活用というメッセージを出す契機となった判例である（阿部・行訴改革402頁の紹介が改正過程で参考にされたようである）。

Case 2：市に対するゴミ収集義務の確認訴訟

一般廃棄物処理計画で特定のダストボックスのみからのごみ収集を定めている市に対して提起された，他の場所からのごみ収集義務の確認を求める訴訟は，「ごみの収集義務という公法上の義務の存否に関する当事者訴訟と解され，本

件建物の占有者である原告と被告との間に右義務の存否を巡って紛争が存在しており，その確認を求める以外に紛争解決のための適切な手段がない以上，原告は，右義務の存在確認を求める法律上の利益を有すると解するのが相当である」（本案で棄却）（東京地判 1994〔平成 6〕・9・9 判時 1509 号 65 頁，判例自治 132 号 86 頁）。

Case 3 : 身上調査票の記載

厚生省援護局の身上調査票の「逃亡」の記載について人格権に基づき事実に反する部分の訂正ないし抹消の請求訴訟を認めた例（在日台湾人身上調書票訂正請求訴訟，東京地判 1984〔昭和 59〕・10・30 判時 1137 号 29 頁）は，その訴訟類型には直接言及していないが，取消訴訟ではないことはたしかであり（出訴期間を問題にしていない），公法上の当事者訴訟か民事訴訟である（判決文では何も判示していない）。私見はこれまではこれは民事訴訟で済ませればよいと考えてきたが，この改正の趣旨に添えば当事者訴訟として構成すればよい。

Case 4 : 在外邦人の選挙権確認訴訟

在外邦人が衆議院小選挙区選出議員選挙および参議院選挙区選出議員選挙において選挙権を行使する権利を有することの確認を求める訴えについて，東京高判（2000〔平成 12〕・11・8 判タ 1088 号 133 頁）は，この訴えは，裁判所に対して，同法が在外日本人に前記各選挙において選挙権を行使する権利を認めていないことの違憲，違法を宣言することを求めているのか，または上記行使をする権利を創設することを求めるものであるから，当事者間の具体的な権利義務ないし法律関係の存否に関する紛争ではなく，抽象的，一般的に法令等の違憲，違法をいうか，または更に一般的に権利を創設する判断を求めるものと言わざるをえず，裁判所法 3 条 1 項にいう「法律上の争訟」に該当しないことは明らかであるから，不適法とした。

これに対し，最高裁大法廷判決（2005〔平成 17〕・9・14 民集 59 巻 7 号 2087 頁〔百選 428 頁〕）は，本件訴えは，「公法上の当事者訴訟のうち公法上の法律関係に関する確認の訴えと解することができるところ，その内容をみると，公職選挙法附則 8 項につき所要の改正がされないと，在外国民……が，今後直近に実施されることになる衆議院議員の総選挙における小選挙区選出議員の選挙及び参議院議員の通常選挙における選挙区選出議員の選挙において投票をすることができず，選挙権を行使する権利を侵害されることになるので，そのような事

第9章　行政訴訟法

態になることを防止するために，同上告人らが，同項が違憲無効であるとして，当該各選挙につき選挙権を行使する権利を有することの確認をあらかじめ求める訴えであると解することができる。

選挙権は，これを行使することができなければ意味がないものといわざるを得ず，侵害を受けた後に争うことによっては権利行使の実質を回復することができない性質のものであるから，その権利の重要性にかんがみると，具体的な選挙につき選挙権を行使する権利の有無につき争いがある場合にこれを有することの確認を求める訴えについては，それが有効適切な手段であると認められる限り，確認の利益を肯定すべきものである。そして，本件の……訴えは，公法上の法律関係に関する確認の訴えとして，上記の内容に照らし，確認の利益を肯定することができるものに当たるというべきである。なお，この訴えが法律上の争訟に当たることは論をまたない。」とした。

この事件では当初請求の趣旨の特定が不十分ではないかという問題があったようである。当初の請求の趣旨は「Xらが，衆議院議員小選挙区選出議員選挙及び参議院選挙区選出議員選挙において選挙権を行使する権利を有することを確認する」というものであったが，これではいつの選挙に関するものか，原告らが帰国する可能性もあるということで，確認の利益に疑問があった。最高裁は，請求の趣旨を善解して，「Xらが，**次回の衆議院議員の総選挙における小選挙区選出議員の選挙及び参議院議員の通常選挙における選挙区選出議員選挙において，在外選挙人名簿に登録されていることに基づいて投票をすることができる地位にあることを確認する**」とした。

これは当事者訴訟として正当化されているが，選挙権の性質から，それを確保するための訴訟が法律上の争訟であるとされれば，あとは，いずれかの訴訟類型では拾わなければならないのであって，当事者訴訟でも民事訴訟でもよいはずである。私見では，この訴訟を許容するか，認容すべきかどうかは改正法とは関係がないと考える。この判決が民事訴訟説を排除したものと積極的に読み込みうる判示はない。そして，同じく確認するなら，消極的な確認（選挙権の行使を認めていない点において違憲との確認）よりも積極的な確認（選挙権を行使する権利を有することの確認）の方がより適切だというだけであろう。

それでも，もしこうした確認判決が下されたのは確認訴訟が明示された効果だとすれば（本件は当事者訴訟を適法とする前提で判断したものとされる。杉原則彦

調査官解説・曹時 58 巻 2 号 323～324 頁，日弁連行訴センター編・実務解説行政事件訴訟法 68 頁以下，同編・実例解説行政関係事件訴訟 85 頁以下参照），改正の効果もあったことになる。

Case 5 ：国籍確認訴訟

国籍法 3 条 2 項は，その届出の時に日本の国籍を取得することを定めているので，国籍法の要件を満たさないとして不受理となった場合には国籍を有することの確認訴訟を提起することになる（東京地判 2005〔平成 17〕・4・13 判時 1890 号 27 頁，判タ 1175 号 106 頁）。

最高裁 2008（平成 20）年 6 月 4 日大法廷判決（民集 62 巻 6 号 1367 頁）は，外国人の母と日本人男性の間に生まれた子どもの日本国籍について出生前に認知されれば当然認められるが，出生後認知された場合には，両親の婚姻を要するとする国籍法 3 条 1 項について，その要件を無効として，日本国籍を有することの確認判決を下した（2008 年にこの立場に立った国籍法改正が成立した）。

Case 6 ：混合診療を受ける地位の確認

第 2 章第 1 節Ⅱ8 で述べた混合診療禁止違法判決（東京地判 2007〔平成 19〕・11・7 判時 1996 号 3 頁）は，「原告が，活性化自己リンパ球移入療法と併用して行われる，本来，健康保険法による保険診療の対象となるインターフェロン療法について，健康保険法に基づく療養の給付を受けることができる権利を有することを確認する。」との確認判決を下した。画期的である。

保険外の治療を拒否するのは病院であり，保険外の治療をしたとき，保険内の給付までも拒否するのは保険組合であり，国（厚労省）は，単に混合診療禁止という法解釈を示しただけである。この場合考えられる訴えとしては種々あるが，病院や健康保険組合を被告とするには，実際に混合診療が行われなければならないが，厚労省からの制裁が予定されている以上は，混合診療をしてくれる病院はない。そこで，実際に給付を受けるためには，国を被告とする受給権確認訴訟しか，実際的な訴訟はないので，筆者もそれを提案していた（阿部・法務戦略第 6 章第 7 節）。

この判決は，確認の訴えが許容される理由を次のように説明している。

「原告は，その主治医から，その腎臓がんの治療のため，インターフェロン療法と活性化自己リンパ球移入療法を併用する療養が医学的に有用なものとして勧められ，この療養を受けていたものであり，原告は，今後とも，インター

フェロン療法と活性化自己リンパ球移入療法を併用する療養を受ける可能性が高いと認められるところ，仮に，原告が今後とも活性化自己リンパ球移入療法を受けようとすれば，インターフェロン療法に要する費用についても全額自己負担とされ，多額の医療費の負担を余儀なくされるおそれがあることに照らすと，原告が，いわゆる公法上の当事者訴訟（行政事件訴訟法4条）として，上記権利を有することを確認すべき法律上の利益も十分に肯認することができるというべきである。」

(7) 確認訴訟における仮処分

公権力の行使に当たる行為については，前記のように仮処分が禁止されている（行訴44条）。逆に，公権力の行使該当性が認められない場合には，仮処分の規定（民保23条）が適用される。しかし，どんな場合に仮処分が許されるのかは必ずしも明確ではないが，仮処分は救済の要であるから，救済の道を形式的な理由で塞ぐことのないような，憲法32条の裁判を受ける権利，権利救済の実効性の観点に立った解釈が求められる。

* 仮処分を申請するには，被保全権利の疎明のほか仮処分命令の必要性が求められる（民保23条）。仮処分には，「係争物に関する仮処分命令」と「仮の地位を定める仮処分命令」がある。前者は，「その現状の変更により，債権者が権利を実行することができなくなるおそれがあるとき，又は権利を実行するのに著しい困難を生ずるおそれがあるときに発することができる」。後者は，「争いがある権利関係について債権者に生ずる著しい損害又は急迫の危険を避けるためこれを必要とするときに発することができる」。後者については，口頭弁論または債務者が立ち会うことができる審尋の期日を経なければ，これを発することができないのを原則とする。

　当事者訴訟の例として，異教徒の埋葬を拒むことのできる地位を確認する訴え，勤務評定で自己評定をする義務のないことを確認する訴えであれば，仮の地位を定める仮処分も正当化できよう。このような救済形式が公権力に対するものとして許容されないとすれば，仮の救済手段がなくなり，違憲となる。問題は「著しい損害又は急迫の危険を避けるためこれを必要とするとき」に当たるかどうかにある。ガン治療のため混合診療を受けることのできる地位の仮の確認は，費用が高額であり，緊急を要するので認容されるべきである。

　周辺住民の同意を取れとの行政指導を違法と確認する訴え，または同意を取る必要がなく，法的手続に進むことができる地位を確認する訴訟であれば，仮の確認も許容されよう（そのほか，阿部・法務戦略第5章第7節で検討している）。

2　形式的当事者訴訟

これに対して，形式的当事者訴訟とは，本来抗告訴訟であるが，収用裁決の

第6節　取消訴訟以外の訴訟類型

取消し（これは土地収用法133条1項により，改正行訴法14条にもかかわらず，3ヵ月の不変期間である出訴期間が付く）とは切り離して，その一部（主に補償額）を独立に取り出して，私人間（この場合には土地所有者などの権利者と土地収用事業の起業者〔企業者ではない〕間）で争わせる特殊な訴訟である。それなら，出訴期間は不要であるはずなのに，こちらの方には6ヵ月の期間制限（収用133条2項）が付く。複雑なしくみである（阿部・行訴要件第2部第4章）。収用裁決の取消訴訟を提起して敗訴した（しそうになった）ので，損失補償請求訴訟を提起すると，出訴期間が徒過することが少なくない。期間が徒過した場合従前は不変期間とされていた関係でその責めに帰すべき事由が消滅してから1週間以内に出訴できただけであるが，改正法では「正当な理由」があれば出訴できると緩和された（行訴40条1項）。なお，この裁決においては形式的当事者訴訟の被告と出訴期間が教示される（行訴46条3項）。

　形式的当事者訴訟については給付訴訟か形成訴訟かが争われる。給付訴訟説は，金額は憲法29条3項で決まっているはずで，それを請求するにすぎないとする（名古屋高判1977〔昭和52〕・8・18判時873号26頁）のに対し，形成訴訟説は，もともと行政処分（収用裁決）を争っているのであるから，その公定力を排除するために裁決の取消しを求めるべきだとする（高松高判1984〔昭和59〕・12・24行集35巻12号2333頁）。後者によれば，端的に金いくらの給付請求をすると，却下される。

　しかし，こうした区別は単なる形式の問題であり，実際的な意味はない。キャッチボールの窓口論争あるいは救済不在の論争である。また，理論的に言っても，補償金に関する部分は，裁決の取消訴訟とは切り離されているのであるから，裁決の取消しを求める必要はないはずである。ただし，判例は給付訴訟説で落ち着いた可能性もある。補償金に関する判断については，収用委員会には裁量権はなく，裁判所が客観的に認定するというものである（最判1997〔平成9〕・1・28民集51巻1号147頁〔百選430頁〕）。

　また，収用に不満であるが，どうしても収用されるのであれば補償金を増額せよと求めたいとき，主位的に土地収用委員会を被告に収用裁決の取消しを求め，予備的に起業者（県の事業であれば県）を被告に損失補償を求める訴えの主観的予備的併合が適切である。しかし，判例は主観的予備的併合を認めていない（最判1968〔昭和43〕・3・8民集22巻3号551頁）ので，この場合も否定例が

多い（否定例，名古屋高判 1997〔平成 9〕・4・30 判時 1631 号 14 頁，判タ 950 号 125 頁，太田幸夫・主要判例解説平成 9 年度 264 頁参照）。そうすると，被収用者は，これを別訴として，それぞれ出訴期間内に提起しなければならず（収用裁決が適法と確定してから補償請求訴訟を提起すると出訴期間を徒過する），大変な負担であったし，判決が矛盾することもある。しかし，1996（平成 8）年改正の民訴法 41 条により，共同訴訟で，法律上併存しない関係にある場合には，同時審判の申出があれば，弁論と裁判を分離しないで行うこととなったので，矛盾しない判決が期待される。

VI 客観訴訟
1 客観訴訟

以上の訴訟は，訴えを提起するのに，法律上の利益（抗告訴訟の場合，原告適格，行訴 9 条，37 条の 2 第 3 項・4 項，37 条の 4 第 3 項・4 項。無効確認訴訟でも規定はないが同じ）または権利利益の侵害（当事者訴訟の場合）を要する主観訴訟である。これに対して，こうした原告適格などの制限がない訴訟は，学問上客観訴訟と言われてきた。

そして，実定法上，民衆訴訟（行訴 5 条）と機関訴訟（行訴 6 条）は客観訴訟として構成されている。それは，原告適格の制限がないため，裁判を受ける権利の保障外であるので，この制度を創設するかどうかは，立法裁量によると考えられている。そこで，「法律に定める場合において，法律に定める者に限り，提起することができる。」（行訴 42 条）。

例えば，市会議員としての資格において議会の議決の無効確認を求める訴え（最判 1953〔昭和 28〕・6・12 民集 7 巻 6 号 663 頁〔百選 434 頁〕），選挙の告示の取消しを求める住民の訴え（最判 1957〔昭和 32〕・3・19 民集 11 巻 3 号 527 頁〔百選 436 頁〕）は，個人の権利の問題ではなく，法定された場合に当たらないため不適法とされた。議員であるというだけで議会の決定の取消しを求める主観的な利益はない（最判 1981〔昭和 56〕・5・14 民集 35 巻 4 号 717 頁〔百選 288 頁〕）。これについては，⇒第 10 章第 1 節 IV（なお，この領域では，山岸敬子『客観訴訟の法理』〔勁草書房，2004 年〕がある）。

情報公開訴訟は開示を拒否された以上は誰でも提起できるので，実質は民衆訴訟であるが，情報公開請求権という主観的な権利侵害と構成されているので，

主観訴訟とされている（⇒第6章第4節）。
  2 　民衆訴訟＝住民訴訟，選挙訴訟
  (1) 　住 民 訴 訟
  民衆訴訟として認められているのは，住民訴訟と選挙訴訟である。
  住民訴訟は，行政活動の違法一般ではなく，契約，不動産の売買，公金支出など，財務会計上の違法を追及できるだけである（例えば，公有水面埋立免許の違法を追及することはできない）が，代わりに，原告適格の制限のある抗告訴訟とは異なって，住民1人でも，公金の違法な支出に気がつけば，それを地方公共団体に返還させることができる（自治242条の2，ここに行訴法9条のような制限はない）。ただし，住民監査請求が前置される。
  住民監査請求は，「行為があった日又は終わった日」から1年以内に行わなければならず，それ以前の行為については「正当な理由」が必要である。判例は，これについて「正当な理由の有無は，特段の事情のない限り，普通地方公共団体の住民が相当の注意力をもって調査すれば客観的にみて上記の程度に当該行為の存在及び内容を知ることができたと解される時から相当な期間内に監査請求をしたかどうかによって判断すべきものである。」（最判2002〔平成14〕・9・12民集56巻7号1481頁，さらに最判2005〔平成17〕・12・15判時1922号67頁，判タ1200号140頁）としているが，秘密情報とされていない場合には，情報公開請求を徹底的に行わないと「相当な注意力を持って調査した」と評価されないことが多い（古関祐二「監査請求期間と正当な理由」藤山編・行政争訟408頁以下，さらに，廣田達人「住民監査請求期間徒過の正当な理由」自治研究85巻1号136頁）。しかし，情報公開請求も，何か端緒がなければやりようがない。判例は，常に行政の全分野について情報公開請求するという不可能事を庶民に要求するに近い（阿部「期間制限の不合理性」小島古稀下3頁以下）。

  ＊　これは地方公共団体に関するもので，特別地方公共団体である一部事務組合には準用される（自治292条）が，土地開発公社などが，財政乱脈がいくら深刻でも対象外になっていることは大きな問題である（駒林良則＝寺田友子「土地開発公社と住民訴訟」名城法学57巻1＝2号〔2007年〕）。

  その訴状に添付する印紙代（提訴手数料）は，請求額（訴額），原告数とは関係なく，一律に13,000円とされている（ただし，高裁で5割増し，最高裁では倍。民事訴訟費用等に関する法律4条，最判1978〔昭和53〕・3・30民集32巻2号485頁

〔百選442頁〕）。その理由は，訴額算定のための「訴えで主張する利益」（民訴8条1項・9条）は，地方公共団体の受ける利益ではなく，住民の受ける利益であるから，算定できないということである。

　その訴訟で根拠とする証拠は，情報公開請求で，ある程度入手することができる。

　勝訴した場合には，訴訟費用を取り戻せるほか，弁護士費用も「相当と認められる額」を当該地方公共団体から取り立てることができる（自治242条の2第12項）（これは従来4号請求の場合に限られていたが，2002〔平成14〕年の地方自治法改正ですべての住民訴訟に拡大された）。しかし，敗訴の場合には，弁護士に払う着手金も回収できず，損するだけである。違法性が認められたが関係者の過失が認定されない場合も，違法行政の是正に貢献したが，法的には敗訴扱いである。また，この「相当と認められる額」については，判例が大きく分かれており，自治体側はなるべく安くしようとするので，もう1度最高裁まで争わないと，決まらない。その考え方については，訴訟によって得られる利益を，算定不能として（その場合，従前の扱いでは800万円とみなされている）弁護士報酬を算定する方法と，勝訴額に応じて弁護士報酬を増額する方法と，その中間の考え方がある。算定不能説は提訴手数料の考えを勝訴報酬に及ぼすものであるが，提訴の時点では，提訴手数料を払う原告の得られる利益は算定不能であるが，原告が勝訴したあと実質的に弁護士報酬を払う自治体の利益は算定できるのであるから，算定可能説によるべきである（阿部「住民訴訟における住民側弁護士の『勝訴』報酬の考え方（上中下）」判時2007号，2009号，2010号〔2008年〕，最判2009〔平成21〕・4・23〔平成19年（受）第2069号事件〕最高裁HPより）。後者の考え方に立っても，弁護士費用は長年立替払いで，2度の最高裁までの訴訟によって初めて弁護士報酬を取れるのであるから，弁護士にとって，住民訴訟は通常の訴訟よりも非常に割りが悪い。勝てば儲かるくらいでないと，住民訴訟を提起する意欲が湧かない気もするが，職員への過大給付，官官接待の費用を返還させるなど，頑張る正義漢が結構増えて，インチキ自治体の脅威となっている（阿部代理の住民訴訟でも，最高裁勝訴確定3件，大阪高裁勝訴2件ある）。

　住民訴訟の主流は，首長（知事，市町村長）など，違法行為をした者に対して，自分の自治体に賠償せよという，いわゆる4号請求である。これはこれまで賠償責任を負う個人に対して請求したが，**2002（平成14）年の改正**により，首長

というポストを被告に出訴することとされた。請求の趣旨は、例えば、「神戸市長は，A（市長個人，談合企業等）に対し，神戸市に，金〇〇円及び〇〇から完済まで年5分の割合による利息を払うように請求せよ」というややこしい請求である。訴訟になる案件について自治体が負う説明責任を果たすためと説明された（平成12年10月25日地方制度調査会「地方分権時代の住民自治制度のあり方及び地方税財源の充実確保に関する答申」最高裁判所事務総局行政局監修『改正住民訴訟執務資料』〔法曹会，2003年〕52頁）が、説明したければこれまでもできたことで、むしろ、首長という公のポストが被告になることにより、**公金で最高裁まで無限の弁護士を付けることができ、敗訴の場合でもこれを返還しなくても済む**ようにするのが本音であろう（したがって、被告は、まったく勝ち目がなくても、とにかく上告・上告受理申立てを行い、文書提出命令が出れば、とことん特別抗告・許可抗告を申し立てる。訴訟は延びるだけである。この改正は不適切であった。阿部「住民訴訟改正へのささやかな疑問」自治研究77巻5号〔2001年〕）。両者対等にし、被告が負ければ多少は損するシステムが必要である。

ただし、**説明責任を果たすためというのであるから、行政側に立証責任、少なくとも説明責任がある**ことになる（阿部「行政法解釈のあり方(4)」自治研究83巻10号9頁以下）ので、インチキ首長側は、この改正で墓穴を掘ったことになろう。

しかし、故意・過失で違法行為をした以上、1人で賠償責任を負わなければならない実体法（首長が自治体に賠償しなければならない根拠は民法709条である）には変わりはなく、賠償額はしばしば巨額になるので、知事・市長が安心だというわけにはいかない（私見では、賠償額に上限を設けるべきである。会社法423条〜427条参照。また、巨額になって、取り立てるのが無理な分は、責任が軽ければ免除してもよいが、議会が議決すればすべて免除できるとの判例は間違いである。⇒第4章第6節Ⅲ1。しかも、長個人が地方公共団体に賠償すべき債務を免除されたら、その免除金は賞与と同じで、所得税と住民税が課税されるから、債務免除は長の作戦ミスである）。ただ、敗訴した首長が責任のある部下に一部を求償すべきである。また、部下が違法行為をしないように、法令コンプライアンス・システムを作るべきであろう（**問題⑨**）。

(2) 選挙訴訟

選挙訴訟は、選挙民というだけの資格で提起できる（公選204条）。選挙訴訟

は普通は票数の数え方の間違いを理由とする。議員定数の不均衡を違憲と主張する者が、当該選挙区の選挙を無効として提起した選挙訴訟の適法性については、疑問もあった。最高裁は、「元来、右訴訟は、公選法の規定に違反して執行された選挙の効果を失わせ、改めて同法に基づく適法な再選挙を行わせること(同法109条4号)を目的とし、同法の下における適法な選挙の再実施の可能性を予定するものであるから、同法自体を改正しなければ適法に選挙を行うことができないような場合を予期するものではなく、したがって、右訴訟において議員定数配分規定そのものの違憲を理由として選挙の効力を争うことはできないのではないか、との疑いがないではない。」と、この疑問を認める。「しかし、右の訴訟は、現行法上選挙人が選挙の適否を争うことのできる唯一の訴訟であり、これを措いては他に訴訟上公選法の違憲を主張してその是正を求める機会はないのである。およそ国民の基本的権利を侵害する国権行為に対しては、できるだけその是正、救済の途が開かれるべきであるという憲法上の要請に照らして考えるときは、前記公選法の規定が、その定める訴訟において、同法の議員定数配分規定が選挙権の平等に違反することを選挙無効の原因として主張することを殊更に排除する趣旨であるとすることは、決して当を得た解釈ということはできない」(最大判1976〔昭和51〕・4・14民集30巻3号223頁〔百選438頁〕)として、国民の基本的権利侵害国権行為に対する救済の要請から、選挙訴訟の制度を利用することを認めた。もともと、自分の選挙区の議員定数が過少であると主張するのであるから、それを無効として、議員がゼロになる状態を現出しようとする訴訟は矛盾以外の何者でもないが、ほかに方法がないので、判例の法創造機能が発揮されたのである(阿部〔判批〕・ジュリ617号55頁)。

  * アメリカでは、違憲の定数配分規定の違憲宣言を行い、選挙区画を作り直す。日本でも、実定法で規定されている訴訟類型で救済できないが、基本権侵害に当たる重大な場合には、裁判を受ける権利の保障の観点から、救済制度を創造すべきである(棟居快行「『基本権訴訟』の可否」同『人権論の新構成』〔信山社、1992年〕285頁以下参照)。

3 機関訴訟

同じ行政主体の間の機関同士の争いはその内部で解決するのが原則であるから、訴訟は認められないが、例外として、特に裁判による解決が妥当であるとして、立法的に訴訟を認めたのが機関訴訟である。その例としては、2000(平

成12）年の地方自治法の改正前に存在した職務執行命令訴訟，地方公共団体の議会と首長の間の争い（自治176条・177条）がある。なお，機関訴訟は，権利主体相互の争いでないために特別に規定が置かれているだけで，争うための法的利益は必要であるから，主観訴訟に対する客観訴訟と分類するのは適当ではない。

職務執行命令訴訟では，知事に対する大臣の命令が争われるが，大臣の命令に優越性はなく，適法かどうかを客観的に審理すべきである（最大判1996〔平成8〕・8・28民集50巻7号1952頁〔自治百選3版202頁〕）とされている。

なお，杉並区と東京都との間において，受信義務の確認を求めるいわゆる**住基ネット訴訟**については，第1節Ⅳ3で述べたが，裁判所は，これを機関訴訟とみている（東京地判2006〔平成18〕・3・24判時1938号37頁，東京高判2007〔平成19〕・11・29判例自治299号41頁）。しかし，**区は都とは別の独立した法主体であるから，機関訴訟ではありえない**。この地裁判決は，市町村の境界確定の訴え（自治9条9項），課税権の帰属に関する訴え（地税8条10項），住民の住所の認定に関する訴え（住基33条4項）は地方公共団体またはその首長が行政権主体として提起する訴えであるが，これらは「法律上の争訟」に当たらないものの裁判所が審判することができるものであって，一般に機関訴訟の例とされているとして，機関訴訟は，別法人相互間の紛争も含むとするが，これらを機関訴訟とみたのは地方分権が進展する前の発想であって，今日では，これらはすべて対等独立の法主体間の紛争であるから，「法律上の争訟」と解すべきである（阿部「区と都の間の訴訟（特に住基ネット訴訟）は法律上の争訟に当たらないのか（上，下）」「続・行政主体間の法的紛争は法律上の争訟にならないのか（上，下）」自治研究82巻12号〜83巻3号〔2006年〜2007年〕）。

分権改革後に職務執行命令訴訟の後継者とされている，法定受託事務に関する代執行の司法的執行（自治245条の8），さらに国の関与に対して地方公共団体が提起する訴訟（自治251条の5。⇒第1節Ⅳ3）は，行政主体間の争いであるから，機関訴訟ではなく，行訴法の訴訟類型には当てはまらない特別の訴訟と言うべきである。

　　応用課題：客観訴訟と言われる住民訴訟・選挙訴訟・機関訴訟・国民訴訟・市民訴訟・行政主体間訴訟は司法権の範囲内か？

(1) 司法権に関する従前の定義

憲法76条の定める司法権とは，従来の通説判例では，**具体的な争訟事件**について法を適用し，宣言することによってこれを解決する国家作用である。そして，住民訴訟，選挙訴訟，機関訴訟等はいわゆる客観訴訟とされ，事件性・争訟性の要件を満たさないとされている。なぜか，「具体的な争訟事件」という要件の中に個人の主観的な権利侵害を読み込んでしまい，**司法権＝法律上の争訟＝主観訴訟**の等式が当然に成り立つとの思い込みがある。

この前提に立つと，では，立法者は，憲法上の司法権に含まれない，客観訴訟の権限をなぜ司法権に与えることができるのか，もし，客観訴訟は，事件性・争訟性の要件を満たさないが，政策的に定められた訴訟類型であるとすれば，それは行政作用であるから，裁判所が行政作用を担うことが憲法上許されるのかという問題が生ずる（なお，塩野・Ⅱ240頁参照）。

これについて，事件性・争訟性がなくても，司法権の核の部分ではない，その周辺については，法政策的に決定されるべき領域があり，客観訴訟や非訟事件の裁判はその例であるとする説もある（佐藤幸治『現代国家と司法権』〔有斐閣，1988年〕126頁）。実定法的には，裁判所法3条の中で，「その他法律において特に定められた権限」として根拠づけられる。しかし，周辺部分なら法政策的に決定できるのはなぜなのか，不明である。

また，民衆訴訟・機関訴訟とは，法律上の争訟を離れるが，法律上の争訟を擬制して司法権の範囲に入るとの見解がある（山岸敬子「『法律上の争訟』を離れる訴訟と司法権」公法学会2008年報告，同・前掲『客観訴訟の法理』38，144頁）が，なぜそのような立論が成り立つのか，理解できなかった。

(2) 民事法的な意味での主観訴訟性は不要

そもそも，**司法権という概念は**，法の定立を行う立法と法の適用に関する行政と比較すれば，法の支配ないし法治国家の観点から，**具体的な紛争が存在する場合に，適法な提訴を前提に，事実認定と法の解釈適用を終局的に権力をもって判断する作用**とすれば十分である。それだけで「法律上の争訟」とか，「事件」ということができよう。そこには主観訴訟と客観訴訟の区別はないのである。

上記の伝統的な司法権の定義では，「具体的な争訟事件」を**個々人の具体的な権利義務または法律関係に関する紛争**として把握し，主観訴訟と等置してい

るが，それは民事訴訟を念頭に置いた司法権の定義である。それはまた，司法権の概念のコアの部分であるが，司法権をそれに限定する理由はない。行政法の領域では，個々人の具体的な権利義務とは言えなくても，行政の権限なり，私人と行政との権利義務または法律関係の紛争がある。それも「具体的な法的紛争」なのであるから，ここでいう「具体的な争訟事件」に入れるべきである。こうした行政特有の法的紛争を司法から放逐するのは民事法的な発想であって，それを取り込んだ司法の定義を行うべきなのである。

　第1節Ⅳで美濃部説として紹介したように，行政裁判は，民事法的な意味での権利義務として説明できなくても，法的な利害関係にかかわり，「行政法規の適用を具体的事件につき判断し宣告する作用」であれば，それだけで，「法律上の争訟」とか，「事件」といってよい。以上の私見は，司法権の定義から主観訴訟性を排除する見解に近い。

　(3)　では，客観訴訟をどう理解する？

　住民訴訟，選挙訴訟，機関訴訟等はいわゆる客観訴訟とされ，「**個々人の具体的な権利義務又は法律関係**に関する紛争」ではないとされてきたため，事件性・争訟性の要件を満たさないとされているが，それでも，具体的な利害がかかわる案件において法解釈上の紛争があるから，法律上の争訟である。また，権利義務関係はないと仮定しても，法律関係はあるのである。

　そもそも，**客観訴訟，主観訴訟という区別は，行訴法の立法者の考案したものであり，司法権という憲法レベルの理論ではない。行訴法で，客観訴訟と決めつけて，憲法で定める司法権の範囲に入る訴訟を，司法権の外に放逐することは許されない**（アメリカ法では主観訴訟と客観訴訟の区別はない。中川丈久「行政訴訟に関する外国法調査──アメリカ（上）」ジュリ1240号95頁参照）。司法権の範囲を考えるとき，行訴法の定めに左右されるのは，下克上的解釈である。むしろ，住民訴訟，選挙訴訟などを，客観訴訟として位置づけ，法律で定める場合において，法律に定める者に限り提起することができるとしている行訴法42条は司法権の範囲を法律で限定しているもので，違憲の疑いさえあるのである。現に，アメリカ，フランスでは住民訴訟が認められているが，これを客観訴訟として整理することはなく，原告適格の要件を緩和しただけであるから，そもそも客観訴訟という枠組み自体に問題があるのである。

　なお，仮に司法権の中核は個々人の具体的な権利義務に関する紛争であると

すると，住民訴訟は原告住民の具体的な権利義務にかかわることなく，誰でも提起できるので，司法権の範囲を越えるのではないかという疑問も生ずる。しかし，原告は地方公共団体の代理をしている（地方公共団体から権限を委任されている）と理論構成すれば，当該地方公共団体の具体的な権利義務に関する争いということができる。

選挙訴訟も客観訴訟とされているが，選挙権・被選挙権の侵害を理由とする主観訴訟と構成することも可能である。現に，情報公開訴訟は誰でも提起できるが，しかし，それは誰にでも情報公開請求権を付与するという構成によるので，主観訴訟とされている。主観訴訟と客観訴訟の違いは，このような出訴権の理論構成だけの問題にある。主観訴訟では，原告に実体法上法律上の権利を与え，客観訴訟では，実体法上法律上の権利のない者に訴訟法上出訴権を与えるという立法者の選択の問題にすぎない。それにもかかわらず，後者が司法権の範囲外になるのは不合理である。

  ＊　立法論としては，現行の客観訴訟の他に，例えば，国民が誰でも国の行政機関の財務会計上の違法行為を争う「国民訴訟」を創設することも司法権の範囲内であると解する（なお，その提案と問題点について，松井茂記「法治国家における裁判的権利保護『国民訴訟』の可能性について」高田古稀，村上武則「『国民訴訟』創設への道」阪大法学53巻3＝4号〔2003年〕）。

市民誰でも環境訴訟を提起できるとする立法をすれば，それは司法権の範囲内に入る。

(4)　司法権の範囲と裁判を受ける権利，法治国家

では，逆に，立法者としては，司法権の権限に入ることをすべて，裁判所の権限として現実に訴訟を提起できるようにする義務を負うのか。そのようになっていない現行法は違憲か。

現実に訴訟を提起できるように保障するかどうかは，個人に関しては，憲法32条の「裁判を受ける権利」の問題である。そして，個々人の具体的な権利義務に関する紛争においては，裁判を受ける権利の保障の観点から，裁判制度を設置することが憲法上の要請であるが，個々人の具体的な権利義務に関係しない紛争について裁判制度を設置するかどうかは立法者の裁量である。そうすると，住民訴訟，機関訴訟，国民訴訟，市民訴訟を法制度化するかどうか，するとして，どのように設計するかは，ある程度まで立法者の裁量である（その

廃止も違憲ではない）。なお，住民訴訟は，法律で特に認められたものであるから，その要件を厳格に解すべきであるという説もあるが，法律が認めた以上は，法律の趣旨を素直に理解すればよいので，特に厳格に解する理由はない。

これに対し，選挙が適法に行われることは民主主義の基本であるから，裁判を受ける権利から選挙訴訟の原告適格が導かれると考えると，立法によって廃止することはできない。

地方公共団体の間の訴訟，国と地方公共団体の間の訴訟は，個人の裁判を受ける権利の問題ではないが，それが具体的な争いになっており，法律の解釈で解決できる限り，法治国家では，機関訴訟の問題ではなく，権利主体間の紛争であるから，司法権による解決が求められる。それは，財産上の争いでなくても，何らかの主観的な利益をめぐっての争いであるから，これを客観訴訟として把握するのは不適当である。そして，これについて，特別の訴訟制度がなければ，行訴法がその受け皿となるものであり，特別の規定がなくても，抗告訴訟，当事者訴訟が活用できるものである（第1節Ⅲ，Ⅳで述べた）。

【上　訴　審】

本書では，第1審手続について述べた。控訴審，上告審については，基本的には民事訴訟法を学ぶ必要がある。ただ，若干説明しておく。

控訴審の審理は早く，1回結審も少なくなく，2回で打ち切りが非常に多い（井上繁規「民事控訴審の審理の実情と改善点」小島古稀上89頁以下）。したがって，控訴理由書で原判決の誤りを十分に指摘しないと，間に合わない（それも，被告の答弁書がぎりぎりで提出されたので，もう1度反論したくても，それを言う前に突然結審と宣言する運用も少なくない）。

1審で訴え却下になった場合，高裁は，訴えを適法とするときは原則として1審に差し戻す（民訴307条）。これに対して上告できるから，裁判は長期化する。しかし，訴えを適法とする判断がなされるとき，高裁が，事件につき「さらに弁論をする必要がない」として，直ちに請求棄却することもあるので，本案についても十分に主張する必要がある。

これに対し，「まだ最高裁がある」として上告する場合，上告する権利があるのは，違憲と理由不備くらいである（民訴312条）が，実際上はこうした主

第9章 行政訴訟法

張はほとんど認められない。最高裁は，憲法裁判所であるのに，憲法理論に精通した判事が中心となる任用方法は採られておらず，不服に対応した判断過程を示すという理由の基本さえ欠けていても，理由が付いているとされることが多い。判例違反その他の法令の解釈に関する重要な事項を含むと認められる事件については，上告の権利はないが，最高裁は裁量で受理することができる（民訴318条）。事実問題は，「原判決において適法に確定した事実は，上告裁判所を拘束する」（民訴321条）。経験則違反による事実認定は適法に確定したことにはならない。

　受理されないときは理由はまったく付かない，3行半どころか1行の決定である。その結果，高裁では，どうせ上告審で破られることはないと，杜撰な審理がなされることが少なくないと感ずる。

　そして，こうした民訴法312条および318条による上告制限は立法裁量の問題として，憲法32条違反ではないとされている（最判2001〔平成13〕・2・13判時1745号94頁，判タ1058号96頁）。

　上告審の段階では，憲法論が中心になるので，下級審から憲法論を主張しておくことが必要であるが，日本では，憲法論を打ち出すと，下位の実定法で十分な主張ができないからだとみられて，敗訴を自認したに近い扱いを受ける。下級審では，憲法を念頭に置きつつも，実定法の解釈を中心とすることが肝心である。

　最高裁で，逆転する場合には口頭弁論が行われるが，口頭弁論が行われても逆転するとは限らない（民訴319条）。

　上告受理不受理の基準はまったく不明瞭で，なぜ不受理なのか，理解できないケースが少なくない（阿部「三行半上告棄却例文判決から見た司法改革」園部古稀505頁）。高裁で敗訴したあとは，まったく「神頼みで」上告受理を申し立てているのが現実である。最高裁への上告・上告受理申立てでは，地裁の倍額の印紙を貼る。印紙代が高いのは濫上告対策であるが，それはお上の見方であって，本来は濫却下対策も必要である。

　文書提出命令についても，抗告，特別抗告，許可抗告などで上級審で争えるので，その間本案の審理が遅滞する。

第6節　取消訴訟以外の訴訟類型

付録：請求・仮の救済の申立ての趣旨，控訴・抗告の趣旨の書き方,モデル

---取消訴訟---

(請求の趣旨)
○○知事が X_1 に対して平成　年　月　日付け（処分番号）でした……法……条の規定に基づく指示（命令，不許可）を取り消す。
○○知事が X_2 に対して平成　年　月　日付けでした　○○県消費生活条例第……条の規定に基づく勧告を取り消す（勧告を処分と構成した場合）。
○○知事が X_3 に対して平成　年　月　日付けでなした○○県消費生活条例第……条の規定に基づく勧告が違法であることを確認する（勧告が処分ではないと構成した場合で，行為の違法確認説に立つ）
X_4 は，○○知事が平成　年　月　日付けで X_4 に対してなした○○県消費生活条例第……条の規定に基づく勧告に従う義務を負わないことまたは勧告を受ける地位にないことを確認する。

---控　訴　状（1審全面敗訴の例)---

1　原判決中，訴え却下部分については，いずれも，原判決を取り消し，……地方裁判所に差し戻す
2　原判決中，請求棄却部分を取り消す
　甲事件　　○○知事が X_1 に対して平成　年　月　日付けでした（処分番号）禁止命令を取り消す。
　乙事件　　○○知事が X_2 に対して平成　年　月　日付けでした（処分番号）許可取消処分を取り消す。
3　訴訟費用は，第1，2審とも被控訴人の負担とする
　との裁判を求める。

---仮の差止めの申立て---

1　相手方は，申立人目録(1)記載の申立人らに対し，本案（当庁平成　年（行ウ）第　　号事件）の第一審判決言渡しまで，○○市立児童福祉施設等に関する条例（○○市昭和　年条例第1号）の一部を改正する条例の制定をもってする○○市立 a 保育所を平成　年　月　日限り廃止する旨の処分をしてはならない。

335

第9章 行政訴訟法

```
┌─ 抗 告 状 ─────────────────────────────────
│ 1 原決定を取り消す
│ 2 ○○市凸凹区長は，抗告人に対し，××地方裁判所平成　年（行ウ）
│   第　号住民票消除処分差止め請求事件の判決確定に至るまで，仮に住民票
│   の消除処分をしてはならない。
└────────────────────────────────────────
```

（なお，行政手続，不服申立て，行政訴訟の書式については，日本弁護士連合会行政訴訟センター編『書式 行政訴訟の実務』〔民事法実務研究会，2008年〕参照。）

第10章　行政への不服申立てと行政の監視

① 不服申立ての審査は，行政の自己防衛制度となっていると批判されるが，なぜだろうか。

② 分権改革で，中央官庁は自治体の処分に口出しできなくなったかと思ったら，裁定的関与とかで残っているようだ。

③ 聴聞を経て異議申立てをしたら，却下され，それから出訴したら，期間を徒過した。なぜこんなことになるのか。

④ 税金の計算が間違っている。不服申立ては，どの役所にどのような手続でいつまでにすればよいのか。役所は，不服申立先や不服申立期間について教示（行審57条）してくれるはずだ。

⑤ しかし，隣地のマンション建設に反対している第三者住民が不服申立てをしようとしても教示してくれないようだ。

⑥ 審査請求をしたが，担当者は，まるで役所の守護神のようだ。自分で証拠を探してきて，申請人に教えずに，それを根拠として排斥してしまう。こんなことでよいのか。

⑦ 現行の行政不服審査法は不備なので，改正作業が進んでいる。うまく改正できそうだ。本当に中立的で権利救済に積極的なシステムになるだろうか。

⑧ 血税で飲んでいる官官接待はまことにけしからん。返還せよと監査請求をしたが，はねられた。監査委員は悪徳役人の味方ではないか。

⑨ 市民からの苦情を受けて行政を調査・監視するオンブズマンは訴訟で取り上げないことも扱うので，つまらないことも扱うことになり，必要性が低いのではないか。

第10章　行政への不服申立てと行政の監視

【本章で学ぶこと】

　違法・不当行政への不服申立てとその審査のしくみを考える。また，不服申立ての仕方を教える教示や審査の仕方の例を示して，制度の不十分さと改善策を考えるとともに，行政不服審査法改正案を検討する。

　会計検査院，行政監察，地方公共団体の監査委員などの監査の不備を検討し，その改善の方向を探る。簡易な苦情処理制度としてオンブズマンにも触れる。

第1節　行政不服申立て

I　行政不服審査の特色

　先に述べた行政訴訟は，行政の違法行為について裁判所に救済を求める制度であるが，行政不服申立て＝行政不服審査は行政庁に対してその違法・不当の是正を求める制度である。

　もともと，戦前から存在した**旧訴願法**は，その名称からして，行政にお願いするという性質のもので，権利救済制度としてきわめて不備であった。そこで，行政事件訴訟法の制定と同時に，1962年に，同法に代わって，行政不服審査法が制定された。これは一般法であり，国税通則法，地方税法，国家・地方公務員法などの個別法にその特例がある（行政不服申立ては私人が行うこと，行政不服審査は役所が行うこと，旧訴願法は前者，現行法は後者の名称を付けている。本書ではこれを混用している）。

　行政訴訟と行政不服審査を比較すると，前者は，独立の第三者機関である司法権による慎重な手続によるもので，権利救済には厚い建前であるが，審理の範囲は，行政処分の違法に限られ，不当には及ばないし，訴訟費用（印紙代外）もかかる。本人訴訟は許されてはいるが，実際上容易ではないので，弁護士に依頼することになり，裁判は，計画審理（民訴147条の2・147条の3，争点，証拠，証人・本人尋問，口頭弁論の終結・判決言渡し日等を定めて訴訟手続の計画的な進行を図ること）も浸透せず，丁寧な主張立証が求められるので，相当の費用がかかる。実態を見れば，慎重に審理される代わりに，原告にも重い負担が求められることになる。そのうえ，先に述べたように，行政訴訟は機能不全に陥っている。

第1節　行政不服申立て

　行政不服審査は，「簡易迅速な手続による国民の権利利益の救済を図る」ことと「行政の適正な運営を確保する」（行審1条）趣旨で，同じ行政権の中の機関，特に処分庁や上級庁が判断するので，建前では，違法のほかに，不当（法律には触れないが，適切ではないもの）にまで審理の範囲を及ぼすことができる。費用はかからず，弁護士に依頼する実際上の必要もなく，行政の方が意地にならなければ，それなりの救済を図れる。

　しかし，これは，**行政性善説**に立つ制度であり，実際上は**組織の論理として，仲間うちの判断なので，行政が組織防衛のために，かえって，行政の違法さえも糾弾せずに，弁護する傾向**にある（阿部・裁量と救済44頁以下）。不当を理由に取り消す例はあるかもしれないが，滅多にないであろう（そういう例があっても，XIIIで述べるように，行政不服審査法43条が定める裁決の拘束力により，行政側は出訴できないので，判例集に載らず，一般には知られない）。行政側が，裁判になっても負けないようにと，その段階で調査し直し，都合良く処分根拠を作り直すとか処分を変更するなど，救済とは逆に，違法・不当処分の正当化のために活用されることも少なくない。「簡易迅速」とはあるべき姿を述べたもので，現実には簡易ではあっても，迅速とは限らない（長年放置されることもある）し，まして，「国民の権利利益の救済を図る」のとは逆に，行政側の権限の維持を図るために活用されることもある（制度的には前置主義，不服申立期間など）（**問題①**）。

　以下，行政訴訟との比較を念頭に置いて，まず現行の行政不服審査制度を説明し（現行法の制度と運用の不備については，例えば，宮崎良夫「行政不服審査制度の問題点と改革の方向」公法研究52号218頁〔同『行政争訟と行政法学』（弘文堂，1991年）97頁〕等），第2節において改正法案の説明をする。

　なお，行政手続においては，地方公共団体が定める条例・規則に基づく処分・届出には国法は適用されず，行政手続条例によることになっているが，行政訴訟，不服申立てについては，条例で特例を定める道は開かれていない。

　応用研究：**不当の審理**
　　稲葉馨（「情報公開審査会における裁量問題審査に関する一考察」藤田退職記念287頁以下，309頁）は，行政機関情報公開法5条3号，4号の「行政機関の長が認めることにつき相当の理由がある情報」の規定につき，国の情報公開審査会の答申を分析する。その理由は，上記の私見の問題意識を踏まえ，3号，4号については，「相当理由審査」＝適法・違法審査であるから，「相当の理由を問わず」「おそ

れ審査」＝当・不当審査という図式を描くことができるため，私見の当否の検証が容易であるということである。結論として，「一般に不服審査の現実を見ると，違法と不当の区別が消滅し，『行政不服審査庁は違法しか審査しない外観を呈する場合が少なくない』との阿部教授の指摘が少なからず妥当するように見える。もっとも，審査会は処分庁等の《仲間内》ではなく，むしろ第三者的・中立的な存在であるから，少なくとも審査会に関する限り，その主たる原因は，仲間意識というより《専門性》の限界によるのではないかとの推測が成り立つ」ということである。

なお，不服審査において「不当」要件の審査が難しい原因を基準がないことに求め，基準の設定などによる改善を提案する意見がある（鈴木秀洋「『不当』要件と行政の自己統制――住民監査請求制度と行政不服審査制度」自治研究83巻10号〔2007年〕104頁以下）。

II　不服申立ての対象——概括主義の導入と除外

まず，不服申立ての対象について，行政不服審査法の前身の訴願法では，法律に列記されていなければそもそも争えないとする**列記主義**を採っていたが，行政不服審査法は，**概括主義**を採用して（行審4条），公権力の行使に関しては，救済の利益がある限り原則として争えるとした。実は，行政訴訟に関しても，戦前の**行政裁判法**では列記主義を採っていたが，戦後は裁判を受ける権利の保障（憲32条）の関係から，列記に漏れたら争えないという制度は違憲だということで，概括主義とされた。行政訴訟における「処分性」に関する解釈論争は，列記主義時代にはなかったことで，これは概括主義の産物である。

　＊　なお，不服申立てについては，4条但書きで，対象から除外されている事項があるが，これは裁判を受ける権利の保障の範囲外であるため，適用除外自体が違憲となることはないが，それでも，それぞれの領域で適切な行政救済制度を作ることは不可欠である。例えば，刑務所，国公立学校，外国人がその例である。刑務所受刑者の処遇は従来は，監獄法で定められていたが，2005（平成17）年の改正により，同法は廃止され，刑事収容施設及び被収容者等の処遇に関する法律（刑事収容施設法）で定められることとなった。不服申立ては同法275条以下に定められている。国公立学校関係の不服申立制度はない。外国人については，出入国管理及び難民認定法の定めるところによる。これについても不備が指摘されているが，ここでは省略する。

このほか，個別法で特例を置いていることがあるので注意が必要である。国税通則法75条以下，80条は，行政不服審査法の特例を置いている。それは，課税処分についての審査請求，異議申立ての特則であり，不作為については行

政不服審査法によるとしている。

　訴願法は 1962（昭和 37）年まで残っていたが，これは，裁判を受ける権利とは関係がないため，戦後直ちには改正の必要はないとして，放置されたものである（行政訴訟では，戦後，戦前の行政裁判法が廃止され，当初は，日本国憲法の施行に伴う民事訴訟法の応急的措置に関する法律〔昭和 22 年〕，次に，行政事件訴訟特例法〔昭和 23 年〕が制定された）。

　不服申立ての対象は**事実行為**も含む。この法律にいう「処分」には，「公権力の行使に当たる事実上の行為で，人の収容，物の留置その他その内容が継続的性質を有するもの（以下「事実行為」という。）が含まれるものとする。」（行審 2 条 1 項）。その例としては，人の収容（精神保健及び精神障害者福祉に関する法律 29 条の入院措置等），物の留置（関税法 80 条による貨物の収容等）が挙げられる。法律に基づかない人の収容，物の留置は，たとえ公務員が行ったとしても，単なる私人による行為にすぎないから，民事訴訟による原状回復請求などの対象になる。なお，継続的な性質を有する事実行為に限られているのは，一時的な行為では，既に終了しているため，行政不服審査法による救済の余地がないからである。

　これは条文の文理上は行政訴訟の対象よりも広いようにみえる。しかし，ここでいう事実行為は，行政指導のような非拘束的な行為ではなく，上記のような公権力の行使に当たる事実行為に限られている。

　このように，事実行為でも，権力行為は法律の根拠に基づくものであり，拘束力を有するから，行政不服申立ての対象とすべきであって，行政不服審査法は，この当然のことを明示したものであるが，行政事件訴訟法は同じ時期に作られた法律であるのに，この種の規定がない。なぜ条文を統一しなかったのであろうか。

Ⅲ　不服申立ての種類の整理・統一

1　審査請求と異議申立て

　次に，訴願法時代のしくみは複雑で，不統一であったので，この法律は各種の不服申立て手段を整理・統一したつもりである。

　不服申立ての種類については，その提出先官庁により分けており，処分庁または不作為庁に対してするものを**異議申立て**，処分庁または不作為庁以外の行

政庁に対してするものを**審査請求**と定義している（行審3条2項）。**再審査請求**は，審査請求を経た後に行うものである（行審3条1項）。

  2 審査請求原則主義・異議申立前置主義

　審査請求と異議申立てとの関係では，**審査請求原則主義**が採られている。異議申立てができるのは，処分庁に上級行政庁がないときであるから，上級庁があれば原則として，異議申立てをすることなく，審査請求をすることになる。処分をした行政庁の判断をもう1度求めることは原則として無駄だという考えによる。

　しかし，法律で，異議申立てをすることができるという例外規定を置いている場合（行審6条3号）が少なくない。そして，処分について，異議申立ても審査請求もともにできるとき，先に異議申立てに対する決定を経た後でなければ，審査請求はできないのが原則となっている（**異議申立前置主義**，行審20条）。

　これは異議申立てを許してやる以上はそれを無駄にせずに必ずやってくれとのお上の独占的発想であって，権利救済の実効性を等閑視しているもので，立法論的には訴訟と不服審査の関係と同じく，自由選択主義とすべきであった。

　この場合，異議申立てが却下・棄却されたら，それに対して審査請求をするのではなく，原処分に対して審査請求をすることになる。

　税務署長のした課税処分については，当該税務署長に異議申立てをし，それが排斥された場合に初めて国税不服審判所長に審査請求をするのが原則である（税通75条）。税務署長の上級庁は国税局長であるが，特別に第三者的な不服審査機関として国税不服審判所が置かれているので，国税局長への審査請求は不適法である。そして，これらの二段階の不服申立てを経ないで，直ちに出訴することは原則として許されない（税通115条）。

　住民基本台帳法31条の4，都市公園法34条，地方自治法243条の2第10項は，この点混乱させる規定を置いている。都市公園法は，「地方公共団体である公園管理者……がした次の各号のいずれかに掲げる処分について不服のある者は，国土交通大臣に対して審査請求をすることができる。この場合には，当該処分をした公園管理者である地方公共団体の長に対して異議申立てをすることもできる。」と規定しているので，異議申立てをしないで審査請求できると思ったら，一般法である行政不服審査法20条の定める異議申立前置主義が適用されるため，間違えたら却下されてしまう。そして，異議申立てをし直そ

うにも，異議申立て期間も，原処分からでは徒過しているし，審査請求の裁決を基準とするのはそれが適法である場合に限るので，審査請求が却下されてからでは，出訴できなくなるのである。

　思うに，これは曖昧な規定で私人の裁判を受ける権利を剥奪する違憲の規定である。また，異議申立前置を要求する必要性は高くはない。したがって，この条文は異議申立前置主義を修正したものと解釈して，審査請求をしただけで出訴できるものとして，救済すべきである。あるいは，「その他異議申立てについての決定を経ないことにつき正当な理由があるとき」（行審20条3号）に当たると言うべきであろう。

　3　不作為の場合

　不作為についての不服申立ては，処分庁への異議申立て，上級庁への審査請求のいずれを行ってもよい（行審7条）。

　4　上級庁とは？

　ここで，処分庁に上級庁があるかどうかが問題になるが，処分庁が主任の大臣，外局もしくはこれに置かれる庁の長であるときは，もう既にトップであり，上級行政庁が不服申立てを審理するほどではないとして，上級庁がないのと同じ扱いになっている（行審6条1号・2号，7条但書き）。内閣とか，内閣総理大臣は，各省大臣の上級庁ではない。

　5　地方公共団体の上級庁は？

　2000年の地方分権改革前は，地方公共団体の現場で処理している事務は，自治事務と機関委任事務に分かれていた（⇒第5章第1節Ⅰ3）。その制度では，不服申立先も，市町村長がした処分を例とすると，自治事務なら上級行政庁がないので，市町村長に異議申立てをすることになり，機関委任事務なら都道府県知事に審査請求することとなっていた（行審5条・6条）。

　例えば，土地区画整理事業には団体施行（団体事務）と行政庁施行（機関委任事務）があったが，実際の区画整理がこのいずれかはわかりにくいし，法定外公共物（河川法の適用がない普通河川，道路法の適用がない里道など）の管理者もはっきりしないので，権利救済を阻害した。次のような判例があった。市町村のした都市計画決定に対する都道府県知事の承認は行政機関相互の調整手続にすぎず，上級庁としての指揮監督権に基づくものではないと解すれば，市町村の都市計画決定に対して不服のある住民は知事に対して審査請求をすることはで

きない（神戸地判1980〔昭和55〕・10・31行集31巻10号2311頁，福島地判1985〔昭和60〕・9・30行集36巻9号1646頁）。これに反して，水産業協同組合法125条による総会決議取消請求に対して，知事のした棄却決定に不服がある場合，その不服申立ては農林水産大臣に対する審査請求によるべく，知事に対する異議申立ては不適法である（熊本地決1984〔昭和59〕・9・28判例自治10号115頁）。その理由は，この事務は機関委任事務（当時の自治別表第三89）だからである。とにかく，わかりにくい制度であった。

しかも，機関委任事務に関する不服については不服申立てと訴訟の自由選択主義が原則である（行訴8条）のに，自治事務に関し地方公共団体の機関がした処分については，当該処分につき当該普通地方公共団体の機関以外の行政庁（労働委員会を除く）に審査請求，審決の申請その他の不服申立てをすることができる場合には，不服申立前置主義が適用されていた（旧自治255条の3・256条，2000年に削除）。

不服申立前置主義を導入する政策的根拠としては，処分の大量性，専門性・第三者性が挙げられているが，しかし，これはそうした場合でないうえ，不服申立てをすることができるとの規定は，自治事務の根拠になる法律とは関係のない地方自治法に定められていた。例えば都市再開発法による処分に対して，建設大臣に審査請求できる（都開128条1項）から，それをしないで直ちに訴えを提起すると，却下されていた（最判1993〔平成5〕・12・17民集47巻10号5530頁）。しかし，都市再開発法の処分を争うときに地方自治法に精通しなければならないというのは無理難題を要求するもので，**思いがけないところに落とし穴を置いて裁判を受ける権利**（憲32条）を侵害するものである（権利救済ルール明確性の要請，⇒第9章第1節，阿部・実効性108頁以下）。これは違憲の制度として，不服申立前置を経ない「正当な理由」があるとして，救済の道を開くべきであった。

地方分権改革により，機関委任事務は廃止され，地方公共団体の現場で処理している事務は，**法定受託事務と自治事務**に分けられた。

このうち，自治事務について知事，市町村長のした処分については，これまで同様に，上級行政庁がないので，異議申立てをすることになるが，これはおよそ権利救済制度としてはふさわしくない。都道府県，指定都市などでは，権限が出先機関の長に委任されていることがあり，その場合には，知事，市長に

審査請求できる場合があるが，実態は，出先機関は本庁の指示で処分をしているので，結局は同じ穴の狢に救済を求めるもので，権利救済の意味はほとんどない。

法定受託事務に関する処分または不作為については，都道府県知事その他の都道府県の執行機関の処分または不作為については，当該法令を所管する大臣に，市町村長その他の市町村の執行機関のそれについては都道府県知事に（ただし，市町村教育委員会のそれは都道府県教育委員会に，市町村選挙管理委員会のそれは都道府県選挙管理委員会に），行政不服審査法による審査請求をすることができる（改正自治255条の2）。これは不服申立前置主義ではない（行訴8条参照）ので，被処分者は審査請求を経ることなく直ちに出訴することができる。

この規定は，法定受託事務に関する不服審査の扱いを従前の機関委任事務と同様とするものである。このような規定が置かれたのは，法定受託事務を地方公共団体の事務と位置づける以上は，中央官庁に審査庁たる地位を与えるためには特別の規定が必要だからである。

さらに，地方公共団体の事務について地方自治法の規定により地方公共団体の機関がした処分について置かれている，総務大臣，都道府県知事への審決の申請の制度は依然残される（旧自治255条の3，改正自治255条の4）。

こうした不服申立ての裁決という制度による中央官庁の関与を**裁定的関与**という。しかし，自治事務はもとより，法定受託事務についても，地方公共団体の事務とする以上，中央官庁を上級庁とする機関委任事務並みのこの国家関与は余分なことで，前記の国と地方の役割分担の原則にも反するものであり，廃止すべきではないか（問題②）。

ただ，分権改革の過程で，自治事務に関する不服申立前置主義は廃止された（旧自治256条の削除）。この前置主義は，前記した筆者の長年の主張がひょんなところで立法的に解決されたのである。

6　聴聞を経た場合に異議申立禁止，異議申立てをすると失権

行政手続法の制定により，行政処分をする際に聴聞をした場合には，処分後に同じ処分庁に対して異議申立てをすることは無駄であるから，禁止されている（行手27条2項）。直ちに出訴すべきである。審査請求をすることが認められていれば，それを行ってもよい。

行政不服審査法は，**聴聞と意見の聴取は別の制度**としているので，例えば，

道交法違反で免許を取り消されるときに行われる意見の聴取（道交103条1項5号違反，点数制度に基づく普通の速度違反，駐車違反などを理由とするもの）が行われる場合の免許取消しについては異議申立てができるが，自動車の安全運転に支障を及ぼす病気であるなどの理由（道交103条1項・3項違反）による免許取消しの際には，聴聞が行われるので，異議申立てをすることは許されない（行手27条2項）。それにもかかわらず異議申立てをしていては，出訴期間を徒過してしまう（問題③）。これは，不服申立ての制限なのに，行政不服審査法には規定がなく，行政手続法に規定されているし，聴聞と意見の聴取という似た言葉を別の制度としているなど，弁護士でも勘違いしやすい制度である（⇒第4章第1節Ⅲ）が，行政不服審査法の改正で削除される予定である（⇒第2節Ⅳ）。

Ⅳ　不服申立適格

　行政不服審査法4条では，不服申立適格は，単に「処分に不服がある者」とのみ規定され，行訴法9条の「法律上の利益」とは文言を異にする。そこで，前者は後者よりも広いとの説もある。そうすると，不服申立てが却下された者の中で，訴訟を起こせる者と起こせない者があることになる。しかし，多数説・判例はこれを同義と解してきた。原告適格の判定において「法律上保護された利益説」を明示した，いわゆる主婦連ジュース訴訟判決（最判1978〔昭和53〕・3・14民集32巻2号211頁〔百選286頁〕，⇒第9章第2節Ⅱ）は，もともと景表法に基づく不服申立適格に関する事案であったが，取消訴訟の原告適格の判断と同義であることを前提としている。

　さらに，地方議会のある議員が他の議員について地方自治法92条の2に定める議員資格喪失事由があると申し出た。議会は，出席議員の3分の2以上の多数でこれを決定する（自治127条1項）。当該議会が，資格喪失するとの決定をしなかったので，申立てをした議員が出訴した。出訴権者は，この議会の「決定に不服がある者」とされている（自治118条5項）。そこで，文理上は，資格喪失を申し出た議員もこれに当たるが，裁判所は，資格喪失の決定があれば，その議員は争えるが，資格を喪失しないとの決定については，申し出た議員でも，「処分に不服がある者」には当たらず，争えないとされた（最判1981〔昭和56〕・5・14民集35巻4号717頁〔百選288頁〕）。民衆争訟は認められていないというのである。訴訟としては，自己の法律上の利益が害された者のみが出

訴できる主観訴訟が原則であるから、民衆争訟を認めるためには立法者意思がより明確に示されなければならないということであろうか。しかし、申し出た者に出訴資格を認めても、民衆訴訟になるわけではないのであるから、文理通り出訴資格を認めてよいのではないか。

地方公共団体が中央官庁の処分を争う場合については、行審法は「**固有の資格**」において処分の相手方となる場合には教示の適用がないと定めているだけである（57条4項）が、行手法4条1項が「固有の資格」関する処分には適用がないとしている（⇒第8章第4節Ⅱ2(3)）ことから、行審法も同様に解釈し、私人と同じ地位に立つ場合（水道、ガス、鉄道などの事業経営）にだけ本法で争うことができるとの説明がある（塩野・Ⅱ20頁、小早川・下Ⅰ70頁参照）。国庫補助金については、補助金適正化法25条に特別の不服申立ての規定が置かれている。たしかに、現行法の立法者はそのようなつもりかもしれないが、しかし、教示の適用除外は、不服申立てができることを前提としているのである（「固有の資格」がある場合には、私人とは異なるから、いちいち教示してもらわなくても不服申立ての仕方がわかっている）し、事前手続は不要でも事後の救済が必要な場合は少なくないし、不服申立適格は、単に「処分に不服がある者」に認められているのであるから、この解釈は合理性を欠き、明らかに明文に反するもので、賛成できない。法治国家の観点からすれば、行手法と行審法の不整合は、立法的に解決されるべきであろう。

Ⅴ　不服申立書の記載事項

不服申立ては書面を提出してなす（行審9条）。これは審査請求、異議申立て、再審査請求すべてに共通である。その書面には、① 申立人の氏名、年齢または名称ならびに住所、② 不服申立てにかかる処分、③ 処分があったことを知った年月日、④ 審査請求の趣旨および理由、⑤ 処分庁の教示の有無および内容、⑥ 不服申立ての年月日を記載しなければならない（行審15条）。

その文章の趣旨が曖昧であると、単なる陳情書（処分庁に応答義務はない。不服申立てを経たことにならない）として扱われることがある（最判1957〔昭和32〕・12・25民集11巻14号2466頁〔百選282頁〕）ので注意すべきである。

口頭による不服申立ては原則として禁止されている。口頭による不服申立ては、後日争いの種になるためであるが、若干の法律では、口頭による不服申立

てを認めている。それについては，行政庁は，陳述人に対し，不服申立てに記載する事項を陳述させ，その内容を録取し，これを陳述人に読み聞かせて誤りのないことを確認し，陳述人に押印させなければならない（行審 16 条・48 条・56 条）。私人は一般に不服申立書を書くことに慣れていないから，本来なら書き方を親切に教えてあげる制度を一般化すべきであろう。

　審査請求書は，審査庁に提出するのが原則であるが，処分庁経由で提出することもできる（行審 17 条）。この審査請求が不適法であれば却下されるのが原則である（行審 40 条 1 項）。補正することができるときも，直ちに却下されるとすれば，出直さなければならないので，審査請求期間が徒過して，今さら争えなくなる。これは気の毒であるから，補正することができるときは，審査庁は相当の期間を定めて，その補正を命じなければならない（行審 21 条）。行政手続法 7 条では，法令に定められた申請の形式上の要件に適合しない申請については，相当の期間内に申請の補正を求め，または当該申請により求められた許認可を拒否しなければならないと，補正と拒否の選択主義が採られているが，行政不服審査法では**補正原則主義**となっていて，権利救済に厚くなっている。行政手続法でも，補正できるものは補正原則主義にすべきではなかったか。

VI　代理など

　法人でない社団，財団は，権利義務の主体になれないが，それでも，代表者または管理人の定めがあれば，その名で不服申立てをすることができる。これは民事訴訟法 29 条に倣ったものである。多数人が共同で不服申立てをするときは，3 人以内の**総代**を選任することができる。審査庁の方から総代の互選を命ずることもできる。総代が選任されたときは，総代は，各自，他の共同申立人のために，不服申立ての取下げを除き，当該不服申立てに関する一切の行為をすることができる。要するに，取下げ以外の行為について代理権を与えたに等しいのである（行審 11 条）。

　さらに，不服申立ては，本人がなすほか，代理人に委任することもできる。代理人は，各自，不服申立人のために，当該不服申立てに関する一切の行為をすることができる。不服申立ての取下げは，総代とは異なって，特別の委任を受けた場合には，することができる（行審 12 条）。以上の代表者，管理人，総代，代理人の資格は，書面で証明しなければならない（行審 13 条）。

この**代理人**になるためには，弁護士資格は不要であるが，報酬を得る目的で業として行うには，弁護士資格を要する（弁護士72条）。

* ただし，「この法律又は他の法律に別段の定めがある場合は，この限りでない。」と規定されており，これを受けて，司法書士，税理士，社会保険労務士等は，それぞれの士業法で，それぞれの業務に関連する範囲内で代理権を有する。司法書士は，司法書士法3条3号により，登記または供託に関する審査請求の手続について代理すること，税理士は，税理士法2条1号により，税務官公署（税関官署を除くものとし，国税不服審判所を含む）に対する租税に関する法令もしくは行政不服審査法の規定に基づく不服申立てをすること（酒税法に基づくものを除く），社会保険労務士は，社会保険労務士法2条1項1号の3により，労働社会保険諸法令に基づく申請，届出，報告，審査請求，異議申立て，再審査請求その他の事項等について代理すること，弁理士は，弁理士法4条により，特許関係の異議申立てなどの手続の代理をすることが認められている。これらの規定は，弁護士法に対する別段の定めと整理することができる。

  さらに，行政書士，司法書士にも不服申立代理権を認めるべきかが議論されている。積極説では，行政書士は，これらの書面を作成する権限を有すること，訴訟ほど専門性の高い業務ではないこと，弁護士が代理している例は多くないことから，この弁護士の業務独占を廃止して，これらの「士」にも代理権を認めるべきとする。しかし，現行法の体系では，税理士，社会保険労務士などの「士」は，弁護士以外はそれぞれ専門領域が限定されているからこそ不服申立代理が認められているのに，専門が限定されていない行政書士に代理権を認めるのは不均衡すぎるし，司法書士はそもそも行政処分関連の業務を扱わない（裁判所に提出する書類を作成できることになっているので，行政訴訟の訴状も作成できるが，実際にそれを業務とすることは稀であろうし，一般の不服申立ての書面は作成できない）のであるから，それに不服申立代理権を認めるのはなおさら不適切である。司法書士に不服申立代理権を認めるなら，法律相談も認めなければならないが，それは司法書士の代理権を簡易裁判所事件に限っている制度にも反する。これらの者にも代理権を認めるには，弁護士の業務独占を廃止して，何人でも業として代理できるとまで進めなければならないであろう。

  むしろ，新司法試験で必修となった行政法を学び，かつ過剰気味の弁護士が行政法分野に進出するので，依頼者としては，弁護士の中から行政法を得意とする者を選んで依頼する方が有利であろう。

  なお，代理権を認めるとしても，弁護士法にいう「別段の定め」を行政不服審査法で規定するべきかが論点となるが，不服審査法は，不服申立てに関する手続法であり，士業の範囲を定めることを目的としていないので，同法の体系からは難しく，個別の「士」業の改正によって対応すべきである。

VII 不服申立期間

　審査請求期間は訴訟の場合の出訴期間と同様に定められているが，初日不算入であることが誰でもわかるように，わかりやすい規定になっている。審査請求は，処分があったことを知った日の翌日から起算して60日以内にしなければならない（主観的不服申立期間。行審14条）。これは処分があったことを知った日の翌日を1日目として数えるということである。処分について異議申立てをして，その決定があった場合には，それを知った日の翌日から起算して30日以内にしなければならない。異議申立てをした場合の期間が短いのは準備ができているだろうということである。行政訴訟と異なって，無効確認の不服申立ては認められていない。無効と主張するなら，不服申立てでなく訴訟を提起しなければならない。

　「ただし，天災その他審査請求をしなかったことについてやむをえない理由があるときは，この限りでない」（同1項但書き）。この場合「における審査請求は，その理由がやんだ日の翌日から起算して1週間以内にしなければならない」（同2項）。これは，民事訴訟の**不変期間**の考え方で，天災と並び立つような場合でなければやむをえないと認めないとの文意で，きわめて厳しい。行政上の簡易な救済制度についてこのように厳しい制限を置くのは，「簡易」とは矛盾する，お上の発想である。

　教示の不備，病気などでも，たかが不服申立てを許さないほどの事情はないから，本来この規定を緩和すべきであった（改正法案では「正当な理由」となる。⇒後述第2節Ⅵ）。

　処分があったことを知らなくても，処分後1年で期間が徒過する（客観的審査請求期間）が，この場合には「正当な理由」があれば，期間は徒過しない（同3項）。これは「やむをえない理由」よりも寛大な条文である。

　税務署長に対する異議申立ては2ヵ月以内，その後の国税不服審判所長に対する審査請求は1ヵ月以内（税通75条1項・3項，同77条1項・2項）となっているが，1ヵ月と30日は違うので，混乱しやすい。

　審査請求書を郵便で提出した場合には郵送に要した日数は算入しない（行審14条4項）。これは発信主義で，審査請求人に有利な規定である（訴訟は到達主義。⇒第9章第2節Ⅳ）。

Ⅷ 教　　示

　このように不服申立手続は複雑で，私人は間違えやすい。そこで，それを教えなければならないという教示の制度（行審57条）が置かれている。すなわち，行政庁は，審査請求もしくは異議申立てまたは他の法令に基づく不服申立てをすることができる処分を書面でする場合には，処分の相手方に対して，当該処分につき不服申立てをすることができる旨ならびに不服申立てをすべき行政庁および不服申立てをすることができる期間を教示しなければならない。行政庁は，利害関係人から，当該処分が不服申立てをすることができる処分であるかどうか，ならびに当該処分が不服申立てをすることができるものである場合における不服申立てをすべき行政庁および不服申立てをすることができる期間につき教示を求められたときは，当該事項を教示しなければならない。この教示は口頭でもよいが，書面による教示を求められたときは，書面で教示しなければならない（**問題④**）。

　第三者は当然には教示を受けられないが，利害関係人なら教示を求めることができる。第三者は処分書を受領していないので，不服申立先，不服申立期間などを間違えやすいことに留意すべきである（**問題⑤**）。

　建基法46条1項に基づく壁面線の指定は，対物処分であり特定の個人を名宛人とするものではないから，教示の制度の適用はないとするのが判例である（最判1986〔昭和61〕・6・19判時1206号21頁，判タ616号65頁〔百選300頁〕）が，対物処分とは，処分の要件が人ではなく物であるというだけで，処分の名宛人として不服申立てをするのは人間に決まっている（物が処分に従うといったことはありえない）から，救済の機会を周知させるためには人間に対して教示をしなければならないのである。ただ，教示の方法としては，壁面線を指定する公告に同時に公示すればよいのであって，個々人への教示は不要である。

　この教示は実際には，処分書の下とか裏に印刷されている。給与所得者が受け取る地方税の賦課通知書にも書かれているが，字が小さく，保険会社の約款のように，なるべく読んでくれるなと言わんばかりなので，地の色と反対の色で，大きな字で書くべきである。

　行審法上不服申立てができなくても，他の法令で不服申立てをすることができる処分については，教示を要する。

　これは，不服申立てをすることができる処分を書面でする場合に適用される

ので，不服申立てをすることができない処分をする場合には，適用がない。例えば，公立高校生の退学については，不服申立てができない（行審4条1項8号）ので，退学処分を受けた者が教示を求めても，高校は返事をしなくてよい。そのうちに，出訴期間の6ヵ月（行訴14条1項）が徒過してしまう。

なお，これまで訴訟については教示の制度の適用がなかったが，第9章第2節Ⅸで述べたように，行訴法46条改正で，教示の制度が導入された。

さらに，教示の制度に反して教示をしなかった場合には，処分庁に不服申立書を提出すればよいとあるだけで，審査請求期間は延長されない（行審58条）。誤った教示についても，審査庁でない行政庁を審査庁として教示した場合，法定の期間よりも長い期間を審査請求期間として教示した場合，教示通りにすればよい（行審18条・19条）というだけで，処分は違法にならない。立法者意思はそうであろうが，それでは，処分庁は，教示を怠っても，失うものがない不合理なシステムである。不服申立期間徒過の「やむをえない理由」（改正法案では「正当な理由」）を緩和して解釈すべきであろう。

地方公共団体が「固有の資格」に立つ場合には，Ⅳで述べたように，教示の対象外である（行審57条4項）。

Ⅸ 審理手続

異議申立ての場合には，処分庁が審理するが，審査請求の場合には処分庁以外の審査庁が審理する。処分庁が審理するのでは，およそ客観性・公正性は保たれず，自らの処分を被処分者のために見直すよりも，自己正当化に走ることが多い。しかも，異議申立手続においては，次に述べる審査請求では認められている弁明書―反論書も提出されず，文書の閲覧請求権もない（行審48条）ので，異議申立人は一方的に処分の違法を主張するしかない。これでは争点は煮詰まらず，およそ権利救済手続と言える代物ではないから，廃止すべきである（改正案では廃止される）。とても対審構造とは言えないシステムである。

* 例えば，運転免許の取消処分は公安委員会の権限となっており，不服申立ても公安委員会に対してなすので，異議申立てしかできない。したがって，異議申立てで口頭陳述を求めても，一方通行で，陳情と変わりがない。免許取消しは，実際には，もっと下の部局で行っているのであるから，現実にも処分権を委任して，公安委員会に対しては審査請求できるようにすべきであった。

審査請求の場合には，審査庁は，審査請求を受理したときは，審査請求書を処分庁に送付し，弁明書の提出を求め，それを審査請求人に送付して，反論書の提出を求めることになる（行審22条・23条）。
　処分庁の方は当該処分の根拠となった事実を証する書類その他の物件を審査庁に提出することができ，審査請求人または参加人は処分庁に提出された物件の閲覧を求めることができる（行審33条，税通96条2項）。このようにして，審査請求人または参加人は攻撃防御の手段を得ることができるはずである。
　ところで，裁判の場合には，もともと私的な利害にかかわる紛争の問題であるから，いわゆる弁論主義と称して，裁判所は両当事者の提出した証拠に基づいて判断し，自ら証拠を探索することはない。裁判所はアンパイア役に徹するという考え方に立っている（例外として，行訴法24条は職権証拠調べを規定しているが，活用されていない。⇒第9章第4節Ⅳ3）。
　これに対して，行政不服審査の場合には，審査庁が弁明書—反論書の応酬を求めるほか，審査請求人もしくは参加人の申立てによりまたは職権で（つまり申立てを前提とせずに，審査庁のイニシアチブで），適当と認める者に，参考人としてその知っている事実を陳述させ，または鑑定を求めることができる（行審27条）こととされており，ここでは**職権主義**が導入されている。さらに，物件の提出要求，現場検証，審査請求人または参加人の審尋についても，職権で行うことができる（行審28条〜30条）。当事者の申立てがなくても事実を職権で探求する**職権探知**が認められている（最判1954〔昭和29〕・10・14民集8巻10号1858頁〔百選290頁〕）。その理由は，行政不服審査の場合には，事が公益にかかわるという認識から，審査庁が真実を明らかにするために積極的に調査することが必要だというものであろう。
　しかし，処分庁が弁明書その他の物件を提出するのは，権利であって，義務ではない（行審22条1項・33条1項）と解されてきた。その結果，主張・立証の詳細を審査請求人に把握されることを嫌う処分庁は，弁明書を提出しないことが多く，審査庁も処分庁に必要な物件の提出を強く求めることなく，自ら処分庁に赴いて，メモをしてきて判断し，審査請求人または参加人にはそれを見せないといった運用が行われている。この調査メモは審査請求人の閲覧請求権の対象とはならないと解されている。審査庁は職権で調査するとき，原処分庁の判断の誤りを発見するために積極的に行動するというよりも，同じ仲間の原

処分庁の判断を維持するためのことが多いと言われる。ここでは,「公益」とは,救済の充実にではなく,行政判断の維持にあると誤解されているのである。不服審査の目的の1つは行政の自己統制であるが,現実には自己防衛に堕している。

行政内部の審査の限界ではあろうが,これは,異議申立てでは不十分だとして,権利救済の観点を強化するため審査請求制度を置いた趣旨に反する,逸脱した運用と言うべきである（問題⑥）。

それを防止するためには,審査庁は,処分庁に弁明書の提出を求めなければならないものとし,さらに職権で調査するのは,申請人のために限るとし（処分庁は自ら調査すべきである）,その調査結果を申請人に通知してその意見を聴かなければならないという制度を作るべきである。また,審査請求人の閲覧権は,処分庁から提出されたものに限らず,当該処分の違法または不当の判断に必要な証拠書類などで,審査庁にあるものすべてを対象とすると改正すべきである。

なお,国税通則法93条1項は,国税不服審判所長は,原処分庁に対して弁明書の提出を求めることと定めている。

さらに,固定資産評価審査委員会は,職権調査した結果を口頭審理へ上程しなくても,審査請求人が閲覧請求権を行使して,知りうるから違法ではないとされている（最判1990〔平成2〕・1・18民集44巻1号253頁〔百選292頁〕）が,職権審理という以上は,審査請求人にそのような負担を負わせずに,委員会自ら積極的に審査請求人に職権調査の結果を示して反論の機会を与えるべきではないか。

なお,**閲覧**は認めるが,謄写を認めていないのは,コピー機械が発達しない時代に行政事務の負担になるという理由によるものであり,謄写できなければ審査請求人は適切な防禦ができないので,今日ではリーズナブルな費用（情報公開並みに1枚20円）による謄写を立法論だけではなく解釈論としても認めるべきである（この点,行政手続法と同じ問題である。⇒第8章第4節Ⅱ4)。

この審査は,訴訟と違って,書面審理主義の原則が妥当しているが,**口頭による意見陳述権が保障**されている（行審25条)。審査請求人または参加人が黙っていれば,書面審理で終わってしまうが,申し立てれば,審査庁は申立人に口頭で意見を述べる機会を与えなければならないのである。

それでも,審査庁は単に意見を聴くだけで,論争しない。行政手続法20条

2項で保障されている行政庁の職員への質問権は行政不服審査法では保障されていない（行審25条以下）から，書面を出すのと実態には変わりはない。行政手続法の聴聞で保障されている口頭審理よりも，はるかに不十分なシステムである。

ただし，後記の改正法案30条5項では，「審査請求人は，口頭意見陳述において，処分の内容及び理由に関し，処分庁に対して質問を発することができる」という規定が置かれることとなった。

現行行審法の機能の不備については簡易迅速とトレードオフ（あちら立てればこちら足らず）の関係にあるとして正当化する見方もあるが，そんな単純なことではなく，現実には決して迅速ではなく，行政側の防御に使われているだけのものが多い。審査庁に職権による証拠収集を禁止して原処分庁に弁明書を提出させることとしても，迅速に行えるはずである。解決策は後記のように，役人性善説ではなく，救済を促進しないと組織が潰れるようなシステムの創造である。

X　仮の救済

仮の救済としての執行停止があるのは取消訴訟と同じである（行審34条）。ただし，上級庁が審査庁である場合には「職権」で執行停止することもできる。

XI　裁　　決

裁決に，却下，棄却，認容，事情裁決があることは判決と同じである（行審40条2項〜4項・6項）。「裁決は，書面で行ない，かつ，理由を附し，審査庁がこれに記名押印をしなければならない。」（行審41条1項）。それは申立人に送達される（行審42条）。裁決が関係行政庁を拘束する（行審43条1項）ことも判決と同様である。条文上は，拘束力を生ずるのは単に「裁決」とされているが，棄却・却下裁決がなされても，処分庁は処分を職権で取り消すことが許されるので，これは認容裁決の効力である（塩野・II 36頁）。なお，行訴法33条が定める判決の拘束力は，認容判決に限っている。

行政訴訟の義務付け訴訟は，第9章第6節で述べたように，2005（平成17）年行訴法改正までは明文では認められていなかった。それは，行政への義務付けは司法権の限界を超えるのではないかという疑問があったことによる。これ

に対して，行政不服審査の中でも，審査庁が処分庁の上級行政庁の場合には，行政権内部の審査であり，監督権を行使できるのであるから，こうした疑問は妥当しない。そこで，不許可の場合に，不許可の取消しだけではなく，「許可せよ」といった義務付け裁決が変更の一種として明文で認められている（行審40条5項）（ただし，Ⅲ5で述べた裁定的関与をする国の機関は上級庁ではないので義務付け裁決はできないのではないか）。

行政処分の場合，一度処分をしたら変更してはならないという効力（これを不可変更力という）は，裁判とは違って，一般には認められていないが，不服申立てに対する裁決には認められることになっている。不服審査は裁判に準ずる慎重な手続を経てはいないが，裁決を自由に変更できるのでは，法的安定性が欠けすぎるからである（不可変更力は裁決自体に伴うもので，原処分の職権取消しはこれとは別というのである）。

事実行為が違法な場合，取消しはできないが，撤廃を命じることができるとされている（行審40条4項）。

Ⅻ　不利益変更禁止の射程範囲

審査中，処分庁の判断に誤りがあり，本来は不服申立人にもっと不利な処分をすべきであったということが生ずることがある。そこで，裁決で，不服申立人に不利な判断をするとすれば，不服申立てはやぶ蛇になる。そこで，**不利益変更が禁止**（行審40条5項但書き）されている。訴訟の場合にはもちろん，裁判所は，原告に不利なように処分を変更することはできない。

ただ，このことは，裁決で，不服申立人に，原処分よりも不利に判断してはならないというにすぎない。

一般の処分には不可変更力がないので，今述べたように，処分庁は，誤った処分を職権で修正することが許されるのが原則であるから，処分庁は，不服申立てを受けて再調査して，職権で処分を取り消し，変更し，被処分者にもっと不利な処分をすることが認められている。

このことは，上級庁が審査する場合も，処分庁が異議申立てについて判断する場合も，同じである。これでは，やっぱりやぶ蛇だということになるが，処分庁に，誤った処分を変更する権限がある限りにおいて，やむをえないと解されている。

しかし，処分庁が，不服申立てをするような者には，いわば報復の形で，洗いざらい調査して，江戸の敵を長崎で討つような不利益処分をすることがあるのは問題である。

XIII 裁決に対する処分庁の出訴

不服申立てで敗れた者が出訴できるのは当然であるが，処分庁側が敗れた場合には出訴できない。不服申立てに対する裁決は，行政内部の上位の判断であるから，処分庁に対して拘束力をもつのである（行審43条）。例えば，市長のした懲戒免職処分につき人事委員会が，大臣のした懲戒免職処分につき人事院が，税務署長のした課税処分につき国税不服審判所が取り消した場合がそうである。これらの不服審査機関は最終的な判断権を有する行政機関（国の場合，いわゆる3条機関，地方公共団体の場合，執行機関）であるからである。これに対し，情報公開審査会は，国のものも地方公共団体のものも諮問機関として制度化されているので，処分庁に不利な答申が出た場合，無視されることがある（⇒第5章第2節 I 3・5）。

XIV 審査機関に対する指示権

一般に，審査機関が準司法機関で独立していれば，処分庁の指示を受けない。人事院・人事委員会・公平委員会がその例である。

例外として，国税不服審判所長は，国税庁長官の発した通達に示されている法令の解釈と異なる解釈により裁決をするときなどでは，あらかじめその意見を申し立て，国税庁長官の指示に従わなければならない（税通99条）。国税不服審判所は準司法機関とは言えない，非独立的な組織ということになる。しかし，これを廃止し，国税不服審判所を国税庁から完全に独立した機関とする場合，税務官庁からもその決定を争える制度にすべきかといった問題が浮上する（国税不服審判所2009〔平成21〕年2月20日裁決で18年ぶりに99条を使った）。

（特殊な委員会制度）

① **公害等調整委員会**　鉱業等に係る土地利用の調整手続等に関する法律1条は，「鉱業，採石業又は砂利採取業と一般公益又は農業，林業その他の産業との調整を図るため公害等調整委員会（以下「委員会」という。）が行う次に掲げる処分の手続等に関し，必要な事項を定めることを目的とする。」とし，

その中で、農地法85条6項を挙げている。同条は、農地の転用許可（農地4条・5条・73条）に関する処分に不服がある者は、「その不服の理由が鉱業，採石業又は砂利採取業との調整に関するものであるときは，**公害等調整委員会**に対して裁定の申請をすることができる。」としている（この裁定の取消訴訟は東京高裁の専属管轄である。農地57条）。

そこで、農地の転用不許可処分についての争いは、「不服の理由が鉱業，採石業又は砂利採取業との調整に関するものであるときは，公害等調整委員会に対して裁定の申請をすることができる」こととなり，それ以外の不服理由とするときは，通常の不服申立てを行うべきことになる。この不許可処分が，農地法の許可を得ることなく無断で農地に違法に砂利を堆積しており，農地法83条の2に基づく原状回復命令にも従わず，農地法5条2項3号に規定する「申請にかかる農地を農地以外のものとする行為を行うために必要な信用があると認められないこと」，「申請にかかる」農地のすべてを当該申請に係る用途に供することが確実とは認められない」ためというものである場合には，これは公調委が専門性を有する土地利用調整にかかわる判断事項ではなく，農地法固有の判断事項というべきである（東京高判2007〔平成19〕・7・30判時1980号52頁，判タ1256号54頁〔大久保規子・判例自治299号86頁〕）。

② **行政審判廃止，公正取引委員会改革論**　公正取引委員会が処分（排除措置命令，課徴金納付命令等）をするには，従前は，処分前に（行政）審判という，裁判に準ずる手続（準司法手続）を行う，行政審判制度が置かれていた。これは，処分を行うのに慎重な事前手続であるが，そのために処分が遅れて，独禁法の執行力が低いという問題があった。そこで，2005（平成17）年改正で，事前には書面で意見を述べ，証拠を提出するだけの弁明手続にとどめて，迅速に処分を行い（独禁49条・50条），その後で，審判手続を行うという事後審査型に移行した。これは事前審査型の行政審判から，特別丁寧な不服申立手続に変更されたということである。これに対して，さらに不服であれば，東京高等裁判所に出訴できる（不服申立前置主義，独禁77条）。

しかし，公取委が先に弁明手続で行った処分を，同じ組織の中の行政審判で変更することは，検察官と裁判官を兼ねるようなもので，ほとんど期待できない。その事実認定は，実質的証拠の法則により裁判所を拘束する（独禁80条）し，1審は東京高裁である（独禁85条）から，公取委は，地裁を超える強力な

権限を有することになる。

　そこで，公取委から，審判機能を分離し，審決に対しては，1審を地裁として出訴できるようにすべきだとの意見が，自民党独占禁止法調査会で決定された（2007年12月）。これを受けて，談合やカルテルについては，不服審判制度を廃止し，企業が直接裁判所に救済を求める制度とし，企業合併審査や不当廉売などについては，公取委が企業の主張を聴いてから処分内容を判断する「事前審判制度」に改める独禁法改正案が検討されている（日経新聞2008年1月25日1面）。

　【行政審判，特殊な行政争訟制度】
　これまでも断片的に言及したが，**行政審判**とは，独立行政機関またはそれに準ずる行政機関が，裁判類似の手続（**準司法手続**，quasi-judicial procedure）で行う決定またはその手続を行う制度をいう。これは法令上の用語ではなく，実定法に散在している制度を学問的にまとめたものである。したがって，その内容も統一的ではなく，不服申立手続に限るものではないが，裁判に準ずるのであるから，最小限，口頭審理が行われる。その判定を審決という。本書では簡略に扱う（さしあたり，塩野・II 39頁以下，小早川・下I 102頁，厚谷襄児「行政審判の法理」大系IV参照。ここでは条文も省略する）。

　これには次のようなものがあるとされる。
　① 行政上の不服申立てを準司法機関が準司法手続で行うもの（公正取引委員会の審判手続，特許審判，電波監理審議会が電波法に基づいて行う異議申立ての審査，人事院が国家公務員に対する不利益処分について行う審査，公害等調整委員会が土地利用調整手続法に基づいて行う鉱業権の設定等に関する処分に関する不服申立て等），
　② 不利益処分の事前手続を準司法手続で行うもの（従前の公正取引委員会の審判手続，電波監理審議会の電波法上の不利益処分，海難審判法による海難審判所の審判，労働委員会が行う審問・命令），
　③ 行政上の不服申立てではなく，民事責任の有無を専門機関が判断するもの（公害等調整委員会は公害に係る被害についての責任裁定を行う。海難審判も海難の原因を裁定する）
　④ 当事者間の争訟の裁定を行うもの（土地収用裁決，特許無効等に係る特許審判・審決手続）
　などがある。

第10章 行政への不服申立てと行政の監視

これらについては，一般には，一般法である行政手続法，行政不服審査法の適用がなく，共通法がないため，その手続の整備程度も統一的ではないが，裁判に準じ，当事者対立構造で，口頭で審理する。審判機関には職権行使の独立性が明文で認められているものが多い。

公正取引委員会，公害等調整委員会，電波監理審議会には実質的証拠の法則が認められる（⇒第9章第4節Ⅲ）が，中労委の命令にはそうした特例はない。

人事院の国家公務員に対する不利益処分の審査も準司法手続と言われる。人事院の委員は建前上独立した権限を行使するが，実際に公平審査にあたる職員は独立性の保障がないので，実態はそれほど慎重な手続はとられていないと言うべきである。地方公共団体の公平委員会，人事委員会の委員も建前は独立しているが，実際上は長の部局と人事交流のある職員に頼っているので，あまり変わりはない。

準司法手続は今日総合的に検討する必要がある。これについては，ジュリ1352号（2008年）の特集参照。

　応用問題：例えば，生活保護を申請して，却下されたとき（生活保護法24条），どこに不服申立てをするのか。訴訟はどうするのか。

　　生活保護法を見ると，64条で，「第19条第4項の規定により市町村長が保護の決定及び実施に関する事務の全部又は一部をその管理に属する行政庁に委任した場合における当該事務に関する処分についての審査請求は，都道府県知事に対してするものとする。」と書いてある。市町村長が福祉事務所長に権限を委任した場合，審査請求は市町村長ではなく都道府県知事に対して行えという趣旨である。ところが，生活保護法の実施機関は，都道府県知事，市長，社会福祉法に規定する福祉事務所を管理する町村長である（19条1項）。これらから処分を受けた場合，どこに不服を申し立てるのか。これは生活保護法に書いていない。そこで，一般法である行政不服審査法5条，6条を見れば，上級庁があればそちらに審査請求をするが，それがなければ処分をした行政庁に異議申立てをするのが原則である。

　　では，生活保護法の場合，上級庁があるのか，ないのか。これについては，地方自治法を見なければならない。生活保護は地方で行っている地域の事務という扱いであるが，その中に自治事務と法定受託事務がある。では，生活保護はどちらか。同法84条の4，別表を見ると，都道府県，市および福祉事務所を設置する町村が行う同法19条1項から5項まで，24条1項の事務は法定受託事務の扱いである。これは地方自治法別表第一の中にも列記されている。

　　法定受託事務に関する処分または不作為については，都道府県知事その他の都道府県の執行機関の処分または不作為については，当該法令を所管する大臣に，市町村長その他の市町村の執行機関のそれについては都道府県知事に（ただし，市町村

第1節　行政不服申立て

教育委員会のそれは都道府県教育委員会に，市町村選挙管理委員会のそれは都道府県選挙管理委員会に）行政不服審査法による審査請求をすることができる（自治255条の2）。ここまで来て初めて，市町村長のした処分については，都道府県知事に審査請求をすることができることがわかった。それなら，生活保護法の64条は何のためか。この規定の中に一緒に，市町村長がした処分についても同じと書いてくれれば，親切だろう。しかし，日本の法律原案作成者（官僚）には，親切などという発想はない。一般法を丁寧に見なさいという発想である。立法者である国会議員もわからない法律を作っている。この64条は，この一般原則の例外を書いたものである。市町村長がその権限を下級行政機関に委任すれば，一般原則では市町村長に審査請求することになるが，この場合はそれを都道府県知事のところに統一するという趣旨である（⇒第4章第1節Ⅳ1参照）。

　では，この処分についてどうすれば訴訟を提起できるのか。生活保護法69条で審査請求前置主義の規定が置かれているから，直ちに訴訟を提起することはできないのが原則である（行訴8条但書き）。では，審査請求したが，なかなか返事がない場合にはどうしたらよいか。ここで，行政事件訴訟法8条を見ると，3ヵ月以内に返事がない場合などの対応が書いてある。

　生活保護法66条では「市町村長がした保護の決定及び実施に関する処分又は市町村長の管理に属する行政庁が第19条第4項の規定による委任に基づいてした処分に係る審査請求についての都道府県知事の裁決に不服がある者は，厚生労働大臣に対して再審査請求をすることができる。」として，再審査請求の制度を置いているが，再審査請求前置主義の制度は置かれていないから，これを経ないで出訴することができる。では，再審査請求をしている間に出訴期間がすぎてしまわないか。この点では，行訴法14条3項にいう「審査請求」とは，「審査請求，異議申立てその他の不服申立て」を含む（行訴3条3項）となっているので，再審査請求を行ってから出訴する場合には，その出訴期間は，それに対する裁決を知ってから走ることになる。

　では，生活保護を申請したが，拒否されるとき，また，一度受けた生活保護を廃止されるとき，言い分は聴いてもらえるのか。

　生活保護法29条の2では，「この章の規定による処分については，行政手続法……第3章（第12条及び第14条を除く。）の規定は，適用しない。」とされているので，生活保護の開始・廃止については，行政手続法のうち第3章以外は適用されるし，12条，14条は適用される。具体的に見ると，生活保護を申請して拒否される場合は同法第2章の問題なので，同法が適用される。保護を廃止される不利益処分の場合には，処分基準，理由の提示の規定以外は適用されない。聴聞や弁明の機会の供与，文書閲覧の規定は適用されない。第4章の行政指導の規定は適用される。

第2節　行政不服審査法改正案について

I　改正の経緯

　総務省から依頼を受けた研究会が「行政不服審査制度研究報告書」（平成 18 年 3 月）を公表し，これを受けて，活発な議論がなされている（ジュリ 1315 号・1324 号・1371 号，自由と正義 58 巻 7 号，法時 2007 年 8 月号，越智敏裕「行審法改正の意義と課題」自治研究 84 巻 3 号〔2008 年〕，田中孝男「行政不服審査法改正の意義と課題」自治研究 84 巻 4 号〔2008 年〕，高橋滋，木佐茂男『東アジア行政法学会第 8 回国際学術大会』所収原稿，ジュリ 1360 号）。最終報告書は，平成 19 年 7 月に公表され，2008 年 4 月に国会に改正法案が提出された。これは全面改正である。以下，これについてコメントする。

II　権利救済機能の強化

　改正法案は現在の行政不服審査制度の救済機能はきわめて不備であるとの認識に立っている。そこで，1 条の目的規定に「公正な手続の下で」という文言を追加して，権利救済機能を強化しようとしている。第 1 節で述べた現行法の欠陥，つまり権利救済機能の不備を是正するため，ある程度司法手続に近づける改正である。「簡易」という側面は後退する。しかし，なお中途半端である。

III　不服申立ての対象

　処分を対象とすること，不服申立ての適用除外（6 条）は現行制度と同じである。
　今日処分から契約へ，契約の自由を尊重したような法改正がなされているが（障害者自立支援法，保育所の民営化など，⇒序章第 1 節 IV，第 4 章第 6 節 II），それはかえって契約拒否の自由につながるので，契約の自由を制限し，違法な拒否を争える制度を作るべきである。つまり，処分以外にも，行政法規に違反する行政上の契約拒否（入所拒否，入札で落ちた場合等）について，救済の対象とすべきではないかと思われる。
　行政手続法の改正では，契約に関する救済は導入されないものの，法令に違

第2節　行政不服審査法改正案について

行政不服審査法案の概要

1　手続の一元化等

① 不服申立ての種類の一元化
　　手続き保障のレベルが低い現行の「異議申立て」を「審査請求」に一元化する。
　　一元化された後の新たな「審査請求」は手続保障のレベルを向上させる。

② 審理の一段階化
　　審査請求の手続保障のレベルを向上させることに伴い，再審査請求を廃止する。

　※ 大量に行われる処分などについては，審査請求の前段階として，「再調査の請求」を個別法で設けることを認めることとする。

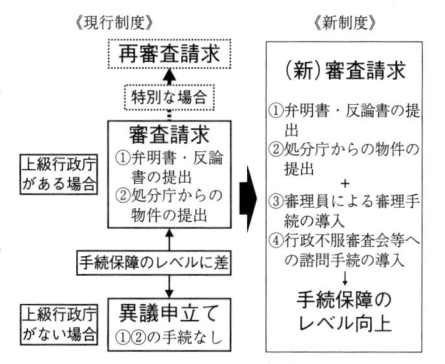

《現行制度》
- 再審査請求（特別な場合）
- 審査請求
  ① 弁明書・反論書の提出
  ② 処分庁からの物件の提出
  （上級行政庁がある場合）
- 異議申立て
  ①②の手続なし
  （上級行政庁がない場合）

手続保障のレベルに差

《新制度》
(新)審査請求
① 弁明書・反論書の提出
② 処分庁からの物件の提出
③ 審理員による審理手続の導入
④ 行政不服審査会等への諮問手続の導入

→ 手続保障のレベル向上

2　審理の客観性・公正性の確保

① 審理員による審理手続の導入
　　審理をより公正なものとするため，大臣等〔審査庁〕は，処分に関与した者以外の者の中から審理員を指名する。
　　審理員は，審査請求の審理（主張・証拠の整理等）を行い，大臣等〔審査庁〕に対して裁決に関する意見書を提出する。

② 行政不服審査会等への諮問手続の導入
　　より客観的かつ公正な判断が得られるよう，行政不服審査会等を新設し，審査請求の判断過程に関与する。

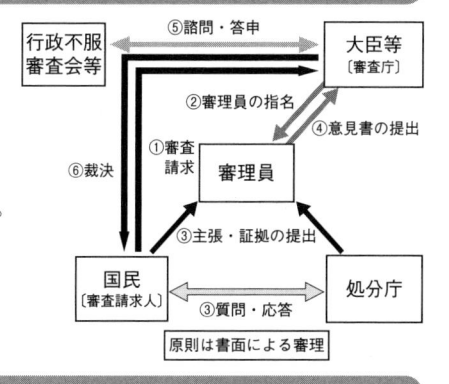

- 行政不服審査会等 ⇔⑤諮問・答申⇔ 大臣等〔審査庁〕
- ②審理員の指名
- ④意見書の提出
- ①審査請求
- ⑥裁決
- 審理員
- ③主張・証拠の提出
- 国民〔審査請求人〕 ⇔③質問・応答⇔ 処分庁
- 原則は書面による審理

3　審理の迅速化等

① 標準審理期間の設定
　　審理の遅延を防ぐため，大臣等〔審査庁〕は，審査請求がされてから裁決をするまでに通常要すべき標準的な期間を定めるよう努める。

② 審理手続の計画的な遂行
　　審理事項が多数・錯そうしているなど事件が複雑である等の場合，迅速かつ公正な審理を行うため，審理員は，審理事項・手順を整理し，審理の終結予定時期を決定する。

③ 審査請求期間の延長
　　処分があったことを知った日から60日となっている審査請求期間を3ヵ月に延長する。

反する事実がある場合における一定の処分，行政指導を求める申出制度が構想されている（36条の3，⇒序章第2節Ⅲ3(5)，第8章第4節Ⅱ5)。しかし，申出に対する諾否の応答には処分性がないとされているので救済機能は弱い。

　また，行政手続法36条の2に，申出人に対する違法な行政指導の中止を求める制度の導入が予定されているが，これも処分でないとの前提に立つので，その結果の通知義務の規定もなく，同様に救済機能は弱い（⇒第2章第1節Ⅳ2(5)）。

　たしかに，不服申立ての対象を処分に限定するとのこれまでの立法スタイルからすると，行政指導は，不服申立ての対象外として，行政手続法に入れるのも1つの考えであるが，公権力の行使に当たる事実行為も処分扱いされているのであるから，行政処分に近い事実上の強制力を有する行政指導を処分扱いしても，不合理ではない（福家俊朗＝本多滝夫編『行政不服審査制度の改革』〔日本評論社，2008年〕154頁以下〔白藤博行〕，白藤博行「行政不服審査制度改正の憂鬱と希望」ジュリ1371号12頁以下，高木光「行政不服審査法案」自治実務セミナー2009年4月号4頁）。処分と非処分の峻別という伝統的な発想が不合理な法制度の温床となっている。

Ⅳ　審査請求一本化，異議申立て・再審査請求の廃止

　この改正はまず**審査請求と異議申立ての二元主義を廃止し，審査請求に一本化する**。審査請求をする行政庁は，処分庁に上級行政庁がない場合または処分庁等が主任の大臣等である場合には処分庁にするしかない（それは現行制度の異議申立てと同じ）が，主任の大臣が処分庁の上級行政庁である場合には，当該主任の大臣，それ以外は原則として，当該処分庁の最上級行政庁となる（4条）。

　異議申立ては原則として廃止される。現行制度では，情報公開審査会を除き，前記のようにおよそ救済制度とは言えないから，廃止は妥当である。

　聴聞を経た処分には異議申立てはできないとの前記第1節Ⅲ6の騙し討ち的な制度（行手27条2項）も廃止される（行政不服審査法の施行に伴う関係法律の整備等に関する法律，いわゆる整備法53条）（この点は，常岡孝好「行政手続法改正法案の検討」ジュリ1371号33頁以下）。

　再審査請求は廃止される。これにより救済されることはほとんどないので，私人に無用の期待を抱かせる無用の手続であり，当然のことである。

法令に基づく処分の申請に対する不作為についても、審査請求をすることができる（3条）。現行制度では、異議申立てと審査請求の選択であったものが、審査請求に一本化されたのである。

前記第1節Ⅲ5の地方自治体に対する中央官庁の裁定的関与は、改正法案附則4条で、「当分の間」現行の行政不服審査法をそのまま適用している。地方分権改革に期待するということであろう。地方自治法255条の4もそのままである。

Ⅴ　再調査請求の創設

異議申立手続を廃止した代わりに、例外的に、課税処分、社会保険等については、再調査の請求制度を置き、前置主義を採っている（5条・53条以下）。審査請求の制度が一部準用されるが、審理員の制度、口頭質問権は適用されない（59条）。結局異議申立てとあまり変わりはない。

再調査の請求の期間制限は、知った時から3ヵ月、知不知を問わず1年とされている（53条）。

異議申立ては国税では結構救済していると言われるので、あえて廃止することもないが、異議申立ての制度的不備を認める以上は、前置主義はすべて廃止して、申立人が審査請求をするか、再調査の請求をするかはその選択とすべきであった。そうすると、審査請求が増えて、課税処分等では、税務当局の事務量が増えるし、単純な誤りにも重い手続を履践しなければならないとの反論があるが、現実には、処分庁が簡単に誤りを認めるような案件では、審査請求前の事実上の協議で解決しているか、審査請求書が処分庁に到達した段階で、処分庁から話合いを求めるであろうから、その反論は当たらない。

再調査の請求については、不作為への救済はない。

Ⅵ　審査請求期間の緩和

主観的審査請求期間は、60日から3ヵ月に延長される（ただし、再調査請求についての決定があったことを知った日から1ヵ月、17条）。ただし、「正当な理由」があるときはこの限りではない。現在の行審法14条1項但書きの「天災その他……やむをえない理由」を改正行訴法14条1項但書き並みに緩和したものである。再調査の請求期間も処分があったことを知った日から3ヵ月である

(53条)。ただし、「正当な理由」があるときはこの限りではない。

そして、この審査請求書を郵便で送った場合には、現行法と同じく発信主義である（17条3項）。出訴期間等でも見習うべきである。

VII 審査請求書の記載事項

審査請求書に記載すべきことは、① 審査請求人の氏名または名称および住所、② 処分の内容、③ 処分があったことを知った日、④ 審査請求の趣旨および理由、⑤ 処分庁の教示の有無およびその内容、⑥ 審査請求の年月日である。不作為についての審査請求書には、この ①、⑥ のほか不作為に係る処分についての申請の内容および年月日である（18条2項・3項）。審査請求は口頭でもできる（19条）。この18条の規定に違反する審査請求書については、審査庁は相当の期間内に不備を補正すべきことを命じなければならない（22条）。不備を理由に却下することはできないのである。

VIII 審査請求書の提出先

提出先は、審査庁であるが、審査庁となるべき行政庁が処分庁等と異なる場合における審査請求は、処分庁を経由してすることができる（20条）。

処分庁が審査庁でない行政庁を審査庁として教示した場合、再調査の請求ができないのにできると教示した場合には、救済の規定がある（21条）。

IX 審査請求の却下

審査請求が、不適法であって、補正することができないことが明らかなとき、または前記の補正命令に従わないときは、審査庁は、審査請求を次に述べる審理員による審理手続を経ないで却下することができる（23条）。

X 審理員、審査請求手続

審査請求については、処分庁が審査請求について裁決する場合でも、処分庁の担当職員がそのまま判断するのではなく、処分庁を一方当事者として明確に位置づけて申立人と対峙させ、処分庁とある程度別の立場にある者（**審理員**、8条）が審理を担当する対審的な構造（**職能分離、処分権限と審査権限の分離**）とし、しかも、審査庁は、原則として、新設の第三者機関である行政不服審査会に諮

問 (42条) し，最終的な裁決者についても，原処分権者よりも上位の者が行うこととする等，審理の公正と申立人の手続的保障に配慮したシステムとすると説明されている。

行政不服審査会は一種の総合的行政審判所であろう（碓井光明「総合的行政不服審判所の構想」塩野古稀下1頁以下，さらに，同「独立行政不服審査機関についての考察」藤田退職記念315頁以下参照）。

この審理員制度がこの改正の肝心要の点であるが，ただ，実際には，審理員は，処分庁と別の立場にある者から選ぶことにはなっていないので，敵の選手からアンパイアを選ぶことに変わりはなく，しかも職権行使の独立性が保障されていないから，**職能分離も期待はずれ**だろう（せめて，法曹資格者とし，大量増員された弁護士を雇用すべきである）。しかも，**審理員には救済を図るというインセンティブはない**。これでは，審査請求は裁判に準ずる手続として当事者の負担を重くするだけで，結局は救済しない方に傾く詐欺的立法となる可能性も少なくない。

審理員は，弁明書，反論書のやりとり，証拠書類の提出，物件の提出，参考人の陳述，鑑定，検証を主宰し（28条・29条・31条～34条），審査請求の審理（主張・証拠の整理等），職権での質問（35条）を行い，審査庁に対して，裁決に関する意見書を提出する（41条）。処分庁から提出された証拠書類その他の物件について閲覧を認めて，**請求人に不意打ちにならないようにする**（37条）。**弁明書の提出要求は義務**となり，弁明書に記載すべき事項も明確にされた（28条2項・3項）。請求人には**処分庁の職員に対する質問権**を認める（30条5項）ことで，当事者が対等に対抗する口頭審理に多少近づく。

遠隔地居住者のために，電話等による意見の聴取を行うことができる（36条2項）。

閲覧請求権の範囲については，審査庁が職権探知で得た資料は閲覧の対象となるのか明確ではないとの批判があるが，処分庁と審査請求人は，書面（弁明書および反論書等）または対審的な口頭意見陳述においてその主張を尽くすことが想定されているので，審理員などが処分庁や第三者のところに行って，メモをするという行為は，この改正法の下では基本的には想定されていない。

そして，審査請求人が，処分庁から提出された物件に限らず，「所持人」に提出を求めるように申し立てれば提出される物件は閲覧の対象となる（32条・

37条)のであるし，37条でも閲覧の対象を「その他の物件」にまで拡大しているのであるから，請求人に不意打ちにならないように運用されるはずである。また，XIで述べる行政不服審査会に対して，審査関係人は，審査会に提出された主張書面または資料の閲覧を求めることができる（70条）ので，審査庁が職権で探求した資料があるとしても，処分の根拠となる限りは，閲覧の対象となるはずである。

なお，参考人の陳述および鑑定，検証等に関して審理員により作成された書類等については，改正法案37条の規定による閲覧の対象とはしないが，その閲覧のあり方については，審理員の裁量に委ねられることになり，実際の運用の上では，改正行審法案37条の規定に照らし，審理員が閲覧の諾否を判断することが考えられる。本来より明確に規定すべきである。

不備な点として，閲覧のほかに，低廉な費用による**謄写請求権を保障する規定を置くべき**であった（なお，情報公開・個人情報開示制度では制度の趣旨が異なるため必ずしも十分開示されない）。

審理の迅速化として，審理の遅延を防ぐため標準審理期間を設定する（15条）。審理事項が多数・錯綜している事案などでは，計画審理を行うとされている（27条・36条）。

XI　行政不服審査会

審査庁は，審理員の意見書の提出を受けたときは，原則として，新設の第三者機関である行政不服審査会に諮問することにより，手続保障を強化するとされている。これは現行の情報公開・個人情報保護審査会を中心に，行政処分不服申立ての審査機関を統廃合するという方針である。分野横断的な諮問機関である。会長および委員23人以内，うち常勤の委員は7人以内である（61条）。3人で構成する部（合議体）が置かれる（64条）。審査請求が大量に出されるとすれば，審査会を大きな組織にする必要がある。専門委員（63条）はそのためにも必要であろう。

「会長及び委員は，審査会の権限に属する事項に関し公正な判断をすることができ，かつ，法律又は行政に関して優れた見識を有する者のうちから，両議院の同意を得て，総務大臣が任命する」（62条1項）。非常勤委員でも，いわゆる国会同意人事である。

第2節 行政不服審査法改正案について

　＊　国会では，この要件を満たす人物であるかどうかを，その者の業績に即して具体的に分析すべきであり，政府は，これまで行われているように，単に過去の主要な役職，経歴だけではなく，その現実の業績をきちんと整理して国会に提出して，国民も評価できるようにすべきである。例えば，単に，元何とか局長とか高裁長官というだけでは，行政関連事件について法治国家にふさわしい適切な判断力があることにはならない。むしろ，一般職公務員は，これまで役所側の物の見方をしてきた者が普通であるから一般的には不適切である。検察官は，刑事畑であるので，そもそも分野的に不適切である。裁判官も，民事刑事畑出身者は，行政法を理解している保障がないから不適切である。行政訴訟で優れた判決を下した裁判官がふさわしい。また，行政不服審査の領域でもっとも業績があるのは，行政法研究者であり，現にこれまで情報公開審査会の非常勤委員として多数の行政法学者が入っている。研究者を非常勤で安く採用し，常勤を役人天下りポストにするというこれまでの運用をやめるべきである。その点を認識すれば，結果として，常勤の会長と委員計8人のうち少なくとも半数以上は，行政法研究者が入るであろう。

審理員と審査会の関係では，審理員の段階で争点を整理して，審査会で判断してもらうということである。二段階になっているので，複雑である。

　＊　国税不服審判所はこの審査会には統合されない。保険金の給付に関する労働保険審査会と社会保険審査会は，社会保険庁を引き継ぐ日本年金機構の発足に合わせて審査のしくみを見直し，両組織の統合も検討するとされていたが，行政不服審査法の改正に伴う整備法案では，ともに残され，行政不服審査法の改正に合わせたシステムとなる。

　＊　2008（平成20）年，国土交通省設置法改正法により，国交省所管の船員中央労働委員会は厚生労働省所管の中央労働委員会に吸収させ，国土交通省の航空・鉄道事故調査委員会と海難審判庁は運輸安全委員会に改組された。

　　航空・鉄道事故調査委員会は国家行政組織法8条に基づくいわゆる8条委員会たる審議会であるのに対し，運輸安全委員会は国家行政組織法3条に基づく外局であるいわゆる3条委員会となるため，権限等が強化される。なお，現行の海難審判庁の機能のうち，懲戒のための対審方式による審判については，新設される海難審判所が引き継ぐ。海難審判所は当初の構想では，運輸安全委員会に付属することを予定していたが，その後方針を変更し，運輸安全委員会とは別系統の，国土交通省に直属する特別の機関とされた。

行政不服審査会は，必要があると認めるときは，審査関係人（審査請求人，参加人，審査庁）に主張書面または資料の提出を求めることその他必要な調査をすることができ（66条），審査会が不要と判断しなければ，審査関係人には**口頭で意見を述べる機会が保障**される（67条）（これは審査会そのものが行うのではなく，その指名する会長または委員が行うことになろう。69条）。審査関係人は，

審査会が定めた相当の期間内に，主張書面または資料を提出することができる (68条)。提出資料は閲覧請求権の対象となる (70条)。行政不服審査会は，東京に1ヵ所だけ設置されるので，地方の審査請求人にとっては不便である。審理員は電話による意見の聴取を行うことができる (36条2項) のであるから，審査会も口頭審理においては，電話会議を導入すべきであろう。

地方公共団体は執行機関の附属機関として，同様の組織を置くとされている (73条)。ただ，小さな地方公共団体では滅多にない審査請求のためにこのような組織を作るのは無駄であり，今の公平委員会，情報公開審査会をまとめて，一部事務組合等を共同設置するという方法もあるが，さらに，都道府県に行政不服審査会が置かれるならば，それへの委託制度を作ることも一案であった。

XII 救済の方法・種類

仮の救済として，例外的な執行停止制度がある (24条) ことは現行法と同じであるが，あまり機能しているとは思われない。

審査請求に対する裁決の種類としては，不適法却下，請求棄却のほか，取り消す場合には，処分庁の上級庁が審査庁である場合には，当該処分をすべきことを処分庁に命じ，審査庁が当該処分庁であれば，当該処分をする (45条)。事実行為についてはその撤廃がある (46条)。ただし，審査庁が処分庁の上級行政庁以外である場合には，変更命令を発することができない (45条・46条)。これは処分庁の権限を尊重したものであるが，ただ，この点は，裁判でも義務付け訴訟が認められているのであり，同じ行政権内部の審査庁には変更命令くらい認めてもよいのではないかと思われる。

従前通り**不利益変更は禁止**される (47条)。

不作為についての審査請求についても，却下，棄却のほか，認容する場合には，審査庁が当該不作為庁であれば当該処分を行い，審査庁が不作為庁の上級行政庁である場合には当該不作為庁に対し当該処分をすべきことを命ずる (48条)。義務付けを求める不服申立てである。

これらに加えて，救済類型として，第三者に対する不利益処分の義務付け，仮の義務付け，不利益処分の差止め，仮の差止めの制度を置くべきではないか。ただし，国民が申請権を経ずに直接に処分の義務付けを求める非申請型義務付けの申立ては，前記IIIのように，行政手続法の改正で対応することとし，処分

の差止めは，不利益処分なら，執行停止の活用で対応できるとして，不要と考えられたようである。

　国税に関する処分の不作為（例えば減額更正の請求に対する無回答）については国税通則法の適用がなく，行政不服審査法7条によっている（税通80条）。それは審査請求であるが，国税不服審判所長に対してではなく，国税局長に対するものとなっている。国税不服審判所長に対して，義務付け裁決をするよう求めることができる制度を作るべきである。

XIII　裁　　　決

　裁決には主文，事案の概要，審理関係人の主張の要旨，理由，行政不服審査会等への諮問を要しない場合には審理員意見書を記載，添付する（49条）。裁決は謄本の送達時に効力を生ずる（50条）。裁決は関係行政庁を拘束する（51条）。再調査請求については，53条以下で審査請求に関する規定の一部が準用されている。

　処分をするのはやはり原処分庁であり，審査会は諮問機関にすぎない。審査会にも裁決権を与えるとの考え方は，横断組織における専門性の不十分さのほか，省庁の分担管理原則にも抵触するという理由で採用されなかった。処分庁が，審査会の答申を無視することは例外であるとみられている。

XIV　教　　　示

　不服申立てをすることができる処分については，教示の制度が置かれることは現行法と同じである（74条・75条）。これに多数の不備があるのに改正されないのは問題である（福家＝本多編・前掲『行政不服審査制度の改革』172頁〔晴山一穂〕，阿部・実効性第6章）。

　以上，非常におおざっぱであるが，改正法案を紹介して，若干のコメントをした（問題⑦）。

【救済しようとのインセンティブを開発せよ】
　不服審査機関が適切に救済するようにするには，インセンティブがなければならない。現行制度も改正法案も，役人は立派であることを前提とするが，救済機能を発揮しないのは，救済しなくても，痛くもかゆくもなく，国民に出訴の負担を課すだけであり，実は，自分の組織を守ろうという意識が働くからで

ある。そこで，救済した方が組織として得するとか，救済しないと組織も地位も守れないしくみとすべきである。これまでの制度はこうした**人の心理と組織の病理を理解していない**。

　まず，不服審査の担当部ごとに，委員ごとに，救済の実態を公表させる。認容数と割合はいくらか。棄却・却下で，裁判で取り消されあるいは違法とされた裁決がどのくらいあるのかを公表する（それが多ければ救済していないことが明らかになる）。委員の業務の配分も，認容事案は，却下事案の数十倍として，**却下した方が楽だとのインセンテイブをなくす**。棄却・却下裁決または原処分が訴訟で取り消された場合には，委員の事件処理数として，数十倍マイナスするとともに，不法行為訴訟における弁護士費用と同じように，当然に訴訟の目的の価格の10％の賠償を行政機関に課す。

　それでも，審査請求事案が減少すれば，その組織のあり方を見直し，廃止するとの条項を入れる。委員は独立であるが，任期制とし，再任の際には，その業務内容を国会で審査することとする。

　審査請求前置は，独占企業と同じで，努力しなくても，仕事があるので，救済に努力しないから廃止すべきである。自由選択主義でも，訴訟の前に審査請求を求める人が自然に増えるようにしなければ，その組織を縮小する制度を置く。このようにすれば，不服審査機関には，違法のほかに，不当も救済するとの動機が働く。そして，不服審査機関の救済率が上がれば，裁判所に直接に出訴した場合の救済率と比較されるようになり，裁判所も救済率を上げるように，競争する動機ができるかもしれない。

　自由選択主義に対しては，裁判所の負担が増えるとの反論があるが，このようにすれば不服審査機関の救済機能が強化されるので，裁判所の負担が増えるとは限らない（二手先を読め）。

　序章第2節Vで述べた園部逸夫の行政裁判所構想も，上記のようなシステムを導入しなければ，権力を独占して独善的になる可能性を否定できない（現在，一部の地裁に置かれている行政部，行政集中部にもこの傾向がまま見られると感じている）。

第3節　行政の統制に関するその他の方法

　これまでは，行政処分を受けた者の権利救済制度を扱ってきたが，次に，権利救済制度というよりは，行政の適正を確保するための統制方法を扱う。これはこれまで常に議論の中心であった司法救済論と比較すると，脇に置かれてきたが，実効的な行政の自浄作用と国民へのサービス向上のためには，この分野も充実させることが是非必要である。

I　会計監査

　まず，会計監査は，国の場合には**会計検査院**が行う。これは憲法上の地位をもつ（憲90条），独立性の高いいわば第4権力である（この領域の研究として，石森久広『会計検査院の研究：ドイツ・ボン基本法下の財政コントロール』〔有信堂高文社，1996年〕，甲斐素直『予算・財政監督の法構造』〔信山社，2001年〕がある）。

　監督される一般の行政機関からすれば，一方的に監督するだけで，自分は安全地帯にいる（会計検査院長は右手で監査報告書を提出し，左手で受け取る）という羨ましい存在である。行政の現場では，会計検査で違法不当の指摘を受けないようにと，いつも神経をぴりぴりさせている。国立大学法人が新刊書を買うとき，領収書があれば十分だと思うが，丁寧にも，領収書のほかに，見積書，納品書，請求書を用意して，ゴミの山を増やし，無駄な残業をしているのも，そのためである。

　しかし，独立した会計検査院も，強い役所に対しては，意外と弱腰である。理由は，天下り先を組織として用意してもらっているためと言われる（組織的贈収賄）。

　地方公共団体の場合には，**監査委員**が置かれる。これは，建前では職権行使の独立性を有していても（自治197条の2・198条の3），知事，市町村長が議会の同意を得て任命する（自治196条）ので，再任を期待すれば，実際上は，知事，市町村長，議会の方を向いてしまう。そこで，現職の知事，市町村長，議員の違法行為をチェックすることはまずない。**泥棒が番犬を連れてくるシステム**だからである。事務局職員も，会計検査院のように一生の仕事ではなく，他

の部局に転任するので，厳しい監査はやりにくい。これが官官接待などを見逃した，馴れ合い監査が横行した1つの原因である（**問題⑧**）。

そこで，1997（平成9）年には，地方公共団体の監査委員のほかに，公認会計士，弁護士，税理士という外部の者に監査を依頼する外部監査が導入された（自治252条の27以下）。しかし，外部監査人も，仕事をもらおうと思えば，甘い監査をすることになる。監査法人でも，企業の粉飾決算にかかわり，解散に追いやられた例があるが，顧客から報酬を貰って顧客の監視をする制度が適正に運営できるはずはない。

私見では，地方公共団体の監査委員は公選制とし，首長選挙に際して，重複立候補を認めることとすれば，首長選挙で次点になった者が監査委員になるので，首長を守るような監査はしないであろう。

II 行政監察

総務省は行政管理庁以来行政監察を担当している。これは問題のある行政運営を是正するのに役立ってはいるが，調査を受ける行政庁の意向に反して，強行的に調査して，問題を世間に公表するのではなく，話合いをして，被調査庁の同意を得た上で公表している。したがって，厳しい指摘はなかなかできない。

被調査庁が，制度改善，予算獲得のために，**行政監察**で取り上げてもらうこともある（一種の「**泥棒と相談して刑法を作る**」システムである）。

この行政監察のシステムは行政の内部監察なので，行政に甘くなるから，筆者は，国会に『反行政・国民防衛局』を設置すべきだと思う（阿部・こんな法律）。諸外国では，スウェーデンから始まったいわゆるオンブズマン（スウェーデン語で代理人の意味）を議会において行政を統制している国が少なくない。

III 議会による統制

国会（両議院）は，国政調査権を有し（憲62条），地方議会はいわゆる100条調査権（自治100条）により行政を監督することができる。不祥事があると，100条調査委員会が設置されて，証人喚問などが行われるが，これは議会の権限なので，多数派の意向に反する運用はできない。多数派の不正を暴くためにも，一定数の少数派が団結すれば，調査委員会を設置できるように改正すべきであろう。

第3節　行政の統制に関するその他の方法

【苦情処理，オンブズマン】

例えば，大震災の被災者用の仮設住宅にはヘルパーが足りず，弱者は生活しにくいとか，行政の窓口であちこちたらい回しになるといったもの，上の兄姉と同じ保育所に通いたいといった希望はどこで聴いてもらえるか。

会計検査，行政監察，議会による統制は一般的な統制制度であって，個々人の被害救済制度ではないし，行政訴訟や行政不服申立ては，厳格な手続を用意していることもあって，法律上の利益を侵害されないと利用できない。上記の希望は，こうした制度の下では門前払いになる。

しかし，行政運営への不満を解消する制度は必要である。その制度の1つが苦情処理である（**問題⑨**）。

行政相談委員法により置かれる行政相談委員は総務省管轄で，国の制度であるため，苦情等を受け付ける範囲は，各府省，独立行政法人，特殊法人および認可法人の業務，地方公共団体の業務のうち法定受託事務に該当するものおよび国の委任または補助を受けて行っている業務であり，国の行政全般に及んでいるが，地方公共団体の自治事務は対象外である。

総務省のHPによれば，行政相談委員の活躍により解決した事例として，次のようなものが挙げられている。

* 年に1回以上は実施することとされている定期健康診断をここ数年間実施していない会社に対して，行政相談委員が労働基準監督署に苦情内容を通知した結果，同署が会社を指導し，定期健康診断が実施された。
　橋と道路との継ぎ目の損傷がひどく，大型車両が通過するたびに，付近の住宅が振動するため，行政相談委員が道路管理者に苦情内容を通知した結果，補強工事が実施され，住宅の振動がなくなった。

地方公共団体では，1990（平成2）年に川崎市が市政全般への苦情処理のために**オンブズマン**を設置したのがモデルとなって，ある程度普及し，さらには，子どもの人権，福祉サービスといった特定分野のオンブズマンを設置している例もある。

これは，訴訟，不服申立てのような権利救済制度ではないので，期間の制限などもなく，誰でも不服があれば，手軽に利用できる代わりに，言い分が通らなくても，その先，訴訟などで争うことはできない。

これは行政官にとって，自分の権限を奪うものという印象があるかもしれないが，むしろ，日常の不満について担当者と市民が不満をぶつけ合うとか，議

375

員のドブ板活動に期待するのは不正常であって，オンブズマンによる第三者の判断の方がすっきりする。議員は，ドブ板活動をやめて，大所高所からまちの将来を議論すべきである（篠原一＝林屋礼二『公的オンブズマン』〔信山社，1999年〕）。

　ただし，この元になったスウェーデンのオンブズマンは，国会に属し，官公吏と裁判官を監視する制度で，個別の苦情処理機関ではない。私見では「反行政・監視局」を国会に設置すべきである。

第11章　国家補償法

第1節　損失補償法

① 「悪魔のクジ引き」で予防接種の犠牲となった者には，接種した医師にも落ち度がなく，財産権侵害でもないことから，補償できないとされてきたが，なんとか救済する方法はないか。
　財産権を剥奪するときは補償するから，命を強制収用したに準じて「もちろん」補償を要するとの説を提案したところ，それなら，補償すれば命を収用できるのかとの反論があった。論理的に正しいか。

② 震災で家が倒壊した。自分の責任ではないから，国家が補償すべきではないか。個人責任だとすると，国家は何のためにあるのか，この国は人間の国家かとの厳しい批判があったが，国家補償制度の正しい理解か。

③ 地価が上がっているのに，収用補償金は，事業認定後は，物価上昇率しかみてくれないという。これでは補償は損得なしの建前に反し，近隣の同価値の土地を買えない。違憲ではないか。

④ 土地収用の補償システムは損得無しの制度であるが，機能するのか。だれが損得なしで素直に買収に応ずるものか。上乗せが必要ではないか。しかし，そうすると，ゴネ得が起きるのではないか。

⑤ わが家の下深く，リニア新幹線が通るという。所有権は地下深く及ぶはずだから，補償金をたんまり貰えるのではないか（捕らぬ狸の皮算用）。

⑥ 区画整理で，土地を削られる（減歩という）が，補償はない。土地のタダ取りで，違憲ではないのか。

第11章　国家補償法

⑦ 財産権が著しく制限されたが，法律に補償規定がない場合，憲法29条3項を根拠に補償してもらえるのか，それとも，規制を無効として，自由な土地利用ができるのか。

⑧ 隣の市街化区域と違い，市街化調整区域に指定されたため，農地としてしか使えず，価格も非常に安い。補償してもらえないのか。

⑨ 東大前の高層建築物は，本郷通りからセット・バックしている。これは都市計画制限によるものであるが，利用可能性が大幅に減少して，(有斐閣も含めて) 大損害を被っている。しかし，補償されていない。土地所有者は，なぜこのような重大な負担を受忍しなければならないのか。

⑩ 所有地である山から出る石は庭石として高く売れるのに，自然公園法で，採石禁止になった。補償は貰えないのか。

⑪ 東京都から，卸売市場の中の空いている土地の使用許可を受けて，整地したが，使用許可が取り消されて，取り返された。この辺は，借地権代は地価の80％くらいする（借地権が設定されると，土地所有権は底土，上土に分かれ，借地権代の割合はもともと地域の慣習で決まっている。都会ほど高い）。使用許可により受けた地位をこれに準じて補償してもらいたい。

⑫ ダムで村が沈む。土地代など補償してもらっても，安いから，町に出て生活できるわけがないではないか。生活権補償はないのか。

【本節で学ぶこと】

公権力が法律の定めによりその範囲内で（適法に）権利を制限・剥奪する場合が損失補償の問題である。まず，最初に，国家賠償や地震その他の天災の被害との比較，損失補償理論の応用可能性を考える。

次に，公権力による財産剥奪の典型例である土地収用，区画整理を比較検討する。法律に補償規定がない場合，種々解釈論的な工夫をしてみる。

さらに，公権力によって権利を剥奪されるのではなく，都市計画のように制限されるだけの場合はどうか。損失補償は適法な公権力によって損させられたら，理由のいかん，額を問わず常に認められるわけではない。必要でない場合はどんな場合か，必要なのはどんな場合か，その理由は何か。さらに，補償の範囲はどこまでか。

これについては，通則的な法律はなく，憲法29条に基づく解釈論が展開されている。本節は，その考え方の基本を学ぶ。

第1款　損失補償とは

I　憲法29条の損失補償

憲法29条3項の定める損失補償は，適法な公権力の行使によって（つまり，法律に基づいて意図的に）制限・侵害された財産上の特別の犠牲に対し，全体的な公平負担の見地からこれを調整するための財産的補償であり，その根拠は財産権の保障と公平（平等）の原則である。財産権が保障されている以上，公権力によって被った損失を放置すれば，平等原則に違反するが，少々の犠牲なら社会生活上やむをえないもので，我慢するべきであるからである。

II　類似制度との区別

ここで，損失補償と他の制度との違いを説明しよう。

1　損害賠償，国家補償の総合体系——賠償と補償の相対化？

第2節で述べる損害賠償は，**違法行為**による事後的な金銭的調整制度である。国・地方公共団体の公権力を行使する公務員の加害行為，公物営造物の設置管理の瑕疵の場合には，国家賠償と称している。

損失補償においては，制限・侵害をすることは許されることが前提で，金銭的な調整が行われるだけであるが，損害賠償の方は，本来許されない違法行為が行われてしまったので，結果として金銭的な調整をするしかないということである。

このように，国家賠償と損失補償は元来別個の制度であるが，今日では両者は接近し，いずれの場合でも公平負担の見地から被害者の損失の塡補に重点をおいて問題を解決しなければならないとかねて指摘されている（田中説。阿部「賠償と補償の間」曹時37巻6号1419頁以下参照）。国家補償という語もこの国家賠償と損失補償の合成語である（この問題の最新の検討として，小幡純子「国家補償の体系の意義」新構想III279頁以下がある）。

しかし，この田中説は，損害が公権力の作用に基づくというだけで国の賠償責任を否定することに疑問を示し，損害が権力作用に基づくか非権力作用に基

づくかは公平負担の原則から特に区別する必要がないと述べていることからわかるようにもともと国家無責任の法理が妥当した明治憲法時代に救済の空白を埋めるためつくり出された理論であって（田中二郎『行政上の損害賠償及び損失補償』〔酒井書店，1954年〕所収の「不法行為に基づく国家の賠償責任」〔法時5巻7号（1937年）四を参照〕），当時としては時代を先取りしていた（今村成和「田中先生の国家補償論」ジュリ767号62頁）が，今日ではその説の歴史的な使命は終了し（ここにも特定の時代的背景を担う学説が時代変われど独り歩きするという実態がある），両者は基本的には別個の制度と考える。

　賠償は意図しなかった被害について許容されざる国家活動に起因する部分を国家が塡補すべきものであり，補償は，国家が意図し，法律上許容された侵害による損失を補塡する制度である。前者は違法行為であり，後者は適法行為であるから，絶対的な違いがある。後者については損害の公平負担という見地が成立するが，前者についてはそれだけではなく，さらに被害の防止とか，被害を発生させた者への制裁，賠償請求のための負担という見地を無視してはならない。さもなければ，国家は，加害行為をしても金さえ払えばいいだろう（しかも，永年の訴訟で敗訴し初めて）ということになる。また，実際の機能としても，国家賠償は，被害が発生した後の救済であるために大幅に値切られるが，損失補償はゴネ得が発生する極端な不公平があるので，このような制度の違いをよく見て解釈論を構築する必要がある。

　そして，賠償と補償が典型的には当てはまらない国家補償の谷間（⇒第11章第3節）についてのみ，両者の接近と統一が可能なのである。その典型例は次に述べる事業損失である。あるいは，国家賠償の過失責任主義では救済されないものについて損失補償への接近を図るべきなのである。

2　事業損失

　この中間に位置するものとして，事業損失がある。これは適法な事業により損失を発生させるもので，その一例としては，高架道路・新幹線のために生ずる日照被害を挙げることができる（⇒第2節第2款Ⅳ2，後述第5款）。

　もともと，日照被害を生じさせることは許されないので，これは違法とも言えるが，公共性のある事業のために不可避的に発生するので，事業を差し止めない代わりに，公平の観点から損失を補塡するしかない。したがって，これは実質的には損失補償に近くなる。

3 予防接種禍訴訟

予防接種禍訴訟では、もともと接種担当の医師の問診義務が問題になっていたので、医師がそれなりに注意したにもかかわらず発生した犠牲は、いわば悪魔のくじ引きとして、過失はないとされてきた。国家は予防接種法によりそれなりの給付をするようになったが、賠償と比べれば安いので、犠牲者はその差額を請求した。運が悪いとすれば、国家賠償では救済されないが、財産権が侵害されたわけではないから、憲法29条は適用されず、賠償と補償の谷間の問題になる（予防接種法の救済で対応したことになる）。重大な法の欠缺である。

これについては、憲法は財産権の剝奪に補償するのであるから、憲法13条（幸福追求権）、14条（平等原則）、25条（生存権）も考慮すれば、国家が生命健康を剝奪した場合にはその損失を塡補するのは均衡上もちろんだという「もちろん解釈説」が唱えられ、学説上はもちろんのこと、判例上も有力であった（大阪地判1987〔昭和62〕・9・30判時1255号45頁、阿部「予防接種禍をめぐる国の補償責任」判タ604号〔1986年〕7頁以下）。では補償すれば命を奪えるのかという反論があった。しかし、それは「リンゴは果物である。よって、果物はリンゴである！！」と同じ論理で、そのような反対解釈は論理的に成り立たない。

しかし、東京高裁判決（1992〔平成4〕・12・18高民集45巻3号212頁、判時1445号3頁）は、このようなもちろん解釈説を排斥する代わりに、1分間に何人にも接種するような検診の体制を不十分であるとし、それを当時の厚生大臣の過失であると把握して、過失判断を緩めた。従来は、これを過失と捉えなかったが、この判例は過失判断を緩めたものである。国家賠償法上の過失をこのような客観的な**組織過失**をもとに判断すれば、国賠法2条の「瑕疵」と同義となり、救済範囲が拡がる。

しかし、他方、集団予防接種検診体制がかなり整備された今日では、それにもかかわらず発生した予防接種禍には過失は認められず、犠牲者の救済はできなくならないか。やはり、「もちろん解釈説」が妥当だったのではないかと考える（秋山幹男ほか『予防接種被害の救済』〔信山社、2007年〕は予防接種禍と被害の司法救済について、コンパクトながら良くまとまった文献である。さらに、『いのち、かえして：東海予防接種禍訴訟』〔東海予防接種禍訴訟を生かす会、2000年〕、吉原賢二『私憤から公憤へ』〔岩波書店、1975年〕、西埜章『予防接種と法』〔一粒社、1995年〕参照）（**問題①**）。

4　天災被災者補償

阪神・淡路大震災の被災者へいわゆる「**個人補償**」をせよという声が高まって，1998年，**被災者生活再建支援法**が成立した。この法律は，その後改正され，被災者に最高300万円の金銭支給をすることとしている。

それでも，住宅再建の「補償」が低額で，実際上再建は困難であることから不満は少なくないが，震災は国家起因性の被災ではないから，賠償にも補償にも当たらない。したがって，失ったものを償うという意味での補償は妥当ではない（憲法17条でも29条でも補償できないのである）。しかし，震災の痛手から立ち直れない被災者の生活再建支援はぜひ必要である。それは憲法では25条の社会保障に根拠をもつものである。ただし，この自宅再建補償の発想は，身体に重大な障害を負った者とか震災孤児を無視しており，財産権偏重という問題がある（阿部「災害被災者の生活再建支援法案」ジュリ1119号，1121号〔1997年〕，阿部・大震災78頁以下）（**問題②**）。

5　伝染病に汚染した家畜撲殺と補償

家畜が伝染病にかかって，撲殺を命じられた場合，原因がその所有者の守備範囲内にあり，国家起因性の被害ではないので，普通の補償理論では補償は不要であるが，家畜伝染病予防法58条では低額（原則的には病気になる前の価格の3分の1）ではあるが，手当として，一種の補償金を交付する。これは「完全補償」ではなく，「相当補償」との説明もある（なお第4款Iの田中説参照）が，健康な家畜を前提にすれば「不完全補償」であるが，病気になったことを前提とすれば，過大補償である。

これは，補償しないと，病気の家畜をそのまま流通させるという危険があるので，それを防止する方が社会的に得だとの考えで，政策的に補償しているものと考えるべきである。あるいは，天災に対する農家の営業被害への救済措置である。

第2款　公的土地取得システム

I　収　用

1　収用制度の存在理由

公共事業のために土地を取得する制度は土地収用である。

公共事業のために土地を必要とするときは，必要な土地が特定される（道路，公園，学校用地等を考えよ）ため，市場に任せれば売主の立場が一方的に強くなり（売手市場），自由な市場が存在しないので，その価格が不当に高騰して，不公平である上，取得できなければ，公共事業自体が実現不可能になる。そこで，「正当な補償」の下に財産権を収用する（憲29条3項）権力的な制度が必要になる。

* なお，民間再開発の場合，事業者に権力がないので，事業地の真ん中で売らないで頑張っている者は最後に高く売ることができるが，その事業に公共性がないとされている以上は，それもやむをえない。ただし，民事法でも，例外であるが，公道に至るための他の土地の通行権のような場合，合意が成り立たないと通行できないとすれば，通行権を必要とする者が絶対的に不利な立場になるので，償金の支払の下に，裁判という，権力による権利（通行権）創設の道が開かれている（民210条～212条）。

マンションの建替えに際しても，1棟建替えの場合5分の4の多数の賛成，団地内全建物一括建替えの場合，全体が5分の4の多数の賛成であれば当該建物では3分の2の賛成で建替え決議がなされたら，多数派は反対者からその区分所有権を時価で買い取ることができる（建物区分62条・63条・70条）。これは区分所有権の制約と多数の区分所有者の権利の合理的な行使を考慮して合憲とされている（最判2009〔平成21〕・4・23最高裁HP）。こうした財産権制限の基準は，「規制の目的，必要性，内容，その規制によって制限される財産権の種類，性質及び制限の程度等の比較考量」である（最大判2002〔平成14〕・2・13民集56巻2号331頁）。

2 事業認定と収用裁決，収用委員会のあり方

土地収用法は，公共のために財産権を剥奪する手続を2段階で定めている。まず，一般的に土地収用事業を行う適格性のある事業であるかどうかの判断を行う。これは同法3条に，道路，公園，学校など多数列挙されている。次に，これに該当するというだけで直ちに土地を収用できるのではなく，実質的に当該土地を公共事業の用に供することを正当化するだけの公益上の理由があるかどうかについて行政的に審査する制度が必要である。これを事業認定（収用20条）という。事業遂行能力，事業計画が土地の適正かつ合理的な利用に寄与するものであること，土地を収用し，または使用する公益上の必要があるものであることが審査される。国土交通大臣または都道府県知事が行う。

もともとは，この公益性は厳格に公共の用に供する場合に限定されていたが，分譲団地のための収用のように，最終的には私人の財産になるもののための収

用も，良好な住環境の形成の点に公共性が認められるようになっている。

　起業者（企業者ではない。ビジネス等を行う者ではなく，公共事業を起こす者）は，土地を取得するために，土地所有者とまず任意買収の交渉を行うが，それでまとまらない場合には，事業認定を踏まえて，都道府県にある土地収用委員会に収用の裁決を申請する（収用 48 条・49 条）。ここでは　収用の相手方（土地所有者，関係人），収用する区域と補償のみが定められ，事業の公益性はもはや判断されない建前である。

　　＊　しかし，現実の収用委員会の審理では，事業に公益性がないとの被収用者の主張で混乱することが少なくなかった。その原因は，事業の公益性の判定手続が簡易で，被収用者は意見書を提出することができるものの（収用 25 条），ほぼ無視されてきたので，収用委員会で事業の公益性の不存在を主張したいためである。
　　　そこで，平成 14 年土地収用法の改正で，国土交通大臣が事業の認定に関する処分を行おうとするときは，あらかじめ社会資本整備審議会の意見を聴き，その意見を尊重しなければならない（都道府県知事が処分をするときは同様に審議会の意見を聴いてそれを尊重しなければならない。収用 25 条の 2・34 条の 7）として，事業認定の客観性を確保しようとした。しかし，どうせ御用学者などで構成される身内の意見を聴いても客観性はないと思う。
　　　他方，損失の補償に関して自己の権利が影響を受ける限度で意見書を提出することができる。この段階では事業認定に関する不服を主張することはできない（収用 43 条 2 項・3 項）ことが明示された。
　　　なお，この改正については，藤田宙靖「改正土地収用法をめぐる若干の考察」川上古稀 627 頁以下参照。
　　　収用委員会の審理事項は，基本的には不動産鑑定を取って，平均を取るだけであるから，独立行政委員会の業務とする理由がないので，この委員会は廃止し，公益性の判断を住民の意向も聴きつつ，広く公益性の観点から審理する専門委員会の方こそ，独立行政委員会にすべきであろう。
　　　なお，公共用地の取得に関する特別措置法 20 条 1 項の緊急裁決は合憲である（最判 2003〔平成 15〕・12・4 判時 1848 号 66 頁〔重判解平成 15 年度 22 頁〕）。

3　土地収用における補償額の決定時期

(1)　土地収用の法システム

　土地収用は次のようになされる。まず，前記の事業認定がなされ，当該土地の権利者が任意買収に応じなければ収用裁決（収用 47 条の 2 以下）がなされる。任意買収の交渉の時期は法的には事業認定の前でも後でもよい。

　補償額の算定方法を定める実体法は，以前は，任意買収の場合も収用裁決の場合も，「公共用地の取得に伴う損失補償基準要綱」（昭和 37 年 6 月 29 日閣議決

定）だけで定められていたが，これは単なる行政内部規則であるから，収用裁決の場合に独立行政委員会である土地収用委員会を拘束することはできないので，2002（平成14）年に「土地収用法第88条の2の細目等を定める政令」が制定され，土地収用委員会を拘束することとなった。「公共用地の取得に伴う損失補償基準要綱」は任意買収の場合の細目を定めるものとして，収用裁決の場合との整合性を保ちつつ，存続している（その詳細は，公共用地補償研究会編著『公共用地の取得に伴う損失補償基準要綱の解説〔新版〕』〔近代図書，2003年〕，三宅豊博「損失補償基準」大系Ⅵ339頁以下参照）。

(2) 裁決時主義とその難点

土地収用の対価を算定する時期は完全補償説による以上，収用裁決により権利が移転するときの価格を基準とするのが原則と考えられる。1967（昭和42）年に改正される前の土地収用法71条はそうであった（裁決時主義）。そうすると，公共事業が予定されている場合には周辺地価は物価上昇率よりもはるかに高騰するので，起業者は自分が創出した地価上昇（開発利益）に対して補償しなければならず，地主はヌレ手にあわの不労所得を懐に入れることができるという不公平が生じ，また，先に売却した者が不利になり，起業地の権利者は地価の値上り・開発利益の取得をねらって買収に応ぜず，収用を引き延ばすという弊害とゴネ得が生じた。

(3) 事業認定時の価格固定主義と判例の立場

裁決時主義の難点を除去しようとしたのが現行法の71条で，補償額は事業認定時以降は物価変動率を乗ずるにとどめて（事業認定時の価格固定主義），以後の地価の上昇の影響を排除しようとしたのである（図1参照）。

これについては，完全補償の建前を強調する見地から疑問も提示された。す

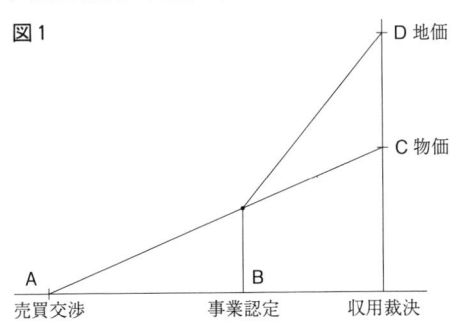

なわち，① 地価上昇率が物価上昇率を超える現状では，この制度ではCとDの価格差のため，被収用者は近隣の同価値の土地を同面積取得することはできない。② 被収用者以外の者は開発利益を得ることができるのに，被収用者だけがこれを拒まれる理由はない。被収用地以外の土地の開発利益を吸収する制度の創設が必要である。③ 物価の変動率と地価のそれとは異なるから，地価の変動率を基準とすべきではないかと。

しかし，ゴネ得をなくし同一事業における権利者間の公平を確保するためにはこうした法改正は必要である。最高裁（最判 2002〔平成 14〕・6・11 民集 56 巻 5 号 958 頁，判時 1792 号 47 頁）は，この制度を合憲とした。

(i) 憲法 29 条 3 項にいう「正当な補償」とは，その当時の経済状態において成立すると考えられる価格に基づき合理的に算出された相当な額をいうのであって，必ずしも常に上記の価格と完全に一致することを要するものではない（最大判 1953〔昭和 28〕・12・23 民集 7 巻 13 号 1523 頁〔百選 504 頁〕）。

(ii) 事業認定の告示の時から権利取得裁決の時までには，近傍類地の取引価格に変動が生ずることがあり，その変動率は必ずしも上記の修正率と一致するとは言えない。しかし，上記の近傍類地の取引価格の変動は，一般的に当該事業による影響を受けたものであると考えられるところ，事業により近傍類地に付加されることとなった価値と同等の価値を収用地の所有者等が当然に享受しうる理由はないし，事業の影響により生ずる収用地そのものの価値の変動は，起業者に帰属し，または起業者が負担すべきものである。また，土地が収用されることが最終的に決定されるのは権利取得裁決によるのであるが，事業認定が告示されることにより，当該土地については，任意買収に応じない限り，起業者の申立てにより権利取得裁決がされて収用されることが確定するのであり，その後は，これが一般の取引の対象となることはないから，その取引価格が一般の土地と同様に変動するものとは言えない。そして，任意買収においては，近傍類地の取引価格等を考慮して算定した事業認定の告示の時における相当な価格を基準として契約が締結されることが予定されているということができる。

なお，土地収用法は，事業認定の告示があった後は，権利取得裁決がされる前であっても，土地所有者等が起業者に対し補償金の支払を請求することができ，請求を受けた起業者は原則として 2 ヵ月以内に補償金の見積額を支払わなければならないものとしている（収用 46 条の 2・46 条の 4）から，この制度を利

用することにより，所有者が近傍において被収用地と見合う代替地を取得することは可能である。

これらのことにかんがみれば，土地収用法71条が補償金の額について前記のように規定したことには，十分な合理性があり，これにより，被収用者は，収用の前後を通じて被収用者の有する財産価値を等しくさせるような補償を受けられるものと言うべきである。土地収用法71条の規定は憲法29条3項に違反するものではない（**問題**③）。

これについて若干の追加的説明をすると，

被収用者は事業認定後の上記の①の不利益を避けたければ，裁決手続開始の請求と補償金の支払請求をすることにより補償金を早期に入手し，これにより代替地を取得することができるのである。また，地主は土地を売却したら，その近隣の土地を取得する必要があるとは限らないから，その近隣の土地を取得させることを前提とした立論をする必要はない。

ただし，これは補償金が瞬間的に支給され，瞬間的に代わりの土地を探せるという観念論である。他の土地の地価が上昇している場合には，補償金で代替地を探すことは不可能である。これらの差額と，代替地を探す手間は補償すべきであるとも考えられる。もっとも，それは計算できないが，収用補償金（および応じなければ買収される場合における売買代金）に対する譲渡所得税は課税所得から5,000万円特別控除されるという特典があり，補償金により代替資産を取得した場合には譲渡はなかったこととされるか，課税は繰り延べとなる（税特措33条・33条の4）ので，税金を考慮すると，被収用者はきわめて優遇されているはずである（代替地を取得しない場合には課税されるが，補償金を取得したとき譲渡所得の実現があったから当然である〔東京地判1983（昭和58）・3・28行集34巻3号543頁〕）。②の開発利益は本来は地主の懐に入るべきではないから，他に開発利益を得られる者がいるというだけで，全地主にこれを保障する必要はない。事業認定を受けた土地は事業用地となる運命にあり（運命づけ論），開発利益を享受できる周辺土地とは異なる。③についても，補償金の支払請求の制度で対応できるはずである。

(4) 事業認定時価格固定主義の機能麻痺

しかし，この制度ができても，ゴネ得はなくならなかった。その理由の1つは，この制度は事業認定をした時点から価格を固定するので，まず事業認定を

することが先決であるが，収用の実務では，収用権の発動を極度に控えて，事業認定は被収用者と何度も交渉して，収用によらざるをえないと決まった段階で初めて申請されるからである（現場裁量の権限不行使型授益的濫用）。そうした運用がなされる理由は，収用裁決の申請どころか，事業認定の申請でさえ，強権発動と意識されて交渉がこじれやすいことと，事業認定の手続が煩雑であること，起業者が親方日の丸の公益事業や国・公共団体で，経費がかかれば税金や料金の負担とすればよく，経費節約が給与に反映するわけではないなど，経費を節約しようとする動機が少ないことによる。

なお，都市計画事業では必ず事業認可がなされ，それは土地収用法の事業認定として扱われる（都計59条・70条）ので，事業認定も同様に事業計画時に義務づけることも考えられる。

4 取引価格主義に対する疑問——経済学の観点から

Q 従来の正当補償額で本当に代替地が買えるのか。

土地収用の対価を決定する取引価格主義は，ある土地が収用されたら，その代価で同等の土地が買えるはずであると考えている（市場経済妥当の仮説といわれる）。なるほど，それは，収用がごく限られた面積の土地を対象とする場合には妥当する。しかし，公共事業が大規模で，代替地を求める者が多ければ，近隣の土地の需要が増えて，供給が追い付かず，周辺の土地価格が高騰するので，現行制度にいう正当な補償額では，同面積の同等の土地を買うことはできない。これはダム補償などの場合には典型的に現れるが，名古屋新幹線とか大阪空港など市街地における公害対策としての移転補償の場合も同様である（華山謙「公共事業の施行と補償」大系Ⅵ314頁）。遠くに移転する場合には，近隣との生活関係の断絶，転職，所得の減少，通勤・通学の時間と費用の増加など種々の不利益を被るが，それは必ずしも補償されない（岩田規久男「補償の経済学的分析」季刊環境研究44号93頁以下）。この問題は法律家の常識的経済オンチが露呈する側面で，後述する生活補償の問題に連なる。

5 ゴネ損方式立法化のすすめ——賠償と補償の比較を兼ねて

Q 賠償額は値切られ，被害者はいつも泣かなければならない。補償はゴネ得。公共事業は地価騰貴の元凶。古い例であるが，関西新空港の漁業補償など倍（当初の提示額121億円，1985〔昭和60〕年12月には205億円にアップ，さらに利息分5億円プラス生活安定対策費40億円，漁業振興費204億

円。大阪府の事業）にも上り，新空港の建設を急いでいるため足元を見られた『つかみ金』の面もあると批判される（朝日新聞昭和61・4・1付）。何という不公平！　なぜか。どう改革すべきか。

(1)　賠償＝加害者得の法構造

　賠償は被害が発生した後に被害者が金銭塡補を求めるものであるが，被害者は生活に窮し，加害者は支払を遅らせ，敗訴しても年に5分の利息（民404条）を払えばよいだけなので，安く，証文なしで借金しているのと同じで，急がない。しかも，警察の取調室等での暴行に典型的に見るように（その改善策が目下試行されつつある取調べ室の録音），被害者の立証も容易でないのが通常である。行政の違法が訴訟で認定されるのは氷山の一角と言ってよい。さらに，加害者が国・公共団体である場合にはまず責任を否定しようとする体質を有し，訴訟になっても親方日の丸で，経済的負担を考慮せず，組織の利益に反する裁判にはとことん争うことが多い。被害者は「生命ある今救済を」という哀しい要求にも表れているように時間も金もないのである。これでは加害者の先手必勝に近い（加害者得の法構造）。賠償に行きすぎも認められるので，「被害者保護から公正な賠償へ」といった主張（加藤一郎「戦後不法行為法の展開」法教76号6頁の副題）もあったが，賠償はたとえ多少行きすぎても永年時間と費用をかけた結果なので，総体としてはとうてい行きすぎは生ぜず，むしろ足りない。

(2)　補償＝ゴネ得の法構造

　これに対し補償の方は，公共の用に必要とされる土地は特定されるため，公共事業者の方には選択の余地がなく，しかも，事業は年度内着工とか予算消化の必要とかにより急ぐので，足元を見られる。特に自治体の長は票を左右する多くの住民を相手に補償を厳しく査定する気は起きないし，不当に高い補償金を払っても，結局は税金や料金に負担させればよいので，補償額を減らすインセンティブが少ない。他方，権利者は買主が他を選択することもないのであわてる必要がないどころか，ねばっているうちに実際にも土地価格は上昇するし，あるいはその評価を高く見積らせることができるので，なおねばる（売手独占の市場）という傾向も生ずる。なお，現行法もゴネ得防止のために，収用等に応じた場合の譲渡所得の特例控除の制度は収用等の申出をした日から6ヵ月間のみ適用されるとしているが，現実には交渉が長びいても話がまとまる前の6ヵ月以内に申出をしたことにするとかしてその適用を受けるような取扱いをす

第11章 国家補償法

ると聞く（現場裁量の授益的濫用）。

例えば，同じ家を，収用して補償する場合と違法に破壊して賠償する場合とを比較すると，塡補されるべき金額は理論的には同じであるか，あるいは賠償の方には慰謝料が出るので高くなるはずであるが，実際には，賠償の方は時間がかかり値切られるのに対して，補償ならゴネることができるので，価格が上がる。

(3) 解決策の提案

これはいかにも不合理であり，武器平等の原則に反する。なぜこうしたことが生ずるかといえば，立法者も学者も，賠償や補償は権力者があるとき突然に裁定を下して決定する場合（権力による監督システム）と同様だと誤認し，決定のためのコストを無視しているからである。適正な制度はこの決定のためのコストを考慮して，いずれの武器も平等にしなければならない。

* ちなみに，借家法7条2項によれば，家賃値上げの請求があるとき，借家人はそれに応ずる必要はないが，裁判で敗ければ，その支払った家賃と適正な家賃の差額については年1割の利息を払わなければならないというリスクを負担することになっていて，借家人と家主の間でリスクを公平に分担している。さらに，労基法114条や船員法116条は残業手当の未払いの場合に同一額の付加金の支払を命ずることができるとしていて，残業手当不払いは損になるようにしている（ただし，実はわが国の判例はこの制度の趣旨を理解せず，この請求権は裁判所が支払を命じてはじめて発生するとするため，この制度は機能していない。最判1960〔昭和35〕・3・11民集14巻3号403頁）。

そこで，ゴネ損方式を提唱する。補償金は，損得なしの時価補償の原則によっているが，購入の申込みから一定期間内に応じてくれた者には補償金に一定の上乗せをすることとして，その期間が過ぎれば上乗せ分が減額されるとすれ

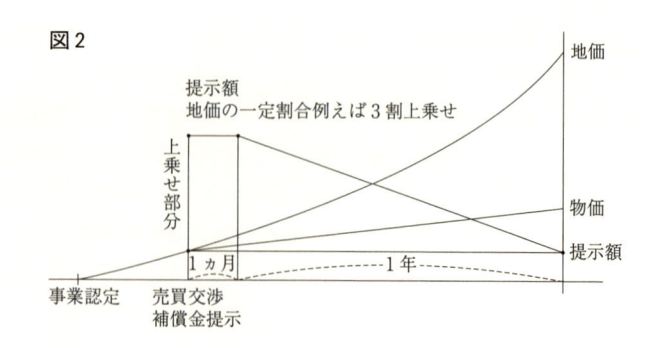

図2
提示額
地価の一定割合例えば3割上乗せ
上乗せ部分
1ヵ月　　　1年
事業認定　売買交渉補償金提示
地価
物価
提示額

ば，買収も迅速に進む（購入の申込時点はごまかされないように，現場裁量を否定するシステムを導入し，記録を正確に取る）（問題④）。

　起業者はやっかいな収用権を発動することなく，早期に土地を適正価格プラス・アルファで取得できることになる。これによっても，土地所有者は現行法と比較して損はしない建前である。

【大深度地下利用，土地収用の回避，所有権の範囲】

　土地収用は，すべての権利者を対象として，ミスのない手続を行って初めて許されるので，大変な時間と費用がかかる。地下鉄は，道路の下を通るので，収用の問題がないから，造れるのであるが，民有地を対象に都会で道路，鉄道を新設することは，それが地上である場合だけではなく，地下であれ，ほとんど不可能である。しかし，もし，地下に，地上の所有権が及ばないとすれば，買収・収用手続を採らずに大規模な施設を円滑に建設できる。そのための法システムをどう作るか。

　民法207条は，「土地の所有権は，法令の制限内において，その土地の上下に及ぶ。」と定める。1つの考えでは，温泉採掘は土地所有権の内容に含まれ，今は1,000メートルも掘れば温泉が湧出するところが多いから，地下1,000メートルにまで所有権が及ぶという（石田喜久夫・ジュリ913号14頁）。

　これに対しては，2つの反論が可能である。地下深く掘れば温泉が出て，それを自分のものにすることができようと，それは河川に接している土地において取水するのと同じであって，土地所有権の効果ではない。温泉や水を採取してしまえば，それは所有権の対象となるにすぎない。第2に，地下の利用については，「法令」で制限できる。通常のビルの杭が届く数十メートルの地下以深では，通常の利用はないから，これまで利用されていなかった地下空間の利用について法令で制限しても，補償が必要となる特別の犠牲はない。類似の例として，航空法49条では，飛行機の離着陸に支障のある建物を禁止し，既存のものには補償するが，新設禁止については補償をしていない。したがって，この程度のことは，財産権の公共のための制限の範囲として，法律によれば無補償で制限できると言うべきである。

　そこで，2000（平成12）年に大深度利用法（大深度地下の公共的使用に関する特別措置法）が制定された。建物の基礎などに利用されない一定以上の深度では，道路，鉄道，河川等の公共事業のために事業者は無補償で他人の土地の地下を

利用できることとなったのである（阿部「大深度地下利用の法律問題（1～4・完）」法時68巻9号～12号〔1996年〕）(**問題⑤**)。

　応用研究事例：採石権の強制設定は違憲
　　採石法12条は，他人の土地で採石権の設定を受けようとして，協議が整わない場合に経済産業局長が採石権の設定の決定を行うこととしている。ちなみに，鉱業権は所有権から切り離されて，国家が設定するが，採石権の場合には，所有権に属するが，第三者が採石しようというときに，所有者の意思に反しても，採石できるようにするものである。理由は，明確に書いていないが，石材の有効活用とか石材供給不足の際に供給を確保しようとするものかもしれない（公調委2004〔平成16〕・12・14裁定，判時1892号10頁）。
　　それならば，なぜ市場に任せないのか。市場で適正な価格が形成されるはずである。市場で岩石が供給されないときに，強制的に第三者に売却させるというなら，私人のための収用であるから，よほどの正当化理由が必要である。戦争中の混乱期ならともかく，平時の経済情勢下でこのような制度を置くことは憲法29条違反である（なお，採石権を土地所有権から切り離せば強制設定などという手続なしで国家が勝手に設定できるかもしれないが，その制度自体が土地所有権への重大な制限として補償を要するかもしれない）。
　　しかも，これは，他人の財産を剥奪するという制度としては，要件も不明確で，補償金のルールもないから，法律による行政の原理に違反し，違憲である。

II　区画整理と土地収用の比較

　道路・公園などの公共施設を造るために土地を強制的に取得する方法である土地収用と区画整理とを比較する。
　土地収用では収用される者はその地区に残れないので，生活が破壊される可能性がある。特に商売をしている者にとっては，同様に繁盛するという保障がなければ転居したくないであろう。他方，収用された者以外は移転する必要もなく，その公共事業のおかげで地価が上がるなど，開発利益を享受できるという不公平がある。なお，収用される土地の隣りに，同じ土地所有者の土地が残っていて，事業によりその地価が上昇しても，開発利益と補償とを相殺するのは不公平になるから，この相殺は禁止されている（収用90条）。
　土地区画整理では，公共用地（公園，道路など）に必要な土地はみんなで出し合い，土地が減る（**減歩**）が，地価上昇分と相殺される。土地所有者間の損得は清算金の交付・徴収により調整される（区画整理109条・110条）。区画整理の施行地域内の土地価格の総額が減る場合には，減価補償金という公金により補

償される。実際には，減価補償金分の公金または公共事業費で区画整理区域内の土地を先行買収して，公共施設用地に当てるので，減歩で巻き上げた土地だけで公共施設を造るわけではない。

区画整理は，しばしば土地のただ取りと批判されるが，これは開発利益の吸収の公法的な制度で，土地所有者間で開発利益を均等に分かち合う手法として優れた面をもっている。土地収用とは異なり，地域の住民もそのまま残れる。したがって，合憲である（最判 1981〔昭和 56〕・3・19 訟月 27 巻 6 号 1105 頁〔宇賀克也「憲法 29 条 3 項に基づく減歩の損失補償」街づくり・国づくり百選 87 頁〕）。通過道路を造る場合には，税金が投入される（公共施設管理者の負担金，区画整理 120 条）ので，その分が地域住民の減歩負担でひねり出されるわけではない（**問題⑥**）。

第3款　財産権の制限に対する補償の要否

I　損失補償の実定法上の根拠——直接請求権発生説か違憲無効説か
1　問題の所在

> **Q**　財産権を制限する法律に補償の規定がないが，憲法上は補償を要すると解されるとき，当該法律は違憲無効になる（違憲無効説）のか，当該法律を飛び越して直接憲法から補償を得ることができる（直接請求権発生説）のか。

例えば，後述の旧河川付近地制限令は自己所有地での砂利採取も許可制としていたが，その不許可処分を受けた者に対する補償の規定はなかった。文化財保護法 125 条は現状変更の不許可処分を受けた者に通常生ずる損失を補償すると定めているが，これは 1975（昭和 50）年の改正により導入されたもので，その前は補償規定がなかった（以下，補償規定のなかった当時の制度の下で考察する）。さらには，東京の周辺で，住宅地ともなりうる地域を建蔽率（建物の建築面積の敷地面積に対する割合，建基法 53 条）1 割の緑地帯として指定し，補償の規定を置かなかったとする。これらの場合に，憲法に基づいて直接補償を請求できる（すべき）か，違反して砂利を採取したり，宅地造成したり，現状変更しても，無罪か。

ドイツの憲法（基本法）14 条 3 項 2 文は，公用収用は，補償の種類と程度を

定める法律によりないし法律に基づいてのみなされうる，と定めている。したがって，補償規定は公用収用法の効力要件である。補償を要するのに補償規定を置かなければ，その法律は違憲無効で，効力を生じない。直接憲法に基づいて補償を要求することはできない（違憲無効説の立法化）（棟居快行「ボン基本法14条3項（公用収用）における Junktim Klausel の一考察」同『憲法学再論』〔信山社，2001年〕199頁以下。これは以下の考察にも参考になる）。

これに対して，日本では，私有財産は，正当な補償の下に，これを公共のために用いることができるとのみ定められ，正当な補償を定める法律の下に，と定められていないので，公用制限を定める法律に補償規定がなくとも憲法の条文上は直ちには違憲ではない。そして，もともと，立法者は立法指針説（プログラム規定説）で，補償規定がないと補償請求権もないと考えていたという（林修三「損失補償についての立法方針について」季刊環境研究64号57頁）が，これでは財産権の保障はまさに明治憲法27条2項のような「法律の留保」に属し，憲法は空文に帰す。そこで，ある法律が，補償の規定を欠くが，補償が必要と解される場合，それはドイツ法のように無効（違憲無効説，したがって不許可も無効で，違反しても無罪）か，それとも当該法律は有効で，被規制者は違反したら処罰されるが，法律に補償の規定がなくとも直接に憲法に基づいて補償を請求できる（直接請求権発生説）かが争点となる。

今村成和（同・国家補償法70頁以下参照）の説いた直接請求権発生説が判例となった（前記の河川付近地制限令の例，最大判1968〔昭和43〕・11・27刑集22巻12号1402頁〔百選512頁。ただし，傍論〕）。ただ，いかなる解釈論もいずれかが全面的に妥当なのではなく，長短がある。それを考えるのに適例なので，検討してみよう。

＊　ここで注意すべきなのは，直接請求権発生説か違憲無効説かは，地域指定とか不

〔直接請求権発生説と違憲無効説の長短比較表〕

	被規制者のマイナス	立法者のマイナス
請求権発生説	補償請求訴訟提起の負担，違反して有罪	莫大な補償？
違憲無効説	補償は得られず，刑事事件で違憲無効を主張する負担	法規制の実効性なく違反のしほうだい？

許可処分といった法律行為についてのみ言える論争なので，効力問題の起きない事実としての制限なり侵害については，違憲無効説はありえないことである。例えば，航空機騒音について，収用の制度を類推する場合に，航空機の飛行を無効といっても無意味なので，補償を支払ってもらうしかない。予防接種禍訴訟においては直接請求権発生説は成立しないという説は成立の余地がない（阿部「予防接種禍をめぐる国の補償責任」判タ 604 号 11 頁参照）。

また，違憲無効説では，補償規定がないため不許可が無効で，それに違反しても無罪としているが，やはり刑事事件においては有罪で，不許可の取消訴訟で勝訴しうる（被告は補償金を支払って不許可処分を維持しうる）だけであるという解決もありうる。

2 違憲無効説のマイナス――違反のしほうだい？

違憲無効説はとりあえずは，規制を無視した行動を許容する。例えば，用途地域の制度や文化財の保護制度が違憲とすると，勝手な宅地開発や文化財の破壊を許容することになる。このうち，用途地域の規制について直接請求権発生説を採ると，莫大な補償金の支払義務が遡及的に発生するという大問題があるので，むしろ，違憲無効として，規制をなくして，補償金の支払義務はないものとし，今後は，法律を改正して補償義務を定めるか，補償の規定はないが，規制を緩めた法律とする（あるいは行政が建蔽率などを緩和する）かを立法者の選択とする方が合理的とも言える。制度が変更されるまでは理論的には無規制地帯になり，勝手な建物が建つが，外見的にせよ，存在する制度に違反すれば処罰のリスクを伴うので実際上は違反はそう多くはないし，まだがまんができる範囲である。立法者なり行政が，最高裁で敗訴確定までに迅速に行動すれば解決できるし，それまでの火事泥はやむをえないと考えられる。特に日本の判例では，用途地域指定の取消訴訟は認められず，建築確認拒否の取消訴訟の理由として用途地域指定の違法の判断がなされるだけであるから，ほかへの影響は少ない。市街化調整区域の開発禁止についても同様に考えられる。

* もっとも，違憲無効説を採っても，そうした判例や法改正ができるまでの間，外見的には有効であった用途地域の規制のために土地利用の自由を束縛されていた者に対する過去の損害賠償の問題は起きる。立法の違法の問題，あるいは無過失という理由でその責任を否定することが可能か，それとも，過去の分については，特別の犠牲に当たる限りにおいてであるが，適法に権利を制限された場合に補償を要する以上，「いわんやをや」としてやはり補償を要するのかという問題がある。過去の分は利用権の部分的かつ一時的収用とも言えよう。補償額の算定方法は問題であるが，いずれにせよ莫大な補償を要するという可能性が生ずる。

第11章　国家補償法

　これに対して，埋蔵文化財の保護のために宅地化を禁止する規制が違憲無効なら，当然に宅地化が許容され，文化財は破壊される。上記の用途地域の火事泥よりは困った結果と言える。この観点からは，直接請求権発生説の方が合理的である。河川付近地制限令の場合も同様である。しかし，立法者が迅速に対応するならこの違憲無効説の弊害も小さい。

3　直接請求権発生説のマイナス ①――被規制者の訴訟追行の負担と立法者の怠慢の助長

　直接請求権発生説によると，不許可処分に違反して，文化財を破壊したため，刑事事件となった段階では，補償金を請求すればよかったという代わりに，これは有罪ということになるが，しかし，補償金を取るためには，法律に規定がない以上，訴訟を提起し，（しかも多分最高裁まで）訴訟を追行する負担を負わなければならない。これは大変な負担で，通常人は補償請求するよりは，あえて不許可処分に違反するか，あきらめるしかない。これに反して立法者は補償の要否を十分検討せず，気楽に補償規定のない法律を制定してしまう。これは不合理である。

4　直接請求権発生説のマイナス ②――莫大な補償？

　用途地域や都市計画制限のような一般的な制度が違憲とされた場合には，直接請求権発生説だと，補償を不要と考えた立法者にとって不意打ちであり，財政的にも大変な負担である。1ヵ所で補償が認められると，続々と補償請求訴訟が出てきて，これまでの長期間の権利制限の代償を要求されるから，莫大になる。逆に，そのことを考えると，裁判所は違憲判決を下しにくいため，権利救済にとって不利な効果を生ずる。あるいは，万一裁判所で補償を要すると判定された場合の莫大な補償を考えると，自治体は，用途地域等に思い切った政策をとれないことになる。これは不都合であり，それを考えると，違憲無効説の方が合理的にみえる。

　もっとも，補償請求権は具体的に不許可処分（建築確認の拒否など）があって初めて発生すると解するならば，補償を要するとされても，ほかへの影響はまだ小さい。とすれば，直接請求権発生説でもよい。あるいは補償を認める判決は将来生ずる損失についてのみ妥当するという将来効判決の手法を導入しても同様である。

第1節　損失補償法

5　立法者の裁量——相当補償の場合

補償金の額について，立法者の裁量が認められるなら，違憲無効説が合理的である。例えば，後述の相当補償説に立てば，それを裁判所が決定するよりも，立法者に差し戻す方が合理的である。しかし，わが国の補償規定は，いわゆる通損補償で，「……よって通常生ずべき損失を補償する」としているのにとどまるのが一般的で，その具体的な内容は結局は裁判所が決定することになる。立法者に差し戻すべき場合は少ない。

もっとも，立法者に差し戻して欲しいというには，差し戻されたら迅速に規定を整備することが前提であるが，それだけの迅速さがあれば，どこかの裁判所で国が敗訴した場合に，さっさと適切な補償規定を置けば，裁判所の認定する補償額が仮に不合理でも1回限りで済むので，大きな問題ではない。

6　違憲無効説と直接請求権発生説の相互排斥？

例えば，A事件では，文化財保護法を違憲無効として違反を無罪とし，B事件では，河川付近地の砂利採取不許可を有効としつつ，補償金の請求を認容するというように両説を使い分けることは許されないだろうか。違憲無効説か，直接請求権発生説かは，客観的にどの場合にも通用するようにどちらかに決まっているのでなく，法規により場合により異なるのではないか。また，それは争い方に左右されるのではないかという問題がある。被規制者が違憲なのだが，その効力を否定せず，それが有効だとして，補償金を要求するなら認めないわけにはいくまい。この場合の違憲とは，誰に対しても，絶対無効という，公序良俗違反や，強行法規違反といった類のものではなく，権利を制限される者の救済の手段であるから，効力を否定しなければならないわけではないし，立法・行政側が規制をしておいて補償を要求されると，規制が無効であるから補償不要と主張するのは信義則に反するからである。ただ，補償を予定しなかった立法者にとり不測の不利益となるかは問題である。

7　方向付け

こうして両説とも長短があり，解釈論としてはいずれかに決めるよりも，事案ごとにより妥当な解決をして立法者の出番を待ちたいところである。いずれかに決めなければならないとすると，抗告訴訟か民事訴訟かといった問題と同様に両説の間をキャッチ・ボールして，いずれでも救済を拒否するといったことが生じやすい。もっとも判例は直接請求権発生説によっているからこれは回

避されると言えよう。しかし，直接請求権発生説なら，補償の規定を置かなかった立法者の怠慢が何ら制裁を受けず，被規制者がわざわざ補償請求訴訟を提起しなければ補償を得ることができないという負担を負わされるのは不合理であるから，それを緩和する解決策が必要である。立法者は立法の完全性を信じているというか，自分の立法に欠陥があることを想定していないが，リスクの公平な分担という私見の発想から言えば，立法にもミスがありうる以上，補償を要するのに補償の規定を置かず，被規制者に上記の負担を負わせる場合には，少なくとも補償の5割増くらいの規定は置くべきであろう（**問題⑦**）。

II 財産権の規制に対する補償の要否

憲法29条3項によれば，「財産権を公共のために用ひ」た場合には正当な補償を要するが，これは，私有財産権を公共事業のために，さらにより広く公共の福祉のために**強制取得**する場合のほかに，公共のために私有財産権を**侵害・制限**する場合をすべて含むと解するのが通説である。他方，同条2項では公共の福祉を理由とする財産権の制限が認められているので，それ（行政による事実的侵害を含む）による財産権の制限について補償を要するかどうか（アメリカでは，規制による収用〔regulatory taking〕と呼ばれる）が問題となる。

公共のために財産権を制限する手法には種々あり，その制限の理由や程度も多様である。制限による不利益を無視すれば不公平ではあるが，他面，それをすべて調整するとすれば，補償額の算定方法もまったく確立していない上，補償金ばかりでなく，その事務的な行政コストも膨大となり，制限を受けないで利益を受けている者から膨大な税金を徴収する必要もあって，実現は不可能である。どのような場合にどの程度の補償をすることが憲法の趣旨に合致するか。社会的な受忍義務，平等原則，行政コスト等の総合考慮が必要である。

1 補償の要否の考え方
(1) 形式的基準と実質的基準

損失補償の要否，すなわち補償を要する特別の犠牲と補償を要しない社会的拘束の区別については種々の考え方が提起されている。田中二郎（上214頁〔新版〕）は，侵害が一般的（広く一般に及ぶ）か，個別的（特定範囲の者にのみ及ぶ）かという形式的基準と，侵害が本質的な程度に至っているか，それともそこまで至らない財産権内在的な制約の範囲内にとどまっているかどうかという

実質的基準の2つについて客観的・合理的に判断して決するほかないとしていた。ただ、このうち、形式的基準の方は、例えば、都市計画制限でも市街化調整区域の制度でも、一般的なのか個別的なのかが明らかではなく、一般的な制限でも本質的な侵害であれば補償を要するとも言えるので、形式的基準は有用ではないと批判されている。そこで、論点は、本質的な侵害と財産権内在的な制約という実質的な区別を具体化していくことに集約される。

(2) 実質的基準説

今村(同・損失補償法31頁)は、① 財産権の剝奪または当該財産権の本来の効用の発揮を妨げることとなるような侵害については、権利者の側にこれを受忍すべき理由がある場合でない限り、補償を要する、② その程度に至らない財産権行使の規制については、ⓐ 当該財産権の存在が社会的共同生活との調和を保っていくために必要とされうるものである場合には、財産権に内在する社会的拘束の現れとして補償を要せず(例えば、建基法に基づく財産権の制限)、ⓑ 他の特定の公益目的のために、当該財産権の本来の社会的効用とは無関係に、偶然に課せられる制限であるときは補償を要する(例えば、重要文化財の環境保全のため、あるいは国立公園内における自然風物の維持のための制限など)、としている。

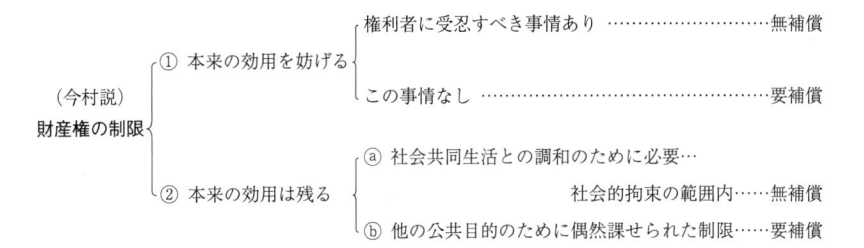

```
                    ┌ ① 本来の効用を妨げる ┌ 権利者に受忍すべき事情あり ………………………無補償
(今村説)                                └ この事情なし ……………………………………………要補償
財産権の制限 ┤
                    └ ② 本来の効用は残る   ┌ ⓐ 社会共同生活との調和のために必要…
                                                                    社会的拘束の範囲内……無補償
                                              └ ⓑ 他の公共目的のために偶然課せられた制限……要補償
```

これも理由がある。例えば、用途地域の制度(建基48条、別表第二)は無秩序な土地利用から生ずる住商工混在を防止して、その土地の利用効率を高めることにもなるので、上にいうⓐに当たり、相互に制限しあって相互の利益になるというお互い様の発想(相隣関係的思考)からも、制限が軽微で、相当に自由な利用ができる点からも、補償は不要であろう。しかし、ⓑについては、重要文化財の保護や自然保護のための宅地開発規制には妥当するけれども、自然公園法による山奥の採石の制限くらいなら、自然を破壊しないことが財産権

内在的制約であるとも言えるので，より細かく検討する必要がある。
  ＊　ただし，日影規制（建基56条の2）は，北側の敷地に一定時間の日影を及ぼすなという制度であるが，北側が普通に住宅用地に利用される場合だけではなく，家が建つ可能性がほぼ皆無な狭い通路でも，隣地である以上保護されるとして，現実に利用している南側の土地に大幅な利用制限（南側に寄せるか高さを制限する）をかけているのは行きすぎである。違憲であろうが，仮に適法であるとすれば，補償すべきである。

(3) 警察制限と公用制限

　実質的基準説を具体化する説明として，警察制限と公用制限ないし消極的制限と積極的制限という区別もある。警察制限とは社会公共の秩序を維持し国民の安全を守り危険を防止するための制限なので補償を要しない（田中・上215頁）。伝染病に汚染された建物や動物の処分とか，食品衛生法54条に基づく法令違反の食品の廃棄，「火勢，気象の状況その他周囲の事情から合理的に判断して延焼防止のためやむを得ないと認めるとき」「延焼の虞がある消防対象物……を使用し，処分……」するとの破壊消防の手法（消防29条2項），「火災が発生したならば人命に危険であると認める場合その他火災の予防上必要があると認める場合」になす消防法5条の改善等の命令がそうである。食品衛生法28条に基づく食品検査のための食品収去はそれ自体は不衛生ではないが，衛生状態を確保するための規制に不可欠であるし，軽微な侵害であるからこれに属しよう。ただし，消防法29条3項では，「消火若しくは延焼の防止又は人命の救助のために緊急の必要があるとき」は，それ「以外の消防対象物及び土地を使用し，処分し又はその使用を制限することができる。」とし，この場合には時価補償をするものとする。3項は，財産権を公共のために用いた場合に当たる（最判1972〔昭和47〕・5・30民集26巻4号851頁〔百選500頁〕）。

　ただ，警察制限であっても，本質的な制限には補償が要るのではないかという反論がある。奈良県のため池条例はため池の決壊防止のために堤での耕作を禁止したもので，消極的な警察目的によるものである（最大判1963〔昭和38〕・6・26刑集17巻5号521頁〔百選510頁〕）が，これまで永年にわたり平穏に行われてきたため池の堤での耕作も禁止したので，財産権の本質的な制限であり一種の公用制限であるというのである（今村・損失補償法36頁，田中・上216頁）。もっとも，この点は，堤の耕作が本当に危険かが不明であるとすると違法な規制とも言えるが，判例は，この規制には科学的根拠があるとしている。前記の

河川付近地制限令による砂利採取不許可処分の事件でも、判例は、これは河川管理上の支障の防止という公共の福祉のための制限であるとして補償を要しないとしつつ、もっとも、従来、民有地を賃借して労務者を雇い入れて適法に砂利を採取してきたところ、当該地域が事後的に河川付近地に指定されて砂利採取が禁止され、相当の損失を被るというのであれば、その財産上の犠牲は公共のために必要な制限によるものとは言え、単に一般的に受忍すべき限度を超えて特別の犠牲を課したとみる余地がないわけではないと、傍論ながら判示している。また、危険の程度にも種々あるので、危険防止という錦の御旗だけで補償の要否を決めることはできない（遠藤・スケッチ246頁）。危険の程度を考慮したリスクマネジメントがいるのである。

他方、公用制限は公共のための制限であるが、それでも軽微なものは社会的に受忍すべきものとも考えられる。例えば、後述する自然公園での採石禁止はその例であり、風致地区や美観地区は建築基準法上の地域地区の一種であるが、建築を禁止するまでには至らず、風致や美観を守るという観点から規制するにとどまるので、規制の程度も軽微であり、補償は不要と解される。

これに反して、現状利用を凍結し開発を禁止するもので、実質的にも重大な制限となるもの（古都保存法、文化財保護法等）には補償を要する。保安林が伐採規制されることにより受ける損失に対しては利子相当額が補償される（赤城壮「森林法関係」補償法大系Ⅳ109頁）。

特定空港周辺航空機騒音対策特別措置法は大阪空港の騒音被害問題にこりて、成田空港の周辺では立地規制をするが、住宅建設を禁止する騒音防止特別地区では損失補償と時価買取請求の制度を置き、単に防音工事を義務づけるだけの騒音防止地区では補償の規定は置いていない。公害の被害者を規制する制度であるが、防音工事の負担は軽微であることを理由とする。

したがって、補償の要否と警察制限なり消極的制限、公用制限なり積極的制限との区別は当然には一致しない。

(4) 遡及的規制についての補償の必要

将来に向かってなら、無補償で規制できるものでも、従来適法になしえたものを禁止するにあたっては、経過措置を置くのが普通である（例えば、ホテルにスプリンクラーの設置を義務づけるには5年間の猶予期間を置いたが、それでも高額の出費がかかるので、執行は容易ではなかった〔阿部・システム第4編第5章、阿部＝森

本・消防行政167頁〕。店舗型性風俗特殊営業は禁止区域でも既存の営業は一代は許容される。風営法28条。阿部・事例解説［8］）。

　もっとも実損がないもの（高すぎて，飛行機の飛行を阻害するなど，航空法の制限に反する物件については，既存のものは補償して除却させるが，今後は無補償で禁止する〔航空法49条〕。なお，2006年に，大阪の八尾空港隣に航空法の高さ制限を超える倉庫を勝手に建てられ，滑走路使用不能にされる事件があった。2009年3月には，静岡空港に航空法の制限に抵触する立木が残っていて，地権者がその伐採に同意する条件として知事の辞職を求めた）や，あるいは，規制がやむをえない範囲とみられるもの（公害規制が次第に厳格になったのがその例）もある。これに反して奈良県のため池条例についても既存の利用を公共のために制限するものであり，公用制限であるとして補償を要するとする説があったし，河川付近地制限令の判決の傍論も同様である（遠藤・スケッチ250頁参照）。

　(5)　背景となる制度との関連——土地利用規制の日独比較

　土地利用規制については，ドイツではその地域の状況にふさわしい利用の義務付けは財産権内在的な制約とされ（状況拘束性の理論），現状凍結型の規制は一般に補償を要しない。日本でも同様に解される場合はある（後記市街化調整区域の無補償）が，両国で前提としている計画制度が異なっているので，簡単には同日に論じられない。ドイツでは，国全体が開発を規制される市街化調整区域のようなもので，「計画なければ開発なし」であるから，計画がなくて，宅地化が制限されても補償を得ることはできないのに対して，日本では，制限なければ開発自由の原則が採られているので，土地利用の制限には補償を要するとされる余地が大きいのである（阿部「西ドイツにおける土地利用規制と損失補償」国土開発173頁以下）。

　例えば，新幹線沿線や高速道路の沿道に事後的に住宅が立地して，騒音公害問題を生じている。これを防止するには，沿道の立地規制（建築禁止）をすればよい。ドイツでは，開発計画がなければ原則として開発ができないので，沿道を建築禁止にしておいても補償の必要はないのが原則である。しかし，日本では，市街化調整区域以外では，開発自由が原則なので，部分的に開発禁止にすると，開発自由とされる近隣地域との間の不公平が問題となる。例えば，新幹線の沿線まで開発の波が押し寄せる。新幹線の沿線だというだけで建築禁止にすることは，特別の犠牲と解される可能性がかなりある。国土全体をいわば

開発抑制区域に指定したうえ，例外としての開発許容地域から開発利益を徴収する制度を導入するならば，バランスがとれ，現状凍結型の規制でも，補償不要となる。

(6) 権力の竹光化

財産権の社会的拘束を強調すると，補償は不要になり，各種の規制政策は容易になると理解されやすいが，現実には逆が多い。戦前の河川法は川の流れが変わって河川区域に入ると私権が消滅するとしていた（現行法では私権は河川の流水にのみ成立しない。河川法2条2項）が，それは官憲国家と言われた戦前でさえ適用しにくかったようで，水が流れていても民有地を河川区域に入れなかったと言われる（林修三「損失補償についての立法方針について」季刊環境研究64号61頁）。文化財保護法に基づく開発規制について，1975年の法改正までは，補償の規定がなかったが，今村成和（『人権叢説』〔有斐閣，1980年〕229頁，244頁）は，こうした制度が文化財として指定されるのを免れるために破壊してしまうなど，文化財の滅失をもたらすことを指摘している。私見でも，各種の規制制度は法的には一方的に発動できる強力なものであるが，現実には被規制者（往々にして票）の反対とその不利益に配慮しなければならないので，抜くに抜けず，抜いても切れない竹光になっている場合が少なくない。土地収用権がなかなか発動できずにゴネ得を横行させたり，沖縄の西表島の絶滅危惧種・特別天然記念物イリオモテヤマネコを保護するための鳥獣保護区の指定が難航していた（1991年に指定）のがその例である。

(7) 補償財源の観点からの制約

他面，補償の必要な範囲を拡大すると，これまた，行政の方は，補償金の予算がないため，規制から逃避する。都市緑地保全法に基づく緑地保全地区の指定は，地主から買取請求があれば応ずるという制度であるが，都市の土地は高価なので，おいそれとは応じられない。現実には，買取請求のなさそうな土地だけ指定されると聞く。補償して指定することも実際上は不可能で，新たな規制手法の開発が必要になっている。用途地域，市街化調整区域，美観地区，風致地区などは補償が必要とすれば，到底実施できない制度である。

(8) 点数制による補償の要否の表示

補償の要否については以上で，現行法の例をいちおう検討した。ここでは，その復習を兼ねて，点数制という新機軸による説明を掲げる。

第11章 国家補償法

点数制による補償の要否の判定基準

以下の基準で点数を付けた

規制の目的・根拠
① 相手方に責任　−7〜−5
② 無価値ないし内在的危険　−5
③ お互い様の環境保護　0
④ 環境保護　+2〜3　　⑤ 景観保護　+3〜4
⑥ 社会変革　+3　　　⑦ 文化財保護　+3〜4
⑧ 公共事業　+5〜7　　⑨ 他人の安全　+5〜7

規制の程度
① 軽微な制限なり剥奪　+1〜2
② 現状利用凍結　+3〜5
③ 現状利用禁止　+5〜6
④ 剥奪　+7

実　例	規制の目的・根拠	規制の程度	補償ないし買取規定	合計
風致・美観地区	⑤　+3	①　+1	無	+4
市街化調整区域	④　+3	②　+3	無	+6
用途地域	③　0	①　+2	無	+2
都市計画制限	⑧　+5	②　+4	無	+9
自然公園	④　+3	②　+3	有	+6
古都保存	⑦　+4	②　+4	有	+8
都市緑地保全	④〜⑤+3	②　+5	有	+8
文化財保護	⑦　+4	②　+4	有	+8
航空法の既存建物の制限	⑧　+5	③　+5	有	+10
航空法の将来建物の制限	⑧　+5	①　+1	無	+6
奈良県ため池条例	②　−5	③　+5	無	0
河川付近地利用規制	②　−5	③　+5	無	0
農地買収	⑥　+3	④　+7	有	+10
土地収用	⑧　+7	④　+7	有	+14
不衛生食品撤去	①　−7	①　+1	無	−6
食品検査収去	②　−5	①　+1	無	−4
伝染病汚染建物の破壊	①or②−5	①　+1	有	−4
破壊消防（延焼せず）	⑨　+5	④　+7	有	+12
破壊消防（延焼のおそれ）	②　−5	①　+1	無	−4
航空機騒音防止特別地区	⑧　+6	③　+6	有	+12
航空機騒音防止地区(防音工事)	⑧　+6	①　+1	無	+7
保安林の指定	④or⑨+4	②と③の中間+5	有	+9
消防の5条命令	②　−5	③　+5	無	0
消防の離隔距離	②　−5	③　+5	無	0

損失補償の要否については，単一の基準ではなく，各種の基準を組み合わせる必要がある。それを主に規制の根拠・目的と規制の程度との相関関係という観点から考える。すなわち，どのような理由なり目的で，どの程度の厳しい規制をするかの組み合わせにより補償の要否が決まると考える。規制の目的なり根拠は表に掲げた通りとりあえず9つ，規制の程度は4つ取り上げた。もちろん，この分類と点数の差は，かなり恣意的であるし事案によっても異なるはずだ（合計点も加算ではなく乗算かもしれない）が，1つの傾向的なものと見てほしい。これは補償の要否を決定する理論のつもりではなく，むしろ読者に理解しやすいようにと考えて作成したまでである。これで見ると，補償の要否の分岐点は＋8前後であって，現行法はほぼ妥当な線をいっていると思うが，問題がないわけではない。本文を参照して各自考えられたい。

　2　具体例の検討
　(1) 市街化調整区域
　Q 市街化区域の土地所有者は開発によりボロ儲けであるのに，市街化調整区域では開発禁止が原則である。補償は要らないのか。

　市街化調整区域と市街化区域の線引では，市街化調整区域に入れられると，原則としては開発行為（「主として建築物の建築又は特定工作物の建設の用に供する目的で行なう土地の区画形質の変更をいう。」都計4条12号）が禁止される（都計29条・34条）ので，開発利益を享受することができず，往々にして道1つ隔てた向側は市街化区域のために，住宅用地として高く売れるので，売却をしようとする地主にとっては不満の種である。しかし，この制度が1968（昭和43）年の現都市計画法で導入されるまでは，開発禁止区域がないために，都市の周辺は，需要に応じて，また，購入可能地が見付かるのに応じて，虫食い状に（いわゆるスプロール）開発され，それに公共投資（道路，ガス，水道，下水道，交通網，学校等）が追い付かず，不健全な都市が形成され，あとで公共投資をして良好な街に変えるには膨大な資金と時間を要するという不都合が生じていた。そこで，この線引の制度は，開発と公共投資は市街化区域に限定して重点的に行い，農業の投資は市街化調整区域でしてもらうということで，良好なまちづくりと健全な農業経営をねらったのである（阿部・法システム第1編第3章）。

　これについては，市街化調整区域における開発禁止は用途地域のような相隣関係的な社会的拘束とは言えず，国家的大事業であるから，土地所有者のみに

犠牲を強いる理由はないという要補償説（荒秀「開発許可制度と住民の損失」ジュリ372号47頁以下）に対して，この地域は農林漁業地区として指定されたようなものであり，これらの地域は従来通り農林漁業用地としては利用できるからその土地本来の機能を奪うものではなく，むしろ無秩序な都市発展からその本来の機能を確保すべく定められたものとして，補償不要とする説（松島諄吉「新・都市計画法と損失補償の問題」ジュリ403号34頁，さらに遠藤・スケッチ254頁）があった。

　思うに市街化調整区域の制度は，健全なまちづくりのために国土の計画的な利用規制を図るもので，まさに財産権の公共性に合致し，そのために財産権が制限されても，従来の利用はそのまま保障するのであるから，それは公共の福祉の制限の範囲内であろう。欧米では一般により厳しい開発規制がなされているのであって（「特集・土地利用規制と損失補償」季刊環境研究64号参照），この制度はこれまでほぼ無制限に認められていた開発の自由をほんの少し制限しはじめたにすぎない。なお，補償不要説の1つの理由に，開発の抑制は当面（場所によっては5年ないし10年）であって，永久ではないという理由が挙げられるが，健全な都市環境を整備するという制度の趣旨からすれば，市街化調整区域が短期間で解除されるほど，都市化が健全に進展するわけではあるまいから，この理由は当たっていないし，私見では開発抑制が半永久的でも，上記の理由だけで補償は不要と解される。

　問題が生じているのは，むしろ，その制度が中途半端なためである。すなわち，第1には，開発許可の制度の適用を受けると，開発する場合に公共施設の整備などの負担を負わされる（都計32条・33条）。この制度は市街化区域にもあるが，それは原則として1,000平方メートル以上の開発に適用されるので，それ未満の開発は公共施設の整備負担を免れる。既存の宅地に建築する（例，会社のグランドにマンションを建てる）場合も開発に当たらないので，同様である。これは不公平であり，広く開発・建築許可制度を作るべきであった。

　第2に，市街化区域でも，農業をしていれば，農地として課税されるために，農民としては，市街化区域として指定されてもたいして損ではなく，その結果，市街化調整区域の方は損するような感があるのであって，市街化区域に指定されれば，宅地として売却して，土地成金となれるのであるから，それに伴う不利益は覚悟する制度が必要なのである。そのために農地の宅地並み課税の制度

ができたが，実際にはほぼ骨抜きにされた（生産緑地法）（問題⑧）。

(2) 長期の都市計画制限に補償は要らないのか？

> **Q** 例えば，本郷通りの東京大学の向かい側（有斐閣本郷支店側），白山通りの有斐閣のある道路際における建築は，道路拡幅予定のため何十年も木造2階建て等以下に制限されている（都計53条・54条）。これでは，いわゆる蛇の生殺しである。この辺は高層建築が立ち並んでいるが，建築制限されている道路際のところはセットバックして建てるので，土地所有権は実際上はほぼ死んでいる。しかし，補償の規定はない。こんな状態を何十年も続けて，無補償でよいのか。

補償不要説は，都市計画の実現は性質上長期間かかるし，その間，建築制限をしなければ，無秩序に堅固な建物が立ち並ぶから，まちづくりは将来とも不可能になるので，無補償で制限するしかないという。ある程度は受忍義務の範囲内である。これまでの判例はこの立場であった（東京地判1972〔昭和47〕・2・29行集23巻1＝2号69頁，判時675号37頁，福岡地小倉支判1982〔昭和57〕・4・6訟月28巻11号2159頁，岡山地判2002〔平成14〕・2・19判例自治230号90頁〔渡井理佳子・判例自治235号73頁，白井皓喜＝岡本耕治・判例自治237号5頁〕）。そして，将来収用されるときは，権利制限のために下落した価格で補償するなら，土地所有者は無補償で制限されたことになるが，**判例は，権利制限がなかったならばあったであろう価格，つまりは，制限なき隣りの土地と同じ価格を基準に補償する**（最判1973〔昭和48〕・10・18民集27巻9号1210頁〔百選508頁〕）。したがって，土地所有者は損はしないはずという。

しかし，将来いつ収用されるのかも不確定であるし，将来収用されるまでの間の利用価値の低落分の補償はなされていない。この状態が長年続くのは，焼け野原の終戦直後なり2階建ての建物が通常の地域ならともかく，都会で，高層建築物を建てるのが一般的な地域では，財産権に対する重大な制限である。

これについて，**所有権の部分的収用**として，地価低下分を補償する代わりに，将来収用する際は，補償部分の残部のみ収用する，その間の利子も払うというのがドイツの解決である（藤田宙靖「都市計画上の権利制限と損失補償」争点初版282頁）。しかし，どの時点で補償するのか，転売の場合の調整など難しい問題があるし，現状のままで補償を認めるとすれば，都市計画はほぼ破産するであろう。

例えば、都心の道路の傍のO所有地が都市計画道路に指定されたとする。それが今日突然になされたとすると、地価は直ちに3分の1に下がったりするであろうから、それが長期に及べば差額の3分の2の補償を要するという考えも成立する。しかし、それが終戦直後のことで、バラックばかりであったので、坪1,000円で、制限のない土地との地価の差はほとんどなかったとする。その後1965年に土地が高度に利用されるようになり、その土地は坪10万円、隣りは20万円となり、その時点でOはPに土地を譲渡したとする。その後、ますます地価高騰があり、2000年にはその土地は坪100万円、隣りは300万円となったが、2009年にはその土地は70万円、隣りは200万円に下落したとする。現実には大いにありうるケースと思うが、この場合に誰にどの時点でいくら払うべきか。

考え方は分かれよう。1つの考えでは、都市計画道路への指定時点を考えると、この指定は財産権の本質的な内容を制限していない（軽微な制限である）から補償は不要で、これによりその土地はいわば地役権が設定されたと同じく公用制限の付いた土地として性格づけられ取引されているから、たとえ今日、周辺土地と3倍の価格差がついているため財産権の本質的な制限のようにみえても、そうした以後の事情の変化は補償の根拠にならない。2000年の時点でその差額に補償すると、隣りの2分の1の価格で購入したPが3分の2の補償を得られることになって、不当に得をする。

他方の考え方では、この公用制限は都市計画道路事業の円滑な遂行のために暫定的なものとして許容されたものであるから、無償の永久地役権とは異なる。それが長期化すれば、それによる地価の低下については補償を要する。ただ、一時払いか、地代かが問題になる。一時払い説では、規制の時点では差額の一時払いをして、その土地は公用制限付きの土地として運命づけられたものとして、以後の譲受人には一切補償しないことにし、収用の時点では、その土地は制限のない土地として評価するのではなく、制限付きで評価した価格で補償することになる。しかし、公用制限による補償については、ある時点で補償したら以後の譲受人の権利を制限できるという規定がないので、解釈論としてこれを主張することは簡単ではない。補償する制度を置いたり、判決で補償を命ぜられた場合には、以後の譲受人の権利を制限するという特別立法をして、その旨を公示するとか登記簿に記載するのが適当であろう。

私見では，そうした制度がない以上，土地が転々譲渡されることを考えると，補償の一時払いは適切ではなく，補償はそのときそのときの所有者に与えられなければならない。したがって，地価の低落分を基準として算定した地代を年々払うべきである。この説の問題点としては，事業を開始するときは，また改めて公用制限のない土地として評価して補償するので，二重払いになるのではないかとの反論がありうるが，長年借りたあとで買った場合には，賃料を払って最後に時価を支払わなければならないのであるから，それは二重払いではなく，当然のことである。ただ，行政としては，都市計画決定をしたときに事業の見込みがなくても土地を収用することにして，事業開始までの間，貸し付けた方が得になりかねないが，それも事業を早期に開始しないのは行政の責任であるから，やむをえない。

　このように，私見では，制限されている空間部分は国家が借りている（公用制限）とみて，地価の低落分の利子相当分を賃料なり毎年の損失として毎年補償すべきである。これなら，転売の場合も，収用時期が未確定でも公平に対処できる。

　もっとも，以上の考察は，これから新しく制度を作るという，白地に物を描くような場合には妥当するが，既に戦後 60 年間も無補償で通してきて，その間に権利者は多数移動したし，補償を要するとするとその計算も困難であるし，補償額も時効にかかる前の分だけでも天文学的数字になるという現実の前には通用しにくい議論である。この現実を前にすると，仮に補償を要するとしても，過去の分はいわばロハ（只）にするべきであろうか。もちろん，その隣りの土地の開発利益を吸収する制度を作ることが前提となる。このように補償額の算定が難しいことを考えると，前述した直接請求権発生説の難点が増える。違憲無効として，補償制度を立法者に作らせた方がよさそうでもある。

　立法論としては，アメリカ流に，制限される容積率を売却してよいとして，補償に充てる手法も考えられる（阿部・政策法務 167 頁以下）。建築基準法（いわゆる連担建築制度。86 条 2 項）も，同じ街区では容積率の売買（空中権の譲渡）を認めるようになった。東京駅周辺に高層建築物が林立したのも，2000 年からの特例容積率適用区域制度（建基 57 条の 2）により東京駅から容積率が移転されたことによる。

　最近の最高裁判決 2005（平成 17）・11・1（判時 1928 号 25 頁，判タ 1206 号 168

頁〔百選514頁，重判解平成17年度57頁〕）は，昭和13年に決定された都市計画における道路に含まれる土地に建築の制限が課せられることによる損失について，損失は，一般的に当然に受忍すべきものとされる制限の範囲を超えて特別の犠牲を課せられたものということがいまだ困難であるとして，直接憲法29条3項を根拠する損失補償請求を棄却したが，藤田宙靖判事は，制限が長期間にわたり，かつ，制限が重大なら補償を要する余地があるとの趣旨の補足意見を述べている。

都会ではこの基準でも補償を要するところが少なくないのではないか（阿部・法務戦略173頁以下）（**問題⑨**）。

応用課題：活断層の上は建築禁止に？

活断層の上は建築禁止にすべきだとの意見がある。たしかに，地震で活断層が動けば，その上の建物の被害は甚大であるので，それを防ぐために建築禁止が有効かもしれない。しかし，活断層とは，地球の歴史では「活」というだけで建物の寿命からみれば「死」であるから，禁止により防止できる価値は，建物の価格に地震発生・建物破壊確率を乗じたもので，ゼロに近く，禁止により失われる価値はその地価の大幅下落であるから，リスクマネジメントをすれば，通常の建物では，活断層の上というだけで，建築禁止にする理由はない。しかし，原子力発電所においては，万一であれ，地震で建物が破壊される場合の被害は甚大であるから，避けるべきであろう。

応用課題：国会図書館への納本義務は違憲か

国立国会図書館法25条，25条の2は，出版社に対して，過料の制裁の威嚇のもとに，代償金と引き替えに新刊書一冊の納本義務を課す。目的は「文化財の蓄積及びその利用に資するため」，すべての出版物を漏れなく収集することにある。市場で購入するよりも，納本義務を課す方がはるかに効率的である。

では，補償が必要か。出版社に帰責事由があるわけではなく，財産権を剥奪するものであること，年間相当数の出版をする出版社にとっては，その負担が重いこと，出版社にとっては，国会図書館のその出版物が収蔵されると，敵に塩を送るようなもので，売れ行きに悪影響を及ぼす可能性があることは「特別の犠牲」に当たるとする根拠になる。他方，出版社にとっては，国会図書館にその出版物が収蔵されると，その所蔵目録に掲載され，検索リストに載るので，売れ行きにかえってよい影響を及ぼす，たかが一冊増し刷りすればよいだけで，代償金は小売価格の40%から60%程度で，原価を割るわけではなく（相当補償ではなく完全補償されている），負担は軽微であり，また出版社にとっては皆平等の負担であるから，これは文化的な事業に関わる者にとって，営業内在的な制約であると考えると，補償は不要である。そうすると，国立国会図書館法は完全補償説に立って，さらに納本のインセンティブを与えるという政策をとっていることになる（安念潤司「演習憲法」法教

288 号 104 頁を活用して，私見を交えて解説したもの）。

III 公用制限における補償の範囲——通損補償
1 相当因果関係説，地価低落説，積極的実損説

公用制限等に伴う補償についてより深く検討しよう。公用制限には地域指定などにより当然に効果が生ずるものと，具体的な行為を許可等の行政行為にかからしめるものがある。前者の例は都市計画制限等で，道路用地に指定されている場合には，木造2階建等までしか許可されないので，それを超える建物を建てる権利は指定自体により制限されるのである。用途地域の指定や市街化区域と市街化調整区域との線引もそうである。これに対して後者の例は自然公園法，古都保存法などで，不許可になって初めて権利を制限されるのである（不許可補償という。附款補償，下命補償も同様）。

こうした公用制限により生ずる損失に対する補償の範囲については，法律はそもそも補償の規定を置かないか，それとも，通損補償の規定を置くにとどまるのが普通なので，必要とされる具体的な補償の範囲については解釈論に任されている。これについては，原田尚彦等のきわめて有益なパイオニア・ワークによると，㋐ 相当因果関係説，㋑ 地価低落説，㋒ 積極的実損説の対立があることになっている（成田頼明＝荒秀＝原田尚彦「自然公園法における公用制限と補償(1)～(3)」補償研究 62 号，63 号，65 号，原田「公用制限における補償基準」公法研究 29 号 177 頁以下。さらに，荒秀「土地利用規制と補償」大系VI 292 頁，小高剛「公用制限と損失補償」大阪市立大学法学雑誌 28 巻 3 ＝ 4 号 457 頁以下〔1982 年〕，高木光〔後掲 B 事件判批〕・自治研究 63 巻 8 号 108 頁，座談会「各国における土地利用規制と損失補償」季刊環境研究 64 号 116 頁以下参照）。

この枠組みが以後の判例学説を基本的に支配してきた。㋐ 相当因果関係説は，土地の利用方法が限定されたため土地所有者が被ることとなったと合理的に認定される因果関係を有する一切の損失が補償の対象となるとする見解で，㋒ の積極的な出費ばかりではなく，地価低落分や計画中の将来得べかりし利益の喪失も相当因果関係の範囲内では補償の対象となるとする。補償の範囲を一番広く解するものである。㋑ 地価低落説は，公用制限による損失は地価の低下に反映するとするものである。㋒ 積極的実損説は，土地利用制限により現実に出費を余儀なくされた分（例：許可申請のためにした測量や設計費用，家屋

の改築禁止の結果従前の営業が継続できなかったために生じた移転費ないし廃業費などの損害）のみが補償されるとし，地価低落分とか，逸失利益は補償の対象外とする。

　これについて，従来の行政実務は積極的実損説のようであるが，原田は，地価低落説を採る。その理由として，相当因果関係説は，補償額が所有者の主観的意図や思惑により変動するので適切ではないとし，積極的実損説に対しては，現行法では「指定の際すでに着手している行為」については制限を受けないという明文の規定がある（自然公園13条3項但書き）から，実損は稀であって，そうした稀有の損失を通損とするのは背理であるとする。そして，損失補償の制度が財産権保護の思想に立脚しているとすれば，その補償は利用制限によって土地所有権そのものの上にもたらされる侵害，すなわち土地の価値の下落に対して支払われるのが本筋であるとし，派生的付帯的な実損のみの補償ではとうてい土地所有権の侵害に対する補償とは言えないとしている。そして，各個の土地の形状・位置等から当該土地の客観的な開発可能性を個別的に認定し，利用制限によりもたらされる地価の下落を合理的に推算してそれを補償額とするほかないとしている。地価低落説は西ドイツの通説とのことである。なお，自然景観の保護とか，文化財の保護とかは，当該財産権の効用とは無関係な，偶然に課せられた制限で補償を要するという今村説は公用制限を公用地役権の設定と解する（今村・前掲『人権叢説』32頁）ので地価低落説に近い。

　私見では，都市計画制限については前記のように，地価低落説が妥当し，年々の賃料分の補償が必要であるが，自然公園法の場合はどうであろうか。

2　2つの判例

　判例は少ないが，自然公園法の不許可補償に関するA，B2つの判例が適切な考察材料である。事件は転石や土石の採取の不許可処分を受けた者が逸失利益の補償を請求したものである。A事件の判決は，自然公園法の制限も態様いかんによっては特定の財産権の本質を侵害することもありうるし，特定の財産権の効用とは無関係に偶然に課されたものもありうるから，同法上の利用制限をすべて財産権内在的制約とみることは適当ではなく，権利の剥奪や従来の利用方法を変更させる場合に限って補償を必要とするというように狭義に解すべきではないとして，内在的約説と積極的実損説を否定して，地価低落説を採った。ただ，この事件では不許可処分により地価が低落した証拠はないし，

大量の転石を採取して自然を破壊するための申請は申請権の濫用で，とうてい認められないとされた（東京地判1982〔昭和57〕・5・31行集33巻5号1138頁，判時1047号73頁）。原田説の影響が強いと思われる。

これに対して，B事件の判決は，まず，自然公園法の制限は，当該土地所有権自体に内在する社会的制約の具体化であり，「通常生ずべき損失」とは，この内在的制約を超えて特別の犠牲として当該財産権に加えられた制限によって生ずる損失，例えば，① 自然公園として指定される以前の当該土地の用途と連続性を有しあるいはその従前の用途からみて予測することが可能であるような当該土地の利用行為を制限されたことによって生ずる損失，② 当該利用行為に基づく現状の変更が，その土地が自然公園として指定されている趣旨と調和させることが技術的に可能な程度にとどまるものであるにもかかわらず，その利用行為を制限されたことによって生ずる損失，③ その他，離作料，物件移転費等予期しない出費を現実に余儀なくされた場合におけるその積極的かつ現実的な出費による損失を指すとして，積極的実損説を採り，逸失利益説を排斥した（東京地判1986〔昭和61〕・3・17行集37巻3号294頁，判時1191号68頁）。

この2つの判決は一見対立している。Bは内在的制約説を採り，Aは地価低落説である。しかし，Bも実損の補償は認め，Aも逸失利益を認めるわけではなく，しかも，結局は申請権の濫用という財産権内在的制約説に近い論法を採るから，その差はそう大きくはない。アプローチの角度の違いの面が強い。

3　地価低落説の妥当性？，自然公園法の場合

原田説は自然公園法を念頭に置いて自然公園法上の不許可による地価低落説を提唱していることになるが，それは本当に算定できるのか。

地価低落説は観念的には理解できる。しかし，同法が適用される山林では制限の効果は地価の低下という形ではなかなか現れない。まず，地価の低落が現われるのは自然公園法の地域指定の段階か，不許可の段階かという問題がある。地域指定があっても，現実には許可になることもあるならば，地域指定の段階で補償するのは不合理である。法律が不許可の段階で補償するといういわゆる不許可補償の制度を置いているのはこのためである。しかし，同法の場合には，普通には転石や土石の採取は許可にならないと扱われているだろうから，それを前提として地価が形成されているはずで，不許可になったからといって価格が下がるわけではない。他方，地域指定の段階では，転石や土石を採取する現

実の可能性がないのが普通であるから，その指定があったからといって地価が低落するわけはない。さらに，こうした山林の現実の取引は少ないから，不許可となった土地とそうでない土地との地価の比較は困難である。こうして，自然公園法の例では地価低落説は A 判決の事件でたまたま証明不能であったというだけではなく，一般的にも実際には活用が困難である。現実に地価が低落するとすれば，それは現実に土石や転石の採取が許されることを前提として取引されているときに，地域指定のためにそれが禁止されると予想されるような場合であろう。これは積極的実損説に近くなる。地価低落説を採る A 判決は積極的実損説を採る B 判決より，地価低落説を採る原田説は積極的実損説よりは所有者に有利と往々にして誤解されるが，実際にはあまり変わらないのである。むしろ，地価低落説では実損があっても，地価への反映を証明しなければ補償を得られず，かえって権利者に厳しすぎる結果を生ずる。

4 相当因果関係説

次に，相当因果関係説では，問題は何が相当因果関係の範囲内にあるかにある。都市計画道路による制限の場合には地価低落説こそ真の相当因果関係説である。ただ，相当因果関係説の真意は逸失利益も対象とする点にある。そして，その逸失利益とは，その土地の利用により得られる利益を指すものらしい。これに対しては，前記のように公用制限に伴う補償額が所有者の主観的意図や思惑によって左右されるのは適切ではないという批判がなされている。

しかし，逸失利益を含めるのは不法行為による損害賠償と同様の発想であろうが，他の法益の侵害の場合はともかく，土地の侵害を考えると，そもそも不法行為の場合なら逸失利益の賠償が認められると本当に言えるのであろうか。更地を不法占拠された場合，明渡までの通常の損害はその間の地代相当分であり，あるいは，不法占拠されているうちに転売した場合には損害は価格の下落分であろう。これなら土地の利用が公用制限を受けた場合と同様であろう。その土地を活用して膨大な利益を上げうる場合は特別の事情で，加害者が知りうる場合にのみ賠償範囲に入る。公用制限の場合にはそうした特別の事情は普通は知りえないから補償の対象にはならない。他方，営業中の建物を不法占拠された場合には，実損のほかに逸失利益の賠償を請求できようが，これは同じ建物が収用された場合も同様である。したがって，賠償なり補償なりの範囲は，不法行為か公用制限（や収用）かにより異なるというよりも，その対象が財産

権である場合には原則として同じと解する方が妥当である。さらに，従来許容されていた営業を禁止する土地利用規制をする場合（前述した河川付近地制限令にその問題がある。ただし，自然公園法にみるように普通は経過規定を置くのでこうした場合はない）には，既存の営業を収用する場合と同様で，一定期間（転業に要する期間）の逸失利益の補償が必要であろう。これは相当因果関係に入るとも言えるし，積極的実損説でも説明できそうである。

5　積極的実損説

自然公園法では地域指定の際，既に着手されていた行為については許可を要しないので，実損が生ずる場合ははたしてどれだけあるのか，疑問がある。A，B判決が示唆するように，実損の内容をもう少し広げる必要がありそうである。なお，B判決は，積極的実損説であるが，その示す損失がこの説で説明できるかには疑問がある。B判決の①の点は，例えば，従来許容されていた林業が地域指定の結果伐採禁止により継続不能となった場合なら理解できる。しかし，もしこれが，家屋の改築禁止の結果，家屋が朽廃した場合に従前の営業が許容されないことによる損失を実損として補償すべきものとする趣旨であるとすると，疑問である。これは既存の営業を禁止するのではなく，その一代限りは許容するという経過措置があるから，投下資本は回収できるはずであり，また自然保護のための所有権の制限もある程度までは社会的な責任によることに思いを致すと，無補償でよいか，せいぜい短期間の転業補償でよいと解すべきである。②の点はむしろ適法行為というよりも違法行為ではないか，③の離作料は逸失利益であり，本当の実損は物件移転費であろう（高木・前掲判批121頁参照）。

6　まとめと問題点

このように考えると，一般理論として相当因果関係説か，他の説かというよりも，相当因果関係のある適切な範囲は何かという問題提起をすべきで，それは場合により逸失利益であり，地価低落分であり，実損であるということになる。あるいはこの3つは場合によっては同じものになることもあろう。例えば，空港周辺の土地を住宅建設禁止にすると，宅地として使用できないことによる地価低落分は地価低落説で補償されるが，それも実損とも言えるし，地代相当分は相当因果関係説で補償対象であるが，これは地価低落分と対応するはずで，はたして説によりどれだけ異なるか不明であろう。個々具体的な場合にもっと

も適切な考え方を探ることが必要である。立法者なり関係省庁の担当者には，抽象論ではなく，土地収用の損失補償基準のような具体的な基準を作成するよう努力されることを望みたい。

通損補償の制度は上記のように適用に問題があるので，むしろ買取りの方が適切に運用できるとも言える。そこで，古都保存法の特別保存地区，都市緑地保存法の都市緑地保全地区，特定空港周辺航空機騒音対策特別措置法（特騒法）による航空機騒音障害防止特別地区における土地利用の制限については，通損補償の規定のほか，当該土地の利用に著しい支障のある場合等を要件として，土地を買い入れるものとするといった制度が置かれている（**問題⑩**）。

  ＊ ちなみに，市街化調整区域の指定は補償を要しない扱いであるが，仮に補償を要するとした場合には補償額はすぐ近隣の市街化区域の宅地価格（から農地の場合には宅地への転用費用を控除した価格）との差額であると解されやすい。ある人の一部の土地についてだけ市街化調整区域への指定が違憲無効とされた場合にはその地価は近隣の市街化区域のそれと同じだけ上昇するであろう。直接請求権発生説でも補償額はこの上昇分であろう。

   しかし，もし市街化調整区域の指定一般について補償を要するとしたら，その補償とは，その制度がなかりせばあったであろう価格との差額であると解されるが，その制度がなければ，宅地の供給が大幅に増加して，市街化区域の宅地価格は暴落するであろうから，補償額も少なくなり，その算定は困難であろう。結局は補償を要するとしても，直接請求権発生説では適切な運営はできない。

   前述した奈良県ため池条例や河川付近地制限令の場合なら，補償を要するとしても，ため池の方は地価の低落部分（ただし，これは理論的には年々の喪失した逸失利益の資本還元分と対応するはずであるから逸失利益説でもよいであろう）に限定するのが適切であろうし，河川の付近地の方は従来許容されていた営業が禁止されることによる転業補償分に限定されるべきであろう。

第4款　権利剥奪の場合における補償額の考え方

I　完全補償説と相当補償説の対立——学説の射程範囲

補償額については，従来，完全補償説と相当補償説の対立があることになっている。しかし，学説も判例同様特定の事案を念頭に置いて一般論を展開するきらいがあり，その説が何を念頭に置いて議論しているかという学説の射程範囲を明らかにしなければならない。土地収用の場合には収用の前後においてその財産価値に増減をなからしめるようにしなければならない点で争いはなく

(最判 1973〔昭和 48〕・10・18 民集 27 巻 9 号 1210 頁〔百選 508 頁〕),完全補償説はそれを念頭に置いているが,相当補償説は農地買収や伝染病に汚染された建物の補償を念頭に置いている(田中・上 217 頁参照)。これでは学説の真の対立とは言えず,スレ違いである。この議論は不毛の議論であるという指摘が多いのに,なぜ相変わらず教科書類ではこれを論ずるのであろうか。

しかも,農地買収の対価は田一反シャケ 3 匹と言われて,通常の土地代と比較すると安すぎるので,農地改革という社会政策を理由とする相当補償説も成立しうる(ただし,田中説は農地買収についてはもともと超憲法説であったから相当補償説で正当化するのは一貫しているとは言えない。西埜章「公法上の損失補償の原理と体系」大系Ⅵ215 頁)が,逆に,その補償額(賃貸価格の,田については 40 倍,畑については 48 倍以下)は農地の取上げも禁止され,米価や小作料が安く法定されていることを前提とした土地価格からみると,はたして直ちに安すぎるのかどうか。この基準で言えば完全補償とも言えるかもしれない。完全とか相当というときの基準は何かが問題である。相当補償説はこうした人為的な価格の引下げ固定を前提として補償することを許容する説とも理解できる。

伝染病に汚染された建物や家畜にはそもそも財産価値がないと考えると,その補償は前述したように政策的な災害補償となるが,多少とも価値が残っているとすると,その残存価値の補償は,災害前の価値と比較すると相当補償でも,実は完全補償になる。

Ⅱ 行政財産の使用許可の取消しと補償

東京都の中央卸売市場の敷地の中の空いている土地について,レストラン・喫茶店などの事業を営むための建物所有の目的で,使用期間の定めなしに許可を受けた者がいる。ところが,東京都が卸売市場の拡充のためにこの土地を必要として使用許可を取り消した。この場合にどれだけの補償をすべきか。

行政の有する財産には,大まかに言えば,公用または公共用に用いる行政財産と,それ以外の普通財産がある。市庁舎の中の 1 室を理髪店や飲食店に使用させるとか,河川敷をゴルフ場に利用させるのは行政財産の使用許可である。これについては,使用許可期間中に公用または公共用に供する必要が生じた場合には,使用許可を取り消すことができるとされている。そして,この補償について,国有財産には規定があるが,地方公共団体の公有財産には規定がない

第11章　国家補償法

(国有財産法19条・24条，地方自治法238条・238条の4第6項・238条の5第4項と比較せよ)。ただ，補償については，法律に規定がなくとも，憲法から直接に請求権を導くことができるので，この点はそれほど大きな問題ではない。

　一般に，借地権代は，土地の価格のかなりの割合を占めるようになっている。借地権割合はもともと地域の慣習によって異なるが，この地域あたりでは80％くらいになっていたようである。そこで，東京高裁判決(1969〔昭和44〕・3・27判時553号26頁)は，この場合の使用権を借地権に準ずるものとして，土地価格の60％の補償を東京都に命じた。借地判例の立場では，これは1つも不合理ではない。

　しかし，この使用権者はこの土地を借りるときに権利金を払ったわけではない。それなのに，返すときに，土地代の60％も貰えるのでは，借りたら大儲け，貸す方は，うっかり貸せば大損である。なお，筆者は，借家権についても，権利金の支払とは無関係に土地代の何割かを借家人のものとする判例は，貸主の財産権を一方的に剥奪する違憲の代物ではないかと思う(阿部「間違いだらけの定期借家批判論」阿部＝野村好弘＝福井秀夫編『定期借家権』〔信山社，1998年〕133頁以下，さらに，阿部・定期借家)。

　行政財産の使用許可には，借地権とは異なって，初めから，公用または公共の用に供する場合には，取り消される制約が付いているし，権利金を払っているわけではなく，使用料も民間よりは安かったのであるから，使用権の剥奪に対して補償する必要はない。この使用権は，公用または公共の用に供する場合には無補償で消滅する制約が内在していると考えるべきである。

　筆者はこの高裁判決を厳しく批判した(阿部「行政財産の使用許可の撤回と損失補償」ジュリ435号〔1969年〕75頁以下〔阿部・法の解釈159頁以下〕)。最高裁判決(1974〔昭和49〕・2・5民集28巻1号1頁〔百選186頁〕)も基本的には同様の立場で，補償は不要としている。筆者も原田尚彦先生(判評127号〔判時112頁〕)とともに判例の発展に寄与できた最初の仕事として，記念すべきものである(**問題⑪**)。なお，河川敷におけるゴルフ場の使用許可を取り消した場合の補償の問題は，阿部・国家補償296頁参照。

Ⅲ　任意買収と収用の補償項目と範囲

　土地収用の場合の補償については，収用する土地については前記の通り事業

認定時の価格に物価修正率を乗じた価格による（収用71条）が，そのほかに，使用する土地等に関する補償も同様の考え方で定められ（収用72条），さらに残地補償（収用74条），工事の費用ないし工事の代行の補償（収用75条・84条），移転料ないし移転の代行，宅地の造成の補償（収用77条・85条），物件の補償（収用80条），原状回復の困難な使用の補償（収用80条の2），替地ないし耕地の造成による補償（収用82条・83条）が定められている。これは土地収用特有の問題として，ここでは省略する。

このほか，離作料，営業上の損失，建物の移転による賃貸料の損失その他土地を収用し，または使用することによって土地所有者または関係人が通常受ける損失は補償しなければならない（収用88条）。

これだけでは抽象的なので，その補償の細目は前述の土地収用法第88条の2の細目等を定める政令および損失補償基準要綱という閣議決定の形式で定められている。これは収用そのもののほかに，収用権を背景としてなす任意買収にも適用がある。

> **実例検討**：今，更地にすれば時価5,000万円の土地の上に時価500万円の古い商店の建物がある。その営業利益は年間600万円ということである。この建物を取り壊すのに200万円かかるとする。持主が売ろうと思ったときはこの家はいくらで売れるか。この家が道路用地のために収用されるときの対価はいくらか。収用権を発動しないで任意買収の形式をとった場合はどうか。地上げ屋がこの家をブルドーザーで勝手に破壊した場合には，賠償額はいくらか。

持主の方から売りたい場合には，家の値段は買主が評価するかどうかで決まる。買主がそこで同じ商売をしようという場合には，その家も，さらにはいわゆる「のれん」代という営業権も評価される。代わりに，取壊し代はかからない。買主が更地にして利用しようとする場合には，逆に，「のれん」代も家屋の価値もゼロであり，営業利益は対価には入らず，かえって，土地は更地価格から取壊し代を控除した4,800万円でしか売れない（いわゆる建付け減価）。

収用の場合には，土地代は建物がないとして評価するので（前掲政令1条3項1号，損失補償基準要綱7条2項）当然5,000万円となるが，建物については移転が可能であれば移転料を補償する。移転が困難である場合には起業者が建物の所有権を取得する（収用77条～80条，損失補償基準要綱26条）。その対価は前記

の損失補償基準要綱14条により土地の場合と同様に正常な取引価格で算定されるので，500万円となる。

　さらに，同要綱31条は，土地の取得に伴い通常営業の継続が不能となると認められるときは，① 免許を受けた営業等の権利等が資産とは独立に取引される慣習であるものについては，その正常な取引価格，② 機械器具等の資産，商品，仕掛品等の売却損その他資本に関して通常生ずる損失額，③ 従業員を解雇するため必要となる解雇予告手当相当額，転業が相当と認められる場合において従業員を継続して雇用する必要があるときにおける転業に通常必要と認められる期間中の休業手当相当額その他労働に関して通常生ずる損失額，④ 転業に通常必要とする期間中の従前の収益相当額の損失を補償するほか，同要綱46条では従業員が通常再就職に要する期間中の従前の賃金相当額の範囲内で妥当と認められる額を補償することができるとされている。したがって，損失補償でも逸失利益の補償がなされる。設問の例では，「のれん」代も補償される。転業に通常必要な期間とは，6ヵ月ないし1年が妥当とされるが，営業損失については最大2年までは認められる（公共用地補償研究会編著『公共用地の取得に伴う損失補償基準要綱の解説〔新版〕』〔近代図書，2003年〕154頁)。この期間の営業利益相当額や従業員の休業手当額がこの商店主に，従業員が再就職する場合には，この期間の賃金相当額の範囲内の妥当と認められる金額が従業員に補償される。

　任意買収の場合には，形式上は売主の意思で売ったことになるが，応じなければ収用されるわけであるから，収用による場合と同一の対価が支払われる。

　この店舗が不法行為により破壊された場合の損害は，家屋やそこに置いた動産で，破壊されたものの現在価格，再建のための休業期間中の営業利益や従業員の給与を含む経費である。営業利益は逸失利益であるが，それは未来永劫の分まで賠償されるわけではなく，再建のために通常必要な期間の分だけが加害行為と相当因果関係にある損害とされるであろう。とすれば，その店舗でこれから特別に儲かる商売を始めるといった場合には，特別事情なので，加害者がその事情を知りうべかりしときにのみ賠償の対象となろう。

　賠償では逸失利益が塡補されるが，損失補償では実損しか塡補されないとよく言われるが，このように同一の例を比較すると，通常の場合には逸失利益はともに合理的な範囲では認められるのであって，両者の間にはほとんど差がな

いと言える（阿部「賠償と補償の間」曹時37巻6号1415頁以下）。

第5款　補償の特殊問題

I　事業損失

　公共事業の施行に伴う損失には，土地等を収用しまたは使用することによって生じた損失を補償する収用損失と，起業地以外にもたらされる事業損失がある。後者は，公共事業により生ずる不法行為の類で，日照被害，騒音，臭気，振動，電波障害，水質汚濁などをいう。土地収用法93条や道路法70条のいわゆる「みぞ・かき補償」（小高剛「いわゆる『みぞ・かき補償』について――事業損失の一側面」同・損失補償189頁以下参照）も事業損失に対する補償の一種である。これは収用した土地を事業の用に供することにより他の土地に通路，みぞ，かき，さく等の工作物を新改築する必要を生ぜしめたときは，損失を受けた者の請求により起業者はこれに要する費用を補償しなければならず，これについては両当事者の協議が成立しないときは，収用委員会の裁決を申請することができる（収用94条）として，賠償を立法政策により収用補償に転換させた制度である。しかし，これ以外の事業損失については，こうした特別の規定がない。損失補償基準要綱41条但書きも，「事業の施行により生ずる日陰，臭気，騒音その他これらに類するものによる不利益又は損失については，補償しないものとする」としている。ただし，この要綱の施行に関する閣議了解「公共用地の取得に伴う損失補償基準要綱の施行について」では，「これらの損害等の発生が確実に予見されるような場合には，あらかじめこれらについて賠償することは差し支えない」としているが，この事前賠償の制度は現実の行政実務上では，日陰，テレビ受信電波障害，水枯渇に限られている（遠藤・スケッチ265頁）。実際にも空港，道路，新幹線公害を理由として被害の填補を請求するのは損害賠償訴訟である（⇒第2節第2款）。

　事業損失は，①　土地収用事業により必然的に生ずるものであるため，それを一般的に収用損失とすべきではないかという問題がある。これに対する反対説は，①の点では事業損失は収用することによって生ずるものでなく，収用する土地を公共事業の用に供することにより生ずるものであるし，②　これに補償するならば，その補償の必要性は被収用者に限られず，それ以外の者にも

あてはまるので，収用補償の限界を超えるし，③ 事業損失は不法行為であるから，その正確な予測は困難であるし，その違法性，故意過失を収用委員会で判断することは制度上無理であるというのである。これに対して，肯定説は，② の点では被収用者が完全な補償を受けることからそれ以外の者よりも有利に扱われることになるが，それはやむをえないし，③ の点も，通常の事業損失は予見できるし，それにもかかわらず事業を施行するのであるから，違法性，故意過失は定形的に存在すると判断されると反論するであろう（松本仁「精神的損失・事業損失・生活補償」民商83巻1号73頁以下参照）。

　私見では，わが国では道路，新幹線，空港等の公共事業が多くの地域で既に嫌忌施設になったのに，歓迎された時代の感覚で，公害に対して満足に配慮せずに建設され，地元の住民運動や不法行為訴訟に対しても断固として対抗していて，被害を防止する配慮が不十分である。その制度的な理由は，公共事業者は公害を発生させて賠償しなくともそのまま事業をすることができるという先手必勝の状態にあるためで，きわめて不公平である。不法行為が定形的に予見される場合には，被害防止策をとるか事前賠償しなければ事業を開始してはならないという制度を作るべきで，その点を判断する権限を収用委員会などに与えるべきである。

> **Q　地下道新設のため石油貯蔵タンクが移転させられる場合と補償の要否**
>
> 　石油貯蔵タンクは地下道から10メートル離さなければならない（離隔距離。設置の時だけではなく常にそのように維持しなければならない）ことが消防法10条4項，12条に基づく危険物の規制に関する政令で定められていた。本件のタンクは国道の交差点の付近に設置されたが，そのときは地下道がなかった。後に国道に横断地下道が設置されたので，このタンクは事後的に違法として，移設を余儀なくされた。道路法70条1項により補償を求めることができるか。

　同条は，「土地収用法第93条第1項の規定による場合の外，道路を新設し，又は改築したことに因り，当該道路に面する土地について，通路，みぞ，かき，さくその他の工作物を新築し，増築し，修繕し，若しくは移転し，又は切土若しくは盛土をするやむを得ない必要があると認められる場合においては，道路管理者は，これらの工事をすることを必要とする者……の請求により，これに要する費用の全部又は一部を補償しなければならない。」と定めている。

第1節　損失補償法

　最高裁判決（1983〔昭和58〕・2・18民集37巻1号59頁〔百選502頁〕）は，「道路法70条1項の規定は，道路の新設又は改築のための工事の施行によって当該道路とその隣接地との間に高低差が生ずるなど土地の形状の変更が生じた結果として，隣接地の用益又は管理に障害を来し，従前の用法に従ってその用益又は管理を維持，継続していくためには，用益上の利便又は境界の保全等の管理の必要上当該道路の従前の形状に応じて設置されていた通路，みぞ，かき，さくその他これに類する工作物を増築，修繕若しくは移転し，……やむを得ない必要があると認められる場合において，道路管理者は，これに要する費用の全部又は一部を補償しなければならないものとしたものであって，その補償の対象は，道路工事の施行による土地の形状の変更を直接の原因として生じた隣接地の用益又は管理上の障害を除去するためにやむを得ない必要があってした前記工作物の新築，増築，修繕若しくは移転又は切土若しくは盛土の工事に起因する損失に限られると解するのが相当である。したがつて，警察法規が一定の危険物の保管場所等につき保安物件との間に一定の離隔距離を保持すべきことなどを内容とする技術上の基準を定めている場合において，道路工事の施行の結果，警察違反の状態を生じ，危険物保有者が右技術上の基準に適合するように工作物の移転等を余儀なくされ，これによって損失を被つたとしても，それは道路工事の施行によつて警察規制に基づく損失がたまたま現実化するに至つたものにすぎず，このような損失は，道路法70条1項の定める補償の対象には属しない」とした。

　たしかに消防法は，施設の設置者に，常に人家等との離隔距離（保安距離）を確保する義務（維持義務）を課す手法で，人家等がそれより近くに来たら，移転命令などにより追い出す（⇒第3章第7節Ⅰ2参照）。追い出されるのがいやならあらかじめ周辺の土地を買収（または不作為の地役権を設定）しておくべきである。石油タンクは近隣に人家等がなければ加害者にならないだけで，人家等が来れば危険が顕在化する潜在的加害者（latenter Störer）であるから，事後的にせよ地下道がそばに設置されれば移転しなければならないとも思われる。

　しかし，市街化区域内に石油タンクを設置するような場合なら，そばに人家が来ることは予想されるので，あらかじめ周辺の土地を買うか，地役権を設定すべきであるが，国道の地下に地下道が設置されるということは滅多になく，予測が困難であり，もともと危険が潜在化していたというのも難しい。これで

423

は道路のそばにガソリンスタンドを造るなというのに等しい。不運であるとするのは行きすぎである。道路法70条が直接に適用されないにしても，平穏無事な土地利用が公共の安全という理由で事後的に禁止されるのであるから，憲法29条3項による補償を認めるなど，工夫すべきではなかったか。

II 精神的損失

一般に収用の場合には精神的損失の補償はなされない。その理由として，土地に対する損失補償の額は，所有者がそれに対して有する愛着などの主観的な価値ではなく，客観的な取引価格であるべきであるとされる。

* なお，損害賠償においては慰謝料の制度があるので，この点で賠償と補償の間に差があるという説も往々にしてみられるが，実は財産権に対する不法行為の場合には財産的な損害が賠償されれば精神的な損失も回復されるのが通常であるとされている（東京高判1966〔昭和41〕・12・22判時474号20頁）ので，補償か賠償かで直ちに差がでるわけではない（阿部・前掲「賠償と補償の間」50頁以下）。

 しかし，これは財産が財産として自由に取引され，経済的に評価されるという前提がある場合にのみ通用する議論である。山奥の村がダム建設のために水没する場合が典型例で，その土地は経済的に評価するときわめて安く，村民が先祖伝来の土地を意思に反して離れなければならないという苦痛は，その財産に対する補償をもって慰謝することはできまい。実際にもダムの起業者が協力感謝金などを支払うことがあるし，不法行為の場合でも，侵害された財産が被害者にとって特別の主観的・精神的な価値を有する場合には精神的損害の賠償が認められる（前掲東京高判）ので，それを制度化すべきであろう。これは次に述べる生活権補償につながる。

III 文化財的価値の補償

著名なのが輪中堤の損失補償請求事件である。木曾川の中下流に築造された輪中堤（水害から村落を守るためその周囲を囲んだ堤防）は徳川時代初期以来Xの祖先が代々所有していたものであるが，河川区域内に私権を認めない旧河川法時代に河川付属物としてその権利は無補償で消滅した。代わりに，Xはその占用許可を受けて占有していたが，河川改修工事のため取り消された。Xから補償を請求した。論点の1つは，輪中堤の文化的価値に対する補償の要否であった。

高裁判決（名古屋高判1983〔昭和58〕・4・27判時1082号24頁，判タ497号72頁）は，土地収用法88条にいう「通常受ける損失」とは，土地の客観的な利用価

値のみでなく，経済的な価値を有しなくとも広く客観的な価値を有するものは，それを金銭に評価して補償する趣旨で，輪中堤は特異な形状に関する築堤技術とともに，教科書等にも取り上げられてきた貴重な公共的施設であるから，その文化的価値はきわめて高く，社会的に承認された客観的な価値にまで高まっているとして，物件価格の1割の補償を認めた。

　私見(「収用と補償の諸問題(下)」自治研究62巻12号11頁〔1986年〕)では，補償の対象は経済的な取引価格が原則であり，歴史的・文化的価値の享有主体は国民一般で，その所有者ではないというのも一応は当然であるが，本件の輪中堤のように，取引はされないけれども，もともと自分の祖先の所有物で，旧河川法の施行に伴い無補償で所有権が消滅し，代わりに許可を得て占用してきたという特殊な沿革があるものは，その占用は所有権の代わりであり，その文化的な価値は公共的な価値であると同時にXのいわば家宝のような主観的価値がある。そうした価値は，損失補償においても考慮されるべきものである。損失補償では主観的な価値は考慮しないとか慰謝料は認められないとか言われるが，それも程度問題であって，こうした輪中堤を不法行為で破壊すれば慰謝料の請求が認められるはずである。占用許可の取消しであればそうした請求を否定できるとするのも不公平である。

　しかし，最高裁判決(1988〔昭和63〕・1・21判時1270号67頁，判タ663号79頁)は，土地収用法88条にいう「通常受ける損失」とは，経済的・財産的な損失をいうと限定し，貝塚，古戦場，関跡など，歴史的・学術的価値は当該不動産の経済的・財産的価値を高めるものではなく，その市場価格の形成に影響を与えないから，土地収用法上の損失補償の対象とはなりえない，とした。納得できない(これについては，小高・損失補償55頁以下，84頁以下に詳しい)。

Ⅳ　生活補償

　大規模な公共事業がなされる場合には，地域の生活基盤が破壊されるので，その財産的な価格を塡補しただけでは，住民に従来通りの生活を保障することにはならない。そこで，都計法74条は都市計画事業に土地を提供した者に，その補償とともに必要に応じて土地建物の取得・職業の紹介・指導または訓練の生活再建措置のあっせんをすると定めているが，これは義務規定ではない。土地収用法139条の2も同様である。前記の損失補償基準要綱45条は，少数

残存者補償として,「生活共同体から分離される者が生ずる場合において, これらの者に受忍の範囲を超えるような著しい損失があると認められるときは, ……個々の実情に応じて適正と認められる額を補償する」としている。同46条は離職者補償の制度を置く。

また, 水源地域対策特別措置法は水源地域の生活環境を向上させるための施策を講じており, 電源三法(発電用施設周辺地域整備法, 電源開発促進税法, 旧電源開発促進対策特別会計法〔現行特別会計に関する法律〕)(藤原淳一郎「電源三法と核燃料税(上, 下)」自治研究54巻5号, 7号参照) も同様で, いわば生活権保障なり, 地域的な被害を地域ぐるみで塡補するという制度である。各個人に対する財産権だけの完全補償では塡補できない生活上の損失とか, 感情的な損失に対応する。憲法25条を背景とする生活権補償の一種とも言えるが, 実態は地元対策法である(遠藤・スケッチ278頁以下)。これを例えば, 電力料金の水源地域割引制度といった方法で, 個人への損失塡補制度としても利用すべきかという問題がある。

ダムの建設などで, 先祖伝来の土地を追われる者にとっては, 現行法は十分ではない。転業者はいわば武家の商法で失敗して補償金を喪失する者が少なくないということである。転業に通常必要な期間の営業補償とか離職者補償金を与えられても, 中高年者とか農林漁業者には成功しうる他の商売は少ないのである(以上, 華山謙「公共事業の施行と補償」大系VI325頁以下, 同『補償の理論と現実』〔勁草書房, 1969年〕, 渡辺洋三ほか「損失補償の実態と理論」社会科学研究21巻4号1頁以下, 松本仁・前掲『精神的損失・事業損失・生活損失』73頁以下参照)。こうした実態に即して, 財産権だけでなく生活そのものに対して補償することこそ憲法25条の精神に合致するものである(高原賢治「生活補償に関する一考察」同『財産権と損失補償』〔有斐閣, 1978年〕158頁以下, 樋口陽一ほか『憲法II』〔青林書院, 1997年〕254頁。さらに, 遠藤・スケッチ196頁以下, 市橋克也「生存権補償の性格」争点新版270頁)。

しかし, いわゆる徳山ダム事件においては, 水源地域対策特別措置法の定める生活再建措置を講じないのは憲法29条3項に定める正当な補償を尽くさない違法があるかが争われたが, 判決はこれは憲法上の補償とは別の行政措置にすぎないとした(岐阜地判1980〔昭和55〕・2・25判時966号22頁, 判タ410号115頁)。

他方，こうした公共施設周辺地域整備法の中では，原発交付金は，かなり多いようで，原発城下町はこれに依存して財政規模を拡大し，その交付期限が来て困っているところも出ている。原発は地元自治体にとっては金のなる木，打出の小槌らしい。

　きわめて不公平であり，より合理的かつ公平な制度の整備が急がれる（**問題⑫**）。

第2節　国家賠償法

① 国家賠償法を適用する基準は，公権力の行使だが，それは命令・強制だけではなく，非権力的公行政作用も含むという。概念矛盾も良いところで，一体何を言いたいのだろうか。

② 公権力の行使ではないと思って民事訴訟を提起したが，それは公権力の行使だという。この訴えは却下され，国家賠償訴訟を提起し直さなければならないのか。

③ 国に賠償請求するほかに，けしからん公務員を訴えたいが，ダメだという。なぜなのか。

④ 偽警官に騙されて，3億円取られた。警察官と信じたのだから，警察が賠償すべきではないか。

⑤ パトカーに追跡されて暴走した車に衝突されてしまった。警察が賠償すべきではないか。

⑥ 冤罪なのに，警察官，裁判官，検察官のいずれにも過失がないとして，国家賠償責任はないという。なんと，残酷な!!

⑦ 雷鳴中にサッカーを続行したら，落雷で大けがした。判例は賠償を認めるという。しかし，雷鳴が遠方になったくらいでいちいちサッカーを中止していては，オオカミ少年になるではないか。

⑧ エイズ禍，水俣病はなぜ防げなかったのか。国家賠償責任はないのか。

⑨ 山間の道路を通行中，上から落ちてきた石に潰された。道路管理者としては防ぎようがないのに，判例では道路の設置に瑕疵があるという。一体なぜなのだ。

⑩ 判例は水害の被災者に冷たいが，なぜか。

⑪ 道路騒音について道路管理者が負う責任は国家賠償責任なのか，それも，1条なのか2条なのか，それとも，損失補償なのか。

⑫ 犯罪被害者に国が補償する。国の落ち度でもないのになぜだ。

⑬　冤罪被害者には刑事補償はあるが，安い。しかも，保釈中の補償はない。無実の罪で長年苦労した者に対して，なんという冷たい扱いだ。
　⑭　国家賠償訴訟は，行政訴訟と違って，門前払いがなく，それなりに機能しているとの見方があるが，簡単に救済してもらえるのか。

【本節で学ぶこと】
　国家賠償法は，1条で公権力を行使する公務員の違法・過失責任，2条で道路，河川等の公物営造物の設置管理の瑕疵の責任を定めている。エイズ，水俣，冤罪などは1条の問題で，道路落石事故，道路騒音，水害等は2条の問題である。しかし，冤罪の犠牲者に対して，1条は救済の手を差し伸べない。これを例として，さらに第3節で，いわゆる国家補償の谷間の救済を考えることにつなげる。国家賠償法は，主に解釈論において，バランスの取れた法的思考をするための適例である。

第1款　国賠法1条 (公権力を行使する公務員に代わる国家の責任)

　国家賠償法1条1項によれば，国家賠償責任発生の要件は，「国又は公共団体」の「公権力」を行使する「公務員」が「職務を行うについて」「違法」に「故意過失」を犯して，「損害」を発生させた場合に，「国又は公共団体が，これを賠償する責に任」じ，第2項によれば，第1項の場合において，公務員に「故意又は重大な過失」があったときは，国又は公共団体は，その公務員に対して求償権を有する。
　要するに，公権力活動によって被害を受けた者は，権力を行使した公務員ではなく，当該公務員の属する「国又は公共団体」に対して「損害」賠償を請求することができる。これは**行政訴訟と並ぶ，法治国家を担保する手段**である。
　＊　なお，ここで，責任主体である公共団体とは，国，地方公共団体のほか，土地区画整理組合，都市再開発組合，弁護士会等，公権力を与えられた団体をいう。独立行政法人，特殊法人も，公権力を行使する場合にはここでいう公共団体となる（そうでなければ，民法の不法行為法の問題となる。この点については，阿部・国家補償52頁）。国家賠償訴訟の被告は，これらの権利主体であって，大臣とか，県警本部長などの行政機関ではない。

第11章　国家補償法

　　国立大学法人の職員の行為を国立大学当時と同様に公権力として，その職員の個人責任を否定した判例がある（東京地判 2009〔平成 21〕・3・24 判時 2041 号 64 頁）。
　　いわゆる法定外公共物については市町村には所有権がなかったが，事実上管理しているとして，その管理の瑕疵がある場合の賠償責任を問われていた（最判 1984〔昭和 59〕・11・29 民集 38 巻 11 号 1260 頁）。しかし，2000（平成 12）年の分権改革の際に，機能している法定外公共物は市町村に譲与され，市町村が管理する（条例を制定して公物として管理する）ことになったので，事実上の管理者という問題はほとんどなくなった。

　以下，単に国家賠償法というが，内容は，国家・公共団体賠償責任法である。国という場合も，特に断りがない限り，地方公共団体その他の公共団体を含む。以下，これを各要件に分けて検討しよう（賠償責任主体は，3 条の問題と一緒に，第 3 款で述べる）。

　　Column：官は悪をなさず，国家無責任の法理の克服
　　明治憲法時代は，主権免責の法理が妥当していた。これは，国家は違法行為を犯すことはない，官吏が違法行為を犯すことはあるが，国家は官吏に違法行為を行うことを授権していないから，それは私人の行為であって，国家は責任を負わないという理論であった。「**官は悪をなさず**」（お上は過ちを犯さない）**という法理**である。これはまさに官権国家の理論であった。
　　イギリスでも，公務員の違法行為の責任はすべて公務員が個人として負担するべきであるという考え方が採られていた（国王は悪をなしえず。The King can do no wrong）。ただ，その理論的な根拠は，公務員も私人と同じ扱いで，官吏の特権を認めないという法の支配（rule of law）の伝統によるという。法の支配という，一見立派な理論が私人に無法の結果を強いるという，逆の効果を生じている。
　　理論的な根拠はまったく異なるにせよ，それでは，被害者は官吏の無資力のために賠償を受けられないのが普通であるから，酷であるし，国家は，公務員に権限を授権し，その活動によって利益を受けているのであるから，その違法行為の責任を負うべきである。
　　そこで，比較法的にみても，国家賠償責任は今日一般に承認されている。ドイツでは実定法で，フランスでは判例の発展により，英米では，実定法により，国家無責任の法理は基本的には否定されている。このことは阿部・国家補償 19～46 頁で丁寧に説明した。

第 2 節　国家賠償法

　わが国では，現憲法 17 条と国家賠償法，民法 715 条が公務員の不法行為を理由とする国家の責任を定めた。現行法下では，お上も，私人も，不法行為の点，契約責任の点で対等であることは一見明白である。国家が国家賠償訴訟で敗訴すれば，賠償費用は国民の負担になるが，国民が公務員を雇って仕事をさせている以上，その失敗の責任も結局は国民の負担になるのはやむをえないのである。

応用研究：法人理事が外部の企業と共謀して法人に損害を与えた官製談合事件の責任，国家無責任の法理の残存？

　道路公団官製談合事件においては，公団理事が，官製談合を主導した。そして，公団の業務を承継した高速道路株式会社が，談合した企業に違約金を請求した。公団理事が関与したことで，違約金の減額事由になるか。これを否定する判例がある（東京地判 2007〔平成 19〕・11・27，名古屋高判 2002〔平成 14〕・3・26，名古屋地判 2008〔平成 20〕・3・28，いずれも 2009〔平成 21〕・7・31 現在判例集未登載）。

　それは，理事が企業と共謀して，公団に損害を与えたとする構成を取るものである。しかし，公団理事は，二面的に行動しているものであって，企業と共謀していると同時に，公団を代表して，企業に働きかけているのである。後者に着目するとき，発注者である道路公団の理事が入札談合に関与したときは，その効果は，同公団に帰属する（民 53 条，これは 2008〔平成 20〕年 11 月末で廃止されたが，高速道路株式会社の代表取締役には会社法 350 条が適用される）から，同公団は，談合の場合に受注企業に発生する違約金の原因となる「違約」を発生させるのに寄与したものであり，自ら，違約の発生に関与しつつ，違約であるとして，受注企業に違約金を請求することは，そもそもそれが「違約」とは解されないし，仮に違約であるとしても，クリーン・ハンドの原則上，「違約」を主張して裁判上の救済を求めることはできないと解されるべきである。あるいは，民法 130 条の類推適用により，発注者は受注企業の違約を主張できないと言うべきである。

　そうすると，談合によって得られた利益が，受注企業に帰属するので，不正義ではないかとの疑問が生ずるが，「違約」と評価されない以上は（あるいは「違約」を主張できない以上は），やむをえない結果である。

　その結果，同公団，ひいてはその背後にいる国，究極的には，国民が損失を被るので，責任を負わせるべきではないとの判断もなされているが，それはその雇用した職員が職務上違法行為をした場合に，その結果が雇用主に帰属するという当然の法理からして，やむをえないことである。これを否定するのは，国家無責任の法理が妥当した明治憲法時代に戻るものである。

I　公権力の行使の意義

　Q　公権力の行使という 1 条の要件はどれだけの意味があるか。公権力の

第11章　国家補償法

> 行使に当たらなければ救済されないのか。国賠法は救済に厚いから公権力の行使の概念を拡張すべきだと言われたが，正しいのか。公権力の行使でないのに，公権力の行使として国賠法を根拠に出訴したらどうなるか。消防車は，行きはヨイヨイ，帰りは恐い，ともいう。どういうことか。

1　狭義説，広義説，最広義説の趣旨と異同

公権力の行使という概念は，国賠法1条と民法不法行為法の適用領域を分ける分水嶺である。学説は**狭義説，広義説，最広義説**に分かれる。行政作用を，命令強制を中心とする伝統的な権力作用，そういう意味では権力作用には属しないが，私人が行うのとは異なる非権力的公行政作用，私人が行うのと同様の私経済的作用の3種類に分類したうえで，国家賠償の観点からでも，公権力の観念は抗告訴訟の場合や一般の用語とほぼ同様権力作用に限定されるとするのが狭義説，より広く，国家賠償の場合には公権力の観念は，抗告訴訟における公権力に限らず，非権力的公行政作用を含むとするのが広義説，さらには，そうした行政作用の区別をせず，すべての行政作用を，私経済的作用を含めて，国賠法における公権力と捉えるのが最広義説である。**判例では，広義説**が採られている。

最高裁はレントゲン写真による検診・結果の報告は公権力の行使には当たらないとした（最判1982〔昭和57〕・4・1民集36巻4号519頁，判時1048号99頁〔百選472頁〕。⇒後述IV3）ので，最広義説ではなく，公立学校における教師の教育活動も公権力の行使に当たるとした（最判1987〔昭和62〕・2・6判時1232号100頁〔百選444頁〕）ので狭義説でもないことがわかる。そのほか，行政指導は公権力の行使とされている。こうして国賠法における公権力の概念は抗告訴訟のそれから離れている。これは**法概念の相対性**とも言える。

2　諸説の対立点と当否

これらの説の間でいったいどこが異なるか。狭義説は，公権力の伝統的な概念と，明治憲法時代に国家賠償の空白と言われた領域を埋めるという，国賠法1条の制定目的（⇒第1章第2節IV1参照）に忠実である。広義説は，そうした歴史的沿革から離れて柔軟に解釈することにより，命令・強制という伝統的な公権力のほかに，いわゆる非権力的公行政作用（行政指導，教育，公表等）も公権力であるとする。最広義説は徹底して，主体説的に一切の行政活動を公権力

の行使と理解し，国賠法の適用を認める。いずれにせよ，不合理な制度を合理的に説明しようと苦心惨憺している。その状況と問題点を，広義説を採る代表的な学説たる古崎慶長『国家賠償法』(有斐閣，1971年) 101頁以下を参照して検討しよう (問題①)。

第1に，非権力作用について，(戦前) 民法44条 (「法人は理事その他の代理人がその職務を行うについて他人に加えた損害を賠償する責任を負う」2008年削除。なお，一般社団法人及び一般財団法人に関する法律78条参照)・715条を適用または準用して国または公共団体の賠償責任を認めたのは，権力的作用について主権免責を貫いたため，できる限り権力的作用から外してこれに対し民法の規定で被害者救済を図ろうとして採られた技巧である。したがって，非権力的作用という概念は，国賠法の存在している現在では，同法の関係では不必要である。何が非権力的な作用であるかを被害者に選別することを強いる狭義説は，被害者に難きを強いるものでしかないと。

しかし，戦前において非権力的作用について民法を適用したのは決して技巧ではない。命令強制はまさに権力ではあるが，学校教育，行政指導等は公権力そのものではない。学校事故は私立学校にもあるし，行政指導は少なくとも建前としては，相手方の任意の協力を期待する行為であって，権力ではないのである。

また，権力作用と非権力作用の選別は被害者に難きを強いることになるのか。仮にそうとすれば，やはり広義説も，最広義説でない以上，非権力的公行政作用か単純な私経済的作用かの判別をしなければならず，この点は同じである。例えば，公務員が勤務中に起こした交通事故などについては困難が生ずる。判例でも，裁判所事務官が書類配達中に起こした交通事故は私経済的作用で公権力の行使ではない (京都地判1972〔昭和47〕・7・8訟月18巻11号1700頁，判タ283号180頁) が，養護学校のスクールバスの運行は教育作用に準じ，その事故は公権力の行使であり (横浜地判1976〔昭和51〕・6・23判タ347号228頁)，郵便車が業務中に起こした事故 (金沢地判1974〔昭和49〕・4・30判時766号96頁) は理由は不明だが，公権力の行使とされており，判断に迷う。後記のレントゲン写真による誤検診の事件も判別を誤ったとされた例である (⇒後述Ⅳ3)。

しかし，原告が民法715条と国賠法1条のいずれになるかの判断を間違えても，請求は棄却されることなく裁判所が適切に判断してくれる。原告は訴訟上

第 11 章　国家補償法

の請求として，請求の趣旨と原因によって識別できる特定の法律上の主張をすれば足り，適用法条を示したり，法律的呼称をもって表現する必要はないから，原告が民法で請求するといっても，それは原告の単なる意見であって裁判所は拘束されず，適切な法律を適用して判断するのが正当である（古崎・前掲書14頁はこれを認める）。現実の判例も，この立場である。あるいは広義説では公権力の行使になりそうな例でも，原告が民法を根拠にすれば，民法を適用している（例：合成洗剤不足の原因に関する東京都の調査報告書の公表を洗剤メーカーに対する名誉毀損とした東京地判1979〔昭和54〕・3・12判時919号23頁，判タ380号44頁）。

　抗告訴訟と民事訴訟の関係では，公権力の行使を対象に民事訴訟を提起したら，却下される（⇒第9章第1節）のとは大違いである。

　とするならば，公権力の行使の概念の曖昧さは，国家賠償訴訟では被害者に難きを強いることにはならない（**問題②**）。

　第2に，現代行政は国民に命令強制する秩序維持作用ばかりではなく，地域社会の形成作用，役務の提供作用，その他多方面にわたっているから，狭義説では救済は不十分となるとの意見が出されているが，正しいか。

　しかし，これらの新しい行政作用は，公権力に当たらなければ民法が適用されるだけで，立派に救済方法があるのである。公権力の行使に当たらないと救済されないと誤解することのないよう注意されたい。しかも，国賠法1条と民法715条の差はほとんどないのであるから，こだわる必要はない（ほぼ唯一の差である民法715条但書きの免責規定も死文化している）。

　第3に，国家・公共団体の活動は伝統的な権力作用の性質をもたない非権力的作用の分野に大きく発展しているから，この分野についても国賠法1条を適用し，当該公務員に個人責任を負わしめない方が妥当であると。

　国賠法か民法かで，実質的な差があるのはこの点である。広義説に立って，学校事故等を公権力の行使としている判例は，先生の個人責任を否定する（この点は次にⅢで述べる）点に実質的な意味がある。**国賠法は，被害者の救済に厚いのではなく，公務員の保護に手厚いのである**。消防車の事故については，ウー・ウーと他の車を押しのけて急ぐ往路なら公権力の行使で（道交39条～41条の2），消防士は被害者に対して個人として責任を負うことはないが，帰路は一般車と同じで，公権力の行使に当たらないとすると，消防士は事故の責任を個

人として被害者に対して負うことも起きる。これでは行きはヨイヨイ，帰りは恐いである。

　古崎説は，最広義説は採りえないとし，私経済的作用の分野は沿革的にみても民法による救済で十分であり，その分野に国賠法を適用すると，公務員は軽過失の場合に免責され，民法が適用される私企業と均衡を失するとする。

　公務員の個人責任を否定する方が妥当としても，それは当該公務員が権力作用ないし非権力的公行政作用に従事するからではなく，単に公務員であることによるのではないか。国公立病院の医師の個人責任は否定した方が適切とも思える（もっともこの点は最広義説によらずとも，国公立病院の医療行為は，公立学校の教育と同様，非権力的公行政作用とみれば解決されるが）。不均衡と言えば，広義説によると，公立学校の先生は個人責任を負わず，私立学校の先生は個人責任を負うというのも，同じ自治体で，学校の先生は個人責任を負わず，医師は個人責任を負うというのも問題である。国賠法と民法のいずれに寄せて解釈するかという問題であるから，合理的な方を選択するとすれば，いっそ，最広義説を採り，民法の改正を待つ方が妥当とも言える。

　第4に，最広義説を採りえない理由として，このほかに，1条の「公権力の行使」という文言を無視するばかりか，私経済的作用にまで拡張することは本法の立法目的からみて広すぎる（官庁の物品購入や請負による不法行為が含まれてしまう）とされる。

　まさにその通りではあるが，非権力的公行政作用を「公権力の行使」とするのも，文言を無視する（概念矛盾の），法律家にしか通用しない奇妙な用語法であるし，いわば毒を食らわば皿までと，私経済的作用まで公権力の行使としたところで，不合理さの程度の差は五十歩百歩ではないかと思う。

　市町村長や会計責任者の不正借りについて民法により個人責任を負わせるかどうかという問題もある（⇒第4章第6節Ⅲ2）が，最広義説によってそれを公権力の行使としても，個人の故意による行為として，個人責任と行政主体の責任の重複（後述）を認めればよいと思う。

　第5に，外国人が学校事故等の非権力的公行政作用により被害を受けた場合には，狭義説なら国賠法が適用されないため民法で請求できるのに，広義説なら国賠法の適用を受け，相互の保証がない国の外国人は救済されない（国賠6条）ということが起きる（ただし，相互保証を否定した判例はほとんどないようであ

る〔東京地判2007〔平成19〕・3・29判タ1256号72頁コメント〕ので，本書では触れない)。

　いずれにせよ，どの説にも難点はあって甲乙付け難いし，その間にも，公務員の個人責任の有無のほかは，ほとんど差はない。ただ，あえて言えば，上述の説明からわかるように，最広義説が——文理と沿革を別にして——内容的にはより合理的であろう。

　どの教科書でも，論文でも，各説を詳細に紹介しているが，このように考えると，無意味な作業に近い。公権力という観念は，国家賠償責任が否定されていた時代には実益があったが，それが認められるようになり，その要件も民法の不法行為とほとんど差がなく，公権力かどうかを間違えても，救済に差のない今日では，実益のほとんどない過去の遺物的観念であると認識すべきである。立法にあたってはこうした過去の遺物的観念にとらわれてはならず，今日では立法論としては，この観念を民法と調整して整理することが必要であろう。

Ⅱ　国家賠償責任の性質
1　自己責任説と代位責任説

　国家無責任の法理は放棄されたが，公務員の違法行為の結果を雇用主である国家が負担する理論的根拠については，自己責任説と代位責任説の対立がある。前者は，国家賠償責任は国がその危険なり公務運営の瑕疵の対外的発現に対して直接第一次的に責任を負うものと把握する立場で，フランス法の発想によるものである。これに対して，代位責任説は国が公務員に代わって責任を負うものと解するものである。これはもともとのドイツ型の発想によるものである。

　現行法は，公務員が他人に損害を加えたときに，「国又は公共団体が，これを賠償する責に任」じと定めていることから，民法715条に倣って，国家賠償責任を，公務員の責任を国家が負担する代位責任と構成しているとの理解が一般的である。自己責任説は，国家賠償法1条の文理に合わない。

2　加害公務員の特定の要否と国家賠償責任の性質

　Q　国家賠償を請求するためには加害公務員を特定する必要はあるか。例えば，デモ警備の機動隊員に殴られたが，加害警察官を特定できない場合，国家賠償を請求できるか。できるとすると，公務員に対する求償はどうなるか。この問題と，国家賠償責任に関する自己責任説と代位責任

L 説の対立とは関係があるか。

　自己責任説と代位責任説の学説の対立は，実際の例では，加害公務員の特定の要否をめぐって争われた。それは教授たちが第一次安保闘争時（1960年）に機動隊の違法なデモ警備により受傷したことを理由として国家賠償請求をした安保教授団事件を契機としている。この事件では，加害者は，第五機動隊所属の，しかも多くは第二，第四中隊所属の警察官であることが推認されるにとどまり，個々には特定できなかった。そこで，被告の都は，加害警察官を特定していないから，都に責任はないと主張した。

　結論としては，加害公務員が国，都道府県，市町村等のいずれに属するかを明確にすれば，それ以上加害公務員を特定する必要はない点については争いがない。ただ，それを説明する方法として説が分かれている。東京地判 1964（昭和39）・6・19（下民集 15巻 6号 1438頁，判時 375号 6頁）は，まず**自己責任説**で説明した。つまり，国家賠償責任を，公務員に代わって負担する代位責任を定めたものではなく，公務員の行為に起因して直接負担する自己責任を定めたものと解するときは，公務員の特定については，最小限，その公権力の行使にあたった公務員が行政組織のうえでいかなる地位にあり，換言すれば行政機構上のどのような部署に属している者であるかが解明されるならば，国等の賠償責任を問うことができ，加害者を他の公務員から区別できるまで特定しなければならないものではないと。では，自己責任説は国賠法 1条 2項の求償権の規定と矛盾しないか。この判決は，もともと公務員は職務上の義務に違反した場合には国（公共団体を含む。以下同様）に対して責任を負担すべき地位にあるから，1条 1項を自己責任を定めたと解することと 2項の求償権の規定は矛盾しないと説明する。

　次に，この判決は，**代位責任説**でも同様の結論になるとした。その理由は，加害公務員を特定できなければ，国（都）は公務員に求償できないから，責任はないという被告の主張は本末転倒であり，国と公務員との関係は公法人の内部関係にすぎず，第三者に対する国の損害賠償責任を左右する理由はないと反論し，また，被害者に不可能な立証を強いるのは不当に被害者救済への道を閉ざすもので，国賠法制定の理念には適合しないので，原告らの被った傷害が第五機動隊の警察官の違法な職務活動によって生じたことが明らかにされたら国賠法 1条の要件事実の立証は十分になされたと判断した。

第11章　国家補償法

学説でも，この後者の立場が多い。むしろ，加害者が都の公務員であると認定できれば，それ以上いかなる組織のいかなる地位にあるかは不明でも都の責任を問うためには十分であるはずである。

III　公務員の対外的個人責任

1　民法の原則

民法では，雇用主の責任が715条で定められているほか，不法行為をした被用者自身の責任は民法709条に規定されており，被害者は，加害者たる被用者と，雇用主の両方を訴えることができる。そして，敗訴した被用者と雇用主の間で内部的に責任の分担割合が決められる。

例えば，病院の医師の誤診で死亡した場合，遺族は病院と医師の両方に対して賠償請求することができる。国公立病院の場合でも，医療行為は公権力としては構成されていないので同じである。

これに対し，公務員の行為が公権力の行使として構成される場合においても，被害者は公務員にも同じように直接に賠償請求することができるか。

2　軽過失の場合公務員に求償しないこととの調和

国家賠償法1条2項では，賠償した国または地方公共団体から公務員の方に求償することとし，それは公務員に故意または重過失がある場合に限っている。公務員は常に難しい判断を要求されるので，軽過失にすぎない場合にまで求償されるのでは，違法行為を犯す可能性のある職務を安心して遂行できず，その結果，なすべき公務も怠る不作為へ逃避する（萎縮効果）という理由による。被害者からも，軽過失しか犯していない公務員に対して直接賠償請求する（肯定説）ことは，この制度の趣旨を妨げる。

問題は，公務員に重過失または故意がある場合に，被害者は国または公共団体に請求できるほか，公務員にも直接に請求できるのかにある（なお，もちろん，二重取りは許されない，執行の段階で調整する）（なお，この分野の比較法研究として，植村栄治『米国公務員の不法行為責任』〔有斐閣，1991年〕がある）。

3　不法行為制度の趣旨，公務員の対外的賠償責任否定説

これは，賠償請求制度の趣旨・目的をどのように理解するかにかかる。賠償とは，被害者の損失を償えば十分（復讐心の満足，違法行為の防止は目的外）だと考えれば，国または公共団体は，民間の雇用主とは違って，十分な賠償能力を

有するから，被害者はそれ以上に，公務員から賠償してもらう必要はないことになる。判例（最判1955〔昭和30〕・4・19民集9巻5号534頁〔百選478頁〕，最判1978〔昭和53〕・10・20民集32巻7号1367頁）はこの説に立っていることになっているが，単に結論として，公務員の職務行為を理由とする国家賠償の請求においては，国または公共団体が行政機関としての地位において賠償責任を負うものであって，公務員が行政機関としての地位において賠償の責任を負うものではなく，**また公務員個人もその責任を負うものではないとするだけで**，**理由を付けていないので**，必ずしも徹底して議論されたうえでの判例ではないと思う。特に1978年の最判は裁判の違法を理由とする事案であるから，職務上の独立性のない一般の公務員が故意で行った事件にまで先例として拡張すべきではない。

また，国または公共団体は組織防衛のため親方日の丸で徹底抗戦するので，原告は資金もなく疲れ果てるから，損害賠償の目的も十分に果たせないが，公務員個人にも賠償請求できるとすれば，行政側も無理な抗争をすることが少なくなるので，不法行為制度の目的を達しやすい（当事者の対等性の要請）。上記の説はこうした制度の運用の実態を知らないものである。

4 制限的肯定説

これに対して，賠償法には，金銭賠償のほか，加害者に賠償させることによって，違法行為を抑止し，加害者に制裁を加える機能があると考えれば，重過失を犯した公務員，（制限的肯定説）少なくとも故意で違法行為を犯した公務員には，被害者に対して賠償責任を負わせるべきだと考える。警察官の拷問，杜撰な捜査による冤罪等だけではなく，許可しなければならない事案であることを承知で，政治的な理由で許可を留保したり不許可にしたり行政指導で押さえ付ける（⇒第2章第1節Ⅳ2）とか，情報の非公開事由に該当しないことを承知で，さしあたり非公開として，裁判になっても時間を稼ぐ等の確信犯的違法行為を見ると，公務員個人の賠償責任を認めないと違法行為を防げないことを実感する。

筆者は，これまで故意についてだけ公務員の対外的個人責任を認める加重制限的肯定説を採ってきた（阿部・国家補償70頁）。この方向に立ったと読みうる判例もある。

警察官が運転手を道路交通法違反で現行犯逮捕したとき，現行犯人逮捕手続

書に虚偽の事実を記載し，かつ真の目撃者でない第三者を目撃者に仕立てあげ，同人に依頼して捜査官による事情聴取の際および刑事裁判における証人尋問の際に逮捕当時の情況等について虚偽の供述をさせたという恐るべき権力犯罪がある。これは犯罪について犯人および証拠を捜査することを任務とする司法警察職員の職務を行うについてした不法行為であるとして，警察権の属する東京都が賠償責任を負うほか，当該警察官自身が司法警察員および検察官から参考人（道交法違反の現認者兼公務執行妨害，傷害の被害者）として事情聴取を受けた際および刑事裁判において証人として尋問を受けた際に逮捕当時の情況等について虚偽の供述をしたことは，警察官としての職務を行うについてした行為ではなく，警察官の職務とは関係のない個人的な行為であるとした（都の責任を否定）判決がある（東京高判1986〔昭和61〕・8・6判時1200号42頁，判タ612号26頁）。

東京地判2009（平成21）・3・12（平成17年（ワ）第9325号事件）は，東京都七生養護学校における独自の性教育に対して都議会議員らが介入し，都教育委員会が教員に厳重注意したのは，不当な支配であるとして，都のほか都議3名に対し210万円賠償を命令した。これは都議の個人責任を認めたものであろう。

 * 同校は1990年代後半に生徒の性的な問題行動が発覚したことから，性器のついた人形などの教材を使い，全校を挙げて性教育に取り組んでいた。都議らは2003年7月，同校の性教育を視察した際に，教員に「こういう教材を使うのは，おかしいとは思わないのか」などと教員の人格を否定するような発言をした。都教委は同年9月，学習指導要領を踏まえない不適切な性教育をしたとして七生養護学校の教員18人を厳重注意した。

 判決は，都教委は，教員に性教育の助言や指導をしないまま注意したもので，都教委の行為は裁量権の濫用と認定し，「都議は政治的な主義，信条に基づいて性教育に介入した。教育の自主性を阻害し，ゆがめる危険行為で，旧教育基本法上の『不当な支配』にあたる」と，原告側の主張を全面的に認めた。同行した都教委職員についても，「教員を保護する義務があったのに，都議が非難をするのに任せたのは違法」と指摘した（翌日付各紙）。

しかし，そうすると，公務員に賠償能力がない場合には，かえって公権力の故意による侵害について救済方法がないという不合理が生ずる。

5　国家賠償責任と公務員の責任の重複

そこで，こうした故意による違法行為は，職務に関して行われているから公務であると同時に，民法709条の私人としての行為でもあると捉えれば（行為

の2面性)，国家賠償と公務員個人の被害者への賠償責任の両方を認めることができる（フランス法の考え方，個人過失であっても同時に公役務の瑕疵になるという責任の競合なり重複，阿部・国家補償32頁）。

6　制限的肯定説の新たな根拠付け

さらに，現在では，筆者は，重過失のある公務員にも被害者が直接に請求できるとの制限的肯定説に改説する。

まず，不法行為と制裁の峻別との考え方は，歴史的に成立したものであるが，諸外国でも必ずしも徹底しておらず（アメリカ法につき，田村泰俊『公務員不法行為責任の研究』〔信山社，1995年〕参照），わが国でも厳格に分離する必要もない。

今日の重要な課題は，第1章第2節で述べたように，違法行政を防止することである。もともと，被告の行政側は，行政官に違法行為はないと抗争した立場であるから，敗訴したからといって，手のひらを返すように，行政官に重過失があったと求償することはなく，懲戒処分もなかなかしない。**組織の病理**，仲間内の判断である。起訴は検察官の判断であるが，なかなか行われない。したがって，違法行為を犯した公務員には，懲戒処分などの制裁や，公務員への求償の制度があるから，不法行為制度に制裁の機能をもたせる必要はないという考え方は不適切である。

　　＊　求償権の行使を義務づけるように，国または公共団体は，公務員の過失が軽度のものと認められる場合を除き，求償しなければならないと改正すべきである。官製談合防止法，すなわち，入札談合等関与行為の排除および防止ならびに職員による入札等の公正を害すべき行為の処罰に関する法律4条5項は，各省各庁の長等は，当該入札談合等関与行為を行った職員が故意または重大な過失により国等に損害を与えたと認めるときは，当該職員に対し，速やかにその賠償を求めなければならないと定めている。本当はそれでも足りないのであって，国の場合には，国家賠償訴訟で敗訴した場合，会計検査院へ報告させ，会計検査院が当該公務員に求償しなければならないと定め，その収入の一部を会計検査院の財源とすると決めれば，会計検査院はまじめに努力するはずである。

公務員に重過失があれば，国家から求償されてもやむをえないところであるから，被害者から直接に請求されてももともとであって，被害者に直接に賠償する義務を免れることができるのは不当である。地方公共団体の場合には，求償権の行使を怠れば，住民訴訟で求償せよという訴訟を提起できるが，二度手間であり，被害者が公務員に直接に請求することを認める方が直截である。

重過失と過失の区別は難しく，諸説あるところであるが，判例では，重過失とは「通常人に要求される程度の相当の注意をしないでも，わずかの注意さえすれば，たやすく違法有害な結果を予見することができた場合であるのに，漫然とこれを見逃したような，ほとんど故意に近い著しい注意欠如の状態」を指す（最判1957〔昭和32〕・7・9民集11巻7号1203頁）。これは「失火ノ責任ニ関スル法律」但書きの規定する「重大ナル過失」の解釈であるが，一般的に用いられている。これは非常に極端な落ち度である。こうした重過失を犯した者に対しても，行政側は，なかなか求償しないから，対外的に直接責任を負わせるのが適切である。

萎縮効果，不作為への逃避防止のためには，軽過失の免責だけで十分であり，重過失の免責を認める必要はない。

条文上も，民法709条は，公務員の公権力の行使に適用しないとまでは規定されていない。

公権力の行使の意義については，前記Ⅰのように諸説入り乱れているが，**公権力の行使に当たれば，国家賠償訴訟で救済され，さもなければ民事訴訟で救済される。被害者の救済の点ではほとんど差がない。大きな違いは，公務員の対外的個人責任の有無くらいである。**しかし，公立病院の医療過誤では，医師個人の民法709条に基づく賠償責任が肯定され，教育の場での教師の監督ミスとか行政指導のミスについて，公務員個人の賠償責任を否定するほどの違いがあるだろうか。

このように考えると，公務員も，軽過失の場合はともかく，重過失があれば，民法709条により被害者に対して賠償責任を負うべきである。

さらに，公証人・執行官は，判例によれば，公務員なので，ミスしても個人として賠償責任を負わないことになるが，公務員にしては売上げ次第でいくらでも儲かる特殊な商売である（公証人法，執行官法）から，例外として，個人責任を負う特殊な公務員とすべきであろう。

阿部説だと，実際には公務員に軽過失もないのに，重過失ありとして訴えられることが増え，応訴の負担が重くなるが，国または地方共団体が被告となる場合には，その代理人が公務員の代理もすることができるという扱いにすれば済むし，そうなれば公務員賠償訴訟弁護士費用保険制度が発達するだろう（どこの保険会社の審査でも落とされるような公務員はハイリスクであるから，やめてもら

った方が良い)(**問題**③)。

　なお，立法論としては，公務員に賠償責任を負わせると巨額になり，不合理というなら，認容額のせめて10%でも当該故意または重過失のあった公務員の連帯責任とし，最高は年俸の1年分とか，退職金の半分までと決めれば良い(会社425条参照)。

Ⅳ　公務員とは
1　公務員概念の相対性

　国家賠償法上の公務員の概念は，国家・地方公務員法上の公務員とは異なる。**法概念の相対性**という。法律上の概念の意味はそれぞれの法制度のシステムで決まってくるからである。

　国家賠償法は，公務員が公権力を違法・過失で行使したことによって生じた賠償責任を，公務員ではなく，国に負わせるのであるから，そこでいう公務員は，発生した損害の塡補責任を国に帰せしめるための媒介となる技術的概念である。つまりは，その行為の結果について国に責任を負わせるべき者をいうことになる。具体的には，国家・地方公務員法上の公務員はもとより，広く公権力の行使を委託されていれば，それが公務員法上は民間人であっても，国家賠償法上は，公務員とされるのである。

2　公権力の行使を委託された者

　そのような例として，これまでも，県公安委員会から道交法104条に基づき精神病者であるかどうか等を診断することを委託された医師，検察官が領置した任意提出物件の保管を委託された私人，精神保健及び精神障害者福祉に関する法律29条の措置入院を行うために必要な診断を委託された医師，市町村から予防接種の委託を受けた医師，市が公の施設として設置した知的障害者援護施設の管理業務の委託を受けた社会福祉法人等があった(阿部・国家補償80頁)。

　屋外広告物法7条は，違法広告物の撤去権限を私人にも委任できる珍しい規定を置いているが，私人に違法・過失があれば，責任を負うのは委任した自治体である。駐車違反車両の移動保管に関する事務，放置車両の確認および標章の取付け事務の民間委託(道交51条の3・51条の8，⇒第5章第2節Ⅳ2)も同様である。

第 11 章　国家補償法

【児童養護施設の職員は県の職員か】

　社会福祉法人の設置運営する児童養護施設に入所している児童が他の入所者の暴力行為によって重大な障害を負ったため，職員の保護監督義務違反を理由として，県と施設の両方に対して損害賠償責任を追及した事件で，最判 2007（平成 19）・1・25（民集 61 巻 1 号 1 頁，判時 1957 号 60 頁〔重判解平成 19 年度 56 頁，社会保障百選 224 頁〕）は，児童福祉法 27 条 1 項 3 号の「措置」に基づき社会福祉法人の設置運営する児童養護施設に入所した児童との関係で，児童の養育監護は都道府県の公権力の行使であり，それが児童福祉施設の長に委任されていると構成して，養育監護する施設の職員等は，都道府県の公権力の行使に当たる公務員に該当するとした。その結果，県に対する賠償を認めたが，公務員個人の対外的賠償責任を否定する昭和 30 年の前記最判を確定したものとして引用し，さらに，「この趣旨からすれば，国又は公共団体以外の者の被用者が第三者に損害を加えた場合であっても，当該被用者の行為が国又は公共団体の公権力の行使に当たるとして国又は公共団体が被害者に対して同項に基づく損害賠償責任を負う場合には，被用者個人が民法 709 条に基づく損害賠償責任を負わないのみならず，使用者も同法 715 条に基づく損害賠償責任を負わないと解するのが相当である」とした。

　コメントすると，第 1 に，国の事務を民間組織が行うときにそれに伴って生ずる賠償責任を国と民間のいずれが負担するかという問題がある。本件は，要保護児童として児童相談所長から都道府県知事に通報された，3 号の「措置」に基づく入所に限られた判断であるので，福祉施設の入所一般に適用される判断ではない。公権力につき広義説（前述）に立ったものであるが，福祉の契約入所関係には適用されない。第 2 に，施設は被害者に対して直接の賠償責任を負わないので，その責任は国家賠償法 1 条 2 項の「求償」によることとなった。その根拠は，施設も施設の職員もともに，措置委託児童の養育監護の関係では都道府県から公権力の行使の委託を受けた「公務員」と構成されていることによろう。

　しかし，職員を公務員とするのは理解しやすいが，施設は，自然人ではないので，都道府県の公務員とするのは違和感を感ずる。難しい問題であるが，施設自体は，公務を共同運営しているものとして，被害者にも直接の賠償責任がある（都道府県と不真正連帯関係に立つ）とするべきであろう。あるいは，国家

賠償法3条（⇒第3款）により，施設が職員に給与を支払う立場で，賠償責任を負うことになる。

乳児が死亡した無認可保育所の職員は公務員ではないとの判例がある（千葉地松戸支判1988〔昭和63〕・12・2判時1302号133頁〔社会保障百選210頁〕）。

【耐震設計偽装と国家賠償】
建築確認は当該建築計画が建基法などに適合していることを確認するもので，建物購入者に対しては品質保証の意味をもつ。もともと，それは地方公共団体の建築主事の業務であったが，規制緩和により，指定確認検査機関も行うことができることになった（建基6条の2・77条の18以下，⇒序章第1節Ⅱ，第5章第2節Ⅳ3）。耐震設計の偽装の見逃しが建築確認の際の過失によるものであるならば，建築確認事務を行っている者の責任となる。

では，指定確認検査機関と国・地方公共団体（建築主事を置くものに限る。以下，同じ）のいずれが（あるいは両方が）賠償責任を負うのか。指定確認検査機関を被告とする建築確認の取消訴訟中に建物が完成して，この訴えが利益を失った（行訴9条かっこ書き）ため，行訴法21条により損害賠償訴訟に変更する際に，その被告を指定確認検査機関と地方公共団体のいずれにすべきかが問題になった事件においてであるが，最決2005〔平成17〕・6・24（判時1904号69頁，判タ1187号150頁）は次のような論理によって地方公共団体説を採った。

① 建築主事による確認に関する事務は地方公共団体の事務であり（建基4条，自治2条8項），同事務の帰属する行政主体は，当該建築主事が置かれた地方公共団体である。

そして，② 建築基準法は，建築物の計画が建築基準関係規定に適合するものであることについて，指定確認検査機関の確認を受け，確認済証の交付を受けたときは，当該確認は建築主事の確認と，当該確認済証は建築主事の確認済証とみなす旨定めている（6条の2第1項）。

また，③ 同法は，指定確認検査機関が確認済証の交付をしたときはその旨を特定行政庁（建築主事を置く市町村の区域については当該市町村の長をいう。2条32号）に報告しなければならない旨定めた（6条の2第3項）うえで，特定行政庁は，この報告を受けた場合において，指定確認検査機関の確認済証の交付を受けた建築物の計画が建築基準関係規定に適合しないと認めるときは，当該建築物の建築主および当該確認済証を交付した指定確認検査機関にその旨を通知

しなければならず，この場合において，当該確認済証はその効力を失う旨定めて（同条4項），特定行政庁に対し，指定確認検査機関の確認を是正する権限を付与している。

以上の建築基準法の定めからすると，④ 同法は，建築物の計画が建築基準関係規定に適合するものであることについての確認に関する事務を地方公共団体の事務とする前提に立ったうえで，⑤ 指定確認検査機関をして，上記の確認に関する事務を特定行政庁の監督下において行わせることとしたということができる。

そうすると，⑥ 指定確認検査機関による確認に関する事務は，建築主事による確認に関する事務の場合と同様に，地方公共団体の事務であり，その事務の帰属する行政主体は，当該確認に係る建築物について確認をする権限を有する建築主事が置かれた地方公共団体である。

このように，この決定は，建基法のしくみは，旧（2000年の地方分権改革で廃止された）機関委任事務（⇒第5章第1節Ⅰ3）のように，地方公共団体に属する事務を指定確認検査機関に委任したもので，事務自体は依然地方公共団体に残ると解釈しているのである。

これは行訴法21条による訴えの変更の際の被告を地方公共団体としただけであるが，それは同時に実体法上も地方公共団体の責任であるとの前提があると理解する。

これに対しては，学説上の批判が多い。塩野宏は，主務大臣の指定行為により指定された法人が主務大臣に代わって行政事務を行う行政事務代行型指定法人は公権力の行使を自己の権限として行うのであるから，自ら賠償責任主体になるとしている（「指定法人に関する一考察」同『法治主義の諸相』〔有斐閣，2001年〕449頁以下，468頁，同・Ⅲ103頁，152頁，同・Ⅱ273頁）。

この決定の ①～⑥ の論理は飛躍している。② から ④ を導くのは無理である。指定確認検査機関がした確認が建築確認として扱われるからといって，その事務を地方公共団体の事務とする前提に立ったとは言えない。③ から ⑤ も導けない。特定行政庁へ報告される情報（建基法施行規則3条の4第1号，別記第3号様式による建築計画概要書）は非常に限定的なので，特定行政庁が指定確認検査機関を監督しているとは言えず，その建築確認の過誤を地方公共団体の責任とするのは無理である（金子正史「指定確認検査機関に関する法的問題の諸相」同

『まちづくり行政訴訟』〔第一法規, 2008年〕, 米丸恒治〔上記最決解説〕・民商133巻4＝5号合併号860頁)。

　では, 指定確認検査機関の確認の法的性質は何か。米丸恒治説（前掲）を借りると, 建築確認事務の民営化は, 建築主事の確認・検査権限を存続させたまま, 指定確認検査機関が, いわば民間の営利的な活動として多数参入し市場競争の中で手数料も自由に決定して行われるというしくみがとられている。そこで, 指定確認検査機関に対して, 特定行政庁として何らかの事務委任または権限委任がなされているとみることは困難である。むしろ, もともとの建築主事の確認権限に加えて, 民間参入が認められ, 民間業務が創出された（確認行為に伴う処分権限が付与された）とみて, その過誤については, 基本的には指定確認検査機関が, 公権力の行使に関するものとして国家賠償責任を負うべきである。ただ, 指定確認検査機関の建築確認については, 建築主事に報告され審査を受ける手続が建基法上法定されているので, 建築主事がこの手続で取消しを行わなかった審査の過誤については, 地方公共団体が国賠責任を負う。

　この最決の立場では, 結局は地方公共団体が, 民間会社のした建築確認を丁寧に再確認しないと責任を免れないので, 規制緩和をした意味がない（金子・前掲論文はこの趣旨）。

　この判例の考えを進めれば, 指定確認検査機関は, 国家賠償法上は, 建築確認事務の帰属する地方公共団体の公務員とみなされる（この場合には公務員は自然人とは限らない）ことになり, 地方公共団体は, 指定確認検査機関を指定することができるとは限らず（その権限は大臣または知事, 建基77条の20), 監督もできないのに, その事務が自己に帰属するとして, 被害者に対して賠償責任を負わされる。これは不合理である。しかも, 当該地方公共団体がミスをした当該公務員（ここでは指定確認検査機関）に対して求償できるのは, 国賠法1条2項により故意または重過失がある場合に限られる。前記Ⅲのように, 国家賠償法の一般的な解釈と判例では, 公務員は被害者に対して直接には賠償責任を負わないので, 指定確認検査機関は被害者に対して直接に賠償責任を負わない。これもいささか不合理である。もっとも, 指定確認検査機関そのものではなく, その確認業務にあたる職員を「公務員」と捉えれば, 指定確認検査機関が職員に給与を支払う立場で, 国賠法3条により, 賠償責任を負うことになる（米丸説はこの方向, さらに, 米丸恒治「行政の多元化と行政責任」新構想Ⅲ305頁以下）。

第 11 章　国家補償法

　　＊　なお，もともと，建築確認事務の民間化を図るときに，こうしたヌエ的な業務の法的性格とその過誤から生ずる責任の所在を検討し，指定確認検査機関が負えないような巨額の賠償責任が発生する事態を予想して，保険制度（指定確認検査機関の指定は保険への加入を条件とする）なり国家の二次的な賠償責任まできちんと詰めて立法すべきであった。

　しかし，ともかく実務としては，最高裁判例は滅多に変更されないので，この判例を前提として考えると，指定確認検査機関が耐震設計の偽装を見逃して，建築確認を出した点に重過失があるのか，軽過失にすぎないかが次の争点になる。本件は国交省認定の耐震設計のプログラムの出力データが容易に改ざんされたことにもよる（他の偽装手口として，2つの構造計算書の合成，荷重を過小設定，入力値の過小設定等）が，改ざん・偽装の手口を簡単に見破れるかどうかが1つの争点になろう。

　なお，国土交通省の責任を問う声もあるが，指定確認検査機関の指定や監督の不作為の違法を根拠とするなら，具体的なミスがなければ認めにくい。むしろ，改ざんの容易な耐震設計のプログラムを認定した点で国交省の責任が発生する可能性がある。構造計算を審査できない指定確認検査機関を指定した点でも責任があるのではないか。

　以上の判例の立場によれば，被害者は，地方公共団体，建築主，建設会社，設計業者，設計士などのいずれに請求してもよいが，指定確認検査機関には賠償請求できない。地方公共団体が賠償させられたら，共同不法行為者たる指定確認検査機関，建築会社，設計業者などに求償すればよい。

　　＊　なお，名古屋地判 2009（平成 21）・2・24（平成 18 年（ワ）第 503 号事件）は耐震設計の偽装を建築確認段階で見逃したとして，愛知県の賠償責任を認めたが，指定確認検査機関の問題ではない。
　　　逆に，建築主側の建築士が耐震偽装をした場合には，指定確認検査機関や地方公共団体の責任とはならないとの判例がある。前橋地判 2009〔平成 21〕・4・15 判時 2040 号 92 頁。
　　　類似の問題であるが，地方自治法 244 条の 2 第 3 項により公の施設の管理を委託された指定管理者が違法に不許可等をした場合，指定管理業務はなお，管理委託した地方公共団体にあるので，その賠償責任も当該地方公共団体にあるとの解説がある（曾和＝金子・事例研究 276 頁）。

3　公務員の帰属主体の判定

「　**Q**　税務職員が税務署の定期健康診断を受けた。結核に罹っていたが，異

常なしとのことで，結核に気づかず，病気を悪化させた。原因は税務署から検診業務の委嘱を受けた県の保健所の医師のレントゲン読影ミスであった。税務署の属する国を被告に賠償請求したらどうなるか。

1審（岡山地津山支判1973〔昭和48〕・4・24訟月19巻12号8頁，判時757号100頁）は，保健所の医師は嘱託に基づいてした以上，その限りでは国の公権力の行使にあたる公務員であるとしていたが，最高裁（最判1982〔昭和57〕・4・1民集36巻4号519頁〔百選472頁〕）は，検診が税務署長から保健所への嘱託に基づき保健所の医師によってなされたものであるならば，上記医師の検診は保健所の業務としてなされたもので，たとえそれが税務署の嘱託に基づいてなされたとしても，そのためにその検診が国の事務となり，上記医師が国の機関ないしその補助者として検診をしたと解されなければならない理由はないとした。

そうすると，健康診断が税務署から直接に医師個人に委嘱されたときは，医師が国の公務員になるが，健康診断が税務署から保健所に委嘱されたときは医師は県の公務員になるということであろう。一見理論的にみえる。

国賠法3条は被告選択のリスクを軽減した（⇒第3款）が，なおそのリスクは残るわけである。

しかし，これには，少なからざる疑問がある。当該健康診断の委嘱が，保健所に対してなされたか，医師個人に対してなされたかで，こうした差が生ずることを原告に判別せよというのは酷にすぎる。また，レントゲン検診を受けたが，異常なしの回答があって，それが誤っていたことが判明しても，その原因が医師の読影ミスか，税務署内部の書類の転記ミスかは，被害者からはわかりにくい。訴えを提起するとき，そのいずれかを判断せよというのは同様に原告に酷である。これでは被告選択のリスクを原告被害者に過重に負わせていることにならないか。そもそも，健康診断を実施するとき，医師個人に委嘱するか，保健所に委嘱するかは，税務署の内部事情で，いずれにせよ，税務署は，健康診断を被害者との関係では業務として行っているのであるから，その当否については責任を負うべきである。つまり，健康診断という一連の行為の中で，医師の検診だけを取り出して，その部分だけは独立に医師の属する公共団体を被告に争えというのは，こま切れにする煩雑さを免れない（古崎慶長「最近の国家賠償訴訟破棄判例の検討(1)」民商94巻5号632頁）のであって，健康診断という一連の行為は国家賠償の観点では包括的に国の公権力の行使とみるべきである。

仮にこの判決の立場に立つとしても，原告が被告を間違えたとみるなら，原審の段階で釈明して，当該健康診断の委嘱先が医師個人か保健所かを明らかにさせ，それに応じて被告の変更をさせるべきである。それは裁判所の責任であり，最高裁で突然このように救済拒否の判断をすべきではないと思う。

[**Q** では，加害公務員をどの程度特定する必要があるか。医師の読影ミスか，保健所の職員の報告ミスか，報告を受けた税務署の担当者のミスか，その何某のミスかを明らかにする必要があるか。]

最高裁（前掲1982・4・1）は，公務員の一連の職務上の行為の過程において他人に被害を生じせしめた場合において，それが具体的にどの公務員のどのような違法行為によるかを特定できなくとも，上述の一連の行為のうちのいずれかに行為者の故意または過失による違法行為があったのでなければ上記の被害が生ずることはなかったと認められ，かつそれがどの行為であれ，これによる被害につき行為者の属する国または公共団体が法律上の責任を負う関係が存するときは，国または公共団体は加害者不特定のゆえに責任を免れることはできないとした。

上記の安保教授団に関する国家賠償認容判決を追認したとも言える。さらに進んで，加害公務員の担当部署さえ特定を要しないとしている。

問題提起：代位責任と自己責任とで，本当に異なる例は何か。

　　上述の例では，自己責任説を採らなくとも，行為者公務員の故意・過失が認定され，その所属団体が明らかになれば，国家賠償責任は認定される。両者で異なるのは，公務員の故意・過失は認定できないが，公務運営に瑕疵があると言える場合である。それはどんな場合か。これは故意・過失の意義を伝統的に主観的な不注意と把握するという前提で，そうした不注意はないが，公権力の行使が適法要件を欠くことにより違法な法益侵害となる場合を指すようである（今村・国家補償法113頁参照）。

　　しかし，故意・過失の認定を緩和すれば，両者の差は小さくなる。例えば，スモン訴訟で，過失があるのは当時の厚生大臣ないし国とされ（福岡地判1978〔昭和53〕・11・14判時910号33頁，138頁，東京地判1978・8・3判時899号48頁，340頁等，スモン損害賠償研究会編『スモンと損害賠償』〔勁草書房，1986年〕，スモンの会全国連絡協議会編『薬害スモン全史』〔労働旬報社，1981年〕），その個人名さえ挙げられていないのは，形式は代位責任であるが，実質は厚生大臣個人の過失でなく，組織の欠陥を意味しているので，自己責任説に近いと言えよう。予防接種禍の救済で，厚生大臣の過失を理由に国家賠償責任を認めた東京高裁判決（1992〔平成4〕・12・18高民集45巻3号212頁，判時1445号3頁）も同様である（⇒第

1節第1款Ⅱ3)）。

　大阪空港の騒音公害を理由とする国家賠償請求を国賠法1条で認めた1審判決（大阪地判1974〔昭和49〕・2・27判時729号3頁）も加害公務員は運輸大臣としているだけである。

　なお，国家賠償責任は担当公務員の故意・過失を問わずその公務の運営上の瑕疵により発生するとする解釈は国賠法1条のうえで採用できないとして，いずれにせよそういう自己責任説を排斥した判例はあるが，きわめて簡単である（最判1969〔昭和44〕・2・18判時552号47頁，その原審である札幌高判1968〔昭和43〕・5・30判時552号50頁）。立法論としては自己責任説を採るべきである（宇賀克也「国家賠償法の改革」ジュリ875号20頁〔同『国家責任法の分析』（有斐閣，1988年）440頁所収〕）。

Ⅴ　「職務を行うについて」

　公務員の違法行為でも，**「職務を行うについて」**行われたのでなければ，それはたまたま公務員である私人の行為であるから，国家賠償責任は発生しない。

　「職務を行うについて」に該当するかどうか，スレスレの例が，東京都の警察官が制服を着て非番の日に川崎で通行人に職務質問をするふりをして所持品を奪おうとしたが，気づかれたので，殺してしまった**非番警察官管轄外強盗事件**である。東京都に賠償責任はあるか。

　これは警察官の身分のある者が私人として強盗殺人を働いたのであって，客観的には「職務を行うについて」に該当するはずはない。しかし，被害者からみれば，制服を着た警察官の職務質問だからこそ応じたのであって，外観上は「職務を行うについて」に該当している。最高裁判決（1956〔昭和31〕・11・30民集10巻11号1502頁〔百選470頁〕）は後者の立場を採った。被害者救済に厚い判例である。これを**外観主義**と称する。

　では，いわゆる**3億円事件**，すなわち，白バイに乗って警察官を装った者が，現金輸送車を止めて，現金を奪って逃げた事件（1968年12月10日発生，朝日新聞2009〔平成21〕年1月25日別刷り特集7頁に再録）はどうなるのか。被害者たる銀行からすれば，白バイの警察官の職務質問だと思ったから，うっかり止まったのである。外観上は「公務員の職務を行うについて」に該当する。しかし，この場合には，そもそも公務員の行為ではないのであるから，国または公共団体が責任を負わなければならないいわれはない。いくら被害者が気の毒だといっても，ただ公務員を装われただけでは，国または公共団体に何らの帰責事由

もないから，責任を負う根拠はないのである。外観主義は，「公務員」という要件には適用されないのである（**問題**④）。

では，非番警察官管轄外強盗事件とはどう違うか。東京都に責任を負わせる理由は，犯人がたまたま公務員だったことに加えて，職務行為の外形を作り出したのが，制服とピストルであり，それは公務員が個人として入手したのではなく，官給品だったことにあると思われる。警察官ではない，一般の公務員が，警察官の制服とピストルを入手して強盗しても，この判例は適用されないだろう（ただし，拳銃の管理責任という観点からの国家賠償責任はありうる。宇賀・概説Ⅱ388頁）。今日ではこの種の事件は，犯罪被害者等給付金支給法（2008年に犯罪被害者等給付金の支給等による犯罪被害者等の支援に関する法律に改正）で救済するという方法も考えられる（⇒第3節第1款Ⅴ）。

* 市の臨時職員が住民の戸籍情報を知人に漏洩したが，漏洩が職務を終えて自宅に帰ってから電話をかけて行ったもので，職務との時間的・場所的関連性が乏しく，個人的なつきあいを背景に行われたもので，本件動機・原因と職務との関連性は認められないとした判決がある（京都地判2008〔平成20〕・3・25判時2011号134頁）が，戸籍情報は職務上取得したものであるから，まさに「職務を行うについて」漏洩したものではなかろうか。

Ⅵ 違 法 行 為

1 計画保障請求権

違法とは法に触れることである。裁量濫用があれば違法であり（これは第4章第5節），羈束的な行為であれば判断は簡単にみえるが，それがどのような場合かは意外と難しい。単に法律を機械的に当てはめるのではなく，総合的な考慮が必要である。まず最初に，学問上**計画保障請求権**（この問題については，手島孝『計画担保責任論』〔有斐閣，1988年〕の詳細な研究がある）と言われる問題を取り上げる。

Case 1：**工場誘致政策廃止事件**

米軍施政下にあった沖縄のY村村長AはXの製紙工場を誘致し，工場敷地の一部として，村有地をXに譲渡する旨の議会の議決を得て，Xの工場建設に協力することを言明した。Xは，本件工場の敷地として予定された村有地の耕作者に土地明渡しの補償料を払い，工場操業に必要な水利権設定のためのYの同意書を得て，工場の機械設備を発注し，工場敷地の整備を完了した。Y

はXの必要とする沖縄振興開発金融公庫の融資にも協力した。しかし，その後，公害反対派の支持を得て当選した新村長Bは，Xの必要とする建築確認について，同意しない旨通知した。XはYの協力が得られなくなったので，工場建設を断念して，Yに対して，信頼関係の不当な破壊を理由として，積極損害の賠償を求めた。

Xの方は賠償請求できるのか。村の方には，工場誘致政策を変更する自由があるが，Xの方も，村の施策への信頼を保護してもらいたい。この調和をどうとるのか。

最高裁判決（1981〔昭和56〕・1・27民集35巻1号35頁〔百選56頁〕）は，政策の変更は一般的には許容されるとしつつ，① **特定の者に対して当該施策に適合する個別的・具体的な勧告ないし勧誘を伴うものであり，② かつ，その活動が相当長期にわたる当該施策の継続を前提として初めてこれに投入する資金または労力に相応する効果を生じうる性質のものである場合には，その施策に対する信頼には法的保護が与えられる**とする。そして，この信頼に反して所期の活動を妨げられ，社会観念上看過することのできない程度の積極的損害を被る場合には，地方公共団体において上記損害を塡補するなどの代償的措置を講ずることなく施策を変更することは，原則として違法性を帯び，地方公共団体の不法行為責任を生ぜしめるとした。

原審は，企業誘致批判派が村長に選出された以上，誘致企業は村の協力を期待すべきではなく，その協力拒否は違法ではないとの民意優先の解釈をしていたが，この判決は住民の翻意も法的責任を免れないとしたものである。

この最高裁判決は，政策の変更の必要性とそれに寄せた信頼の保護との調和点として，一般には支持されていると思う。

* 原子力発電所を熱心に誘致していた村が，住民投票などで，原発反対に変わった場合も，違法となる可能性があることに注意すべきである（阿部「住民投票制度をどう評価するか」経済往来48巻12号36頁〔1996年〕，「住民投票制度の一考察」ジュリ1103号41頁〔1996年〕）。この理論の下に確約がなかったと認定された例がある（津地判2007〔平成19〕・8・30判時1996号86頁）。

　ただし，これは，違法―賠償の問題ではなく，むしろ公益を理由として授益的行政行為を撤回する場合と同様で，補償の問題であるとの見解もある。つまり，財産侵害を伴う自治体の政策変更は収用に類似する侵害行為で，憲法29条3項の拡大解釈により損失補償を要するとするのである（原田尚彦「企業誘致政策の変更と信

頼の保護」ジュリ 737 号 19 頁)。

　しかし、公害反対が理由なら、公害が発生しない範囲では企業の活動を認めるべきで、建築確認（および多分水利権なども）のように本来企業が得られるものに対する協力（というより法律上の義務）を全面的に拒否するのは行きすぎである。公害予防の範囲で協力しないなら適法であるが、それを超えて抑え込むのであればやはり企業の信頼を反故にして違法と考える（阿部「賠償と補償の間」曹時 37 巻 6 号 1430 頁以下、その他の論点もこの論文参照)。もっとも、建築確認に対する村長の不同意だけが問題なら、理論的に言えば、X としては、直接に沖縄県の建築主事に建築確認を求める方法もありうるので、それだけでなぜ工場建設を断念しなければならないのか、判決文からは不明である。その他のもろもろの不協力のために X としては工場建設は不可能になったと考えたと推測される。

他方、上の①、②の要件を満たさない場合には、計画の変更により被った損失は、期待的利益の喪失にとどまり、企業活動に伴うリスクとして、経営者が自己の危険において回避すべきで、その結果も甘受すべきものとなる。例えば、大学が移転したため近隣の喫茶店や学生アパートがお客を失うのも、経済社会に通常存する見込み違いである。

Case 2：公営団地計画廃止事件

　もともと、公営住宅には風呂が付かないのが多かった（最近は風呂を付けるようになっている）。Y 市は公営住宅団地を建設し、X に浴場以外の用途に利用しないとの条件を付けて土地を払い下げ、開業時期を指示し、団地建設計画の変更の危惧についても「間違いなく建つ」として安心させた。X が公衆浴場を建設したところ、団地建設計画の方は、市が赤字財政で再建団体に指定され、市長も革新系から保守系に代わったなどの事情で廃止された。X は賠償なり補償を求めうるか。

　判例（熊本地玉名支判 1969〔昭和 44〕・4・30 下民集 20 巻 3 = 4 号 263 頁、判時 574 号 60 頁）は、X は Y 市の団地建設の一端を担ったもので、市はこれを利用した関係にあり、XY 間における**目的共同関係**から Y も X の上記浴場建設に積極的に協力してこれを援助すべきであり、X は Y のかかる協助援助を期待して、これに信頼を懸けることができるという**協力・互恵の関係**が成立しており、そうした信頼関係に基づき原告の有する利益は法律の保護に十分値するというべきで、係る利益を何らの代償的措置なく一方的に奪うことは信義則ないし公序良俗に反し、また禁反言の法理からも許されないとする。そこで、この団地計画の廃止は、不法行為（仮に典型的な不法行為ではないとしても、適法行為による

不法行為）を構成するとした。

[**Q** この判決は，前記の〔工場誘致政策廃止事件〕の最高裁判決の判断基準を満たすか。

Y市は抽象的に団地計画の完成を宣伝したのではなく，Xに対して具体的に銭湯の建設を勧誘し，指導し，「間違いなく建つ」と答えて安心させたというのであるから，①の個別・具体的な勧告という基準を満たす。また，銭湯の経営は，団地計画が廃止されれば成り立たないのであるから，②の相当長期にわたる当該施策の継続を前提とする活動という基準も満たされる。したがって，この判決は，上記の最高裁判決の下でも維持されよう。逆に，市が大型団地を計画し，平成……年には人口10万人，地下鉄も通ると宣伝し，市長が議会でも約束しているので，その完成を期待して他に先んじて団地住民相手の店舗を建設したが，団地建設のテンポが遅れ，お客が少なくて倒産したといった場合，期待的利益の喪失にとどまる。

Case 3 ：釧路市工場誘致条例奨励金申請後廃止事件

Y市工場誘致条例は，工場の新設または増設があった場合，一定の範囲内で奨励金を交付することができると定めていた。Xが工場を増設して事業を開始し，奨励金の交付を申請した後になって，Y市は条例を改正して増設に対する奨励金を廃止し，Xに奨励金を交付しなかった。経過措置を付けなかったのである。

この事件で，Xには奨励金交付請求権があるか。前記の最高裁判決の①の基準との関係はどう考えるか。

経過措置により奨励金を交付すべきかどうかは立法政策の問題であるという立場（釧路地判1968〔昭和43〕・3・19行集19巻3号408頁，判時516号11頁）は形式論にすぎる。奨励金は反対給付なく交付される多分に恩恵的な給付であるから，具体的な権利発生に先立って法的保護の対象となりうる地位には当たらないという立場（札幌高判1969〔昭和44〕・4・17判時554号15頁，今村成和〔評釈〕・同『現代の行政と行政法の理論』〔1972年〕390頁）も，信義則を軽視しているきらいがある。奨励金は，工場に新設や増設を誘導するものであり，企業の方も，奨励金を恩恵的な給付としてたまたま受け取るものではなく，奨励金も計算に入れて当該地域に工場の新設・増設を決定するものである（それこそが奨励金のねらいである）。奨励金がなければ工場の新増設をしなかったか，他の地域にしたかもしれないのである（遠藤博也『計画行政法』〔学陽書房，1976年〕236頁参照）。この判決の立場では，市は「釣ったサカナにエサをやるバカはいない」といって嘯くことができるようで，信義則違反になると思う。

第 11 章　国家補償法

　奨励金は，工場を新増設して，要件を満たした者に交付することができ，交付決定があって初めて交付請求権が生ずるのではあるが，要件を満たした者の間で，交付されない者と交付される者があることは不公平であるから，要件を満たした以上，交付決定を受けうる地位があると解されるべきではないか（⇒第 4 章第 4 節Ⅳ1 参照）。

　この事件で個別・具体的な勧誘がなかったとしたら，前記の最高裁判決の基準 ① を満たさないという理由で，信義則違反にならないと言えるだろうか。しかし，最高裁判決のような事案では個別具体的な勧誘がなければ企業は進出しないであろうから，① の基準は妥当するが，工場誘致奨励金は，条例に規定さえすればそれで効果を挙げうるものであるから，その基準は適用がないと解するのが合理的であろう。

　応用事例：地方競馬の廃止により馬主に賠償する義務が生ずるか。
　　中津競馬の廃止が財政上の理由によるもので，合理性のない判断ではないとされた上で，馬主は，その廃止の可能性についても認識していたこと，馬主らの投じた資金は性質上必ずしもその回収が予定されたものとも，その回収を目的としたものとも言えず，また，競売事業者らから馬主らに対してこれらの投資に対して中津競馬の相当期間の存続を前提として積極的かつ個別，具体的な勧誘があったとも言えず，これらを総合すると，仮に馬主らが中津競馬の継続を期待してその主張する投資を行っていたとしても，その期待は事実上のものにとどまり，法的な保護の対象となりうるものではない。したがって，不法行為責任は生じないとした判例（大分地判 2004〔平成 16〕・1・19 判時 1874 号 113 頁）がある。
　　競馬の場合，競馬場が馬主を勧誘して参加してもらったというよりも，競馬場と運命共同体的なところがあり，馬主は，収益を上げる投資家でもないという事情から，工場誘致事件とは異なるものと思われる。

　その他，関連する判例として，最判 1998（平成 10）・10・8 判例自治 203 号 79 頁，福島地郡山支判 1989（平成元）・6・15 判時 1521 号 59 頁，仙台高判 1994（平成 6）・10・17 判時 1521 号 53 頁参照。

　2　違法性判断における利益衡量──パトカー追跡事故事件

　　Q　パトカーに追跡されて暴走した車が赤信号を無視して交差点に突っ込み，第三者の車に衝突した。パトカーの追跡は第三者との関係でどんな場合に違法になるか。

　パトカーに追跡された自動車が暴走して，第三者と衝突したり自損事故を起こすことがある。犯人が挙動不審である以上，その追跡は犯人との関係では適

法であり（警職2条1項），逃げた車の被った損害については警察の責任はないが，第三者は衝突した車両のほか，警察の責任を追及できないか（相対的違法行為）。第1次的な賠償責任者が犯人であることは確かであるが，犯人が危険な行動をすることを予測できるのに犯人をそうするよう追いつめた警察の方にも競合して（少なくとも何割かの）不法行為責任があると言えないのか。

　警察官は犯人逮捕の職責に忠実たらんとすれば，犯人が他人に危害を及ぼす危険を回避できず，他人が危害を被らないようにしようとすれば犯人は逮捕できないという，二律背反をいかに調整するかが課題である。

　判例（最判1986〔昭和61〕・2・27民集40巻1号124頁〔百選446頁〕）は，追跡行為が国賠法1条の適用上違法であるというためには，追跡が現行犯逮捕，職務質問等の職務の目的を遂行するうえで不必要であるか，または逃走車両の態様および道路交通状況等から予測される被害発生の具体的危険性の有無・内容に照らして追跡の開始，継続もしくは方法が不相当であることを要するとした。その理由は，警察官は異常な挙動その他周囲の事情から合理的に判断して何らかの犯罪を犯したと疑うに足りる相当な理由のある者を停止させて質問し，また現行犯人を現認した場合，速やかにその検挙または逮捕にあたる職責を負う（警察2条・65条，警職2条1項）という点にあり，いわゆる**職務行為基準説**である。具体的には，この事件の場合，警察官Aは暴走車の運転手Bを現行犯人として検挙ないし逮捕するほか挙動不審者として職務質問をする必要があり，Bの氏名は確認できておらず，無線手配や検問があっても究極的には追跡が必要になるし，本件道路は，幅員12メートル，交差する道路は多いものの，事故発生時刻も午後11時で，Aが当時追跡による第三者の被害発生の蓋然性のある具体的な危険性を予測しえたものということはできず，そのパトカーの追跡方法が特に危険を伴うものではなかったから，追跡は違法ではないとした。

　これは，第三者の法益を侵害した場合には原則として違法とする結果からみた判断（いわば結果違法的判断）ではなく，被害利益をも考慮する相関関係的判断でもなく，追跡の必要性をもっぱら警察官の職務遂行の見地から（原因の方から）積み上げていく判断（いわば**行為違法的判断**）である。

　しかし，これでは被害者は轢かれ損になる。いわゆる国家補償の谷間である。直接の加害者たる犯人には賠償能力はなく，警察が犯人を追いつめて，衝突の原因を作ったものであり，被害者には落度があったわけではなく，犯人逮捕と

いう公益の犠牲になったと考えると，損害の負担はある程度までは警察に帰するのが，損害の公平な分担を理念とする国家賠償法に適合すると思う。立法論で（例えば警察官の職務に協力援助した者の災害給付に関する法律に類する法律で）という意見も多いが，そうした法律ができるまでは解釈論的な努力を放棄してはならないと思う。

　この事件では，犯人は制限時速40キロのところ78キロで走っていて警察官に追跡されたので，100キロの速度で赤信号を少なくとも3ヵ所無視して逃走して4ヵ所目で青信号に従って交差点に侵入した者に衝突したものである。他の車両は青信号に従って走行するので，夜間で，交通量が少ないとは言え，赤信号無視はきわめて危険であると考える。

　さらに，警察官は，単に違反者の検挙のみを目的とするのではなく，交通の安全をも目的とするべきであるから，その行為規範としても，違反者があくまで逃走する場合，現場における検挙のみをいたずらに求めることなく，一般人の生命等の安全を確保しうるように注意して走行すべき注意義務があるというべきである（その1審，および別件の1審，富山地判1979〔昭和54〕・10・26判時951号102頁，判タ401号131頁）。

　これに対して，車両番号が判明しても，盗難車であれば無意味であるし，交通検問の手配ができていても，追跡しなければ検問の網をくぐられる可能性がある（古崎慶長「最近の国家賠償訴訟破棄判例の検討⑵」民商94巻6号771頁，同〔解説〕・判例地方自治20号86頁，同方向の立場として，矢代隆「国家賠償法の脱違法性化と公務執行の適法性」判タ426号44頁，大沼洋一「パトカー等に追跡された逃走車が惹起した事故と国家賠償責任」判タ654号16頁）と反論されるが，そもそも，幅が広く，交通量の少ない道路なら制限速度40キロのところ夜間78キロで危険なく走る車両はたくさんあり，凶悪犯人と異なり，あくまで追跡しなければならない事案ではない（逃げたというだけでは凶悪犯人である可能性は低い）。この発想は，完全に警察官の職務行為の観点からのみみていて，第三者に被害を発生させないように配慮すべき行為規範を無視している点で賛成できない。

　したがって，この判決の判断枠組みで考えても，警察官は，第三者の被害発生を具体的に予測できたもので，追跡はあきらめるべき事案であったものであり（結論的にその1審の立場），格別危険な状況にないとする最高裁の判断には賛成できない。

さらに，違法性を民法の通説である相関関係理論によって判断すれば，被侵害利益が重大であるから，違法と判断できるというべきである（武田真一郎「国家賠償における違法性と過失について」成蹊法学64号21頁，37頁〔2007年〕）。この判決に賛成する立場は犯人逮捕の必要性を過度に強調し，事故発生の蓋然性を低く評価しすぎていると思う（**問題⑤**）。

3　行政過程の正常性と異常性——個室付浴場業事件を例として

次に，行政が法律の規定に従って行動した場合は違法にならないはずであるが，それでも，その主観的な意図（他事考慮，恣意的目的）次第では違法になることがあるとか，あるいは行政過程の正常性に欠ける場合は違法とも言われる。これを論ずる適例は**個室付浴場業事件**（民事は最判1978〔昭和53〕・5・26民集32巻3号689頁〔百選64頁〕）である。法治行政，業者の営業の自由，地域環境の保護の要請がからみあっていることを念頭に置いて検討しよう。

Case：個室付浴場業事件

〈**法状況**〉　個室付浴場業（いわゆるソープランド，もとトルコ風呂，以下，判決文中のトルコ風呂という表現も個室付浴場業に置き換える）は，個室において異性の客に接触する役務を提供する営業であるが，蒸気を使用して公衆を入浴させる施設である点で公衆浴場の一種であるとして，衛生上の観点から公衆浴場法の許可制度の適用を受けている。さらに，風営法は，その不健全な営業実態にかんがみ，学校や児童遊園などの一定の施設から200メートルの範囲内では法律上当然に（具体的な行政処分を要せず）その営業を禁止し，さらに都道府県は条例で営業禁止区域を指定できるとしている（旧風営法4条の4，1984〔昭和59〕年に改正された現行の新風営法では28条）。ただし，学校や児童遊園ができる前から，あるいは上記の条例で指定される前から存在した個室付浴場業は事後の学校等の進出や条例の指定にもかかわらず禁止されない。既得権尊重のためである。したがって，児童遊園と個室付浴場業のいずれが先にできたかが勝負どころの**先手必勝のシステム**が採られている。この場合，その判断基準時は，児童遊園は児童福祉法35条によるその設置時点（市町村が設置する場合には本件当時は都道府県知事の認可，現在は届出），個室付浴場業は公衆浴場法による許可の時点とされる。

〈**事案**〉　XはY県A町で個室付浴場業を経営するため，1968（昭和43）年5月に建築確認を得て，6月末には建物を完成するとともに，そして，6月6日

に公衆浴場業の許可を申請した。当時この町は個室付浴場業の禁止区域には指定されておらず，Xの建物の近隣には学校や児童遊園はなかったので，Xは公衆浴場業の許可を得れば開業できるはずであった。

しかし，この町で個室付浴場業反対運動が起き，県と町は連携プレーにより阻止行動に出た。すなわち，Y県知事は，Xの上記許可申請に対する返答を留保する一方，Xの許可申請より一歩早い6月4日に，A町はXの開業予定地から134メートルのところに児童遊園を設置するためY県知事にその認可申請をし，同知事は6月10日に異例の早さでこれを認可した。そして，Xに対する公衆浴場業の許可は同年7月31日にようやくなされた（その際，個室付浴場業の経営はしない旨の誓約書を提出させた）ので，その時点では，当該地域はすでに個室付浴場業が禁止されることになっていた。Xはそれにもかかわらずソープ嬢を雇い個室付浴場業を開業したので，Y県公安委員会は風営法（当時の4条の4，現行の30条3項参照）により，公衆浴場業の方を60日間の営業停止処分にした（なお，本件区域では個室付浴場業自体が禁止されているという前提を採るので，それ自体の営業停止という制裁はない。公衆浴場の方の営業禁止・廃止命令の制度もないし，個室付浴場業の許可制度もない。ただし，刑事制裁は用意されており，Xは起訴された）。これに対してXはY県に対して営業停止処分により被った損害の賠償を請求した。この営業停止処分は違法になるか。

① 形式的適法説　児童遊園が存在することにより個室付浴場業が禁止されているから，公安委員会のした営業停止処分はそれ自体をとってみれば適法である。Yのした児童遊園の認可も，それ自体をとれば，基準には適合しているので違法ではない。公衆浴場の許可が遅れたことも，この程度なら，違法としても軽微である。A町の児童遊園の認可申請の方が先であったから，その認可がXに対する許可より先になされるのは当然でもある。このように本件でなされた行為は個別に観察すれば，直接に行政法規の明文の規定に反するものではないから，形式的に判断すれば，適法説も成り立つ（民事1審：山形地判1972〔昭和47〕・2・29判時661号25頁）。また，刑事2審（仙台高秋田支判1974〔昭和49〕・12・10判タ323号279頁）は，本件認可は児童のためという公共の福祉目的でもあり，県はXに対し児童遊園が設置されれば個室付浴場業を営めなくなると警告したりしていることから，この認可は適法であるとした。

② 違法説　これに対し，民事2審（仙台高判1974〔昭和49〕・7・8判時756

号62頁）は，Y県とA町は，Xの個室付浴場業の開業を阻止するという共通の目的をもって，間接的な手段を用いて開業をなしえない状態を作り出すべく，本件児童遊園の児童福祉施設への昇格という方法を案出したものであり，A町としては早急にこれを児童福祉施設とすべき具体的な必要性はまったくなかったのに，Y県はA町に対して積極的に指導・働きかけを行い，A町当局もこれに応じて本件認可申請に及んだもので，結局，Y県知事は，A町と意思相通じて，Xの個室付浴場業の営業を阻止すべく，本件児童遊園を児童福祉施設として認可したものであるとした。

そして，「Y県知事のなした本件認可処分は，Xが**現行法上適法になしうる個室付浴場営業を阻止・禁止することを直接の動機**，主たる目的としてなされたものであることは明らかであり，現今個室付浴場業の実態に照らして，その営業を法律上許容すべきかどうかという立法論はともかく，一定の障害事由のない限りこれを許容している現行法制のもとにおいては，右のような動機・目的をもってなされた本件認可処分は，法の下における平等の理念に反するばかりでなく，憲法の保障する営業の自由を含む職業選択の自由ないしは私有財産を侵害するものであって，**行政権の著しい濫用**と評価しなければならない。すなわち，本件認可処分は，Xの右個室付浴場営業に対する関係においては違法かつ無効のものであり，Xの……営業を禁止する根拠とはなり得ない」とした。

これは，Xの営業妨害のためだけにした知事の認可権の行使は裁量権の濫用で，住民運動は本件のような姑息な，奸智にたけた手段で目的を達成してはならないとする古崎慶長の厳しい批判（〔民事1審評釈〕・判評161号〔判時667号〕116頁）に影響されたものであろう。

前掲最判1978・5・26は簡単であるが，これを是認した。その調査官解説（石井健吾・判解民昭和53年度216頁）は，個室付浴場業を禁止するのは条例の指定によるべきで，本件の方法は法の予定しない方法であること，本件児童遊園は早急に児童福祉施設とすべき具体的必要性がなかったこと，Xの損失などを理由としている。なお，刑事事件の最高裁判決（1978〔昭和53〕・6・16刑集32巻4号605頁，判時893号19頁〔百選136頁〕）もこれに倣い，Xを無罪とした。

この判決は，古典的な法治主義の原則を強調するものであるとともに，法律上許容される営業を阻止しようとしたという主観的な意図を理由に違法とした

点に注目される。なお，児童遊園の認可は児童遊園を存立せしめる効果を有するという点に関しては適法で，ただ，それが本件の個室付浴場業を規制しうる効力がないとされたにとどまるので，これはいわゆる**適法行為による不法行為あるいは相対的違法行為**の一例ともされる。

③ 実質的考慮による適法説──行政過程の正常性　しかし，何が行政の本来の姿勢かという法治主義の理解について争いがある。行政は既存の法を単に金科玉条視してその執行にとどまり，あとはあげて立法者に委ねるべきであろうか。「はじめに法令ありき」という古典的な法治主義観ではそれでよいかもしれない。

しかし，「法は社会の進歩に遅れる」。立法は宿命的に後追いである。A町が個室付浴場業を禁止する地域に指定されていなかったのはその必要性がなかったからである上，それは県の立法者の仕事であって，町や県知事の怠慢によるとも言えない。こうした立法と社会のギャップについて，行政としては，単に立法者の責任であるとして無為無策に陥ることなく，立法の整備を待たずに必要に応じて既存の方法を用いて泥縄式に対応するのもある程度はやむをえない。それは姑息な，奸智にたけた手段（上記古崎説）というより，ギリギリまで知恵を絞った，賢明な手段ともみることも可能である。あるいはたまたま禁止地域になっていない土地を探して個室付浴場業を営業しようとする方も姑息で，奸智にたけているとも言える。個室付浴場業は，営業の自由を享受するとは言え，周知の通り管理売春の疑いがあって，不健全な営業であるから，価値は低いし，他方，地方公共団体は地域の環境の悪化を防止する責務を負うのであるから，急遽児童遊園を整備したくらいでは，違法と評価するほどのことはないとも考えられる（この方向の説として，原田尚彦〔評釈〕・自治研究52巻1号，遠藤博也「トルコ風呂と児童遊園」時の法令912号14頁，同『講話行政法入門』〔青林書院，1978年〕59頁以下，上野至〔評釈〕・判タ373号37頁参照）。上記の諸事情を考慮すると，古崎説や判決のいうほど不正常な行政過程だとは思えない。

④ 適法・損失補償説　しかし，Xも既存の法を信頼して営業に着手した点で信頼保護に値し，何の金銭填補も受けえないというのは不合理であろう。上記調査官解説もこの点を違法説の一根拠としている。そこで，私見では，この事件は，既に営業している個室付浴場業が社会浄化のため事後的に禁止される場合と，土地取得前に禁止区域に指定された（補償不要）のとの中間で，現

行法を信頼して個室付浴場業を経営しようとして投資したら，その許可前に行政の（とにもかくにも現行法を活用した適法な）活動（児童遊園の認可）で営業禁止になるのであるから，財産権が公共のために用いられた場合に準じて，営業禁止自体は適法だが，ただ，信頼利益の喪失分（土地・建物の売却損，開業準備費用）について補償するのが適切な解決策だったのではあるまいか（古崎・前掲評釈117頁もこの方向を示唆）。

  4 裁判官の違法過失

  裁判の違法を理由とする国家賠償については，裁判官の独立などを理由として先験的に否定する説もあるが，一般的には当然に否定されるわけではないと解されている（古くは，末弘厳太郎『嘘の効用 下』〔川島武宜編，富山房，1994年〕104頁〔裁判〕，なお，144頁〔検事の不当勾留について〕も参照）。ただ，通常の行政行為の違法とは異なって，かなり制限する意見が多い。場合を分けて検討する必要がある。

  (1) 確定判決に対して再審を経ないで国家賠償請求する場合（**確定判決攻撃型**）

  この場合には3つの説がある。否定説（要再審経由説）は，裁判に不服であれば上訴，再審の手段をとるべきで，確定判決の違法を理由とする国家賠償責任を認めることは裁判の独立，確定判決の法的安定性に反するなどと主張する。

  これに対して，肯定説（直接請求可能説）は，実定法上裁判官の権限の違法な行使を理由とする国家賠償訴訟を制限する規定はないという文理解釈のほか，先に確定した裁判と後の国家賠償訴訟によって確定すべきこととは次元を異にするなどを論拠とする（東京地判1965〔昭和40〕・1・29判時397号10頁）。

  最高裁の判例は，いわば中間説（制限的・例外的肯定説，違法限定説）で，確定判決は特段の事情がない限り違法ではないとし（1968〔昭和43〕・3・15訟月14巻12号1343頁，判時524号48頁），「**裁判官が違法又は不当な目的をもって裁判をしたなど，裁判官がその付与された権限の趣旨に明らかに背いてこれを行使した**ものと認めうるような特別の事情があることを必要とする」（1982〔昭和57〕・3・12民集36巻3号329頁〔百選466頁〕）としている。これをより具体的に，それは「事実認定や法令の解釈適用に当たって経験法則・論理法則を著しく逸脱し，裁判官に要求される良識を疑われるような非常識な過誤を犯したことが当該裁判の審理段階において明白であるなど」としている判決（広島高判1986

〔昭和61〕・10・16 判時 1217 号 32 頁，判タ 639 号 195 頁）がある。これは裁判にはそれに固有の是正方法たる上訴・再審の制度があることとの関係で，裁判に対する不服は本来それによるべきものとしつつ，その不服をもっぱら上訴・再審によってのみ主張させることが不合理と言えるほど，著しい違法があるときのみ国家賠償法上も違法になるとするものであろう。

これによれば，単に事実誤認を主張するだけでは確定判決を違法とすることはできないことになる（井口修「法秩法に基づく制裁の裁判に事実誤認があることを理由とする国家賠償請求訴訟について」司法研修所論集 1983-Ⅰ46 頁以下）。

(2) **判決が上訴・再審により取り消された場合（確定判決根拠型）**

この場合には，判決は結果として誤っていたことになるが，これが国家賠償法上も違法になるかについては見解が分かれる。**結果違法説**は，この判決は，客観的に正当性を有しないから国賠法上も当然に違法になるとする（東京地判 1969〔昭和44〕・3・11 判時 551 号 3 頁〔八丈島老女殺し国賠請求事件〕，大阪地判 1973〔昭和48〕・4・25 判時 704 号 22 頁〔金森事件〕）。

これに対して，いわゆる**職務行為基準説**は，裁判官のした判断は，裁判官としての通常の注意義務をもってすれば当然に避けられたはずの論理則，経験則に合致しない不合理な証拠評価に基づく場合にのみ国家賠償法上違法有責であるとする（東京地判 1974〔昭和49〕・3・25 判時 752 号 51 頁等）。これが多数判例で，その理由として，裁判の結論の差は裁判官に委ねられた自由心証主義の範囲内の証拠の評価の差に由来するということが挙げられる。

すなわち，行政処分が裁判で取り消される場合と，裁判が上級審で取り消される場合の構造の差に着目する必要がある。行政処分については，自由裁量が認められる限り，裁判官は行政官の立場になって，当該行政処分を自らの目で審理し，自己の結論を行政官の結論に代置することは許容されていない。行政処分が自由裁量の限界を超えまたは濫用した場合に初めて違法となる。そうすると，行政処分が原始的瑕疵を理由に取消訴訟で取り消された場合には，国家賠償法上も当然に違法になると解すべきである。

しかし，裁判においては，上級審は下級審の裁判が自由裁量の限界を超えたかどうかを審理するのではなく，自ら自由裁量の中に入って自己の見解を代置するのである。そうすると，上級審が下級審の判断を覆した場合も，下級審の裁判が違法な場合だけではなく，ただ自由裁量の範囲内で見解を異にしたとい

うだけの場合もあるのである。また，下級審が法廷に提出された証拠により合理的な採証法則に従って判断していれば，新証拠，新主張により覆っても，下級審の判断が当時としては誤っていたとも言えない。確定判決が新規の証拠により再審裁判で取り消される場合も同様である。そうすると，理論的には結果違法説は採りえないことになる。

ただ，結果違法説は，裁判官としての通常の注意義務をもってすれば当然避けられたはずの不合理な証拠評価をしていなければ過失はないとするのであろうが，職務行為基準説は，違法性と過失を一元的に判断しているだけであり，結果としては変わりはないかもしれない。

前記の最判（1982・3・12）は，再審を経ないで確定判決の違法を主張する確定判決攻撃型の国家賠償訴訟に関するものであるが，「裁判官がした争訟の裁判に上訴等の訴訟法上の救済方法によって是正されるべき瑕疵が存在したとしても」と一般的に述べているところからすると，そのほかに，この確定判決根拠型の場合にも妥当することになる。最判 1990（平成 2）・7・20（民集 44 巻 5 号 938 頁）は，前記最判 1982・3・12 の理は，刑事事件において，「上告審で確定した有罪判決が再審で取り消され，無罪判決が確定した場合においても異ならないと解するのが相当である」としている。

しかし，「裁判官が違法又は不当な目的をもって裁判したなど，裁判官がその付与された権限の趣旨に明らかに背いてこれを行使した」といったことはまずありえないことで，むしろ，当事者がいくら主張しても，裁判官が思い込みで，客観的証拠を無視して，あるいはまともな法理論をほとんど理解できず，思い付きの理論を作ったり，検察官の主張とか行政側の主張を鵜呑みにする事例（序章の末尾および第 4 章第 4 節Ⅳ 2 に掲げた神戸空港事件，序章末尾のリフォーム業者の事件，客観的な証拠を取らず，被害者の供述のみに頼る痴漢冤罪事件）など，裁判官の裁量を明らかに超えるものは，国家賠償責任を認めるべきであり，さもないと杜撰な判決を防げない（司法の独立が独善になる）というのが，弁護士としての実感である（なお，阿部「裁判と国家賠償」ジュリ 993 号 69 頁〔1992 年〕）。

5　検察官の違法過失

> **Q**　検察官のした起訴，公訴の追行の違法性の考え方についても，結果違法説と職務行為基準説の対立がある。判例の立場はいずれか。どう違うのか。職務行為基準説で国家賠償責任が認められることがあるのか。

第 11 章　国家補償法

　判例は職務行為基準説を採る。「逮捕・勾留はその時点において犯罪の嫌疑について相当な理由があり，かつ，必要性が認められるかぎりは適法であり，公訴の提起は，検察官が裁判所に対して犯罪の成否，刑罰権の存否につき審判を求める意思表示にほかならないのであるから，起訴時あるいは公訴追行時における検察官の心証は，その性質上，判決時における裁判官の心証と異なり，**起訴時あるいは公訴追行時における各種の証拠資料を総合勘案して合理的な判断過程により有罪と認められる嫌疑があれば足りる**ものと解するのが相当であるからである」（芦別国家賠償請求事件判決，最判 1978〔昭和 53〕・10・20 民集 32 巻 7 号 1367 頁〔百選 468 頁〕）。法律に違反すれば違法となる普通の行政処分とは異なるのである。ただ，結果違法説と職務行為基準説は，理論的にはいかにも対立しているようにみえるが，結果違法説は，無罪判決があった場合には，公訴を当然に違法としつつも，国が公訴提起等の合理性を証明すれば，その違法性は阻却されるとか，故意過失の要件充足を別途認定するので，結果に差はない可能性が高い。

　無罪判決が出た場合に，検察官の起訴等が違法有過失とされた例は少なくない（松川事件，東京高判 1970〔昭和 45〕・8・1 判時 600 号 32 頁，東京地判 1984〔昭和 59〕・6・26 判時 1122 号 55 頁，東京地判 1984・6・29 判時 1122 号 81 頁，名古屋高判 2007〔平成 19〕・6・27 判時 1977 号 80 頁，その他多数）が，反面，無罪判決にもかかわらず国家賠償責任が否定される例も多い。

　Case：**遠藤冤罪・国賠事件**

　国道上に寝ていた者を轢過したとして業務上過失致死罪で起訴された運転手が，1，2 審で有罪とされたが，最判 1989（平元）・4・21（判時 1319 号 39 頁，判タ 702 号 90 頁）で，1，2 審とまったく同じ証拠に基づき事実誤認を理由とした破棄自判により無罪となったきわめて異例の事件がある。被告人が轢過現場を過ぎてからすれ違った対向車のバスはその後轢過現場を通過したとき，轢かれる前の被害者を見ていたとか，被告人の車両のタイヤについていたのが本当に人血なのかなど，多数の点で疑問があるとして，最高裁は，重大な事実誤認であり，これを無罪としなければ著しく正義に反すると明言した。

　そこで，13 年以上の人生を失った元被告人が裁判官，検察官の違法・過失を理由に国家賠償を請求したが，東京地判 1996（平 8）・3・19（判時 1582 号 73 頁，判タ 918 号 78 頁），東京高判 2002（平成 14）・3・13（判時 1805 号 62 頁）はこ

のいずれも否定した（最2小決2003〔平成15〕・7・11〔平成14（受）第1029号事件〕，三行半の上告棄却・不受理決定）。しかし，その判断基準と評価は，冤罪犠牲者にとって厳しすぎ，判検事には甘すぎるのではないか。

この1審は，検察官については，「公訴提起自体に違法が認められない事案においては，新たに収集された公訴追行時の証拠によって，公訴提起時における証拠関係がことごとく崩され，もはやこれらの全証拠を総合勘案しても有罪と認められる嫌疑が存在しないという特段の事情が認められなければ，その公訴追行が違法であるとはいえない。」「本件の場合，……公判に提出された証拠関係によっても，……公訴を維持すべきでない特別の事情，すなわち，別に加害車両が発見された等，明らかに被告人を無罪とすべき事情があったわけではなく，本件1，2審の公訴を維持した公判立会検察官が未だ原告を有罪と認められる嫌疑が有ると判断したことに合理性がないとはいえず……，本件公訴追行が違法であると認めることはできない」という。これでは起訴された以上は，明らかに無罪とすべき事情がなければ，控訴を追行することが許されるのであって，無罪推定の原則，検察官の誠実な調査義務は無視される。

裁判官については，「一般的には，普通の裁判官であれば，冒さないであろうと推定される程度を超えて行った行為，これを『著しい』行為と定義することについては，異論がないといえるであろうから，それを分かりやすく数値に置き換えるとすれば，2分の1を超えただけでは到底足りず，少なくとも4分の3を超える割合をもって，初めて『著しい』との基準に適合するものと解するのが相当であろう」とし，これに当たらないとした。

しかし，本件は最高裁が滅多に行わない事実誤認を理由とする破棄自判であるから，そのような事実誤認が少なくとも4分の3の裁判官によって行われるとしても，空恐ろしいことである。

高裁判決は，刑事事件の「1審判決が示した評価は，……結果的に誤りであったけれども，経験則，採証法則を著しく逸脱したものとまでいうことはできないし，通常の裁判官は到底そのような判断をしないということができるほど明らかに不合理なものということもできないから，本件1審判決につき，国賠法上の違法があるとは認められない」とする。これでは，起訴された以上「裁判官が，通常の裁判官は到底そのような判断をしないということができるほど明らかに不合理」な判断をしなければ，賠償請求もできないことになる。刑事

第11章　国家補償法

では「著しく正義に反する」が国賠ではそうではないことになり，これほどまで無理しなければ裁判官の独立性が保持されないのか，裁判官の「独立」が「独善」に堕するのではないか。いったいこれは法治国家なのか。これでは国家賠償訴訟は「画餅と化」してしまう（宗岡嗣郎「餅を描く判事——遠藤国賠事件に即して」久留米大学法学 42 巻 89 頁以下〔2001 年参照〕）。

裁判官が裁判の違法を理由とする国家賠償にこれほど消極的で，裁判の領域がいわば治外法権化するのは，理論的には裁判の独立を守るためだが，実態は，泥棒の罪を泥棒が裁くに等しい仲間内の裁判で，自分もこんなミスをしているのではないか，それで責任を追及されてはかなわないとの自己防衛本能によるのではないか。そこで，第三者の監視が必要である。裁判員制度が刑事の重大事件でのみ導入されたが，本来は裁判官の責任を追及する裁判にこそ導入すべきである（問題⑥）。

6　判決以外の裁判所の判断

これに対して，確定判決の違法を主張するのではなく，裁判遅延の違法を主張するときは上記の制限なく国家賠償請求が当然に許されるし，強制執行や勾留，捜索令状など行政的性格を有する裁判も同様である。勾留については，裁判官が起訴後 17 回にわたる勾留期間の更新決定をなし，判決言渡しまで身柄拘束したことを違法有過失とした例（東京地判 1982〔昭和 57〕・6・28 判時 1049 号 8 頁）がある。

【あな恐ろし：痴漢事件の勾留】

痴漢被害の申告があった場合，自白を迫り，当然のごとく長期間勾留することが多い。例えば，被害者が，警察と連絡を取らず取調べに応じなかったので，不起訴にした事案でも 20 日間勾留された（最判 2008〔平成 20〕・11・7 判時 2031 号 14 頁）。法定刑が 5 万円以下の罰金または拘留もしくは科料にもかかわらず，被告人の未決勾留期間は 93 日間，起訴後の勾留期間に限っても 78 日間も長期間に及んだ事件がある（最決 2002〔平成 14〕・6・5 判時 1786 号 160 頁，判タ 1091 号 221 頁）。

最判 1996（平成 8）・3・8（民集 50 巻 3 号 408 頁，判時 1565 号 92 頁）は，司法警察員による被疑者の留置は，司法警察員が，捜査により収集した証拠資料を総合勘案して留置の必要性を判断するうえで，合理的根拠が客観的に欠如していることが明らかであるにもかかわらず，あえて留置したと認めうるような事

情がある場合に限り，違法の評価を受けると結論づけた。

しかし，なぜこのように警察に甘い解釈をしなければならないのか，理由は付けられていない。これでは，憲法34条と刑事訴訟法203条1項の留置の必要性は無視されたも同然であって，治安維持法時代と同じ人権無視状態になってしまう。

冤罪であればもちろん，仮にそれが最終的には有罪であったとしても，普通の男性であれば，逃亡の恐れはなく，痴漢事件の場合最初から証拠がないのであるから証拠隠滅の恐れはない。なお，被害者と接触して証拠を隠滅することがないように，被害者証言が終わるまで保釈しない運用が行われているが，被害者と接触してはならないと命ずればそれで済むはずであるし，示談のために接触することは許されているはずで，偽証のために接触する場合だけ証拠隠滅と言うべきである。したがって，この勾留（いわゆる人質司法）は明らかに違法であって，関係した検事と裁判官には過失があると解すべきである。勾留は裁判と異なって，通常の行政処分に近いものであり，裁判官の過失の基準も，「違法不当な目的を持ってするなど」といった基準は妥当しない（なお，痴漢冤罪については序章末尾参照）。

「留置の必要性があるというためには，当該事案の罪質及び軽重，証拠収集の状況と見込み，被疑者の年令及び生活状況等を総合的に考慮して，罪証隠滅のおそれ等が具体的かつ客観的に存在し，それとの対比において被疑者の身柄の拘束を継続することが正当であると認められることを要すると解すべきである。」とする河合伸一判事の反対意見に賛成する（西埜章・判評455号〔判時1582号〕199頁も同旨）。

【痴漢冤罪事件の夜明け】

最高裁2009（平成21）年4月14日第3小法廷判決は，電車内の痴漢事件で，被害者が，電車から降りて，再び同じ車両に乗って被告人の隣に立った，痴漢行為が執拗なのに，車内で積極的に避けていないなど不自然な行動があることから，その供述に合理的な疑いがあるとして無罪とした。これまでの下級審の事実認定がこのように杜撰でも最高裁では門前払いになっていたことを考えると，やっと常識に戻ったかと感慨深いものがある。

その那須弘平判事の意見は，被害者証言が迫真的で詳細で具体的でも，検察官の前でリハーサルをしているのであるから，直ちに信用してはならないとし

ており，神ならぬ人間には証言の真否を見抜く能力が足りないことをわきまえよと言っているようであり，まったく正当である。私見では，被害者が，「陰部を直接触られた。触られている感覚から，犯人は正面にいる被告人と思ったが，されている行為を見るのが嫌だったので，目で見て確認はしなかった」というのでは，犯人の特定に欠けるものがある。なぜ，手に爪でも立て，キャーと言ってすぐ捕まえないのか，また，本件では被告人から被害者の繊維は検出されなかったし，警察も，DNA 検査をすれば証拠は確実なのに，それをしなかった。それだけで釈放すべきであって，このような逮捕と起訴自体に重大な違法と過失があると言うべきである。

7 立法者の違法過失

> **Q1** 立法の作為・不作為の違憲は当然に，それともどんな場合に国家賠償法上の違法となるか。国会議員は法律の適用を受ける者に対して違憲法律を制定しない義務を負わないのか。
>
> **Q2** 立法の違憲を理由として国家賠償を求める場合には次のような場合がある。それぞれどうか。

(1) 場合分け

A：行政処分や裁判等の具体的な行為を介在させることなく直接に適用される法律（処分的性格の法律）の違憲を主張する（したがって刑事・民事・行政の訴訟で争う方法がない）場合，例えば，《例1》在宅投票制度が廃止され身障者が投票の機会を奪われた場合，《例2》不平等なため違憲な議員定数配分規定により選挙権の価値を害された場合，既存の医薬品ネット販売が薬事法施行規則（15 条の 4・159 条の 14〜159 条の 17，2009 年 2 月）の改正で当然に禁止された場合

B：違憲の法律の執行行為（行政処分，判決，起訴等）により損害を被った場合，例えば，《例3》距離制限を理由に薬局の経営が不許可になったが，実は距離制限は違憲である（最大判 1975〔昭和 50〕・4・30 民集 29 巻 4 号 572 頁）場合，《例4》特急料金の値上認可について陸運局長に権限を与える許可認可等臨時措置法は失効しているとして，この許可が違法とされた場合（近鉄特急料金訴訟，大阪地判 1982〔昭和 57〕・2・19 行集 33 巻 1 = 2 号 118 頁，判時 1035 号 29 頁），《例5》現業公務員の政治的行為の制限が違憲であると仮定して（猿払事件，最大判 1974〔昭和 49〕・11・6 刑集 28 巻 9 号 393 頁は合憲とする。⇒第 4 章第 2 節 II 2），起訴，

拘禁により不利益を被った場合，〚例6〛刑務所における信書授受許可制を定めた当時の監獄法が刑務所長に与えた裁量権により不許可としたことについて，限定合憲解釈により違法とした場合（最判2006〔平成18〕・3・23判時1929号37頁，判タ1208号72頁）

C：違憲の法律のため私人間で永年争わなければならなかった場合，例えば，〚例7〛森林法186条の共有制限規定の違憲判決（最大判1987〔昭和62〕・4・22民集41巻3号408頁）を取るため兄弟間で争った場合

立法行為の違憲を理由とする国家賠償訴訟はこれまで在宅投票制度廃止，国会の定数是正遅延などいくつかの訴訟で提起されてきた。いずれも，Aの場合である。しかし，そのほかにB，Cの場合も考えておきたい。

(2) 法律の直接適用：在宅投票制度廃止違憲国家賠償訴訟最高裁判決：Aのケース

(ｱ) 判例の流れ

立法行為の違憲を理由とする国家賠償について，判例では国賠法1条による国家賠償訴訟を提起することができることは当然として，違法，過失の有無を判断するのが主流であった。ただ，実際に請求を認容したのは，以前は在宅投票廃止違憲訴訟の札幌地裁小樽支部判決（1974〔昭和49〕・12・9判時762号8頁）だけである。しかし，その最高裁判決（1985〔昭和60〕・11・21民集39巻7号1512頁〔百選464頁〕）は，立法行為の違憲を理由とする国家賠償訴訟の違法性は原則として認められないという消極的な判断を示した。いわば違憲立法国家賠償死刑判決であった。

在宅投票制度は1950（昭和25）年の公職選挙法で設けられたが，その後第三者が勝手に投票する等悪用されたとして1952年に廃止され，身障者は投票の機会を奪われた（ただし，1974〔昭和49〕年に郵便による在宅投票制度が新設された。公選49条2項）。このため身障者は在宅投票制度の廃止ないしこれを復活しない立法行為が選挙権の行使を妨げたとして国家賠償訴訟を提起したものである（この訴訟の理論的根拠となったのが，今村成和『人権叢説』〔有斐閣，1980年〕336頁以下所収の鑑定意見）。この訴訟は形式上は損害賠償請求であるが，単に金銭の支払をもって満足するものではなく，身障者にも選挙権を実質的に保障するよう求める**制度改革訴訟**の機能をもつ。立法不作為違憲確認訴訟などの憲法訴訟が認められていないことの代替的な役割が期待されたのである。1審（前記札

幌地小樽支判）は請求認容，高裁（札幌高判 1978〔昭和 53〕・5・24 判時 888 号 26 頁）は立法不作為の違法性を認めつつ過失を否定して請求を棄却した。

　(イ)　最高裁の判旨

　①　国会議員の立法行為が国賠法の適用上違法となるかどうかは，**国会議員の立法過程における行動が個別の国民に対して負う職務上の法的義務に違背したかどうかの問題であって，当該立法の内容の違憲性の問題とは区別される。**

　②　議会制民主主義の下では国会議員の立法過程における行動は国民の政治的評価に任せるのが相当である。憲法 51 条（国会議員の発言・表決についての免責）もこうした目的にかなうものである。したがって，国会議員の立法行為は本質的に政治的なものであって，その性質上法的規制の対象になじまず，特定個人に対する損害賠償責任の有無という観点から，あるべき立法行為を措定して具体的立法行為の適否を法的に評価することは原則的に許されない。

　③　既に成立している法律の効力について違憲審査がなされるからといって，当該法律の立法過程における国会議員の行動，すなわち立法行為が当然に法的評価に親しむとは言えない。

　④　以上のとおり，国会議員は立法に関しては，原則として国民全体に対する関係で政治的責任を負うにとどまり個別の国民に対応した関係での法的義務を負うものではなく，国会議員の立法行為は，**立法の内容が憲法の一義的な文言に違反しているにもかかわらず国会があえて当該立法を行うというごとき，容易に想定しがたい例外的な場合でない限り，国賠法 1 条の適用上違法の評価を受けない。**

　⑤　選挙に関する具体的決定は国会の裁量に任されているから，在宅投票制度に関する立法行為は前示の例外には当たらない。

　(ウ)　検　討

　そもそも立法行為が国家賠償の対象となる公務員の公権力の行使であるかについて争いがあり，立法の違憲を理由とする国家賠償訴訟の実質は法令の抽象的違憲審査を求めるもので，法律上の争訟（裁 3 条 1 項）には当たらないとの説があるが，それはこの判決によって否定された。しかし，この判決は国会議員は国民に対して合憲な法律を制定する（違憲な法律を改正する）法的な義務を負わないのが原則だとして違法性のレベルでこの訴訟に制限を加えた。

　この判決の発想（①）は，立法内容の違憲性と国家賠償法上の違法性の二元

的な区別である。あるいは，これは結果違法説でなく，職務行為基準説であるともみられる。

　通常の行政官の行動については一般には職務行為基準説は採られていない。例えば，公務員の懲戒処分（国公82条，地公29条）については，懲戒事由に当たると疑うに足りる合理的な根拠があれば適法になるのではなく，懲戒事由が客観的に存在することが必要なのである。これに対して，判検事，警察官の行為については，前述したように職務行為基準説が妥当するが，それは，その行為規範が適法な行為をせよということではなく，例えば，有罪判決を得る合理的な嫌疑があれば，本来は無実な者に対しても，起訴は適法であるというように，特別な行為規範があるからである。しかし，立法者については，そうした特別な行為規範はなく，むしろ法律の制定・改廃により違憲状態を現出してはならず，違憲状態は可及的速やかに除去すべき行為規範があるのではないかと思う。

　また，単に違法な行動をしただけでは足りず，**個別の国民に対して負う職務上の法的義務に違背した場合に初めて国家賠償法上違法となる**ので，いわば反射的利益論に近い。立法が個別の国民に対して職務上の法的義務を負うという意味は何か。国会は一般的抽象的な規範を創造するのであるから，個別事件を解決するような法律（英米法におけるprivate act）を除き，そのようなことはありえないのではないか。違憲立法によって個別の国民に損害を及ぼせばそれで十分と言えないのか。

　また，確定判決がある場合に，再審を求めないで国家賠償を求めうる場合が著しく限定されるのは，もともと上訴とか再審という救済手段があるからであるが，違憲立法の除去を求める訴訟が許容されていない（身障者が投票できるようにすることを求める訴訟は存在しない）Aの場合には，違憲立法により損害を被った者に国家賠償も認められないとなれば，結局は憲法の保障はプログラム規定並みとなり，不合理である。また，違憲立法に基づく執行行為について取消訴訟や刑事裁判などの救済手段があるBの場合でも，少なくともそれによる救済が得られるまでの損害の賠償は必要である。

　②は，国会議員は国民に対しては法的義務を負わず，政治的な責任を負うだけという（雄川一郎「国家補償総説」大系VI4頁は原則的にこの立場）。一般的にはそうも言えるが，そうすると例外の④が説明しにくい。また，国会議員は

憲法の枠を超えてはならない法的義務を負うのであって，政治的な責任にとどまるのはその枠内の行動に限るのではないか。そして，国会議員は国民全体に対しては政治的責任を負うにとどまるにしても，その制定にかかる（あるいは制定すべき）法律が適用される個々の具体的な国民に対しては違憲の法律は制定しないという法的義務があると考える。

憲法51条は，国家賠償が認容されても国会議員に求償（国賠1条2項）できないというだけである。ただ，立法の作為と不作為とでは違法になる要件が異なり，後者の違法は立法義務が憲法上明らかな場合に限るべきであろう。

③の論点は，結局は過失の評価に帰着する。国会のような合議制機関の故意・過失については，違憲立法が制定されたときはそれに関与した議員全体に過失があったとも言えるという見解と，逆に，長期にわたる立法過程に積極的・消極的手落ちがなかったかを判断するものできわめて困難との見解がある。判例では国会の立法調査能力が高いことに着目して，その注意義務を高度とし，在宅投票制度を廃止した国会に過失を認めた例（前記札幌地小樽支判1974・12・9）と，逆に，国会は憲法学者等の専門家を含む選挙制度調査会の答申をも経て慎重に審議したもので，当時の学説判例等に照らし，国会議員はその廃止立法が違憲であることをあらかじめ知ることはできなかったとした例（札幌地判1980〔昭和55〕・1・17判時953号18頁）等がある。注意義務の捉え方の差である。

立法行為の違法を理由とする国家賠償訴訟を許容すると，被害者が無数になるため違憲立法による賠償額が巨額にのぼり，しかも納税者が賠償金を得て，それを税金として納めるという無意味なことになりうる（千葉地判1986〔昭和61〕・9・29判時1226号111頁参照）という心配があろうが，Aの直接事例は少ないし，損害の範囲や因果関係で限定すればよいのではないか。また，実際的には，クラス・アクションが認められていないわが国では訴訟を最後まで追行できる者は限られており，そのねらいも金銭よりは制度改革であるから，賠償額はノミナル（名目的）なものにとどめてもよいのである。しかも，議員定数違憲国家賠償の場合には被害者は無数だが，立法行為でも被害者が限定される場合には賠償額が巨額になるという心配はない。したがって，違法性の段階で④のように限定するのは切捨て御免（違憲状態の放置国家）につながり，賛成できない。在外投票大法廷判決は後述のように賠償を認めた。

(3) 違憲の法律の執行行為による損害発生：Bのケース

Bの場合には，Aと異なり救済方法がないわけではない。薬局の経営の不許可の取消訴訟や刑事訴訟がそれである。そうすると，立法行為の違憲を理由とする国家賠償は認める必要がないという意見はAの場合よりも出やすくなる（これがAとBを区別する理由である）。しかし，少なくとも，これらの訴訟で勝訴するまでの間は違憲立法による損害を被っているから，やはり国家賠償の必要は残る。

Bの場合には，行政官は合憲性の推定を伴って現実に通用している法律を執行したのであるから，それには違法性がない。少なくとも行政官に過失はなく，むしろ立法者に違法・過失があると考えるのが合理的である。もっとも，十分な理由のある違憲との主張がなされているのにそれを無視して法をそのまま執行している場合には，法改正を検討すべき義務があり，それを怠った点に違法・過失を認めるのが適切であると考える。

〘例3〙については，法律が後に最高裁で違憲無効とされても，その法律に基づく行為が適法であることに変わりはないとの判断が出たようである（広島地判1982〔昭和57〕・12・21，朝日新聞1982・12・22付による。D1-Law.comにも未登載）。

〘例4〙のいわゆる近鉄特急料金訴訟においては（当時の）陸運局長に運賃認可権限を与えている許可認可等臨時措置法はいわゆる戦時法規で，既に失効している（これについては，阿部「戦時中の行政改革法規──許可認可等臨時措置法は今日も生きているか」自治研究58巻2号，同「許可認可等臨時措置法の効力・再論」判タ513号〔同・解釈所収〕参照）とされたが，取り消すと公共の福祉に適合しないとして取消訴訟は事情判決（行訴31条）により請求棄却され（この点については阿部・実効性306頁の批判参照），国家賠償訴訟の方は陸運局長がその権限の不存在に気づかなかった点につき過失がないとして棄却された。

そこで，この種の事件では，国家賠償を請求するためには執行行為のもとになった立法行為の違法・過失の証明が必要となる。前記の最高裁判決によれば，これらの立法行為の違法性はまず認められないであろうから，違憲立法に巻き込まれた者は身の不運とあきらめざるをえない。しかし，〘例6〙の最判（2006・3・23）はそのまま過失を認めた（⇒第4章第5節Ⅳ3⑵*Case 16*）。

なお，請求できる者と相当因果関係にある損害の範囲の算定は難しい。薬局

の経営が距離制限のため不許可になる例についても，不許可処分の取消訴訟を最高裁まで追行して勝訴した者に限るのか，訴訟を提起して合憲との判決を受けてあきらめた者，不許可処分を受けて訴訟を提起しなかった者，そもそも距離制限にかかると思って許可申請をしなかった者など，種々の者がいる。これらすべての者に賠償するのでは範囲が広くなって，立法行為の違憲を理由とする国家賠償を認めるわけにはとうていいくまい。やはり，違憲を理由に最後まで争って勝訴した者に限り，かつ，不許可のため転業して営業が軌道に乗るまでの一定期間についてのみ損害賠償を認める程度が妥当であろう（この点については阿部「賠償と補償の間」曹時 37 巻 6 号 1460 頁参照）。それが観念的とは言えない現実の損害であるし，他人の違憲訴訟のタナボタ利益を防止することも必要であるからである。このように考えると，立法行為の違憲を理由とする国家賠償訴訟が賠償範囲を無限に拡大するといった批判は回避できる。

(4) 違憲の法律を私人間で争う C の場合

C の〚例 7〛の例では，当時の森林法 186 条によれば，森林の共有持分の分割は過半数の持分がないとできず，兄弟が半分ずつ共有していた場合には分割できなかった。この制限は，森林の細分化防止という目的との関連で合理性・必要性がなく違憲と判断された。こうした違憲立法がなければ速やかに共有森林を分割して独自に森林経営をすることができたのであるし，訴訟費用も相当にかかるから，おそらく相当の損害があろう。民事の不法行為訴訟なら，勝訴すれば被告から不当応訴として弁護士費用の賠償を取れるのが普通であるが，この場合，国法が違憲かどうかという，裁判所でも見解が分かれる問題が争点であるから，実質的な被告は国会であって，被告の応訴が不法行為とも言えず，お互いに費用を取ることはできまい。違憲の森林法が私的自治を制限して，当事者の権利を侵害したのである。それが国賠法上違法かと言えば，上記の最高裁判決の立場では，適法であろうが，それでは当事者は救われない。この森林法の場合，林業経営の零細化防止という法目的と半分の持分を有する者の間の分割禁止との関連性はとうてい証明できないから，この立法は違法であるだけでなく過失があったとは言えないか。少なくとも，この裁判が提起されたことを知った担当の林野庁は早期に法改正に乗り出すべきで，その時点で過失があった（したがって，国は両当事者に賠償すべき）といえそうに思う（私人間でこうした訴訟が提起されるとき最高裁の判決があるまで高みの見物をするという日本の担当官

庁の姿勢は不適切と考える）。
* 法律の違憲性の争いという，国家にとって重大な問題を，私人間の訴訟で決着を付けるという現行制度は不合理である。民事訴訟において行政処分の効力が前提問題となるときは，争点訴訟（行訴45条）という制度で行政庁へ通知し，訴訟参加の機会を与えることになっている。たかが1個の行政処分よりも重要な法律の違憲が争点になっているときは，それこそ国会に通知して国会（なり国）が訴訟に参加できる制度，さらには民事紛争の前提となる法律の合憲性について国に対して訴えを提起する制度が必要ではあるまいか。そして，国の過失は，法律制定段階のほかに応訴の段階でも判断することとすれば，法律が違憲だと訴状で主張されたのに，あえて応訴することに過失が認められやすい。また，そうすればこそ，国会（あるいは担当の行政庁）は訴訟を高みの見物することなく，違憲の法律を，判決を待たずに早期に改正することが多少とも期待されよう。

(5) 雪　解　け？

立法者の不法行為，特に不作為については，判例はこのようにきわめて厳しい要件を課してきた（なお，宇賀克也「立法と国家賠償」芦部古稀61頁以下参照）が，**ハンセン病訴訟**熊本地裁判決（2001〔平成13〕・5・11判時1748号30頁，判タ1070号151頁）は，らい予防法の患者隔離規定の改廃をしなかった立法者の不作為の違法・過失を認定した。「新法（平成8年4月1日に廃止されたらい予防法〔昭和28年法律第214号〕をいう）の隔離規定が存続することによる人権被害の重大性とこれに対する司法的救済の必要性にかんがみれば，他にはおよそ想定し難いような極めて特殊で例外的な場合として，遅くとも昭和40年以降に新法の隔離規定を改廃しなかった国会議員の立法上の不作為につき，国家賠償法上の違法性を認めるのが相当である。……新法の隔離規定の違憲性を判断する前提として認定した事実関係については，国会議員が調査すれば容易に知ることができたものであり，また，昭和38年ころには，全患協による新法改正運動が行われ，国会議員や厚生省に対する陳情等の働き掛けも盛んに行われていたことなどからすれば，国会議員には過失が認められるというべきである」。政府はこれに控訴せずに，長年人権侵害で苦しめられてきたハンセン病患者の人権が多少守られた。これを受けて，2001（平成13）年，「特定障害者に対する特別障害給付金の支給に関する法律」が成立した。

在外邦人の選挙権に関する最高裁判例は，選挙権を比例区についてだけ認め，小選挙区について認めないのを違憲として，当事者訴訟において選挙権を確認した（最大判2005〔平成17〕・9・14民集59巻7号2087頁）ので，これは選挙権の

定め方を立法裁量ではなく，立法者の義務としたことになる（⇒第9章第6節）。しかも，これは，国家賠償訴訟においても，「立法の内容又は立法不作為が国民に憲法上保障されている権利を違法に侵害するものであることが明白な場合や，国民に憲法上保障されている権利行使の機会を確保するために所要の立法措置を執ることが必要不可欠であり，それが明白であるにもかかわらず，国会が正当な理由なく長期にわたってこれを怠る場合などには，例外的に，国会議員の立法行為又は立法不作為は，国家賠償法1条1項の規定の適用上，違法の評価を受けるものというべきである」としている。

　　＊　この最大判2005・9・14は，前記の最判1985・11・21の「国会議員の立法行為は，立法の内容が憲法の一義的な文言に違反しているにもかかわらず国会があえて当該立法を行うというごとき，容易に想定しがたい例外的な場合でないかぎり」という文言よりも，やや緩められた感がある。もっともこの最大判2005・9・14は，最判1985・11・21は以上と異なる趣旨をいうものではないとしているので，緩められたというのは，いささか早とちりではあろう。

　次にこの判決は，国会議員の過失を認定して，原告に1人5,000円の慰謝料まで認めた。

　「在外国民であった上告人らも国政選挙において投票をする機会を与えられることを憲法上保障されていたのであり，この権利行使の機会を確保するためには，在外選挙制度を設けるなどの立法措置を執ることが必要不可欠であったにもかかわらず，昭和59年に在外国民の投票を可能にするための法律案が閣議決定されて国会に提出されたものの，同法律案が廃案となった後本件選挙の実施に至るまで10年以上の長きにわたって何らの立法措置も執られなかったのであるから，**このような著しい不作為は上記の例外的な場合に当たり，このような場合においては，過失の存在を否定することはできない**。このような立法不作為の結果，上告人らは本件選挙において投票をすることができず，これによる精神的苦痛を被ったものというべきである。」

　　＊　これに対して，泉徳治判事の反対意見がある。
　　　「上記精神的苦痛は国家賠償法による金銭賠償になじまない」。
　　　「本件国家賠償請求は，金銭賠償を得ることを本来の目的とするものではなく，公職選挙法が在外国民の選挙権の行使を妨げていることの違憲性を，判決理由の中で認定することを求めることにより，間接的に立法措置を促し，行使を妨げられている選挙権の回復を目指しているものである。上告人らは，国家賠償請求訴訟以外の方法では訴えの適法性を否定されるおそれがあるとの思惑から，選挙権回復の方

法としては迂遠な国家賠償請求を，あえて付加したものと考えられる。……
　しかしながら，本件で問題とされている選挙権の行使に関していえば，選挙権が基本的人権の一つである参政権の行使という意味において個人的権利であることは疑いないものの，両議院の議員という国家の機関を選定する公務に集団的に参加するという公務的性格も有しており，純粋な個人的権利とは異なった側面を持っている。しかも，立法の不備により本件選挙で投票をすることができなかった上告人らの精神的苦痛は，数十万人に及ぶ在外国民に共通のものであり，個別性の薄いものである。したがって，上告人らの精神的苦痛は，金銭で評価することが困難であり，金銭賠償になじまない……。英米には，憲法で保障された権利が侵害された場合に，実際の損害がなくても名目的損害（nominal damages）の賠償を認める制度があるが，我が国の国家賠償法は名目的損害賠償の制度を採用していないから，上告人らに生じた実際の損害を認定する必要があるところ，それが困難なのである。
　そして，上告人らの上記精神的苦痛に対し金銭賠償をすべきものとすれば，議員定数の配分の不均衡により投票価値において差別を受けている過小代表区の選挙人にもなにがしかの金銭賠償をすべきことになるが，その精神的苦痛を金銭で評価するのが困難である上に，賠償の対象となる選挙人が膨大な数に上り，賠償の対象となる選挙人と，賠償の財源である税の負担者とが，かなりの部分で重なり合うことに照らすと，上記のような精神的苦痛はそもそも金銭賠償になじまず，国家賠償法が賠償の対象として想定するところではないといわざるを得ない。金銭賠償による救済は，国民に違和感を与え，その支持を得ることができないであろう。
　当裁判所は，投票価値の不平等是正については，つとに，公職選挙法204条の選挙の効力に関する訴訟で救済するという途を開き，本件で求められている在外国民に対する選挙権行使の保障についても，今回，上告人らの提起した予備的確認請求訴訟で取り上げることになった。このような裁判による救済の途が開かれている限り，あえて金銭賠償を認容する必要もない。
　前記のとおり，選挙権の行使に関しての立法の不備による差別的取扱いの是正について，裁判所は積極的に取り組むべきであるが，その是正について金銭賠償をもって臨むとすれば，賠償対象の広範さ故に納税者の負担が過大となるおそれが生じ，そのことが裁判所の自由な判断に影響を与えるおそれもないとはいえない。裁判所としては，このような財政問題に関する懸念から解放されて，選挙権行使の不平等是正に対し果敢に取り組む方が賢明であると考える。」
　この泉意見がこれまでの一般的な見解であったと思われるので，この判決は，これまでの思考を180度も転換するびっくりするようなものである（この問題の詳しい分析として，山本隆司・法教308号25頁以下。さらに，松田聡子「『立法行為と国家賠償』に関する覚書」小高古稀389頁以下参照）。さらに，そもそも，名目的な賠償を認めないと，原告の主張は理由があるのに，訴訟費用を負担させられるので，不合理であり，1円であれ認容して，原告勝訴とすべきである（末弘厳太郎『役人学三則』〔岩波現代文庫〕78頁）。

私見では，単に選挙権確認だけでは弁護士費用は回収できない。慰謝料の名目であれ，金銭賠償がなされて初めて弁護士費用が多少は回収され，当事者訴訟も提起しやすくなるので，この方向で工夫すべきである。理論的には国が選挙権確認を素直に認めずに抗争したことに過失ありとして賠償を認めることができる。

Ⅶ 過　　失

違法性に続いて，国家賠償責任の要件である故意・過失の有無の判定基準や判例学説におけるその活用状況，違法性との関係を学ぶ。民法の不法行為の知識を前提として，国家賠償法特有の問題について検討するものである。

1　過失の意義
(1)　過失の客観化

故意・過失の捉え方は，自己責任説，代位責任説という国家賠償責任（前記Ⅱ）の考え方に左右されるが，通説判例である代位責任説によれば，国家賠償責任を認めるためには公務員の故意・過失の認定が必要である。

もともとは，違法性が客観的要件であるのに対して，過失とは主観的要件であって，違法な結果が発生することを知るべきでありながら，不注意のためそれを知りえないである行為をする（しない）という心理状態をいい，故意は結果発生を予見しつつあえてこれを意図または認容して行動することであると説明されてきた。これを徹底すると，行為者個人の注意能力を基準とし，その内心の心理状態を探求する必要が生ずることになるが，それではたまたま当該公務員が無能であれば過失がないといった不合理な結果を招く。われわれは，公務員がその職務に応じた能力を有すると信頼して行動する。そこで，その職務を担当する通常の公務員に期待される注意能力を基準とすることになり，過失は抽象化・客観化されている。そこで，最近の民法学では，過失とは行為者の心理状態ではなく，客観的な結果回避義務違反であり，違法な結果を回避できたにもかかわらず回避しなかったことが非難原因＝帰責事由となるという説明が多い。ここでも，結果に対する予見可能性は結果回避義務の当然の前提となっている（以上，森島昭夫『不法行為法』〔有斐閣，1987年〕182頁）。

(2)　結果回避可能性

PCB入り食用油による大量食品公害事件であるカネミ油症事件では，食用油の副産物であるダーク油に異常があった。その病性鑑定をした農林省（当

時)の家畜衛生試験場は,無機性有毒物質の混入が一応否定されるというだけで,直ちに油脂そのものの変質による中毒が原因であるとの回答を出していたので,その間には論理の飛躍がある(有機性有毒物質がある。PCBもその例)。しかし,過失とは当該過失がなければ結果の発生ないし損害拡大の防止措置をとることができたかどうかで決すべきであるところ,患者が食用油を摂取して発病するまでに何らかの措置がとられなければ被害の拡大を阻止できなかったが,家畜衛試が短期間のうちに正しい結論を出せなかったのを過失というのは酷であるという判決(福岡地小倉支判1982〔昭和57〕・3・29判時1037号14頁)がある。

(3) 故　　意

不法行為においては,従来の考えでは刑法と異なり故意と過失は通常はほとんど差をもたらさないので,事案の解決のためには過失を認定するだけで十分であり,判例上,わざわざ故意を認定すること(デモ行進に連絡員として参加していた者が警察機動隊員に撲打されたデモ参加者撲打事件の1審判決,東京地判1986〔昭和61〕・2・14判時1207号81頁,判タ591号92頁等)は少ない。ただし,故意の場合に公務員個人の対外的賠償責任も競合的に肯定するとか(⇒前記Ⅲ5),懲罰的・制裁的慰謝料を認める(⇒本款末尾)とかすれば,故意特有の意味がある。

2　注意義務の程度

(1) 組織ミスと個人ミス,過失の客観化・推定

過失はいわば落度であるが,前記のように,職務上の過失である以上は,行為者個人の主観的な能力を基準とするのではなく,担当公務員に職務上要求される客観的な注意義務を基準とする。

過失というと,普通には現場の職員の過失であり,医療行為では現場の医師の過失が問題となるが,組織体で決定する行為については過失といっても行為者個人の内心の心理状態は問題にならず,そうした組織に期待される行為規範違反は違法であり,そうした組織に期待される注意義務違反が過失となるので,過失はかなり抽象化される。

法の解釈の誤りも通常は組織ミスである。各種の行政処分も,通常はその組織によりなされるので,組織ミスが問題となる。警察官が逮捕の際用いた暴力などが純粋の個人ミスである。学校事故は個人ミスの典型ともみられるが,先生個人のミスとは限らず,学校の教育条件の未整備や当該学校の方針が重なっ

て事故を発生させることが多いので、その限りで組織ミスでもある。

予防接種禍訴訟では、もともと接種担当の医師の問診義務が問題になっていたので、医師がそれなりに注意したにもかかわらず発生した犠牲は、いわば悪魔のくじ引きとして、過失はないとされてきた。しかし、東京高裁判決（1992〔平成4〕・12・18判時1445号3頁、判タ807号78頁）は、検診の体制の不十分さを当時の厚生大臣の過失だと捉えて過失判断を緩めた。これは個々人の過失には還元できない、組織体のミスを認めたものであり、過失の客観化・組織過失の典型例である。行政にとっては非常に厳しいと感じられている。

スモン訴訟（⇒前掲Ⅳ3）も同様の例であるが、前記（および後記Ⅸ2）カネミ訴訟では——よく誤解されるが——農水省の課長個人のミスが中心的な争点となっており、組織過失だけの例ではない。

組織過失をさらに進めると、制度そのものの欠陥ないし欠陥ある制度を作ったことを過失と考えることもある。初種痘年齢の引上げを遅延した厚生大臣の過失を認めた例（名古屋地判1985〔昭和60〕・10・31判時1175号3頁、判タ573号10頁）や制度的な理由による認定審査の遅れを理由に慰謝料請求を認めた水俣待たせ賃訴訟高裁判決（福岡高判1985〔昭和60〕・11・29判時1174号21頁、判タ574号27頁、ただし、その最判はこれを破棄差し戻した。最判1991〔平成3〕・4・26民集45巻4号653頁〔百選450頁、阿部「水俣病認定遅延国家賠償訴訟最高裁判決」重判解平成3年度44頁〕参照）がそうである。

(2) 当該職務権限との関係における予見可能性

いわゆる欠陥バドミントン・ラケット公売事件の最高裁判決（1983〔昭和58〕・10・20民集37巻8号1148頁）は、予見可能性と結果回避義務違反を過失の内容としている。これは、税関長が輸入業者不明のため収容して公売に付したバドミントン・ラケットに欠陥があって、最終消費者が遊戯中にグリップから抜けた鉄パイプ製のシャフトが目に当たり失明寸前の被害に遭った事件である。

1、2審判決は、税関長は製造業者と同じ売主としての立場で、玩具の欠陥によって使用者等の生命・身体・財産を侵害しないようその安全に配慮すべき注意義務があるとして過失責任を認めた（神戸地判1978〔昭和53〕・8・30判時917号103頁、大阪高判1979〔昭和54〕・9・21判時952号69頁）。

しかし、最高裁は、税関長が関税法84条1項により公売する場合の注意義務については、製造業者の注意義務より軽減されるという立場を示して破棄差

戻しした。その理由は，税関長に過失ありとするためには，その貨物を公売すると，最終消費者に瑕疵のあるままで取得される可能性があり，しかも合理的期間内において通常の用法に従って使用されても，上記瑕疵により最終消費者の損害の発生を予見すべきであったと認められ，かつ，税関長において最終消費者の損害の発生を未然に防止しうる措置をとることができ，かつそうすべき義務があったにもかかわらずこれを懈怠したと認められることが必要であるとした。

そして，税関長は多種多様な貨物のそれぞれについて製造業者並みの専門知識を有することを要求されないから，税関長の通常有すべき知識経験に照らすと容易に瑕疵を知りえたと認められる場合にのみ注意義務違反を問う余地があること，税関長は生命・財産を害する急迫した危険を生ずるおそれがあるものまたは腐敗・変質その他やむをえない理由により著しく価値が減少したもので買受人がないものを廃棄することができる（同法84条5項）が，それ以外の場合には貨物を公売しなければならず，しかも，その貨物を修復する権限または義務もなく，税関長は公売に付した貨物の買受人との売買契約において上記瑕疵を修復すべき義務を負わせ，その履行を確保しうるのみで，税関長がこうした措置を講じたときは結果回避義務を尽くしたと解するのが相当であるとした（その差戻審の大阪高判1984〔昭和59〕・9・28判時1143号88頁は過失を否定）。

ここでは，税関における玩具の公売に際し税関長は製造業者なり流通に関与した業者と同一の注意義務を負うかが争点になっている。税関長は売主でないわけではないが，販売物件を自由に選択でき，販売をやめることもできる民間の売主とは異なり，法律により権限も自由も制約された売主であるから，その注意義務を製造業者のそれと同視するのは酷であり，この判旨は，私法にとらわれず，行政法規に基づく特殊な売買の責任を解明した点で方向としては基本的に妥当である。製造業者と同一の注意義務を負うのは，貨物を落札して国内で流通に置いた業者であろう。ただ，税関長は生命・財産を害する急迫した危険を生ずるおそれがあるものを廃棄することができるのであるから，その観点からの商品検査を怠ってはならないはずである。

3　予見可能性判定の具体例
(1)　判例政策

予見可能性にも程度があるので，それが具体的にどの程度であれば結果回避

義務を生じて過失と言えるかが重要な問題である。極端なことを言えば、車に乗るだけで交通事故の可能性は増え、子供を学校に行かせれば、いじめに遭う（あるいはいじめる方にまわる）可能性が増えるので、事故があったときは、加害（被害）の抽象的な予見可能性がなかったとは言えないが、その程度の予見可能性では行動を左右するものではないので、過失（落度）とは言えまい。そこで、予見可能性の判定基準を具体例で検討することが必要である。

ここで、予見可能性としては、発生が予見される損害の内容がどの程度具体的か、抽象的かと、損害の発生の可能性の高低を区別すべきであると言われる（芝池義一「国家賠償法における過失の二重性」民商 112 巻 3 号 356 頁）。

スモン訴訟では、予見の対象をスモン病そのもの、何らかの神経障害、何らかの危惧とする 3 つの説があるが、被害を防止する行為を動機づけるものとしては何らかの神経障害を予見できれば十分であろう（東京地判 1978〔昭和 53〕・8・3 判時 899 号 48 頁〔219 頁、299 頁〕）。

損害発生の高低については、判例は不統一である。領域により異なる判例政策を採っていると善解することも可能であるが、その全体像はなかなかわからない。前科回答事件（⇒第 6 章第 3 節Ⅲ3）では、過失は容易に認められたが、学校関係の最高裁判例、登記関係の判例では過失は簡単には認められなくなった（阿部・国家補償 164 頁以下）。ここでは、法的な思考を訓練するのにふさわしい学校事故と医師の問診義務の具体例を取り上げる。

(2) 学 校 事 故

過失の意義に関して、判例が蓄積され、議論しやすいものに、先生の不作為に起因する学校事故がある。

学校事故は、種類も多様であって、先生が直接加害者となる場合（体罰、いじめ、指導の誤り等）もある（教師の指導の誤りで「助走つき飛込み」をしてプールの底に頭を激突させた事件として、最判 1987〔昭和 62〕・2・6 判時 1232 号 100 頁、判タ 638 号 137 頁）が、ここでは生徒間の争いその他の危険から生徒を守らなかったという不作為型（遠藤博也のいわゆる守備ミス型）の不法行為について、最近の最高裁判例を検討してみよう。

これについては教師の生徒保護監督義務が前提となるが、その内容・程度は教育活動の特質（危険の有無）、場所（校内、校外）、時（授業中、放課後等）、課外活動の性質（正規、任意）、児童の年齢、知能等諸般の事情により異なり、それ

を考慮して当該事故が学校生活において通常生ずることが予測され，または予測可能性がある場合には，教師の上記義務違反の責任が生ずることになる。

判例は必ずしも統一的ではなく，特に下級審ではいたずらっ子を常時監督せよといった，教育の現場では不可能なことを要求している感があり，裁判所は被害が重大なので，損害を塡補させるために教師の過失を非常にフィクション的に認定していると言われる。しかし，最高裁は教師の注意義務について，従来は，抽象的なものでは足らず，かなり具体的なものを要求し，この傾向に歯止めをかけようとしているようにみえた。

Case 1 : トランポリン喧嘩事件

中学校の生徒が，放課後，顧問教師不在の体育館において，トランポリンを持ち出して遊び，課外クラブ活動中の運動部員の練習の妨げとなる行為をしたとして，同部員と喧嘩して殴打され左眼を失明した。

原審では，体育館の使用方法等について生徒間で紛争が起きることが予想されたから，部の顧問教諭は部活動の時間は体育館内にあって生徒を指導監督する義務があるとして，その過失を認めた。

しかし，最高裁（最判 1983〔昭和 58〕・2・18 民集 37 巻 1 号 101 頁）は，顧問教諭が体育館で監督しなかったことを過失とするためには，喧嘩が具体的に予見可能なものであったことを要するとして，破棄差戻しした。

原審が予見について抽象的なもので済ませたのに対して，最高裁判決が予見に具体的なものを要求している根拠は，中学生の課外のクラブ活動中の事件で，生徒の自主性を尊重すべきものであるという点にある。しかし，自主的活動でも顧問教諭の立会い義務がある（秋山義昭・百選Ⅱ2 版 283 頁）との反対説がある。なお，その射程範囲は，小学生の課外活動とか，また，中学生の正課のクラブ活動における事故には及ぶまい。さらに，本件は課外クラブ活動自体の危険から発生したものではなく，いわば偶発的な事件である。そこで，柔道，空手，剣道，体操など，それ自体に危険が内在する課外のクラブ活動については，顧問教諭の立会い義務があると言うべきであろう（この点はこの判決の解説である石井彦壽・判解民昭和 58 年度 53 頁およびその引用文献と大橋洋一・法協 103 巻 1 号 163 頁参照）。

Case 2 : ラグビー・タックル死亡事件

呼びかけに応じて社会人チームのラグビーの試合に参加した高校生が社会人にタ

第 11 章　国家補償法

ックルされて死亡した事件において，東京高裁判決（1979〔昭和54〕・12・11判時958号63頁，判タ416号76頁）は，ラグビーは技能，体力，筋力等に差があると危険性も大であるという技能格差論により，その指揮監督者は，相手方チームの実力に注意を払うほか，出場する高校生の技能，体力，体調等にも注意し，もって生徒の生命，身体に不測の事態が生じないよう注意する義務があるとし，この事故はこの注意義務違反から生じたものとした。

最高裁判決（1983〔昭和58〕・7・8判時1089号44頁，判タ506号81頁）は，これに対し，両チームの技能，体力等の格差に起因する不慮の事故が起こることのないようにすべき注意義務があるとして，技能格差論自体は承認しつつ，原審は，対戦チームが単に年齢22，23歳の者をもって構成される県下Bリーグ上位の実力を有すると認定しただけで，同チームが高校生に勝る技能，体力を有すると認めるのが相当としたにとどまり，本件においてはたして同チームの技能，体力が具体的に高校生の技能，体力に比較してどの程度勝っているものであり，したがって高校生を同チーム相手の練習試合に参加させることによって死亡事故等が発生することを予測させるまでの技能，体力の格差があったかどうかについて，何ら審理しないまま，教諭の注意義務違反を認定している点において，過失に関する法令の解釈適用を誤り，違法とした。

注意義務について，原審がかなり一般的抽象的に認定したのに，この判決は，かなり具体的な判断を要求しているものと言える。この判決は，自主的な判断が期待できる高校の3年生で，ラグビー部の主将であった本件の被害者に限っては理由がある（西埜章・判評302号〔判時1105号〕208頁は賛成）とも言える。しかし，死亡事故が発生することを予測させるまでの技能，体力の格差の証明は一般論としても難しく，この判決の注文は無理難題に近いとも感ずる。

Case 3：**画鋲付紙飛行機傷害事件**

放課後教師の許可の下に教室に居残って図工ポスターを作っていた小学校5年生が遊戯中の級友の飛ばした画鋲付紙飛行機を左眼に受けて視力を著しく低下させた事案である。

判決は，小学校高学年生には相当の判断能力があるから，教師としては，正規の教育活動が終了した以上，危険の発生を予測できる特段の事情がない限り，つきっきりで監督する義務はなく，事故も予測可能性はなかったとした（福岡地小倉支判1981〔昭和56〕・8・28判時1032号113頁，最判1983〔昭和58〕・6・7判時1084号70頁，判タ500号117頁）。

これに対して，学習中の児童と遊戯中の児童とは関心の対象を異にするから，遊戯中の児童の危険な行為によって学習中の児童が被る危険度は一般の場合よりはるかに高いとして，無用の児童の居残りを放任したことには明白な過失があるとの批判（今村成和〔解説〕・法教36号75頁）がある。

Case 4：**教師面前わるふざけ傷害事件**

県立高校の体育の授業終了のころ，生徒が同級生十数名から悪ふざけでウレタン

マットをかぶせられ踏み付けられるなどして頭椎骨折等の傷害を受けた事件である。
　これは教師の監視しうる場所で公然と多数の生徒によってなされたという理由で教師の過失が認定された（最判1984〔昭和59〕・2・9判例自治5号76頁）。当然の判示であろう。

Case 5 ：網膜剝離事故通知懈怠事件
　小学校6年生がサッカーボールで右眼部を直撃され、後に外傷性網膜剝離に罹っていることが判明し、視力は回復しなかった。学校が親に事故を通知しなかったことに過失があるかが争点となった。
　最高裁判決（1987〔昭和62〕・2・13民集41巻1号95頁、判時1255号20頁）は、その子は事故後、外観上何らの異常も認められず、本人も異常がないと言明していたから、後に本人が眼に異常を訴えたときに保護者が適切な処置を講ずることを期待することで足り、教師に過失はないとした。
　しかし、外傷性網膜剝離は自覚症状のないまま進行するので、本人が異常がないといっても、精密検査を受けさせるべきではないか（宇賀克也・法教80号124頁）。その程度の医学知識は、学校の先生であれば当然に有すべきものであり、仮に担当の教師にはその知識がなくても、養護教諭等判断能力を有すべき教師に聴くべきであって、教師に期待される注意義務違反と言うべきである。
　以上は、〔教師面前わるふざけ傷害事件〕以外は、過失否定例で、しかも、トランポリンとラグビーの事件は過失を認めた原審の判断を覆したものである。最高裁はこの種の事故の予見可能性については相当に具体的なものを要求していると分析できるであろう。

Case 6 ：サッカー中落雷事件
　ところが、最高裁は2006（平成18）年になって、具体的な予見可能性と言いながら、相当に抽象的な危険でも対応することを求める判断をした（最判2006〔平成18〕・3・13判時1929号41頁、判タ1208号85頁）。実質的には判例が変わったと言える。
　これは、高校生がサッカー試合に出場中に、落雷で重傷を負った事件である。高裁（高松高判2004〔平成16〕・10・29判時1913号66頁）では次の理由で賠償責任を否定した。
　〈A高校の第2試合の開始直前ころには、遠雷が聞こえており、かつ、本件運動広場の南西方向の上空には暗雲が立ち込めていたのであるから、自然科学的な見地からいえば、B教諭は、落雷の予兆があるものとして、上記試合を直ちに中止させて、同校サッカー部員を安全な空間に避難させるべきであったということになる。しかし、社会通念上、遠雷が聞こえていることなどから直ち

に一切の社会的な活動を中止又は中断すべきことが当然に要請されているとまではいえないところ，平均的なスポーツ指導者においても，落雷事故発生の危険性の認識は薄く，雨がやみ，空が明るくなり，雷鳴が遠のくにつれ，落雷事故発生の危険性は減弱するとの認識が一般的なものであったと考えられるから，平均的なスポーツ指導者がA高校の第2試合の開始直前ころに落雷事故発生の具体的危険性を認識することが可能であったとはいえない。そうすると，B教諭においても，上記時点で落雷事故発生を予見することが可能であったとはいえず，また，これを予見すべきであったということもできない。〉

　これに対して，最高裁は，次の理由で国家賠償責任を肯定した。

　「教育活動の一環として行われる学校の課外のクラブ活動においては，生徒は担当教諭の指導監督に従って行動するのであるから，① 担当教諭は，できる限り生徒の安全にかかわる事故の危険性を具体的に予見し，その予見に基づいて当該事故の発生を未然に防止する措置を執り，クラブ活動中の生徒を保護すべき注意義務を負う。」

　「落雷による死傷事故は，② 平成5年から平成7年までに全国で毎年5〜11件発生し，毎年3〜6人が死亡しており，また，落雷事故を予防するための注意に関しては，③ 平成8年までに，本件各記載等の文献上の記載が多く存在していたというのである。そして，更に……④ A高校の第2試合の開始直前ころには，本件運動広場の南西方向の上空には黒く固まった暗雲が立ち込め，雷鳴が聞こえ，雲の間で放電が起きるのが目撃されていたというのである。そうすると，上記雷鳴が大きな音ではなかったとしても，⑤ 同校サッカー部の引率者兼監督であったB教諭としては，上記時点ころまでには落雷事故発生の危険が迫っていることを具体的に予見することが可能であったというべきであり，また，予見すべき注意義務を怠ったものというべきである。このことは，⑥ たとえ平均的なスポーツ指導者において，落雷事故発生の危険性の認識が薄く，雨がやみ，空が明るくなり，雷鳴が遠のくにつれ，落雷事故発生の危険性は減弱するとの認識が一般的なものであったとしても左右されるものではない。なぜなら，上記のような認識は，⑦ 平成8年までに多く存在していた落雷事故を予防するための注意に関する本件各記載等の内容と相いれないものであり，当時の科学的知見に反するものであって，その指導監督に従って行動する生徒を保護すべきクラブ活動の担当教諭の注意義務を免れさせる事情とはな

これは，これまでの判例と比べて，予見可能性をきわめて抽象化していると思われる。①は，妥当であろう。生徒が自主的に判断して行動することが許される場ではないから，教師ができるだけ安全を確保する義務を負うのは当然である。

　しかし，落雷による死傷事故が②であるなら，学校でのスポーツ中でもそれほど高いリスクとは言えないだろう。

　　*　③の文献としては，原審の認定では次のようである。
　　　落雷の研究における我が国の第一人者とされるH大学工学部教授が編集委員長となっている日本大気電気学会編の『雷から身を守るには──安全対策Q&A』(1991年)には，「雷の発生，接近は，人間の五感で判断する，ラジオ，無線機を利用する，雷注意報などの気象情報に注目する等の方法があります。しかし，どの方法でも，正確な予測は困難ですから，早めに，安全な場所（建物，自動車，バス，列車等の内部）に移っていることが有効な避雷法です。」，「運動場等に居て，雷鳴が聞こえるとき，入道雲がモクモク発達するとき，頭上に厚い雲が広がるときは，直ちに屋内に避難します。雷鳴は遠くかすかでも危険信号ですから，時を移さず，屋内に避難します」との記載があった。これと同趣旨の落雷事故を予防するための注意に関する文献上の記載は，1996（平成8）年までに，多く存在しており，例えば，I（気象庁長期予報課勤務）著の『夏のお天気』(1986年)には，「雷鳴の聞こえる範囲は，せいぜい20kmです。雷鳴が聞こえたら，雷雲が頭上に近いと思った方が良いでしょう。また落雷は雨の降り出す前や小やみのときにも多いことが分かっています。遠くで雷鳴が聞こえたら，すぐに避難し，雨がやんでもすぐに屋外に出ないことが大切です。」との記載が存在し，また，J（東京学芸大学附属小金井小学校副校長）編の『理科室が火事だ！どうする？』(1990年)には，「遠くで『ゴロゴロッ』と鳴り出したら，もう危険が迫っているわけですから，早めに避難するようにしましょう。」との記載が存在するなどしていた。

　しかし，これらの説明はきわめて抽象的で，雷が聞こえたら逃げろという絶対的な安全策を主張しているだけであり，現実の危険を判定するための視点を提供しているものではない。

　④の事実だけでは，かなり抽象的で，落雷を具体的に予見できたとは言いにくい。たいていの場合，危険は生じないから，オオカミ少年になる。⑦は，指導者の一般的な認識は文献に照らし注意義務を免除するものではないとする。これは，科学的知見に反する一般的な認識は基準とならないとの厳しいものである。

したがって，これまでの判例の立場からすれば，原審が妥当であろうが，ここで最高裁も，学校という，生徒が自己の判断で逃げることができない場では，先生の注意義務を強化したものと解すればよいと思われる。

　＊　さらに，この最判は，「A高校の第2試合の開始直前ころまでに，B教諭が落雷事故発生の危険を具体的に予見していたとすれば，どのような措置を執ることができたか，同教諭がその措置を執っていたとすれば，本件落雷事故の発生を回避することができたか，……などについて，更に審理を尽くさせるため」原審に差し戻した。これは結果回避可能性の有無を審理させるものであるが，落雷事故発生の危険を具体的に予見できたのであれば，それにもかかわらず試合を続行する選択肢はなく，試合を中断して，様子を見ればよいのであるから，わざわざ差し戻すほどであろうか。
　　この差戻し控訴審高松高判2008（平成20）・9・17（判時2029号42頁，判タ1280号72頁）は，グラウンドの周囲に10メートル間隔で立つ高さ7，8メートルのコンクリート柱周辺に落雷を回避できる「保護範囲」が存在し，そこに誘導すれば，事故は防げたとして，高校などに3億円余の支払を命じた（**問題⑦**）。

Case 7：ベスト振り回し事件

　公立小学校3年の児童が，朝自習の時間帯に離席して，落ちていたベストのほこりを払おうとして同ベストを頭上で振り回したところ，これが別の児童の右眼に当たり当該児童が負傷した事故（ただし，順調に回復し，後遺症はない）につき，原審は教師の過失を認めたが，最高裁は，教室内にいた担任教諭に児童の安全確保等についての過失はないとした（最判2008〔平成20〕・4・18判時2006号74頁，判例自治306号73頁）。

　原審は，次のように担任教諭の注意義務を厳しく要求した。

　本件事故は，「担任教諭が教壇付近の自席に座っていた教室内で発生したものであり，しかも，担任教諭の席の周りには，4，5名の児童がやってきて話をしていたのであるから，他の児童も席を立ったりして気ままな行動に出やすいことも考えられる状況であったこと，Aの一連の動きは時間的にも瞬時といえるほど短いものではないこと，教室の大きさ，児童数からみて，担任教諭が教室全体を注視するのは物理的に決して不可能ではないこと，児童の日ごろからの傾向を見て児童が離席し動き回ることも予測して，学級の約束として『用もないのに自分の席を離れない』と定めるなどしていたことからすると，<u>担任教諭も，本件事故におけるような行為もあり得ると予想して，その都度児童各人に具体的な注意を与えることにより，事故の発生を未然に防止すべきで</u>

あった。しかるに，担任教諭は，自席の周りにいた4，5名の児童に気を取られ，教室内全体の動向観察を怠ってAの問題行動に全く気付かず，これを阻止することができなかったために本件事故を発生させたものである」と。

これに対して，最高裁は，過失を否定した。

「本件事故は，朝自習の時間帯に，教室入口付近の自席に座っていた担任教諭の下に4，5名の児童が忘れ物の申告をするなどの話をしに来ており，被害児童自身も，教科書を机に入れたりした後，ランドセルをロッカーにしまおうとして席を立ったという状況の下で発生したのであるが，朝自習の時間帯であっても，朝の会に移行する前に，忘れ物の申告等担任教諭に伝えておきたいと思っていることを話すために同教諭の下に行くことも，教科書など授業を受けるのに必要な物を机に入れてランドセルをロッカーにしまうことも，児童にとって必要な行動というべきであるから，『用もないのに自分の席を離れない』という学級の約束は，このような児童にとって必要な行動まで禁じるものではなく，児童が必要に応じて離席することは許されていたと解されるし，それは合理的な取扱いでもあったというべきである。そして，<u>加害児童Aが日常的に乱暴な行動を取っていたなど，担任教諭において日ごろから特にAの動静に注意を向けるべきであったというような事情もうかがわれないから</u>，Aが離席したこと自体をもって，担任教諭においてその動静を注視すべき問題行動であるということはできない。また，……Aは，離席した後にロッカーから落ちていたベストを拾うため教室後方に移動し，ほこりを払うためベストを上下に振るなどした後，更に移動してベストを頭上で振り回したというのであり，その間，担任教諭は，教室入口付近の自席に座り，他の児童らから忘れ物の申告等を受けてこれに応対していてAの動静を注視していなかったというのであるが，<u>ベストを頭上で振り回す直前までのAの行動は自然なものであり，特段危険なものでもなかったから，他の児童らに応対していた担任教諭において，Aの動静を注視し，その行動を制止するなどの注意義務があったとはいえず，Aがベストを頭上で振り回すというような危険性を有する行為に出ることを予見すべき注意義務があったともいえない</u>。したがって，担任教諭が，ベストを頭上で振り回すという突発的なAの行動に気付かず，本件事故の発生を未然に防止することができなかったとしても，担任教諭に児童の安全確保又は児童に対する指導監督についての過失があるということはできない。」

第11章　国家補償法

　原審は教師に相当高度の注意義務を要求するもので，このような任務を果たせる教師は何人に一人いるのだろうと思うと，最高裁の方が普通の先生の水準であろう。

> **Q**　学校事故被害救済保険制度はどうなっているか。国家賠償は不要か。過失の認定については抽象的なものと具体的なものとがあるが，それぞれどういう効果なり機能があるか。先生に萎縮効果を生じさせないように，しかし，賠償を認めるにはどうすればよいか。

　現在は，独立行政法人日本スポーツ振興センターの災害共済給付の制度があり，充実されてきたが，なお，重い障害を一生背負う者にとってはきわめて安い（死亡2,800万円，障害見舞金は3,770万円を限度，日本スポーツ振興センター法施行令3条）。この現状において被害者を救済しようとすれば，国家賠償による上積みを求めて，先生の過失をきわめて抽象的なレベルで認定することになる。これは被害者救済の方便の面がある。とはいっても名指しされた先生は責任を問われるので，先生は事故を回避するために萎縮する。この弊害に着目して，教育活動を萎縮させまいとすれば，最高裁の多数判例のように先生の予見可能性について具体的なものを要求することになるが，被害者の救済は不十分になる。

　過失の認定による先生の萎縮効果をなるべく防止するためには，判例のように具体的な予見可能性を要求するよりも，学校のシステム自体に欠陥があるといったような，組織過失の認定を心がける方が適切であろう。

　立法論としては，上記の災害共済給付制度の中で障害給付を一生普通の生活を送れるように充実すべきである。

　(3)　医師の問診義務——輸血梅毒事件，予防接種における問診

　医療についても賠償責任が問われる場合は多様であるが，医師の問診義務の範囲は性質上最高度の注意義務を要するとして厳格に解されている。

Case 1：**輸血梅毒事件**

　いわゆる輸血梅毒事件（ただし，これは国家賠償訴訟ではなく，民事事件である）とは，売血者が東大病院に血液検査陰性の証明書を持参したので，医師が単に「からだは丈夫か」と質問しただけで採血したところ，その血が梅毒に汚染されていたため，輸血を受けた者が梅毒に罹患した事件である。梅毒は潜伏期間中なら伝染はするが血液反応には現れない（感染しても血液中に抗体ができるまで

時間がかかる）ので，科学的には梅毒感染の有無を検査する方法は普通にはない（ちなみに，エイズにも類似の問題がある）。最高裁判決（1961〔昭和36〕・2・16民集15巻2号244頁）は，医師に危険防止のための最善の注意義務を課し，「**具体的かつ詳細な問診をなせば，……梅毒感染の危険あることを推知しうべき結果を得られなかったとは断言し得ない**」として過失を認めた。売春婦に接したなど思いあたる者が正直に答えることはまず期待できないので，これは過失の衣を着た無過失責任であるとの説もあったくらい，医師に厳しいものであった（医事法百選〔2006年〕178頁参照）が，感染の有無を知る唯一の手段が問診であり，被害者にまったく落ち度がなく，被害が重大であることにかんがみ正当化できるのであろう。

Case 2：予防接種禁忌者の判定のための予診

予防接種をすべきではない禁忌者であるかどうかの判定において，最高裁は後遺症が発生したら予診が尽くされていないとの過失の推定をしている（最判1991〔平成3〕・4・19民集45巻4号367頁〔百選448頁，医事法百選52頁〕）。

すなわち，「予防接種によって重篤な後遺障害が発生する原因としては，被接種者が禁忌者に該当していたこと又は被接種者が後遺障害を発生しやすい個人的素因を有していたことが考えられるところ，禁忌者として掲げられた事由は一般通常人がなり得る病的状態，比較的多く見られる疾患又はアレルギー体質等であり，ある個人が禁忌者に該当する可能性は右の個人的素因を有する可能性よりもはるかに大きいものというべきであるから，<u>予防接種によって右後遺障害が発生した場合には，当該被接種者が禁忌者に該当していたことによって右後遺障害が発生した高度の蓋然性があると考えられる。したがって，予防接種によって右後遺障害が発生した場合には，禁忌者を識別するために必要とされる予診が尽くされたが禁忌者に該当すると認められる事由を発見することができなかったこと，被接種者が右個人的素因を有していたこと等の特段の事情が認められない限り，被接種者は禁忌者に該当していたと推定するのが相当である。</u>」

1年1ヵ月の男児が1週間前からある病気に罹患していたのに気づかずにインフルエンザ予防接種を受けた結果翌日死亡した事件において，最高裁判決（1976〔昭和51〕・9・30民集30巻8号816頁）は，医師に，単に概括的・抽象的な質問をするだけでなく，禁忌者を識別するに足るだけの具体的な質問をする

ことを要求し，それを尽くさなかったために禁忌者の識別を誤って予防接種をした場合において，接種対象者が副作用により死亡すれば，前記結果の予見可能性および医師の結果予見義務違反が推定されるとした。この判決は医師側からみると厳しすぎるという反応もあったくらいである（宇都木伸＝平林勝政〔解説〕・ジュリ631号99頁参照）。

4 法解釈の誤り・調査不十分と過失の有無

Q 刑法では法の解釈を誤ったら過失どころか故意があるとされる（刑38条3項）のに，国家賠償訴訟では，法解釈を誤っても，違法だが過失がないとされることがある。なぜか。

刑法では，法解釈の誤りは違法性の錯誤で故意を阻却しないとするのが一般的である。その理由は，法律こそ知らなくとも許されないことはわかっているはずあるから，それで不処罰にするのはかえって不公平だからであろう（もっとも刑法でも，法律を知らないため違法性の意識がなく，その点について相当の理由がある場合には故意を阻却するとの立場も有力である）。

これに対して，国家賠償では**法律解釈に関し異なる見解が対立し，実務上の扱いも分かれている場合，相当の根拠のある一方の解釈を採ったら故意どころか過失もない**（最判1971〔昭和46〕・6・24民集25巻4号574頁等）し，判例学説に見るべきものがなかったときも，相当の根拠のある説によって処理したことに過失がない（建築敷地の重複使用を理由に建築確認を拒否したことは違法ではあるが，過失はない。東京地判1977〔昭和52〕・4・22判時873号70頁，東京高判1979〔昭和54〕・9・27判時939号26頁，判タ403号97頁）とされている。法の解釈はしばしば十人十色であるのに，法の運用にあたる者はいずれかの解釈を採らざるをえないから，それなりに根拠のある解釈を採ったとき後日その解釈が裁判所で承認されないからといって過失（予見可能性と結果回避可能性があること）があることにはならないからである。

その他の例として，国際政治的な理由による輸出不承認処分は外為法（当時の外国為替及び外国貿易管理法）に違反するが，その解釈には過失はないとされたココム訴訟（東京地判1969〔昭和44〕・7・8行集20巻7号842頁，判時560号6頁），おもちゃのピストルを銃刀法（銃砲刀剣類所持等取締法）にいう銃砲に当たるとしてした製造販売中止の行政指導が違法ではあるが，専門家の意見を聴く等により注意義務を果たしたとされたコンドルデリンジャー事件（東京地判

1976〔昭和51〕・8・23判時826号20頁）を挙げておく。ただ，これらの例は結果違法説に立つもので，もしこれに違法過失一元説が適用されれば違法性もなくなるであろう。

また，自治体が弁護士法23条の2に基づく照会に対して個人の前科を回答した結果，これが広く知られてしまった前科回答事件において，判例（最判1981〔昭和56〕・4・14民集35巻3号620頁，判時1001号3頁〔百選88頁〕，⇒第6章第3節3）は，「漫然と弁護士会の照会に応じ，犯罪の種類，軽重を問わず，前科等すべてを報告することは」違法かつ有過失としているが，環昌一判事が上記回答は十分成り立ちうる見解に立脚したもので過失なしとしているのも同様であろう。

さらに，在留資格を有しない外国人を国民健康保険の適用対象として認めない厚生省通知に従ってなされた被保険者証交付拒否処分は違法である（この点については第3章第1節）が，当該通知には相当の根拠があり，在留資格を有しない外国人が適用対象となるかどうかについて定説がなかった状況からすると，当該通知を発した国の公務員および処分をなした地方公共団体の公務員に過失があったとは言えない（最判2004〔平成16〕・1・15民集58巻1号226頁，判時1850号16頁〔百選454頁〕）。

これに対して，**通達を違法・過失ありとして，国家賠償を認めた判例**もある。2つ挙げよう。

その1つは，産業廃棄物の自己処理に関する解釈にかかわるもので，産業廃棄物の収集・運搬・処分は許可制とされているが，排出事業者が自ら搬出し，または処分する場合には許可は不要である（廃掃14条1項但書き）。厚生省通達では，建設工事現場から排出される産業廃棄物の処理について，処理責任を負うのは建設工事を発注者から直接に請け負った者（元請け業者）であり，元請け業者以外の者（下請け業者など）が処理を行うときは，産廃処理業の許可を要するとしていたが，判決は，建物の解体工事の場合には，それを業として行う者が廃掃法にいう「事業者」に当たり，同人がその解体工事から排出された産業廃棄物を自分で運搬・処分する場合には，下請けでも上記の許可不要の場合に当たるとした。しかも，厚生省の解釈には，法の文言などに照らすと相当の根拠があったとは言えず，この誤った解釈につき厚生省の担当官に過失があったとした（東京高判1993〔平成5〕・10・28判時1483号17頁，判タ863号173頁，橋

本博之〔解説〕・ジュリ 1043 号 71 頁〔1994 年〕)。

　もう1つは，在外被爆者除外通達の違法過失を認めた最判 2007（平成 19）・11・1（民集 61 巻 8 号 2733 頁〔重判解平成 19 年度 40 頁〕) である。これは，原爆特別措置法はなお日本国内に居住関係を有する「被爆者」に対してのみ適用されるものであるから，「被爆者」がわが国の領域を越えて居住地を移した場合には，当該「被爆者」には同法は適用されず，同法に基づく健康管理手当等の受給権は失権の取扱いとなるものと定めるいわゆる 402 号通達（昭和 49 年）は，明文の根拠規定もなしに，いったん適法，有効に取得された法律上の地位を，日本からの出国という事実のみをもって，当然かつ一方的に失わせるという，他の同種の制度ではみられないものであるうえ，被爆者に対して重大な影響を及ぼすものであることを考慮すると，402 号通達を作成し，発出するにあたっては，日本からの出国によって失権するという解釈や取扱いに法律上の根拠があると言えるのかどうかについて十分に調査検討する必要があったと言うべきであり，そうしていれば，402 号通達の失権取扱いの定めが違法であることを認識することは十分に可能であったものと認められる。しかるに，国は，402 号通達の作成，発出の際の具体的事情について明らかにしようとせず，本件全証拠によっても，十分な調査検討が行われたものと認めることはできない。それにもかかわらず，誤った法律解釈に基づいて 402 号通達を作成，発出し，これに従った失権取扱いを継続したことは，法律を忠実に解釈すべき職務上の基本的義務に違反した行為と言うべきであり，少なくとも過失が認められる，とした。これはもちろん組織過失である。

　5　権力行為には過失の推定を

　行政機関は，不利益処分や行政強制について，事前に裁判所の判決を取ることなく，自力執行することができる。それに過失がないと，処分が違法でも，被処分者は救済されない。これは気の毒すぎる。そして，民事の仮処分や仮執行宣言は，仮の判断に基づく執行であるが，結果として間違えば，過失が推定され，または無過失で賠償しなければならない（⇒第 7 章第 3 節Ⅰ2，第 9 章第 3 節Ⅰ3）。そうであるならば，行政が，自力執行する場合も，過失を推定すべきである。

Ⅷ 違法と過失・不当との関係，抗告訴訟と国家賠償訴訟の関係

1 違法性の意義，違法と過失の関係，民事法的解釈と法治国家的解釈

> **Q** 取消訴訟における違法性は行為規範違反であるのに対して，国家賠償における違法性は損害の公平な分担の観点から定められるから，両者の違法性は一致するとは限らないという説（違法性相対説）は妥当か。

(1) 違法性相対説の問題提起

争いの原因となった行為が国民の権利義務を左右し確定する法律行為であるならば，それは行政行為と呼ばれ，法律による行政の原理により行政法規の根拠があるはずである（それがなければ当然に無効である）。そうした行為については適法・違法の判定は当該行政法規に照らして判定する。抗告訴訟ではそうした行為を対象とするのが原則である。そして，もともと，違法性は抗告訴訟でも国家賠償訴訟でも同じであり（違法性同一説），国家賠償法は，違法と過失を別個の要件としているので，これを別々に判断する（違法過失二元説）のが従来の考え方であった。

これに対して有力説では，国家賠償訴訟は損害の塡補を目的とするから，その違法性も損害の公平な分担の角度から定められ，根拠法令に違反しても国賠法上は違法にならないことがあると言われる。例えば，警察官の実力行使が警職法5条に違反はするが，被害者が先に暴力沙汰に及んだことと，実力行使の程度と結果等を勘案して，国賠法1条の違法行為とは認めなかった判例（東京高判1978〔昭和53〕・10・17判時916号35頁）がある。違法建築物に対する水道の給水保留事件（阿部・事例解説〔27〕）の高裁判決では，給水保留は，正当な理由がなければ給水を拒否できないとする水道法15条に違反するとみられないではないとしつつ，行政法規たる水道法に違反するからといって不法行為法上の違法とは言えないとされた（大阪高判1978〔昭和53〕・9・26判時915号33頁参照）。

また，不法行為法における違法性については近時争いが多いが，もともとの説はいわゆる**相関関係理論**で，被侵害利益の種類・性質と侵害行為の態様の相関関係から違法性の有無を判断するという考え方を採る。適例は，風致地区ガソンスタンド事前相談事件判決（京都地判1972〔昭和47〕・7・14判時691号57頁）である。豊田商事事件大阪高判1998（平成10）・1・29（税務訴訟資料230号271頁）も同様の判断をする。

そうすると，抗告訴訟の場合と国家賠償訴訟の場合とでは違法性が異なる，という考え方（違法性相対説）もそれなりに説得力を有する。この考え方では，国家賠償における違法性は，しばしば過失と一体的に判断される（違法過失一体説）。

これはもともと遠藤博也説（同・補償法上162頁以下）であったが，筆者が疑問を呈したものである（阿部「抗告訴訟判決の国家賠償訴訟に対する既判力」判タ525号〔1984年〕15頁以下，同「国家賠償訴訟における違法と抗告訴訟における違法性」争点新版176頁）。

(2) 判例の動き

今日でも，違法性同一説，違法過失二元説に立つ判例は少なくない。Ⅶ4 の最後で述べた2つの判例が，通達の違法と過失を分け，しかも，過失を認めた判例である。さらに，刑務所長が旧監獄法46条2項の解釈を誤って，信書の授受を許可すべきところ不許可にした事案について，違法・有過失とした判例（⇒第4章第5節Ⅳ3(2)，最判2006〔平成18〕・3・23判時1929号37頁，判タ1208号72頁）がある。

また，違法としつつ，過失を否定した判例として，監獄法施行規則を違憲としながらこの規定に基づく接見拒否に過失がないとした判例（最判1991〔平成3〕・7・9民集45巻6号1049頁，⇒第4章第2節Ⅱ2(3)）を挙げよう。

他方，抗告訴訟と国家賠償訴訟における違法性を異なるものとする判例（違法性相対説）が出ている。それは国家賠償訴訟では違法と過失の一体説と結び付きやすい。

その最高裁判例として，最判1993（平成5）・3・11（民集47巻4号2863頁）が挙げられる。これは，所得を過大に認定した所得税の更正処分について，「職務上通常尽くすべき注意義務を尽くすことなく漫然と更正したと認めうる事情がある場合に限り」違法の評価を受けるとした。ここでは，国家賠償訴訟における違法は抗告訴訟のそれとは異なるし，過失との区別もない。さらに，住民票の世帯主との続柄欄に，戸籍上の夫婦の子については長男，二女といった記載がなされるのに，内縁の夫婦の子は「子」と記載されたため，差別されるとして，市を被告に国家賠償を請求した事件で，最判1999（平成11）・1・21（判時1675号48頁，判タ1002号94頁〔百選122頁〕）は，市長は，「職務上通常尽くすべき注意義務を尽くさず漫然と本件の続柄の記載をしたということはでき

ない……。したがって，……市長の右行為には国家賠償法1条1項にいう違法がない」，とした。

(3) 判例の違法性相対説・違法過失一体説への疑問

1993年の最判はその理由を述べていない。その井上繁規調査官解説（判解民平成5年度375頁以下）は，行為規範違反の違法を抗告訴訟と国家賠償訴訟で同一とする違法性同一説（前掲，阿部説，国家補償147頁）と，これと異なるものとする違法性相対説を並べて，後者を採用したという説明をしているが，後者が前者を論破したという説得力がある説明はない。

しかし，この事件は，課税処分取消訴訟で一部勝訴が確定して，過払い税金の還付を得た後に，別途更正処分の違法を理由として国家賠償を求めた事案であるから，そこでの違法は，もともとの更正処分の違法とは別物である。それは，所得を過大に認定したという公務員の行為を違法とするものであろうが，この過大認定はもっぱら納税者が必要経費を過少に申告し，これを訂正しなかったことによると認定されているから，税務署の認定行為に違法があるはずがない。課税処分取消訴訟で敗訴してから，課税処分の違法を主張して，国家賠償訴訟で，取消訴訟の違法とは同じ違法を主張した事案ではない。このように，この事件は，抗告訴訟と国家賠償訴訟で同じ行為の適法違法が判断された事案ではないから，違法性相対説にはまったくふさわしくない例であって，およそ先例にはできない判例である（なお，本件について，山田二郎『租税法重要判例解説(2)』〔2008年〕158頁以下，小早川光郎「課税処分と取消訴訟」藤田退職421頁以下参照）。

むしろ，第9章第5節Ⅲ5で述べたように，更正処分が違法でないとの取消訴訟の判決の既判力は国家賠償訴訟に及ぶとするのが判例である。

また，この判例は立法行為の違憲性と国家賠償法上の違法性を区別する前記の最判（⇒Ⅵ7）に倣っているともみられるが，立法行為と個別の行政処分を同視できるのかは疑問である。

他方，監獄法施行規則に関する1991年の前記判例における増井和男調査官解説（判解民平成3年度350頁以下）では，こうした説には触れずに，違法と過失を分けて検討している。

したがって，まずは，判例では違法性相対説，違法と過失の一体説はまだ確定していないと言うべきである。

(4) 理論的検討

　民法の不法行為では違法性と過失の関係で，二元説，違法性一元説と過失一元説が争われるが，行政処分の場合には法令に従わなければならず，それを担保するのが行政訴訟であり，国家賠償訴訟であるから，法令に従っているかどうかをまず判断しなければならないはずである。行政処分でなくても，行為規範がある場合の国家賠償訴訟では行為規範違反の違法，過失の順に判断すれば済むことで，法文を無視してまでなぜこれを込みにした判断をすることが正当化されるのか。

　例えば，土地収用裁決や営業不許可を争うとき，財産権や営業の自由の侵害を理由としても始まらない。法律がそうした権利や自由の侵害を許容しているので，論点は，そうした権利や自由の侵害を許容する法律が憲法違反かとか，具体的になされた行為が法律の授権の枠内に納まっているかという点に存する。この点は国家賠償訴訟でも取消訴訟でも同様である。そうした例は多数あるが，例えば，在留外国人再入国不許可処分取消訴訟で処分が適法とされたら国家賠償請求訴訟でも簡単に適法とされた例（東京地判1986〔昭和61〕・3・26行集37巻3号459〔498〕頁，判時1186号9頁）がある。この点を別個に解するなら，法秩序が矛盾し不合理である。

　事情判決の制度（行訴31条，⇒第9章第5節Ⅱ）も，中間判決においても，終局判決においても，違法宣言判決を行い，その既判力を国家賠償訴訟に及ぼすとしているが，それは違法と過失を区別することを前提としている。

　こうして，違法と過失を一体的に判断する立場は行政活動の法律による統制という法治国家の視点が足りず，立法権簒奪ではなかろうか。民事法に熟達した法曹は民事法とは異質の行政法の発想が身に付かないという**民事法帝国主義**ではないか。

　あるいは，これは，起訴や裁判の国家賠償法上の違法に関する職務行為基準説に倣ったのかもしれないが，それは起訴や裁判を規律する行為規範の特殊性（真実に合致しなくても違法ではないということ）によるもので，法令に適合しなければ違法になる通常の行政活動にはそのまま適用できないものである。

　このことは最近，宇賀・国家補償法42頁以下，同・概説Ⅱ393頁以下に強調するところであり，学説上多数になっていると思われる（北村和生・百選452頁，同「国家補償の概念と国家賠償法における違法性」公法研究67号258頁，同・争

点3版80頁，塩野・Ⅱ289頁以下，西埜・国家賠償60頁以下，藤田・総論497頁以下，この問題を検討した最近のものが，神橋一彦「行政救済法における違法性」新構想Ⅲ239頁以下。ただし，芝池・救済法244頁以下参照）。

ただし，この考え方は，第1に，先に抗告訴訟が確定して，そのあとで国家賠償訴訟を提起することを念頭に置いている。同時並行してこの2つの訴訟が提起された場合，先に確定した方が他方に既判力を及ぼすべきかは，偶然と当事者の訴訟戦略に左右されて，不合理な点もある。次に，この考え方は，法治行政の原理に基づき行為規範的統制が行われる行政処分について言えることである。わが国の判例は，国家賠償法における公権力の意義を広義説により非権力的公行政作用にまで及ぼしているので，そこには当然に行為規範はない。そうした例では，国家賠償における違法性を取消訴訟とは別に相関関係理論で判断する方が適切である（武田真一郎「国家賠償における違法性と過失について」成蹊法学64号31頁以下〔2007年〕参照）し，公立学校事故のような例において，違法と過失の一体的判断がなされているのは不合理ではない。警察官による実力行使とか，風致地区の行政指導では，事後に国家賠償訴訟は可能でも，取消訴訟は可能ではないから，両者における違法性の考え方に差があっても，特に困る問題はない。

実は筆者はこれまでこのように考えてきたが，弁護士になってみたら，重要な証拠を故意に無視するか歪曲し，当事者の主張にない法解釈を事後的にねつ造して，行政側を勝たせる判決が続出するのに驚いている。既判力を有するのは適法な判決に限るべきであり，これは違法な判決であるから，上告受理されなくても，既判力は及ばないと解すべきである。

2　不当も国家賠償法上は違法？

> **Q** 国家賠償における違法性は，発生した損害の公平な分担を目的とする制度上，単なる法規違反に限らず，人権尊重，権力濫用禁止，信義誠実，公序良俗などの違反，裁量の不当を含み，広く客観的正当性を欠くことをいい，取消訴訟におけるそれより広いという意見があるが，妥当か。

例えば，公務員に対する懲戒処分が重すぎるとして争う場合，重すぎると言えないことはないが，それは単なる不当にとどまり，違法（比例原則違反）という程ではないということもあろう。この場合，この意見は，懲戒処分は取り消されないが，賠償は請求できるというのであろうか。

しかし，裁判所が裁量の不当を審理できないという原則は，抗告訴訟か国家賠償訴訟かという訴訟の類型に伴うものではなく，その両者に共通な司法権の限界，行政権の独自性によるのであるから，国家賠償訴訟にも例外なく適用されるであろう。また，取り消されないが，賠償はするというのでは（事情判決のような例外を除き）法秩序は矛盾してしまう。したがって，同一の行為規範違反については国家賠償でも取消訴訟でも違法性は同一と言うべきである。国家賠償における違法性を客観的正当性を欠くことなどという曖昧な表現で示すべきではない。なお，取消訴訟でも，人権尊重，権力濫用禁止，信義誠実，公序良俗などの原則は，裁量濫用論を想起すれば明らかなように審理されるのであって，その違法事由が厳密な意味での法規違反に限定されるわけではない。

　　＊　芝池・救済法241頁は，裁量基準，行政内部基準は法規範ではないが，国家賠償制度の被害者救済を重視すると，裁量権行使の不当性が国家賠償法上の違法に含まれるとする余地があるとする（さらに，室井ほか・行訴法・国賠法531頁）。しかし，裁量基準違反は，裁量濫用となり，抗告訴訟でも違法となるのが今日の判例である（⇒第4章第5節）。また，芝池は，それに続いて，パトカー追跡事故に関する最判が追跡行為の不相当性をもって違法としている点でここで参考になるとしているが，それは違法の判断要素を述べたものであって，追跡行為が不相当であることが裁量権行使の不当性と同義であるわけではないので，ここでの参考にはならないと思う。O-157事件で国家賠償を認めた理由である公表の方法が相当性を欠いたという点も，同様である。

【違法以前に救済の対象外とされるもの】

　違法を論ずる以前に，法律上の争訟（裁3条）ではないとされるものがある。郵便貯金目減り訴訟において最判1982（昭和57）・7・15（判時1053号93頁，判タ478号163頁）は，政府が物価の安定という政策目標の達成を間違えたといった問題は政府の裁量判断としたが，むしろ，裁量濫用もありえないことで，法的判断になじまないとすべきである（⇒第9章第1節）。

　なお，いわゆる反射的利益が損害賠償の対象とならない点は次のⅨで述べる。自衛隊のイラク派遣により平和的生存権を侵害されるとしても，具体的権利とは言えない（名古屋地判2006〔平成18〕・4・14〔平成16年（ワ）第695号他事件〕）。在外邦人の選挙権侵害を理由とする国家賠償責任については判例は肯定したが，泉意見が消極的であることは前述した。

　靖国参拝違憲訴訟の多くは違憲判断を回避したが，福岡地判2004（平成

16)・4・7（判時1859号125頁，判タ1157号125頁），大阪高判2005（平成17）・9・30（訟月52巻9号2979頁）は小泉元首相の靖国神社参拝は違憲であるが，原告が侵害されたと主張する利益（政教分離を求める権利ないし宗教的人格権）は，法的保護に値するような利益ではないとして損害賠償請求を棄却した（最判2006〔平成18〕・6・23判時1940号122頁，判タ1218号183頁は，法的保護に値する利益を否定）。

IX 行政の危険防止責任
1 2面関係から3面関係の法システムへ
(1) 3面関係

図を参照されたい（序章Ⅲも併せて参照）。本来の国家賠償責任はいわゆる打撃ミスで，公務員が不法行為の当事者である。これに対して，行政の危険防止責任（遠藤博也によれば，危険管理責任，また，行政の不作為責任と言われる）は，天災，他人の不法行為を行政が防止しなかった不作為の責任を問うものであって，いわば守備ミスである。これも国家賠償責任の一種であるが，もともとなかった類型であり，行政に防止義務があるか，不作為は違法かが論点になる。

伝統的理論は，行政と被規制者の2面関係を念頭に置き，行政規制の行きすぎを抑制しようとしてきた。そのため，**作為責任は問われやすいが，不作為責任は問われにくいので，行政は規制権限の不行使に逃避する**ことになる。

それは理論的には反射的利益論と行政裁量論を根拠としていたが，行政が本来あるべき国民の利益を軽視した理論であった。そこで，これを克服するために，行政と被規制者のほかに私人を加えた3面関係と捉えて，受益者＝私人の法的地位を高める努力がなされた。

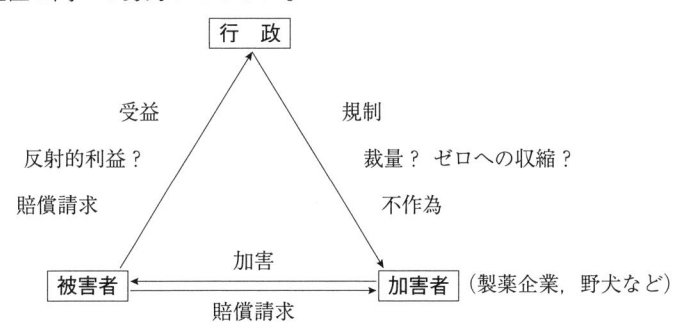

```
                   行 政
                   ／＼
             受益 ／  ＼ 規制
      反射的利益？／    ＼裁量？ ゼロへの収縮？
          賠償請求      不作為
             ／          ＼
         被害者 ←―― 加害 ――→ 加害者 （製薬企業，野犬など）
                 賠償請求
```

(2) 反射的利益論の克服

反射的利益論によれば，私人が被害に遭わないのは，国家が公共のために活動していることの反射にすぎないという。例えば，私人が副作用のない薬を服用できるのは，たまたま運がよいだけであるということになる。しかし，各種の行政法規はそれぞれ一定の法益を保護するから，法律が保護することを意図する利益は法律上保護されていると言うべきである。しかも，現実に被害が発生したときには，そうした法律があるにもかかわらず，国家がそれを守る責任がなかったというのでは，国家と行政法の存在理由がない。

これについて2つのコメントをする。

第1に，ただし，例外的に，法律の保護範囲外にある利益は反射的利益と称してよい。例えば，薬事法は安全な医薬品を消費者に供給できるよう監督する法律であるから，その監督により消費者が受ける利益は法律が保護する利益であるが，その監督の結果，他の競争業者が受ける利益は，法律が意図したものではなく，反射的利益であろう。あるいは，国は監督を怠っても，競争業者との関係ではいちいち検討することなく当然に違法でなく，または，注意義務違反にならず，あるいは競争業者の損害は法的保護に値する損害ではないと説明しても同じことである（学界でも説明の仕方について争いがある）。

労働安全衛生法令に基づき労働監督庁により許可された乾燥機が爆発して，近隣に損害を与えたため，当該工場が閉鎖のやむなきに至った事業者が，前記許可に瑕疵があるとして提起した国家賠償請求訴訟において，裁判所は，労働安全衛生法は労働者の生命，身体，健康を労働災害から保護することを目的とするもので，国が事業者に対して右規制を実施すべき義務を負うものではなく，上記規制の結果，安全性が確保されることにより事業者が利益を受けるとしても，それは事実上の利益にすぎず，許可に瑕疵があって，安全規格に適合しない乾燥機が設置されても，事業者との関係においては，その違法性を論ずる余地はないとして，この訴訟を事実上門前払いした（静岡地判1983〔昭和58〕・4・7訟月29巻11号2031頁，控訴審，東京高判1985〔昭和60〕・7・17判時1170号88頁はこれを支持）。

なお，行政が例えば競争業者の不法行為に加功した場合には，ここでいう行政の危険防止責任の範囲を超えるから，私見でも反射的利益の問題ではないし，危険防止責任以外の分野では反射的利益論が残るのもやむをえない（例，公道

の付け替えによる営業利益の喪失につき，大阪高判1983〔昭和58〕・9・30判時1102号73頁）。

　第2に，ここで，反射的利益といっても，抗告訴訟の原告適格の有無を画するのとは意味が異なる。反射的利益の侵害を主張するだけでは，抗告訴訟では訴えが却下されるが，国家賠償訴訟では法の保護する利益の侵害がないので，棄却されるのであって，原告適格の問題ではない（ただし，実態は門前払いを意図する理論であるから原告適格の否定論に近い）。また，抗告訴訟では原告適格が認められない場合でも，それは判例が個別具体的な保護要件を要求するためで，国家賠償訴訟なら生命身体が害されていることもあって，反射的利益ではないということもありうる。例えば，患者が医薬品の承認の取消訴訟を提起する原告適格を有するかという点では消極的としても，薬害を生じてからの国家賠償訴訟では反射的利益として棄却されるべきではない。水俣病国家賠償最判でもこの点は寛大である（⇒第9章第2節Ⅱ末尾）。この意味で，国家賠償訴訟は抗告訴訟よりも救済範囲が広いとも言える。

　(3)　行政裁量論の克服

　行政裁量論によれば，行政は天災や他の私人の不法行為を防止することができるが，常に防止しなければならないわけではないから，防止し損なっても違法ではないというのである。たしかに，状況は多様であるから，行政が常に被害を防止することは不可能であって，そうした義務は常に存在するわけではないが，裁量とは，行政に状況に応じて行動するように授権するもので（⇒第4章第5節），危険が予見でき，行政が危険を阻止することができ，私人が自らこれを防ぐことが容易ではない場合には，裁量はゼロに収縮する。つまり，行政の権限行使は義務化し，権限を発動しないのは違法になると言うべきである。これを**裁量のゼロ収縮論**という。義務付け訴訟においては，明文の規定がある（行訴37条の2第5項・37条の3第5項。⇒第9章6節Ⅲ）。

　そして，権限行使が義務化される要件については，裁量のゼロ収縮理論の立場では，ⓐ　国民の生命・健康・重要な財産等に対する危険が切迫しており（危険の存在），ⓑ　行政庁が右危険を知っているか，（**容易に**）知りうる状態にあり（予見可能性），ⓒ　行政庁は規制権限の行使により結果を**容易に**回避しうる（結果回避可能性）こと，ⓓ　規制権限を行使しなければ結果発生を防止しえず（補充性），ⓔ　国民が規制権限の行使を要請し期待しうる事情にあること（期待

可能性），等が必要とされる（東京地判1978〔昭和53〕・8・3判時899号48頁）。

　違法な作為の過失なら，単に予見可能性，結果回避可能性があれば認められるところ，これは，「容易に」という要件を加重して，ひどいミスだけを国家賠責任の根拠とするものである。ⓓの補充性は，被害者が自ら被害を回避できるのであれば，ⓒの結果回避可能性があっても，行政の責任とはならないとするものである。ⓔの期待可能性は，補充性の要件と重なるので，独自の要件とする必要はない。なお，裁量のゼロ収縮にもかかわらず権限を行使しなければ，違法であるが，実はこの要件の中には過失要件（ⓑ，ⓒ）が組み込まれているので，裁量収縮の要件は違法性と過失という国家賠償の要件の総合的一体的な判断となっている。

　しかし，最高裁判例は，裁量のゼロ収縮という説明をせず，「権限を定めた法令の趣旨，目的や，その権限の性質等に照らし，具体的事情の下において，その不行使が許容される限度を逸脱して著しく合理性を欠くと認められるとき」という言い方をしている（宅建業の登録更新に関する最判1989〔平成元〕・11・24民集43巻10号1169頁，クロロキン薬害訴訟に関する最判1995〔平成7〕・6・23民集49巻6号1600頁）。

　この2つの判例は国家賠償請求を認容しなかったが，現実にこの理論により救済したのが，水俣病国家賠償関西訴訟（最判2004〔平成16〕・10・15民集58巻7号1802頁），じん肺国家賠償訴訟（最判2004・4・27民集58巻4号1032頁，判時1860号34頁〔重判解平成16年度46頁，社会保障百選148頁〕）である。

　これは**消極的権限濫用論**と称されるが，実は基準なき事例解決にすぎない。これに対し，裁量のゼロ収縮論に対しては，説明の違いという評価がなされることがあるが，そうではなく，国家賠償責任の要件を裁判官の裁量に全面的に委ねることなく，ある程度の考え方を指示しようとするものである。

　物の考え方として，被害利益の性質（生命健康か財産権か，財産であっても，その被害の重大の程度），行政が事前に関与していたか，行政のミスの重大性，被害者の方に自助努力が期待されるか，が大きなポイントである。

　この責任をあまり厳しく認めると，被害者は，本来の加害者の責任追及を放棄して，金持ちの行政をねらい打ちする弊害も予想されるが，判例はおよそそのように甘いものではない。

反　　論：裁量収縮論への法治国家論，伝統的な行政法理論の出発点からの疑問は妥当か。

　これに対し，裁量権の収縮という構成について，「裁量と作為義務とは対立概念であるので，ドイツ的納得の仕方を日本法で採用する意味はない……。さらに，より根本的には，かかる危害防止責任（危険管理責任，危険防止責任と称される）の根拠をいかに立てるかにより，法律の根拠の有無を問わず，危害防止措置（それは，私人の側の自由，財産の侵害が含まれることもある）をとることを認めるところにまで発展する可能性があることに注意しなければならない。それは従来の法治国原理と正面から対立する契機をもっているのである……」という批判（塩野・Ⅱ282頁）がある。

　しかし，ドイツの理論であれ，立派な理論は日本法で採用すればよいので，裁量と作為義務とは対立概念であるということから，なぜ日本法で採用する意味がないのか，理解しにくい。裁量は通常の場合には作為義務と対立しているが，状況次第で裁量がゼロになり，例外的には作為義務が発生すると理論構成しても1つもおかしくはない。また，危険防止責任の根拠の立て方次第で，法律の根拠なしに危害防止措置をとることを認めるところまで発展した場合に初めて，それを批判すればよいのであって，勝手に，発展可能性があるからとして，法律の根拠のある場合における危険防止責任の理論に対してまで，批判的な言い方をするのはいかがかと思われる。

　さらに，「理論的に言えば，裁量権の幅が零になるということ自体は，行政が当該の権限を行使するかいなかの判断の自由を失い，"行使しなければならない"か，"してはならない"かのいずれかになる，というだけのことであって，当然に行使しなければならなくなるということを意味するものではない。伝統的な行政法理論の出発点からするならば，私人の自由と財産を規制することを認めるこの種の法律は，本来，"規制することは許されない"ことを出発点として一定の場合には"規制してもよい"ということを定めるだけのことであるから，このような規定の本来の目的に従えば，裁量権が零になるという観念は，むしろ本来，規制出来ないという結果と結びつくものとすら言えよう」という意見（藤田・Ⅰ511頁）すらある。

　しかし，こんな議論は私には理解できない。裁量がゼロになる場合には，してはならないほうに収縮する場合と，しなければならないほうに収縮する場合

があるが，裁量収縮論では，しなければならない方へ収縮する場合を説明したのである。裁量とは，筆者の説明では，立法者が将来のあらゆる場合を想定して詳細な規律を定めることができないために行政に与えられた判断行動の自由の余地であるから，事案の状況にできるだけ適合するように行使せよという趣旨で授権されているのであって，もともと状況によっては一定の行動が義務づけられることが予定されているのである。伝統的行政法理論の出発点にこだわる時代ではない（以上の点は，阿部「裁量収縮論の擁護と水俣病国家賠償責任再論」淡路剛久＝寺西俊一編『公害環境法理論の新たな展開』〔日本評論社，1997年〕135頁以下で論じた。なお，宇賀・国家補償法161頁以下参照）。

　　2　主要判例の動向，多少の雪解け

　学説上では，昭和40年代から，特に（当時の）西ドイツの判例学説の紹介に始まり（保木本一郎『原子力と法』〔日本評論社，1988年〕，原田尚彦『訴えの利益』〔弘文堂，1973年〕53頁以下，81頁以下等），昭和40年代の末期から50年代初期にかけて認容する判例が続出した。

　宅造地崩壊事件（大阪地判1974〔昭和49〕・4・19判時740号3頁），古ビニール処理懈怠事件（高知地判1974・5・23判時742号30頁），野犬咬死事件（東京高判1977〔昭和52〕・11・17判時875号17頁，大阪地判1988〔昭和63〕・6・27判時1294号72頁），警官ナイフ保管懈怠事件（最判1982〔昭和57〕・1・19民集36巻1号19頁），新島砲弾爆発事件（最判1984〔昭和59〕・3・23民集38巻5号475頁）等がそうである（当時の判例の一覧表として，阿部・国家補償178頁）。

　そのほか，薬害・公害関係の事件が多い。

　サリドマイド事件では，1961（昭和36）年11月にハンブルク大学レンツ博士が障がい児誕生の原因は睡眠薬であるかもしれないと警告したので，ヨーロッパ諸国はその年のうちに回収に踏み切ったのに，わが国の旧厚生省はその報道を入手しつつ，翌年9月まで販売を許したので，過半数の549名の追加被害をもたらした（高野哲夫『日本の薬害』〔大月書店，1979年〕33頁）。これは，製薬会社の営業の自由を過度に尊重したためであろう。この事件では，副作用のある睡眠薬の回収懈怠に違法過失があるかどうかが論点であったが，結局和解に終わった（高野哲夫『戦後薬害問題の研究』〔文理閣，1981年〕13頁以下）。

　カネミ油症事件は，食用油にPCBが混入したために発生したのであるが，当初鶏が大量に斃死して，その餌の製造元の会社から辿ると，㈱カネミ倉庫

が米ぬかから製造した食用油の副産物としてできたダーク油に辿り着いた。そこで, 当初餌の問題として担当した農水省の出先の担当者が社長に食用油は大丈夫かと聴いて, 自分は食用油を食べているが大丈夫という返事を得て大丈夫と判断したものである。しかし, 米ぬかから食用油を製造する過程で副生するダーク油が危険と判明している以上は, ダーク油になってから有害物が混入したと判明するまでは, 食用油も危険として, 食品の担当官庁である厚生省に通報して一緒に検査すべきではなかったか。その国家賠償訴訟では, 当初原告敗訴であったが (福岡地小倉支判 1978〔昭和 53〕・3・10 判時 881 号 17 頁, 同 1982〔昭和〕57・3・29 判時 1037 号 14 頁), 次に原告勝訴した (福岡高判 1984〔昭和 59〕・3・16 判時 1109 号 24 頁, 福岡地小倉支判 1985〔昭和 60〕・2・13 判時 1144 号 18 頁) ものの, 元訟務検事が裁判長となった高裁で敗訴し (判検交流の悪弊, ⇒第 9 章はじめにⅣ, 福岡高判 1986〔昭和 61〕・5・15 判時 1191 号 28 頁), 原告は結局, 上告を取り下げた (筆者は原告側を理論的に支援。阿部「カネミ油症国賠認容判決——縦割行政と行政の危険防止責任」判時 1109 号〔1984 年〕,「カネミ油症国賠訴訟の現段階——縦割行政の克服と規制権限行使義務について」判タ 567 号〔1985 年〕,「カネミ油症国賠否定判決」ジュリ 869 号〔1986 年〕)。

スモン訴訟では国が全面敗訴 (例:広島地判 1979〔昭和 54〕・2・22 判時 920 号 19 頁, さらに判時 950 号に 5 判決掲載) した後に和解した (前記『スモン損害賠償』, 淡路剛久『スモン事件と法』〔有斐閣, 1981 年〕)。

クロロキン訴訟 (最判 1995〔平成 7〕・6・23 民集 49 巻 6 号 1600 頁〔医事法百選 58 頁〕) では, 1965 (昭和 40) 年 5 月当時の厚生省製薬課長は, 自らはリューマチ治療のためクロロキンを服用していたところ, その薬害の情報を入手して, 自分はこっそり服用をやめたが, 国民には知らせず, 販売を停止しなかった。しかし, 高裁は,「当時の……知見の下では, クロロキン製剤の有用性が否定されるまでには至っていなかった」として, クロロキン製剤を日本薬局方から削除しなかったり製造承認を取り消さなかったことが「著しく合理性を欠くものとは言えない」として, 国が勝訴した。

以下, 主要な例を検討しよう。

Case 1:エイズ国家賠償と厚生省課長の刑事責任

わが国のエイズ (後天性免疫不全症候群) 患者の大部分は米国から輸入した輸血用の血液製剤が HIV (ヒト免疫不全ウイルス) に汚染されていたために感染し

た血友病患者（エイズの抗体検査をした血友病患者1,747人中汚染者678人、感染率は38・8％もの高率、朝日新聞昭和62・9・23付による）である。米国の血液製剤は熱処理をすれば安全であるが、それをするのが日本は遅れた。

　加熱製剤が利用できるようになったとき（1985〔昭和61〕年1月）に非加熱製剤の販売をやめればその後の発生を防げたはずであるが、製薬会社は在庫で抱えていた大量の非加熱製剤を販売し、国はそれを回収するようにとの指導もせず命令も出さなかった。国家賠償訴訟の論点は、この不作為が違法であるかにあるが、最終的には、1996（平成8）年3月29日東京地裁で、国と製薬会社5社は血友病患者の被害に対し賠償義務を認める形で和解が成立した（淡路剛久「HIV訴訟と和解」ジュリ1093号52頁、齊藤誠「薬事法制・薬務行政における国家責任の考察」ジュリ1093号62頁）。

　他方、厚生省薬務局生物製剤課長であった者が、薬品による危害発生の防止の業務に従事する者として薬務行政上必要かつ十分な対応を図るべき義務を怠った過失があるとして、業務上過失致死罪に問われた（最決2008〔平成20〕・3・3刑集62巻4号567頁、判時2004号158頁〔松宮孝明・判評602号（判時2030号）41頁〕）。

　「行政指導自体は任意の措置を促す事実上の措置であって、これを行うことが法的に義務付けられるとはいえず、また、薬害発生の防止は、第一次的には製薬会社や医師の責任であり、国の監督権限は、第二次的、後見的なものであって、その発動については、公権力による介入であることから種々の要素を考慮して行う必要があることなどからすれば、これらの措置に関する不作為が公務員の服務上の責任や国の賠償責任を生じさせる場合があるとしても、これを超えて公務員に個人としての刑事法上の責任を直ちに生じさせるものではない……。

　　しかしながら、……本件非加熱製剤は、……これを使用した場合、HIVに感染してエイズを発症する者が現に出現し、かつ、いったんエイズを発症すると、有効な治療の方法がなく、多数の者が高度のがい然性をもって死に至ること自体はほぼ必然的なものとして予測されたこと、当時は同製剤の危険性についての認識が関係者に必ずしも共有されていたとはいえず、かつ、医師及び患者が同製剤を使用する場合、これがHIVに汚染されたものかどうか見わけることも不可能であって、医師や患者においてHIV感染の結果を回避することは期待できなかったこと、同製剤は、国によって承認が与えられていたものであるところ、その危険性にかんがみれば、本来その販売、使用が中止され、又は、少なくとも、医療上やむを得ない場合以外は、使用が控えられるべきものであるにもかかわらず、<u>国が明確な方針を示さなければ、引き続き、安易な、あるいはこれに乗じた販売や使用が行われるおそ</u>

れがあり，それまでの経緯に照らしても，その取扱いを製薬会社等にゆだねれば，そのおそれが現実化する具体的な危険が存在していたことなどが認められる。
　このような状況の下では，薬品による危害発生を防止するため，薬事法69条の2の緊急命令など，厚生大臣が薬事法上付与された各種の強制的な監督権限を行使することが許容される前提となるべき重大な危険の存在が認められ，薬務行政上，その防止のために必要かつ十分な措置を採るべき具体的義務が生じたといえるのみならず，刑事法上も，本件非加熱製剤の製造，使用や安全確保に係る薬務行政を担当する者には，社会生活上，薬品による危害発生の防止の業務に従事する者としての注意義務が生じたものというべきである。
　そして，防止措置の中には，必ずしも法律上の強制監督措置だけではなく，任意の措置を促すことで防止の目的を達成することが合理的に期待できるときは，これを行政指導というかどうかはともかく，そのような措置も含まれるというべきであり，本件においては，厚生大臣が監督権限を有する製薬会社等に対する措置であることからすれば，そのような措置も防止措置として合理性を有するものと認められる。」

　本件は，一般的な企画立案にあたる本省の公務員が不作為の刑事責任を問われた最初の例であり，限界事例であろうが，同じ法務省が，国家賠償訴訟では国に過失はないと抗争し，他方では，官僚を起訴して刑事責任を認めさせるのはいささか一貫しないと思う。
　本件を行政法的にみれば，裁量のゼロ収縮を刑事の不作為犯で認めたこと，おそらくは国家賠償訴訟においても認められるとの趣旨であること，行政指導を任意手段としながらそれをも防止措置として合理性のあるものとしている点に注目すべき点がある。
　本件は，回収させれば業者が在庫として抱えた非加熱製剤の財産的価値が無に帰し，販売させれば悲惨な被害が発生するという前門の虎，後門の狼（いや，後門は実は鶏程度か）という，二者択一の状態であったが，業者も厚生省も，目の前の在庫に目がくらんだのであろう。このように生命へのリスクが高ければ，財産的価値を優先するのは言語道断であるから，作為義務を肯定するのは当然であった（エイズについては，ジュリ特集1060号，1961号，1993号，1997号参照，さらに，島本慈子『砂時計のなかで　薬害エイズ・HIV訴訟の全記録』〔河出書房新社，1997年〕，櫻井よしこ『安部先生，患者の命を蔑ろにしましたね』〔中央公論新社，1999年〕，同『エイズ犯罪血友病患者の悲劇』〔中央公論社，1994年〕参照）。

第11章　国家補償法

Case 2：水俣病国家賠償

熊本水俣病の原因がチッソ（株）の排水中に含まれる有毒物質を摂取して体内に蓄積させた魚介類によるものであると判明しても，旧厚生省は，魚介類には回遊性のものもあって，水俣湾内の魚類がすべて有毒化しているという明白な証拠がないから漁獲禁止はできないと回答して，それから11年間も有毒な魚の摂取を放置して患者を著しく増大させた。また，経企庁も，チッソに水銀の排出を禁止しなかった。これについて違法・過失があるかが争われ，判例も分かれたが，最終的には，関西水俣病訴訟を除いて和解で終了した。しかし，和解せずに頑張った関西水俣病国家賠償訴訟の最高裁判決（2004〔平成16〕・10・15民集58巻7号1802頁，判時1876号3頁〔重判解平成16年度51頁〕）は，いわゆる水質2法に関して，規制権限の不行使を違法とした（⇒序章第1節Ⅱ・第2節Ⅲ3に詳しい）。

　　「国が，昭和34年11月末の時点で，多数の水俣病患者が発生し，死亡者も相当数に上っていると認識していたこと，水俣病の原因物質がある種の有機水銀化合物であり，その排出が特定の工場のアセトアルデヒド製造施設であることを高度のがい然性をもって認識し得る状況にあったこと，同工場の排水に含まれる微量の水銀の定量分析をすることが可能であったことなど判示の事情の下においては，同年12月末までに，水俣病による深刻な健康被害の拡大防止のために，公共用水域の水質の保全に関する法律及び工場排水等の規制に関する法律に基づいて，指定水域の指定，水質基準及び特定施設の定めをし，上記製造施設からの工場排水についての処理方法の改善，同施設の使用の一時停止その他必要な措置を執ることを命ずるなどの規制権限を行使しなかったことは，国家賠償法1条1項の適用上違法となる」（阿部「水俣病国家賠償認容判決」ジュリ889号〔1987年〕，同「水俣病国家賠償東京地裁判決の論点」環境と公害22巻1号〔1992年〕，同「行政法理論からみた水俣病最高裁判決の評価」水俣病研究4〔弦書房，2006年〕参照）。

Case 3：じん肺国家賠償訴訟

「通商産業大臣は，遅くとも，昭和35年3月31日のじん肺法成立の時までに，……じん肺に関する医学的知見及びこれに基づくじん肺法制定の趣旨に沿った石炭鉱山保安規則の内容の見直しをして，石炭鉱山においても，衝撃式さく岩機湿式型化やせん孔前の散水の実施等の有効な粉じん発生防止策を一般的に義務付ける等の新たな保安規制措置を執った上で，鉱山保安法に基づく監督権限を適切に行使して，上記粉じん発生防止策の速やかな普及，実施を図るべき状況にあったというべきである。そして，上記の時点までに，上記の保安規

制の権限（省令改正権限等）が適切に行使されていれば，それ以降の炭坑労働者のじん肺の被害拡大を相当程度防ぐことができたものということができる。」（最判 2004〔平成 16〕・4・27 民集 58 巻 4 号 1032 頁）（以上，**問題⑧**）。

Case 4 ：**警察の怠慢と国家賠償**

もともとは，「犯罪の捜査は，直接的には，国家及び社会の秩序維持という法益を図るために行われるものであって，犯罪の被害者の被侵害利益ないし損害回復を目的とするものではなく，被害者が捜査によって受ける利益自体は，公法上の見地に立って行われる捜査によって反射的にもたらされる事実上の利益にすぎず，法律上保護される利益ではない」（最判 2005〔平成 17〕・4・21 判時 1898 号 57 頁，判タ 1182 号 155 頁，さらに，最判 1990〔平成 2〕・2・20 判時 1380 号 94 頁，判タ 755 号 98 頁）という反射的利益論が通用していた（ただし，この事件の泉判事意見は，司法警察員による証拠物の焼却を被害者の法的権利の侵害としている）。

しかし，最近は，警察の著しい怠慢により殺害されたようなケースが現れ，さすがに反射的利益論は成り立たず，不作為への具体的な評価しだいで決まるようになった。

認容されたケースとして，**神戸商船大学大学院生殺害事件**（神戸地判 2004〔平成 16〕・12・22 判時 1893 号 83 頁，大阪高判 2005〔平成 17〕・7・26〔平成 17 年（ネ）第 438 号事件〕D1-Law.com による）がある。これは大学院生が暴力団に拉致されたとの通報があったのに，警察が現場で適切な対応をしなかった結果殺人事件に発展したもので，裁量のゼロ収縮論に沿って判断し国家賠償請求を認容した。その前提として，反射的利益論を排し，警察官による犯罪捜査権限の行使は，犯罪等の危険にさらされている特定個人の危険除去のために必要とされる場合には，特定個人に対する法的義務としての権限の行使になると解した。

* **栃木リンチ殺人事件**では，1 審（宇都宮地判 2006〔平成 18〕・4・12 判時 1936 号 40 頁）は，県警の捜査懈怠と殺害の因果関係を認定したが，控訴審（東京高判 2007〔平成 19〕・3・28 判時 1968 号 3 頁）は，県警は殺害を阻止できたとは言えないと認定し，ただ，捜査依頼を失念したことを違法と評価して，これにより死亡を阻止する可能性（3 割程度の生存可能利益）が侵害されたとして，県の賠償額を 9,600 万円から 9 分の 1 の 1,100 万円に減額した（最高裁第 2 小法廷 2009〔平成 21〕・3・13 は上告を棄却した）。

いわゆる**桶川事件**では，捜査懈怠等と被害者死亡との間には相当因果関係がない

とされたが，被害者が名誉毀損の被害を受け，被害を受ける虞（おそれ）が客観的に認められたのに，警察が適正な捜査をして市民を犯罪者から守ってくれるという期待・信頼を，捜査懈怠等により侵害したことによる慰謝料として総額550万円の支払が命じられた（さいたま地判2003〔平成15〕・2・26判時1819号85頁，東京高判2005〔平成17〕・1・26判時1891号3頁）。

姫路ストーカー殺人事件において，裁判所は，警察は，加害の可能性を認識できたが，死亡を回避できたであろう高度の蓋然性を認めることは困難であるとしつつ，警察官の過失によって，本件殺人事件により死亡した時点においてなお生存しえた可能性を侵害されたことを理由として慰謝料の支払だけを命じた（神戸地判2004〔平成16〕・2・24判時1959号52頁，大阪高判2006〔平成18〕・1・12判時1959号42頁はこれを維持）。

Case 5：銃砲の許可ミスと国家賠償

宇都宮市で2002（平成14）年7月，近所の無職男が主婦2人を散弾銃で殺傷し，銃で自殺する事件があった。死亡した主婦と男は20年前からトラブルなっており，相当に険悪になっていた。男は同年4月に宇都宮南署に銃所持の許可を申請し，身辺調査にあたった当時の同署地域課員は「許可には熟慮を要する」と報告し，銃許可担当の同署生活安全課もトラブルを認識していたが，主婦らからの聞き取りをしないなど調査不十分のまま，6月に銃所持を許可していた。加害者に銃所持を許可した公安委員会および警察官の行為には，この点で違法か過失があるとして，県に対する国家賠償請求が認容された（宇都宮地判2007〔平成19〕・5・24判時1973号109頁〔田井義信・判評591号〔判時1996号〕179頁〕）。東京高裁では，1審での認容額4,700万円で和解が行われた（かつては判例は消極的であった。筆者は批判的。阿部「行政の危険防止責任その後（3・完）」判評271号〔判時1007号〕151頁）。

佐世保のスポーツクラブで銃を乱射して多数の人を殺傷した事件を契機に，銃所持許可基準を厳格化する銃刀法改正が2008年に行われた。

私見では，鉄砲の所持は許可制ではなく特許制と構成して，特に理由があることを証明しない限り許可しない制度とすべきである（⇒第4章第4節Ⅳ2(6)）。

Case 6：財産的損害と行政の違法

行政の不作為によって惹起された被害が財産的損害である場合，従来の判例は国家賠償責任を認めるのに消極的であった。違法行為をして顧客に損害を与えた宅建業者の登録を更新してさらに被害を与えた県の責任を否定した最判

1989（平成元）・11・24（民集43巻10号1169頁〔百選456頁〕），豊田商事事件の大阪高判1998（平成10）・1・29（税務訴訟資料230号271頁）がそうである。

　これを肯定した最初の判例が2001（平成13）年に破綻した抵当証券会社「大和都市管財」の国家賠償事件（大阪地判2007〔平成19〕・6・6判時1974号3頁）である。これは，近畿財務局は同社が破綻必至の状態にあることを認識しながら抵当証券業の登録を更新し，被害を拡大させたとしたのである。

　　*　なお，ここでは不作為の違法として説明するが，それはこの判決の判断枠組みに従ったまでである。私見では，この判決が，更新拒否を不作為と捉えて，規制権限の不行使の違法の最判基準（前記最判2004・10・24，同1989・11・24，同1995・6・23）を適用し，登録拒否事由が存在することを**容易**に認定できるのにもかかわらず**漫然と登録**更新をしたとして，広い行政裁量の下での判断枠組みをとっていることには賛成できない。これは行政から積極的な行動が要求されるのに怠った，例えば命令を出すべきところ出さなかったという事案ではなく，更新申請に対して登録拒否をしなかったという事案であるから，許可と同じく，行政庁が受動的にも判断しなればならないものであって，通常の規制権限の行使基準，すなわち本件では，抵当証券業を適確に遂行するに足りる「財産的基礎」（当時の抵当証券業規制法6条1項7号に基づく通達で，貸借対照表において資産の合計額から負債の合計額を控除した額が資本の額以上であること＝純資産比が100％以上であること）を有するかどうかが問題になるケースであり，その判断に誤りがあれば違法と言うべきである。営業の自由を過大に評価しているのも問題である。ただ，第三者との関係で民事上の賠償責任を生ずるほどかどうかについて，財産的な損害であることから，多少違法性を緩めるか，被害者に対する国の責任の範囲を制限すれば十分ではないかと思われる。

　　　また，登録更新事由があるかどうかについて，行政庁に実質的審査権限がないとの主張がなされたが，登記のように形式的審査権限とわかる制度になっておらず，立入検査権限がある以上は，実質的審査権限はあるはずで，問題はどの程度まで調査すれば適法かというにとどまる。

　　　その高裁判決（大阪高判2008〔平成20〕・9・26）は，大和都市管財が詐欺的商法を繰り返し，多額の累積赤字を抱えながら経営状態を偽っていたことを財務局は1994（平成6）年ごろ，既におおよそ知っていたと指摘し，担当課長が95年に業務改善命令を出そうとしたが，抗議されて撤回したことも，1審と同じく認定した。更新登録を認めた97年12月にはグループ全体で105億円以上の債務超過に陥っており，更新を拒否しければならなかったと判断した。控訴審で当時の財務局理財部次長が新たに「97年夏ごろには破綻の可能性を認識し，早急に業務改善命令を出す考えを財務局長に説明したが，再検討を求められた」と証言したことにも言及している。当時の局長の介入で命令時期は予定より約50日も遅れ，内容も大幅に後退したと認定し，問題の更新登録について「財務局は適切な検査を怠り，あえて漫

然と更新登録をした。監督規制権限を恣意的に行使しなかったともいえ，不可解というほかはない」と非難した。損害は，購入者の自己責任を60％として，98年1月以降に現金を振り込んだ者に対し賠償総額を15億円と認定した。これはまさに「官の怠慢　浮き彫り」（朝日新聞2008年9月27日）である。

さらに，粉飾決算を続け破産した商工協同組合に対する規制権限の不行使に基づく県の賠償責任を認めた例がある（佐賀地判2007〔平成19〕・6・22判時1978号53頁〔池村正道・判評591号〔判時1996号〕184頁〕)。

損害の範囲について，大和管財高裁判決は，過失相殺を6割も認めた。理由は，抵当証券の購入者も，高利率に見合うだけの高いリスクを内包する可能性を認識すべきであった，平成7年に別の抵当証券会社が破綻したことから，リスクを具体的に知り，知りうべきであったとするが，被害者は，登録が更新されている以上財産的基礎があると信ずるのは当然で，このような一般論を理由に6割もの過失相殺をするのは疑問である。

Case 7：中国残留孤児国家賠償訴訟

神戸地判2006（平成18）・12・1判時1968号18頁は，原告65人中61人について国の責任を認め，4億余円の支払を国に命じた。中国残留孤児の損害は政府の違法な職務行為によるものであって，戦争損害論によって国家賠償責任を否定することはできない。政府が早期の帰国支援を怠り，むしろ帰国の制限を行うなどして，孤児らの帰国を遅らせ，それにより，孤児らは帰国時に日本社会への適応に困難を来す年齢になっていたため，政府には条理上，自立支援義務があったとした。そして，「北朝鮮」による拉致被害者に対する自立支援策と比較すると，拉致被害者は，永住帰国後5年を限度に，毎月，生活保護よりもかなり高い水準の給付金を受け，社会適応指導，日本語指導，きめ細かな就労支援を受けているが，孤児らに対する自立支援はきわめて貧弱であり，生活保護の受給期間も，永住帰国後1年を目処とする運用がなされていた。加えて，日本語能力や就業能力が十分に身に付かないまま，かなり強引に就労を迫っており，孤児らに対する自立支援義務を怠ったとして，国家賠償法上違法であるとした。

しかし，その後多数の判例は，違法ではないとした。国家の立法裁量を広く認めすぎている感がある。やっと，中国残留邦人等の円滑な帰国の促進及び永住帰国後の自立支援に関する法律の2007年改正で，残留孤児対策としての基礎年金の満額支給と給付金制度の創設が図られた（これについては，日弁連行訴センター編・実例解説行政関係事件訴訟371頁以下に詳しい）。

3 残された理論的課題

次に,行政の危険防止責任に関し残された理論的課題について3つほど指摘する。

(1) 国家の対外的責任の範囲——加害者と国家の責任分担

本来の加害者私人のほかに,国家の賠償責任が認められる場合,国は加害者と同額の責任を負うとは限らず,その寄与度に応じて一部だけ不真正連帯責任を負うとされることが多い。

こうして,国家が被害者との関係で,一部にせよ,責任を負う場合に,次には,天災や野犬はともかく,責任を問われた行政と加害者の間の責任の関係はどうなるか。両者折半という見方は民法的な発想である。行政の規制がなければ,本来私人の加害者が全責任を負うはずで,行政が規制するのは加害者の責任を軽減するためではなく,国民を守るためであるから,行政が規制を怠った場合でも,私人たる加害者が,行政との関係では全責任を負うべきである。行政が国家賠償責任を負うのは,私人が責任を負う財力がない場合の連帯保証人のようなものである。

水俣病で,被害者が加害企業チッソのほかに国の責任を追及したのも,チッソの賠償能力に疑念があるためである。ただ,政府が被害を防止し損なったのではなく,むしろ一緒に加害行為をした場合には,加害者との内部の責任分担が生ずる(阿部「行政の危険防止責任(2・完)」判評233号〔判時886号〕132頁以下〔1978年〕)。

(2) 建築確認と営業許可の違い

建築確認は当該建築計画が建基法等に適合していることを確認するもので,建物購入者に対しては個別に品質保証を与える意味をもつ。もともと,それは地方公共団体の建築主事の業務であったが,規制緩和により,指定確認検査機関が行うことができることになった(建基6条の2・77条の18以下)。耐震設計の偽装の見逃しが建築確認の際の過失によるものであるならば,建築確認事務を行っている者も責任を負う。

これに対して,営業許可なら,業者に一般的には営業することを妨げる事由がないことを確認して,その営業の自由を回復させるものであって,許可を受けた業者が行う営業上の個別の行為が適法であるとまでは保証していない。そこで,例えば,免許を持った運転手が起こした事故とか,営業許可を得た飲食

第 11 章　国家補償法

店で食中毒，宅建業者の詐欺行為（最判 1989〔平成元〕・11・24 民集 43 巻 10 号 1169 頁）に国家が責任を負うのは，判例の言葉によれば，行政権限「の不行使が著しく不合理と認められるとき」に限られるのである。

(3)　民事上の委託と監督

以上は，行政法規による監督の懈怠を争点とするものであった。これに対して，世田谷区が要綱で実施した家庭福祉員（保育ママ）制度を利用した幼児が保育ママに虐待された事件で，保育ママは同区の公務員や被用者ではないとしたが，区の職員には，保育ママが幼児に対する虐待を放置して，少なくとも要綱所定の権限を行使しなかった過失があり，法令の趣旨目的や権限の性質に照らして，その権限の不行使が著しく合理性を欠くものであるから，国家賠償法上違法であるとした判例がある（東京地判 2007〔平成 19〕・11・27 判時 1996 号 16 頁，判タ 1277 号 124 頁）。

これは要綱上の権限を行政法規上の権限と同視している点にやや問題があり，契約上の監督責任が委託する幼児との関係でも生ずるとの理論構成の方がふさわしいようにみえる。

　応用課題　：懲罰的賠償の提唱

　　アメリカの一部には懲罰的賠償の制度がある（田中英夫＝竹内昭夫『法の実現における私人の役割』〔東京大学出版会，1987 年〕140 頁以下参照）。日本でもこれに倣う主張は少なくない（後藤孝典『現代損害賠償論』〔日本評論社，1982 年〕等，さらに森島昭夫『不法行為法講義』〔有斐閣，1987 年〕470 頁等）参照）が，多数の学説と判例では，不法行為制度では，実損賠償制度が採られているとし，加害者に対する制裁や，将来における同様の行為の抑止，すなわち一般予防を目的とするものではなく，それは刑事処分や行政処分に任せよということになっている（最判 1997〔平成 9〕・7・11 民集 51 巻 6 号 2573 頁，判時 1624 号 90 頁）。

　　日本で懲罰的賠償に反対する意見は，損害賠償制度に，予防とか，制裁という目的をもたせることは制度を混乱させると主張し，さらに，懲罰的賠償なら，被害者は被害を奇貨として儲かってしまうが，それは正当化できないという。

　　これに対して，第 1 には，そもそも日本の判例では，勝訴しても賠償額が安すぎて弁護士費用も取れないことが少なくない。実損額をきちんと認定しておくことが先決である。さらに，単なる過失ならともかく，故意または重過失による不法行為の場合には，慰謝料を高額にすることで対応すべきである。

　　水俣病におけるチッソの民事責任は，過失責任とされているが，チッソ自身は，原因は自社の排水であることを知りつつ，利益優先で水銀を垂れ流して，多数人を殺したのであるから，本来故意の大量殺人事件であり，民事でも故意による不法行

為として慰謝料を大幅に高額にすべきであった。これは解釈論で対応できる。

　次に，懲罰的賠償を導入すると，被害者が儲かってしまうことが問題とされるが，損害賠償訴訟は，すべての被害者が訴訟追行できるわけではなく，またすべての損害を立証できるわけではないので，実損説では，請求額がすべて認容されても，加害者は平均して損害の一部しか賠償しないことになる。悪質な加害者には，被害者の被害額を超える賠償を強要しても，加害者が平均して，加害額以上の賠償をさせられるわけではないので，その方が公平である。その額がどの程度であれば適切かは問題であるが，青天井ではなく，故意または重過失の場合に倍額とすれば合理的であろう。

　それは本来国家が取って，被害者に分配すべきかもしれないが，それは大きな政府になりすぎる。そこで，訴訟で勝訴する者に多少のインセンティブを与える方が賠償訴訟も機能するのである。

　このように考えれば，懲罰的賠償という名称も不適切で，2倍賠償制度を置き，その目的は，予防でも制裁でもなく，単に損害額全額の賠償という理念に基づくとすればよい。

　そのうえ，加害者が不法行為で儲けている場合（例えば，誹謗中傷記事で儲けている一部の週刊誌，松本サリン事件で第一発見者であり被害者である河野さんを犯人扱いで報道したマスコミ，排水垂れ流しで多数の住民を殺して高収益を上げたチッソ）は，被害額だけの賠償では，違法行為による利益を保持できるので不正義である。被害者と加害者のどっちが儲かるのが正義かという視点で考えれば，被害者が儲かろうと，加害者の下に利益が残らないようにするのが正義である。

　さらに，不法行為は実損害の補塡，制裁とか予防は刑事や行政処分と厳格に分離するのは硬直的であり，刑事や行政処分も必ずしも機能しないのであるから，不法行為制度に多少制裁的な機能をもたせる方が法制度全体として適切に運営できると思われる。

　現に，犯罪被害者等の権利利益の保護を図るための刑事手続に付随する措置に関する法律9条（2007年）において，刑事訴訟手続に伴う犯罪被害者等の損害賠償請求に係る裁判手続の特例が置かれ，故意の犯罪行為により人を死傷させた罪，強制わいせつおよび強姦の罪等一定の犯罪の被害者はその刑事訴訟に付帯して，損害賠償命令を申し立てることができる「附帯私訴」制度が導入された。

　懲罰的賠償は一般の民事訴訟では導入されないとしても，国家賠償訴訟では，行政の違法行為を防止するために，また，国家賠償訴訟では被害者の多くが泣き寝入りしていることにかんがみ，特別に導入すべきである。それは解釈論でも慰謝料を増額するなどの方法により可能と考える。なお，前記の最判1997・7・11は，カリフォルニア州民法典の定める懲罰的損害賠償の制度は，その目的からすると，むしろわが国における罰金等の刑罰とほぼ同様の意義を有するものと言え，わが国における不法行為に基づく損害賠償制度の基本原則ないし基本理念と相いれないので，本件外国判決のうち見せしめと制裁のために懲罰的損害賠償としての金員の支払を

命じた部分についてはわが国の公の秩序に反するから、執行判決をすることができないとしたものであり、私見で上述した程度の懲罰的賠償制度を否定する趣旨と解釈すべきではない。

第2款　国賠法2条（=公物営造物の設置管理の瑕疵）

I　瑕疵の意義，義務違反説，客観説，「通常」の安全性

　国家賠償法2条1項によれば、「道路、河川その他の公の営造物の」「設置又は管理に瑕疵」があったために他人に損害を生じたときは、国または公共団体は、これを賠償する責に任ずる。第2項は、第1項の場合において、「他に損害の原因について責に任ずべき者があるときは、国又は公共団体は、これに対して求償権を有する」と定めている。

　被害の原因が公務員の行為である場合には、違法・過失が要件であったが、原因が公物営造物である場合には、要件はその設置・管理の瑕疵である。なお、ここでいう瑕疵は、単に公物営造物の瑕疵ではなく、その「設置管理」という人間の行為の瑕疵であることに留意すべきである。

　もともと、過失は、注意義務に違反することであって、瑕疵は欠陥である。道路・河川などの公物営造物については、公務員に注意義務違反がなくても、その設置管理に欠陥があれば、賠償責任を認めるというのが2条の立法趣旨である。ただ、1条の過失も、公務員の主観的な注意義務違反から離れて、客観的に行政の体制の不備（予防接種禍の例）にまで拡がってくれば、ともに行政活動の欠陥を基準とするようなもので、過失と瑕疵の区別もほとんどなくなり、また、違法とも重複してくる（⇒第1款Ⅶ2）。

　ところで、瑕疵の理論構成としては、**義務違反説**と**客観説**が対立していることになっていた。瑕疵とは、義務違反説によれば、公物営造物の設置管理者が安全確保義務に違反した場合をいうが、客観説では、「通常の安全性を欠くこと」をいう。ただ、この違いは必ずしも明らかではない。通常の安全性を欠けば、公営造物の設置管理者はそれを放置せずに安全に管理する義務があると考えるべきであり、逆に安全に管理することが不可能であれば、通常期待される安全性は存在すると言わざるをえないように思われるからである。

　そこで、ここではその一般論ではなく、具体例を通じて検討しよう。

Ⅱ 利用者との関係における瑕疵と利用者の自己責任

　道路の設置管理の瑕疵の古典的な事例は道路の穴ぼこであるが、穴ぼこがあればすべて瑕疵と言えるものではない。田舎の道であれば、道路の整備は不十分であるという前提で通行すべきであるが、高速道路ならもちろん、一般道路でも、交通量が多ければ危険である。ここに単なる安全性ではなく、「通常」の安全性が瑕疵の要件だということが理解される。

1 具体例の検討

Case 1 ：高知落石事故（リーディング・ケース）

　著名な例は高知落石事故である。これは地上から70メートルも上の民有地の崖から落ちてきた石が通行中の車に当たり、死亡者を出した事件である。道路管理者の行政には、落石防止の予算もなく、落石を防止すべき実効的な手段もなかった。しかし、判例（最判1970〔昭和45〕・8・20民集24巻9号1268頁〔百選480頁〕）は、瑕疵とは、「営造物が通常有すべき安全性を欠いていることをいい、これに基づく国および公共団体の賠償責任については、その過失の存在を必要としない」とした。そして、「本件道路（……約2000メートルの区間）を含む国道56号線は、一級国道として……陸上交通の上で極めて重要な道路であるところ、本件道路には従来山側から屡々落石があり、さらに崩土さえも何回かあったのであるから、いつなんどき落石や崩土が起こるかも知れず、本件道路を通行する人および車はたえずその危険におびやかされていたにもかかわらず、道路管理者においては、落石注意等の標識を立て、あるいは竹竿の先に赤の布切をつけて立て、これによって通行車に対し注意を促す等の処置を講じたにすぎず、本件道路の右のような危険性に対して防護柵または防護覆を設置し、あるいは山側に金網を張るとか、常時山地斜面部分を調査して、落下しそうな岩石があるときは、これを除去し、崩土の起こるおそれのあるときは、事前に通行止めをする等の措置をとったことはない」。したがって、「本件道路は、その通行の安全性の確保において欠け、その管理に瑕疵があったものというべきである旨、本件道路における落石、崩土の発生する原因は道路の山側の地層に原因があったので、本件における道路管理の瑕疵の有無は、本件事故発生地点だけに局限せず、前記2000メートルの本件道路全般についての危険状況および管理状況等を考慮にいれて決するのが相当である旨、そして、本件道路における防護柵を設置するとした場合、その費用の額が相当の多額にのぼり、

……県としてその予算措置に困却するであろうことは推察できるが，それにより直ちに道路の管理の瑕疵によって生じた損害に対する賠償責任を免れうるものと考えることはできないのであり，その他，本件事故が不可抗力ないし回避可能性のない場合であることを認めることができない」。

　これは，**無過失責任や予算制約論の排斥を明言**した点で有名な判例であるが，不可抗力なり，回避可能性のない場合であれば，瑕疵はないとされる。瑕疵の基準は，「通常」の安全性の欠如であるが，その意味は，ここでは結局は「回避可能性」をいうようである。そして，回避可能性も，程度次第であるが，本件のような重要な道路で，かつこれまで何度も落石があったという事情にあっては，防護策を講ずるというような予算措置を講ずることができないとは言えないという趣旨であろう。

　調査官解説でも，本当に無過失責任というよりも，**客観的に管理可能な状態における管理の瑕疵**（後述最判 1975・6・26 に関する斎藤次郎調査官解説・判解民昭和 50 年度 266 頁）とされている。

　そう考えると，これは，本当に純然たる無過失責任とは同じではなく，**薄められた過失責任**の規定と理解する方が合理的である。少なくとも，この規定は，仮に無過失責任の規定としても，鉱業法 109 条のような絶対的な無過失責任を定めた規定ではないことに注意すべきである。したがって，これを単に無過失責任論とか，予算制約論の排斥として一般化することは必ずしも適当ではない。むしろ，幹線道路で，落石の予見可能性がある事案であるから，予算を用意して対策を講ずることが不可能とは言えないと解すべきであり，交通量の少ない田舎の道路の落石事故にはそのまま適用されるべきではない。

* しかし，それでも，この判例は，道路管理者にほとんど不可能に近い管理を要求している感がある。その本当の理由は何か。結局，事故回避手段はあるかが論点で，道路の場合には，危険なら通行止めも可能であろうし，それほど危険ではないという理由で通行止めをしなかったが，運悪く落石が発生した場合には，みんなが危険を共有しているので道路管理者が責任を負って，その費用を道路管理費用に算入するのが公平だと考えられるであろう。一種の危険責任（道路に危険が内在しているという趣旨の責任。他の私人や天災の危険を防止する危険防止責任とは異質）だと理解すべきである（国道 43 号線最判は，2 条を危険責任としている。⇒後述Ⅳ 2 (2)）（問題⑨）。

Case 2：道路脇の鉄パイプからの転落事故，神戸夢野台高校事件

次に，「通常の」安全性とは，行政と被害者の守備範囲の問題として理解すればわかりやすいであろう。有名な例は，神戸の夢野台高校事件である。6歳の幼児が3メートル幅の生活道路ぎわの防護柵の高さ65センチの鉄パイプに腰掛けて遊んでいるうちに，後ろ向きに4メートル下の校庭に落ちて大怪我した事件である。

最高裁は，一般論として，瑕疵の有無は「営造物の構造，用法，場所的環境及び利用状況等諸般の事情を考慮して具体的個別的に判断すべき」とした（最判1978〔昭和53〕・7・4民集32巻5号809頁）。そして，「本件防護柵は，……誤って転落するのを防止するために……設置されたものであり，……通行時における転落防止の目的からみればその安全性に欠けるところがない」，本件転落事故は，怪我をしたのが，「当時危険性の判断能力に乏しい6歳の幼児であったとしても，本件道路及び防護柵の設置管理者……において通常予測することのできない行動に起因するものであった……。したがって，右営造物につき本来それが具有すべき安全性に欠けるところがあったとはいえず，上告人のしたような通常の用法に即しない行動の結果生じた事故につき，被上告人はその設置管理者としての責任を負うべき理由はない」。

ここでは，事故が通常の用法により生ずれば瑕疵があり，さもなければ道路管理者として，通常予測できないとして，瑕疵がないとされている。これは道路管理者と利用者の間の守備範囲を適切に分配したものと言える。これは法と経済学的に説明すれば，最安価損害回避者に損害回避義務を負わせる考え方と共通にする。

アメリカやドイツあたりでは，よく「at your own risk」，「auf eigene Gefahr」（自己の危険で）という看板を見かけるが，日本では，被害者の自己責任だけではなく，危険な公物の管理者にも相応の安全確保義務があると考えるのである（もちろん過失相殺はある）。

なお，生活道路では子どもが遊ぶということも考慮すべきであるが，この事件では，子どもが単に道路で遊んで怪我したというものではなく，4メートルもの崖の上にある鉄パイプに後向けに腰掛けていたのであるから，道路での遊び方としても異常な遊び方であって，この幼児が自ら招いた危険というしかない。ただし，そのような事故が続発し，対策が求められていたのに放置されて

いた等の事情があれば瑕疵が認められる可能性もある（牧山市治・判解民昭和53年度266頁）。

以下，この観点から主要な例をさらに検討しよう。

Case 3：**大阪城公園のザリガニ捕り児童溺死事件**

大阪城の外堀の水底まで高さ3メートル（水深0.5〜0.7メートル）のほぼ垂直状の石垣を下りてザリガニ捕りをしていた9歳の男児が石垣から足を踏みはずして転落溺死した。この外堀には有刺鉄線付き柵とウバメガシの生垣が設置されていたが，事故現場付近は生垣も途切れ鉄線も破損していたため，自由に外堀の縁まで近づくことができた。この堀では動物捕獲行為は禁止されていたが，それを明示する立札もなく，管理者も注意をすることなく，土曜・日曜になると，子どもたちが堀の浅いところや砂州に下りてザリガニ捕りなどをし，大人は魚釣りなどをするのが常態化していた。

1審（大阪地判1980〔昭和55〕・12・25判時1012号103頁）は，瑕疵を認めつつ7割の過失相殺をしたが，2審（大阪高判1981〔昭和56〕・12・24判時1044号380頁）と最高裁（最判1983〔昭和58〕・10・18判時1099号48頁，判タ513号141頁）は，瑕疵を否定した。

争点は，事故が管理者の通常予測しえない被害男児の無軌道な行動に起因するか否か，現地が文化財保護法の特別史蹟に指定されていることから，その構造および場所的環境から通常予測される入園者の石垣からの不用意な転落事故の危険を防止するための設備としては，本件の柵ないし生垣程度で足りるか，柵が破損していたことは瑕疵となるかにある。

思うに，有刺鉄線や生垣が破損していれば，人がそこから立ち入ろうとするのは当然である（危険への誘引）し，現に大勢の人が立ち入っているのであれば，特別史跡であっても，修理すべきであった（それは文化財保護法には違反しないし，現にこの事故の後では修理された）。そこで，私見としては，有刺鉄線と生垣の破損部分から人が立ち入って，通常の注意力をもって堀を見物したり，釣りをしていて石垣から落ちるといった場合には，通常予測されることで，その管理に瑕疵がある（過失相殺はある）。

しかし，本件では，単に石垣の上から落ちたという事件ではなく，しかも，堀の浅いところや砂州ではなく，わざわざ下に水のある3メートルものほぼ垂直の石垣につかまって下りていった途中で転落したのであるから，溺死する危

険があることは9歳の男児ならわかりそうなものである。そうとすれば，これは無軌道な行動と解してもやむをえない（遠藤・補償法中767頁に賛成）。

Case 4：幼児が柵を乗り越えてプールに転落した事故

3歳7ヵ月の女児が児童公園で遊び，その隣のプールとの間に張られていた約1.6～1.8メートルの高さの金網を乗り越えてプールに落ちて溺死した。この金網は破損していたわけではないが，その上部に忍び返しがついていなかったため，標準以上の発育を示していたこの幼女はそれを乗り越えたとされている。小学生等は公園で遊戯中にボールがプールサイドに入ったとき，しばしばこの金網を乗り越えていた。

最高裁判決（1981〔昭和56〕・7・16判時1016号59頁，判タ452号93頁）は，この金網は幼児でも容易に乗り越えられる構造であり，他方，児童公園で遊ぶ幼児にとってプールは一個の魅惑的存在であるから，本件の幼児が金網を乗り越えてプール内に立ち入ったことは管理者にとって予測を超えた行動ではなく，結局本件プールには通常有すべき安全性に欠けるとした。

この事件では金網が破損していた（そうした事件として，福岡地小倉支判1972〔昭和47〕・3・30判タ283号285頁，瑕疵認定）わけではなく，高さも大人の身長並みにはあったが，忍び返しがなかっただけである。この判決の反対意見は，この金網はプールの危険性について十分な思慮分別を有しない幼児にとって一応独力では乗り越えがたい障壁とみられる程度であるから瑕疵がないという疑いを示す。それにもかかわらず瑕疵が認定されたのは児童公園のそばにあり，プールは児童にとって魅惑的存在である（魅惑物の法理）という点にある。そこで，これはかなり限界的な事例で，最高裁はこの事件では瑕疵の概念を緩めた（ただし，過失相殺3分の2）とも言える。

しかし，筆者の経験では学齢前の子供でもこの程度の金網はどんどん乗り越えるし，危険なプールと児童が遊んでいる公園を隔てるものとしては安直すぎたと思う。

Case 5：道路前方の岸壁からの転落事故

雨が降り始め，もやも発生した夜間，埋立地を通行中の車両が道路の前方の岸壁からそのまま海に転落し，運転者が死亡した。この道路は港湾施設として建設中であって，いまだ一般車両の通行を予定する道路法上の道路ではなかったが，一般人が立ち入ることもあるのに立入禁止の掲示はなく，岸壁近くにも

道路前方が海である旨の危険標識がない（ましてガードレールはない）ため，夜間特に雨天等の視界不良状態が重なったときは岸壁とこれに接する海面との境を識別することが必ずしも容易ではない状況であった。

原審は，この道路は本来円滑な港湾荷役に資する目的で設置されたもので，一般車両の通行を目的としたものではないから，港湾荷役と関係のない一般車両の転落防止のための設備等は不要として瑕疵を否定した。

これに対して，最高裁判決（1980〔昭和55〕・9・11判時984号65頁，判タ428号63頁）は，一般車両が立ち入ることが容易で，現に立ち入っていること，その場合に岸壁から転落する危険が客観的に存在していたことを理由に，夜間でも識別できるように，一般車両の立入りを禁止するための立札等を設置するか，**または**，岸壁付近に道路前方が海であることを示す危険標識を設置するなどして，進入車両の転落事故を防止するための安全施設を設置することは最小限必要であったとして破棄差戻しした。

この事件では本件道路は一般車両の通行を目的とはしていないが，現状では一般車両にはそのことがわかるようになっておらず，一般車両の本件埋立地への立入りが通常予測されたことを瑕疵としている。この状態では本件道路の走行は異常な利用とは言えない。原審は，港湾道路で一般の人車の通行が予定されていないという原則論をふりかざすあまり現実には釣りやドライブの人車が侵入していたことを軽視した（古崎慶長「最近の国家賠償訴訟破棄判例の検討(2)」民商94巻6号779頁）と言える。

ただ，この最高裁判決は上記の「または」の言葉が示すように，立入禁止の表示があれば，岸壁の危険標識はなくとも瑕疵はないと読める表現をしており，立入禁止の所に立ち入れば，自己の危険で，という考えがあるようにもみえる。しかし，立入禁止の標識を見逃して進入する者も多いだろうから，岸壁には夜間でも見える危険標識が必要と思う。

Case 6：テニス審判台逆転倒事件

親が校庭でテニスに興じているとき，子どもがテニス審判台に登って反対側からつかまって降りたところ，審判台もろとも転倒して，死亡した。審判台の設置・管理に瑕疵はあるか。

審判台の反対側から降りる者を予想して，審判台の重心を下げ，地上に固定すべきか，そうした事故はこれまでまずなく，気を付けて使用すべきものであ

るから，親が子どもをしっかり監視すべきであるかが争点である。こんな降り方は通常の用法に反し，一般にも見られないので，これでも，「通常」の安全性はあったと考えるべきであろう（最判 1993〔平成 5〕・3・30 民集 47 巻 4 号 3226 頁〔百選 490 頁〕）。

[**Q** 国立公園内のブナの木の枝の落下によって通行中の観光客が重傷を負った場合，ブナの木の支持に瑕疵があったか。

東京高判 2007（平成 19）・1・17（判例自治 288 号 41 頁，判タ 1246 号 122 頁）は，これを民法 717 条 2 項の工作物の設置保存の瑕疵があるとした（最高裁第 1 小法廷は 2009 年 2 月 5 日これを支持したようである）。

2 理論的な課題
(1) 人的な管理体制の不備，不可抗力との関連

もともと瑕疵とは道路の穴ぼことか信号機の故障など公物営造物の物的欠陥（内因的欠陥）を指したが，そのほか，管理者が公物営造物の利用に対して外部から加えられる危険（外因的欠陥）を防ぐ方法を有しなくとも，それから生ずる被害を回避する措置が欠如していれば，瑕疵がある。国賠法 2 条は，営造物の瑕疵ではなく，その「設置管理の瑕疵」を要件としているからである。

例えば，**飛驒川バス転落事故**は，山腹を走行中の観光バスが集中豪雨によって生じた土砂崩落によって前後を封鎖され孤立しているうちに，沢に発生した土石流に押し流されて反対側の飛驒川に転落して 100 名以上の死者を出した例である。この事件では道路自体には欠陥がなく，自然災害への対応の不十分さが問題となったわけであるが，その危険が通常予測しうる場合には，交通規制をすべきところ，しなかったとして瑕疵が認定された（名古屋高判 1974〔昭和 49〕・11・20 判時 761 号 18 頁，判タ 318 号 121 頁）。

故障した**大型車が 87 時間放置**されていたところ，早朝原付自転車が時速 60 キロでその荷台後部に激突して運転者が死亡したケースの判例（最判 1975〔昭和 50〕・7・25 民集 29 巻 6 号 1136 頁〔百選 482 頁〕）は，道路管理者は道路の常時監視体制をとっていなかったために，故障車の存在を知らず，まして故障車のあることを知らせるためのバリケードを設けるとか，道路の片側部分を一時通行止めにするなど，道路の安全性を保持するために必要とされる措置をまったく講じていなかったことを理由に瑕疵を認めた。

他方，物自体は危険でも，管理者がそれに対応することが不可能であれば瑕

疵を否定するのが判例である。例えば，前記の 87 時間の放置事例は瑕疵があるが，これに反して，工事中を示す標識板，バリケード，および赤色灯が他の車両に倒され，灯が消えていたために生じた後続車の事故について，道路の安全性に欠如があったとしつつ，それは夜間，しかも事故発生の直前（1 時間以内）に惹起されたもので，**時間的に遅滞なくこれを原状に復させることは不可能**であるから道路の管理に瑕疵はないとした判例（最判 1975〔昭和 50〕・6・26 民集 29 巻 6 号 851 頁）がある。

なお，この赤色灯が消えていた事件は（時間的）**不可抗力**としても説明可能であるが，瑕疵はあるが時間的に不可抗力だというのではなく，安全性の欠如が設置管理作用の不完全によるとは言えないとか，損害の回避可能性がない（道路管理者の管理行為が及ばない）から瑕疵がないとも理解される。伊勢湾台風事件（名古屋地判 1962〔昭和 37〕・10・12 下民集 13 巻 10 号 2059 頁，判時 313 号 4 頁）は，築造当時予想されなかった高潮により決壊するのは不可抗力による災害で瑕疵はないとしているが，もともと管理の範囲外とも言える。そこで，ここでは不可抗力は独自の意義をもつ法概念ではない（加藤一郎「不可抗力について」法教 1 号 48 頁以下参照）とも解される。

(2) 安全設備を作る計画における当時の水準や危険の程度の考慮

視力障害者が駅（大阪環状線福島駅）のホームから転落して轢かれたいわゆる**点字ブロック事件**で，点字ブロックがないのは瑕疵かどうかが争われた。点字ブロックが設置されている駅で，たまたまその部分だけ欠如していた（オペレーション上の瑕疵）なら，当然瑕疵があるが，この事件では，どの駅にどのような安全設備を付けるかという計画段階の判断が問われている（プランニング上の瑕疵）。それには，必要性，予算の制約，当時の国民意識なども重要な要素になる。後述の河川の改修計画に似た問題になる。

点字ブロックがないと視力障害者には危険であり，視力障害者が自由な生活を営むことができるよう整備に努めることが国や公共団体の当然の責務である（原審はこのことから瑕疵を肯定）としても，事件当時（1973〔昭和 48〕年）まだあまり普及しておらず，当該駅を利用する視力障害者が少ない場合には，瑕疵にはならない。政策的水準と法的水準は違うし，新規の安全設備の開発とその普及の間に，ある程度のタイム・ラグがあることは承認せざるをえないからである（最判 1986〔昭和 61〕・3・25 民集 40 巻 2 号 472 頁，判時 1190 号 3 頁〔百選 488 頁〕）。

本判決前に，阿部「点字ブロックと駅ホームの安全性」ジュリ801号〔阿部・法の解釈177頁以下所収〕で詳論）。

(3) 人間の行動原理分析の必要性

上記の守備範囲論でも，本来の用途ではないが，事実として子供の遊び場となっていることをどう評価するかという問題はこれに当たる。近くに児童遊園があるからお堀で遊ぶなという，大阪城公園事件で提起された議論は，子どもの行動心理を無視していると思うし，プールは魅惑的存在だというのは児童の心理・行動をよく理解していると思う。

これを論ずるに適切な例が**信号機の青，黄の時間の設定の仕方**である。青の最後に渡り始めたら，途中で黄，赤になり，車に轢かれた事案で，判例（大阪地判1976〔昭和51〕・7・30判時843号81頁，判タ348号287頁）は，青のうちに横断を開始し，途中で黄になったとき，渡り切る距離と引き返す距離の短い方の距離を安全に歩行することのできるだけの時間的余裕（プラス引き返す判断をして180度転換して歩き出すまでの1秒）が黄と全赤の合計表示時間には必要で，その時間が不足している信号には瑕疵があるとした。そして，本件道路の幅が広く（38メートル），黄4秒，全赤2.5秒合計6.5秒の信号では，通常人の速度（毎秒1.5メートル）では進退窮することになるとして瑕疵を認めた。

　　＊　判旨はもとより妥当である。これに対して青の時間をいくら長くしても，青の最後に渡り始めれば途中で引っかかるのは同じとの反論がある。しかし，問題は青の信号を長くして解決すべきではなく，むしろ，青の信号を短くして，黄の時間を通常人が青の最後に渡り始めてもやや急げば渡り切れるよう（あるいは戻れるよう）設定すべきなのである。筆者は，日本の信号は青が長く黄が短いが，外国では逆の経験をしたことがあり，その方が合理的と思う（もちろん，黄になってからは渡り始めてはならないことを当然の前提とする）。また，信号とは，青信号になった直後あるいはその後しばらくの間に横断を開始して安全に渡り切れるように時間を考慮すればよく，青信号の最後に渡り始めることは考慮する必要がないという意見（この事件の被告主張）もあるが，青信号は渡ってよいという表示であるし，あと何秒で黄になるという表示はないから，青信号の最後でも渡るのが人間の心理というものである。最後にこの判決には疑問もある。この判決は黄になったとき，渡り切るか戻るかいずれかが安全にできればよいという考えであるが，現実の人間は途中で黄になったときその判断を適切にできるわけではないから，時間のかかる方を選択することも通常ありうる。渡り始めたら戻るのは例外で，普通はこの機会に渡ってしまおうという心理が働くものである。したがって，この時間の設定は通常人の判断の誤差も考慮して余裕をもって決められるべきであろう。

(4) 安全性の相対性，理解される表示を

瑕疵は利用者にとっての安全性の欠如である（あるいは利用者との関係における安全確保義務違反である）とすると，利用者の能力等との関係で相対的になる。ため池や用水路などは幼児との関係では瑕疵があっても大人との関係では瑕疵がない。点字ブロックも視力障害者との関係では瑕疵があっても健常者との関係では瑕疵はない。

瑕疵を認めても過失相殺が多いのは，安全性が欠けているとはいえ，多くの者は被害に遭わず，限られた者だけが被害に遭うのであるから，やはり被害者の利用の仕方にもある程度は責任を分担させる理由があるからである。

この点では，「危険，立人禁止」という漢字で書いた標識をよく見るが，適切ではない。年少者が理解できる標識（ひらがな，絵）が必要である。

(5) 予見可能性の程度

第1款Ⅶ3で過失の予見可能性にも種々あることを述べたが，瑕疵の予見可能性も同様である。

前記飛騨川バス転落事故においては，名古屋高裁は，定量的予見可能性説を退け，**定性的予見可能性**で十分とした。

「災害をもたらす自然現象について，学問的に発生機構が十分解明されていないため，その発生の危険を定量的に表現して時期・場所・規模等において具体的に予知・予測することは困難であっても，当時の科学的調査・研究の成果として当該自然現象の発生の危険があるとされる定性的要因が一応判明していて右要因を満たしていること，および諸般の状況から判断して，当該自然現象の発生の危険が蓋然的に認められる場合であれば，これを通常予測し得るものといって妨げないから，その危険より道路の安全を確保する措置が講じられていなければ，道路管理に瑕疵があつたものといえる。」

Ⅲ　河川災害

1　洪水対策

河川の洪水対策はもともとは，河川を堤防で囲むのではなく，河川から水があふれることを前提に，家の方を囲んだ。木曾川の**輪中**はその例である。

しかし，土木技術の発達で，高水護岸敷連続堤防が建設され，河川周辺が高度利用されるようになり，河川が氾濫した場合の被害が大きくなった。

もともと、河川災害は天災としてあきらめられていたが、昭和40年代から人災として、国家賠償2条による請求が行われるようになった。

では、河川の改修は絶対的な安全を確保するのか。世の中に絶対的な安全というものはなく、河川の重要度に応じて、経済性と河川整備にかかる時間を考慮してある程度の氾濫はやむをえないという思想の下で、堤防は一定の流量までは安全であるように設計される。これを**計画高水流量**という。

そこで、河川災害のうち、堤防が完成したが、計画高水流量未満で決壊した場合は瑕疵が認められやすいが、それ以上なら、計画が合理的であれば瑕疵はないということになる。これに対して、堤防が未完成の場合には、洪水で破堤しても、溢水（堤防は決壊しないが、越流する）しても、直ちに瑕疵があるとは言えないということになる。

2 大東水害訴訟最高裁判決（リーディング・ケース）

(1) 判　　旨

この点を明らかにした判例が**大東水害訴訟**の最高裁判決（1984〔昭和59〕・1・26民集38巻2号53頁）である。大阪府大東市に開発された本件住宅地はもともと低湿地で浸水が起きる地域であった。そこで、河川管理当局はそこを流れている川を改修（拡幅、浚渫）していたが、中間に、川（河幅わずか1.8メートル、高さ1.15～1.2メートル）の上を跨いでいた民家が立ち退かないので、上流と下流の双方から改修した。この中間部分は浚渫も拡幅工事もしないうちに台風が襲来した結果、そこからの溢水もあって、多数の周辺住民に床上、床下浸水被害をもたらした。

下級審はこの改修の遅れに瑕疵があるとしたが、最高裁は、これを逆転させた。被災住民にかなり好意的であったそれまでの下級審の流れを変えたもので、水害訴訟冬の時代（筆者の表現では氷河の時代）である。判決理由は次の通りである。

① まず、道路と河川の違いを強調する。道路は人間が開設し（人工公物）、危険は通行止めで防止可能であるから、絶対的安全確保義務がある。これに対して河川には危険が内在しており（自然公物）、国は安全性を高める責務を負う。② 治水事業には、財政的・技術的・社会的な制約がある。③ 予算制約論を否定した高知落石事故判決は妥当しない。④ 河川改修には相当の期間を要するから、未改修の河川の安全性としては過渡的な安全性で足りる。⑤ 河川管理

第 11 章 国家補償法

▶拡幅改修前の谷田川。川幅が急に狭くなった（1.8m）ところに立ち退きを求められた家が残っている。ここからあふれた。

▶拡幅改修後の谷田川（1987〔昭和62〕年）。

の瑕疵の有無は同種・同規模の河川の管理の一般水準に照らして判断する。⑥改修中の河川については改修計画が格別不合理でなければ、計画を繰り上げるべき特段の事情がない限り、改修がまだなされていないというだけでは河川管理に瑕疵はない。

(2) 検　　討

この理論は抽象的には妥当にみえるが，意外と問題がある。

〔道路と河川の異同〕　前記①は，人工公物と自然公物の違いを説明しているが，それは妥当か。区別否定説を想定して，その反論を考えよう。図を参照されたい。

道路，河川の比較

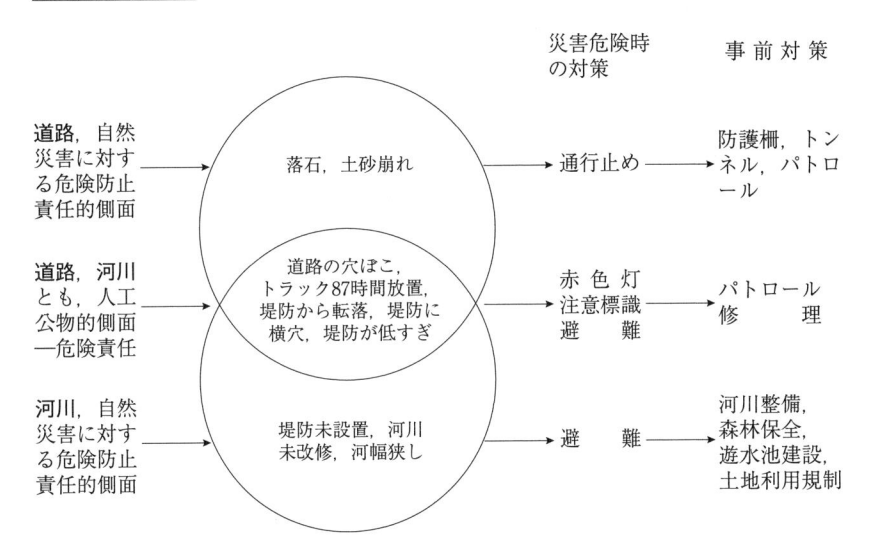

	災害危険時の対策	事前対策
道路，自然災害に対する危険防止責任的側面 → 落石，土砂崩れ	→ 通行止め	防護柵，トンネル，パトロール
道路，河川とも，人工公物的側面—危険責任 → 道路の穴ぼこ，トラック87時間放置，堤防から転落，堤防に横穴，堤防が低すぎ	→ 赤色灯 注意標識 避　難	パトロール 修　理
河川，自然災害に対する危険防止責任的側面 → 堤防未設置，河川未改修，河幅狭し	→ 避　難	河川整備，森林保全，遊水池建設，土地利用規制

まず，河川でも都市内河川なら（大東水害訴訟の谷田川など）既に人工公物化しているとされるが，それももともと自然に流れ危険を内包しているものを人工的に改修したもので，人間が舟運のために開設した運河とは異なる。

道路なら利用施設であるから，危険なものは原則として建設しないことができるし，道路管理はかなり完全にできるが，河川堤防は防災施設であるから，その管理はそうはいかない。利用者の立場としても，道路がある場合にはそれを安全なものとして利用するが，河川のそばに住んで，河川を安全なものと期待することはできない。住民は国の安全対策に期待するしかないが，国の方も十分な対策を有するわけではない。危険承知で住み，危険と常に戦うしかない。

河川の流量が事後的に増加したため洪水の危険が増したというのは，道路を

開設後に交通量が予想外に増え，事故の危険が増し周辺に騒音振動をまき散らすのに似ているとされよう。しかし，水の速度制限・流量制限はできないが，道路なら交通量の抑制は人間の知恵で可能である（車両の速度制限，さらには流入規制，通行量のコントロール等の制度で交通量の抑制はできる。高速道路だけではなく，一般道路でも，特定の地域での流入制限，ETC 使用車以外の進入禁止の制度は可能である）。

　道路も，高知の落石事故の例なら，道路本体は人工公物でも，落石の原因は上方の山であるから，自然公物に近い。高速道路で霧のため事故が発生するのも同様である。飛騨川バス転落事故では，台風による山崩れに対処する交通規制の不備が原因とすると，河川の場合でも，避難対策の不備が原因となれば似ている。道路を供用したから危険が発生したのではなく，初めから危険が内在し，それとの戦いである点で，道路も，河川と同様である。しかし，道路は，いざとなれば通行止めができるが，河川の通行止めはありえないので，かなり違う。

　道路も危険箇所は多いが費用不足のため改修が遅れているだけで，河川に似ていると言われるが，河川よりは予算制約論は働きにくい。河川でも破堤型であれば，未改修河川と異なり，瑕疵が認められやすいが，計画途上では改修費用は膨大である。

　結局は，道路と河川とでは，外因的危険の除去という問題が生ずる限界事例では似ているが，一般的にはかなり大きな差があると考える。

　ここで含意されているのは，公共施設を人為的に設置するときは，自然の脅威をすべて防止できるわけではないにしても，社会的に期待される安全度のあるものを造るべきである。それは自然公物と人工公物の区別とは必ずしも一致しないから，そうした公物の成立過程を基準とする区別よりは，危険物を公共の利用に供した（道路の内在的瑕疵が顕在化した場合や，計画高水流量未満の洪水で破堤した河川等）か，それとも公共に対する自然の脅威を防ぎきれなかったか（未改修・改修途上の河川等における河川洪水，自然災害を原因とする道路事故等）という区別の方が適切であろう。そして，後者の場合には財政制約論や時間的制約論が成立しうる。これは既に述べた行政の危険防止（管理）責任と類似の問題である。

　では，道路なら，道路整備計画の不備とは関係なしに瑕疵が認められるのに，

河川についてはなぜ計画の合理性を要するのか。つまり，道路の場合，高知落石事故のように，行政上の管理が可能かどうかが必ずしも明らかでない場合でも救済が認められたが，河川の場合，管理ができないと救済も認められないのはなぜか。

これについては，財政上の考慮が働いているという指摘があるほか，私見では道路の場合，高知落石事故判例で説明したように，利用者共通のリスクであるから，保険的発想で，道路の賠償費用を利用者に分散したと解すればよいが，河川洪水のリスクは地域性があり，みんなに共通でないから，保険的発想は成立しないのである。

〔財政的制約〕 財政的制約に関する②，③については，一般的には妥当にみえるが，その具体的な内容については明らかではない。予算制約の意味としては，ⓐ 安全確保のための具体的な予算措置が不足，ⓑ 損害賠償額が巨大で支払が困難，ⓒ 資源配分の見地から，なすべき行政措置に必要な財政支出が一般的に予想される危険と比較して客観的に期待可能性がなく，現実に生じた損害との関連においても，手落ちとしてとがめだてするのは実際上酷だと判断される場合，ⓓ わが国の治水事業全般に対する財政上の制約，などの意味がある（芝池義一「行政裁量と河川管理責任」法時56巻5号51頁）。ⓐの意味での予算の制約は，担当部局を免責するかもしれないが，行政全般の免責事由にはならない。ⓑも被害が発生してからでは免責事由にはならない。ⓓの予算制約論はあまりに一般的すぎて，個々の河川工事の瑕疵の有無を判断するのに適切な基準かは疑問を感ずる。ⓒが妥当であろうし，本判決はⓒの意味での予算制約論を言っていると善解すべきか。

〔改修途上の安全性と計画の合理性〕 ④の点では，河川の改修は，大河川でも不十分であって，やむをえない。しかし，④によれば，どの河川も改修不十分とされる可能性があり，当該地域においてあるべき治水水準が必要である。

加治川水害は本堤防が完成するまでの応急対策としての仮堤防が破堤した事案であるが，最高裁判決（1985〔昭和60〕・3・28民集39巻2号333頁，判時1149号54頁）は大東水害最高裁判決の一般論を前提として，仮堤防としては，本堤防と同じ構造である必要はないとした。二重投資を避けるためにもやむをえまい。そして，その洪水の規模・雨量はきわめて稀であったことから，その仮堤

防は過去の水害の発生状況，本件仮堤防の存置期間等から予測しうべき水害の危険を防止して後背地の安全を確保したものとして瑕疵がないとした。

⑤，⑥は，計画の合理性を説明するもので，理論的には妥当にみえるが，被害住民には証明不可能である。そもそも，個別の事件における「瑕疵」の判断のために広く行政計画の裁量論に入るのは飛躍している。行政側に計画の合理性を説明して，証明する責任を負わせなければおよそ公平ではない（**問題⑩**）（橋本博之『行政判例と仕組み解釈』〔弘文堂，2009年〕177頁以下は，この点で参考になる）。

[　**Q**　国賠法2条を危険責任の規定と理解すると，河川は危険を内在させているから，災害が発生したら当然に瑕疵があるとは言えないか。

国賠法2条を危険責任なり結果責任とする見方がある。それによれば，客観説や義務違反説よりも行政の責任範囲が拡がるようにみえるが，行政の守備範囲外の事故については，行政が責任を負うべき「危険」はないと解されるので，結局は同じになる。

危険責任の考え方が適用されるのは行政に危険が内在している場合である。河川の場合は危険なのは行政ではなく，その管理の対象である河川であるから危険防止責任の問題である。道路について危険責任として説明されるのは，人間が作ったので，人間の営為に危険が内在しているからである。

3　具体的事例をめぐる瑕疵の考え方

[　**Q**　大東水害判決の射程範囲？：　これは溢水型であるから，その判例の射程範囲は，破堤型水害には及ばず，改修が終わり完成している堤防には適用がないのではないか（加藤一郎「大東水害訴訟をめぐって」ジュリ811号28頁）。

その通りだと思うが，その後の判例は一般的にこの最高裁判決の理論を拡張適用して国家賠償責任を否定する傾向にあった（これが遺憾ながら下級審判例にしばしば見られる傾向である）。例えば，**長良川水害**は計画高水流量未満の洪水による破堤の事案であるが，同じ事件で，最判以前には瑕疵を認めたのに（岐阜地判1982〔昭和57〕・12・10判時1063号30頁），最判後は未改修河川であるとして，瑕疵を否定した（岐阜地判1984〔昭和59〕・5・29判時1117号13頁）。

多摩川水害は，計画高水流量に耐えうる堤防が完成していたが，河川の中に取水堰があり，洪水の流下を妨げ，堤防の決壊を招いたものである。高裁（東

京高判1987〔昭和62〕・8・31判時1247号3頁）では，完成河川と言えども，過渡的な安全性を確保するにすぎない，災害が明白に予測されない限り瑕疵がないとした。これはこの前まで国の代理人であった訟務検事が裁判長になって下した吃驚判決である（判検交流の悪弊。⇒第9章第1節）が，さすがに，最高裁（最判1990〔平成2〕・12・13民集44巻9号1186頁）は，これを逆転させた。完成河川は未改修の河川と異なって，計画高水流量の洪水を安全に流下させることができなければならないのに，本件では安全に流下させなかったのである。

　大東水害では，河川改修は下流からするものなのに，上流と下流の双方から改修し，中間部分は浚渫も拡幅工事もしなかったことが溢水を惹起した原因である。この河川管理の仕方に瑕疵があるか。中間部分の工事をするには，その河川の上に河川の占用許可を得て建物を建てて戦後永く住んでいた者を立ち退かせなければならない。これを**社会的制約**と称する。最高裁は河川管理の一般論をしているが，問題は，その社会的制約はそんなに大きいのかという具体論が一番の争点であるはずである。こうした事例では財政制約論が問題となる程の費用はかからないし，同種同規模の河川との比較もしようがないから，一般論をするのは適当ではない。

　差戻前の控訴審（大阪高判1977〔昭和52〕・12・20判時876号16頁）は，本件河川が一級河川に指定された後，あるいは改修計画策定後漫然とこの占用許可を与え続け，許可を打ち切ったのが本件水害の直前の年であったこと，本件水害後はすぐ立退きさせたことから，立退き交渉の困難は，改修の遅れを正当化するものではないとした。

　差戻後高裁判決（大阪高判1987〔昭和62〕・4・10判時1229号27頁）は，最高裁判決の判断基準に従い，特に，未改修部分につき早期の改修工事をしなければならなかったと認めるべき特段の事由はなかったとした。理由は，上流の工事により中間地点の流量が増加したとは認められないこと，河川上の家屋について許可を取り消した後，行政代執行のような強行手段をもって立退きを強制することは，水害の危険の接近が明白な場合を除いて社会的非難の的になるから，それをせずに改修工事が進捗しなかったとしても，行政計画の策定および実施に裁量権の行使を誤った違法不当はないという点にある。

　　＊　思うに，この地域はもともと低湿地帯で，家屋が流出し死者を出したというわけではなく，単なる床上浸水程度の被害は地域的に受忍すべき範囲の被害であるとの

見方もありうること，川からの溢水だけでなく，河川管理と関係のない内水の寄与度もあったこと，立退き交渉は実際上は容易ではないこと，この地域では河川改修のために受益者負担金を出しているわけではないことなどを考慮すると，中間部分の早期改修を期待するほどではないという考えにも理由がないではない。

しかし，反面，元が低湿地帯であるとはいえ，現に住宅が建ち並んでいる以上は，床上浸水も起きないものと住民が期待するのも当然であるし，狭いドブ川の上に住宅を建てさせるために河川の占用許可を更新し続けるなどは，戦後すぐの住宅難時代ならともかく，高度成長期に入った昭和40年代においてはいささか不当すぎたのではないか。公営住宅等住む場所は提供できるはずであるから，立退きを強制するのは社会的非難の的となるわけはなく，むしろ，行使できる権力を行使せずに，住宅街に浸水の被害を及ぼすことこそ，社会的非難の的になると解すべきではないかとも思われる。

IV 公物営造物の第三者との関係における瑕疵

1 使用者（公務員）や第三者との関係における物理的な欠陥

公物営造物は広く公共（公衆）の利用に供されることが多いので，本書ではまず利用者との関係におけるその安全性について検討した。それは，利用者の守備範囲とか，天災に対する行政の危険防止責任の観点である。これに対して，公物営造物の中には，公共の用に供されないもの，例えば，警察犬，自衛隊機，拳銃，砲弾，椅子，刈払機がある。これについては利用者に対する安全性という観点は成立しないが，第三者なりそれを用いる公務員に対して危害を及ぼせば瑕疵があると言える。

2 第三者に対する騒音・振動被害と瑕疵

(1) 国賠法2条の活用

これに対して，空港・新幹線・道路のように公共の用に供される公物営造物がその利用者との関係においては瑕疵がなく，また第三者にも事故などによる被害を及ぼさないが，その利用者以外の第三者であるその周辺の者に騒音・振動・大気汚染等による生活妨害・健康被害を及ぼす場合（**機能的瑕疵，供用関連瑕疵**と言われる）がある。これについて国家賠償を求める根拠として，国家賠償法1条による判例もあったが，大阪空港訴訟最高裁大法廷判決（1981〔昭和56〕・12・16民集35巻10号1369頁〔百選492頁〕）は2条を根拠とした。

すなわち，瑕疵とは，営造物が通常有すべき安全性の欠如であるが，それは物理的・外形的な欠陥や不備に限らず，「その営造物が供用目的に沿って利用

されることとの関連において危害を生ぜしめる危険性がある場合をも含み，また，その危害は，営造物の利用者に対してのみならず，利用者以外の第三者に対するそれをも含むもの」と解した。そして，「営造物の設置，管理者において，かかる危険があるにもかかわらず，これにつき特段の措置を講ずることなく，また，適切な制限を加えないままこれを利用に供し，その結果利用者又は第三者に対し現実に危害を生ぜしめたときには，それが右設置，管理者の予測しえない事由によるものでない限り，国家賠償法2条1項の規定による責任を免れることができない」とした（この先例は厚木基地訴訟最判1993〔平成5〕・2・25民集47巻2号643頁，福岡空港訴訟最判1994〔平成6〕・1・20訟月41巻4号523頁，判時1502号98頁でも踏襲された）。

その後，基地，新幹線，国道などでは，差止め（これについては第9章第1節）と将来の賠償請求は否定され（横田基地最判2007〔平成19〕・5・29判時1978号7頁，判タ1248号117頁は将来の給付の訴えを却下した。反対意見がある），過去の損害賠償だけが認められるので，いわゆる**「受忍せよ，そして代償を求めよ (dulde und liquidiere)」**という警察国家的現象が流れとなっている（最近では厚木基地第3次訴訟東京高判2006〔平成18〕・7・13判例集未登載，40億円の賠償請求認容）。

大阪空港訴訟の最高裁判決は，国家賠償の方では立証や受忍限度の点でかなり寛大であったが，それは差止却下の代償ともみられる（差止却下の問題点については，第9章第1節のほか，阿部・実効性第2章に詳論）。

(2) 2条の瑕疵の意味と補償

ここでいう瑕疵は道路等で言われる通常の安全性とは別個の観念である。空港の瑕疵といっても，滑走路が短いため飛行機が墜落する危険があるとするなら通常の安全性の欠如であるが，ここでは，施設の利用者の利益のために周辺の住民に不利益を及ぼすことが許されるか否かが争点である。そして，その判断は，判例では違法性の判断と同様となり結局は受忍限度を超えるかどうかによっている。前記大阪空港訴訟最高裁判決は次のように述べている。

「本件空港の供用のような国の行う公共事業が第三者に対する関係において違法な権利侵害ないし法益侵害となるかどうかを判断するにあたっては，……侵害行為の態様と侵害の程度，被侵害利益の性質と内容，侵害行為のもつ公共性ないし公益上の必要性の内容と程度等を比較検討するほか，侵害行為の開始

とその後の継続の経過及び状況，その間にとられた被害の防止に関する措置の有無及びその内容，効果等の事情をも考慮し，これらを総合的に考察してこれを決すべきである」。

さらに，**国道 43 号線訴訟**最高裁判決は，〈国家賠償法 2 条 1 項は**危険責任の法理**に基づくものであり，道路の設置・管理に瑕疵があったとするには，財政的・技術的及び社会的制約の下で，被害を回避する可能性があったことは必要ではない〉（最判 1995〔平成 7〕・7・7 民集 49 巻 7 号 1870 頁，判時 1544 号 18 頁）とする。高知落石事故判決をフォローするものであろう。

瑕疵を制限する被害者側の事情として，公共の用に供される公物を利用した際に被害が生じた場合には守備範囲論があったが，ここでは被害者側の守備範囲の問題はない。ただ，後住者の請求を棄却する**危険への接近の法理**の問題があるが，先に公害施設が設置されたからといって，周辺の土地利用を制限する権利が発生するわけはない（むしろ，これまでは住民がいなかったために被害が顕在化しなかったにすぎず，「**潜在的加害者**」と言うべきである）から，妥当ではない。前記大阪空港訴訟最判も「危険の存在を認識していながらあえてそれによる被害を容認していたようなときは，事情のいかんにより加害者の免責を認めるべき場合がないとはいえない」としているだけである（さらに，厚木基地訴訟東京高判 1995〔平成 7〕・12・26 判時 1555 号 9 頁。阿部「新幹線訴訟と土地利用・総合交通政策」ジュリ 728 号 59 頁〔阿部・国土開発 131 頁〕とジュリ 895 号の筆者発言参照）（問題⑪）。

3　1 条と 2 条の違いはあるか，賠償と補償の違いはあるか

このように公物営造物が第三者に及ぼす騒音などは 2 条で判断されることにはなったが，ここでの瑕疵の判断基準は違法性の判断とほぼ同様である。そうすると，2 条によるから責任が容易に認められるというわけではない。

ただ，1 条なら過失の立証を要し，2 条なら違法な被害を及ぼすことに過失はなかったという免責の主張を許さないとか，注意義務違反の立証は不要という点で差がありそうだが，しかし，1 条によった大阪空港訴訟の 1 審（大阪地判 1974〔昭和 49〕・2・27 判時 729 号 3 頁以下，72 頁）では航空機騒音が受忍限度を超える違法なものとして直ちに 1 条の責任ありとしているので，1 条と 2 条の実際的な差は明らかではない。

こうして，この問題はいちおう国賠法により判断されているが，争点は結局

は，公共の利益のために特定の者に特別の犠牲を課してよいかということに帰着するので，損失補償に類似の判断枠組みとなる。大阪空港訴訟最高裁判決の次の表現はよく引用される。

「〔空港の供用による〕便益は，国民の日常生活の維持存続に不可欠な役務の提供のように絶対的ともいうべく優先順位を主張しうるものとは必ずしもいえない……のに対し，……本件空港の供用によって被害を受ける地域住民はかなりの多数にのぼり，その被害内容も広範かつ重大なものであり，しかも，これら住民が空港の存在によって受ける利益とこれによって被る被害との間には，後者の増大に必然的に前者の増大が伴うというような彼此相補の関係が成り立たないことも明らかで，結局，前記の公共的利益の実現は，被上告人らを含む周辺住民という限られた一部少数者の特別の犠牲の上でのみ可能であって，そこに看過することのできない不公平が存する」。

そうすると，空港騒音被害の救済は補償か賠償かという問題が生ずる。この瑕疵については，加害行為が違法であるとしたり，適法行為による特別の犠牲という損失補償の論理に近い表現が用いられたりするが，それは，差止めが許されないとするなら，加害行為が違法であろうと，適法であろうと，同じことだからであろう。違法性の観点では，受忍を要求しうるかどうかという問題であり，補償の観点では，騒音振動受忍地役権を事後的に判例で設定すべきかどうか，補償を要する特別の犠牲があると言えるかどうかが問題である。いずれでも同一の結論にならないと不合理である。ここで，賠償は補償に接近したと言ってもよい。

ただ，本来は騒音振動が行きすぎれば差止めを求めうるはずであるが，既に既成事実ができたため事情判決（行訴31条）の場合と同様にやむをえず差止めを拒否するのであるし，損失補償は意図的な適法な侵害に対する制度であるから，やはりこれは違法性の問題であって，適法だが特別の犠牲という論理には賛成できない。

4　瑕疵の判定における公共性の考慮

肝心なのは，公共性や受忍限度であるが，これについて判例の考え方は分かれている。ここで，公共性との関係を検討すると，補償のレベルでは，補償の要否は公共性の有無・程度には関係がなく，単に特別の犠牲の有無による。公共性があれば補償の財源もあると考えられる。賠償のレベルで考えると，公共

第 11 章　国家補償法

性は差止めについては考慮するが，賠償については考慮外とし，公共性があれば賠償すべきとの考えが有力である。

　しかし，少なくとも，受忍限度の考慮要素に公共性を入れる立場は前記の大阪空港最高裁判決のほか，多数あり，さらには，公共性が高いと受忍限度も高くなるという突出した発想が厚木基地高裁判決で採用された（東京高判1986〔昭和61〕・4・9判時1192号1頁以下，70頁）。

　思うに，国民は公共のものを支える内在的義務があり，少々の不公平についていちいち填補を認めるのではきりがない。その意味ではこの発想も理解できる。しかし，道路，新幹線や民間空港の場合には，公共性とは多数の者が利用するということであるから，**公共性が高いから受忍限度も高まるということは，皆が楽しむから，少数者は我慢せよということで，多数の横暴にすぎない**。皆が楽しめるなら，少数の者の被害を填補する財源はあるはずであって，**公共性が高ければ賠償なり補償すべきであろう**。これはかねて経済学の方面から指摘されてきたことであるが，最高裁を説得できていない（阿部「賠償と補償の間」曹時37巻6号1441頁以下参照）。軍用空港の公共性については，多数の者の利用というよりも国土防衛の公共性なので，全国民のためであり，全国民の税金で周辺住民に補償すべきとも思われるが，国土防衛というきわめて重要な利益のためには周辺住民の受忍限度も高まるとも言える。特に戦時では高まるが，平時ではそれを強調すべきではない。

　応用事例：公害訴訟和解

　　尼崎公害訴訟神戸地判2000〔平成12〕・1・31（判時1726号20頁，判タ1031号91頁）は，沿道大気汚染と沿道50メートル内の住民の健康被害との間に集団的な因果関係を認めて総額3億円以上の賠償を認容したほか，差止め（一定レベル〔1時間値の1日平均値が1立方メートル当たり0.15ミリグラム。環境基準の1.5倍以上〕の浮遊粒子状物質〔SPM〕の排出を行わないよう求めた）を命じたが，高裁で和解し，原告団は勝訴で勝ち取った賠償請求権を放棄して，話合いを続けた。しかし，要求は通らないので，今度は公害調停（2003年6月）を求めた。和解が失敗だったのである（阿部「尼崎公害訴訟における和解の評価」小高古稀39頁以下）。それから6年かかって，やっと2009年4月に，阪神高速湾岸線の一部区間の料金を引き下げ，同神戸線や国道43号線からの大型車の誘導を図る「環境ロードプライシング」の拡充が始まった。

　　いわゆる東京大気汚染訴訟東京地判2002〔平成14〕・10・29（判時1885号23頁，判例自治239号61頁）は，東京都区内の幹線道路（国道，首都高速道路および都

道。昼間12時間の自動車交通量が4万台を超え，大型車の混入率が相当高い）の沿道約50メートル以内に過去または現在居住等する者の気管支ぜん息発症，増悪について，自動車排出ガスとの因果関係を認め，道路管理者である国・首都高速道路公団および東京都の国賠法2条1項の設置管理の瑕疵に基づく損害賠償責任を一部認めた。設置・管理者の異なる2つの幹線道路を煙源とする自動車排出ガスの影響を受け，気管支ぜん息を発症させ，あるいは増悪させたことで，道路設置管理者である国，都，首都高速道路公団が国賠法2条1項に基づく責任を負う場合であっても，各幹線道路の供用に客観的関連共同性が認められるときは，各幹線道路の供用関連の瑕疵として，同法4条の規定により適用される民法719条1項所定の「共同ノ不法行為」に該当するとされた。

自動車メーカーの責任は否定されたが，高裁では，2007年8月，自動車メーカーを含めて，医療費の助成，12億円の一時金の支払（メーカー負担），協議組織の設立により和解がまとまった。

応用研究：航路を航行中の船舶が海底に放置されていた錨（アンカー）のため浸水・沈没した事故における国家賠償責任，1条と2条の関係

航路を航行中に，海底に放置された錨に衝突して浸水・沈没した船舶の所有者が国と県を被告に国家賠償責任を求めた事件がある。以下は阿部意見の要旨である。

港湾・航路における船舶航行の安全性を確保すべき行政機関としては，港湾法に基づいて管理する港務局・地方公共団体と，港則法に基づいて安全性を確保する国の行政機関である海上保安庁（その下級機関である港長）がある。本件の航路の障害物探索活動は，私人の権利義務を左右する行為ではないので，個別具体的な法律の根拠によることなく，単なる責務規定なり組織規範を根拠としている。前者の責任は港湾管理者として，国賠法2条の公物営造物の設置管理の瑕疵の有無により定められ，後者の責任は，国賠法1条の違法・過失の有無により定められる。航路は，水域施設の1つとして港務局なり地方公共団体が船舶の安全航行を保障するために管理している人工公物であり，港湾管理者は，法律上航路の障害物を除去する責任がある。港長は，港湾の警察規制権限なり組織規範により航路の安全を確保する責任を負っている。

瑕疵と，違法過失については，もともと前者が主観的な過失を要求しないものとして大きな違いがあるとされてきたが，最近の判例では，瑕疵についても，物的な瑕疵ではなく，「管理の瑕疵」が求められる結果，予見可能性，結果回避可能性が要求され，過失といっても，組織過失が認められるなど，その予見可能性・結果回避可能性は抽象化，客観化されているので，理論構成のレベルでは，かなり接近している。それでも，公物営造物の中でも，人工公物である道路の場合には危険責任的構成を採り，道路それ自体に物的な瑕疵があれば，その管理の瑕疵が認定されるべきであり，利用者に異常な利用がなければ，財政的には容易ではなくても，公物管理者の権限では対応が困難などと主張しても，結果回避可能性の存在を容易に認めないなど，過失とはある程度異なる点がある（河川はこれと反対に天災防御施設

第 11 章　国家補償法

であって，瑕疵は容易に認められない）。

　また，予見可能性については，どの程度のものを要求するかで，具体的なものから抽象的なものまで幅があるが，瑕疵でも過失でも，定性的なもので十分である。責任がないとされるのは，時間的不可抗力である。それは管理の瑕疵とも言えず，公務員の過失とも言えない（ただし，理論構成としては，時間的不可抗力ではなく，結果回避可能性の不存在ということもできる）。

　航路の水深は十分確保されなければ船舶航行の安全が確保できないから，海に突起物たる錨が存在していたことは，それだけで物的な「瑕疵」と言える。問題は，「管理の瑕疵」と言えるかどうかにある。

　本件の錨は，これまでも航路に錨が存在した例がある程度あり，そのほかにも航路の海底には障害物が存在するので，港湾管理者としては，たしかに，具体的にどこにどんなものがあるかという予見はできないが，航路に何らかの障害物が存在することがあるとのレベルでの予見は十分可能であった。さらに，本件の船舶はごく普通に航行しており，異常な使用方法はない。これは 400 トン台であるが，この航路には 5,000 トンまでの船舶が航行するので，それらの船舶が錨のために沈没すれば，その被害はますます重大である。航路は道路と同じようなものであるから，その安全性の確保は絶対的に重要であり，そのために海底の状況を調べることは，道路のパトロールと同じように必要である。そして，それは音響測深機によって可能であるから，予見可能性が抽象的であろうと，結果回避可能性が認められる。港湾管理者はそのような機器を持っていないので予算上困惑するかもしれないし，航路の障害物を除去するのは，海上保安庁の権限だと言ってみても，航路に安全性が欠けている以上は，それは，国賠法 2 条の責任を逃れる事由とはならない。港湾管理者が事前に航路の障害物を探索しなかったことには瑕疵があると言うべきであり，県に賠償責任がある。

　海上保安庁は，港則法に基づき港湾の安全を確保する責任を負う立場として規制権限を行使するだけではなく，航路の安全性を確保する事実行為を行うことを職務としており，その存在を一般的には予見できた錨を事前に発見する作業をするしくみを置いていなかった点に違法・過失があるとみるべきであり，国は国賠法 1 条により，その損害を賠償する責任がある。

　これはいわゆる規制権限の不行使の違法の問題とすれば，著しい職務懈怠でなければ，違法・過失ありとならないが，その理論は，規制権限を行使できるところすべきだとまで裁量がゼロに収縮する場合の責任であるのに対し，本件は規制権限の不行使ではなく，単に，危険の兆候があるのに，現実の危険があるまで放置したという事実上の不作為の事案である。しかも，海底の障害物を探索する音響測深機は海上保安庁も所有しているものであり，それを使って，ある程度の間隔で海底の状況を調査することにはそれほど大きな負担はないと認められるところから，責任を認めるべきである。

　この両方の責任は，それぞれ独立に発生するものであるから，不真正連帯債務の

第2節　国家賠償法

関係にある。
* 広島地判 2008（平成 20）・6・25（平成 18 年（ワ）第 789 号，第 840 号事件）は，この理論は認めつつ，海上保安庁の巡視艇に搭載されていた音響測深器を基準に，航路中のアンカーの発見は無理だったと判断をしたが，もう少し性能の良い音響測深器を基準とするべきではないか。

第3款　国賠法3条

I　国賠法3条の趣旨と実例分析
1　被告選択のリスクの低減

　公務員の選任・監督者と，俸給・給料その他の費用の負担者が異なるとき，公物・営造物の設置・管理者とその費用負担者が異なるときは，そのいずれが賠償責任を負うとするべきかについて理論的な争いが生ずる（現に明治憲法時代には争いがあった）が，そのいずれかに決めても（当初の政府案は費用負担者説であった），国と都道府県，市町村のどれがこれに当たるかの判断が現実には困難であるため，相手方を誤ったとして救済されない（出直した頃には疲れはててているうえ，時効にかかっている）例が生ずる。そこで，3条が参議院で現行法のように修正され，このいずれも被害者との関係では賠償責任を負うとして，相手方の選択における被害者のリスクを軽減したものである（3条の図解につき⇒第4章第1節Ⅲ2)。

　機関委任事務が存在した当時は，国の事務を地方公共団体の機関に委任したという法律構成をとるので，国が公務員の選任・監督者，地方公共団体が給料その他の費用負担者として，いずれも被害者との関係では責任を負い，あとはその内部の負担割合の問題となった（従前の事例については，阿部・国家補償52頁以下）。しかし，機関委任事務が廃止され，地方公共団体で行っている事務は，いわゆる現住所主義で，法定受託事務なり自治事務として，地方公共団体の事務となったので，公務員の選任監督者も費用負担者も，ともに地方公共団体となった。

　そこで，3条の存在理由は大幅に減少したが，なお被告判定の困難な場合が残る（税務署の職員のレントゲン写真に関する保健所の読影ミスの事件については，⇒第1款Ⅳ3)。

第11章　国家補償法

2　実例の検討

次の例はどうか。

> **Q1**　公立小中学校における事故の賠償責任者は誰か。教員の監督ミスの場合とプールなどの設置管理の瑕疵の場合とで異なるか。
> **Q2**　県警（都道府県警察）のした交通犯罪の取締りについて国は責任を負うか。道府県警本部長（都の場合には警視総監）が取材記者に名誉毀損的な発表をしたらどうか。
> **Q3**　一般国道には国が直轄管理するものと，都道府県知事管理のものがある。そこで，その設置管理の瑕疵により事故が発生したら，誰の責任か。

Q1の例では，先生とプールでは異なる。公立小中学校の先生は県費負担教職員と言われ，その任免は市町村教育委員会の内申を待って都道府県教育委員会が行い，その服務の監督は市町村教育委員会が行う（地方教育行政の組織及び運営に関する法律37条・38条・43条）が，その給与は都道府県が負担し（市町村立学校職員給与負担法1条），国はその実支出額の3分の1を負担する（義務教育費国庫負担法2条）。したがって，先生のミスで事故が発生した場合には，市町村は先生の監督者として，あるいは，その任免権の一部を行使した者として賠償責任を負い，都道府県は先生の給与負担者および任免権者として責任を負う。国も費用負担者として責任を負うべきであろう。

これに対して，プールの設置管理者は当該市町村である。その費用は市町村が一般財源（ただし，小中学校の費用は地方交付税の基準財政需要額に算入されている。交付税12条）により支出する。したがって，プールの設置管理に瑕疵があった場合の賠償責任者は当該市町村だけである。同じく学童が学校のプールで事故に遭った場合にも，原因が先生のミスかプールの設置管理の瑕疵かで賠償責任者が異なってくるのである。

Q2の例では，都道府県警察の職員のうち警視正以上の者は国家公務員である（警察56条）から，道府県警本部長（警視総監）がした不法行為なら国は国賠法3条により責任を負う。

Q3の例では，道路法50条2項によると，国道の維持・修繕その他の費用は，国土交通大臣管理の指定区間内では国が55％，都道府県が45％を負担し，都道府県知事管理のいわゆる指定区間外では，都道府県の負担とされてい

る。したがって，被害者は，国道の設置管理の瑕疵に起因する事故に際しては国にも都道府県にも賠償請求することが可能である（高知落石事故の最判1970〔昭和45〕・8・20民集24巻9号1268頁〔百選480頁〕）。

3 補助金の場合

Q4 補助金の支給をした団体は費用負担者に当たるか。補助金を支給したら，賠償責任まで負担させられるとしたら，割に合わないのではないか。

国家が地方公共団体に支出する金銭には，地方交付税のほか，国庫負担金，国庫委託金，国庫補助金の3種類がある。国庫負担金と国庫委託金を支出する国が費用負担者に当たることは明らかである。国庫補助金の支出は任意であるから，国が費用負担者として責任を負うかについては争いがあった。

〔鬼が城事件〕〈事案〉 三重県の熊野国立公園の鬼が城で，岩を削って造られた周回路の岩の裂目から転落した者が，この公園事業を執行した県のほか，事実上の管理にあたった市と，事業を承認し費用を補助した国を被告として責任を追及した。

最高裁は，営造物の設置費用の負担者には，当該営造物の設置費用につき法律上負担義務を負う者のほかに，**この者と同等もしくはこれに近い設置費用を負担し，実質的にはこの者と当該営造物による事業を共同して執行していると認められる者であって，当該営造物の瑕疵による危険を効果的に防止しうる者も含まれる**とした。そして，国が地方公共団体に対し，国立公園に関する公園事業の一部の執行として周回路の設置を承認し，その際，設置費用の半額相当の補助金を交付し，また，その後の改修にも補助金を交付して，前記周回路の設置費用の2分1近くを負担しているとき，国は国賠法3条1項にいう費用負担者に当たるとした（最判1975〔昭和50〕・11・28民集29巻10号1754頁〔百選494頁〕）。国庫補助率が35％でも，4分の1でも国に費用負担者責任が認められた例がある（前者は東京地判1978〔昭和53〕・9・18判時903号28頁，後者は神戸地判1983〔昭和58〕・12・20判時1105号107頁。ただし，この後述の上告審である最判1989〔平成元〕・10・26民集43巻9号999頁は否定）。

Q1の学校のプールの建設には，スポーツ振興法20条に基づく補助金が支給される場合もあるが，国はこの最高裁判決が示した費用負担者の要件にはあてはまらないであろう。

II 国家賠償責任主体相互間の責任分担

Q5 国，都道府県，市町村相互の内部関係ではいずれが責任を負担するか。国の管理ミスで自治体が賠償費用を負担するという。なぜか。逆に，自治体の管理ミスで国が費用を負担することは原則としてないという。勝手だと思えるが，なぜか。

1 費用負担者説と管理者説

(1) 法制意見

国賠法3条2項は，第1項により賠償責任を負担した者は，内部関係でその損害を賠償する責任ある者に対して求償権を有するとしているが，いずれが内部関係で最終的に賠償責任を負うかは規定していない。この点は食品衛生法57条6号のように明文で解決されている場合（食品衛生法の施行に伴う訴訟事件に要する費用と賠償費用の2分の1を国負担と法定）を除き，解釈に委ねられている。説は分かれ，費用負担者説は，賠償費用も費用のうちであるとするものであり，管理者説は，被害は管理の不十分さに起因することを理由とするものであるが，内閣法制局は前説を採用した（関根謙一「一般道路の設置または管理の瑕疵により生じた損害に係る損害賠償費用の負担について」時の法令697号49頁，さらに，費用負担者説として，宇賀克也「国家賠償法の沿革」ジュリ875号24頁，同『国家責任法の分析』〔有斐閣，1988年〕450頁。最近の学説の検討として，垣見隆禎「国家賠償法3条2項にいう『内部関係でその損害を賠償する責任ある者』の意味」自治総研2008年8月号48頁以下）。

わが国ではこうした問題で国と地方自治体が訴訟をする例はこれまで起きていなかったので，現実には費用負担者説を採るこの行政実例が通用していたのであろうか。

国の公務員が管理する指定区間内の一般国道の設置管理の費用も都道府県が45％を負担する（直轄事業負担金。道路50条2項）から，この費用負担者説によると，国はその公務員の管理のミスのため生じた瑕疵による事故の賠償費用の半額近くをミスのない自治体にいわばツケ回しすることができることになる（阿部・事例解説[33][34]）。県知事が管理している一般国道の設置管理の瑕疵の場合には賠償費用は全額県負担であって，国にツケ回しすることはできない。なお，この**直轄事業負担金**は，地方公共団体に発言権がないのに明細書もなく負担だけ押し付けられるので不合理だと，大阪府橋下知事が2009年に一部支

払を拒否して，政治問題となっている。しかも，この中に，国の工事事務所の移転費，さらには国家公務員の退職手当まで含まれているので，ますます問題である。

そこで，道路の設置管理の瑕疵による国家賠償訴訟で，国が敗訴するときは国がいったん被害者に支払い，都道府県に求償するという筋になるが，都道府県負担分については初めから都道府県が支払うとも聞くところである。そうすると，国は現実には責任を問われることのない単なる保証人にすぎない。この法制意見を前提としてもそれが他の例にどこまで適用されるかを明らかにすることは今後の課題である。

(2) 寄与度責任，私見

私見では，管理者説か費用負担者説かと割り切るのが問題である。上記の解決では自治体から言えば，自治体は国を監督できないのにツケだけ回されるという不合理がある。責任というものはそれぞれの団体の寄与度に応じるべきで，こうして初めて被害も防止しうるし，責任を負わされても納得できるものである。したがって，現にミスを犯した公務員の属する団体ないし被害を防止しうる立場にあった団体が最終的な責任を負うのが通常は合理的と思う。(廃止された) 機関委任事務のミスであっても，国からの指示がない限り，自治体に執行上の大幅な裁量があったので，責任があり，被害防止をなしうるのも当該自治体と考える。

例えば，国が直轄で管理する国道の管理ミスによる責任は国が，県知事が管理する国道の管理ミスの責任は，それが国の指示によるものでない限り，県が負担するべきである。予防接種事故なら，現場のミスによるなら市町村，国の指示によるなら国，両者の原因が複合するなら，両者がその責任割合に応じてとなる。学校事故では先生を監督し，事故を起こないよう注意することのできる立場にある市町村の責任で，給与負担者の責任はないと解する方が合理的であろう。これでは機械的な基準は出てこないが，寄与度に応じた責任とする限り，やむをえない。ただ，こうした理論的な費用負担の提言は，国と都道府県，市町村の間では補助金や国家監督などの力関係に支配されて，無視されよう。ここに法治国家の空白地帯が存する。会計検査院等の第三者機関による裁定制度（それに不服の場合の裁判）を置くべきあろう。

2　公立中学校体罰事件の賠償責任者は県か市か

最近，市立中学校教諭の生徒に対する体罰事件について，国家賠償法上の費用負担者である県が被害生徒に支払った賠償金を学校設置者である市に対して求償することができるとした珍しい事件がある。1審（福島地判2007〔平成19〕・10・16判時1995号109頁）では，費用負担者が一律に最終責任を負うとする考え方を退けて，「損害発生への寄与の割合」（私見と同方向）によるべきものとし，その負担割合は，この事件が市の運営管理上生じた事故であることにかんがみ，県の負担を1，市の負担を2とされた。また，被害生徒は，市との和解によりその余の請求を放棄したあとで，県に請求したものであるが，それは県への債権を放棄したものではなく，また，県は被害者には債務全額を支払う責任を負い，その履行により前記1:2の割合で，市に対し求償権を行使できるとされた。しかし，高裁（仙台高判2008〔平成20〕・3・19判タ1283号110頁，判例自治308号71頁。垣見・前掲にも掲載）では，被害者との関係で支払った賠償金の最終負担者は市とされた。その理由として，費用負担者説を採るが，何が「費用」かが問題で，都道府県は，県費負担教職員の給与を負担しているが，教育活動費用は市の負担であるから，教育活動から生じた賠償費用は市の負担であるとする。

第4款　国賠法4条，5条

国賠法4条，5条は，同法に定めていること以外は民法を準用している。

I　国賠法4条と消防職員の消火ミス

国家賠償責任の主観的要件は国賠法1条により公務員の故意・過失（軽過失を含む）であるのが原則であるが，例外がありうる。その1つとして論じられているのが消防職員が消火活動をして鎮火したとして立ち去った後に再出火したいわゆる再燃火災（消火ミス）である。失火責任法は失火については，故意・重過失についてのみ責任を問い，軽過失については免責する特例規定を置いている。これが消防職員の消火ミスに適用されるかが争点である。判例（最判1978〔昭和53〕・7・17民集32巻5号1000頁〔百選496頁〕）は，①国賠法4条は，同法1条1項が適用される場合においても，民法の規定が補充的に適用さ

れることを明らかにしているところ,失火責任法は民法709条の特則を規定したものであるから,国賠法4条の「民法」に含まれるし,② 失火責任法の趣旨にかんがみても,公権力の行使にあたる公務員の失火による国家賠償責任についてのみ同法の適用を排除すべき合理的理由も存しない,という理由で,③公権力の行使にあたる公務員の失火による国家賠償責任については,国賠法4条により失火責任法が適用され,当該公務員に重大な過失があることを要する,という結論を導いている。これを支持する学説もある(古崎慶長「国家賠償法4条の考察」判時1226号29頁,澤井裕「失火責任の研究(9)」判評342号〔判時1234号〕164頁以下,塩崎勤「消防職員の失火と失火の責任に関する法律の適用」国家補償法大系Ⅲ283頁等)。

しかし,① の点については,**国賠法4条は,前3条の規定によるの外,民法の規定による,として,民法は補充的に適用される**としているのであるから,前3条に規定されている要件については民法の適用がないはずである。過失の要件は国賠法1条1項に規定されているから,それを民法なり失火責任法で修正する余地はないはずである。② の点については,公務員の消火ミスは,誤って火災を発生させたという意味での失火とは異なり,鎮火させるという職務の執行の不十分さであって,私人には見られないものと言うべく,失火責任法を適用する地盤はない。それは国民の安全を守るという職務の懈怠であって,前述(⇒第2節第1款Ⅸ)の行政の危険防止責任の問題である。したがって,③の結論も当然に誤りである(阿部「消防の消火ミス等と失火責任法の適用・国家賠償責任(上,下)」判評308号〔判時1123号〕164頁,309号〔判時1126号〕164頁,簡単には,阿部・事例解説[35])。結局,私見では,消防職員に消火ミスについて過失がある限り,市町村の賠償責任が生ずる。ただ,それは通常の打撃ミス型の侵害行為ではなく,守備ミス型の職務懈怠であるので,火元の再燃防止責任との責任の共同分担という視点を導入のうえ判定されるべきであろう。

Ⅱ 消滅時効

消滅時効は,国賠法4条が準用する民法724条によれば,知不知にかかわらず20年,損害および加害者を知った時から3年となっている。

1 「知った」時

「『加害者ヲ知リタル時』」とは,同条で時効の起算点に関する特則を設けた趣

旨に鑑みれば，**加害者に対する賠償請求が事実上可能な状況のもとに，その可能な程度にこれを知つた時を意味する**ものと解するのが相当であり，被害者が不法行為の当時加害者の住所氏名を的確に知らず，しかも当時の状況においてこれに対する賠償請求権を行使することが事実上不可能な場合においては，その状況が止み，被害者が加害者の住所氏名を確認したとき，初めて『加害者ヲ知リタル時』にあたるものというべきである。」

　被疑者として逮捕されている間に警察官から不法行為を受けた被害者が，当時加害者の姓，職業，容貌を知ってはいたものの，その名や住所を知らず，引続き身柄拘束のまま取調べ，起訴，有罪の裁判およびその執行を受け，釈放された後も加害者の名や住所を知ることが困難であったような場合には，その後，被害者において加害者の氏名，住所を確認するに至った時をもって，民法724条にいう「加害者ヲ知リタル時」と言うべきである（最判1973〔昭和48〕・11・16民集27巻10号1374頁〔判解民昭和48年度562頁〕）。

　　＊　参考となる民事の判例を挙げると，「知った」というためには，「被害者が，使用者ならびに使用者と不法行為者との間に使用関係がある事実に加えて，一般人が当該不法行為が使用者の事業の執行につきなされたものであると判断するに足りる事実をも認識することをいう」（最判1969〔昭和44〕・11・27民集23巻11号2265頁，判時580号47頁）。後日「負傷当時には医学的に通常予想しえなかった治療が必要となり，右治療のため費用を支出することを余儀なくされるに至った」場合には，「後日の治療を受けるまでは，右治療に要した費用について民法724条の消滅時効は進行しない。」（最判1967〔昭和42〕・7・18民集21巻6号1559頁，判時493号22頁）。「後遺障害による損害の発生を知った時とは，その症状が固定し，後遺障害発生の有無が確定したときを被害者が知った時と解される」（東京地判2002〔平成14〕・4・23交通事故民事裁判例集35巻2号560頁）。

2　継続的加害行為

　空港騒音，新幹線騒音は，間歇的断続的に生ずるものではあるが，日々発生しているので，不法行為は日々新た成立しているのであり，その賠償請求権も発生時から3年と，日々消滅時効にかかっていると解されている（横田基地公害訴訟，東京高判1987〔昭和62〕・7・15判時1245号3頁，判タ641号232頁，名古屋新幹線訴訟，名古屋高判1985〔昭和60〕・4・12判時1150号30頁，判タ558号326頁）。

III　除斥期間20年の例外

　民法724条の20年は除斥期間で，援用を要せず，機械的に請求権を失わせ

る制度であるが，それを貫徹するといかにも正義に反する場合には，例外を認める判例があるが，それはきわめて狭い。

　予防接種禍の被害者が国家賠償請求訴訟を提起するまでに20年の除斥期間が経過した事情にあって，20年を経過する前6ヵ月以内において前記不法行為を原因として心神喪失の常況にあるのに法定代理人を有しなかった場合において，その後当該被害者が禁治産の宣告を受け，後見人に就職した者がその時から6ヵ月以内に前記不法行為による損害賠償請求権を行使したなど特段の事情があるときは，民法158条の法意に照らし，同法724条後段の効果は生じない（最判1998〔平成10〕・6・12民集52巻4号1087頁，判時1644号42頁，そのほか，松本克美「時効・除斥期間論の現状と課題」法時76巻1号37頁以下，日弁連行訴センター編・最新重要行政関係事件実務研究27頁，45頁参照）。さらに，最判2009（平成21）・4・28は殺人後26年目に自首した男に対する遺族の損害賠償請求を認めた。除斥期間不適用2件目である。

Ⅳ　国賠法5条

　公権力を行使する車両（消防車，パトカー等）が惹起した事故については国賠法1条が適用されるが，自賠法（自動車損害賠償保障法）は車両の運行に関する特別法として，国賠法5条により優先適用され，運行供用者の過失に関する挙証責任の転換の規定（自賠3条）も適用される。郵便法50条，郵便約款153条による郵便物の亡失などの責任限定（⇒後述第3節）は，従前は国家賠償法5条によるものであったが，郵政民営化により民法の特例と解される。

第5款　賠償されるべき損害の範囲・請求権者

　損害は無限に波及する。そのうち，どのような損害を誰が請求できるか。

Ⅰ　相当因果関係

　無限に拡がる損害を加害者の負担とすると，被害者は救済されるが，加害者の負担が不当に拡がることにもなる。そこで，どのような損害を加害者の負担とするのが公平かつ合理的かという問題が生ずる。これは従来は相当因果関係と言われてきた問題であるが，民法学上，種々議論がある（森島・前掲『不法行

為法』273頁以下等，民法不法行為法の書物参照）。ここではその詳細は民法学の議論に任せて，国家賠償判例に出てくる例を若干検討しよう。

1 拒否処分・手続違法の場合の特殊性

Q 拒否処分が違法・有過失であれば，当然，賠償を取れるか。

拒否処分が違法である場合でも，当然に許可がなされるべきであるとは言えない。例えば，許可要件として，AとBがあるとき，Aの要件不充足を理由とした拒否処分が違法であるとしても，Bの要件充足を証明しなければ，許可は取れない。取消訴訟では，Aの要件充足が証明されただけでも，拒否処分を取り消して，処分庁に処分のやり直しをさせることになるが，処分庁は判決の拘束力により（行訴33条），Aの要件充足を前提として，Bの要件の充足の有無を審査して再度の処分をすることになるだけである。Bの要件が充足されていなければやはり拒否処分がなされる。なお，義務付け訴訟なら，一度の訴訟で，A，Bの両要件の充足の有無を審査することになる。

国家賠償訴訟では，許可がなされるべきところなされなかった場合に初めて損害が発生するから，単なる手続の瑕疵があるだけでは許可によって得られたはずの利益を求める賠償請求は認容されない（競馬の審判員のした着順判定が写真判定によらなかったので手続的には違法だが判定の内容が誤りであるとの証明がないため損害賠償を求める要件としての違法性がないとした判例がある。金沢地判1975〔昭和50〕・12・12判時823号90頁）し，許可要件のすべてが充足されていることを証明しないと認容されない。許可要件のすべてが充足されているかどうかの審査が行政の第一次的判断権を侵害するかという問題は，義務付け訴訟の許容性の問題においては争われてきた（⇒第9章第6節）が，国家賠償訴訟では問題とされない（最判1981〔昭和56〕・2・26民集39巻5号1008頁，判時996号42頁）。

2 事実的因果関係

次に判例では，違法行為が損害発生の原因となっていないとして，事実的因果関係が否定されている例が少なくない。これは結局は法的評価ではなく，事実認定の問題である。例えば，生徒が湖で溺死した事件で，教師の監視義務違反を認めつつ，生徒がけいれんを起こしてから水没するまでの時間が短かったという理由で，教師が監視をしていても所詮救助できなかったとした例（京都地判1979〔昭和54〕・1・19判時925号105頁），偽造登記済権利証を信頼して融資した者が偽造を看過して登記申請を受理した登記官の過失を理由として提起

した国家賠償訴訟において，融資金の授受は上記登記の受付け前になされたことを認定して，原告の損害と登記官の過失との因果関係を否定した例（大阪地判 1981〔昭和 56〕・1・16 判時 1015 号 99 頁）などがある。

　焼却炉を経営する産廃処理業の申請をしたら，行政指導で住民同意を求められて，許可を得られないうちに，法律が改正されて，許可を取るのが容易ではなくなったので，断念したとすると，この行政指導は違法である。その賠償額は？

　裁判所（大阪高判 2004〔平成 16〕・5・28 判時 1901 号 28 頁）は，この行政指導に違法性が生じるよりも前の時点で，業者が焼却炉の設置契約をして代金を払っているから，県の行政指導や許可申請への対応いかんにかかわらず，業者はその支払義務を負うものであって，県の違法な行政指導等とは因果関係を有しないとした。しかし，違法な行政指導の前に焼却炉を買ったとしても，違法な行政指導がなければ，許可を得て，この焼却炉を活用できたのであるから，違法な行政指導と焼却炉代金の損失とは相当因果関係があり，これはそっくり賠償されるべき損害である。

3　相当因果関係

　被害者や第三者の意思や行為が介在した場合にも因果関係は否定されやすいが，これは法的評価の問題である。教師の体罰を受けた生徒が自殺した場合，教師は自殺を予見することは困難であったとして，教師の違法な懲戒と生徒の自殺との間の因果関係を否定したもの（この種の例は多い。例：最判 1977〔昭和 52〕・10・25 判夕 355 号 260 頁），法務局備付けの公図に境界の記載が漏れていたが，境界の確認も実測もせずに売主の説明を信用して購入した場合には，境界を誤認したことによる損害と公図の不備との間には因果関係がないとしたもの（東京地判 1984〔昭和 59〕・1・30 判時 1129 号 85 頁）などがある。

　旧地主から買収された農地について占有者の下で取得時効が完成したため旧地主が所有権を喪失した場合においては，旧地主がいつでも所有権を主張して権利回復を図ることができたことを理由として，買収処分と所有権喪失の間の因果関係を否定する判例（大阪高判 1971〔昭和 46〕・12・21 判時 666 号 57 頁）があるが，最高裁判決（1975〔昭和 50〕・3・28 民集 29 巻 3 号 251 頁）は，この損害は国の違法な買収処分がなかったならば当然に生じなかったものであり，前記損害の発生は違法行為の時に当然に予測できた，という理由で，因果関係を肯定

した。現行制度では買収処分に対してはそれが無効でない限り取消訴訟しか利用できず、それを提起中に10年経つと、当該土地は時効取得されて訴えの利益を喪失する（最判1972〔昭和47〕・12・12民集26巻10号1850頁）から、違法な買収処分と損害との間には因果関係を認めるべきであろう。

　新島砲弾爆発事件は海岸に打ち上げられた旧軍隊の砲弾を中学生が焚火の中に投入したために、その爆発により死傷者を出した事件であり、事件は当該中学生の異常な行動により惹起されたものとも言えるが、判例はそれまでにもかなりの砲弾類が海岸に打ち上げられていたから、国や都は砲弾類が子供の遊びの道具として使用され、本件のような事故が生ずることを予見できたとして、国や警察官の砲弾回収義務の懈怠と前記事故との因果関係は中学生の上記行為により中断されないとした（東京地判1974〔昭和49〕・12・18判時766号76頁、東京高判1980〔昭和55〕・10・23判時986号54頁、最判1984〔昭和59〕・3・23民集38巻5号475頁、判時1112号20頁）。事故の重大さにかんがみ予見可能性をかなり抽象的なところで捉えているようにみえる。

【因果関係の証明】

　訴訟上の因果関係の立証は、1点の疑義も許されない自然科学的証明ではなく、経験則に照らして全証拠を総合検討し、特定の事実が特定の結果発生を招来した関係を是認しうる高度の蓋然性を証明することであり、その判定は、通常人が疑いを差し挟まない程度に真実性の確信をもちうるものであることを必要とし、かつ、それで足りる（最判1975〔昭和50〕・10・24民集29巻9号1417頁）。

　したがって、国家賠償法上の規制権限不行使における因果関係の存否の判断においても、経験則に照らして全証拠を総合的に検討し、当該公務員が当該規制権限を行使しておれば、結果を回避しえたであろう高度の蓋然性が証明されれば、上記規制権限不行使と結果との間の因果関係が認められるということができる（神戸地判2004〔平成16〕・2・24判時1959号52頁）。

【弁護士費用の国家賠償請求】

　一般に不法行為訴訟では、弁護士費用も賠償される。不法行為の被害者が、自己の権利擁護のため訴えを提起することを余儀なくされ、訴訟追行を弁護士に委任した場合には、その弁護士費用は、事案の難易、請求額、認容された額その他諸般の事情を斟酌して相当と認められる額の範囲内のものに限り、前記不法行為と相当因果関係に立つ損害と言うべきである（最判1969〔昭和44〕・

2・27 民集 23 巻 2 号 441 頁)。

　これに対し，債務不履行を理由とする賠償請求訴訟とか取消訴訟では，弁護士費用の賠償は認められていない。

　「民法 419 条によれば，金銭を目的とする債務の履行遅滞による損害賠償の額は，法律に別段の定めがある場合を除き，約定または法定の利率により，債権者はその損害の証明をする必要がないとされているが，その反面として，たとえそれ以上の損害が生じたことを立証しても，その賠償を請求することはできないものというべく，したがって，債権者は，金銭債務の不履行による損害賠償として，債務者に対し弁護士費用その他の取立費用を請求することはできない」とされている（最判 1973〔昭和 48〕・10・11 判時 723 号 44 頁）。

　しかし，民法 419 条の法定利息 5% の規定は訴訟を提起しない場合の制度であって，訴訟を提起して，苦労してやっと債権を実現できた場合には，債務不履行でも，不法行為と変わらないのではないか。

　課税処分について，取消訴訟で勝訴した場合には弁護士費用は補塡されない（立法論では原告勝訴の場合の片面的勝訴者負担が提唱されているが，実現していない）。取消訴訟のほかに，課税額の賠償請求訴訟を提起することが許されるかについては，日本では課税処分取消訴訟の排他的管轄（公定力）に服することがないとして，肯定されている。

　では，課税処分の取消訴訟のほかに，国家賠償請求訴訟を提起したら，課税処分が職権で取り消されたので，弁護士費用の分だけ賠償請求訴訟を続行した。認容されるか。

　原審は次のように判示した。原告納税者が本件課税処分について審査請求をしており，本件課税処分の取消しの訴えを提起することができるという事実関係の下では，違法な課税処分に基づいて徴収金を納付したことによる損失の補塡は，過誤納金の還付や還付加算金の制度によってするのを本則とするのであって，国家賠償法による損害賠償請求は，上記制度によっても償われない損害を塡補するものにすぎない。そうすると，原告が国家賠償法 1 条 1 項に基づく損害賠償請求訴訟の提起を余儀なくされたということはできないし，本件訴訟の提起は，本件課税処分が違法であることから通常予想されるものではない。したがって，本件課税処分が違法なものであることと上告人が本件訴訟の提起および追行に係る弁護士費用を支出したこととの間に，相当因果関係を肯定す

ることはできない。

しかし，最高裁は，本件訴訟の提起および追行があったことによって本件課税処分が取り消され，過誤納金の還付等が行われて支払額の限度で上告人の損害が回復されたと言うべきであるから，本件訴訟の提起および追行に係る弁護士費用のうち相当と認められる額の範囲内のものは，本件課税処分と相当因果関係のある損害と解すべきであるとした（最判 2004〔平成 16〕・12・17 判時 1892 号 14 頁，判タ 1176 号 123 頁）。

4 損害の範囲

問題となる例を挙げると，拒否処分の違法を理由とする営業利益の損失は未来永劫の利益ではなく，転業に要する相当の期間の分だけであろう。さもないと，違法処分を受けたために未来永劫寝て暮らせる不合理が生ずる。

買収農地の被売渡人が買収処分の無効なり取消しのために土地を返還しなければならない場合に被る損害の範囲は，土地価格そのものではなく，契約締結上の過失の場合と同様，有効に土地を取得しうるものと信頼してなした出費のみであろう（高松高判 1974〔昭和 49〕・4・25 判時 753 号 30 頁）。登記官吏の過失によりなされた違法な登記によって通常生ずる損害は，真の権利者がこの登記を抹消するのに必要な費用に限られず，この違法登記を信じて無権利者である登記名義人と取引して，所有権を取得できないのに支払った代金にも及ぶとするのが判例（最判 1968〔昭和 43〕・6・27 民集 22 巻 6 号 1339 頁）である。これは，不動産取引において登記のもつ高度の信頼性を重視したものである。いわゆる個室付浴場業（⇒第 1 款 VI3）の営業のうち，いわゆるスペシャルサービスは，刑事法上適法であるが，善良の風俗に反するので，それによって得られるべき利益は民事法上の保護に値しない（東京高判 1987〔昭和 62〕・2・25 判時 1231 号 112 頁）。

仮換地処分で事情判決（事情裁決）を受けて，損害賠償を請求する場合，損害発生の基準時は，元の処分に対して直ちに損害賠償請求できることを根拠として，元の処分時とする判例がある（東京高判 2001〔平成 13〕・11・29〔平成 10 年（ネ）第 2949 号事件〕LexDB による）が，取り消されれば土地代の損害はないので，事情判決（裁決）によって初めて原状回復請求権を失うのであるし，事情判決（裁決）時に初めて違法な加害行為がされたことを知ったものと言うべきであるから，その時点で損害が発生し，損害賠償請求権の消滅時効が進行す

ると言うべきであった（その原審，横浜地判1998〔平成10〕・6・15〔平成8年（行ウ）第38号，同年（ワ）第2175号事件〕）（この点は⇒第9章第5節Ⅱ4）。

また，逸失利益は，許可に更新期間の定めがある場合（例：産業廃棄物処理業の許可の更新期間は5年とされている。廃掃14条2項以下，同法施行令6条の9），逸失利益の算定期間もこれに限定されるとの考えがあるが，更新は基本的に認められるのであるから，基準としては不合理である。むしろ，その営業を永久にできるわけではないが，より利益を上げられる転業が容易ではない以上は，相応の期間は認めるべきである。

土地収用の場合，逸失利益の補償期間は2年である（⇒第11章第1節第4款Ⅲ）。

Ⅱ 損害賠償請求権者の範囲

被害者の近親者の慰謝料請求権について，判例はかなり厳格で，一般論としては，第三者の不法行為によって身体を害された者の配偶者および子，両親は，そのために被害者が生命を害された場合にも比肩すべき，または前記場合に比して著しく劣らない程度の精神上の苦痛を受けた場合に限り自己の権利として慰謝料を請求できるとされている（最判1958〔昭和33〕・8・5民集12巻12号1901頁等）。具体的には，公立学校内で同級生の投げた石により右眼を失明した者の親には慰謝料請求権は認められていない（大阪高判1979〔昭和54〕・4・12判時930号76頁）。柔道練習で右半身麻痺，言語障害となり，回復の見込みがない中学生の親には慰謝料が認められている（熊本地判1970〔昭和45〕・7・20判時621号73頁）。

冤罪により精神的苦痛を被った近親者からの賠償請求についてみると，芦別国家賠償訴訟1審判決（札幌地判1971〔昭和46〕・12・24判時653号22頁〔72頁〕）は，被告人の妻には，生計に苦労し，病気になるなど，著しい精神的苦痛を受けたことを理由に，子供のうち保護者がいなくなったために里子に出された者には固有の慰謝料請求権を認めつつ，父と別離はしていても，母ないし祖母の庇護下にあった子には慰謝料請求権を認めていない。弘前大教授夫人殺し事件国家賠償訴訟1審判決（青森地弘前支判1981〔昭和56〕・4・27判時1002号25頁）は再審無罪となった者の両親にも慰謝料請求権を否定している。その理由は，近親者の精神的苦痛は，本人の無罪が確定して，同人の精神的苦痛が慰謝され

ることにより当然に慰謝されるというにあるが，無罪判決の確定によっても将来の苦痛が防止されるだけであって過去の苦痛が慰謝されるわけではないし，冤罪は近親者にはかり知れない苦痛をもたらすのであるから，これらの判例はいささか厳しすぎるのではないか。

第3節　その他の救済制度と国家補償の谷間の救済方法

第1款　その他の救済方法

　これまでは，第1節「適法かつ意図的に権利を制限剥奪する場合に生ずる損失補償」と，第2節「違法過失なり瑕疵を要件とする損害賠償」とを学んできたが，金銭的塡補制度にはその典型的なもの以外にも種々のものがある。これらを類型化してみよう。

I　無過失責任の立法化——完全補償の規定
　一般には違法行為であっても過失がなければ責任は生じないが，過失を要件しない特別の法律がある。消防法6条2項は，同法5条1項，5条の2第1項に基づく防火対象物の改修，移転，除去，工事の停止または中止等の命令が判決によって取り消されたときは，過失の有無を問わずその命令によって生じた損失を補償するとする（なお，命令が適法の場合も補償する。同法6条3項）。その立法理由は，この命令は火災の予防または人命の危険防止という緊急の要請に基づいて発せられるので，結果的に違法とされることが多いためで，広義の危険責任的な思想に立つ無過失責任であると解されている（雄川一郎「行政上の無過失責任」同『行政の法理』411頁〔初出，1965年〕所収）。ただ，この規定があるため，消防の方はかえって補償責任を負わされるのを回避しようとして，命令を発しない（阿部＝森本・消防行政43頁）という，法の予定しない不都合が生じているようである（いわゆる事情判決が，違法無過失行為による損害についても塡補を求めることが可能であるとしていることについては，⇒第9章第5節）。
　国税徴収法112条は，動産などが公売されたら，その取消しを得ても，善意の買受人には対抗できないとして，売却決定の取消しの効果を制限するとともに，これにより損害を生じた者に対しては，国が通常生ずべき損失を補償するとする。これは公売決定が取り消された場合にも善意の買受人を保護することにより公売手続の安定を図り，他方で関係人の権利を補償という方法で調整す

る制度で，一種の無過失賠償責任とも言われるが，売却決定が取り消されたら当該動産の返還を請求できるはずの権利を善意の買受人の保護のために剝奪するのであるから損失補償に近いと思う。

文化財保護法41条，51条，52条は，文化庁長官が国宝につき自ら修理した場合とか，その公開勧告・命令をした場合，それによって生じた損失を補償することを定めている。

公務災害補償制度（国家公務員災害補償法，地方公務員災害補償法，公立学校の学校医，学校歯科医及び学校薬剤師の公務災害補償に関する法律）は公務員の公務上のまたは通勤による災害に対する補償を定めている。これは公務員を公務達成のために潜在的な危険状態に置いたことを理由とする危険責任とされる。なお，民間人が公務員に協力して被害にあった場合にも同様に災害補償の規定がある（警察官の職務に協力援助した者の災害給付に関する法律，海上保安官に協力援助した者等の災害給付に関する法律，消防法36条の3，水防法45条，証人等の被害についての給付に関する法律）が，損害賠償よりかなり安い。

II 責任の制限立法

逆に，郵便に関して民営化前の法制度で説明すると，郵便物事故については従前は書留の亡失・き損，引換金を取り立てない代金引換郵便物の交付，小包郵便物の亡失・き損以外については国の責任は否定（当時の郵便法68条～75条）されていた。これは公企業の経営の効率性の確保という理由で正当化された。

書留郵便物の送達が郵便局員のミスで遅れて損害を発生させた事件で，原審は，この郵便法は憲法17条に違反しないとした。

しかし，最高裁は，限られた人員と費用の制約の中で日々大量の郵便物をなるべく安い料金で，あまねく，公平に処理しなければならないことを理由に，郵便業務従事者の軽過失による不法行為につき免責することは憲法17条に違反しないとしつつ，故意または重過失によって損害を生ずることは，書留の制度に対する信頼を著しく損なうものであって，このような例外的な場合も免責する規定は違憲無効であるとの違憲判決を下した（最大判2002〔平成14〕・9・11民集56巻7号1439頁，判時1801号28頁〔尾島明調査官解説・曹時57巻4号640頁，百選498頁〕）（阿部・事例解説［36］）参照）。そこで，現行郵便法50条3項が追加された。

Ⅲ 適法行為による意図せざる結果的な損失に対する恩恵的な不完全補償
1 刑 事 補 償

現行法では起訴されて，未決の抑留，拘禁がなされ，または有罪判決を受けて刑を執行された者が結果としては裁判（再審を含む）により無罪となっても，起訴，有罪判決については適法ないし無過失であったとして，国家賠償責任が否定される例が多い。これは結果不法の典型例である。刑事補償法がそれに対応しているが，それは国家賠償として塡補する義務はないという前提に立つため，刑務所などの拘禁日数に応じて，安い（1日1,000円以上12,500円以下）金額の補償をするだけである（4条1項）。

なお，無罪の確定判決を受けた者については裁判費用が補償される（刑訴188条の2以下）。

弁護士会などから要望のあったいわゆる非拘禁補償，すなわち起訴によって生じた財産上・精神上の補償制度は遺憾ながら導入されなかった（倉田靖司「刑事補償」『現代刑罰法大系6』〔日本評論社，1982年〕340頁以下参照。このほか，刑事補償については，武内晃＝内海輝男『刑事補償及び費用の補償手続に関する書記官事務の実証的研究』〔裁判所書記官研修所，1983年〕参照）。長い間被告人扱いされて塗炭の苦しみを受けても，保釈中なら何の補償もないのである。

例えば，大正4（1915）年の強盗殺人事件で犯人とされ，15年余り身柄を拘束された加藤老が62年後の1977（昭和52）年に再審無罪なったときは，約1,800万円（拘禁期間1日当たりは3,200円，当時の最高額）であった（毎日新聞1986〔昭和61〕年12月22日「えん罪事件の国家賠償」）。冤罪で死刑が執行された場合でも，最高は現在3,000万円プラス証明された財産上の損失額にすぎない（4条3項）。

このほか，被疑者として抑留または拘禁を受けたが起訴されなかった者に対しては，「その者が罪を犯さなかったと認めるに足りる十分な事由があるときは」抑留または拘禁の日数に応じ刑事補償法と同様の金額の補償金を本人に交付するが，その法的根拠は被疑者補償規程という法務省の訓令にすぎないため，被疑者の方にこれを求める権利があるわけではなく，拒否されても争えない（今村・国家補償法128頁，倉田・前掲「刑事補償」337頁）。本当は白なのに，検察官が灰色無罪として起訴しなかったときは救済されない。「その者が罪を犯さなかったと認めるに足りる十分な事由があるときは」ということを逮捕した方

の検察官が容易に認めるわけはないので，これは非常に機能しにくい。痴漢冤罪で2ヵ月以上も人質司法で勾留された場合も同様であろう。

少年の審判事件（少年法第2章）において，身柄を拘束されたが，非行事実がないとして不処分決定を受けた場合にも補償規定がなかった時代に，最高裁決定（1991〔平成3〕・3・29刑集45巻3号158頁）は，それでもなお，刑事訴追は可能であるから刑事補償法の無罪の裁判と同視することはできないとし，憲法40条，41条に違反しないとしたが，補足意見は立法論として法改正を促した。これを受けて少年の保護事件に係る補償に関する法律（1992年）が成立したが，これは家裁の職権による補償の形式をとっており（同法5条），請求権を認めていない。

そもそも，少年審判も，少年に適用されるだけで，公権力による自由の剥奪という点では刑事訴追と同じであり，たまたま少年であれば，補償を受けられないのは，憲法17条の立法裁量の範囲を超え，14条の平等原則違反の違憲の代物と言うべきである。また，不処分決定を受けても刑事訴追は可能であるといっても，通常は刑事事件には至らないのであり，また，刑事事件で有罪となっても，刑事手続での逮捕拘留が正当化されるだけで，少年審判が不要であったことに変わりはないから，その補償は依然必要である。さらに，この法律制定の契機となった事件の少年に遡及しないこととされている（附則参照）のはなおさら違憲と言うべきものと思量する。

2　予防接種禍補償

予防接種は伝染病の蔓延から社会を防衛するために行われていて，担当の医師に問診の懈怠とか，厚生省（当時）に接種年齢引上げ遅延といった過失があれば国家賠償の問題となるが，そうした過失がなく，結果として，運悪く（いわゆる悪魔のクジびき）重い後遺症にかかったり死亡した場合には，行為時を捉えれば適法で，結果としては違法である。これについては予防接種法で給付措置が講じられている（1977年から）が，それは完全な損害賠償の制度ではないため，損害賠償の制度と比較すると金額が相当に低額になる。そこで，この差額の請求訴訟が集団訴訟として提起され，補償構成も行われたが，国家賠償の過失要件を組織過失的に緩和することで判例上，決着が付いた（⇒第1節，第2節第1款Ⅶ）。

第3節　その他の救済制度と国家補償の谷間の救済方法

IV　戦争犠牲補償——社会福祉に遅れて色付け
1　その立法例

　戦傷病者戦没者遺族等援護法（1952年）は戦争犠牲者のうち，日本国籍の旧軍人軍属等およびその遺族のみを援護の対象とし，旧日本人とか民間被災者を対象としていないし，社会福祉に色を付けたつもりなので，国家補償ではなく給付額は安い。台湾人元日本兵への弔慰金の支給については，そうした制度がないことを批判する判決（東京高判 1985〔昭和60〕・8・26 行集 36 巻 7＝8 号 1211頁，判時 1163 号 41 頁）を受けて，1987 年秋にようやく法律（台湾住民である戦没者の遺族等に対する弔慰金等に関する法律）が成立した（柏熊治「台湾戦没者遺族弔慰金支給法制定」ジュリ 898 号 76 頁）が，戦死者・獄死者と重度戦傷病者に記名債で一律わずか 200 万円にすぎない（特定弔慰金等の支給の実施に関する法律，1988 年）。

　一般民間人被災者を対象とする援護立法をしない国会議員の不作為は国賠法上違法ではない（最判 1987〔昭和62〕・6・26 判時 1262 号 100 頁）とされた。引揚者給付金等支給法（1957 年），引揚者等に対する特別交付金の支給に関する法律（1967 年）の給付額も同様に見舞金のつもりである。このほか，戦傷病者特別援護法（1963 年），戦傷病者等の妻に対する特別給付金支給法（1966 年），戦没者等の妻に対する特別給付金支給法（1963 年），戦没者の父母等に対する特別給付金支給法（1967 年），戦没者等の遺族に対する特別弔慰金支給に関する法律（1965 年），さらに，原子爆弾被爆者に対する特別措置に関する法律（1968 年）などがあるが，金額も少なく，かつ時期がここに示すように遅すぎ，それまでに死んだ者は本来資格があっても受けられない。なお，シベリア抑留補償とか恩給欠格者（兵役が 12 年未満で恩給を受けられない者約 275 万人）の救済が政治問題化したが，平和祈念事業特別基金等に関する法律（1988 年）により決着した。これは戦後の強制抑留者，引揚者，恩給欠格者等の労苦に関する資料の収集，展示，出版等の事業を行う基金を創設，強制抑留者に 10 万円の慰労金を支給するとしている。ただ，原爆医療法（原子爆弾被爆者の医療等に関する法律，1957 年）は一種の社会保障立法であるが，被爆者の収入ないし資産のいかんを問わず全額公費負担として，国家補償的な側面も有しており，被爆という特殊性に配慮して一般の戦争被害者よりは優遇している（最判 1978〔昭和53〕・3・30 民集 32 巻 2 号 435 頁）。なお，この法律は，原子爆弾被爆者に対する特別措置に

関する法律とともに，1995（平成7）年，原子爆弾被爆者に対する援護に関する法律に統合された。

さらに，元従軍慰安婦などのいわゆる**戦後補償裁判**（東京高判 2003〔平成15〕・7・22 判時 1843 号 32 頁）は，国家賠償法施行前における公務員の権力的作用に伴う損害賠償請求についても民法の不法行為による損害賠償請求を，いわゆる国家無答責の法理で否定すべきではないとしつつ，これらの債権は，いわゆる韓日協定に基づく大韓民国等の財産権に対する措置に関する法律（財産及び請求権に関する問題の解決並びに経済協力に関する日本国と大韓民国との間の協定第2条の実施に伴う大韓民国等の財産権に対する措置に関する法律，1965〔昭和40〕年）により消滅した，とした。

2　その根拠と合理性

このように，戦争による犠牲者に対して満足な救済制度がない理由は，もともと国民の命は天皇のもので，赤紙1枚（一銭五厘）（徴兵令状のハガキ代）で召し上げることができるという思想があったためであり，付随的には，戦後の困窮期には生き残った者の生活でさえ大変で，死傷者やその家族を世話する余裕がないという意識があったためか，その出費は財政的にとうてい不可能と意識されたためと推測するが，判例の理屈のうえでは，国の存亡にかかわる非常事態の下では戦争犠牲は国民のひとしく受忍しなければならないところであって，これに対する補償は憲法のまったく予想しないところ（在外資産補償に関する最大判 1968〔昭和 43〕・11・27 民集 22 巻 12 号 2808 頁〔百選 516 頁〕，民間人の被災者に関する前記最判 1987・6・26），つまりは戦争による犠牲は特別の犠牲ではなく一般の犠牲であるというのである。

この判例は，**旧日本軍の軍人軍属またはその遺族であったが，日本国との平和条約により日本国籍を喪失した大韓民国に在住する韓国人**やいわゆる従軍慰安婦などに関する戦後補償訴訟でも踏襲されている（最判 2004〔平成 16〕・11・29 判時 1879 号 58 頁，判タ 1170 号 144 頁）。

しかし，在外資産ならともかく，命までがなぜ一般の犠牲として正当化できるのか（特攻隊を想定せよ）。しかも，みんながひとしく犠牲になったのではないから，ひとしく受忍しなければならないというのは詭弁以外の何ものでもない。戦争による生命の犠牲は，天災というより国家起因性の犠牲であり，国家防衛という共通の利益の犠牲者としてあるいは無謀な戦争の開始決定ないし終

結遅延による犠牲者として本来なら全体の負担において救済すべきもので，救済措置は戦後すぐより完全になされるべきであった。現行法を正当化するなら，国家補償が国民の権利とされなかった明治憲法時代の行為によるためという理屈の方が納得がいく。なお，軍人恩給も，恩給制度であるため，旧軍隊の階級格差があるが，かの戦争を反省したはずの憲法の下では，戦時中の階級とは関係なしに平等に処遇すべきであろう。戦争に責任のあった高官の方が優遇されるのはむしろ違憲ではないか。また，戦争犠牲者に対する救済でも，シベリア抑留補償などは安いとはいえ制度化されたのに，民間被災者の救済立法がないのは，票田という政治力の差によると思われるが，本筋から言えば，民間人であろうと，戦争により死亡した者の遺族や重傷病で苦しんでいる者の救済が先決であろう。さらに，同じ民間の戦争犠牲者の中で原爆の被爆者だけが特別扱いされている。原爆の犠牲は特別だというのであるが，通常の爆弾等の犠牲になった者も，殺されたり，重度障害を負ったことに変わりはなく，不平等に扱う合理的な根拠がない。

* なお，真珠湾攻撃（昭和16年12月8日，日本時間）のすぐあと，西海岸に住む約12万人の日系米国市民は内陸の収容所に強制移住させられた。理由は，日系人のスパイ活動のおそれ，日系市民への迫害を防ぐための隔離ともされたが，かれらは，日系人であるとはいえ，アメリカ国籍を有するレッキとしたアメリカ人であり，同じ敵国人でも，ドイツ系アメリカ人は収容されなかったので，この措置は主に日系人に対する差別感情なり人種的偏見によるものであろう。1988年8月，アメリカでは，これを償うため市民の自由法（戦時市民強制収容補償法）が成立した。内容は，6万人の生存者に対して1人2万ドル（邦貨換算当時約260万円）を払い，日系人の自由と憲法上の諸権利の基本的な侵害に対して，議会は国に代わって謝罪する，ということである（朝日新聞天声人語1988・8・16付）。同じく戦後40年以上もかかったとはいえ，台湾人の戦死者にわずか200万円，シベリア抑留補償にはわずか10万円しか出さないわが国と比較すると，きわめて手厚いものがある。市民社会の成熟度と議会の機能の差か。

(戦後補償裁判)：**毒ガス遺棄**

旧日本軍が戦後中国に遺棄した毒ガス兵器の爆発により中国人が人身被害を受けた場合に国の賠償責任を認めた判例があった（東京地判2003〔平成15〕・9・29判時1843号90頁）。危険な毒ガスを放置した国にその危険を解消する義務があるとの理由による。しかし，高裁では，わが国が遺棄兵器に関する情報収集を行い，収集された情報を中国に提供して積極的に遺棄兵器の調査回収を申し

入れたとしても，国には毒ガス事故の発生を防止できた「高度の蓋然性」がないとして，国の不作為は違法とは言えないとされた（東京高判 2007〔平成 19〕・7・18 判時 1994 号 36 頁〔北村和生・判評 596 号（判時 2011 号）176 頁〕）。高度の蓋然性の発生がなければ不作為を違法とすることはできないとするのは厳しすぎる基準である（戦後補償問題について，国家無答責の否定や除斥期間の問題を含めて本格的には，日弁連行訴センター編・最新重要行政関係事件実務研究 3 頁以下，法時 76 巻 1 号〔2004 年〕の特集，永田秀樹「『戦争損害論』と日本国憲法——最高裁判例の批判的検討」『現代社会における国家と法：阿部照哉先生喜寿記念』〔成文堂，2007 年〕161 頁以下，実務公法学会編『実務行政訴訟法講義』〔民事法研究会，2007 年〕636 頁以下参照）。

V 犯罪被害者への給付

犯罪被害者等給付金支給法（1980〔昭和 55〕年）は，犯罪の犠牲者（死者の遺族および障害を受けた者）に国家が一定の金銭給付をする制度を定める。もともとは遺族と重度障害を負った者に限定していたが，2001（平成 13）年から拡充され，死者の遺族給付金，重傷病給付金，障害給付金の 3 種となった。

2008（平成 20）年に犯罪被害者等給付金の支給等による犯罪被害者等の支援に関する法律に改正され，被害者支援に重点が置かれた。給付金は従来最高死亡 1,500 万円程度，重度後遺障害者 1,800 万円台までであったところ，2008 年から，最高は遺族給付金 3,000 万円弱，障害給付金は 4,000 万円弱に値上げされた。自賠責保険並みである。

国家が犯罪を防止できなかった点に違法性や過失があれば危険防止責任の問題（⇒第 1 款 IX）として，国の賠償責任が問われるが，そうした違法過失がない場合にも国家が金銭を支給する根拠は，犯罪をすべて防止するためには各人を常に監視して警察官にも警察官の監視を付け（一億総警官），個人の自由を奪う必要があるが，この自由な社会ではそれは不可能かつ不適切であるから，犯罪はわれわれが自由を享受できる代償であるという説明が可能である。さらには，犯罪被害者救済を通じて，法秩序ないし刑事司法に対する国民の信頼を確保する（犯罪者の人権保護と社会復帰のみが強調され，被害者が何の救済も得られないため，刑事司法への不信感が生ずることを防止する）ことによって，犯罪防止に寄与し，よって社会秩序の安定に寄与するという刑事政策的な制度であると言え

る（大谷實『犯罪被害者と補償』〔日本経済新聞社，1975年〕，同「被害者保護と犯罪被害給付制度」法律のひろば40巻1号46頁以下など参照）。

　これはある程度は世界的な傾向であるが，わが国の制度の中では極端に進んだ制度である。金額的もかなり高くなった。

　なお，この制度が故意犯による犠牲者のみを救済し，過失犯による犠牲者を放置する（同法2条1項）のも，こうした刑事政策的な理由によるようである（大谷・前掲書参照）が，被害者から言えば，加害行為が過失か故意かで差を付けられるのは納得できない。例えば，ビルの屋上からの飛降り自殺の巻添えとなった被害者に対しては，飛降りで巻添えを引き起こすことが予測できれば，未必の故意として，本法の適用があるが，人通りが少なければ，過失犯で，救済されないという不合理が生ずるのである。パトカーに追跡された暴走車の惹起した被害者も同様である。

　この制度は犯罪者を優遇した結果の不合理を多少とも埋めようという刑事政策だけの縦割的な発想によるもので，本来なら，犠牲が犯罪によるか何によるか（例えば現在何の救済もない雷による犠牲も）はともかくとして，犠牲者処遇制度を作り，いかなる犠牲者も不運な者も社会の連帯責任で救済する方向を目指すべきである。また，刑事政策に無知であるとの批判を承知で言えば，犯罪者については，被害者への賠償と刑務所の運営費用を負担しなければ社会復帰させないという方向で責任を負わせるのが公平というものである（**問題⑫**）。

VI　転業規制，競争事業の創出

　大学や官公庁の周辺には飲食店等がいわば寄生しているが，それは自分のリスクで営業している（⇒第1款VIの公営団地計画廃止事件とは異なる）のであるし，いつでも転業できるから，大学や官公庁の移転（一省一機関地方移転などを想定せよ）により被る損失に対して補償の必要はない。

　しかし，行政が転業を規制していて，かつ競争業者を作り出した場合には，当該営業はやめるにやめられず，しかし，仕事は奪われるので，ある程度の補償が必要である。1988年4月に瀬戸大橋が開通したが，フェリー業者は本四架橋ができるまではお客がある限り，事業を廃止することを禁じられ（公企業の継続性），本四架橋ができると事業を縮小せざるをえないので，この業者に交付金を支給する（本四架橋フェリー補償。本州四国連絡橋の建設に伴う一般旅客定期

航路業等に関する特別措置法〔1981年〕）のは憲法29条3項の要請によるというべきである。もっとも，立案関係者の説明では，一般旅客定期航路事業者が本四架橋により受ける影響については，航路権は憲法29条3項にいう財産権ではなく，本四架橋が財産権を「公共のために用ひる」場合にも当たらないとして憲法上の補償ではないが，影響を緩和するために特別の社会政策上の判断として行われる助成措置とされている（小鷲茂「本州四国連絡橋の建設に伴う一般旅客定期航路事業等に関する特別措置法について」自治研究57巻8号60頁以下）が，やや狭い解釈と思う。

し尿処理業者が下水道の普及に伴い業務を縮小する場合には金融上の措置が講じられる（下水道の整備等に伴う一般廃棄物処理業等の合理化に関する特別措置法〔1975年〕）が，法律上は補償の制度はない。し尿処理業者は，特定の市町村で事業を許可されれば，実際上事業を途中で放棄することはできず，市町村の下水道事業の伸展に伴い事業を縮小せざるをえないから，予測外に縮小せざるをえなかった分については補償が必要ではないか。また，市町村としては事業者に対し，下水道事業の予定，し尿処理事業の縮小の段階的な必要性を説明し，業者に与える打撃を最小限にする義務を負うのではないか（長崎地判2005〔平成17〕・3・15判時1915号10頁，判例自治270号64頁は，このような事案で説明義務違反を理由に200万円の慰謝料を認めた）。

Ⅶ 民事責任の行政法的制度化（無過失責任を含めて）

以上は行政の塡補責任を規定した制度であるが，次に行政上の救済制度であるが，本来行政の責任ではなく，民事責任で，行政が関与して簡易迅速な救済制度とした例がある。制度名を列記するだけとしよう。公害健康被害補償制度，労働者災害補償制度，医薬品副作用被害救済基金制度，公害防止事業費事業者負担制度，原子力損害賠償制度，自動車損害賠償責任保険制度（阿部・法システム第1編第12章，507頁以下）。

第2款　国家補償の谷間の救済策

国家補償の谷間は放置してよいか。どのような救済策がこれまで講じられていたか。それでもなお残る谷間はどのような理論で救済すべきか。

第3節　その他の救済制度と国家補償の谷間の救済方法

I　現行法制の実情

Q　よく国家補償の谷間と言われ，国家賠償でも損失補償でも救済されない場合があると言われるが，それはどんな場合か。

　現行法と判例による救済の状況を一覧表（次頁）にして分析した。この表は損害なり損失の発生原因が被害者本人にあるのか，それとも原因が国家（ないし他の民間人）にあるのか，運が悪いというだけで，このいずれにも責任はないのか，の3つの要素と，給付が損失の全額出る場合と全然出ない場合と，その中間とに分けて，一応の分析をした。それぞれの制度について損失の原因は横の線で示した。例えば，公害健康被害補償については，線は左から右まで引いてあるが，それは，本人の生来の病気や不摂生によるものでも，一定の居住要件を満たせば給付を受けられるし，逆に公害企業のために病気になった者も平均賃金の8割までで，完全な補償を受けられないことを示している（ただし，この大気汚染に関する被害認定は，1988年4月以後は，新規認定はしないことに改正〔改悪？〕された）。

　高知の落石事故（⇒第2節第2款I）は，私見では，道路管理者の方に帰責原因があるというよりも危険責任であって，運が悪いという例であるから，その線は単なる道路の管理の瑕疵と異なり，真ん中まで引いている。

　さて，国家が金銭給付をするには，特段の理由がない限り，国と受給者の帰責の程度に応じないと不公平である。次頁の表を見ると，薄い網掛け部分が正当給付と考える。それよりも余分に給付を受けている場合と逆の場合がある。

　国に帰責原因がない（少ない）のに給付が多い方としては，公務災害，高知落石，輸血梅毒，伝染病汚染動物処分などである。ただ，この中でも，被害者にも帰責原因が少ないもの（公務災害，高知落石，輸血梅毒等）については，保険的な発想で国の責任を認めても不合理ではない。雇用保険，生活保護，公害健被害補償なども場合により同様に国（あるいは企業）に帰責原因がないのに給付が多いという現象が起きる。このうち，雇用保険，生活保護はもともと社会保障であるから，国に帰責原因がなくても給付するのは当然であるが，国に帰責原因がある場合の給付はそれより多くあるべきだとの均衡論を採る関係上，比較のためにここに示すものである。

　これに対して，国（あるいは他の人間）に帰責原因があるのに給付がない（少ない）方としては，原発被害（責任保険の限定），予防接種（給付額の法定），書留

571

第11章　国家補償法

国家補償の谷間
帰責原因と給付の比較対照表——制度と事例を中心に——

	本人に帰責原因	社会・運悪い	国・他の民間人に帰責原因あり
給付出る		輸血梅毒判決 汚染動物処分 書留紛失・郵便局員のミスによる配達遅延	税徴112, 消防5, 29Ⅲ 文化財41, 52 高知落石判決　道路の瑕疵 職業的危険・公務災害補償 ウナギ訴訟判決（無過失） 河川の瑕疵による災害 土地収用
ある程度出る	公害健康被害補償 犯罪被害者給付 警察官への協力者給付 刑事補償（起訴，誤判，違法性否定） 野犬被害東京高判 無過失学校事故（日本スポーツ振興センター） 雇用保険 生活保護 災害救助	予防接種法による給付 原爆被害者補償 引揚者給付 原発被害	
出ない	違法・無過失逮捕 大東水害判決 パトカー被追跡車の事故 特別の犠牲に当たらない公用制限	破壊警察 違法無過失行為 消防法29Ⅱで無過失 郵便物紛失	

※　薄い網掛け部分は**正当な補償**　濃い網掛け部分は**国家補償の谷間**を表す。

等以外の郵便物紛失・配達遅延，外交官による不法行為（殴られ損事件，後述），公務員の法解釈の誤りに過失がない場合（⇒第2節第1款Ⅶ4），その他，違法ではあるが，過失がないとされる場合，誤判，結果として誤った逮捕・起訴（⇒第2節第1款Ⅵ4），警察の流れ弾による被害，日本赤軍の浅間山荘事件のような破壊警察，特別の犠牲に当たらない公用制限などがある。このうち，郵便に関する国の責任の制限は前述のように軽過失の場合には合理性がある。公用制限も特別の犠牲に当たらなければ受忍すべきである。しかし，それ以外は国家に帰責原因があるのに救済されない。これを国家補償の谷間と称する。これは一覧表の濃網掛け部分を見てほしい。

Ⅱ 谷間を埋めるためにこれまで用いられた諸方法

1 諸外国における工夫

解釈論としては，基本的には損害賠償法からその要件「故意過失又は瑕疵」を緩和する方法と，損失補償の要件「公共のために用ひる」を緩和する方法がある。

この問題でもっとも優れた比較法的考察をしたのは雄川一郎「行政上の無過失責任」同『行政の法理』（有斐閣，1986年）であるので，参照して欲しい。フランス法では，国家賠償責任は公役務作用の瑕疵を意味する公役務の過失，さらには危険責任，公土木の責任の法理により，無過失責任の法理が発展した。ドイツ法では収用類似の侵害に対する補償，犠牲補償請求権の理論により違法無過失の侵害に対し救済が与えられ，また，国家責任法も一部について無過失責任の規定を導入する試みがなされた。適法な侵害に対して補償がなされるならば，違法な侵害に対して補償がなされるのは「いわんやをや」という論法も用いられる。

2 日本法での工夫

立法的には第1款で述べた法律が谷間を埋めているが，断片的である。解釈論として，判例に出てきたものを挙げると，まず予防接種禍補償に関する判例はドイツ流の犠牲補償請求権の思想を背景に置きつつ，わが国の法体系に置き替え，憲法13条・14条・25条・29条などの類推解釈ないしこれらの条文と比較した「もちろん」解釈の操作により，国の塡補責任を認める解釈を出している（⇒第1節，さらに棟居快行「生命・身体の侵害と憲法29条3項」，原田尚彦「予

防接種事故国家補償」ともに，ジュリ898号。塩野宏「予防接種事故と国家補償——西ドイツ判例との比較における」同『行政過程とその統制』〔有斐閣，1989年〕417頁以下）。これは必ずしも損失補償説ではなく，危険責任の思想を背景とし，その憲法上の根拠を求めたとも言える。

　過失の客観化，組織ミスや制度的過失の承認，違法性・過失の推定（⇒第2節第1款），国賠法2条の瑕疵の危険責任的運用（高知落石事故，⇒第2節第2款）なども解釈論による谷間を埋める試みとも言える。ただし，これらは必ずしも一般には用いられていない。消防法29条は2項で延焼するおそれのある建物を無償で破壊できるとし，3項で延焼するおそれのない建物でも，人命救助や消火ために必要なら破壊できるが，3項では補償を要するとしている。延焼するおそれのない建物を延焼するおそれがあると誤認して破壊した場合には，元来の建前では国家賠償の問題で，担当消防官に過失がなければ責任は生じないはずであるが，3項との均衡も考慮して，無過失責任を解釈により肯定するのが一般的である（阿部・事例解説［38］）。

　さらに，もともとは不法行為の問題と解されていた事業損失（⇒第1節第1款Ⅱ2・第5款）に対して損失補償構成によって谷間を埋めた注目すべき事件として，【養殖ウナギ斃死補償事件】を紹介する。

　県が発注した河川工事の現場付近の鰻池で冬眠中のウナギの稚魚が大量に斃死したところ，県（出先の土木事務所長）は，これは上記工事に際して使用した発破によるものであるとして養鰻池の経営者に損失補償をした。もし，これが損害賠償の問題であれば，県の方に違法性と過失がなければ賠償責任はないし，付随的には，賠償なら県議会の議決が必要で（自治96条1項13号），決裁権者も県知事となる。住民がこの補償の支出を違法として住民訴訟を提起した。

　裁判所（神戸地判1986〔昭和61〕・10・29判タ637号99頁）は，損害賠償と損失補償は今日では接近して，いずれの場合にも損害の公平な負担という見地から被害者の損害の補塡に重点を置いて解決しなければならないとして，本件のような事業損失については，損害賠償を請求すべきであっても損失補償も許されるとし，河川法89条1項の「立入り」とは，河川工事のためにやむをえない発破の使用により衝撃・振動を他人の占有する土地に伝播させ，上記他人に特別の犠牲として重大な損失を与えることを含むとして，この場合には憲法29条3項の趣旨を受けた河川法89条8項により損失の補償を請求することがで

第3節　その他の救済制度と国家補償の谷間の救済方法

きるとした。

これについては，若干の注釈が可能である。

疑問としては，発破を加えるとき，周辺を調査して，被害が生ずるかどうかを検討すれば，この被害は回避できたのである。公共事業に伴う損失は事業損失として事前賠償すべきだとされるが，それは公共事業に当然に伴い予見できるもの（日照・騒音害など）に限定されるべきで，工事中に物が落下したなど，工事に必ずしも伴わないものは損害賠償の問題であろう。この判決は河川法の立入りに対する通損補償の規定を活用している。その説は，発破による衝撃，振動を工事現場から養鰻池に伝播させることは，工事関係者を本件養鰻池内に立ち入らせるのと同視できるという点にあるが，通常の理論では，立入りは，いわゆる即時強制なり行政調査の手段であって，衝撃・振動侵入とは別個であろう。

このように，この判決は従来の理解からすれば相当に無理をしているが，賠償の問題とすれば，発破による衝撃・振動の被害を事前に調査しなかった点で，過失を認めれば，結果としては似たようなものになる（ただし，県議会の議決がなかった違法が発生する。もし，当時の科学的な知見では，発破によるウナギの斃死は知られていなかったとすれば，県当局には過失はないので，結果に違いが生ずる）。しかし，このウナギの斃死が発破に起因しているとすれば，その被害は県当局が負担するのが公平である。その観点からすれば，この判決の補償理論は，賠償の補償化による救済へ大きな一歩を踏み出したと言える。なお，この種の事業損失については，鶏や鯉，ニジマスなどの被害を含めて，故意過失の有無を問わず，行政実務上補償されているようで（大久保正行「昭和59年度事業損失実態調査報告」月刊用地1985年3月号参照），この判決はこの実務を是認したものと評価される。

III　谷間を埋める諸方策の提唱

> **Q**　このように国家活動に起因する被害救済の谷間はかなり埋められてきたが，そうすると，なお残る谷間を存置するのはますます大きな法的不公平である。その是正方法はどうあるべきか。

1　「いわんやをや」の救済，奈良県ため池条例を例に

奈良県ため池条例につき判例は補償不要とした（⇒第1節第3款II）が，警察

制限でも，その危険の程度は抽象的で，これまで永年耕してきた堤であるから，規制は適法でも既存の権利を制限する点で補償を要するとも言える。他方，このため池の堤は安全なので，そこでの耕作を禁止するのは過大規制で違憲との説もあるが，そうするとかえって，違法ではあるが，過失がないとして賠償がとれないという不都合が生じうる。あるいは条例制定の違法の問題となって，立法行為の違法は例外であるという判例（⇒第2節第1款Ⅵ7）によりその国家賠償法上の違法は否定されることになろうか。しかし，規制が適法なら既存の権利を侵害して補償を要するとも解されるならば，規制が過大で違憲なら，なおさら補償を要すると解さないと不均衡である（「いわんやをや」の論理）。規制が過大な場合にはそれに違反して刑事事件で無罪を主張せよというのが従来の説であろうが，それは被規制者に過大なリスクを負担させる。被規制者が規制には服して補償を請求したとき，規制が無効だから服従すべきではなく補償は不要というのは，不合理である。

2　破壊警察の例

日本赤軍が浅間山荘で民間会社の寮の管理人を人質にして立て籠ったとき，警察が建物を破壊する状況を放映するテレビに多くの国民が釘付けになった（1972年，三井誠「連合赤軍事件」ジュリ900号202頁参照）。このように警察が犯人逮捕や人質救出のために第三者の所有する建物を破壊したことはどう評価されるか。消防法29条3項では，消火，人命の救助，延焼の防止のために延焼のおそれのない他人の建物等を破壊することができるとし，これに対して補償するとしているが，警察関係法にはそうした規定はない。そうすると，1つの解釈では，警察は法律の根拠なく公権力を行使して他人の建物を破壊したが，これは正当防衛なり緊急避難（民720条1項）に該当して，違法性が阻却され，損害賠償責任はないとも言える。しかし，この解釈では，建物の所有者が合理的な理由なく犠牲となる。この破壊は私人がなすものではなく，警察がいわば警察急状権という理論により職務としてなすもので，しかも，国民の期待にも応えていること，消防法が破壊消防に法的な根拠を置きつつ補償規定を置いていることを考慮すると，違法有過失で破壊した場合には賠償するのであるから，警察が行政法上の法的根拠がなくて破壊する場合には「いわんやをや」の論理で補償を要すると解すべきである。

第3節　その他の救済制度と国家補償の谷間の救済方法

3　外交官による殴られ損事件

外交官は治外法権を有し，殴ったり車で轢いたりしても不法行為責任を負わない。法治国家の中での唯一の例外で，国家無責任の法理と同じ外交官無責任の理論が妥当している。一般にも外交特権が国際慣習法である以上やむをえないとされているが，被害者が本来なら加害者に対して有しているはずの損害賠償請求権を日本国が治外法権を承認することにより事前に一般的にせよ剥奪したのであるから，被害が発生した場合にはその代償としての補償請求権が認められるべきである（詳細は，阿部「治外法権者による不法行為と国の補償責任」法と権利4〔民商78巻臨時増刊号(4)〕185頁以下参照）。

4　違法・無過失な行政活動

被害が公務に起因し，違法だが，例えば法解釈について諸説分かれるからといった理由で，あるいは違法な結果の予見可能性がないという理由で公務員に過失がないとして救済が拒否される場合がある（⇒第2節第1款Ⅶ・Ⅷ）。これは妥当なのだろうか。

国賠法は違法性と過失の両方を要求していた民法の理論に倣ったものである。もともと民法が過失責任主義を採るのは，過失がないのに責任を問われると個人の意思・行動の自由が制限されるという理由による。しかし，これは加害者の立場に偏重する一方，被害者の損失の塡補という観点を軽視しており，両当事者の公平という点から言えばいかにも不合理なことが生ずる。

例えば，民法の例を挙げると，精神病者や幼児の不法行為については，本人は責任を負わない代わりに，監督義務者の過失責任を問うことができるという制度になっている（民712条～714条）。これは一見いかにもつじつまがあっているが，監督義務者がいないということもあるし，本人は金持ちということもあるので，刑事法（刑事責任は負わない。刑39条・41条）とは異なり，損害の公平な分担を理念とする損害賠償法の下では，加害者本人の精神状態の有無を問わず，通常人なら過失ある行為をした以上は責任を負わせるべきで，本人と監督義務者の連帯責任とすべきであった（なお，この問題については，星野英一「責任能力」ジュリ893号82頁以下の説明は妥当ではない）。

しかも，過失の有無も紙一重である。裁判官のカン次第で過失の有無，賠償責任の有無という絶対的な差が付くのも不合理である。少なくとも，国家賠償では，本来問題となるべきは，公務員個人の有責性ではなく，国家の有責性で

577

ある（自己責任説）から，公務員個人の過失要件は本来は適切ではなかった。さらに，過失責任主義の下では，被告行政側も，非難を免れようとして，不必要に，組織の存亡をかけるがごとく総力戦を展開するので，被害者は不当にも太刀打ちできないから，過失に独自な意味をもたせない方が紛争は適切に解決できる。

賠償責任の有無は，誰に帰責原因があるかで決めるべきで，この観点からは過失を緩めて，違法性と過失を統合して理解すべきである。そして，違法・過失とは許容されるべきでない国家活動が損害の原因となったという意味と解すべきである。逆に，国家賠償責任が否定されるのは，被害が被害者の守備範囲内で発生したか，天災，第三者の行為を原因とする場合（国家の守備範囲外）ということになる。

例えば，法解釈の誤り（⇒第2節第1款Ⅷ）については，解釈をした公務員に落度があるか，それとも，解釈に争いがある法規に欠陥があるのであって，いずれにせよ，被害者の責任ではない。これも国家の過失と解するのが公平である。

もちろん，これは立法者の考えからはずれるので，解釈論として採りえないという批判が普通であろう。しかし，国賠法では立法者の意図から離れた読み方をしている例としては，「公権力の行使」や「職務執行の意義」の解釈（外観主義）などがある。民法では不法行為の要件である「権利侵害」を一方的に違法性と読みかえてきた。法律が不合理なら，明文に反する解釈をすることも少なくない（例えば，危険負担における債権者主義〔民534条1項〕の限定解釈）。過失は歴史的に成立した概念であるから，今日見て不合理であれば，それなりに合理的な読み方をすることは許容されるべきで，過失の意義についてだけ立法者意思にこだわる理由もない。この方向での解釈論的な努力が必要である。

このように違法・無過失の場合にも国家補償を認めるとすれば，国家責任が無限に拡大するのではないか，そうとすればそれは財政的にも困難ではないかなどの疑問が提示される。しかし，被害が発生しても，それが許容されざる国家活動に起因しない場合には，社会の連帯責任という意味で，国家的な救済が政策的に必要にはなるが，国家の賠償責任の問題とはならない。

そこで，被害が発生しても行政の責任が生じない場合は何かが問題となる。打撃ミスなら，それは行政に起因するので，行政が無過失でも責任ありとされ

るべきであるが，守備ミス（行政の危険防止責任）なら，被害が行政活動に起因するかどうかが問題となる。ここには本来の加害者（他の私人の行為，または自然災害）がいるので，被害は必ずしも行政活動に起因するとは言えない。行政が被害を防止すべきところしこなって初めて帰責原因がある。この点で，行政の本来の賠償責任と危険防止責任との差が顕著に現れるのである。国賠法2条関係でも水害は危険防止責任として理解される（⇒第2節第2款Ⅲ）。公物営造物の利用なら被害が行政と利用者のいずれの守備範囲において生じたのかがポイントであった（⇒第2節第2款Ⅱ）。

そして，行政起因性のない被害について社会連帯の見地から政策的に救済するのが災害補償や犯罪被害者給付金制度，さらには社会保障・社会福祉制度である。ここで，行政の危険防止責任と災害補償などとは接している。このことは，水害が天災によるか水害対策の不備によるか，犯罪が警察の警備不十分によるか，防ぎきれないものかといった例を考えればわかる。災害補償が整備されれば，国家賠償は抑制されても適切に運営できよう。そこで，行政起因性の判定が適切になされれば，国家補償責任の無限の拡大は生ぜず，財政的困難も起きないであろう。

【O-157とカイワレ大根生産者の公表】

病原性大腸菌O-157による集団食中毒に際し，厚生省（当時）が，大阪のある生産者の生産したカイワレ大根が原因である可能性は否定できないと公表したが，結局，原因はわからず，この業者の責任とは証明されていなかった。判例は，この業者の提起した国家賠償訴訟を最終的には認容した（⇒序章第2節Ⅲ）。

この公表は，不確実な情報であるが，重大な被害を避けるためのものである。この公表に過失があるとすると，行政は公表に非常に慎重になり，かえって，たくさんの犠牲者を出すことになることは，サリドマイド以来の薬害の歴史から明らかである。このように，前門の虎，後門の狼の事案では，灰色公表は違法でも過失でもないが，国家補償の谷間として，事業者に損失補償をすることこそが，3面関係の合理的な解決である。

5　結果的不法行為——逮捕，起訴，裁判

> **Q** 冤罪で人生を空費した者については起訴・判決等の違法・過失が証明されない限り，安い刑事補償しかない。他の国家的な救済制度と比較し

第11章　国家補償法

L　て合理的か。違憲ではないのか。

(1)　前記の通り，逮捕，起訴，裁判は，その時それなりの証拠があってしたことであれば，結果として無罪となっても，適法とされる。いわゆる結果違法説は採られず，職務行為基準説なり公権力発動要件欠如説が採られているため，これは違法無過失行為の類型にも入らず，冤罪事件の国家賠償は認められにくい（⇒第2節第1款Ⅵ4・5）。これについては，刑事補償があるが，第1款Ⅲで述べたように，冤罪で死刑でも3,000万円プラスアルファで，通り魔に殺されれば，相当高額の（遺族に最高3,000万円の）犯罪被害者等給付金があることと比較して，均衡を失する。また，天災に遭った場合でも，災害救助法や災害弔慰金の支給等に関する法律の支援があるのに，権力最大の不法（適法とするのは職務行為を基準とするからで，本来許すべからざる行為である）の代償がこの金額でよいのか。

さらに，家族親戚縁者の精神的苦痛などが償われないことはもとより，保釈期間など，拘禁されていない期間は，被告人の汚名を着せられて深刻な不利益を受けていても，無補償であり，また社会の非難を浴び，実際上は職を失い，または減給下の休職であって，将来無罪となっても給料は出ない（これを適法とした判例として，公務員の場合，神戸地判1985〔昭和60〕・12・19判例自治32号36頁，民間労働者の場合，東京地判1987〔昭和62〕・9・22判時1256号102頁）。

さらに，パトカー追跡事故で国家賠償責任が否定されるのも，判例がその違法性を警察官の行為規範を基準に判断しているからである。

したがって，警察官や判検事の行為は，前述の外交官の行為と並んで，この法治国家においてまったく例外的な，救済の空白状態の治外法権領域である。本来，国民の権利を擁護し正義を実現すべき裁判が誤っていたときの救済が正義におよそ合致しないことは，皮肉でなくて何が皮肉であろうか。立法者も，これを放置しているのは，法治国家の下の放置国家ではないか。

(2)　この補償額が低いのは，不法行為でないからとされるが，それは，違法性の基準について一般の公務員の行為とは異なり，判検事や警察官の行為については，客観的に犯人でなくても，それなりの証拠があれば逮捕，起訴，有罪とすることができるとの行為規範があるからである。しかし，こうした制度には，結果として誤っていた場合には当然に補償するという制度が内在していなければならないと言うべきではないか。具体的に言えば，逮捕・誤判は心神喪

第3節　その他の救済制度と国家補償の谷間の救済方法

失中であったとか，身代わりなど，被疑者に帰責原因がある場合を除けば，すべて警察ないし検察，裁判所のいずれかに客観的には帰責原因があるとして，そのいずれかを問わずに国家補償責任を認めるべきではないか。

　もっとも，本当に冤罪の者には補償すべきであるとしても，無罪となった者の中には，本当は有罪なのに手続上のミスとか，有罪の疑念があるのに，疑わしきは罰せずという理念で無罪となる者もあるから，それにすべて補償するのは不合理であるという議論もあろう（平野龍一「刑事補償の実態」法時25巻9号43頁以下参照）。しかし，灰色無罪と真実無罪を区別することは法的にはできないし，灰色無罪の中にも真実無罪となるべきものが多数あるだろうから，無罪は無罪として補償するのが合理的であろう。

　(3)　そもそも，こうした国家活動に起因する損害について，立法者は，国家が責任を負うか否かを決める自由を有するのであろうか。刑事補償法はこれを肯定する前提に立った立法である。たしかに，憲法40条は，刑事補償の制度を作ることを要求してはいるが，その内容は立法者に委ねているとの解釈（倉田・前掲〔第1款Ⅲ〕355頁等）が一般的である。しかし，他方，憲法13条は，国民の生命，自由等に対する権利については，公共の福祉に反しない限り，立法その他の国政のうえで，最大の尊重を必要とする，としている。この両方の条文を調和的に読むときは刑事補償の立法裁量も，個人の尊重や，国民の権利の最大限の尊重を基準として行使されるべきである。そうすると，権力最大の不法である冤罪については，通常の不法行為よりも手厚い救済こそ憲法の精神に合致するもので，それを切り下げるなど，とうてい許容されないと解されるべきであり，現行の刑事補償法はその捉え方と補償額が安すぎるという点で，違憲の存在ではなかろうか。

　(4)　なお，1976年に無罪判決にかかる裁判費用の補償制度が導入されたとき非拘禁補償制度が検討されたが，導入されなかった。その理由は3つあるとされる（山本和昭「刑事訴訟法の一部を改正する法律の解説(1)」曹時28巻7号1100頁以下）が，いずれも筆者には説得的ではない。

　第1は，他の国家行為についても過失責任主義の原則が採られていることとの均衡論である。しかし，他の国家行為については，職務行為基準説なり公権力発動要件説が採られていないから，簡単には同一レベルの比較はできない。

　第2に，現行刑訴法の建前上無罪の推定があり，それを保障するために，被

告人に訴追によって特別の不利益を被らせないようにその建前が貫かれているから無罪の判決を受けた者に対して，訴追されたことのみを理由として，一律に補償することは，この建前と矛盾するおそれがあるという。しかし，これは被告人が訴追によって塗炭の苦しみを味わうという現実を無視した詭弁である。刑訴法の建前と現実の不利益とは別である。

第3に，補償額の定額化がきわめて困難であるという理由である。しかし，現行法でも拘束日数1日当たり，1,000円以上12,500円以下と幅があって，定額化されているわけではないし，補償額の定額化が困難であるとしても，だからと言って，結果不法につき損失の完全補償請求を認める制度を創設する妨げとなるものではない。損失額の認定は別途訴訟で判定すればよい（判定できない場合でも，裁判所の裁量で認定すればよい。民訴248条）。仮に刑事訴訟の枠内では定額化しないと困難があるとしても，結果不法につき特別の民事責任立法をする妨げとはならない。

日本弁護士連合会「被拘禁者に対する刑事補償制度を求める意見書」（2009年3月18日）は，非拘束でも，刑事補償法の半額の補償を提案している。

そうすると，私見では，冤罪の被害者は刑事補償法の定める金額にかかわりなく，また，判検事，警察官の違法・故意過失の有無を問わず，保釈中でも，原則として，その損失の完全補償を求めうることになる。

(5) これに対しては，それでは現行刑事補償法の存在理由がなくなると反論する向きもあろうが，その定める金額は，逸失利益がなく，刑務所に入れられてかえってメシにありつけた者であっても，いちいち国家賠償訴訟を提起せずにもらえる額（いわば最低保証）と解すればよい。このほかに，違法・過失（主観的な落度）を理由とする誤判賠償については慰謝料を高額にして，結果違法を理由とする賠償との間に慰謝料の金額に差（制裁的慰謝料）を付ければなおさら公平になる（なお，冤罪事件における国家賠償に消極的な判例を批判する論考として，横山晃一郎「乞食王子と裁判官」ジュリ913号23頁，安部基雄「刑事補償法の改正によせて」ジュリ913号118頁）。

なお，冤罪事件でも，当局の責任者が謝罪した例を聞かない（秋山賢三『裁判官はなぜ誤るのか』〔岩波新書，2002年〕89頁）。むしろ，当時の捜査に誤りはなかった等というコメントばかりである。国家による冤罪被害防止には責任者による謝罪が不可欠である（**問題⑬**）。

6 保護されている動物による被害

保護されている動物が人間生活に被害を与えた場合，例えば，天然記念物のカモシカがヒノキなどを食べるとか，ウミガメが漁網を破るとか，鳥獣保護区の鳥獣が作物を荒らす場合，加害行為自体は動物の行為であるが，動物を公共の利益のために保護し，被害者の自衛手段を奪った結果であってみれば，被害が大きければ，特別の犠牲として損失補償を認めるべきである。鳥獣保護区などの指定はそうした利害調整をせずに，一方的に権力的にする建前になっているが，それが逆にあだとなって，地域の抵抗のために指定が難しいのである。

Ⅳ 立法による救済の新動向

これまで，国は，国家賠償訴訟で敗訴しても，最高裁まで上告するのを原則していた（カネミ，水俣など。地裁で国側全面敗訴が続いたスモン訴訟は例外）。建前は，賠償には国民の税金を使う以上，最高裁の判断が必要ということであったが，実際は，ミスを認めたくない役人無謬論によるものであった。これを是正させるのは政治＝立法しかない。

しかし，この民主社会では，票になる問題（前記のシベリア抑留補償等）には立法的な対応がなされうるが，例えば，冤罪とか，パトカー追跡事故，違法・無過失行為による被害，立法の不作為の犠牲，さらにはスモン，カネミ，サリドマイド事件でも，被害者になるまでは誰も不服をもたず，被害者は少数なので，特にこの日本では票にならず，政治過程を動かす力はほとんどない。わが国で実際に立法作業にあたる担当官庁の職員は被害者とは対立する立場にあることが少なくなく，被害者の立場で立法することは少ない。前記刑事補償法もその例だろう。空港騒音の補償対策を定める公共用飛行場周辺における航空機騒音による障害の防止等に関する法律による移転補償も，国に補償義務があるという前提を採らないため，被害者から見るとなお十分ではない。空港騒音を理由とする賠償請求が認容されない程度にまで手厚い補償対策をすべきではなかろうか。

予防接種被害者の救済制度や犯罪被害者救済制度が従来立法化された珍しい例であったが，前者は被害者の立場に立っていないので，その給付は不十分あり，後者は国際的な水準に合わせたという制度で，国内水準との整合性を忘れたのではないかと感ずる。台湾軍人への補償法も判例の圧力もあってやっと成

583

立した。

　さらに，立法者は判例の圧力がなければ法律を変えることはなかなかしない。これではキャッチ・ボールである。その陰では被害者が泣かなければならない。賠償請求訴訟の提起により行政対応が変わることは少なくないが，被告国・公共団体は親方日の丸で，敗訴しても年5％の利子を払えばよいだけなので，私人の被告ならとっくに降りるケースでも行政側は抗争することが少なくない。

　こうした政治・行政過程の現実では，やはり，元に戻って，裁判は，政治の場で権利を実現できない少数者の最後の砦であるから，立法待ちの消極的な態度にとどまることなく憲法の人権尊重の規定を生かすべく，可能な範囲で解釈論の努力をすべきである。他方，立法者には，前記の表に見る国家賠償救済の不統一を埋めるよう，また，国家賠償救済と国家無責任の中間としての，災害補償や社会保障などの制度の体系的な整備を期待したい。

　最近，政治が対応し始めており，最高裁まで行かず，高裁段階で和解が行われるケースが出てきている（ハンセン病＝熊本地判 2001〔平成 13〕・5・11 で終結，⇒第2節第1款Ⅵ7。薬害肝炎訴訟＝大阪高裁〔2008 年〕，東京大気汚染訴訟＝東京高裁〔2007 年〕)。

　さらに，国会が新法制定で対応するようになってきた。望ましい傾向である。ハンセン病対策としての補償金支給（「ハンセン病療養所入所者等に対する補償金の支給等に関する法律」2001〔平成 13〕年），ハンセン病への差別や偏見をなくし，療養所に住む人が安心して老後を過ごせるようにする「ハンセン病基本法」(2009〔平成 21〕年に施行)，無年金障害者対策として，年金に代わるほぼ半額の給付金支給（「特定障害者に対する特別障害給付金の支給にする法律」2004〔平成 16〕年），残留孤児対策としての基礎年金の満額支給と給付金制度の創設（中国残留邦人等の円滑な帰国の促進及び永住帰国後の自立の支援に関する法律の 2007〔平成 19〕年改正法)，カネミ油症事件で仮執行金の返還を免除する制度の創設（「カネミ油症事件関係仮払金返還債権の免除についての特例に関する法律」2007 年），水俣病政治和解（1995〔平成 7〕年）などがある。

　　＊　**水俣特別法案**　　水俣病関西訴訟最高裁判決は，公害健康被害補償法の環境省の認定基準では水俣病患者とされなかった者も，国家賠償法上救済の対象としたものである。ここに，水俣病患者に2種類あるという奇妙な現象が生じているが，環境省はその認定基準を国家賠償判決に合わせることをしない。それは政治問題となっ

ている。そして，2009（平成21）年7月8日，自民党プロジェクトチームが，水俣病被害者の救済及び水俣病問題の最終解決に関する特別措置法案をまとめた。公健法の補償対象外の未認定患者に金銭支援をする内容となっている。しかし，これには，一見患者救済という美名体裁をとっているが，未認定患者救済策と称して，「チッソ分社化と3年後の水俣病発生地域の指定解除を主たる内容とするもので，加害者による水俣病事件の幕引きを画策するものである」との批判がある。すなわち，原因企業チッソの本社と収益事業子会社を切り離す「分社化」とは，加害責任から逃亡するために本社を替え玉として清算事業団化し，後日これをも解体するというものである。その一方，切り離した事業会社グループは，生き残って利潤追求を続ける。これは，明らかに公然たる「偽装倒産計画」である等。その後，自民党と民主党の妥協が成立し，認定基準を緩和して，チッソの分社化を認め，地域指定の解除をしないこととした。

【オウム新法】

オウム真理教に係る破産手続における国の債権に関する特例に関する法律（1998〔平成10〕年）は国がオウムの破産財団に対して有する権利は，被害者の生命または身体を害されたことによる損害賠償請求権に劣後することを定めて，被害者の賠償請求権を確保する。特定破産法人の破産財団に属すべき財産の回復に関する特別措置法（1999〔平成11〕年）は，オウムと一定の関係を有する者の財産は，オウムの破産財団が回復して被害者への弁済に使えるようにとの特別立法である。オウム真理教犯罪被害者等を救済するための給付金の支給に関する法律（2007〔平成19〕年）はオウム被害者に見舞金を支給する特別立法である。これらが成立するについては，オウム事件の破産管財人を務めた阿部三郎弁護士の尽力によるところが大きい（阿部三郎『破産者 オウム真理教 管財人，12年の闘い』〔朝日新聞出版，2005年〕222頁以下）。

【薬害C型肝炎訴訟と特別措置法】

主に出産時に止血剤としてフィブリノゲン製剤（血液製剤）を投与され，C型肝炎ウイルス（HCV）に感染させられたとして，患者と感染者が国と製造元に損害賠償を求めた薬害C型肝炎訴訟は全国的に展開され，東京訴訟（東京地判2007〔平成19〕・3・23判時1975号2頁，ここに大貫裕之評釈がある）等，患者側が（一部）勝訴したのが多いが，国の責任が生じた時期については，集団感染が明らかになった1987（昭和62）年4月以降，米国食品医薬品局（FDA）が同製剤の承認取消しを1978年1月に公示したことを受けて，遅くとも1980年1月とするものなど判断が分かれた。患者側は，薬剤の投与時期で患者を分断す

ることに反発し，一律救済を求め，内閣がこれに応じて，感染被害者救済特別措置法が 2008 年 1 月に施行された。国家賠償責任の有無を問わず（投与時期による差を付けず），フィブリノゲンと第 9 因子製剤（クリスマシン）という血液製剤に起因する C 型肝炎患者にはすべて補償する。肝硬変，肝ガン，死亡の場合には 4,000 万円，慢性肝炎は 2,000 万円，症状がない感染者には 1,200 万円が支払われる。過失を問わない新しい救済の法理である。

　しかし，限界も少なくない。血友病患者は，同じ血液製剤を投与されても，投与の必要があったとして除外された。国家に責任がない場合の他の例との均衡上重要な課題になる。また，その給付金を申請するためには製剤投与の事実を証明する必要がある。証明するべき病院がカルテを 5 年しか保存していなかったり廃業しているケースが少なくないことが壁である。さらに，給付金支給の決定のためには，国などを相手に訴訟を起こす必要がある。公害健康被害補償法のような行政認定が信用されなかったためであるが，手間がかかる制度になった。

V　むすび，国家賠償訴訟の活性化を
1　国家賠償訴訟は多少機能

　行政救済のうち，行政訴訟の方は，裁判所のきわめて消極的な，制定法準拠主義なる原告適格論とか訴訟対象論のため，訴えが却下されたりして，機能することは少ない。国家賠償の方はこれに反して，裁判所の積極姿勢がある程度認められる。事前救済は拒否されても，事後の国家賠償は結構認められる（大阪空港訴訟はその典型例）。制度改革訴訟といったものも，抗告訴訟なら却下されるが，国家賠償訴訟ではある程度審理される。

　靖国参拝違憲訴訟においては，原告には法的保護に値する利益がないとされるが，その中で，蛇足判決と言われながら（最終的には損害なしと判断するなら，違憲という判断は無用）判決理由中で違憲判決を下した判例もある（⇒第 2 節第 1 款Ⅷ末尾）。

　そして，国家賠償訴訟は，行政訴訟と比べて救済手段として機能しているとの見方がある（塩野宏『法治主義の諸相』〔有斐閣，2001 年〕338 頁）。たしかに比較すればその通りである。また国家賠償訴訟では，行政訴訟（第 9 章で述べたように，賛成できない判例が無数）とは異なり，理論的に誤っている判例（消防の消

第3節　その他の救済制度と国家補償の谷間の救済方法

火ミスに関する国賠法4条の解釈など）は少ない。

　2　およそ不対等

　しかし，問題が多い。まずは，当事者の対等性が事実として完全に欠けていることは行政訴訟（⇒第9章第1節）と同じである。

　被害を受けて，塗炭の苦しみの中で，資金もなく長年の訴訟で疲弊している犠牲者＝原告と，親方日の丸で，巨額の資金と人員をもち，負けても失うものがなく，「まだ最高裁がある」と頑張れる役人とはおよそ公平ではない。したがって，国家賠償訴訟でも，両当事者の対等性を確保する訴訟運営が不可欠である。この点は，ゴネ得も生じ，少なくとも完全補償を得られる損失補償とは大違いである。無罪を勝ち取った弁護士には，巨大な国家権力を相手にその違法を糾弾して公共の利益に寄与したとして，一件1,000万円，2,000万円の褒賞金を出すべきである。被告人に支給される刑事補償ではとうてい足りない（問題⑭）。

　3　消極判例の厳存

　さらに，過失の判断について原告に厳しいものも少なくなく，違法性ついては，特に警察官・検察官・裁判官は，立法者の行為の判断について厳しく，国賠法2条の瑕疵については，道路の方は高知落石事故に見るように寛大であったが，それは道路保険でかなり片づき，水害の方は大東水害判決で厳寒の氷河の時代に突入し，あまり機能しなくなりそうである。公務員の個人責任について，故意の場合も認めないのはいかにも極端である。

　しかも，日ごろ国側の代理人として国家賠償責任を否定する論陣を張っていた訟務検事が**判検交流**（⇒第9章はじめにⅣ）で裁判官として国家賠償責任に消極的な判決を出し（カネミ油症国賠，大東水害差戻審，多摩川水害のいずれも高裁裁判長など，朝日新聞1987〔昭和62〕・11・11付夕刊），裁判官の会同では最高裁の事務総局が模範答案を示す（水害については最高裁事務総局『水害を原因とする国家賠償請求事件関係執務資料』民事裁判資料156号〔1985年3月〕は1983〔昭和58〕年12月の会同結果を掲載。取扱い注意なのに洩れて問題とされた）ので，裁判統制とまでは言わないまでも，自分の意見のない裁判官はそのまま従い，自然にそれが多数判例として抗し難い力をもってしまう。

　これではおよそ対等・公平な裁判とは言えないので，行政訴訟と同様に国家賠償訴訟の方も，裁判所離れが起き，法と裁判への尊敬の念は失せる。特に，

最高裁の判例の消極姿勢もさることながら，それを拡大解釈して権利救済を怠る下級審の姿勢が問題である。

筆者は，弁護士としての経験からして，明らかに勝つべきである事件でも，裁判官の2人に1人は何を考えるのかわからない，重要な事実誤認をするか，もっぱら役所寄りの事実認定・法解釈をするから，是非頑張ってやりましょうなどとは言えない。誠に遺憾である。

最高裁はもとより，下級審裁判官においても先例拘束性を拡大解釈せず，事案にふさわしい解決を試みるよう，より一層の努力を期待する（⇒序章第2節V，古崎慶長「河川管理責任の『つまずきの石』」ジュリ898号参照）。

むしろ，公権力から被害が発生した場合には違法と過失を推定するくらいでなければならない。

また，国会が被害救済の特別立法をすることが期待される（例えば，パトカー追跡事故，刑事補償の充実等）。

最後に　国家補償のまとめ

本章の基本的な視点をまとめる。

第1に，解釈論的には，制度の合理的なあり方をある程度まで徹底的に追求しようとした。損害を発生させた者が損失を負担するのが公平であるという観点から，可能な範囲でその方向への解釈論的な努力をした。例えば，公務員の対外的個人責任，立法者の不法行為，個室付浴場業事件の考え方，違法無過失行為に対する救済，冤罪被害者に対する救済などがその例である。国家賠償の中心論点は故意・過失と違法性であるので，それについては多面的に分析した。国家賠償制度の機能について，単に損害の塡補だけではなく，被害の予防と，制裁，加害者と被害者の地位の不均衡の回復といった視点を導入した。さらに，わが国の政治過程，立法過程の実態をにらんで，そうした場で救済されない少数者を憲法に照らして可能な範囲で救済するために努力した（特に予防接種禍，冤罪被害者の救済など）。

第2に，リスクの公平な分担の発想と経済学的なアプローチを導入した。例えば，国と地方公共団体のいずれが賠償責任を最終的に負担するかという問題では，費用負担者に負担させるというのが行政解釈であるが，被害を防止しうる立場にある者に費用を負担させるのが合理的であり（寄与度説），公務員は被害者に対して直接には賠償責任を負わないとされているが，故意の場合にはやはり責任を負わすべきであると考える。賠償は加害者得の法構造であり，補償は被害者得のゴネ得構造であることに着目して，賠償については制裁的視点，補償についてはゴネ損方式を提唱した。また，空港の騒音被害とか，土地収用の場合の補償額について経済学の観点からの分析を参照し，信号機の設置管理の瑕疵についてはそれを利用する人間の行動原理の分析の必要を主張した。制度の説明でも，補償規定のない公用制限などについて，直接憲法に基づいて補償を請求できるのか，それとも，規定が無効となるのかといった問題とか，公用制限の場合の補償の額の考え方などについては，これまで漠然と考えられていたことを分析して少しでも新しいものを付け加えようとした。水害などについては，自然公物論とか，人工公物論とかに関する学説の混乱を図を用いて整

理した。

　第3に，国家賠償と行政訴訟とは，公権力の行使といった同一の中核概念を用い，ともに法治行政を担保するものでありながら，類似の点とともに異なる点もあって，その両者の関係は理解しにくい。本書は，この点に配慮して叙述したほか，最初に行政救済法の体系をまとめて説明した。

　第4に，判例や学説の射程範囲に意を配った。射程範囲の不明確な学説判例が少なくなく，それがその拡張解釈と縮小解釈を生み出して混乱を生じ，権利救済を不当に制限している現状にかんがみ，判例学説の読み方が，今後の判例のあり方を考えるうえでも，また，判例学説の勉強としても重要であるからである。

　第5に，国家賠償法は民法の不法行為法に接しており，その特別法とも理解できるので，民法学者の研究は少なくない。しかし，国家賠償法は行政活動の適法性を担保する制度であるため，不法行為法固有の問題のほかに，行政法的な視点も必要であり，民法学の研究だけでは足りない場合が少なくない。また，適法行為による損失補償は，民法には原則としてない制度であるため，民法学からの研究はほとんどない。他面，これは憲法29条の解釈論にも関連するため，憲法・行政法学者の研究が見られる。そこで，筆者としては，行政法的な側面に配慮しつつ，不法行為法と損失補償法を総合考慮しようとしたものである。

行政救済法の総合的鳥瞰

　これまで行政救済法を丁寧に学んできたが，密林を彷徨うようなものなので，抗告訴訟と国家賠償訴訟がどのような位置にあるのか，鳥瞰的に眺めてみよう。
　本書Ⅱの冒頭に行政救済法の体系を掲げた。それを見ながら考えられたい。
　公権力の行使という概念が，抗告訴訟と当事者訴訟・民事訴訟，国家賠償訴訟と民事賠償訴訟の間を分ける分水嶺になる。しかし，その概念は，抗告訴訟と国家賠償訴訟ではまったく別に用いられ，別々に機能しているという複雑怪奇な現象が生じている。これについては，第9章第1節・第2節，第11章第

2節第1款Ⅰで述べた。

　序章第2節Ⅲで述べた3面関係における不作為の救済については，行政訴訟では，原告適格，義務付け訴訟の問題となり，国家賠償では，行政の危険防止責任の問題となる。

　事前防止・継続防止・原状回復は抗告訴訟の任務である。状況しだいでは当事者訴訟・民事訴訟もその役割を果たす。国家賠償訴訟は，被害が発生したあとの金銭塡補であるので，カバーする領域がかなりずれる。

　行政訴訟，国家賠償訴訟とも，違法でなければ請求は認容されないが，違法の判断基準が，抗告訴訟なら，行政機関に授権した法律への適合性である。国家賠償訴訟でも，法律によって与えられた権限行使の違法を理由とするなら，同様になると考える（違法性同一説，⇒第11章第2節第1款Ⅷ）が，国家賠償訴訟における公権力の概念は，法律の根拠のない場合にまで拡大されている（広義説，⇒第11章第2節第1款Ⅰ）ので，その場合には民法の相関関係説などが用いられ，混乱している。まさに，法概念の相対性である。

　対象となる行為が，法律行為か事実行為か，勝訴事由が違法・適法，有効・無効かという問題でも，抗告訴訟と当事者訴訟・民事訴訟・国家賠償訴訟では異なっている。

　抗告訴訟では，法律の根拠ある行為が対象となっており，また通常の説では法的効力を消滅させる訴訟として理解されているので，その対象は法律行為である。しかも，私人に対して外部的に表明された行為である。そこで，行政指導の処分性，内部行為の処分性などが争われる。また，基本的には効力のある行為を争うので，行為に効力がなければ，無効確認訴訟とか，当事者訴訟，争点訴訟などの問題となる。これに対して，国家賠償訴訟においては，単に公権力の違法・過失・損害発生が要件なので，法律行為だけではなく，事実行為（行政指導，パトカー追跡事故，保険医に対する戒告など）も対象になるし，内部行為（通達など）も対象になる。国家賠償では，違法性が要件であるから，有効な行為でも違法であれば賠償責任の要件を満たす。例えば，出訴期間が徒過して，処分が既に有効として通用していても，違法であれば国家賠償訴訟は成り立つ。違法性の承継も，抗告訴訟において先行行為について既に争えなくなってからでも後行行為では争えるのかという問題であるが，国家賠償では，そのような問題はなく，先行行為が違法であればそれだけで違法性の要件を満たす

(以上の整理は，詳しくは，阿部・国家補償7頁以下)。

──────────────

　本書では，森羅万象，膨大な行政の法制度に挑戦し，その基本的な原理，システムから，合理的な解釈のあり方，救済法まで一通り解説した。これからは，なるほど行政法上の問題は無限であり，しかも，不合理なところも多いのだな，どう解決すれば妥当なのかといったことを考えてください。

　その際には，知識も大切ですが，物の見方が特に大切です。合理的な思考とは何か，正義とは何かを，私の視点を参考に考えてください。視点さえしっかりしていれば，行政法の領域がいかに膨大であろうと，臆することはないのです。

事 項 索 引

あ 行

青色申告　12
　——承認の取消処分　283
青写真（論）　101, 115
朝日訴訟　161
芦別国家賠償判決　466, 559
厚木基地訴訟
　——高裁判決　542
　——最判　138, 539
尼崎市立高校筋ジストロフィー障害者訴訟　210
アマミノクロウサギ訴訟　159
安保教授団事件　437
伊方原発訴訟　236
異議申立て　341, 352, 364, 365
異議申立禁止　345
異議申立前置主義　342
池子弾薬庫訴訟　192
意見公募手続＝パブリック・コメント手続＝規制の設定又は改廃に係る意見提出手続　42
意見の聴取　345
違憲の法律を私人間で争う場合　476
違憲無効説　393, 395
医師の問診義務　492
伊勢湾台風事件　528
一部事務組合　325
一般義務化　234
一般処分　37, 107, 177
　——の不服申立期間　38
一般民間人被災者を対象とする援護立法をしない国会議員の不作為　565
伊場遺跡訴訟　147
違法行為　452
違法性
　——の意義　497
　——の承継　65, 177, 269
違法性相対説　497
違法性判断における利益衡量　456

違法是正訴訟　62, 74, 119
違法操業をしている競業者の許可取消訴訟　158
違法と過失・不当との関係　497
違法な行政指導の中止を求める制度　30
違法判断の基準時　247
医療費値上げの職権告示　179, 259, 261
医薬品のネット販売　100
医療法に基づく減床勧告，保険医療機関の指定拒否の予告　112
「いわんやをや」の救済　575
因果関係
　——の証明　556
　事実的——　554
インカメラ　237
　情報公開訴訟における——　238
印紙代（訴額，提訴手数料）　200, 325
　訴えの併合の場合の——　201
訴えの併合　313
訴えの変更　446
訴えの利益　180
　——の消滅　159, 255
運輸安全委員会　369
エイズ　509
エイズ国家賠償と厚生省課長の刑事責任　509
閲覧　354
閲覧請求権の範囲　367
冤罪　579
遠藤冤罪・国賠事件　466
O-157とカイワレ大根生産者の公表　579
横断条項　39
オウム新法　585
大型車の87時間放置　527
大阪空港事件（訴訟）　71, 137, 138, 315, 538
大阪城公園のザリガニ捕り児童溺死事件　524
大阪府国民健康保険審査会最高裁判決　85, 98

桶川事件　513
おそれ　235, 238
小田急訴訟　155, 252, 254
鬼が城事件　547
オープンスペース論　54
オンブズマン　375

か 行

概括主義　89, 340
外観主義　451
会計検査院　373
外形標準課税（銀行税）条例　275
外交官による殴られ損事件　577
外国人と国民健康保険　495
買取り　416
海難原因解明裁決　92
海難審判所　369
開発許可　148
　　――取消裁決の取消判決に対する住民の上訴手段　260
開発利益　392
回復の困難　204
外部性　97
加害公務員の特定の要否　436
加害者と国家の責任分担　517
価格固定主義　385
　　事業認定時の――　385
閣議決定　42, 45
確認訴訟における仮処分　322
確認の利益　317
瑕　疵
　　――の意義　520
　　公物営造物の第三者との関係における――　538
　　国賠法2条の――　538, 539
瑕疵ある処分の適法行為への転換　251
加治川水害　535
過　失　480, 494
　　――の意義　480
　　――の客観化　480
　　――の推定　481
貸倒れ　282
瑕疵なき裁量行使請求権　126
河川災害　530

家畜伝染病予防法　382
加重制限の肯定説　459
学校事故　484
学校事故被害救済保険制度　492
学校廃止条例　100
活断層の上は建築禁止に？　410
家庭福祉員（保育ママ）　518
カネミ油症訴訟（事件）　480, 482, 508
画鋲付紙飛行機傷害事件　486
仮の義務付け　294, 301
仮の救済　355
仮の差止め　310
管　轄　195
環境影響評価法33条　39
　　――の横断条項　159
勧告を処分とする教示に従って取消訴訟を提起したら、却下された！　143
監査委員　373
関西水俣病訴訟　157
環状6号線訴訟　147
関数尺違法通達　108
官製談合事件　431
感染被害者救済制度　586
完全補償説　416
監督官庁の意見　234
ガントレット事件　279
官の誤りは許し、私人の誤りは許さないシステム　195
官は悪をなさず　430
管理者説　548
関連請求　142, 198, 202, 259
議員定数の不均衡　328
議員の除名議決　267
議会と首長の間の争い　329
機関訴訟　324, 328
期間徒過後の減額更正処分義務付け訴訟　299
危険責任　536
　　――の法理　540
危険への接近の法理　540
規制規範　127
既存不適格　120
既判力　269
義務違反説　520

事項索引

義務付け訴訟　62, 263, 291
　　申請型——　293
　　非申請型——　293
義務付け判決の効力　300
逆併合　313
客観説　520
客観訴訟　324
キャッチ・ボール　69, 71
救済しようとのインセンティブ　371
救済ルール不明の場合の併合提起　203
9条かっこ書き　159
求償権　437, 441
給付行政における給付の拒否　126
狭義説　432
教　示　351, 371
　　誤った——　352
教師面前わるふざけ事件　486
行　政
　　——と被害者の守備範囲　523
　　——の危険防止責任　503
　　——の第一次判断権　292, 304
行政冤罪　4
行政監察　374
行政決定不介在システム　96
行政行為と職務命令の違い　98
行政財産の使用許可の取消と補償　417
行政裁判法　89, 340
行政裁量論　505
行政事件訴訟法
　　——3条　89
　　——9条1項　143
　　——10条1項　240
　　——20条　189, 191
　　——21条　445, 446
　　——22条　259
　　——24条　353
　　——30条　227
　　——31条　255
　　——32条　259
　　——33条　262
　　——34条　259
　　——42条　324
　　——44条　212, 322
　　——45条　287

　　——46条　199, 352
行政事務代行型指定法人　446
行政書士　349
　　——への聴聞手続代理権の拡大　27
行政処分　60
　　——概念の破綻　113
　　——の指針　24
　　形式的——　100
行政審判　38, 358, 359
行政性善説　339
行政相談委員　375
行政訴訟
　　——が機能不全　52
　　——と民事訴訟の違い　77
　　——の解釈指針　52, 53
　　——の審理の仕方　51
　　——の設計指針　53
　　——の目的規定　53
行政庁
　　——の職員への質問権　25, 355
　　——の訴訟参加　243, 263
行政手続オンライン法　17
行政手続法
　　——4条1項　347
　　——7条　348
　　——26条　25
　　——27条1項　27
　　——27条2項　27, 345, 364
　　——36条の2　364
　　——36条の3　364
　　——の適用除外　18
　　　国・地方公共団体・特殊法人・認可法人・
　　　指定法人等の監督の場合　19
　　　固有の資格で処分を受ける場合　19
　　——立法の遅れの理由　15
行政手続法改正案　124
　　——36条の2　30
　　——36条の3　30
行政不服審査　338
行政不服審査会　368
行政不服審査法　338
　　——21条　348
　　——57条4項　347
行政不服審査法改正案　362

595

行政不服申立て　338
行政立法　99
供託金取戻請求却下　95
共同訴訟参加　259
共同訴訟的補助参加人　259
許可申請の放置・返戻　34
許可または許可の更新を受けることなく薬局開
　　設をなしうることの確認訴訟　317
許可制　31
許可認可等臨時措置法　475
寄与度責任　549
拒否処分・手続違法の場合の特殊性　554
拒否処分では執行停止の利益なし　210
距離制限違反の公衆浴場の新規許可に対し既存
　　浴場が出訴したケース　145
距離制限は違憲　470
規律力　63, 68, 91
キルビー判決　284
近鉄特急料金訴訟　147, 261, 475
区域外通学を認めさせる訴訟方法　142
空港・新幹線・道路周辺の者に騒音・振動・大
　　気汚染等による生活妨害・健康被害を及ぼす
　　場合　538
空港訴訟　138
空中権の譲渡　409
区画整理　392
区画整理・収用訴訟は、やるだけ無駄　255
国立マンション事件　293
国の関与に対する地方公共団体の訴え　84
クロロキン薬害訴訟　506, 509
群馬中央バス事件　9
軍用空港の公共性　542
計画確定手続　7
計画高水流量　531
計画の事後失効の確認訴訟　102
計画保障請求権　452
経過措置　401, 455
警官ナイフ保管懈怠事件　508
競願の場合
　　──の訴えの利益　158
　　──の訴訟方法　265
警察制限　400
警察の怠慢と国家賠償　513
形式的当事者訴訟　322

刑事補償　563, 580
刑事補償法　563
形成判決　65
形成力　258
継続的加害行為　552
経由機関の不受理　33
結果違法説　464
結果違法的判断　457
結果回避可能性　480
結果不法　563
欠陥バトミントン・ラケット公売事件　482
原因行為　77
原因たる行政行為を叩くか，それによって発生
　　した法律行為を争うか　62, 63
検疫所長が行う食品衛生法に違反する旨の通知
　　118
圏央道あきる野IC事業認定・収用裁決取消訴
　　訟　256
原告適格　143
　　自然，動物の──　159
原告となった者の利益の総和の保護　151
検察官の違法過失　465
原始的瑕疵　250
原子爆弾被爆者に対する援護に関する法律
　　566
原子力発電所（原発）　79
原子炉設置許可の変更許可　74
原処分主義　189
建築確認　445, 517
建築基準法86条2項　409
県費負担教職員　546
減　歩　392
憲法29条3項　398
権利変換方式　110
権　力　128
　　──の竹光化　403
権力行為には過失の推定を　496
権力性　169
権力的事実行為　92
故　意　481
故意犯　569
行為違法的判断　457
公営団地計画廃止事件　454
公益訴訟勝訴報奨金　277

事項索引

公害健康被害補償　571
公害訴訟和解　542
公害等調整委員会　357
広義説　432
公共工事　91
公共施設管理者の同意　105
公共団体　429
公共の福祉に重大な影響を及ぼすおそれがあるとき　208
公共用地の取得に伴う損失補償基準要綱　384
航空法49条　391, 402
公権力の行使
　——に対する仮処分の禁止　212
　——の意義　431
　——を委託された者　443
抗告訴訟
　——と国家賠償訴訟の関係　497
　——の排他性（排他的管轄）　76, 136
公証　93
工場誘致条例奨励金申請後廃止事件　455
工場誘致政策廃止事件　452
更新拒否処分　17
拘束力　64
違法性を共通にする処分の取消義務　264
原状回復義務　265
不整合処分　265
高知落石事故　521, 547, 571
公定力　61, 136, 221
　特許の——　283
公定力排除訴訟　61
口頭で意見を述べる機会　369
口頭による意見陳述権　354
高度の公務秘密文書に関する司法審査の特則　235
公売処分　77
後発的違法＝後発的瑕疵　250, 282, 300
公表　123
　——によって担保された行政指導に対する救済方法　123
神戸商船大学大学院生殺害事件　513
神戸夢野台高校事件　523
公法上の当事者訴訟の活用　137
公法と私法の区別の再生　316

公務員
　——の帰属主体の判定　448
　——の個人責任　435
　——の再任拒否　96
　——の失職　96
　——の職務上の秘密　234
　——の政治的行為の制限　470
　——の対外的個人責任　438
公務員試験不合格者　188
公務災害補償制度　562
公用制限　400
　——における補償の範囲　411
公立中学校体罰事件の賠償責任者は県か市か　550
効力発生日を先とする行政処分の争訟方法　310
考慮事項　152
国政調査権　374
国税通則法
　——74条の2　18, 23
　——99条　357
国税徴収法112条　561
国籍確認訴訟　321
告知すべき内容　31
告知・聴聞　11
告知とコメント　42
国道騒音差止訴訟　138
国道43号線訴訟　138, 522
国法の処分基準への条例基準の持込み　39
国立大学法人　430
ココム訴訟　494
古崎慶長　435, 461
個室付浴場業事件　459
個人タクシー事件　9
個人補償　382
個人ミス　481
国会同意人事　368
国会図書館への納本義務は違憲か　410
国会附帯決議　54, 75
国家公務員法3条3項・4項　215
国家無責任の法理　430
国家賠償　379
国家賠償責任
　——主体相互間の責任分担　548

597

——と公務員の責任の重複　440
——の性質　436
国家賠償法
　——1条　429
　——1条と2条の関係　543
　——1条と2条の違い　540
　——1条2項　437, 438
　——2条1項　520, 538
　——3条　447, 449, 545
　——4条　550
　——5条　553
　——6条　435
国家補償の谷間の救済策　370
国旗国歌予防訴訟　308
個別具体性　99
個別保護要件　146
個別保護要件説　154
ゴネ損方式　388, 390
ゴネ得　388
ゴミ収集義務の確認訴訟　318
ゴミ焼却場設置の無効確認訴訟最高裁判決　89
固有の資格　347, 352
混合診療を受ける地位の確認　321
コンセイユ・デタ（行政裁判所兼内閣法制局）　7
コンドルデリンジャー事件　494

さ 行

災害弔慰金の支給　132
災害弔慰金の支給等に関する法律　132
在外資産補償に関する最大判　586
在外被爆者除外通達　496
在外邦人の選挙権確認訴訟　319, 477
裁　決　355
　——と処分の取消処分の併合　202
　——に対する処分庁の出訴　357
裁決時主義　385
裁決主義　190
裁決手続開始の請求　387
最広義説　432
最高裁判所のあり方　56
再更正処分　72
財産権の規制に対する補償の要否　398

財産的損害と行政の違法　514
再審査請求　342
　——の創設　365
　——の廃止　364
採石権の強制設定は違憲　392
在宅投票廃止違憲訴訟　471
裁定的関与　345, 356
在日台湾人身上調査票訂正請求訴訟　319
裁判官が、訴え却下の誘惑に勝つようなシステムはないか　203
裁判官の違法過失　463
裁判官は八宗兼学！　56
裁判官への解釈指針　153
裁判所の独断的判断は法律問題でも違憲　218
裁判に対等性の保障を　59
裁判の拒否　71, 75
裁判を受ける権利　332
在留期間更新不許可処分　266
裁量のゼロ収縮論　505
　——への法治国家論、伝統的な行政法理論の出発点からの疑問は妥当か　507
The King can do no wrong　430
差止訴訟　304
サッカー中落雷事件　487
サリドマイド事件　508
猿払事件　470
3億円事件　451
産業廃棄物の自己処理　495
恣意抑制機能　13
自衛隊のイラク派遣　502
市街化調整区域　405
市街地再開発事業計画　110
時間的不可抗力　528
事業損失　380, 421, 574
しくみ解釈　111, 122
事件性・争訟性の要件　330
自己使用文書　235
自己責任説　436
事後的実体審査システム　5
自己の法律上の利益に関係のない違法の主張制限　240
指　示
　JAS法19条の14第1項の——　93

事項索引

　　生活保護27条の——　92
　　特定商取引法7条, 14条の——　93
事実行為　341
事実上の管理者　430
事実認定　215, 383
事実認定のあり方　41
事情判決　116, 117, 253, 475, 500, 558
　　——の無効確認判決への適用　257
自然公園での採石禁止　401
自然公物　531
自然的正義 (natural justice)　6
自然の権利　157
自然の権利訴訟　159
市町村営の土地改良事業の施行の認可　111
実効性の確保　53
執行停止　203, 355
　　——と非遡及効　211
　　第三者に対する授益的処分の——　211
　　不利益処分の——　203
執行不停止原則　203
実質的証拠の法則　216, 358
実質的当事者訴訟　312
実体公法が復権　316
実体的判断代置主義　5
指定確認検査機関　445, 517
児童養護施設の職員は県の職員か　444
シベリア抑留補償　565
司法権　330
司法書士　349
司法審査の範囲　214
社会情勢適合原則　43
社会的制約　537
釈明義務　9
釈明処分の特則　239
重過失　442
自由心証主義　215
自由選択主義　186
重大 (執行停止の要件)　204
重大かつ明白説　279
重大な損害　297
銃砲の許可ミスと国家賠償　514
住民監査請求　325
住民訴訟　325
住民訴訟2号訴訟　286

住民票　93
収用委員会　383
収用裁決　383
収用損失　421
重要事項留保説　132
出訴期間　166
　　——の存在理由への疑問符　167
　　客観的——　167
　　継続的処分の——　185
　　主観的——　167
"受忍せよ, そして賠償 (代償) を求めよ"　105, 139, 539
主婦連ジュース訴訟　147, 346
受理拒否
　　——という処分はない　32
　　——の公定力　33
準司法手続　359
上級庁　343
消極的権限濫用論　506
消極要件　207
少数残存者補償　425
少年の審判事件　564
情報公開訴訟　324, 332
消防職員の消火ミス　550
消防同意拒否　97
消防法
　　——5条　400
　　——6条2項　561
　　——29条2項　400, 574
　　——29条3項　400, 576
証明行為　93
消滅時効　551
将来の給付の訴え　259
職務行為基準説　457, 464, 466
職務執行命令訴訟　329
職務を行うについて　451
所在不明公務員に対する処分の効力発生時期・告知方法　173
除斥期間20年の例外　552
職権主義　353
職権証拠調べ　220, 314, 353
職権探知　220, 353
職権取消し　285
初日不算入の原則　174

599

処分性＝抗告訴訟の対象　89, 135
　　給付行政における――　126
　　住民訴訟と補助金の――　133
処分その他公権力　89
処分庁の職員に対する質問権　367
処分の瑕疵
　　――の治癒　251
処分の根拠の法的説明責任　217
処分の根拠法律が違憲である場合の救済方法　268
処分の送達方法　173
処分理由の差替え・追加　244
白石健三　9, 52
白石判決　9, 10
白色申告　12, 18
審決の申請　345
信号機の青，黄の時間の設定の仕方　529
人工公物　531
審査基準　20
　　医師国家試験受験資格の――　21
　　公立保育所の入所決定の――　21
審査請求　342
審査請求一本化　364
審査請求原則主義　342
審査請求書の記載事項　366
真珠湾攻撃　567
身上調査票の記載　319
申　請　17
　　――の受理拒否　22
申請権
　　――の濫用　413
　　――を基準として区別する理由とそれへの疑問　295
申請に対する処分　20
　　――拒否処分に弁明・聴聞の適用なし　22
申請により求められた許認可等を拒否する処分　17
じん肺国家賠償訴訟　506, 512
審理員　366
審理手続　352
森林法186条の共有制限規定違憲判決　471, 476
杉並区住基ネット訴訟　86, 329
スモン訴訟　450, 482, 509

生活再建措置のあっせん　425
生活保護申請却下決定に対する不服申立てと訴訟の方法　360
生活保護申請不受理水際作戦対策　40
生活保障　425
税関の輸入禁制品該当通知　109
制限的肯定説　459
精神的損失　424
精神病者や幼児の不法行為　577
制定法準拠主義　10, 101, 102, 111, 145, 151, 153
制度改革訴訟　471
正当な理由　175, 325
責任の制限立法　562
積極的実損説　411, 415
積極的要件の緩和　204
摂津訴訟　127
説明責任
　　住民訴訟における――　327
前科回答事件　484, 495
選挙訴訟　325, 327
戦後補償裁判　566
戦傷病者戦没者遺族等援護法　565
戦争犠牲補償　565
先手必勝のシステム　459
船舶が海底に放置されていた錨（アンカー）のため浸水・沈没した事故における国家賠償責任　543
総額主義　247
相関関係理論　497
相互の保証　435
相対的違法行為　462
相対的行政処分　122, 135
争点効の応用　270
争点主義　247
争点訴訟　63, 287, 288, 477
相当因果関係　555
相当因果関係説　411, 414
相当補償説　416
訴願前置主義　186
訴願法　338, 341
遡及的規制　401
即時執行への救済　209
組織過失　381

事項索引

組織共用文書　235
組織ミス　481
組織の病理　441
訴訟対象・訴訟類型の判定困難対策　69
訴訟要件の存在は職権調査事項　173
訴訟要件の不明確さ　72
園部逸夫　76
疎　明　209
損害の範囲　558
損害賠償請求権者の範囲　559
損失補償　379
　　──の実定法上の根拠　393
損失補償基準要綱　419
村道の妨害排除の方法　299

た 行

代位責任説　436
大学教員任期制法　96
第三者
　　──に対する不利益処分を求める申請　17
　　──の訴訟参加　259
　　──のための効力　261
第三者再審の訴え　259
代執行の司法的執行　329
耐震設計偽装　517
　　──と国家賠償　445
大深度地下利用　391
対世効（第三者効）　64, 258
大東水害訴訟　531, 537
　　──判決の射程範囲？　536
第二次納税義務者　181
対物処分　37, 107, 351
　　──と被処分者の特定の要否　312
逮捕, 起訴, 裁判　579
タイミング　118
代　理　348
代理人　349
台湾住民である戦没者の遺族等に対する弔慰金
　　等に関する法律　565
高根町水道条例事件　100
宝塚市パチンコ店等規制条例事件　82, 219
宅造地崩壊事件　508
伊達火力発電所埋立免許取消訴訟　147
宅建業者の登録の更新　514

宅建業の登録申請　506
建付け減価　419
田中二郎　73, 161
他の適当な方法　297
多摩川水害　536
単純な事実行為　91
団体訴訟　147
団藤重光　139
地域医療計画　35
地価低落説　411, 412
痴漢冤罪事件の夜明け　469
痴漢事件の勾留　468
地区計画　104
地方競馬の廃止　456
地方自治法
　　──92条の2　346
　　──176条・177条　329
　　──232条の2　131
　　──255条の4　345
注意義務
　　──の程度　481
　　客観的な──　481
中国残留孤児国家賠償訴訟　516
中国残留邦人等の円滑な帰国の促進及び永住帰
　　国後の自立支援に関する法律　516
調査官　56
調査官判決　57
懲罰的賠償の提唱　518
聴　聞　26, 345
　　──を経てなされた不利益処分　27
　　事実型──　26
　　陳述型──　43
聴聞期日の指定　28
聴聞手続　24
　　──中に行われた処分　27
　　──の主宰者　25
　　──の非公開　28
聴聞調書　25
聴聞を経た行政処分の司法審査のあり方　35
直接請求権発生説　393, 394
　　──と違憲無効説の長短比較表　394
直轄事業負担金　548
通告処分　107
通常生ずる損失　393

601

「通常」の安全性　520, 521, 523
通損補償　411
通　達　97, 109
定額給付金　132
定期健康診断　448
適法行為による意図せざる結果的な損失に対する恩恵的な不完全補償　563
適法行為による不法行為　462
手続違反と実体違反の関係　35
手続上の瑕疵と実体上の瑕疵の両方が主張されている場合における裁判所の審理の仕方　272
手続的瑕疵
　――の効果　36, 274
　軽微な――と取消事由　38
手続的法治国家　6
テニス審判台逆転倒事件　526
デモ行進の進路変更条件付許可　210
天災被災者補償　382
点字ブロック事件　528
点数制による補償の要否の表示　403
伝聞証拠禁止　215
ドイツ行政手続法39条　7
東京大気汚染訴訟　584
東京都外形標準課税事件　306
同時審判の申出　324
謄　写　26, 354
謄写請求権　368
到達主義　177, 350
道路公団総裁解任事件　35
道路と河川の異同　533
登録制　31
登録免許税　121
登録免許税の過誤納金　96
道路法70条　421, 422
毒ガス遺棄　567
特定管轄裁判所　197
特定空港周辺航空機騒音対策特別措置法　401
特定障害者に対する特別障害給付金の支給に関する法律　477
徳山ダム事件　426
独立行政法人医療品医療機器総合機構法の支給拒否決定　129

都市計画決定　103
　――の特殊性　252
都市計画制限　407
都市計画法施行規則60条の適合証明　96
都市緑地保全法　403
土地改良事業　255
栃木リンチ殺人事件　513
土地区画整理事業組合の設立認可　111
土地区画整理事業計画　101, 115
　――の処分性を否定した大法廷判決　101
土地境界画定の簡易な手法　171
土地収用　392
土地収用法
　――20条　383
　――71条　385
　――90条　392
　――93条　421
土地収用法第88条の2の細目等を定める政令　385, 419
土地利用規制の日独比較　402
特急料金の値上認可　470
届出制　31
鞆の浦世界遺産訴訟　156, 311
豊田商事事件　514
トランポリン喧嘩事件　485
取り消されるまでの処分の効力　79
取消訴訟中心主義　88, 293
取消訴訟の排他的管轄　61, 167
取消判決
　――の拘束力　258, 262
　――の効力　258
取引価格主義に対する疑問　388
泥棒が番犬を連れてくるシステム　373
泥棒と相談して刑法を作るシステム　374

な 行

内閣総理大臣の異議　211
内部行為　97
長崎原爆訴訟　224
長沼ナイキ基地訴訟　145, 163
長野勤評事件　305, 308
長良川水害　536
那覇市情報公開最高裁判決　85
奈良県ため池条例　400, 575

成田新幹線工事実施計画　98
成田特別法判決　11
新潟空港訴訟　145, 240
新島砲弾爆発事件　508, 556
二者択一思考　134
日照権　80
二風谷事件　254
日本国憲法の施行に伴う民事訴訟法の応急的措置に関する法律　64
日本スポーツ振興センター　492
日本原訴訟　71, 138
2面関係から3面関係の法システムへ　503
人間の行動原理分析の必要性　529
ネズミ捕り事件　37
年金不支給の裁定取消しと遅延利息　265
ノーアクションレター（行政機関による法令適用事前確認手続）　45, 309
　租税法における事前照会に対する文書回答手続　47
農地改革　417
農地の買受け適格証明　94
農地法80条に基づく旧地主への農地の売払い　95
農用地利用計画　104

は　行

賠償＝加害者得の法構造　389
賠償されるべき損害の範囲・請求権者　553
賠償と補償の谷間　382
賠償と補償の違い　540
破壊警察　576
破壊消防　400
初種痘年齢の引上げの遅延　482
発信主義　177, 350
パトカー追跡事故事件　456
パトカーに追跡された暴走車　569
パブリック・コメント手続　42　→　意見公募手続
"早すぎる, 遅すぎる"　102, 117
判検交流　58, 537, 587
犯罪被害者救済制度　583
犯罪被害者等の権利利益の保護を図るための刑事手続に付随する措置に関する法律　519
犯罪被害者等給付金支給法　568

犯罪被害者等給付金の支給等による犯罪被害者等の支援に関する法律　452, 568
反射的利益　146
反射的利益論　473, 504, 513
阪神淡路大震災の被災者向け自立支援金訴訟　131
ハンセン病訴訟　477, 584
反則金　107
反復禁止効　262
反論書　353
日影規制　400
非権力的公行政作用　432
非拘禁補償　563, 581
被告選択のリスクの低減　545
被告適格を行政庁から行政主体に　192
被告の誤りの救済　194
被災者生活再建支援法　382
飛驒川バス転落事件　527
人の収容　91
非番警察官管轄外強盗事件　451
姫路ストーカー殺人事件　514
100条調査権　374
標準処理期間　21
費用負担者説　548
風営法に基づくパチンコ店の許可　148
不可争力　167
　──を生じた課税処分による損害を国家賠償訴訟で請求できるか　169
不可変更力　167, 356
不許可補償　413
福岡空港訴訟　71, 138, 148
　──最判　539
不作為の違法確認訴訟　290
藤田宙靖　152
不受理の処分性　32
附帯私訴　519
普通財産の売払い　95
不動産登記　95
不当の審理　339
不当も国家賠償法上は違法？　501
不服申立て
　──の対象　340, 362
　口頭による──　347
　不作為についての──　343

不服申立期間　350
不服申立書の記載事項　347
不服申立前置主義　186
不服申立適格　346
不服申立便宜機能　13
不変期間　350
private act　473
不利益処分　17, 23, 37
　　――の原因となる事実　24
　　――の処分基準　23
不利益変更禁止　356, 370
古ビニール処理懈怠事件　508
文化財的価値の補償　424
文書閲覧請求権　26, 231
文書提出命令　231
併　合　142
米穀の政府買入れ価格の告示　109
併用説　76, 128, 137
平和祈念事業特別基金等に関する法律　565
壁面線の指定　351
ベスト振り回し事件　490
蛇の生殺し状態　118
弁護士費用　59
　　――の国家賠償請求　556
　　――の片面的敗訴者負担　59, 277
弁護士法72条　27, 349
弁護士報酬　326
弁明書　353
　　――の提出要求　367
弁明手続　28
弁論主義　220, 353
保育所廃止条例　100, 311
保育所民間（民営）化　21, 310
法概念の相対性　432, 443, 591
包括指定　120
報告書　25
法治国家を逆用した救済の拒否　126
法定外公共物　124, 430
　　――の廃止と払下げの請求権　124
法定受託事務と自治事務　344
法的保護に値する利益説　144, 145, 149
法の解釈の誤り　481, 494, 578
法の支配（rule of law）　6, 430
法の適正な過程（適正手続, due process of law）　6
法律上の争訟　69, 81, 85, 329, 502
法律上の利益　143, 324
法律上保護された利益説＝保護規範説　144
　　――の誤用　144
法律の根拠の欠如と救済方法　140
法令違反型行政不指導　30
法令適用事前確認手続　45　→　ノーアクションレター
法令に基づく申請（権）　102, 290, 295
法令の趣旨適合性の原則　43
保険医療機関　206
　　――の指定取消し　24
保護されている動物による被害　583
補償額　416
　　権利剝奪の場合における――の考え方　416
補償項目と範囲　418
補償＝ゴネ得の法構造　389
補助金　547
補助金適正化法　127
補正原則主義　348
墓地の経営許可の取消しを求める原告適格　148
墓地埋葬法の通達　106
歩道橋決定　108
ホームレスの住所　312
堀木訴訟　293
本案について理由がないとみえるときにあたらないこと　207
本四架橋フェリー補償　569

ま　行

松川事件　466
丸刈りの強制　106
マンションの建替え　383
見合いの禁止　23
みぞ・かき補償　421
水俣特別法案　584
水俣病国家賠償　512
　　――関西訴訟　506
水俣待たせ賃訴訟　482
民事上の委託　518
民事訴訟と行政訴訟が平行しない場合　77

事項索引

民事訴訟と行政訴訟が平行する場合 79
民事訴訟法 42 条の補助参加 260
民事法帝国主義 55, 72, 500
民法 207 条 391
民衆訴訟 324
無過失責任 522
　──の立法化 561
無効確認訴訟 277
　──が違法になる場合 289
　──の補充性 288
無効と取消しの区別 278
無年金障害者 269
名目的損害賠償 479
網膜剥離事故通知懈怠事件 487
モーターボート競走法に基づく場外発売場設置 140
もちろん解釈 381, 573
もんじゅ訴訟 146, 241, 280

や 行

役人無謬論 221
薬害 C 型肝炎訴訟 584
　──と特別措置法 585
野犬咬死事件 508
薬　局 470
大和都市管財国家賠償事件 515
郵便貯金目減り訴訟 502
郵便法 50 条 3 項 562
有料老人ホーム 32
輸血梅毒事件 492
要綱補助金 130
養殖ウナギ斃死補償事件 574
容積率の売買 409
用途地域
　──の指定 103
　──の指定変更 259
　──の制度 399
予見可能性 482
　定性的── 530
　定量的── 530

横川川事件 69, 306
予防接種禍訴訟 313, 381, 482
予防接種禍補償 564, 573
予防接種における問診 492
予防接種被害者救済制度 583
予防訴訟 304
4 号請求 326

ら 行

らい予防法 477
ラグビー・タックル事件 485
離隔距離 422, 423
リスク回避義務 152
リスクからの保護義務 152
立証責任 220
　裁量濫用の── 226
　住民訴訟における── 327
　争点訴訟における── 230
　訴訟要件充足に関する── 230
　法治国家における── 221
　無効確認訴訟における── 230
立法者の違法過失 470
里道，水路（＝赤線，青線） 124
里道の廃止 149
理由提示 22
　──の一部拒否 22
　書面による── 22
理由のない行政活動はない 9
理由附記 8, 13
　──の判例 12
療育手帳の交付拒否 128
列記主義 89, 340
連担建築制度 409
労基署の労災事故の災害調査復命書 234
労災就学援護費 127

わ 行

和　解 275
輪中堤 424, 530

605

判 例 索 引

* 「百選」は「行政法判例〔第 5 版〕」である。それ以外は 4 版等の版，自治，租税，社会保障，環境などの百選を示している（凡例参照）。

行政裁判所

行判 1909・2・22 行録 20・363 ………………………………………………………………… 100

大 審 院

大判 1935・10・5 民集 14・1965 ……………………………………………………………… 125

最高裁判所

最大判 1949・5・18 民集 3・6・199〔百選 4 版 422 頁〕 …………………………………… 172
最判 1950・9・15 民集 4・9・404〔百選 168 頁〕 …………………………………………… 178
最判 1952・1・25 民集 6・1・22，行集 3・1・22〔百選 410 頁〕 ……………………… 248
最大判 1952・10・8 民集 6・9・783，行集 3・10・2061（警察予備隊違憲訴訟〔百選 302
　頁〕） ……………………………………………………………………………………………… 82
最判 1952・11・20 民集 6・10・1038，行集 3・11・2186〔百選 382 頁〕 ………………… 173
最判 1953・6・12 民集 7・6・663，行集 4・6・1563〔百選 434 頁〕 …………………… 324
最大判 1953・12・23 民集 7・13・1523，行集 4・12・2921〔百選 504 頁〕 ……………… 386
最判 1953・12・24 民集 7・13・1604，行集 4・12・2945〔百選 404 頁〕 ………………… 220
最判 1954・6・22 民集 8・6・1162〔百選 414 頁〕 ………………………………………… 211
最判 1954・8・24 刑集 8・8・1372，判時 34・22 …………………………………………… 173
最判 1954・10・14 民集 8・10・1858〔百選 290 頁〕 ………………………………………… 353
最判 1955・4・19 民集 9・5・534〔百選 478 頁〕 …………………………………………… 438
最判 1955・10・28 民集 9・11・1727 …………………………………………………………… 293
最大判 1956・7・18 民集 10・7・890，判時 83・3（ガントレット事件） ………………… 279
最判 1956・11・30 民集 10・11・1502，判時 95・11（非番警官管轄外強盗事件〔百選 470 頁〕）
　 …………………………………………………………………………………………………… 451
最判 1957・3・19 民集 11・3・527〔百選 436 頁〕 …………………………………………… 324
最判 1957・6・7 民集 11・6・999，判タ 72・59〔租税百選 3 版 184 頁〕 ……………… 79
最判 1957・7・9 民集 11・7・1203 …………………………………………………………… 442
最判 1957・12・24 民集 11・14・2336，判時 136・29〔百選 402 頁〕 …………………… 241
最判 1957・12・25 民集 11・14・2466〔百選 282 頁〕 ……………………………………… 347
最大判 1958・6・2 民集 12・9・1281，判時 151・6 ………………………………………… 172
最判 1958・7・25 民集 12・12・1847〔百選 418 頁〕 ……………………………………… 254
最判 1958・8・5 民集 12・12・1901，判時 157・12 ………………………………………… 559
最判 1959・1・29 民集 13・1・32〔百選 48 頁〕 …………………………………………… 97
最判 1959・8・18 民集 13・10・1286 ………………………………………………………… 145
最判 1959・9・22 民集 13・11・1426，判時 202・24〔百選 162 頁〕 …………………… 230, 279
最判 1960・3・11 民集 14・3・403，判時 218・6 …………………………………………… 388

606

判例索引

最大判 1960・6・8 民集 14・7・1206, 判時 225・6〔百選 314 頁〕……………………82
最判 1960・7・12 民集 14・9・1744〔百選 318 頁〕……………………………………95
最大判 1960・10・19 民集 14・12・2633, 判時 239・20〔百選 310 頁〕………………82
最判 1961・2・16 民集 15・2・244, 判時 251・7（輸血梅毒事件〔医事法百選 178 頁〕）………493
最判 1961・3・7 民集 15・3・381, 判時 257・17………………………………………280
最大判 1961・3・15 民集 15・3・467, 判時 325・1〔百選 338 頁〕……………………92
最判 1961・4・21 民集 15・4・850, 判時 266・16……………………………………167
最判 1961・7・14 民集 15・7・1814〔百選 170 頁〕…………………………………251
最判 1961・7・21 民集 15・7・1966, 訟月 7・9・1888〔百選 388 頁〕………………188
最判 1962・1・19 民集 16・1・57, 判時 290・6〔百選 38 頁, 重判解昭和 43 年度 30 頁〕
………………………………………………………………………………………145, 290
最大判 1962・3・7 民集 16・3・445〔百選 316 頁〕……………………………………82
最判 1962・4・12 民集 16・4・781, 訟月 8・5・892〔百選 406 頁〕…………………216
最判 1962・7・5 民集 16・7・1437, 判時 309・10……………………………………280
最判 1962・12・26 民集 16・12・2557, 判時 325・14〔百選 298 頁〕………………13, 14
最判 1963・5・31 民集 17・4・617, 判タ 146・151〔百選 250 頁〕……………………13
最判 1963・6・4 民集 17・5・670, 判時 343・25〔社会保障百選 44 頁〕………………92
最大判 1963・6・26 刑集 17・5・521, 判時 340・5〔百選 510 頁〕…………………400
最判 1964・1・16 民集 18・1・1, 判時 362・26〔百選 40 頁〕………………………297
最判 1964・1・24 民集 18・1・113, 判時 368・26〔百選 4 版 138 頁〕…………………93
最判 1964・10・29 民集 18・8・1809, 判時 395・20（ゴミ焼却場設置無効確認訴訟〔百選 322 頁〕）………………………………………………………………………………90, 126
最大判 1965・4・28 民集 19・3・721, 判時 406・12…………………………………160
最判 1965・6・24 民集 19・4・1001, 判時 417・33……………………………………259
最判 1965・8・2 民集 19・6・1393, 判時 423・24……………………………………161
最判 1965・8・17 民集 19・6・1412, 判時 425・26……………………………………164
最判 1966・2・8 民集 20・2・196, 判時 444・66………………………………………81
最大判 1966・2・23 民集 20・2・271, 判時 436・14〔百選 328 頁〕…………………101
最大判 1966・7・20 民集 20・6・1217, 判時 460・45…………………………………318
最判 1966・11・15 民集 20・9・1792, 判時 468・3〔社会保障百選 46 頁〕……………163
最判 1967・3・14 民集 21・2・312, 判時 480・21〔百選 422 頁〕……………………285
最判 1967・4・7 民集 21・3・572, 判時 485・35〔百選 408 頁〕……………………230
最大判 1967・5・24 民集 21・5・1043, 判時 481・9（朝日訴訟〔社会保障百選 170 頁〕）………161
最判 1967・5・30 民集 21・4・1030, 判時 488・55〔百選 4 版 490 頁〕………………98
最判 1967・7・18 民集 21・6・1559, 判時 493・22……………………………………552
最判 1967・9・12 訟月 13・11・1418, 税務訴訟資料 48・395……………………………12
最判 1967・9・19 民集 21・7・1828, 判時 500・12……………………………………73
最判 1968・3・8 民集 22・3・551, 判時 518・52………………………………………323
最判 1968・3・15 訟月 14・12・1343, 判時 524・48……………………………………463
最判 1968・6・27 民集 22・6・1339, 判時 523・38……………………………………558
最大判 1968・11・27 刑集 22・12・1402, 判時 538・12〔百選 512 頁〕………………394
最大判 1968・11・27 民集 22・12・2808, 判時 538・6〔百選 516 頁〕………………566
最判 1968・12・24 民集 22・13・3147, 判時 548・59〔百選 106 頁〕…………………106
最判 1968・12・24 民集 22・13・3254, 判時 542・28（12 チャンネル事件〔百選 366 頁〕）

607

………………………………………………………………………………158, 217, 265
最判 1968・12・24 民集 22・13・3428, 判時 547・40……………………………209, 211
最判 1969・2・18 判時 552・47, 金判 154・4………………………………………………451
最判 1969・2・27 民集 23・2・441, 判時 548・19………………………………………556
最判 1969・11・27 民集 23・11・2265, 判時 580・47…………………………………552
最大判 1970・7・15 民集 24・7・771, 判時 597・55〔百選 320 頁〕……………………95
最判 1970・8・20 民集 24・9・1268, 判時 600・71 (高知落石事故〔百選 480 頁〕)…521, 547
最大判 1971・1・20 民集 25・1・1, 判時 617・21〔百選 94 頁〕……………………………95
最判 1971・6・24 民集 25・4・574, 判時 638・72………………………………………494
最判 1971・6・29 判時 639・78……………………………………………………………260
最判 1971・10・28 民集 25・7・1037, 判時 647・22 (個人タクシー事件〔百選 246 頁〕)……10
最判 1972・3・31 民集 26・2・319, 判時 664・28………………………………………15
最判 1972・4・20 民集 26・3・507, 判時 670・26〔租税百選 251 頁〕………………104
最判 1972・5・30 民集 26・4・851, 判時 678・33〔百選 500 頁〕……………………400
最判 1972・11・16 民集 26・9・1573, 判時 688・53〔百選 256 頁〕…………………291
最判 1972・11・30 民集 26・9・1746, 判時 689・14 (長野勤評事件〔百選 426 頁〕)……305
最判 1972・12・5 民集 26・10・1795, 判時 691・13〔百選 172 頁〕……………15, 251
最判 1972・12・12 民集 26・10・1850, 判時 692・34…………………………259, 556
最判 1973・4・26 民集 27・3・629, 判時 759・32〔百選 164 頁〕……………167, 280
最判 1973・10・11 判時 723・44…………………………………………………………557
最判 1973・10・18 民集 27・9・1210〔百選 508 頁〕………………………………407, 417
最判 1973・11・16 民集 27・10・1374〔判解民昭和 48 年度 562 頁〕……………177, 552
最判 1974・2・5 民集 28・1・1, 判時 736・41〔百選 186 頁〕………………………418
最判 1974・3・8 民集 28・2・186, 判時 738・62〔百選 76 頁〕……………………282
最判 1974・4・25 民集 28・3・405, 判時 742・23〔租税百選 2 版 152 頁〕……………14
最判 1974・5・30 民集 28・4・594, 判時 744・23〔百選 4 頁, 社会保障百選 30 頁〕…85, 98
最大判 1974・11・6 刑集 28・9・393, 判時 757・33 (猿払事件)……………………470
最判 1975・3・28 民集 29・3・251, 訟月 21・5・984…………………………………555
最大判 1975・4・30 民集 29・4・572, 判時 777・8…………………………………268, 470
最判 1975・5・29 民集 29・5・662, 判時 779・21 (群馬中央バス事件〔百選 248 頁〕)……10, 274
最判 1975・6・26 民集 29・6・851, 判時 785・49………………………………………528
最判 1975・6・27 民集 29・6・867, 判時 784・56〔百選 116 頁〕……………………204
最判 1975・7・25 民集 29・6・1136, 判時 791・21〔百選 482 頁〕…………………527
最判 1975・8・27 民集 29・7・1226, 判時 789・25……………………………………181
最判 1975・10・24 民集 29・9・1417, 判時 792・3…………………………………556
最判 1975・11・28 民集 29・10・1754, 訟月 21・12・2521 (鬼が城事件〔百選 494 頁〕)…547
最判 1975・11・28 民集 29・10・1797, 判時 801・12〔百選 390 頁〕………………191
最大判 1976・4・14 民集 30・3・223, 判時 808・24〔百選 438 頁〕……………257, 328
最判 1976・4・27 民集 30・3・384, 判時 814・107……………………………………289
最判 1976・9・30 民集 30・8・816, 判時 827・14………………………………………493
最判 1977・2・17 民集 31・1・50, 判時 845・46………………………………………175
最決 1977・3・10 判時 852・53〔百選 412 頁〕…………………………………………207
最判 1977・3・15 民集 31・2・234, 判時 843・22〔百選 312 頁〕………………………82
最判 1977・10・25 判タ 355・260…………………………………………………………555

判例索引

最決 1977・12・19 刑集 31・7 ・1053, 判時 873・22 …………………………………234
最判 1978・3 ・14 民集 32・2 ・211, 判時 880・3 (主婦連ジュース訴訟〔百選 286 頁〕)…147, 346
最判 1978・3 ・30 民集 32・2 ・435, 判時 886・3 ……………………………………565
最判 1978・3 ・30 民集 32・2 ・485, 判時 884・22〔百選 442 頁〕…………………325
最判 1978・5 ・26 民集 32・3 ・689, 判時 889・9 (個室付浴場業事件〔百選 64 頁〕) …459
最決 1978・5 ・31 刑集 32・3 ・457, 判時 887・17 ……………………………………234
最判 1978・6 ・16 刑集 32・4 ・605, 判時 893・19 (個室付浴場業事件〔百選 136 頁〕)……461
最判 1978・7 ・4 民集 32・5 ・809, 判時 904・52 (神戸夢野台高校事件) ………………523
最判 1978・7 ・17 民集 32・5 ・1000, 判時 905・11〔百選 496 頁〕…………………550
最判 1978・9 ・19 訟月 24・12・2657, 判時 911・99 ………………………………243
最判 1978・10・20 民集 32・7 ・1367, 判時 906・3 (芦別国家賠償請求事件〔百選 468 頁〕)
 ……………………………………………………………………………………438, 466
最判 1978・12・8 民集 32・9 ・1617, 判時 915・39〔百選 6 頁〕……………………98
最判 1979・12・25 民集 33・7 ・753, 判時 951・3〔百選 340 頁〕…………………110
最判 1980・9 ・11 判時 984・65, 判タ 428・63 ……………………………………526
最判 1980・11・25 民集 34・6 ・781, 判時 987・28〔百選 368 頁〕…………………161
最判 1981・1 ・27 民集 35・1 ・35, 判時 994・26 (工場誘致政策廃止事件〔百選 56 頁〕) ……453
最判 1981・2 ・26 民集 39・5 ・1008, 判時 996・42 ………………………………554
最判 1981・3 ・19 訟月 27・6 ・1105〔街づくり・国づくり百選 87 頁〕……………393
最判 1981・4 ・7 民集 35・3 ・443, 判時 1001・9 (板まんだら事件)…………………81
最判 1981・4 ・14 民集 35・3 ・620, 判時 1001・3 (前科回答事件〔百選 88 頁〕)……495
最判 1981・5 ・14 民集 35・4 ・717, 判時 1008・130〔百選 288 頁〕…………324, 346
最判 1981・7 ・14 民集 35・5 ・901, 判時 1018・66〔百選 396 頁〕…………………246
最判 1981・7 ・16 判時 1016・59, 判タ 452・93 ……………………………………525
最大判 1981・12・16 民集 35・10・1369, 判時 1025・39 (大阪空港訴訟〔百選 324 頁, 492 頁〕)
 …………………………………………………………………71, 137, 315, 538, 539
最判 1982・1 ・19 民集 36・1 ・19, 判時 1031・117 (警官ナイフ保管懈怠事件) ………508
最判 1982・2 ・23 民集 36・2 ・215, 判時 1037・85 (租税百選 4 版 198 頁) …………281, 300
最判 1982・3 ・12 民集 36・3 ・329, 判時 1053・84〔百選 466 頁〕…………463, 465
最判 1982・4 ・1 民集 36・4 ・519, 判時 1048・99〔百選 472 頁〕…………432, 449
最判 1982・4 ・8 民集 36・4 ・594, 判時 1040・3 (家永教科書検定第二次訴訟) …163, 166
最判 1982・4 ・22 民集 36・4 ・705, 判時 1043・41〔百選 332 頁〕…………103, 259
最大判 1982・7 ・7 民集 36・7 ・1235, 判時 1051・29 (堀木訴訟) ……………………269
最判 1982・7 ・15 民集 36・6 ・1169, 判時 1053・82〔百選 346 頁〕…………………107
最判 1982・7 ・15 判時 1053・93, 判タ 478・163 (郵便貯金目減り訴訟) ……………502
最判 1982・9 ・9 民集 36・9 ・1679, 判時 1054・16 (長沼ナイキ基地訴訟) ……145, 163, 166
最判 1983・2 ・18 民集 37・1 ・59, 判時 1136・56〔百選 502 頁〕…………………423
最判 1983・2 ・18 民集 37・1 ・101, 判時 1074・52 (トランポリン喧嘩事件) ………485
最判 1983・6 ・7 判時 1084・70, 判タ 500・117 (画鋲付紙飛行機傷害事件) …………486
最判 1983・7 ・8 判時 1089・44, 判タ 506・81 (ラグビー・タックル死亡事件) ………486
最判 1983・9 ・8 判時 1096・62, 判タ 512・96 ……………………………………180
最判 1983・10・18 判時 1099・48, 判タ 513・141 (大阪城公園ザリガニ捕り児童溺死事件)……524
最判 1983・10・20 民集 37・8 ・1148, 判時 1102・48 (欠陥バドミントン・ラケット公売事
 件) ……………………………………………………………………………………482

609

最判 1984・1・26 民集 38・2・53, 判時 1104・26（大東水害訴訟）……………………531
最判 1984・2・9 判例自治 5・76（教師面前わるふざけ傷害事件）……………………487
最判 1984・3・23 民集 38・5・475, 判時 1112・20（新島砲弾爆発事件）……………508, 556
最判 1984・10・26 民集 38・10・1169, 判時 1136・53 ……………………………………161
最判 1984・11・29 民集 38・11・1260, 判例自治 10・92 ………………………………430
最大判 1984・12・12 民集 38・12・1308, 判時 1139・12 ………………………………110
最判 1985・1・22 民集 39・1・1, 判時 1145・28〔百選 252 頁〕………………………14
最判 1985・3・28 民集 39・2・333, 判時 1149・54（加治川水害訴訟）………………535
最判 1985・11・21 民集 39・7・1512, 判時 1177・3（在宅投票廃止違憲訴訟〔百選 464 頁〕）
　……………………………………………………………………………………………471, 478
最判 1985・12・17 民集 39・8・1821, 判時 1184・59 ……………………………………111
最判 1985・12・17 判時 1179・56, 判タ 583・62（伊達火力発電所埋立免許取消訴訟〔百選
　348 頁〕）………………………………………………………………………………………147
最判 1986・2・13 民集 40・1・1, 判時 1185・99…………………………………………111, 190
最判 1986・2・24 民集 40・1・69, 判時 1184・65〔百選 386 頁〕………………………180
最判 1986・2・27 民集 40・1・124, 判時 1185・81（パトカー追跡事故事件〔百選 446 頁〕）…457
最判 1986・3・25 民集 40・2・472, 判時 1190・3（点字ブロック事件〔百選 488 頁〕）…528
最判 1986・6・10 判例自治 33・56 …………………………………………………………191
最判 1986・6・19 判時 1206・21, 判タ 616・65〔百選 300 頁〕…………………………351
最判 1986・12・16 民集 40・7・1236, 判時 1221・3 ………………………………………95
最判 1987・2・6 判時 1232・100, 判タ 638・137〔百選 444 頁〕………………………432, 484
最判 1987・2・13 民集 41・1・95, 判時 1255・20（網膜剥離事故通知懈怠事件）……487
最判 1987・4・17 民集 41・3・286, 判時 1240・64〔百選 378 頁〕……………………289
最判 1987・4・21 民集 41・3・309, 判時 1240・136〔百選 296 頁〕……………………190
最大判 1987・4・22 民集 41・3・408, 判時 1227・21……………………………………471
最判 1987・5・19 民集 41・4・687, 判時 1240・62………………………………………133
最判 1987・5・28 判時 1246・80, 判タ 645・146（日本原訴訟）………………………71, 138
最判 1987・6・26 判時 1262・100, 判タ 658・85…………………………………………565, 566
最判 1987・9・22 判時 1285・25, 判タ 675・113…………………………………………103
最判 1987・11・24 判時 1284・56, 判タ 675・111…………………………………………122, 149
最判 1988・1・21 判時 1270・67, 判タ 663・79……………………………………………425
最判 1989・2・17 民集 43・2・56, 判時 1306・5（新潟空港訴訟〔百選 350 頁〕）………145, 240
最判 1989・4・13 判時 1313・121, 判タ 698・120（近鉄特急料金訴訟〔百選 352 頁〕）…147
最判 1989・4・21 民集 43・4・322, 判時 1343・144………………………………………466
最判 1989・4・27 民集 43・4・322, 判時 1343・144………………………………………160
最判 1989・6・20 判時 1334・201, 判タ 715・84（伊場遺跡訴訟〔百選 354 頁〕）………147
最判 1989・7・4 判時 1336・86, 判タ 717・84（横川川事件）……………………………70, 306
最判 1989・10・26 民集 43・9・999, 判時 1336・99………………………………………547
最判 1989・11・24 民集 43・10・1169, 判時 1337・48〔百選 456 頁〕………………506, 514, 517
最判 1990・1・18 民集 44・1・253, 判時 1357・50〔百選 292 頁〕……………………354
最判 1990・2・20 判時 1380・94, 判タ 755・98……………………………………………513
最判 1990・7・20 民集 44・5・938, 判時 1418・75………………………………………465
最判 1990・12・13 民集 44・9・1186, 判時 1369・23（多摩川水害訴訟）………………537
最判 1991・2・22 税務訴訟資料 182・363 …………………………………………………180

最決 1991・3・29 刑集 45・3・158, 判時 1382・12…………………………………………564
最判 1991・4・19 民集 45・4・367, 判時 1386・35〔百選 448 頁, 医事法百選 52 頁〕…………493
最判 1991・4・19 民集 45・4・518, 金判 905・31〔百選 304 頁〕………………………………82
最判 1991・4・26 民集 45・4・653, 判時 1385・3 (水俣待たせ賃訴訟〔百選 450 頁, 重判解 平成 3 年度 44 頁〕)……………………………………………………………………………482
最判 1991・7・9 民集 45・6・1049, 判時 1399・27…………………………………………498
最判 1992・1・24 民集 46・1・54, 判時 1425・53〔百選 374 頁〕……………………………255
最判 1992・4・28 民集 46・4・245, 判時 1419・93……………………………………………264
最大判 1992・7・1 民集 46・5・437, 判時 1425・45 (成田特別法判決〔百選 244 頁〕)………11
最判 1992・9・22 民集 46・6・571, 判時 1437・29 (もんじゅ訴訟〔百選 356・380 頁〕)
………………………………………………………………………………146, 241, 287, 289
最判 1992・9・22 民集 46・6・1090, 判時 1437・44 (もんじゅ訴訟)…………………………80
最判 1992・10・6 判時 1439・116………………………………………………………………101
最判 1992・10・29 民集 46・7・1174, 判時 1441・37 (伊方原発訴訟〔百選 150 頁〕)……227, 250
最判 1992・11・26 民集 46・8・2658, 判例自治 108・59 (大阪阿倍野地区再開発訴訟〔百選 330 頁〕)…………………………………………………………………………………110
最判 1992・12・10 判時 1453・116, 判タ 813・184〔百選 254 頁〕……………………………14
最判 1993・2・25 民集 47・2・643, 判時 1456・32 (厚木基地供用差止訴訟〔百選 326 頁〕)
………………………………………………………………………………………138, 539
最判 1993・3・11 民集 47・4・2863, 判時 1478・124…………………………………………498
最判 1993・3・30 民集 47・4・3226, 判時 1500・161 (テニス審判台逆転倒事件〔百選 490 頁〕)……………………………………………………………………………………524
最判 1993・7・20 民集 47・7・4627, 判時 1474・68〔百選 432 頁〕…………………………313
最判 1993・9・9 訟月 40・9・2222 (池子弾薬庫訴訟)………………………………………192
最判 1993・9・10 民集 47・7・4955, 判時 1514・62…………………………………………162
最判 1993・12・17 民集 47・10・5530〔百選 420 頁〕……………………………………265, 344
最判 1994・1・20 訟月 41・4・523, 判時 1502・98, 判タ 855・103 (福岡空港訴訟)
………………………………………………………………………………………71, 138, 539
最判 1994・2・8 民集 48・2・255, 判時 1488・3……………………………………………223
最判 1994・4・22 判時 1499・63, 判タ 862・254……………………………………………104
最判 1994・9・27 判時 1518・10, 判タ 871・76………………………………………………148
最判 1995・3・23 民集 49・3・1006, 判時 1526・81〔百選 334 頁〕…………………………105
最判 1995・6・23 民集 49・6・1600, 判時 1539・32 (クロロキン訴訟〔医事法百選 58 頁〕)
………………………………………………………………………………………506, 509
最判 1995・7・7 民集 49・7・1870, 判時 1544・18 (国道 43 号線訴訟)………………138, 540
最判 1996・2・22 判時 1560・72, 判タ 902・51………………………………………………106
最判 1996・3・8 民集 50・3・408, 判時 1565・92……………………………………………468
最判 1996・7・12 判時 1584・100, 判タ 924・150……………………………………………164
最大判 1996・8・28 民集 50・7・1952, 判時 1577・26〔自治百選 3 版 202 頁〕……………329
最判 1996・10・8 訟月 44・5・759………………………………………………………………94
最判 1997・1・28 民集 51・1・147, 判時 1598・56〔百選 430 頁〕…………………………323
最判 1997・1・28 民集 51・1・250, 判時 1592・34………………………………………148, 261
最判 1997・7・11 民集 51・6・2573, 判時 1624・90…………………………………………518
最判 1997・10・28 訟月 44・9・1578……………………………………………………………269

最判 1997・11・11 判時 1624・74, 判タ 958・99……………………………………………280
最判 1998・4・10 民集 52・3・677, 判時 1638・63………………………………………164, 267
最判 1998・6・12 民集 52・4・1087, 判時 1644・42…………………………………………553
最判 1998・10・8 判例自治 203・79 ……………………………………………………………456
最判 1998・12・17 民集 52・9・1821, 判時 1663・82〔百選 360 頁〕…………………………148
最決 1999・1・11 判時 1675・61, 判タ 999・213……………………………………………267
最判 1999・1・21 判時 1675・48, 判タ 1002・94〔百選 122 頁〕………………………93, 498
最判 1999・7・15 判時 1692・140, 判タ 1015・106 …………………………………………174
最決 1999・10・26 判時 1695・63, 判タ 1018・189…………………………………………162
最決 1999・11・12 民集 53・8・1787, 判時 1695・49………………………………………237
最判 1999・11・19 民集 53・8・1862, 判時 1696・101〔百選 398 頁〕……………………245
最決 1999・11・25 判時 1698・66, 判タ 1018・177 (環状 6 号線訴訟)……………………147
最判 2000・3・10 民集 54・3・1073, 判時 1708・115…………………………………234, 238
最判 2000・3・10 判時 1711・55, 判タ 1031・165…………………………………………236
最判 2000・3・17 判時 1708・62, 判タ 1029・159…………………………………………148
最判 2000・3・21 判時 1707・112, 判タ 1028・138…………………………………………229
最判 2000・4・11 民集 54・4・1368, 判時 1710・68 (キルビー判決〔百選 130 頁, 特許百選 3 版 168 頁〕)……………………………………………………………………………284
最判 2000・7・18 判時 1724・29, 判タ 1041・141 (長崎原爆訴訟)………………………224
最決 2000・10・13 判時 1731・3, 判タ 1049・216〔百選 440 頁〕…………………………201
最決 2000・12・19 (女川原発訴訟)…………………………………………………………………80
最決 2000・12・19 判時 1737・141, 判タ 1053・87 ……………………………………………96
最判 2001・2・19 判時 1745・94, 判タ 1058・96……………………………………………334
最決 2001・2・27 民集 55・1・149, 判時 1744・64…………………………………………196
最判 2001・3・13 民集 55・2・283, 判時 1747・81〔百選 358 頁〕………………………148
最決 2001・6・14 判例自治 217・20 ………………………………………………………………93
最判 2001・7・13 訟月 48・8・2014, 判例自治 223・22 (那覇市情報公開判決)……………86
最判 2002・1・17 民集 56・1・1, 判時 1777・40〔百選 336 頁〕…………………………120
最判 2002・1・22 民集 56・1・46, 判時 1781・82〔百選 364 頁〕…………………………149
最大判 2002・2・13 民集 56・2・331, 判時 1777・36………………………………………383
最判 2002・2・28 民集 56・2・467, 判時 1782・3……………………………………………165
最決 2002・2・28 判時 1781・96, 判タ 1089・133……………………………………………164
最判 2002・3・28 民集 56・3・613, 判時 1781・90…………………………………………148
最判 2002・4・25 判例自治 229・52………………………………………………………………100
最決 2002・6・5 判時 1786・160, 判タ 1091・221…………………………………………468
最判 2002・6・11 民集 56・5・958, 判時 1792・47…………………………………………386
最判 2002・7・9 民集 56・6・1134, 判時 1798・78 (宝塚市パチンコ店等規制条例事件)
………………………………………………………………………………………82, 87, 219
最大判 2002・9・11 民集 56・7・1439, 判時 1801・28〔百選 498 頁〕……………………562
最判 2002・9・12 民集 56・7・1481, 判時 1807・64…………………………………176, 325
最判 2002・10・24 民集 56・8・1903, 判時 1805・32〔百選 284 頁〕…………………38, 177
最決 2003・1・24 裁判所時報 1332・3〔百選 394 頁〕…………………………………149, 259
最決 2003・7・11 (遠藤冤罪・国賠事件)………………………………………………………467
最判 2003・9・4 判時 1841・89, 判タ 1138・61〔百選 342 頁〕……………………………127

612

判例索引

最判 2003・12・ 4 判時 1848・66, 判タ 1143・197〔重判解平成 15 年度 22 頁〕……………384
最判 2004・ 1・15 民集 58・ 1・226, 判時 1850・16〔百選 454 頁〕……………………………495
最判 2004・ 3・16 ……………………………………………………………………………………50
最判 2004・ 4・26 民集 58・ 4・989, 判時 1860・42……………………………………………119
最判 2004・ 4・27 民集 58・ 4・1032, 判時 1860・34(じん肺国家賠償訴訟〔重判解平成 16
　年度 46 頁, 社会保障百選 148 頁〕)……………………………………………………506, 513
最決 2004・ 5・31 判時 1868・24, 判タ 1159・123………………………………………………205
最判 2004・ 7・13 判時 1874・58, 判タ 1164・114………………………………………………280
最判 2004・10・15 民集 58・ 7・1802, 判時 1876・ 3(関西水俣病国家賠償訴訟〔重判解平成
　16 年度 51 頁〕)…………………………………………………………………157, 506, 512
最判 2004・11・29 判時 1879・58, 判タ 1170・144………………………………………………566
最判 2004・12・17 判時 1892・14, 判タ 1176・123………………………………………………558
最判 2004・12・24 判時 1890・46, 判タ 1176・139………………………………………………317
最決 2005・ 3・29 民集 59・ 2・477, 判時 1890・43〔重判解平成 17 年度 37 頁〕…………202
最判 2005・ 4・14 民集 59・ 3・491, 判時 1897・ 5 ………………………………96, 121, 169, 270
最判 2005・ 4・21 判時 1898・57, 判タ 1182・155………………………………………………513
最判 2005・ 5・30 民集 59・ 4・671, 判時 1909・ 8(もんじゅ訴訟〔重判解平成 17 年度 41
　頁〕)……………………………………………………………………………………80, 250, 281
最決 2005・ 6・24 判時 1904・69, 判タ 1187・150………………………………………………445
最判 2005・ 7・11 民集 59・ 6・1197, 判時 1906・48…………………………………………264
最判 2005・ 7・15 民集 59・ 6・1661, 判時 1905・49〔百選 344 頁, 社会保障百選 48 頁〕…35, 112
最決 2005・ 7・22 民集 59・ 6・1888, 判時 1907・33……………………………………………237
最大判 2005・ 9・14 民集 59・ 7・2087, 判時 1908・36(在外投票大法廷判決〔百選 428 頁〕)
　………………………………………………………………………………………………319, 477
最決 2005・10・14 民集 59・ 8・2265, 判時 1914・84………………………………………234, 235
最判 2005・10・25 判時 1920・32, 判タ 1200・136………………………………………………113
最判 2005・11・ 1 判時 1928・25, 判タ 1206・168〔百選 514 頁, 重判解平成 17 年度 57 頁〕…409
最大判 2005・12・ 7 民集 59・10・2645, 判時 1920・13(小田急訴訟〔百選 362 頁〕)………155
最判 2005・12・15 判時 1922・67, 判タ 1200・140………………………………………………325
最判 2006・ 1・19 民集 60・ 1・65, 判時 1936・72〔重判解平成 18 年度 37 頁〕……………181
最判 2006・ 3・13 判時 1929・41, 判タ 1208・85(サッカー中落雷事件)………………487, 490
最判 2006・ 3・23 判時 1929・37, 判タ 1208・72………………………………………471, 498
最判 2006・ 3・23 判時 1932・85, 判タ 1209・72………………………………………………121
最判 2006・ 6・23 判時 1940・122, 判タ 1218・183(靖国参拝違憲訴訟)……………………503
最判 2006・ 7・14 民集 60・ 6・2369, 判時 1947・45(高根町水道条例事件〔重判解平成 18
　年度 47 頁〕)………………………………………………………………………………………100
最判 2006・11・ 2 民集 60・ 9・3249, 判時 1953・ 3(小田急訴訟)…………………………252
最判 2007・ 1・25 民集 61・ 1・ 1, 判時 1957・60〔重判解平成 19 年度 56 頁, 社会保障百選
　224 頁〕…………………………………………………………………………………………444
最決 2007・ 4・20 判時 2012・ 4 …………………………………………………………………166
最判 2007・ 5・29 判時 1978・ 7, 判タ 1248・117(横田基地訴訟)…………………………539
最判 2007・ 9・28 民集 61・ 6・2345, 訟月 55・ 1・29〔重判解平成 19 年度 22 頁, 社会保障
　百選 18 頁〕……………………………………………………………………………………269
最判 2007・10・19 判時 1993・ 3, 判タ 1259・197〔重判解平成 19 年度 50 頁〕……………157

613

最判 2007・11・1 民集 61・8・2733, 訟月 55・2・169〔重判解平成 19 年度 40 頁〕………496
最決 2007・12・18 判時 1994・21, 判タ 1261・138 ……………………………………206, 309
最決 2008・3・3 刑集 62・4・567, 判時 2004・158 ………………………………………508
最判 2008・4・18 判時 2006・74, 判タ 1269・117（ベスト振り回し事件）……………490
最大判 2008・6・4 民集 62・6・1367, 判時 2002・3 ………………………………300, 321
最決 2008・7・8（杉並区住基ネット訴訟）…………………………………………………87
最大判 2008・9・10 民集 62・8・2029, 判時 2020・18 …………………………………115
最判 2008・11・7 判時 2031・14, 判タ 1288・53 ……………………………………216, 468
最決 2009・1・15 判時 2034・24, 判タ 1290・126 ……………………………………237, 239
最判 2009・2・27 裁判所時報 1478・2 ……………………………………………………161
最判 2009・3・13 ………………………………………………………………………………513
最判 2009・4・14（痴漢冤罪事件）…………………………………………………………469
最判 2009・4・23（平成 19（受）2069）……………………………………………326, 383
最判 2009・4・23（平成 20（オ）1298）………………………………………………………381
最判 2009・4・28 ………………………………………………………………………………551

高等裁判所

東京高判 1953・8・29 行集 4・8・1898 ……………………………………………216, 217
福岡高判 1954・2・26 行集 5・2・403 ………………………………………………………98
福岡高判 1963・10・16 行集 14・10・1705 …………………………………………………94
大阪高決 1965・10・5 行集 16・10・1756, 判時 428・53 ………………………………114
東京高決 1966・5・6 行集 17・5・463, 判タ 195・151 …………………………………205
東京高判 1966・12・22 訟月 13・1・57, 判時 474・20 …………………………………424
東京高判 1967・7・25 行集 18・7・1014, 判時 492・3（群馬中央バス事件）…………10
札幌高判 1968・5・30 判時 552・50, 金判 154・5 ………………………………………451
東京高判 1969・3・27 判時 553・26, 判タ 234・別冊 11 ………………………………418
札幌高判 1969・4・17 判時 554・15（釧路市工場誘致条例奨励金申請後廃止事件）……455
東京高判 1970・8・1 判時 600・32, 判タ 252・73（松川事件）…………………………466
大阪高判 1971・12・21 判時 666・57, 判タ 275・213 ……………………………………555
高松高判 1974・4・25 判時 753・30, 判タ 309・279 ……………………………………558
東京高判 1974・5・8 行集 25・5・373 ………………………………………………………99
仙台高判 1974・7・8 行集 25・7・833, 判時 756・62（個室付浴場業事件）…………460
名古屋高判 1974・11・20 判時 761・18, 判タ 318・121（飛驒川バス転落事故）……527, 530
仙台高秋田支判 1974・12・10 判タ 323・279（個室付浴場業事件）……………………460
高松高決 1975・7・17 行集 26・7=8・893, 判時 786・3 …………………………………236
東京高判 1975・10・2 東京高裁民事判決時報 31・10・207 ………………………………191
大阪高判 1975・11・10 行集 26・10=11・1268, 判時 795・3（堀木訴訟）……………293
東京高判 1975・12・23 行集 26・12・1495, 判時 805・55 ………………………………109
名古屋高判 1977・8・18 判時 873・26 ……………………………………………………323
東京高判 1977・11・17 高民集 30・4・431, 判時 875・17（野犬咬死事件）……………508
大阪高判 1977・12・20 判時 876・16, 判タ 357・159（大東水害訴訟）………………537
札幌高判 1978・5・24 高民集 31・2・231, 判時 888・26（在宅投票廃止違憲訴訟）…472
大阪高判 1978・9・26 判時 915・33, 判タ 374・109 ……………………………………497
東京高判 1978・10・17 判時 916・35, 判タ 375・83 ……………………………………497

大阪高判 1978・10・25 判タ 380・128 ……………………………………………………270
大阪高判 1979・4・12 判時 930・76, 判タ 406・134……………………………………559
大阪高判 1979・7・30 行集 30・7・1352 ……………………………………………………131
大阪高判 1979・7・30 判時 948・44, 判タ 395・98 ……………………………………131
大阪高判 1979・9・21 下民集 30・9=12・419, 判時 952・69（欠陥バドミントン・ラケット公売事件）…………………………………………………………………………………………480
東京高判 1979・9・27 判時 939・26, 判タ 403・97 ……………………………………494
東京高判 1979・12・11 判時 958・63, 判タ 414・76（ラグビー・タックル死亡事件）……486
福岡高判 1980・3・28 行集 31・3・802, 判時 974・130 ………………………………214
東京高判 1980・7・28 行集 31・7・1558, 判時 972・3〔自治百選 3 版 198 頁, 社会保障百選 3 版 214 頁〕…………………………………………………………………………127
東京高判 1980・10・23 判時 986・54, 判タ 444・114（新島砲弾爆発事件）……………556
大阪高判 1981・12・24 下民集 33・1=4・700, 判時 1044・380（大阪城公園ザリガニ捕り児童溺死事件）…………………………………………………………………………………524
名古屋高判 1983・4・27 判時 1082・24, 判タ 497・72……………………………………424
大阪高判 1983・9・30 判時 1102・73, 判タ 511・142……………………………………502
福岡高判 1984・3・16 判時 1109・24, 判タ 520・93（カネミ油症事件）…………………509
大阪高判 1984・9・28 判時 1143・88, 判タ 544・146（欠陥バドミントン・ラケット公売事件）……………………………………………………………………………………………483
高松高判 1984・12・24 行集 35・12・2333 …………………………………………………323
名古屋高判 1985・4・12 判時 1150・30, 判タ 558・326（名古屋新幹線訴訟）…………552
東京高判 1985・6・24 行集 36・6・816, 判時 1156・37 ………………………………122
東京高判 1985・7・17 判時 1170・88, 判タ 584・61 ……………………………………504
東京高判 1985・8・26 行集 36・7=8・1211, 判時 1163・41 ……………………………585
福岡高判 1985・11・29 判時 1174・21, 判タ 574・27（水俣待たせ賃訴訟）……………482
東京高判 1986・4・9 判時 1192・1, 判タ 617・44（厚木基地訴訟）………………………539
福岡高判 1986・5・15 判時 1191・28, 判タ 604・35（カネミ油症事件）…………………509
札幌高判 1986・7・31 判時 1208・49, 判タ 611・15………………………………………313
東京高判 1986・8・6 判時 1200・42, 判タ 612・26 ………………………………………440
広島高判 1986・10・16 判時 1217・32, 判タ 639・195……………………………………463
東京高判 1987・2・25 判時 1231・112, 判タ 651・155……………………………………558
大阪高判 1987・4・10 判時 1229・27, 判タ 635・204（大東水害訴訟）…………………537
東京高判 1987・7・15 判時 1245・3, 判タ 641・232（横田基地公害訴訟）………………552
東京高判 1987・8・31 判時 1247・3, 判タ 648・66（多摩川水害訴訟）…………………537
高松高判 1988・3・23 行集 39・3=4・181, 判時 1284・57（横川川事件）…………69, 192
大阪高判 1988・6・24 行集 39・5=6・498, 判時 1283・21（大阪阿倍野地区再開発訴訟）……110
東京高判 1989・6・27 行集 40・6・661, 判時 1317・36（家永教科書検定第二次訴訟）……166
福岡高判 1989・7・18 判例自治 70・24, 判タ 721・139 …………………………………142
名古屋高金沢支判 1989・7・19 行集 40・7・938, 判タ 1322・33（もんじゅ訴訟）………289
福岡高那覇支判 1990・5・29 判時 1376・55, 判タ 751・78 ………………………37, 107
東京高判 1991・11・27 判時 1408・17, 判タ 772・86 ……………………………………14
東京高判 1992・2・26 判時 1415・100, 判タ 792・215（池子弾薬庫訴訟）………………192
東京高判 1992・12・18 高民集 45・3・212, 判時 1445・3 ……………………381, 450, 482
福岡高判 1993・6・29 行集 44・6=7・514, 判時 1477・32（福岡市千代田地区再開発訴訟）……111

東京高判 1993・10・28 判時 1483・17, 判タ 863・173 ……………………………495
福岡高判 1994・5・13 行集 45・5=6・1202, 判時 1545・46…………………………164
仙台高判 1994・10・17 判時 1521・53, 判例自治 141・72…………………………456
大阪高判 1995・3・22 判時 1529・29, 判タ 874・82 ………………………………94
大阪高判 1995・7・28 訟月 42・3・630, 判タ 905・139…………………………281
東京高判 1995・12・26 訟月 43・12・3193, 判時 1555・9（厚木基地訴訟）…………540
名古屋高判 1996・7・18 判時 1595・58, 判タ 933・117 ……………………165, 166
福岡高那覇支判 1996・9・24 行集 47・9・808, 判時 1581・30 ……………………86
大阪高判 1996・11・26 判時 1609・150, 判例自治 159・46 …………………………174
名古屋高判 1997・4・30 行集 48・4・323, 判時 1631・14, 判タ 950・125 ……178, 324
東京高判 1997・5・22 判時 1643・147, 判タ 974・101 ……………………………104
大阪高判 1998・1・29 税務訴訟資料 230・271（豊田商事事件）………………497, 512
大阪高判 1998・1・29 平成 9（行コ）22 ……………………………………………266
大阪高判 1998・6・17 判例自治 189・103, 判タ 994・143 …………………………120
東京高判 1998・6・29 税務訴訟資料 232・945 ……………………………………199
大阪高判 1998・6・30 判例自治 189・8, 判時 1672・51 …………………………262
東京高判 1998・11・25 判時 1665・34 ……………………………………………218
仙台高判 1999・3・31 判時 1680・46（女川原発訴訟）………………………………80
東京高判 2000・3・23 判時 1718・27 ………………………………………………177
広島高岡山支判 2000・4・27 判例自治 214・70 ……………………………………34
東京高判 2000・9・28 訟月 47・12・3737 …………………………………………175
東京高判 2000・11・8 判タ 1088・133 ……………………………………………319
東京高判 2001・6・14 判時 1757・51, 判タ 1121・118 ……………………………21
大阪高判 2001・6・21 判例自治 228・72 ……………………………………………132
東京高判 2001・6・26〔社会保障百選 220 頁〕 ……………………………………128
東京高判 2001・7・4 判時 1754・35, 判タ 1063・79（東海第二原発訴訟）………74, 241
東京高判 2001・11・29 平成 10（ネ）2949 …………………………………………558
東京高判 2002・3・13 判時 1805・62（遠藤冤罪・国賠事件）……………………466, 467
福岡高宮崎支判 2002・3・19（アマミノクロウサギ訴訟）……………………………159
名古屋高判 2002・3・26 平成 12（行コ）38（道路公団官製談合事件）………………431
東京高決 2002・4・3 平成 14（行ス）14 …………………………………………205, 207
大阪高判 2002・7・3 判時 1801・38 ………………………………………………130
名古屋高判 2002・12・5 平成 14（行コ）33 ………………………………………224
名古屋高金沢支判 2003・1・27 判時 1818・3, 判タ 1117・89（もんじゅ訴訟）…250, 280
東京高判 2003・1・30 判例自治 236・9, 判時 1814・44（東京都外形標準課税事件）…306
福岡高判 2003・5・16 判時 1839・23, 判タ 1134・109（川辺川ダム訴訟）………226
福岡高判 2003・7・17 判タ 1144・173, 判例自治 249・27 ………………………112
東京高判 2003・7・22 訟月 50・10・2853, 判時 1843・32 ………………………566
名古屋高判 2003・8・7 平成 14（行コ）50 …………………………………………266
東京高決 2003・11・18 訟月 51・1・225, 判時 1884・34 …………………233, 234
東京高決 2003・12・15 判時 1842・19, 判タ 1176・145………………………………205
東京高判 2003・12・18 訟月 50・8・2332, 判例自治 249・46（小田急訴訟）………155
東京高決 2003・12・25 判時 1842・19, 判タ 1176・145（圏央道訴訟）……50, 204, 208
大阪高判 2004・5・28 判時 1901・28 ……………………………………………555

高松高判 2004・10・29 判時 1913・66（サッカー中落雷事件）……………………487
東京高判 2005・1・26 判時 1891・3（桶川事件）………………………………511
東京高判 2005・3・24 判時 1899・101 ……………………………………………309
東京高判 2005・3・25 判時 1899・46 ………………………………………………269
福岡高決 2005・5・31 判タ 1186・110 ……………………………………………207
大阪高判 2005・7・26（神戸商船大学大学院生殺害事件）………………………513
大阪高判 2005・9・30 訟月 52・9・2979（靖国参拝違憲訴訟）………………503
大阪高判 2005・12・8（永源寺訴訟）………………………………………………190
東京高判 2005・12・19 判時 1927・27，判例自治 277・61（国立マンション事件）……104
大阪高判 2005・12・28 判タ 1223・145，労判 911・56 …………………………96
大阪高判 2006・1・12 判時 1959・42（姫路ストーカー殺人事件）……………514
大阪高判 2006・3・24 判例自治 285・56 …………………………………………171
東京高決 2006・3・30 判タ 1254・312 ……………………………………………237
東京高判 2006・5・11 平成 18（行コ）18 …………………………………………297
東京高判 2006・7・13（厚木基地第 3 次訴訟）……………………………………539
福岡高判 2006・11・9 判タ 1251・192，労判 956・69 ……………………………18
東京高判 2007・1・17 判例自治 288・41，判タ 1246・122 ………………………527
東京高判 2007・2・15 訟月 53・8・2385 ……………………………………………86
大阪高決 2007・3・1 賃金と社会保障 1448・58 ……………………………………312
福岡高判 2007・3・22 判例自治 304・35 ……………………………………………87
東京高判 2007・3・28 判時 1968・3（栃木リンチ殺人事件）……………………513
東京高判 2007・3・29 判時 1979・70，判タ 1273・310〔重判解平成 19 年度 8 頁〕……81, 168
東京高判 2007・4・17（道路公団総裁解任事件）……………………………………36
名古屋高判 2007・6・27 判時 1977・80 ……………………………………………466
東京高判 2007・7・18 訟月 53・8・2314，判時 1994・36 ………………………568
東京高判 2007・7・30 判時 1980・52，判タ 1256・54 ……………………………358
東京高判 2007・11・29 判例自治 299・41（杉並区住基ネット訴訟）…………86, 329
東京高決 2007・11・29 判時 1996・14 ……………………………………………194
大阪高決 2008・1・24（神戸・御影コンペ住民訴訟）……………………………234
大阪高判 2008・2・20 平成 19（行タ）79 …………………………………………233
大阪高判 2008・3・6 判時 2019・17 ………………………………………………156
東京高判 2008・3・12（ネズミ捕り裁判）…………………………………161, 226
仙台高判 2008・3・19 判タ 1283・110，判例自治 308・71 ……………………550
大阪高決 2008・3・28 平成 19（行ス）25 …………………………………………303
福岡高決 2008・5・12 判時 2017・28，判タ 1280・92 ………………………233, 239
高松高判 2008・9・17 判時 2029・42，判タ 1280・72（サッカー中落雷事件）……490
大阪高判 2008・9・26（大和都市管財国家賠償事件）………………………………515
名古屋高金沢支判 2009・3・18（志賀原発訴訟）……………………………80, 250

地方裁判所

宇都宮地判 1959・12・23 行集 10・12・2597，教職員人事関係裁判例集 6・1 ……11
福岡地判 1961・2・17 行集 12・12・2337 ……………………………………………94
東京地判 1961・2・21 行集 12・2・204，判時 256・23 …………………………280
長野地判 1961・2・28 行集 12・2・250 ……………………………………………94

判例	頁
名古屋地判 1962・10・12 下民集 13・10・2059, 判時 313・4 (伊勢湾台風事件)	528
東京地判 1962・10・24 行集 13・10・1858, 訟月 8・11・1663	317
東京地判 1963・9・18 行集 14・9・1666, 判時 349・12 (個人タクシー事件)	10
東京地判 1963・12・25 行集 14・12・2255, 判時 361・16 (群馬中央バス事件)	10
東京地判 1964・6・19 下民集 15・6・1438, 判時 375・6	437
東京地判 1965・1・29 判時 397・10, 判タ 174・152	463
東京地決 1965・4・22 行集 16・4・708, 判時 406・26	109, 259, 261
横浜地判 1965・8・16 行集 16・8・1451	188
大津地判 1965・9・22 行集 16・9・1557, 訟月 11・11・1589	213
東京地決 1967・6・9 行集 18・5=6・737, 判時 483・3	211
釧路地判 1968・3・19 行集 19・3・408, 判時 516・11 (釧路市工場誘致条例奨励金申請後廃止事件)	455
名古屋地決 1968・5・25 行集 19・5・935	209
東京地判 1969・3・11 判時 551・3, 判タ 237・283 (八丈島老女殺し国賠請求事件)	464
熊本地玉名支判 1969・4・30 下民集 20・3=4・263, 判時 574・60 (公営団地計画廃止事件)	454
東京地判 1969・7・8 行集 20・7・842, 判時 560・6 (ココム訴訟)	494
東京地判 1969・9・26 行集 20・8=9・1141, 判時 568・14	211
熊本地判 1970・7・20 判時 621・73	559
東京地決 1970・10・14 行集 21・10・1187, 判時 607・16 (国立歩道橋決定)	108
東京地判 1971・11・8 行集 22・11=12・1785, 判時 652・17	108
札幌地判 1971・12・24 判時 653・22, 判タ 275・111 (芦別国家賠償訴訟)	559
東京地判 1972・2・29 行集 23・1=2・69, 判時 675・37	407
山形地判 1972・2・29 判時 661・25 (個室付浴場業事件)	460
福岡地小倉支判 1972・3・30 判タ 283・285	525
京都地判 1972・7・8 訟月 18・11・1700, 判タ 283・180	433
京都地判 1972・7・14 判時 691・57, 判タ 283・168 (風致地区ガソリンスタンド事前相談事件)	497
名古屋地判 1972・11・8 行集 23・12・855, 判時 696・185	96
岡山地津山支判 1973・4・24 訟月 19・12・8, 判時 757・100	449
大阪地判 1973・4・25 判時 704・22, 判タ 295・131 (金森事件)	464
神戸地尼崎支決 1973・5・11 判時 702・18, 判タ 294・311	214
東京地判 1973・5・22 行集 24・4=5・345, 訟月 19・13・52	109
大阪地判 1974・2・27 判時 729・3, 判タ 306・117 (大阪空港訴訟)	451, 540
東京地判 1974・3・25 判時 752・51, 判タ 310・212	464
大阪地判 1974・4・19 下民集 25・1=4・315, 判時 740・3 (宅造地崩壊事件)	508
金沢地判 1974・4・30 判時 766・96	433
高知地判 1974・5・23 下民集 25・5=8・459, 判時 742・30 (古ビニール処理懈怠事件)	508
札幌地小樽支判 1974・12・9 判時 762・8 (在宅投票廃止違憲訴訟)	471, 474
浦和地判 1974・12・11 行集 25・12・1546, 判時 774・48	37
東京地判 1974・12・18 判時 766・76, 判タ 316・137 (新島砲弾爆発事件)	556
東京地八王子支決 1975・12・8 判時 803・18, 判タ 333・185	214
金沢地判 1975・12・12 判時 823・90	552
横浜地判 1976・6・23 判タ 347・228	433
大阪地判 1976・7・30 判時 843・81, 判タ 348・287	529

判例索引

東京地判1976・8・23下民集27・5=8・498, 判時826・20 (コンドルデリンジャー事件) ……494
大阪地判1976・9・16行集27・9・1573 ……191
甲府地判1977・3・31判タ355・225 ……11
東京地判1977・4・22下民集28・1=4・412, 判時873・70 ……494
福岡地小倉支判1978・3・10判時881・17, 判タ361・136 (カネミ油症事件) ……509
福岡地判1978・7・14判時909・27 ……131
東京地判1978・8・3判時899・48, 判タ365・99 (スモン訴訟) ……450, 484, 506
神戸地判1978・8・30判時917・103, 判タ371・128 (欠陥バドミントン・ラケット公売事件)
……482
東京地判1978・9・18下民集33・1=4・285, 判時903・28 ……547
福岡地判1978・11・14判時910・33, 判タ376・58 (スモン訴訟) ……450
京都地判1979・1・19判時925・105 ……554
広島地判1979・2・22訟月25・6・1475, 判時920・19 (スモン訴訟) ……507
東京地判1979・3・12判時919・23, 判タ380・44 ……434
富山地判1979・10・26判時951・102, 判タ401・131 (パトカー追跡事故事件) ……458
札幌地判1980・1・17判時953・18, 判タ406・55 ……474
岐阜地判1980・2・25判時966・22, 判タ410・115 (徳山ダム事件) ……426
大阪地判1980・3・19行集31・3・483, 判時969・24 (ニコニコタクシー事件) ……31
熊本地判1980・4・16判時965・28, 判タ416・75 ……213
大阪地判1980・9・9行集33・1=2・229, 判時1052・58 ……274
神戸地判1980・10・31行集31・10・2311, 訟月27・3・517 ……344
水戸地判1980・11・20判時999・118 ……188
大阪地判1980・12・25判時1012・103 (大阪城公園ザリガニ捕り児童溺死事件) ……524
大阪地判1981・1・16判時1015・99, 判タ449・266 ……555
青森地弘前支判1981・4・27判時1002・25, 判タ442・62 (弘前大教授夫人殺し事件) ……559
名古屋地決1981・7・18行集32・7・1234 ……214
福岡地小倉支判1981・8・28判時1032・113, 判タ449・284 (画鋲付紙飛行機傷害事件) ……486
大阪地判1982・2・19行集33・1=2・118, 判時1035・29 (近鉄特急料金訴訟) ……470
福岡地小倉支判1982・3・29判時1037・14, 判タ469・87 (カネミ油症事件) ……480, 509
福岡地小倉支判1982・4・6訟月28・11・2159 ……407
東京地判1982・5・31行集33・5・1138, 判時1047・73 ……413
東京地判1982・6・28判時1049・8, 判タ473・162 ……468
岐阜地判1982・12・10判時1063・30, 判タ499・231 (長良川水害訴訟) ……536
広島地判1982・12・21 ……475
東京地判1983・3・28行集34・3・543 ……387
静岡地判1983・4・7訟月29・11・2031 ……504
神戸地判1983・12・20判時1105・107, 判タ513・197 ……547
東京地判1984・1・30判時1129・85 ……555
東京地判1984・3・29判時1109・132, 判例自治5・44〔公務員百選64頁〕……11
高知地判1984・4・26行集35・4・559, 判時1131・74 (横川川事件) ……69
岐阜地判1984・5・29判時1117・13, 判タ529・369 (長良川水害訴訟) ……536
東京地判1984・6・26判時1122・55, 判タ528・116 ……466
東京地判1984・6・29下民集35・5=8・414, 判時1122・81 ……466
熊本地決1984・9・28判例自治10・115 ……344

619

東京地判 1984・10・30 判時 1137・29, 判タ 538・78（在日台湾人身上調書票訂正請求訴訟）
　……………………………………………………………………………………………… 94, 319
福岡地小倉支判 1985・2・13 判時 1144・18, 判タ 548・81（カネミ油症事件）……… 509
水戸地判 1985・6・25 判時 1164・3, 判タ 564・106（東海原発）………………………… 241
東京地判 1985・6・27 行集 36・6・1063, 判時 1162・45 …………………………………… 131
福島地判 1985・9・30 行集 36・9・1646 ……………………………………………………… 344
名古屋地判 1985・10・31 判時 1175・3, 判タ 573・10 ………………………………… 313, 482
神戸地判 1985・12・19 判例自治 32・36, 労判 468・48 …………………………………… 580
東京地判 1986・2・14 判時 1207・81, 判タ 591・92（デモ参加者撲打事件）………… 481
東京地判 1986・3・17 行集 37・3・294, 判時 1191・68 …………………………………… 413
東京地判 1986・3・26 行集 37・3・459, 判時 1186・9 ……………………………………… 500
千葉地判 1986・9・29 判時 1226・111 ………………………………………………………… 472
神戸地判 1986・10・29 判タ 637・99（養殖ウナギ斃死補償事件）……………………… 574
東京地判 1987・9・22 判時 1256・102, 労判 503・16 ……………………………………… 580
大阪地判 1987・9・30 判時 1255・45, 判タ 649・147 …………………………………… 313, 381
福井地判 1987・12・25 行集 38・12・1829, 判時 1264・31（もんじゅ訴訟）………… 289
千葉地判 1988・6・6 判時 1293・51, 判タ 703・101 ………………………………………… 178
大阪地判 1988・6・27 判時 1294・72, 判タ 681・142（野犬咬死事件）………………… 508
千葉地松戸支判 1988・12・2 判時 1302・133, 判タ 691・180〔社会保障百選 210 頁〕……… 445
福島地郡山支判 1989・6・15 判時 1521・59, 判タ 713・116 ……………………………… 456
福岡地判 1990・10・25 行集 41・10・1659, 判時 1396・49（福岡市千代田地区再開発訴訟）…… 111
横浜地判 1991・2・15 判時 1380・122, 判タ 751・56（池子弾薬庫訴訟）……………… 192
東京地判 1991・3・1 行集 42・3・371, 判時 1383・127 …………………………………… 14
神戸地決 1991・7・22 行集 42・6=7・1193, 判時 1392・37 ……………………………… 209
神戸地判 1992・3・13 行集 43・3・309, 判時 1414・26, 判例自治 94・13（尼崎市立高校筋
　ジストロフィー障害者入学拒否訴訟）………………………………………………… 210, 302
秋田地判 1993・4・23 判時 1459・48, 判例自治 110・9 …………………………………… 93
前橋地判 1993・7・20 行集 44・6=7・637, 判時 1480・58 ………………………………… 36
大阪地判 1993・12・24 判時 1480・17, 判タ 847・83（高浜原発訴訟）………………… 80
仙台地判 1994・1・31 判時 1482・3, 判タ 850・169（女川原発訴訟）………………… 80
東京地判 1994・9・9 判例自治 132・86, 判時 1509・65 …………………………………… 319
那覇地判 1995・3・28 行集 46・2=3・346, 判時 1547・22 ………………………………… 85
東京地判 1996・3・19 判時 1582・73, 判タ 918・78（遠藤冤罪・国賠事件）………… 466
札幌地判 1997・3・27 判時 1598・33, 判タ 938・75（二風谷事件）…………………… 254
神戸地判 1997・4・28 平成 8（行ウ）14 …………………………………………………… 266
仙台地判 1998・1・27 判時 1676・43, 判タ 994・132 ……………………………………… 34
東京地判 1998・2・27 判時 1660・44, 判タ 1015・113 …………………………………… 14, 15
横浜地判 1998・6・15 平成 8 年（行ウ）38 号 ……………………………………………… 559
東京地判 1998・7・16 判時 1654・41, 判タ 977・57 ………………………………………… 259
大阪地判 1998・9・29 判タ 1021・150 ………………………………………………………… 132
鹿児島地判 1999・6・14 判時 1717・78, 判例自治 200・60 ……………………………… 214
名古屋地決 1999・7・1 判例自治 206・82 …………………………………………………… 206
高松地判 2000・1・11 判例自治 212・81 ……………………………………………………… 15
神戸地判 2000・1・31 判時 1726・20, 判タ 1031・91（尼崎公害訴訟）………………… 542

福井地判 2000・3・22 判時 1727・33, 判タ 1043・259（もんじゅ訴訟）……………241, 250, 287
奈良地判 2000・3・29 判例自治 204・16 ………………………………………………………21
神戸地判 2000・7・11 訟月 48・8・1946, 判例自治 214・76 ……………………………34
札幌地判 2000・10・3 判例自治 221・65 ……………………………………………………144
鹿児島地判 2001・1・22（アマミノクロウサギ訴訟）…………………………………………159
熊本地判 2001・5・11 判時 1748・30, 判タ 1070・151（ハンセン病訴訟）……………475, 581
名古屋地判 2001・8・29 判タ 1074・294 ………………………………………………………32
東京地判 2001・10・3 判時 1764・3, 判タ 1074・91（小田急訴訟）………103, 155, 248, 254
名古屋地判 2001・10・29 判タ 1074・297 ………………………………………………………33
東京地判 2001・12・4 判時 1791・3, 判例自治 225・74（国立マンション事件）………293
東京地決 2001・12・27 判時 1771・76 ……………………………………………………206, 207
東京地判 2001・12・27 判時 1820・59 …………………………………………………………140
東京地判 2002・2・14 判時 1808・31, 判例自治 236・87（国立マンション事件）……104
岡山地判 2002・2・19 判例自治 230・90 ……………………………………………………407
東京地判 2002・3・26 判例自治 226・16, 判時 1787・42 …………………………………240
東京地判 2002・4・23 交通事故民事裁判例集 35・2・560 ………………………………252
大阪地判 2002・6・28 …………………………………………………………………………………21
名古屋地判 2002・7・26 平成 14（行ウ）16 ……………………………………………………266
東京地判 2002・10・29 判時 1885・23, 判例自治 239・61（東京大気汚染訴訟）………542
さいたま地判 2003・2・26 判時 1819・85（桶川事件）………………………………………511
東京地決 2003・6・11 判時 1831・96 ……………………………………………………………208
東京地判 2003・9・16 訟月 50・5・1580 …………………………………………………224, 227
東京地判 2003・9・25 平成 12（行ウ）307 他 ……………………………………………………37
東京地判 2003・9・29 判時 1843・90, 判タ 1140・300 ………………………………………567
東京地決 2003・10・3 判時 1835・34, 判タ 1131・90 ………………………………………205
大分地判 2004・1・19 判時 1874・113, 判タ 1180・191 ……………………………………454
神戸地判 2004・2・24 判時 1959・52（姫路ストーカー殺人事件）……………………514, 556
東京地判 2004・3・24 判時 1852・3, 判タ 1148・94 …………………………………………269
福岡地判 2004・4・7 判時 1859・125, 判タ 1157・125（靖国参拝違憲訴訟）……………502
東京地判 2004・4・22 判時 1856・32, 判例自治 253・68（圏央道訴訟）……………164, 256
大阪地判 2004・5・12 判例自治 283・44 ……………………………………………………100
奈良地判 2004・5・26 訟月 51・5・1292 ……………………………………………………164
東京地決 2004・7・23 判時 1871・142 ………………………………………………………164
岐阜地判 2004・9・15 判例自治 270・79（徳山ダム事件）…………………………………178
神戸地判 2004・12・22 判時 1893・83（神戸商船大学大学院生殺害事件）……………513
長野地判 2005・2・4 判タ 1229・221 ……………………………………………………………29
広島地判 2005・3・3 判タ 1187・165 ……………………………………………………………268
長崎地判 2005・3・15 判時 1915・10, 判例自治 270・64 …………………………………570
東京地判 2005・4・13 判時 1890・27, 判タ 1175・106 ……………………………………321
福岡地決 2005・5・18 平成 17（行ク）4 ………………………………………………………195
徳島地決 2005・6・7 判例自治 270・48 ………………………………………………………302
大阪地判 2005・6・24 判例自治 276・11, 判タ 1222・163 …………………………………262
大阪地決 2005・7・25 判タ 1221・260, 判例自治 275・17 …………………………………311
広島地判 2005・8・30 ………………………………………………………………………………140

神戸地判 2005・11・16 判例自治 285・61 ……………………………………………………………… 171
東京地判 2005・12・16 平成 17（行ウ）45 ……………………………………………………… 297
大阪地判 2006・1・13 判タ 1221・256 …………………………………………………………… 308
東京地決 2006・1・25 判時 1931・10 ……………………………………………………………… 303
甲府地決 2006・2・2 平成 18（行ク）194 ……………………………………………………… 207
大阪地判 2006・2・22 判タ 1221・238 …………………………………………………………… 308
東京地判 2006・2・28 判時 1948・35, 判タ 1242・184 ……………………………………… 227
横浜地判 2006・3・15 判例自治 285・105 ……………………………………………………… 229
横浜地判 2006・3・22 判例自治 284・26 ………………………………………………………… 88
金沢地判 2006・3・24 判時 1930・25, 判タ 1277・317（志賀原発訴訟）…………… 80, 250
東京地判 2006・3・24 判時 1938・37, 判タ 1274・103（杉並区住基ネット訴訟）… 86, 329
東京地判 2006・3・28 判時 1952・79, 判タ 1236・126 ……………………………………… 252
東京地判 2006・3・28 判タ 1239・157 …………………………………………………………… 159
大阪地判 2006・3・30 判タ 1230・115（もぐれ阪神事件）………………………………… 156
宇都宮地判 2006・4・12 判時 1936・40（栃木リンチ殺人事件）………………………… 513
名古屋地判 2006・4・14（イラク自衛隊派遣違憲訴訟）………………………………… 138, 502
岡山地判 2006・4・19 判タ 1230 号 108 頁 ……………………………………………………… 97
さいたま地判 2006・4・26 判例自治 303・46 ………………………………………………… 294
横浜地判 2006・5・22 判タ 1262・137, 判例自治 284・42〔社会保障百選 206 頁〕… 100, 254
大阪地決 2006・5・22 判タ 1216・115 …………………………………………………………… 312
大阪地決 2006・8・10 判タ 1224・236 ………………………………………………………… 310, 311
東京地判 2006・9・6 判タ 1275・96（道路公団総裁解任事件）……………………………… 35
東京地決 2006・9・12 平成 17（行ク）309 ……………………………………………………… 131
東京地決 2006・9・12 平成 18（行ク）194 ……………………………………………………… 207
東京地判 2006・9・21 判時 1952・44, 判タ 1228・88（国旗国歌予防訴訟）………… 308
東京地判 2006・9・29 ……………………………………………………………………………… 156
名古屋地判 2006・10・13 判例自治 289・85 …………………………………………………… 214
東京地判 2006・10・25 判時 1956・62, 判タ 1233・117 …………………………………… 294, 303
大阪地判 2006・10・26 判タ 1226・82 …………………………………………………………… 156
神戸地判 2006・12・1 判時 1968・18（中国残留孤児国家賠償訴訟）……………………… 514
東京地判 2006・12・20 …………………………………………………………………………… 141
東京地判 2007・2・2 判タ 1268・139 …………………………………………………………… 281
大阪地判 2007・2・13 判タ 1253・122 ………………………………………………………… 14, 161
大阪地判 2007・2・15 判タ 1253・134 …………………………………………………………… 297
神戸地決 2007・2・27 賃金と社会保障 1442・57 ……………………………………………… 310
大阪地判 2007・3・14 判タ 1252・189 …………………………………………………………… 293
東京地判 2007・3・23 訟月 54・9・1705, 判時 1975・2（薬害 C 型肝炎訴訟）……… 585
横浜地判 2007・3・26 判例自治 298・38 ………………………………………………………… 140
大分地判 2007・3・26 平成 15（行ウ）6 ………………………………………………………… 156
東京地判 2007・3・29 判タ 1256・72 …………………………………………………………… 436
大阪地判 2007・3・30 判タ 1256・58 …………………………………………………………… 206
大阪地決 2007・4・3 判例自治 302・13 ………………………………………………………… 312
宇都宮地判 2007・5・24 判時 1973・109, 判タ 1255・209 ………………………………… 514
東京地判 2007・5・31 判時 1981・9, 判タ 1252・182 ……………………………………… 295

判 例 索 引

大阪地判 2007・6・6 判時 1974・3, 判タ 1263・71（大和都市管財国家賠償事件）·················515
佐賀地判 2007・6・22 判時 1978・53 ··516
東京地判 2007・7・21 ···37
千葉地判 2007・8・21 判時 2004・62, 判例自治 298・41 ···242
富山地判 2007・8・29 判例自治 309・23, 判タ 1279・146 ···34
津地判 2007・8・30 判時 1996・86 ··453
さいたま地判 2007・9・26 平成 18（行ウ）54 ··33
岡山地決 2007・10・15 判例自治 302・67, 判時 1994・26 ···304
福島地判 2007・10・16 判時 1995・109, 判タ 1283・114 ···550
水戸地判 2007・10・24 平成 17（行ウ）17 ···34
広島地判 2007・10・26 平成 18（行ウ）37 ··270, 299
東京地判 2007・11・7 判時 1996・3, 判タ 1261・121 ···321
東京地判 2007・11・27（道路公団官製談合事件）···431
東京地判 2007・11・27 判時 1996・16, 判タ 1277・124··517
東京地判 2008・1・29 判時 2000・27 ···157
大阪地判 2008・1・31 判タ 1268・152 ···26, 28, 308
名古屋地判 2008・1・31 判時 2011・108 ··229
さいたま地判 2008・2・27 判例自治 308・79 ··104
広島地決 2008・2・27 平成 19（行ク）13 ···311
東京地判 2008・2・29 判時 2013・61 ··295
広島地決 2008・2・29（鞆の浦世界遺産訴訟）··156
神戸地判 2008・3・13 平成 19（行ウ）52 ···93
東京地判 2008・3・14 ···123, 142, 214
東京地判 2008・3・19 平成 19（行ウ）247 ···157
京都地判 2008・3・25 判時 2011・134 ···450
名古屋地判 2008・3・28（道路公団官製談合事件）···431
さいたま地決 2008・3・31 平成 20（行ク）2 ··260
神戸地判 2008・4・24 平成 18（行ウ）43 ··216
東京地判 2008・5・22 判時 2018・3 ··130
東京地判 2008・5・29 判時 2015・24（三井グランド裁判）··································156, 241
広島地判 2008・6・25 平成 18（ワ）789 他 ··545
鹿児島地判 2008・7・15 ··157
東京地判 2008・10・29 平成 19（行ウ）750 ··171
名古屋地判 2009・2・24 平成 18（ワ）503 ···448
東京地判 2009・3・12 平成 17（ワ）9325（七生養護学校事件）···································440
東京地判 2009・3・24 判時 2041・64 ··430
前橋地判 2009・4・15 判時 2040・92 ··448
奈良地決 2009・6・25 ··303
大阪地決 2009・7・18 判例自治 316・37 ··303

公害等調整委員会

公調委裁決例 2004・12・14 判時 1892・10 ···390

〔著者紹介〕

阿部 泰隆（あべ・やすたか）

1942年　福島市に生まれる
1960年　福島県立福島高等学校卒業
1964年　東京大学法学部卒業
現　在　中央大学総合政策学部教授，神戸大学名誉教授，
　　　　弁護士
主　著　『フランス行政訴訟論』（有斐閣，1971年）
　　　　『行政救済の実効性』（弘文堂，1985年）
　　　　『行政裁量と行政救済』（三省堂，1987年）
　　　　『国家補償法』（有斐閣，1988年）
　　　　『国土開発と環境保全』（日本評論社，1989年）
　　　　『行政法の解釈』（信山社，1990年）
　　　　『行政訴訟改革論』（有斐閣，1993年）
　　　　『行政の法システム（上・下）〔新版補遺〕』（有斐閣，
　　　　　1998年）
　　　　『政策法学講座』（第一法規，2003年）
　　　　『行政訴訟要件論』（弘文堂，2003年）
　　　　『対行政の企業法務戦略』（中央経済社，2007年）
　　　　（その他，凡例参照）

行政法解釈学 II
Administrative Law vol. 2
2009年9月20日　初版第1刷発行

著　者　　阿部泰隆
発行者　　江草貞治
　　　　　東京都千代田区神田神保町 2-17
発行所　　株式会社　有斐閣
　　　　　　電話 (03)3264-1314〔編集〕
　　　　　　　　 (03)3265-6811〔営業〕
　　　　　　郵便番号 101-0051
　　　　　　http://www.yuhikaku.co.jp/

印刷・株式会社理想社　製本・大口製本印刷株式会社
©2009, Yasutaka ABE. Printed in Japan
落丁・乱丁本はお取替えいたします。

★定価はカバーに表示してあります。
ISBN 978-4-641-13060-9

JCOPY　本書の無断複写（コピー）は，著作権法上での例外を除き，禁じられています。複写される場合は，そのつど事前に，(社)出版者著作権管理機構（電話03-3513-6969, FAX03-3513-6979, e-mail:info@jcopy.or.jp）の許諾を得てください。